"十二五"普通高等教育本科国家级规划教材

中国高等教育学会医学教育专业委员会规划教材

全国高等医学院校教材

供基础、临床、预防、口腔医学类等专业用

循证医学基础

Essentials in Evidence-Based Medicine

（第2版）

主　编　唐金陵　Paul Glasziou

特邀作者　韩启德　Trisha Greenhalgh

编　委　（按姓名汉语拼音排序）

陈　洁（复旦大学上海医学院）　　　　潘　慧（北京协和医院）
陈　坤（浙江大学医学院）　　　　　　唐金陵（香港中文大学医学院，北京
陈世耀（复旦大学上海医学院）　　　　　　　　大学医学部）
郭桂芳（北京大学医学部）　　　　　　汪　涛（北京大学医学部）
江　宇（北京协和医学院）　　　　　　王吉耀（复旦大学上海医学院）
李兰娟（浙江大学医学院）　　　　　　吴一龙（广东省人民医院）
廖苏苏（北京协和医学院）　　　　　　杨克虎（兰州大学医学院）
刘保延（中国中医科学院）　　　　　　余　海（浙江大学医学院）
刘建平（北京中医药大学）　　　　　　翟所迪（北京大学医学部）
Paul Glasziou（澳大利亚邦德大学　　　詹思延（北京大学医学部）
　　　　　　健康科学与医学院）

秘　书　杨　敏　杨祖耀

北京大学医学出版社

XUNZHENG YIXUE JICHU

图书在版编目（CIP）数据

循证医学基础 / 唐金陵，（英）格拉席欧（Glasziou，P.）主编．—2版．—北京：北京大学医学出版社，2016.7（2021.12重印）
Essentials of Evidence-Based Medicine
ISBN 978-7-5659-1389-1

Ⅰ．①循… Ⅱ．①唐… ②格… Ⅲ．①临床医学 Ⅳ．① R4

中国版本图书馆 CIP 数据核字（2016）第 100240 号

循证医学基础（第 2 版）

主　　编：唐金陵　Paul Glasziou
出版发行：北京大学医学出版社
地　　址：（100191）北京市海淀区学院路 38 号　北京大学医学部院内
电　　话：发行部 010-82802230；图书邮购 010-82802495
网　　址：http：//www.pumpress.com.cn
E-mail：booksale@bjmu.edu.cn
印　　刷：北京瑞达方舟印务有限公司
经　　销：新华书店
责任编辑：赵　欣　　责任校对：金彤文　　责任印制：李　啸
开　　本：850 mm×1168 mm　1/16　印张：25　字数：696 千字
版　　次：2011 年 4 月第 1 版　2016 年 7 月第 2 版　2021 年 12 月第 3 次印刷
书　　号：ISBN 978-7-5659-1389-1
定　　价：45.00 元

版权所有，违者必究

（凡属质量问题请与本社发行部联系退换）

参编人员（按姓名汉语拼音排序）

陈　洁（复旦大学上海医学院）
陈　坤（浙江大学医学院）
陈　薇（北京中医药大学）
陈世耀（复旦大学上海医学院）
陈耀龙（兰州大学医学院）
狄梦阳（香港中文大学医学院）
冯　琦（香港中文大学医学院）
傅晓红（香港中文大学医学院）
郭桂芳（北京大学医学部）
韩启德（北京大学医学部）
韩笑然（香港中文大学医学院）
何丽云（中国中医科学院）
扈学俸（渥太华大学自然科学院）
江　宇（北京协和医学院）
李兰娟（浙江大学医学院）
廖苏苏（北京协和医学院）
刘保延（中国中医科学院）
刘建平（北京中医药大学）
刘雅莉（中国中医科学院）
刘志顺（中国中医科学院）
马晓光（浙江大学医学院）
毛　琛（香港中文大学医学院）
Paul Glasziou（澳大利亚邦德大学健康科学与医学院）
潘　慧（北京协和医院）
庞　冬（北京大学医学部）
秦　颖（中国疾病预防控制中心）
曲翌敏（北京协和医学院）
苏　虹（安徽医科大学）
Trisha Greenhalgh（牛津大学医学院）
唐金陵（香港中文大学医学院，北京大学医学部）
汪　涛（北京大学医学部）
王　波（北京协和医学院）
王　丽（北京协和医学院）
王吉耀（复旦大学上海医学院）
王卫中（中国医学科学院）
王志稳（北京大学医学部）
吴　东（北京协和医学院）
吴　炜（浙江大学医学院）
吴心音（香港中文大学医学院）
吴一龙（广东省人民医院）
夏　琪（浙江大学医学院）
严雪敏（北京协和医学院）
杨　敏（浙江大学医学院）
杨克虎（兰州大学医学院）
杨祖耀（香港中文大学医学院）
余　海（浙江大学医学院）
郁园园（香港中文大学医学院）
袁金秋（香港中文大学医学院）
翟所迪（北京大学医学部）
詹思延（北京大学医学部）
张越伦（香港中文大学医学院）
朱　瑜（浙江大学医学院）

全国高等医学院校临床专业本科教材评审委员会

主 任 委 员　王德炳　柯　杨

副主任委员　吕兆丰　程伯基

秘 书 长　陆银道　王凤廷

委　　　员　（按姓名汉语拼音排序）

白咸勇　曹德品　陈育民　崔慧先　董　志

郭志坤　韩　松　黄爱民　井西学　黎孟枫

刘传勇　刘志跃　宋焱峰　宋印利　宋远航

孙　莉　唐世英　王　宪　王维民　温小军

文民刚　线福华　袁聚祥　曾晓荣　张　宁

张建中　张金钟　张培功　张向阳　张晓杰

周增桓

序

北京大学医学出版社组织编写的全国高等医学院校临床医学专业本科教材（第2套）于2008年出版，共32种，获得了广大医学院校师生的欢迎，并被评为教育部"十二五"普通高等教育本科国家级规划教材。这是在教育部教育改革、提倡教材多元化的精神指导下，我国高等医学教材建设的一个重要成果。为配合《国家中长期教育改革和发展纲要（2010—2020年）》，培养符合时代要求的医学专业人才，并配合教育部"十二五"普通高等教育本科国家级规划教材建设，北京大学医学出版社于2013年正式启动全国高等医学院校临床医学专业（本科）第3套教材的修订及编写工作。本套教材近六十种，其中新启动教材二十余种。

本套教材的编写以"符合人才培养需求，体现教育改革成果，确保教材质量，形式新颖创新"为指导思想，配合教育部、国家卫生和计划生育委员会在医药卫生体制改革意见中指出的，要逐步建立"5+3"（五年医学院校本科教育加三年住院医师规范化培训）为主体的临床医学人才培养体系。我们广泛收集了对上版教材的反馈意见。同时，在教材编写过程中，我们将与更多的院校合作，尤其是新启动的二十余种教材，吸收了更多富有一线教学经验的老师参加编写，为本套教材注入了新鲜的活力。

新版教材在继承和发扬原教材结构优点的基础上，修改不足之处，从而更加层次分明、逻辑性强、结构严谨、文字简洁流畅。除了内容新颖、严谨以外，在版式、印刷和装帧方面，我们做了一些新的尝试，力求做到既有启发性又引起学生的兴趣，使本套教材的内容和形式再次跃上一个新的台阶。为此，我们还建立了数字化平台，在这个平台上，为适应我国数字化教学、为教材立体化建设作出尝试。

在编写第3套教材时，一些曾担任第2套教材的主编由于年事已高，此次不再担任主编，但他们对改版工作提出了很多宝贵的意见。前两套教材的作者为本套教材的日臻完善打下了坚实的基础。对他们所作出的贡献，我们表示衷心的感谢。

尽管本套教材的编者都是多年工作在教学第一线的教师，但基于现有的水平，书中难免存在不当之处，欢迎广大师生和读者批评指正。

王德炳　柯杨
2013年11月

第 2 版序

在《循证医学基础》第 2 版即将出版之际，想说一些我对循证医学的想法。

什么是循证医学呢？顾名思义就是依靠证据作决策的临床医学实践。

除了巫医，古今中外的医生，看病都是靠经验，除了自己的临床经验外，还有通过书籍等方式不断积累和传承的一代代前人的经验。那么经验是不是证据呢？我认为也应该算，要不医生怎么常能看好病呢？在张三李四身上管用，在王五身上很可能也会管用。但是这样的证据太局限，拿现代科学的话来说，就是缺乏随机对照和统计学检验，纰漏太多太大。

近 500 多年来，在近代科学的推动下，解剖学、生理学、病理学、病原微生物学、药理学等医学科学飞速发展，人类对很多疾病的发病机制有了深入了解，加上影像、检验、药物等技术的不断创新，对疾病的诊断和治疗开始摆脱纯粹对经验的依靠，进入实验医学的范式。从加拿大科学家班廷在狗实验中证明尿糖由胰岛细胞功能降低引起到后来糖尿病的诊断和胰岛素治疗，从德国微生物学家科赫发现细菌致病原理到后来一系列病原微生物的确定和感染性疾病的抗生素治疗，从伦琴发现 X 射线到后来各种影像技术的发展和应用，1 个多世纪以来，很多疾病都通过实验寻找到疾病发病机制和相应的诊疗方法，使临床医学得到了根本性的进步。然而，动物实验中证实的发病机制和治疗效果，并不能替代对患者临床效果的证实。众多新的诊断和治疗方法，究竟是否有效，最终还得靠医生在日常临床实践中来得到验证。但对于如何系统、严谨地进行临床验证，长期缺乏科学有效的方法。

20 世纪中叶，随着数理统计学蓬勃发展，以随机分组与设立对照为准则的临床试验方法和临床流行病学诞生，医学界找到了评估临床治疗效果比较可靠的方法。20 世纪末，随着计算机技术的普及，电子文献库和互联网出现，医学信息技术发展，使医学界能够把世界各地各个时期的临床研究报道系统综合起来。以考科蓝组织的努力为代表，学术界在临床医学证据的收集、分析、总结和传播上做了大量的工作，医生可以依靠那些综合、定量和相对可靠的证据来指导临床实践，临床指南制订者也可以依此制订医护标准。在此基础上，"循证医学"应运而生，并得到迅猛发展。

循证医学的核心是依照证据进行临床诊疗。目前建立起来的方法已经能够使人们比较可靠地证明某种临床诊疗方法对患者群体是否有效以及有效程度。可惜的是，很多正在普遍应用的临床诊治方法还没有来得及经过严格的循证医学验证。《临床证据》显示，在几千种常用的临床干预措施中，约一半还没有经过随机对照试验证明它们确实有效。此外，目前的临床证据仍然存在相当大的局限性，主要原因是其结论都是概率性的，这就大大影响了其临床应用价值。例如，临床试验结果表明某种治疗方法的有效率为 80%，副作用发生率为 1%，这就算是很好的治疗方法了，但谁会是那 20%

无效的患者？谁会是那 1% 发生副作用的患者呢？这在医生为每个具体患者作出临床决策时仍然是一个难以确定的问题。就每一种疾病而言，到了每个人身上，表现各不相同、千变万化，对同一治疗的反应迥异。因此，目前的循证医学研究结果虽然能为治疗的群体效果提供充足的证据，但是当医生面对每一个具体患者时，还只能作为决策的参考。

由于上述的局限性，人们对循证医学产生了更高的期望，提出了个体化医疗（personalized medicine）的要求。我个人认为这是个良好的愿望，医学的发展应尽可能把同一疾病做出越来越细的区分，并寻求相应的不同诊疗方法，以提高疗效。但是，我们却永远不可能证实只针对个体患者有效的诊疗方法，因为临床证据是归纳性的，而归纳只可能获得概率。

当前，大数据技术的发展，让人对个体化医疗产生了更大的期待。大数据技术无疑将推动循证医学的发展，但值得思考的是：我们如何证实一个只在一个具体患者身上有效的治疗？基于大数据的统计关联是否可以取代因果关系？是否可能提供比随机对照试验更可靠的证据？一个需要几万甚至几十万人方能证明的疗效的临床意义会有多大？作为复杂巨网络系统中的某些遗传标志物是否可能成为某些疾病的独立的决定性的诊断或治疗依据？科学的确会在不经意处给人以惊喜，在大数据对医学发展影响的问题上，我们应保持开放的态度，但也不可盲目乐观。

我还想强调的是，循证医学的任务不仅是提供疾病诊断和治疗的证据，还应该对其他影响临床决策的因素（如伦理、经济和社会因素）等做出分析，为正确决策提供帮助。举例来说，循证医学研究结果表明高血压人群的冠心病或脑卒中的 5 年发生率为 10%，而服用抗高血压药物后能降低 30% 的发生率，其实际临床含义是什么呢？就是每 100 个高血压患者都服用抗高血压药物，在 5 年内只有 3 个人是受益的。如果每个医生都能正视这样的证据，每个患者都知道这样的证据，大概会对目前高血压诊断和治疗的国际标准提出不同意见。如果结合经济和社会层面考虑，经济发达国家和落后国家，医保发展水平不同的社会，富裕和贫穷的人群，都可能会、也应该对此做出不同的决策选择。好的循证医学不仅应该有利于临床诊断和治疗，还应该有助于根据社会资源以及人们的实际需求和价值取向做出合理的医学决策。

其实，循证医学的命题还不限于技术层面，甚至不限于经济和社会层面，而应关乎到医学的根本宗旨和目的。现代医学的发展，使得很多疾病得以诊断和治疗，寿命延长，人也更健康，但人类是否感觉更加幸福了呢？人出生时没有痛觉，痛苦是生命成长的结果，疾病和死亡是生命不可或缺的组成部分。哲学家伊凡·伊里奇说："健康是人类应对死亡、疼痛和疾病的能力，科技可以帮忙，但是发动一场消灭死亡、疼痛和疾病的神圣战争，医学似乎走得太过了。"40 年后的今天，医学更进步了，伊里奇的发问也更发人深省。

《循证医学基础》主编唐金陵教授是我的好朋友，也是我在循证医学方面的老师，每当我在思考相关问题遇到疑惑时，总能从他那里获得教益和启发，他在循证医学方面的造诣令我折服。《循证医学基础》这本书最大的特点是没有教条味道。它介绍的是循证医学最新理论和复杂方法，但没有对国外文献囫囵吞枣、"照章宣读"，而是经过自己融会贯通后，结合经常遇到的实际问题，娓娓道来，深入浅出，明白易懂。这本书里还包含很多作者自己对当今循证医学理论和方法的思考和评论，不仅包含技术层面，还涉及医学的社会价值和人文终极关怀，殊为可贵。在这一新版中又增添了扩展阅读的内容，加强了深度与广度。

总之，这是一本好书，我愿意把它推荐给广大医者和医学生。

是为序。

韩启德

中国科学院院士　北京大学医学部主任

2015 年 9 月于北京

第 2 版前言

存在即合理，但合理未必合情。真理之外，还有价值、伦理和信仰。

任何决策都应基于证据。乘飞机时，我们需要飞机安全可靠的证据；买鞋时需要鞋子大小合适的证据；买水果需要水果滋味的证据。事实真相不明时，决策和行动是盲目的。证据缺乏时，有时决策仍需进行；但证据存在时，忽视证据的行动是无知和不负责任的表现。

诸如生活方面的决策和选择，或者有可靠的保证，或者信息简单易懂。例如飞机的安全性是有保证的，任何严重事故都在公众监督之下；又如鞋子大小是否合适，核对一下号码或试穿一下就可以了；再如水果的滋味，自己尝一尝就知道了。但是，关于医学干预措施的效果，既没有简单、明了、可靠的保证机制，其证据又十分复杂和抽象，若无专业训练，很难准确理解和把握其含义和价值。因此，如何利用证据进行医学实践就成了一门学问。

循证医学是一门关于如何依据证据进行医学实践的学问。循证医学实践与传统的医学实践的重要区别在于对证据的区分、甄别和利用，在于对证据可信度和适用性的判断，以及对效果大小量化的考量。但证据本身不是决策。我们知道宝马汽车很好，但是不一定会买，决策还须兼顾资源的多寡以及人们的需要和价值取向。因此，循证决策不仅需要收集、评估、诠释和参考证据，同时还要求对资源和价值取向等证据以外的诸多因素进行考量。

本书第 2 版共分四个部分。第一部分共 8 章，介绍循证医学的基本内容；第二部分共 9 章，介绍如何解读常见的临床研究报告，是第一部分第四章的扩展；第三部分共 7 章，选集了关于几十种常见防治措施效果的研究证据，可用做教学，也可帮读者对广泛应用的干预措施效果的大小有所了解；第四部分共 6 章，为扩展阅读部分，主要针对近些年国内外对循证医学讨论的热点问题进行分析和评述，对医学的进步和作用进行讨论和反思。对于第 1 版的其他章节，除纠正了个别明显的错误外，其余完全维持了原貌，即使是相对比较旧的内容，如果所论述的观点是正确的，也没有进行更新。

第五、十五和十六章以及第三和第四部分各章是第 2 版新添加的内容，第二章和第十七章（即第 1 版的第十四章）更换了作者，呈现了新的面貌。

第一章是本书第一部分的概述，着重介绍循证医学诞生的背景、流行病学与循证医学的关系、循证医学的概念及其演变、证据的含义和作用、循证医学的核心及其外延、循证医学与其他专业的关系，以及循证医学对医学发展的启示和挑战。对决策信息可信度和适用性的系统考察，对确定疗效使用的结局指标的临床意义的评价，以及对干预作用大小的定量描述，是循证医学有别于传统的医学实践的关键环节。

第二章论述循证医学证据产生的方法学基础。循证医学所指的证据是在人群中进行的，关于健康、疾病和医疗服务一般规律的应用型研究结果。流行病学是医学应用型研究的方法论。研究问题决定了研究的意义和价值，研究方法决定结果是否可信。不同的临床问题需要不同的研究设计，同一临床问题在不同研究阶段也会采用不同的研究设计，研究设计是研究结果真实性最重要的决定因素，因此我们可以仅仅根据研究设计对证据的可信度进行快速的评估。

样本量是临床研究中的一个重要问题，但常常被误解。关于样本量，有一点是肯定的，而且经常被忽视：需要的样本量越大，预期的疗效就越小。一个需要 50 人就可以证实的效果可能比需要 5000 人才能证实的效果大很多倍。断肢再植、输血和正骨，不需要随机对照试验的验证，甚至不需要任何对照研究的验证，试几个人就足以证明其效果。因此，对大样本、多中心临床试验要有正确的认识。

第三章介绍国际上几十年来在医学实践证据的产生、收集、整理和传播方面所做的工作，由此形成的证据金字塔是检索和收集证据的纲领。

第四章介绍如何阅读、理解和使用医学研究报告里呈现的研究证据，其实质就是对研究的结果、可信度和外推性进行评估。证据的评估存在很大的主观性，因此进一步增加了证据的不确定性。

第五章是韩启德院士在 2014 年全国科协大会上的讲演内容，围绕心血管病危险因素的控制和癌症筛检（即早诊断早治疗）两个目前医学的重要议题，对有关医学措施效果的证据进行了回顾，并对其实践意义进行了分析和讨论。在慢性病汹涌而来的时候，在新的检查和治疗方法层出不穷的时代，如何利用有限的资源取得最大的患者真正需要的健康效益，是本章为读者提出的一个值得深思的问题。

第六章是第五章的延续，围绕有关高血压的证据和策略，展开进一步剖析和讨论。本章涉及的核心问题包括：什么是高血压？高血压的诊断切点应设在哪里？改变诊断切点的后果是什么？诊断高血压的"天然切点"并不存在，证据、现有资源和价值观在确定疾病诊断切点中各具不可取代的作用。第三十章会围绕"什么是疾病"以及"治还是不治"这两个医学最根本的问题进一步展开分析和讨论。

第七章讲述有关医学决策的问题。行动应具有目的，决策应以目的为导向，价值观是影响决策目的的重要因素。只有在决策目的明确后，才能寻找实现目的的手段。决策是证据得以影响实践的载体，其主要作用是提供有关决策备案的风险和收益的信息。医学实践需要资源，资源分配涉及伦理和价值问题，因此医学决策须以患者的价值取向为基础，须因人因时因地，做出不同的决策。因为每个患者的需要、资源和价值取向不同，所以只有这样才能实现以患者为中心的服务（其服务必然是个体化的），才能最终使患者满意。

第八章介绍临床指南和临床路径以及它们在实现循证医学中的作用。个体化诊治是医学实践的精髓。虽然标准化的方法本质上违背了个体化决策的原则，但是出于其他方面的考量，很多时候实践指南和临床路径是必要的、有益的、可以接受的。但是，近些年一些指南与国际大药厂的关系以及指南中可能存在的利益冲突备受关注。有些指南是国际性的，涉及的人群很大，应充分认识其中的利益冲突和在不同人群中变通的必要性。

第二部分的 9 章分别介绍解读不同研究报告的原理、原则和方法，对任何研究报告的解读重点不外乎是研究的结果、可信度和适用性。

第三部分共 7 章，第十八章为其他 6 章的导读，这 6 章收集了几十种最常见的心血管病和癌症防治措施效果的研究证据，也纳入了几种中医药治疗效果的证据，可供教学参考。

第四部分第二十五章是牛津大学的格林哈尔希（Trisha Greenhalgh）教授于 2014 年在《英国医学杂志》发表的一篇评论性文章。本文对循证医学 20 多年来遇到的问题、困难和危机进行了回顾和展望，并提出了一系列的应对方案。所谓循证医学的危机，主要源于对循证医学的误解、泛用和误用。泛用是用在了不恰当的地方，误用是用在了不利于患者的地方。如果把循证医学比作一种工具，循证医学有其特殊的功用和定位，不仅不可能用来解决所有问题，还可能被利用做出有害于患者的事情。循证医学的未来发展应尽可能减少其泛用和误用造成的不良影响。

第二十六章介绍了目前国际上盛行的 GRADE 证据评级系统。读者可以利用 GRADE 更好地评估证据的可信度。但更重要的是，我们希望读者通过本章进一步了解评估证据可信度的困难和复杂性。GRADE 尚不是终结方案，因为它太复杂，也因为它追求的精确性其实是建立在模糊的主观性之上，最重要的还是因为它混淆了证据质量和治疗推荐两个不同的概念，这一点应引起充分注意。

第二十七章介绍了循证医学在护理学中的应用及其产生的特殊问题。本章着重介绍了循证护理的概念及其实践步骤，以及与循证护理发展有关的机构、资源和活动。循证护理的一个重要特征是，不像药物治疗，更像外科手术，护理措施多属于复杂干预，评估时比较困难，随机对照试验比较少，而且证据的适用性受更多因素的制约，进行循证护理实践时应特别引起注意。

第二十八章介绍了循证医学对中医药研究和发展的启示。与绝大部分新开发的西药不同，中医药已经在人群中普遍使用，因此中医药的研究不应追随西药从机制到疗效的漫长的开发过程，应该反其道而行之，可以首先在人群中评估其安全性和有效性。基于此，1998 年作者在《香港医学杂志》第一次提出了"以疗效为先导的中医药研究策略"的思想。本章对此研究策略进行了详细的论证。本章有关内容部分曾在《英国医学杂志》《柳叶刀》和《循证医疗卫生决策》发表。

第二十九章阐述了治疗措施在理想条件下（效力）和现实条件下（效果）所显示的疗效的区别，以及评估它们的策略和程序。在理想条件下有效，不等于在实际条件下也有效，这是利用理想条件下研究结果时必须考虑的问题。但是，在实际条件下或"现实世界"里通过观察性研究展现的效果可能是不可靠的。尤其在疗效不是很显著的情况下，就像我们不能用肉眼看到细胞而必须借助显微镜一样，我们不可能避开随机对照试验，不可能用观察性的方法或常规数据来确定疗效的存在。在大数据及其相关的现实世界研究开始兴起的时候，人群实验研究和观察研究的区别和作用尤其值得注意。

第三十章回顾了现代医学发展的历史和 20 世纪医学的进步。20 世纪医学的成就似乎并没有使人们更加满意。相反，今天人们对医学存在着更多的怀疑、不满和指责。本文从"什么是疾病"和"该不该治疗"这两个医学的根本问题上进行剖析，指出疾病不是绝对的黑白分明的存在，其间还存在无数道灰色区域。在科学证据的基础上，任何医疗活动都必须考虑资源的多寡以及患者的需要和价值取向，治疗也只是一种人为的抉择，不是必然的命运。

在准备本书再版工作的繁忙时刻，加拿大考科蓝中心主任格里姆肖先生通过电邮传来了大卫·萨基特教授 2015 年 5 月 13 日逝世的消息，心为之一震。世界考科蓝协作组织创始人伊恩·查莫斯爵士在微博中写道：萨基特教授走了，在促进研究证据在临床应用方面，没有另一个人比萨基特教授做的更多。

1992 年萨基特教授竖起了循证医学的大旗，呼吁诊治患者要遵循科学证据，不应"随心而欲"，一石激起千层浪。在医疗服务成为商品的时候，在各利益集团激烈争夺医学话语权的时候，萨基特先生登高一呼：要用科学证据说话，而不是任何其他的理由。他利用循证医学为保障患者利益设立了一道坚实可靠的盾牌。

1995 年，萨基特教授来到牛津大学，担任牛津大学循证医学中心首任主任。我的生活轨迹与萨基特教授在牛津有不到一年的交集，但是他改变了我的学术生涯，因为后来我义无反顾地做起了循证医学的工作。记得有一天，我去拜访萨基特教授，谈话之余，他高兴地送我一份尚待发表"循证医学的必要性"一文的稿件。一晃 20 年过去了，今天

第 2 版前言

我又翻出那篇已经有点儿发黄的文稿，再次咀嚼先生的文字。

2000 年，萨基特教授正式退休，并在《英国医学杂志》做了一个郑重的宣言，他说："我决定彻底离开循证医学，不做讲演，不写文章，不审基金，把循证医学的未来完全交给这个领域的年轻人。"不是因为循证医学错了，也不是因为他不再关注循证医学了，而是因为循证医学未来的发展太重要了，应把它尽早交给年轻人。也许他隐隐约约预感到即将到来的风雨，作为循证医学的创始者，无论是赞誉还是批评，对于一个退休的老人，这个精神负担和压力似乎不再必要了。

循证医学在风雨中颠簸了 23 年，现在还站在医学的风口浪尖上，有褒有贬，有扬有抑，有苦有甜。其实，循证医学不过是一个工具，就如一把刀子，有其特殊的功用，也有其局限性。和所有其他工具一样，可以用来做有益的事情，但也可能被泛用，用在不该用的地方，还可能被误用，做出有害的事情。相对论被用来创造核能，造福人类；但也被用来制造核武器，屠杀人类。工具本没有对错，拿工具做事的是人，是人在做，是人在赞扬，是人在批评，我们不能因为工具会被人错误地利用而否定工具本身。

对循证医学的误解和误用在很大程度上是因为我们误认为医学实践仅仅是医学的问题，其实证据本身载负着价值，医学决策更是价值观的直接载体。当患者的价值取向被忽视或扭曲时，医患矛盾必然会产生。

20 世纪是医学最高歌猛进的时代，我们今天在一个现代化医院可以看到的绝大多数药物、疫苗、技术、工具和仪器都是 20 世纪的产物。然而，现代医学的成就并没有使人们欢呼雀跃、拍手称快，结果却恰恰相反。2006 年，罗伊·波特在《剑桥医学史》的开篇中写道："在西方世界，人们从来没有活得这么久，活得这么健康，医学也从来没有这么成就斐然。然而矛盾的是，医学也从来没有像今天这样招致人们强烈的怀疑和不满。"

临床活动从来都不仅仅是简单的纯粹的生物医学问题。自古以来，疾病的确立首先是建立在患者主观上对病痛的感受，病痛感受也是医学行使干预最重要的前提。今天，疾病变得客观了，其诊断更多地依赖于仪器的测量，甚至可以完全脱离患者病痛的主观感受而成立。很多时候，患者失去了自己是否有病的话语权，这个话语权的丢失非同小可。

有关讨论还应包括死亡。死亡是人生的必然，在生命的终端，我们应该在机器的支撑下痛苦地"活着"，还是该离开的时候坦然地选择离开，这是一个人一生中必须面对的重大的伦理抉择。这个抉择应该是患者自己的，而不是任何其他人（包括医者）的。

1981 年，伊恩·肯尼迪在《揭开医学的面纱》一书中更直言："医生的大部分决定都是伦理和道德方面的，然而他们却缺乏这方面必要的训练。"当医者具备这样的训练时，在实践中把患者利益放在首位，是医学实践最基本的伦理准则。

的确，在医学活动中，除患者的利益外，还存在其他参与者的利益，而且这也是合理的。但是，在"什么是疾病"和"是否应该治疗"的问题上，药企的作用已受到质疑。2003 年出版的《制造疾病，推销药物》和 2006 年出版的《兜售疾病：药厂是如何把我们都变成患者的》引起了广泛的关注。《关于药厂的真相：他们如何欺骗我们，我们应如何应对》一书的作者、《新英格兰医学杂志》前总编玛西娅·安吉尔也曾写道："世界最大的药厂正在用市场手段疯狂地扑向健康人群。生活的起落已经变成精神疾病，常见的不适变成了令人恐慌的疾患，越来越多的正常人变成了患者。"然而，药企并没有多少新的发明，"他们不断地将老药重新包装，并称之为主打产品，做着换汤不换药的生意，然后用巨大的市场机器无情地推销这些药物，价格则被推高到任何可以逃脱责罚的高度"。这个现象值得引起全社会的关注。

在医学进步和困惑的大背景下，本书添加了一些扩展阅读的章节，使读者在了解循证医学的同时，也能够客观、理性地分析和认识医学的种种进步及其引起的问题。

感谢韩启德院士和《医学与哲学》杂志以及牛津大学格林哈尔希教授和《英国医学杂志》，他们慷慨地同意在本书中重印"对疾病危险因素控制和癌症筛查的考量"和"循证医学真的正面临危机"两篇文章。也感谢《中华流行病学杂志》和北京大学医学出版社允许将本人以前发表的两篇文章也放在本书里面。

这些文章分别安排在第五、二十五、二十八和二十九章。在重印这些文章时，本书忠实地保留了原文的题目和正文的内容，但是为了整书的统一性，按照教材的格式进行排版，对每篇文章添加了章节序号，对图、表进行了重新编号，添加了参见其他章节的标注，并在文章最后注明了原文章的出处。

最后，我由衷地感谢我的编委会成员和所有的作者及参编人员，没有他们的辛勤劳动，本书不可能以如此丰富和精彩的形式呈现给她的读者。也感谢他们在整个过程中对我的理解、接受、支持和容忍。还有我的妻子和孩子，他们是我对生活和事业激情的重要源泉。

写完这些字时，香港已是夏天了。眺望吐露港，远山叠翠，烟雾笼罩，一束阳光穿云而下。忽然想起科恩的一句话：万物皆有裂痕，那是光照进来的地方。沉思许久，人，生有缺陷，又必须面对死亡，对生命和医学的意义究竟是什么？我感激和拥抱医学的进步，且仍满怀期待，但也为她带来的困惑而不安。

唐金陵

2015 年 6 月于香港中文大学士林路寓所

第1版前言

2010年11月23日。

南纬8度，东经115度，巴厘岛，奴沙杜瓦，西斯廷酒店，开始为本书写前言。

这里，太平洋和印度洋两洋交汇，造就了宽阔的海域、奇异的海湾、美丽的沙滩。漫步在海边小径上，一边是湛蓝的大海，一边是青绿的丛林，头顶是热辣辣的太阳，四周是穿着五颜六色泳装的男女。

晚上，好奇地填了一肚子不太适应的巴厘岛海鲜，入神地看了一场没弄明白的卡查舞（Kecak dance）。回到酒店读了不经意带回的剧情说明，才知道这一晚上森林中美女与野兽的荒唐戏，原来是一个王子救妻的动人故事。

今天的循证医学，好像奴沙杜瓦这条新的、亮丽的风景线。她是一个多学科的汇合，构成了一幅美丽的图景，引来无数人"观光游览"。对很多人来说，它就像海边穿着泳装的男女，很容易引起人们的注意，但很少人会进一步接触和了解他们。循证医学又像那几十个舞者的卡查舞，说着一个美丽的故事，而游人则有意无意地看着，呷着啤酒，时而做着调侃。观看舞蹈的心情是轻松的。但我现在却觉得，我和我的作者就像那些跳着卡查舞的舞者，心情突然有点沉重。

莎士比亚对生活的诠释是：事无善恶，思想使然。科学真理同样带着科学家主观意识的烙印。由于视角的不同，人们可能对同一问题做出不同的解释和结论。什么是循证医学？就如同问"什么是西湖"。你可能临断桥看西湖残雪，你可能游白堤望平湖秋月，你可能进曲院风荷见接天莲叶，你可能登雷峰塔顶叹爱情凄美，你也可能泛舟三潭映月说观音香炉镇黑鱼……正是这无数穿越时空的面相的综合，相互补充，而非相互排斥，构成了西湖完整的图像，就像拼图游戏。在本书里我们也试着提供了一块循证医学的图像，希望它是重要的一块，五彩缤纷的一块，不可缺少的一块。

Robert Merton认为科学就是有组织的怀疑。循证医学给医学带来的重要启示莫过于怀疑和不确定性：怀疑我们现在所做的东西的正确性，认识我们已知道的东西的不确定性，承认我们的知识还有很多盲区。因此，我们没有理由认为我们已经知道了一切，也没有理由相信我们知道的一切都是正确的，更没有理由断言我们现在所做的一切都是合理的、永恒的，否则医学就再不需要任何进步了。

2002年，在谈到伊拉克是否存在大规模杀伤性武器时，美国国防部长拉姆斯菲尔德向媒体说："我向来对未发生的事情的报道都很感兴趣。因为如大家所知，我们知道有些事情我们已经知道，我们也知道有些事情我们还不知道，但是还有一些事情我们根本不知道我们不知道它们。"他还说："证据不存在不等于事实不存在。"也就是说，不能因为没有显示某事情存在的证据，就认为你掌握了该事情不存在的证据。因此他告诫人们：要学会说"我不知道"。当你不知道时，一定要承认不知道，而且这应该是经常发生的事情。也许你不喜欢这位老练的政治家这种外交式的辞令，并认为这不过是一种狡黠和诡辩。但是，我们不能否认这些话里含着深刻的道理和智慧：已知的、未知的以及未意识到的未知，都会影响我们的决策及其结果。决策时应充分掌握已有的知识，认识知识的盲区，这正是循证医学希望传达的信息之一。

因此 Muir Gray 说，证据就是疾病的敌人，医学研究证据对健康的价值将大于未来十年内可能出现的任何一个新药。20 世纪，生物医学科学发生了突飞猛进的发展。1950 年以来公开发表的生物医学文献近 2000 万篇，如果一个人每天 24 小时不吃不喝不睡，每小时读 10 篇文章，读完这些文章需要 228 年，更不用说还有很多问题尚不存在任何科学研究的基础。作为一个个体，的确有太多的新东西我们不知道，我们不知道它们的存在，甚至不知道我们不知道它们的存在。循证医学呼吁医生了解这些信息，以此为据做好临床实践。

庄子讲，吾生也有涯，而知也无涯。以有涯随无涯，殆已！已而为知者，殆而已矣。人生是有限的，而知识是无限的，用有限的生命去追逐无限的知识，注定是不可行的。然而，2000 多年后的今天，出现了计算机和互联网，再面对无限的知识，庄子也许会有新的感悟：我们无需追求无限的知识，只要需时取而用之即可。

即使你对现代医学信息的发展尚不了解，你也一定用过自来水。为了使人们方便地得到洁净的饮用水，我们首先需要寻找和确定优质的饮用水源，然后对水源进行净化、处理和储存，最后将可以直接饮用的洁净水通过管道网络送到千家万户。对于医学信息，循证医学工作者做了同样的工作，他们首先寻找和确定优质、相关的信息，然后把它们梳理、浓缩和整合，最后通过互联网送到医院、病房和诊所，送给千千万万个医生和患者。这些信息就像自来水管里的饮用水，等着你送给干渴的患者。

面对知识，科学教我们怀疑。医学越进步，我们知道的就越多，能够做的也就越多，如何利用知识的问题就变得越迫切。这个问题在生命的两端显得尤为突出，将一个大脑严重发育不全的新生儿的生命维持到一岁的意义有多大？把一个晚期癌症患者的生命再延长十天的价值又如何评估？能够做的不等于应该做的。什么是医学应该介入的时候？哪里该是生命顺其自然医学可以止步的地方？谁的答案又是正确的？因此有批评者担心，现代医学的主要问题不是它不能为的地方，而是它能够做得更好的地方，是它不需要介入而介入的地方，是它该止而不止的地方。

科学也教我们无知时克制。但是，面对垂危的生命，面对痛苦折磨中绝望的患者，理性的力量似乎是渺小的，无论效果如何，我们都仍会不遗余力。"赶快做点什么啊，什么都行！"可能是全世界任何一个医院里都不陌生的呼喊声。可多少次，结果都是人财两空。

当医学无为时如何行动？当医学有为时何时为止？如何将新的医学知识转换成生命的价值？这是循证医学对医学实践提出的另一个重要议题。

上士闻道，勤而行之；中士闻道，若存若亡；下士闻道，大笑之。不笑不足以为道。相信本书会找到那些善闻且勤能行之的大夫。

唐金陵

2010 年 11 月 25 日

目 录

第一部分 循证医学概论

第一章 循证医学概论 ·············· 2
  一、从流行病学到循证医学 ······ 2
  二、循证医学的发展和演变 ······ 6
  三、循证卫生决策 ······················ 9
  四、广义的循证医学 ················ 11
  五、循证医学的启示和挑战 ······ 15

第二章 流行病学——产生证据的方法论 ······························ 19
  一、引言 ······································ 19
  二、研究设计 ···························· 21
  三、研究的组成和步骤 ············ 25
  四、误差和推论 ························ 32
  五、其他研究设计 ···················· 32
  六、本章概要 ···························· 33

第三章 研究证据的收集、整理和传播 ······························ 37
  一、证据的收集、评估和总结 ······ 38
  二、证据演进的5S模式与证据金字塔 ·································· 41
  三、获取证据的策略 ················ 43
  四、本章概要 ···························· 44

第四章 评估医学证据概论 ············ 47
  一、确定临床实践问题 ············ 48
  二、检索有关研究 ···················· 48
  三、文献评估的内容 ················ 51
  四、评估研究的结果 ················ 52
  五、评估结果的真实性 ············ 56
  六、评估结果的外推性 ············ 58
  七、依据证据进行决策 ············ 59
  八、本章概要 ···························· 59

第五章 对疾病危险因素控制和癌症筛检的考量 ···················· 62
  一、对疾病危险因素的控制 ······ 62
  二、对癌症的筛检 ···················· 64
  三、应对的举措 ························ 68
  四、本章概要 ···························· 69

第六章 循证决策实例：心血管病药物预防策略背后的证据和逻辑 ··········· 72
  一、高血压的严峻性 ················ 72
  二、高血压的药物治疗策略 ······ 73
  三、心血管病的综合预防策略 ······ 76
  四、确定开始治疗的心血管病危险阈值 ···································· 77
  五、实施心血管病预防的综合策略 ······································ 79
  六、我国心血管病预防策略中的问题 ·· 80
  七、预防心血管病的全人群策略 ······ 81
  八、本章概要 ···························· 82

第七章 医学决策及其模式的演进 ······ 85
  一、决策的基本概念 ················ 85
  二、决策的特征和分类 ············ 85
  三、医学决策的目标和结果 ······ 89
  四、医学决策模式的演进 ········ 94
  五、医学管理理念的演进 ········ 95
  六、以患者为中心的服务 ········ 97
  七、本章概要 ···························· 99

第八章 临床指南和临床路径 ········· 102
  一、循证医学与规范化服务 ······ 102
  二、临床指南 ···························· 102

三、临床路径 …………………… 110
四、本章概要 …………………… 114

第二部分　解读医学文献各论

第九章　如何解读关于诊断方法准确性的研究 …………………… 122
一、临床情景描述 …………… 122
二、诊断方法的准确性及其意义 … 122
三、描述诊断方法准确性的指标 … 123
四、解读诊断方法准确性的研究 … 128
五、解读实例 ………………… 132
六、本章概要 ………………… 135

第十章　如何解读关于疾病预后的前瞻性研究 …………………… 139
一、临床情景描述 …………… 139
二、疾病的预后及其重要性 …… 139
三、研究疾病预后的方法 …… 140
四、解读疾病预后的前瞻性研究 … 140
五、解读实例 ………………… 146
六、研究预后的其他方法 …… 147
七、本章概要 ………………… 147

第十一章　如何解读关于防治措施效果的随机对照试验 …………………… 150
一、临床情景描述 …………… 150
二、防治措施效果评价及其重要性 … 150
三、评价防治措施效果的方法 … 151
四、解读防治措施效果的随机对照试验 …………………… 151
五、解读实例 ………………… 156
六、评价干预措施效果的其他方法 …………………… 158
七、本章概要 ………………… 158

第十二章　如何解读关于治疗效果的随机对照试验的系统综述 …………… 161
一、临床情景描述 …………… 161
二、系统综述的必要性 ……… 161
三、解读治疗效果的随机对照试验的系统综述 …………… 161
四、解读实例 ………………… 170
五、本章概要 ………………… 171

第十三章　如何解读关于治疗效果使用替代结局的临床试验 …………… 174
一、临床情景描述 …………… 174
二、替代结局及其意义 ……… 174
三、解读使用替代结局的临床试验 …………………… 175
四、解读实例 ………………… 179
五、本章概要 ………………… 180

第十四章　如何解读有关治疗不良反应的前瞻性研究 …………………… 183
一、临床情景描述 …………… 183
二、不良反应及其重要性 …… 183
三、研究不良反应的方法 …… 184
四、解读治疗不良反应的前瞻性研究 ……………………… 185
五、解读实例 ………………… 187
六、研究不良反应的其他方法 … 187
七、本章概要 ………………… 188

第十五章　如何解读有关严重罕见慢性不良反应的病例对照研究 …… 191
一、临床情景描述 …………… 191
二、严重罕见慢性不良反应及其研究 ……………………… 191
三、如何解读严重罕见慢性治疗不良反应的病例对照研究 …… 192
四、解读实例 ………………… 196
五、本章概要 ………………… 197

第十六章　如何解读关于癌症筛检效果的随机对照试验 …………… 199
一、临床情景描述 …………… 199
二、筛检的重要性及相关概念 … 199
三、筛检效果评价 …………… 202
四、如何解读评估筛检效果的随机对照试验 ………………… 204
五、解读实例 ………………… 206
六、本章概要 ………………… 208

第十七章　如何解读关于治疗的经济学评价研究·········**211**
　　一、临床情景描述 ·········211
　　二、治疗的经济学评价及其重要性···211
　　三、治疗成本与治疗效果 ·········212
　　四、解读治疗经济学评价的研究 ···215
　　五、解读实例 ·········219
　　六、本章概要 ·········221

第三部分　常见防治措施效果的证据选集

第十八章　证据选集导读·········**226**
　　一、导读 ·········226
　　二、证据汇总 ·········227

第十九章　常见癌症筛检项目效果的证据·········**229**
　　一、乳腺癌常见筛检项目的效果 ·········229
　　二、结直肠癌常见筛检项目的效果 ·········231
　　三、宫颈癌常见筛检项目的效果 ·········232
　　四、前列腺癌常见筛检项目的效果 ·········233
　　五、肺癌常见筛检项目的效果 ······233
　　六、其他癌症（肝癌、胃癌等）常见筛检项目的效果 ·········235

第二十章　非小细胞肺癌常见治疗措施的效果·········**236**
　　一、手术治疗在早中期非小细胞肺癌中的效果 ·········236
　　二、术后辅助放射治疗在早中期非小细胞肺癌中的效果 ·········239
　　三、术后辅助化学治疗在早中期非小细胞肺癌中的效果 ·········241
　　四、姑息性胸部放射治疗在晚期非小细胞肺癌患者中的效果 ·········243
　　五、常规化学治疗在晚期非小细胞肺癌中的效果 ·········244
　　六、表皮生长因子受体酪氨酸激酶抑制剂在晚期非小细胞肺癌患者中的效果 ·········245

第二十一章　常见心血管病初级预防措施效果的证据·········**248**
　　一、他汀类降血脂药物对心血管疾病初级预防的效果 ·········248
　　二、降血压药物对心血管疾病初级预防的效果 ·········250
　　三、降血糖药物二甲双胍对心血管疾病初级预防的效果 ·········252
　　四、抗血小板药物阿司匹林对心血管疾病初级预防的效果 ·········254
　　五、生活方式干预对心血管疾病二级预防的效果 ·········255

第二十二章　冠心病常见治疗措施的效果·········**258**
　　一、早期他汀类治疗在急性冠状动脉综合征患者中的效果 ·········258
　　二、抗血小板药物治疗在心肌梗死患者中的效果 ·········259
　　三、早期和延迟侵入性治疗在非ST段抬高型急性冠状动脉综合征患者中的效果比较 ·········261
　　四、早期和延迟支架植入术在稳定型冠心病患者中的效果比较 ·········262
　　五、介入治疗和冠状动脉旁路移植术在冠心病患者中的效果比较 ···263

第二十三章　常见膳食补充剂预防和治疗疾病效果的证据·········**266**
　　一、维生素C预防和治疗普通感冒的效果 ·········266
　　二、抗氧化剂预防死亡、癌症和心血管疾病的效果 ·········268
　　三、B族维生素预防心血管疾病的效果 ·········273
　　四、ω-3脂肪酸预防心血管疾病的效果 ·········274

第二十四章 中医药治疗效果的证据……276
一、以青蒿素为基础的联合疗法治疗单纯性间日疟的效果 ………276
二、针刺治疗肠易激综合征的效果…278
三、针刺治疗急性、亚急性腰痛的效果 ………………………280
四、姜治疗妊娠恶心和呕吐的效果 ………………………………281
五、中草药治疗湿疹的效果 ……284
六、三氧化二砷联合全反式维甲酸治疗急性粒细胞白血病的效果 …285

第四部分 扩展阅读

第二十五章 循证医学正面临危机吗？…290
一、真正循证医学的特征 ………292
二、实现真正循证医学的行动 …294
三、结论 …………………………296

第二十六章 GRADE：证据质量与推荐强度的分级……………301
一、GRADE 概述 ………………301
二、GRADE 的原理与方法和使用注意事项 …………………303
三、GRADE 应用举例 …………305
四、GRADE 的发展与挑战 ……308
五、本章概要 ……………………311

第二十七章 循证护理的发展及应用……312
一、循证护理的概念 ……………312
二、循证护理的发展现状 ………313
三、实践循证护理的基本步骤 …314
四、循证护理应用实例 …………317
五、本章概要 ……………………321

第二十八章 循证医学和以疗效为先导的中医药研究策略……………322
一、背景介绍 ……………………322
二、为什么中医药研究应该采取以疗效为主导的策略？ ………322
三、随机对照试验是评估疗效的科学方法 …………………323
四、有用的治疗必须是益处大于害处 ………………………………324
五、中医药临床研究中的伦理问题 ………………………………324
六、中医药临床试验的现状 ……325
七、能否用西医的预后标准来评估中医的疗效？ …………………325
八、临床试验是否可以用来评估中医药的个体化治疗？ …………326
九、可优先评估的中医药治疗 …326
十、结语 …………………………327

第二十九章 观察与实验 效力与效果……330
一、导读 …………………………330
二、观察与实验 …………………330
三、实验与实践条件的差异 ……333
四、效力与效果 …………………333
五、观察和实验的互补作用 ……334
六、现实世界研究及其作用 ……335
七、结论 …………………………336

第三十章 医学的进步与疾病的概念……339
一、20世纪前的医学 ……………339
二、现代医学的崛起 ……………340
三、现代医学发展的特征 ………343
四、对医学的批评与反思 ………344
五、什么是疾病？ ………………345
六、总结和展望 …………………351

附录一 如何估计自己患者的需治人数…354

附录二 循证医学基础英文读物………356

附录三 循证医学常用网络资源………358

附录四 循证医学常用名词解释………362

中英文专业词汇索引………374

第一部分

循证医学概论

第一章　循证医学概论

Knowing is not enough; we must apply. Willing is not enough; we must do.

——Göthe（歌德）

循证医学（evidence-based medicine）是 20 世纪 90 年代以来医学界最炙手可热的话题，西方媒体称它为一项震荡世界的构想、一场发生在医学实践里的革命，正如抗生素的发现对医学的冲击一样，循证医学正在改变着沿袭千古的基于经验的医学实践模式。20 世纪是科学突飞猛进的世纪，如果说 DNA 结构的发现揭开了生命最深的奥秘，那么循证医学则是一场触动医学实践基础的革命。

20 世纪中叶，作为研究医学实践的方法论，现代流行病学开始兴起，其以后几十年的发展、应用和取得的成果，成为循证医学形成的原始动因。循证医学的核心就是利用流行病学研究结果进行医学实践。因此，作为循证医学一书的开篇，本章将首先回顾从现代流行病学到循证医学的发展轨迹，以追溯循证医学的起源和了解其早期思想的特征，进而阐述循证医学的概念、范畴、意义、方法、应用以及其后的发展和演变，最后分析循证医学给医学带来的机会、启示和挑战。

教科书的目的是介绍一个领域的基本知识、原理、方法和技能。然而，在知识飞速更新和世界互联网高速传播信息的今天，一本教科书的使用寿命也变得越来越短。因此，本章也希望通过对历史的回顾和未来的展望，为读者打开一个更宽广的视窗，使读者在学好基本知识的同时，能够体会一个学科变革的重要性和必然性，用发展的眼光看待一个学科，不断跟上学科发展的步伐。

怀疑随知识的增加而增加。任何知识都是不完善的，怀疑是一种必然，怀疑也是一种必要，怀疑是新知识产生的开端，而独立思考正是怀疑的开端。我们也希望通过一些鲜明的个性化的见解和分析鼓励读者勇于怀疑知识和不对立独立思考的精神。另外，循证医学作为一个新生事物，它的内涵和外延还在不断发展和完善，因此，我们也希望读者能够以发展的眼光看待循证医学，把握甚至主动地参与它的发展过程，而不是简单地学习一些僵硬的概念和技能。

一、从流行病学到循证医学

（一）古典流行病学的发展

直到 20 世纪初，人类的平均寿命一直徘徊在 30～40 岁，癌症和心脑血管病是罕见病，高血压、高血脂、糖尿病、老年性痴呆更鲜为人知，引起人类疾患和死亡的主要疾病是传染性疾病。在 14 世纪中期的鼠疫大流行中，30%～60% 的欧洲人口因此丧生。20 世纪初的西班牙型世界流感大流行导致近亿人口死亡。数千年来，与传染病的斗争是人类医学发展的主线。

造成这些疾病在人群中发生、传播和流行的原因是什么？探索传染病发生、传播和流行的因素是人类对疾病病因认识的开始，也是人类能够针对病因采取措施预防和控制疾病的开端。流行病学的英文是 epidemiology，epidemic 是流行的意思，epidemiology 就是关于疾病流行的学问，早期的流行病学就是探索传染病流行原因的科学，流行病学是人类与传染病斗争中产生的最早的学科之一[1]。

英国麻醉医生约翰·斯诺（John Snow）对1854年伦敦霍乱暴发原因的调查，也许不是流行病学家最早的探索，却是现有记载详细的早期流行病学调查范例。1853年伦敦暴发了一场前所未有的霍乱流行，斯诺怀疑可能与饮用水有关。他比较了伦敦市中心不同水井周围居民的霍乱死亡人数，发现宽街水井附近的居民死亡人数远远高于其他水井区，从而提出了饮水可能与霍乱暴发有关的假设。基于这个推测，斯诺拿走了宽街水井取水的把手，使人们不能在那里继续取水，从而控制了宽街霍乱的流行，进一步提供了饮水可能传播霍乱的证据。

斯诺的研究有两个重要特征：一是对人体以外环境因素的关注，二是对不同特征人群的比较。斯诺是古典流行病学的先驱，通过对不同特征人群的比较来发现影响疾病流行的外部环境因素是古典流行病学的核心思想。这两个特征至今还是人们用来区别流行病学与临床医学和基础医学的主要方面；临床医学关注的是个体而不是群体，基础医学关注的是人体内部的和微观的世界而不是外部的和宏观的因素。细菌的发现为病因提出了新的假说，向流行病学的病因论提出了挑战，使医学开始关注传染病的直接病原体，并向人体内部的微观世界寻找疾病的原因。细菌学说的提出使医学开始向微观方向发展，微观研究的巨大成功很大程度上分散了人们对人群流行病学研究的兴趣，推迟了它在其他医学领域的应用，分割了临床和预防的联系。

针对外部病因采取措施预防和控制疾病形成了预防医学的基本思想，而用于探索外部病因的流行病学就是预防医学的基础，因为没有预先对病因的了解就无法预防和控制疾病。流行病学从群体的观念出发研究病因，预防医学从群体的观念出发控制疾病，群体的思想成了现今预防医学和公共卫生的核心思想。群体的疾病控制方法固然不同于对临床个体患者的诊治。然而，群体的研究方法不适用于关注个体患者的临床研究却是一个长期的广泛的误解。直到20世纪中叶，由于在评估治疗效果问题上的突破，流行病学的群体思想和方法开始全面进入临床实践问题的研究中，再次得到关注。

（二）临床流行病学的崛起

1799年12月4日，美国第一任总统乔治·华盛顿因咽喉发炎，经放血疗法医治无效，与世长辞。在生命的最后一刻，华盛顿总统对他的医生说："请你们不要再费心了，让我安静地走吧。"足见放血疗法在当时医学实践中的地位和这位身经百战的将军对其有效性的怀疑。然而，当时的医学却没有可靠的方法来证明这项治疗是否真正有效。

1828年，法国医生路易斯PCA（Pierre Charles Alexandre Louis）用对照比较的方法，证明放血疗法（bleeding）治疗肺炎反而会增加死亡的危险。然而，放血疗法毕竟被奉为灵丹妙药而用了几百年，一项研究远不足以彻底否定它，不足以阻止其使用。1923年美国权威临床教科书仍然推荐放血疗法为治疗肺炎和心力衰竭等疾病的常规治疗。也许更重要的是，由于当时科学的局限性，人们无法肯定地回答Louis两组之间死亡的差别是由于放血的作用还是两组之间其他因素（如年龄和病情）的区别造成的。这些因素的作用与放血疗法的作用交织在一起的现象在现代流行病学里称为混杂，混杂困扰着所有类似这样的对照研究。有记载显示，从17世纪开始，人们已开始使用对照研究评估治疗方法的效果，在之后的几百年里，医学在其他方面有了突飞猛进的发展，人们发现了细胞，发现了细菌，发现了病毒，又发现了可以抑制这些细菌和病毒的疫苗和抗生素，然而却始终没有找到满意地解决人群对照研究中组间比较的混杂问题的方法。

直到20世纪中叶，生物医学领域出现了两项20世纪最重大的科学突破，一项是1948年随机对照试验的诞生，另一项是1953年DNA双螺旋结构的发现。1948年，《英国医学杂志》刊登了一篇题目为"链霉素治疗肺结核的随机对照试验"的文章。这个当时不太起眼的研究，用一种极为简单优美的方法，彻底解决了几百年来困扰临床研究中比较组之间不可比的问题，这个方法就是随机分组（random allocation）。

用随机的办法将患者分配到不同的比较组，就能实现比较组之间所有可能影响疾病转归的因素完全可比的梦想。随机分组的思想简单、朴素,简单得根本不像一个伟大的构想,丝毫没有许多科学思想那种不可思议的深奥,一个受过基础教育的人几分钟之内就能够理解它。随机分组的方法又十分优美。它不需要收集任何资料,不需任何复杂的统计方法,甚至不需知道混杂因子是什么、有多少,随机分组会无选择性地平衡两组间所有可能的混杂因子。这种用随机分组的方法将患者分到各比较组来比较不同治疗作用大小的研究方法,叫作随机对照试验(randomized controlled trial,RCT)。

随机对照试验很快就被医学界接受,并奉为评估医学干预疗效的金标准。60多年后的今天,在每一个像《柳叶刀》和《新英格兰医学杂志》这样顶级医学杂志里,几乎每期都会看到随机对照试验的报告。以随机对照试验为研究方法的旗舰,研究临床实践问题的临床流行病学(clinical epidemiology)在20世纪后叶异军突起,对流行病学的发展和循证医学的产生发挥了巨大的作用。

(三)现代流行病学的形成

群体观是流行病学研究的核心。其实,任何科学研究都不可能通过对单个个体的观察而完成,规律的发现需在多个个体中重复观察和确认。因此,群体的研究方法不是流行病学特有的,也不是预防医学和公共卫生特有的,更不是预防医学研究与临床医学研究的区别所在。恰恰相反,群体的方法是一切科学研究方法的共性,临床研究也不例外。比如,看到一例出现黄疸的高血压患者,决不能说高血压患者易出现黄疸或黄疸是高血压的特有体征。显然,肝病和黄疸的关系必然是在观察了很多患者之后得出的结论。任何有意义的临床发现都是建立在群体的观察和比较的基础之上。因此,在群体的概念上,临床实践和公共卫生的区别在于:临床实践将来自群体研究的结果用于个体患者,而公共卫生则将同一研究结果用于群体。其实,基础研究的对象也是群体,区别在于它们研究的不是人的群体,而是"一群"细胞、"一群"分子或"一群"动物。

正是群体思想和群体研究方法向临床的渗透,促成了临床流行病学的诞生,临床流行病学的成熟标志着现代流行病学的形成。20世纪后叶,现代流行病学逐步成熟,成为"在人群中研究有关健康、疾病和医学实践一般规律的方法论"。不同于实验室基础研究,流行病学的研究对象(study subject)是人类,不是分子、细菌、病毒和实验动物,其基本研究单位是一个完整的个体,而不是他的一个部分(后者如器官、组织、细胞和生物学分子)。作为研究方法论,流行病学本身没有临床和公共卫生之分,临床流行病学是流行病学理论和方法在研究临床实践问题中的应用。比如,随机对照试验既可以用于评估临床治疗的效果,也可以用于评估预防措施的作用;又如,病例对照研究常用于初步探索病因和危险因素,又可用于确定药物罕见的慢性不良反应。

按照生物医学研究的分类和应用,如果把生物医学研究分为基础研究、转化性研究和应用性研究三类(图1-1),那么基础研究(basic bio-medical research)主要是关于机制的研究,是回答为什么的研究;转化性研究(translational research)是将基础研究结果转化成可能用于医学实践的医学技术的研究,是制药工业和医疗器械工业的主要兴趣;应用性研究(applied research)就是在人群中进行的、探究与医学实践直接相关的问题的流行病学研究(表1-1)。

表1-1 医学应用性研究的特征

- 探索与临床和医疗卫生实践直接相关的一般性问题
- 以人为基本(或最小)研究单位(或研究对象)
- 针对不同问题,使用特殊的流行病学研究设计和方法
- 以重要、相关、患者关心的结局为研究变量
- 结果可以直接用于指导和改善医学实践和卫生决策

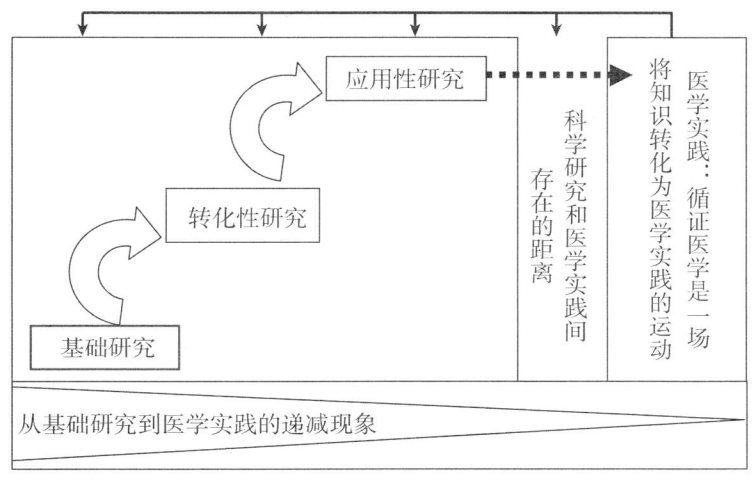

图 1-1　生物医学研究的分类及其与循证医学的关系

只有人群应用性研究的结果，而不是基础研究和转化性研究的结果，才能直接用于指导医学实践。比如，乳腺癌相关基因的发现曾是基础研究的重要突破之一，引起了《科学》和《自然》杂志大量的报道。然而，至今为止，人们还没有看到如何利用这项惊人的基础研究的发现来改善妇女的健康。再如，基础研究似乎已经肯定地证明，维生素 E 可以通过"扑灭"人体内的过氧化物，从而预防癌症的发生。维生素 E 作为预防癌症的有效方法，已经作为"公理"写入了教科书。然而，人群随机对照试验证明，维生素 E 对健康人癌症发病的危险没有任何影响，如果要说有什么作用，那么很可能还会增加其危险。再如，基础研究对利多卡因预防急性心肌梗死后室性心律失常的机制已经阐述得十分清楚，然而随机对照试验证明，利多卡因的确可以改善心律，但很可能会增加患者死亡的危险。在应用性研究中，对医学实践影响最大的莫过于随机对照试验。

至此，流行病学已经成为研究医学实践问题的方法论，其研究结果必将成为指导医学实践活动的基础[1]。

（四）循证医学的诞生过程

1. 科克伦的呼吁

到了 20 世纪 70 年代，随机对照试验已被各个临床学科用来评估治疗措施的效果，累积了大量的高质量的科学证据。然而，研究结果仅仅在研究者之间轮转和徘徊，似乎与医学实践无关，与医生无关，与决策者无关，与患者无关。这些研究证据对医学实践影响甚微，无效的措施继续被广泛使用，有效的措施迟迟不被采纳[2]。英国流行病学家阿奇·科克伦（Archie Cochrane）看到了这些研究证据对医学实践的重要作用和意义，指出整个医学界忽视了科学研究对医学实践重要的指导作用，并提出了一个大胆的具有远见卓识的建议：医学界应着手系统地总结和传播随机对照试验的证据，并将这些证据用于指导医学实践，提高医疗卫生服务的质量和效率[3]。

英国卫生系统对此做出了积极的响应。在世界卫生组织支持下，在伊恩·查默斯（Iain Chalmers）的领导下，以产科为试点，开始收集和总结产科各种方法临床效果的研究证据。经过 14 年努力，该研究于 1989 年完成，结果发现 226 种措施中，50% 的措施没有随机对照试验的证据。在具有随机对照试验证据的措施中，40% 是有效的，60% 是无效的，甚至是有害的。

临床使用的很多治疗可能是无效的，这个结果震惊了医学界。人们开始认识到，临床经验不足以可靠地回答一项治疗措施是否有效这个医学最根本的问题，一个国家和地区的医疗卫生系统如果是建立在大量无效的治疗措施基础上，它就不会充分发挥治病救人、促进健康的作用,也不可能提供高质量、高效益的医疗卫生服务。医学必须系统地总结来自随机对照试验的科学证据,淘汰无效的治疗,所有新的医学技术投入医学实践以前都必须经过严格的科学评估。至此,循证医学的思想萌芽已经形成。

2. 循证医学的诞生

20世纪80年代末,更多的学者看到了科学研究对医学实践的意义,并开始寻找将这些研究证据转化到医学实践的方法和途径。至此,循证医学已呼之欲出。

1992年加拿大McMaster大学的一批临床流行病学学者以循证医学工作组的名义,在《美国医学会杂志》发表了一篇题名为"循证医学:医学实践教学新模式"的文章,第一次在重要医学文献里提出了循证医学的概念[4]。该文指出,由于医学科学的迅猛发展,医生应不断地直接地从科学研究中学习新知识,要做到这一点,医生首先必须掌握检索、阅读、理解和应用研究报告的能力。然而,传统医学教育正好缺乏对这些知识和能力的培养,此文提出的循证医学的思想,正切中了医学教育中这一缺陷。随后《美国医学会杂志》又刊登了该工作组"解读医学文献指南"(Users' Guides to the Medical Literature)的30多篇系列文章,为之后的循证医学教育提供了重要的资源。与此同时,该文也预示"一种新的医学实践模式正在兴起"。

二、循证医学的发展和演变

(一)早期循证医学的概念

1. 提出需解决的实际问题
⇩
2. 检索现有最好的证据
⇩
3. 评估研究方法学方面的质量
⇩
4. 评估结果的大小与可信度
⇩
5. 评估研究结果的外推性
⇩
6. 综合证据、资源和价值取向,做出决策

图 1-2　实施循证实践的步骤

循证医学的早期倡导者多是医学院校临床流行病学的教授,他们的专业特征决定了他们对早期循证医学方向的把握程度,其用意在于呼吁提高对临床医生检索、阅读、理解和应用临床(流行病学)研究文献的意识,加强有关能力的培养,并明确提出注重培养以下四个方面的能力(图1-2):①在临床实践中,能够根据实践需要提出问题,识别需解决的问题的性质、特征和构成,并依此制订出检索文献的方案;②针对具体问题,选择合适的文献库,检索和收集现有最好的相关证据;③评估收集到的文献的方法学质量,判断结果的可信性,总结和解释研究显示的结果,并分析结果的外推性;④依据现有证据的提示,兼顾现有资源的多寡和患者的价值取向,制订出合理的处理方案。

(二)对循证医学的批评和讨论

循证医学呼吁,在临床重要的决策问题上,应首先从科学研究中获取必要的知识,这个呼吁背后隐藏着一个重要的假设,即科学研究是回答医学实践问题最可靠的方法,而不是临床经验和依据病理、生理等医学基础知识的推理。大量对循证医学的讨论和批评正是集中在这个问题上。

医学实践历来强调从经验中学习,注重经验的累积,作为一名医生,从业时间越长,经验就越多,知识就越多,权威也就越高。循证医学则认为,解决很多临床实践问题,经验是必要的,但却是不可靠的或不全面的,不足以有效地指导医学实践而不犯错误,有组织的严谨的科学研究才是可靠的方法。因此,从科学研究中学习新知识应该是第一位的,经验只能用于弥补科学知识的不足。

循证医学所引起的科学和传统的冲突是明显的、尖锐的,因为循证医学意味着医学教育的改革,意味着医学实践模式的转变,意味着医学权威的重新定位。变革必然与现存秩序冲突,阻力是必然的,而且许多阻力甚至是非科学的、非理性的。

20世纪90年代中期,更多学科的更多学者参与了有关循证医学的讨论[5,6],针对循证医

学的核心观点提出了批评和质疑，焦点多集中在对证据的定义和诠释上：①如果说循证医学倡导的是基于证据的医学实践，那么过去医学的实践所遵循的是什么？难道不是证据吗？②如果说医学实践必须遵循研究证据，那么临床经验在临床实践中的作用将是什么？③基础研究的证据在临床决策中的作用是什么？④研究证据是平均的、一般性的结论，而医生所面对的是一个个具体的患者，平均的研究结果如何用来有效地指导对个体患者的诊治？⑤当研究证据不存在时，如何进行循证实践？⑥证据是否等于决策？证据是否解决了医学决策的所有问题？

不可否认，医学历来都是强调尊重事实、遵循证据的，且千百年来医学实践的主要依据是临床经验。据此推理，临床实践经验也是证据，医学历来就是基于证据的医学，循证医学声称是一场革命，革命何在？然而，该推理的问题在于对不同来源的证据等同看待、一视同仁，认为它们都是同样可靠的、同样相关的、同等重要的。显然这是一个错误的假设。不同来源的证据的相关性和可靠性决然不同，科学研究是回答医学实践一般性问题最可靠的方法。当各种来源的证据都存在时，决策必须基于最相关、最可靠的证据。然而，科学研究往往只回答了一些关键性的、普遍性的问题，在细节问题上最好的证据往往只有临床经验，而且在很多情况下，在关键性问题上的研究证据也是缺乏的，这时临床经验就是研究证据最好的补充，就是现有最好的证据。实践永远只能基于现有最好的证据，而不是未来最好的证据，也不是理论上最好的证据。基础研究的发现不能直接用来指导医学实践，但是当临床经验都不存在时，就只能依靠基础研究的证据的提示进行分析和推论，协助决策。

例如，研究显示抗高血压药物可以降低高血压患者心肌梗死和脑卒中的风险，这是一个平均的、一般性的结论，但这不等于说每一个用药的患者都会避免心血管事件的发生。哪些患者会从中受益？哪些患者用不用药结果都是一样的？哪些患者可能会产生副作用？在这些问题上，研究证据往往是缺乏的，只能靠医生的经验或其他的知识来判断。由于细节问题是普遍的、经常发生的，即使研究证据存在，经验也是必要的，只有具有丰富经验的医生才能在科学研究的基础上灵活变通，因人而异，做得更好。在很多情况下，任何研究证据都不存在，临床经验就是现有最好的证据，这时有经验的医生也必然会体现出更大的价值。

人群研究产生的平均的、一般性的结论能否用来指导个体患者的诊治？回答这个问题，需要了解问题一般性和特殊性的关系。例如，研究显示抗高血压药物可以降低心脑血管病的风险，这是一般性规律；但是在临床治疗时我们很难预判受治的某个患者未来是否一定不会发生心脏病和脑卒中，这是特殊性的问题，是个性的问题。对一个个体的观察不可能得出一般性的规律，一般性的规律都是多次重复观察的结论，即观察很多人之后得出的结论。而将一般性的结论用于一个个体时，个体可能存在特殊性，即个体可能反映出与一般结论不同的结果。除非个体之间不存在差别和变异，否则我们永远只能用一般性的规律指导实践，依据经验判断和处理特殊性的问题，却不能准确地预测个体可能发生的结果。

循证医学强调决策必须基于证据，但并不是说证据就等于决策，证据只是决策必须考虑的重要因素之一，但不是唯一的因素。证据提供的是关于行动（如治疗）可能产生的价值（收益与损失之差）的预测。同任何其他性质的决策一样，除非可支配的资源是无限的，否则单单知道一种东西有用是不够的，决策时还必须考虑现有资源的多少和人们的价值取向。比如，看到一辆漂亮的汽车时，你知道汽车对你是有用的，但你未必就会去买那辆汽车，因为你的资源是有限的，你只会去买那些目前对你最有用（即最有价值）的东西，哪些东西最有价值是由你的价值取向或价值观决定的。同理，证据显示抗高血压药物可以降低心脑血管病的风险，一个患者未必一定会接受这个治疗，而且的确很多高血压患者根本没有接受过任何抗高血压药物治疗。

当然，部分对循证医学的批评出于非理性的原因。比如，很多人不能理解更难以接受为什么从来不受重视的流行病学突然成了治病救人必须倚重的基础。这些批评多出于人们对科学研究和循证医学认识的不足,另外则来自于对现行医学实践模式的留恋。尽管如此,这些激烈的讨论纠正了早期循证医学思想的一些偏颇,充实和完善了循证医学的概念、内容和方法,使更多的人接触了循证医学和流行病学,对临床经验的意义和局限性有了更多的了解,加深了对循证医学重要性和必要性的认识和理解。

另外,很多医生完全赞同循证医学提出的从科学研究中吸取知识的理念,而且已经开始付诸实践。他们经常参加学术会议、订阅医学杂志,定期或不定期地利用 MEDLINE 检索和使用研究文献。对于这些医生来说,循证医学似乎没有新意。

(三)重新定义循证医学

也许部分出于对以上问题讨论的回应,牛津大学循证医学中心首任主任大卫·萨基特(David Sackett)教授和牛津大学卫生科学研究院院长缪尔·格雷(Muir Gray)爵士于1996年通过《英国医学杂志》对循证医学作了新的定义,简意如下:

"循证医学是有意识地、明确地、审慎地利用现有最好的证据制订关于个体患者的诊治方案。实施循证医学意味着医生需综合参考研究证据、临床经验和患者意见进行实践……"[7]

这篇简短的编者按是目前为止流传最广、影响最大的对循证医学的诠释。新的定义首先把循证医学的核心放在基于证据进行医学实践上,进而用"有意识地、明确地、审慎地"来回应早期对循证医学的质疑,最后明确指出临床经验是医学实践不可缺少的部分。

第一,新的定义承认过去的医学实践也是基于证据的。在过去几千年里,临床知识是在长期的失败与成功的尝试和摸索中累积的。这种非系统的经验的总结,也是证据,但是相对来讲是不可靠的、低质量的证据。一个害处大于益处的治疗(如放血疗法)之所以能被运用几百年,说明经验并不能快速可靠地证明或否定其效果。获取证据最可靠的方法是科学研究,在临床经验和科学研究证据都存在时,决策应基于研究的证据。

第二,新的定义承认医学历来都是基于证据进行的,但是循证医学对证据的含义和重视程度不同。随机对照试验诞生于20世纪中叶,总结随机对照试验结果的系统综述在医学研究中的应用只有20~30年的历史。如果说医学有史以来都是基于证据进行实践的,那么在证据的意义上,循证医学与传统医学实践则有本质的不同,过去靠的是经验,循证医学强调科学研究。另外,只有在计算机和互联网时代,才有可能快速获得世界上现有最好的证据,因此,从证据到实践的时间差方面,循证医学和过去的医学实践也不可同日而语。

第三,新的定义承认循证医学的思想早已存在,但是提出循证医学的概念在于呼吁和促使这个思想转变成为有组织的、有系统的行为。的确,在1992年循证医学首次被提出之前,已存在现代意义的循证医学的意识和尝试,但是这些尝试是自发的、无组织的、非系统性的个人行为,可做可不做。循证医学倡导,遵循科学证据进行医学实践应该成为有组织的、有系统的、有意识的、旗帜鲜明的行为,应是医学实践的主流的常规模式。

第四,新的定义承认科学研究的结果来自对群体的观察,也强调关于一般规律的证据只能来自对多个个体(即群体)的观察,因此此证据应用到个体时应慎重,必要时要由经验来补充,别无更好的方法。由于科学研究的结果来自于对群体的观察,代表一个平均趋势,因此在应用这些研究结果时,决策者必须审慎地考虑具体患者的特殊性,并根据自己的临床经验,综合研究证据、医疗条件和患者的意见,做出最合适的决定。如何综合各种决策因素,制订出合理的诊治方案,将主要依赖于医生的经验和水平,在此意义上讲,经验在循证医学时代仍有其不可取代的作用。

第五,新的定义在重申临床经验的重要性时,也对其可靠性做了明确的定位。"现有最好的"是理解各种证据的意义和用途的关键。当高质量的研究证据不存在时,患者还需治疗,决策还需进行。有时,前人的或是个人的实践经验可能是现有最好的证据,是决策的唯一可依的证据。决策永远是基于现有最好的证据进行的。比如,中医治疗多是依赖于前人和医生个人的经验而进行的。但是，研究证据不足时借助临床经验进行决策也是无奈的选择，而且是经常的、不可避免的，但不是必然的和必需的。

三、循证卫生决策

（一）向群体决策的延伸

至此所讨论的循证医学仅局限于临床实践，局限于关于个体患者的决策。确切地讲，早期的循证医学应被称为循证临床实践。早期循证医学的发展忽视了在制订群体或宏观医疗卫生政策时遵循研究证据的重要性和必要性。这个忽视并不奇怪，因为发起和早期参与这场医学实践变革的人物多是临床流行病学家。

英国一直是循证医学理念发展的前沿地，牛津大学是英国循证医学发展的核心，牛津大学卫生科学研究院院长缪尔·格雷爵士是牛津大学循证医学发展的主要推手之一。格雷是位外科医生，从事医疗卫生管理几十年，又有深厚的哲学素养，这使他能够站到一个更高的角度去审视循证医学这场变革，从宏观和群体的角度，对循证医学的意义和范畴进行思考和概括，提出了循证卫生决策的概念[8,9]。

1997年缪尔·格雷的《循证医疗卫生决策》（*Evidence-Based Healthcare*）出版，指出群体和宏观医疗卫生决策也必须遵循证据，并对循证卫生决策进行了详尽的阐述。他认为，循证医学的思想适用于各个医学实践领域（表1-2）；并提出依据科学证据，从宏观决策入手，医疗卫生决策者和管理者可以采取多种管理和政策措施，促进循证医学的实现（表1-3）。

表1-2 应实施循证医学的领域

• 医疗卫生立法	• 新药审批
• 医疗卫生政策的制订	• 临床指南
• 公共卫生策略的制订	• 规范化的临床服务
• 医疗卫生技术准入	• 临床医生自发的尝试
• 医疗卫生组织和管理	• 患者的选择
• 医疗保险计划的制订	• 医疗法律诉讼

表1-3 实现循证医学的管理措施

1. 杜绝研究证明无效的新的医学诊治技术进入实践
2. 依据诊治效果大小的量化信息进行更精准的医学实践
3. 谨慎引入有效但成本-效益比不合算的新的诊治技术，必要时及时减缓或终止其使用
4. 推广和加速已被证明有效且成本-效益比合算的医学技术在实践中的应用
5. 淘汰无效的现行诊治技术在实践中继续使用
6. 减缓或停止有效但成本-效益比不合算的现行的诊治技术的使用
7. 鼓励和支持科学地评估新的和现行效果不明的医学诊治技术

格雷还认为，实现循证医学不但是医生个人的事，更是医疗卫生决策者和管理者的责任，是国家和社会的责任。因此，格雷提出一个国家应建立支持循证实践的证据和信息系统，并亲自组建了英国国家电子医学图书馆（National e-Library for Health）[10]，制订了英国医学信息战略，并出任英国医学知识管理总监。他还指出，医疗卫生系统必须营造循证实践的文化，建立循证实践的标准，并依据标准督导和检查医生的实践行为。他还相信由证据"武装"的聪明的患者将会成为未来推动循证医学发展的重要动力之一[11]。

循证卫生决策的理念使循证医学的内涵和外延产生了一个飞跃（图1-3）：从早期培训个

新的教学模式（文献评估和终生学习）
⇩
循证临床实践（关于个体患者的决策）
⇩
循证医学实践（关于个体患者和宏观政策的决策）
⇩
循证医学（循证实践及其支持系统）

图 1-3　循证医学内涵和外延的演变

体医生检索和评估文献技能的活动，上升到临床实践和决策模式的改变；从局限于对个体患者的管理，扩展到既包括个体患者管理又包括群体政策制订的完整体系；从提倡个体决策者的努力，上升到既需要个人努力更需要整个医学界甚至整个社会的集体关注和投入，为实现循证医学争取了社会和系统的支持。

格雷高屋建瓴的构想和世界考科蓝协作组织（The Cochrane Collaboration）的成功经验提示[12]，文献的检索、收集、评估、整理和传播的工作完全可以由独立的研究和服务机构以集体的方式来完成，医生和决策者应该把注意力主要放在如何正确地理解和利用证据制订决策上[13]。

（二）循证卫生决策的必要性

宏观政策的重要性不言而喻：由于涉及面广，一个似乎不起眼的宏观决策可能事关千百万民众，事关亿万元的资源。例如，将中国高血压治疗的舒张压阈值从 95mmHg 降低到 93mmHg，仅 2mmHg 之差，意味着全国至少要增加约 1000 万高血压患者，假设 50% 的患者实际接受了治疗，每天每人需 2 元钱，仅此一项全国每年治疗高血压的费用将会增加近 36.5 亿人民币。这样重要的决策必须基于证据。

的确，由于人口老龄化，医学新知识、新技术的不断涌现，患者和医生对医学的期望越来越高，人们不但要治疗已患的疾病，也希望预防没有发生的疾病，这些因素交织在一起，使得世界各国医疗卫生费用不断攀升。如何充分利用有限的资源，不断提高服务质量和效率，是每一个国家所面对的巨大挑战，各国医疗卫生决策和管理人员一直在寻找新的、更有效的方法（图 1-4）。

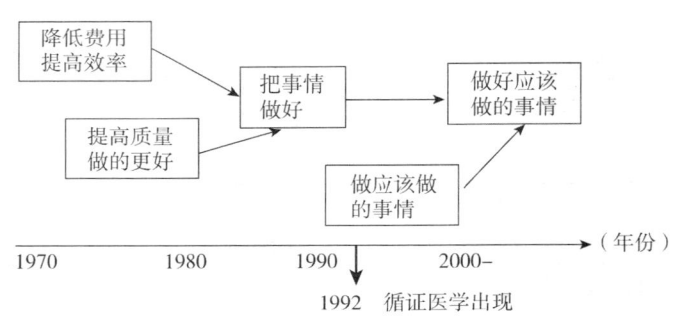

图 1-4　循证医学对西方卫生管理模式变革的影响
资料来源：Gray JAM. Evidence-Based Healthcare. Churchill Livingstone，1997

从 20 世纪 70 年代起，西方国家已开始着手改革医疗卫生服务，主要采取的措施是降低服务成本，提高工作效率，比如，使用便宜的治疗方法，在单位时间内看更多的患者、做更多的手术，简单地说就是要"把事情做好"。然而，这些改革成功的先决条件是医生所做的都是有价值的、有效的。任何国家和地区的医疗卫生系统，不论资源的多少，不论社会的价值取向如何，不论服务组织的方式如何，不论管理的方式和水平如何，不论疾病谱如何，如果是建立在大量无效的防治措施上，都不会利用现有资源充分发挥其治病救人、促进健康的作用，也不可能有高的服务质量和效率，因此增加工作效率只能是做更多的无用功，浪费更多的资源。

然而在过去的医疗卫生决策和管理模式里，在医疗卫生服务机构应该提供哪些服务内容这一关键问题上，往往是由决策者的主观意志决定的，还受商业利益的干扰。循证医学给医疗服务内容提出了明确的规定：一切服务必须有效，任何用于无效措施的资源都是浪费，只有有效的措施才能真正产生质量和效益。因此，格雷提出：医疗卫生服务首先必须保证所提供的服务项目益处大于害处，21世纪医疗卫生服务管理的总体原则将是以最低的成本，以最高的工作效率，"做好应该做的事"。医疗卫生服务应该做的事，就是在合适的地方、由合适的医务人员、对需要的人群，提供由科学研究证据充分证明的益大于害的医学干预措施。

四、广义的循证医学

（一）循证医学的定义

简而言之，循证医学就是关于如何遵循证据进行医学实践的学问。更准确地说，循证医学是基于现有最好的证据，兼顾现有资源的多寡以及人们的需要和价值取向，进行医学实践的科学（框1-1）。

框1-1 循证医学

广义地讲，循证医学是遵循现有最好证据进行医学实践的学问，它包括针对个体患者的循证临床实践和针对群体的循证宏观医疗卫生决策。实施循证医学，决策者有必要也必须综合考虑现有最好的证据、现有资源以及患者和社会的价值取向，做出最切合实际的选择。循证医学的思想可以用于医学实践的各个领域，可以通过多种不同的措施来实现。寻找和评估证据是所有循证实践的必要环节。实施循证医学，将有利于推广价廉、有效、物有所值的措施，阻止新的无效措施进入医学实践，淘汰现行无效的措施，从而充分利用有限的卫生资源，不断改善医疗卫生服务的质量和效率，提高人民健康水平。

循证医学必须通过宏观决策者和个体医生的日常实践活动来实现，因此应该包括两个大的领域，一个是针对个体患者的循证临床实践，另一个是针对群体的循证决策。一切医学实践活动都是施行循证医学的方法和途径。典型的个体决策如一个患者应该采用哪种治疗方案，典型的群体决策如基本医疗卫生服务目录的制订。新药审批、医学采购、医疗卫生技术准入、医疗卫生政策和法规、公共卫生措施、医疗保险计划、基本医疗目录、临床实践指南、统一操作流程（clinical pathways）等都是实施循证医学的群体方法。

在很多情况下，宏观措施、集体行为和社会手段是实施循证医学更有效的方法。显而易见，有些群体方法的应用远远早于1992年循证医学提出的时间，如美国食品与药物管理局20世纪70年代就开始要求新药上市前提供必要的临床试验的证据。

循证医学是一门新的交叉学科，其核心思想是依据证据进行医学决策，医学（如临床医学和预防医学）是循证医学的基础，其他密切相关的学科包括流行病学、医学信息学和决策学。欲依据证据，就必须学习寻找证据的能力，医学信息学为证据的总结、整理、传播和检索提供了基础。欲依据证据，就必须能够理解证据，流行病学是科学地研究医学实践问题的方法论，同时也是循证医学实践者正确地理解、诠释和使用证据的理论基础。

循证医学的落脚点是决策，因此循证医学实践者必须了解和学习科学决策的理论和方法。证据只是决策需要的信息之一，现有资源和价值取向是影响决策的另外两大因素，因此循证医学实践者还必须掌握基本的经济学和伦理学知识。循证医学是遵循证据进行医学决策的学问，因此循证医学的基础必然是医学，尤其是预防医学和临床医学。要想做好任何医学实践，决策者都必须能够具备分析和识别医学实践问题的素养，必须具备收集患者信息的能力，必须具备与患者沟通的能力，必须具备实施干预措施的能力。

科学研究提供医学决策必需的证据，但是科学研究活动本身不是循证实践。认为进行系统综述和临床试验等科学研究就是进行循证医学实践，是错误地把循证医学理解为一种新的研究方法，继而会把临床流行病学当作循证医学。比如，"循证医学的研究方法"和"循证临床试验"的错误说法就是出于这样的误解。认为研讨循证医学就是研讨科学研究设计，也是出于同样的误解。科学研究产生科学证据，科学证据是实现循证医学的前提，然而循证医学的核心在于利用证据进行实践，重点在"用"字上，其理论和方法及其相关发展也集中在这个"用"字上。

同理，解读或评价医学文献是通过医生个人行为实践循证医学的途径之一，解读文献只是这个途径的一个中间环节。首先，医生进行循证实践并不一定要自己亲自收集、整理和评估文献，他们可以直接使用经医学信息学专家收集、整理、评估好的证据。其次，循证医学的重点在于应用，评价了文献但没有应用，循证医学就还没有实现。因此，流行病学（即临床应用性研究，包括临床试验和系统综述）以及收集、整理和传播研究证据的考科蓝协作与循证医学关系密切，它们构成了循证医学的部分理论和方法，但是任何单一学科都不等于循证医学的全部，且它们的组合既不是循证医学的全部，也不构成循证医学核心内容的全部。

另外，实现循证医学需具备以下几个前提：①识别决策最重要的领域，支持和鼓励相关的科学研究，产生有关决策需要的证据；②培训医疗卫生的实践者，使他们掌握循证实践所需要的流行病学、信息学、决策学知识和技能；③改变人们的观念和实践习惯，创造必要的文化环境，促进循证实践模式的建立；④依据证据制订实践规范，并依次对医学实践进行检查和评估。因此，与这些活动相关的学科就形成了循证医学的外围理论和方法（表1-4）。

表1-4　循证医学需要的大环境

1. 促进决策需要的证据的产生
2. 收集、整理和传播证据
3. 遵循证据实施医学实践的文化
4. 推行和监督循证实践的机制

（二）证据的含义

循证医学实践与传统医学实践的核心区别在于对证据的界定和重视。因此，正确理解和对待证据是理解循证医学的关键。

严格地讲，证据应包括医学决策需要的一切知识和信息。但是，不是所有医学决策需要的信息都需通过科学研究方能得知，如现行有哪些治疗、它们的费用如何。有些信息则必须通过严谨的科学研究方能确知，如某治疗是否有效。循证医学中的证据主要指那些需要科学研究方能获得的知识和信息。与医学实践和决策相关的证据是多层次的，有些是可靠的，有些是不可靠的，有些是直接相关的，有些是间接相关的。它们的来源不同，它们的可靠性和与医学实践的相关性也不同。

比如，数学和天体物理学研究的结果是科学证据，但是它们与日常医学实践几乎毫无关系。生物医学基础研究的结果也是科学证据，如分子生物学研究和动物研究的结果，是产生医学实践新思想、新方法的重要来源之一，对医疗卫生决策有一定的参考意义，但是它们不能直接用来指导医学实践活动，需要群体研究的进一步验证。与医学实践直接相关的科学研究是在人群中进行的、探索健康和疾病一般规律的科学研究，这类研究的主体就是流行病学研究。

流行病学研究种类很多，产生的证据的质量和可靠性也各不相同（图1-5）。就干预措施的效果而言，第一可靠的证据来自多个随机对照试验的系统综述，第二是单个随机对照试验，第三是非随机分组的对照试验（或定群研究）的系统综述，第四是单个非随机分组的对照试验（或定群研究），第五是病例对照研究的系统综述，第六是单个病例对照研究，第七是系统的病例回顾和经验总结。另外，基于非研究证据的个人意见、依据病理生理知识的推理以及动物实验和离体实验室研究，也可以作为决策参考，但它们不属于流行病学研究的证据，与临床决策无直接的相关性。

明确区分和对待不同来源的证据是循证医学的重要特征之一，它包括两个层面，一是证据的相关性，二是证据的质量（quality of evidence）。证据质量分级（hierarchy of evidence）（图1-5）有三个重要意义。第一，研究质量的高低是其结果可信性的前提，证据质量越高，其结果的可信性就越高，决策成功的把握就越大。第二，进行循证实践时，文献检索必须从可能的最高质量的证据开始。例如，关于疗效证据的检索应从随机对照试验的系统综述开始。当可能的最高质量的证据不存在时，再依次向下寻找低一级质量的证据，直到检索到证据为止，就此检索到的证据就是"现有最好的证据"。第三，当面对各种质量的证据时，实践和决策应基于最好的证据。

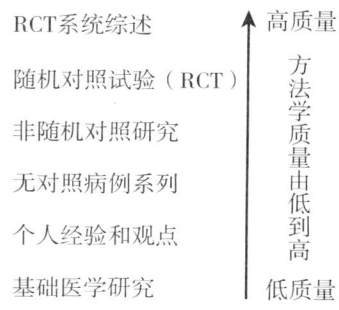

图1-5　关于干预效果研究的证据质量分级

随机对照试验不是提供所有医学实践问题证据的最好方法。临床实践中的问题有病因、诊断、治疗和转归等方面，最好的证据不都是来自随机对照试验，对不同问题应区别对待。随机对照试验是评估干预效果最好的研究方法。然而，由于问题性质的不同，以及伦理和可行性的限制，很多医学问题不需要也不可能通过随机对照试验来证明。比如，对于"吸烟是否可以引起肺癌"的问题，最好的研究是定群研究；探索"某种药物是否可能引起罕见的癌症"，只能求助于病例对照研究；关于诊断方法的准确性，只需要横断面研究。因此，不顾问题的性质，在医学决策中一味地强调随机对照试验的证据是错误的。

即使是关于干预措施的决策，在现阶段过于强调随机对照试验证明有效的干预措施也是片面的。首先，在治疗极其有效时，与历史经验比较，治疗几个患者就可以判断效果的存在，如断指再植、疖痈引流、抗生素治疗某些感染性疾病[14]，这时随机对照试验的证据往往是不必要的。另外，在进行跨领域资源分配的决策时，由于现有高质量的临床试验主要集中在西医药物，尤其是新药，过于强调随机对照试验的证据势必会导致对新药的过于倚重，造成对外科措施、老药和中医药及需要这些治疗的患者的重视不足，因为这些领域的临床试验相对较少，最好的证据可能是观察性研究或临床经验。

（三）循证决策三要素

循证医学强调证据在决策中的重要性和必要性。但是证据本身不是决策，正如砖瓦泥水不等于高楼大厦一样。任何医学决策还必须同时兼顾现有资源和价值取向[15]。

面对研究充分证明无效的干预措施时，证据可能是决策的决定因素，阻止或取缔该类措施的使用可能是最好的决定。然而，人们会拒绝采纳一项科学研究充分证明有效的昂贵的治疗，可能是因为经济上负担不起，这是决策中的经济因素。人们也可能会拒绝采纳一项充分证明有效且并非昂贵的治疗，可能是希望把有限的资源用到更需要的地方，如房子的装修和孩子的教育，这是资源分配中价值取向的问题，不同的个人或人群可能有着十分不同的价值取向（详情见后）。人们也可能会坚持进行无效且昂贵的治疗，这时价值观主导了决策。因此，医学决策必须兼顾和平衡证据（evidence）、资源（resources）及价值取向（values）三个方面，依据实际情况，做出合理的决定（图1-6）。

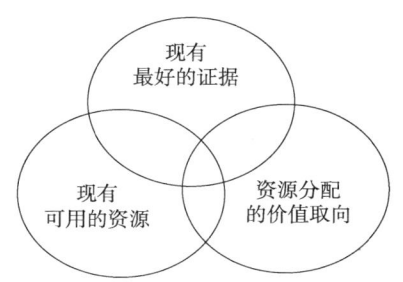

图1-6　循证医学决策三要素

（四）临床经验的作用

证据是关于疾病病因、诊断、治疗和转归一般规律的科学发现。研究证明一个药物在人群中有效,并不等于它会治好每一个患者,判断哪个患者可能从治疗中得益,是所有临床决策共有的难题,这时,研究证据必须由临床经验来补充[16]。因此,利用证据进行对个体患者的诊治时,医生必须根据患者的具体情况和自己的临床经验,判断患者从治疗中获益的可能性,并根据患者的经济实力和个人意愿,作出最适合该患者的决定。

临床经验(clinical experience)有三个不同层面:一是进行医学实践活动的基本能力,如问诊、体检和与患者沟通的能力,二是综合判断各种因素进行决策的能力,三是关于诊治措施效果的经验累积。

前二者是循证实践不可缺少的基本技能。关于效果的临床经验也是证据,但它是原始的、未经严谨科学研究验证的证据,其质量低于科学研究的证据(参见本书第二章)。因此,当高质量研究存在时,医学实践应基于研究证据,当研究证据不存在时,必须由临床经验来补充。另外,研究证据往往是有限的、局部的,相比而言,实践经验是大量的、广泛的,而且在很多情况下,临床经验可能是现有唯一的、也是最好的证据。

由此可见,循证医学不是把医学实践简单化,也不可能脱离实践经验而实现,更不是把医学变成照本宣科式的实践,而是使医学决策更加合理、更加科学。临床经验是做好循证实践的基础,研究证据和临床经验相互补充,缺一不可。因此,循证医学强调,即使证据充分,决策也必须慎重。但是,在强调经验的重要性的同时,必须谨防满足在经验之上的实践,在重要证据缺乏时,积极地开展相关的科学研究正是循证医学给医学研究提出的重要启示。

(五)价值取向及其在决策中的重要性

价值取向就是价值观,是人们对人、事、物的价值或重要性的主观的、相对持久和稳定的看法,是人们分辨事物、判断对错、进行取舍的内心标准(图1-7)。它决定人们的需要和喜好,引导人们选择和舍弃,影响人们的行动和作为。决策就是选择的过程,任何决策都涉及资源的分配,都是在不同选择中的取舍;在资源有限的情况下,人们会选择把资源分配在最有价值或最重要的事情上。

图1-7 价值取向与选择偏好

以国家为例,一个国家总的可用资源是一定的,民众的衣食住行是基本需要,安全、教育、娱乐、健康也很重要。但是,任何国家都只能把部分资源用在健康上,且没有一个固定的、适合所有国家的数额。例如,2013年我国分配在医疗上的费用占我国国民生产总值的5%~6%,同年美国的比例是15%以上。

就疾病和治疗而言,价值取向会影响人们对医学问题的评估,如不治疗的风险、治疗可改变的临床指标的意义,以及这个指标改变的量的价值。例如,在一般高血压人群中,不治疗时未来5年患脑卒中和心肌梗死的机会约为10%,这个危险有多严重?在100个受治患者中,5年内3~4人会因为治疗而不患脑卒中或心肌梗死,这个好处又有多大价值?不同的人会有不同的回答，从而对治疗与否会有不同的抉择。

参与医学决策的人是多方面的，包括医生、患者、医疗卫生管理者、政治家、医疗企业家等。他们有各自的价值观，但谁拥有最终医学决策的权力？答案是患者。患者就是民众，他们或者是昨天的患者，或者是今天的患者，或者是明天的患者。患者是医疗卫生服务费用的最终承担者，而且不论医疗卫生服务的融资体系如何，直接付费时他们是看得见的付费者，在医疗保险体系里他们是保险的购买者，在国家医疗体系里他们通过交税为服务买单。因此，医疗卫生服务决策应该符合民众的需要和意愿（参见第七章）。

五、循证医学的启示和挑战

循证医学意味着新的机会，同时也提出了新的挑战。

第一，知识不断更新，新证据不断出现，除基础医学和临床知识与技能外，医务工作者还必须通晓情报收集、证据评估以及决策分析等方面的知识和技能。因此，教育部门应从医学生教育开始，提高学生对循证决策重要性的理解和认识，并培养他们检索、评估和利用研究证据的能力，倡导循证实践的文化，养成循证实践的习惯。

第二，实施循证医学需要证据，证据需要通过科学研究获得。因此要真正实现循证决策，一个医疗卫生系统必须具备促进证据产生的机制，在国家或地区重大医疗卫生问题上，有导向地投入足够的研究资源，这样在进行重大问题决策时才能有据可依。传统的被动应急式的研究资助模式已不合时宜，未来的资助模式应该是，首先组织论证以确定重要的研究问题，然后主动出击，将课题交由最合适的研究单位或小组去完成。另外，临床研究的结果可以直接用来改善医疗卫生服务质量，而基础研究的结果往往不能直接影响医学实践，但是具有普遍意义的、可以借鉴的知识。由于中国还是一个发展中国家，有必要适当地平衡基础研究和临床应用性研究的比重。

第三，循证医学对知识管理提出了新的要求，新的知识管理系统必须能够将新知识及时有效地传播给医学决策人员。比如，未来的教科书和参考书应具备以下几个特点：①用超文本的电子形式；②收入的知识必须基于现有最好的科学证据；③每一项证据都有质量评级；④随着新证据的出现及时更新；⑤可以通过互联网传送给相关人员。

第四，一个体现循证意识的医疗卫生服务系统不能仅仅依靠医生和医疗卫生管理人员个人自发的努力，它需营造一个鼓励循证决策的大环境，采取必要的社会和集体的手段，协助医务工作者实现这一目标，保证循证医学能够真正在实践中得到落实。比如，设立或引进一个快速有效的收集、整理和传播证据的系统，建立支持、鼓励、检查、监督和奖惩机制。

第五，从证据到患者受益受很多因素的影响，有文化的因素，有医疗系统的因素，有医务人员的因素，也有患者的因素。这些因素组合起来，形成了一条从证据到效果的反应链，其中每个环节都会影响循证实践的最终效果（图1-8）[17,18]。至少在现阶段，很多环节还不完善，即使每个环节只存在微小的不足，都会导致最终效果不断递减，甚至完全消失。任何一个环节的断裂，都会使研究证据完全失去作用。医疗卫生管理者可以从当地的薄弱环节入手，采取措施，疏通从证据转换成临床效果的渠道，加速证据的总结、传播和利用，不断提高医疗卫生服务的质量和效益。

第六，实践指南（practice guidelines）和临床路径（clinical pathway）常被用来作为实现循证医学的途径。指南和路径可以促进证据快速和准确地被利用，提高服务质量和效率，减少医疗服务中不必要的失误，甚至用来控制不必要的费用。这些好处在基层医疗服务机构会尤其明显。但是，指南和路径是个体化医疗服务反向思维的产物，提供的是"平均"的处理，可能不适用于所有人。尤其是国际性指南，还可能会因被不同利益集团所利用，从而损伤了患者的利益。这一点尤其值得注意。

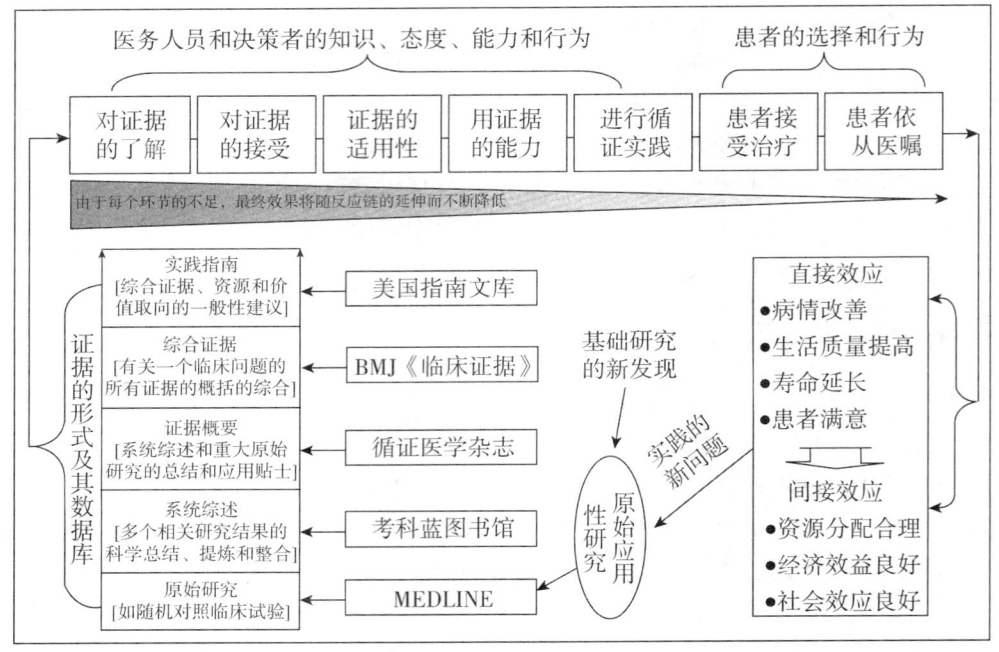

图 1-8 证据-效果反应链——影响证据转换成效果的因素

第七，循证医学为中医药发展提供了新的机会。我国过去的中医药研究主要集中在基础研究，例如关于中医"证"的本质的研究，基础研究很难在短时间内有重大突破。正如邓小平所言：不管白猫黑猫，抓到老鼠就是好猫。循证医学更重视可以直接指导临床实践的研究，因此采取以临床疗效为主导的研究策略[19]，可能会更快地推动中医药的发展。

第八，现代哲学认为，我们只能接近和反映自然真理，却不能完全得到它们。也就是说，科学发现是相对的，永远带着不确定性，可能明天就会被否定，被新的发现所取代，医学证据也是如此。因此，循证医学的另一个重要启示是，即使基于严谨的科学证据，医学实践必然还带着不确定性，存在偶然性，医生不能自认是手到病除的天使，必须承认在很多情况下自己只是一个"怀着侥幸心理的无奈的赌徒"。

最终限制循证医学发展的因素也许不是方法和手段，而是我们的态度和观念。

参考文献

[1] Tang JL, Griffiths S. Epidemiology, Evidence Based Medicine, and Public Health. Asia Pacific Journal of Public Health.2009, 21（3）：244-251.

[2] Antman EM, Lau J, Kupelnick B, et al. A comparison of results of meta analyses of randomized control trials and recommendations of clinical experts. Treatments for myocardial infarction.1992, 268（2）：240-248.

[3] Cochrane AL. Effectiveness and efficiency：random reflections on health services. London：The Nufield Provincial Hospitals trust, 1972.

[4] Evidence Based Medicine Working Group. Evidence based medicine：The new approach to teaching the practice of medicine.1992, 268：2420-2425.

[5] Naylor CD. Grey zones of clinical practice：some limits to evidence based medicine. Lancet.1995, 345：840-842.

[6] Straus SE, McAlister FA. Evidence based medicine：a commentary on common criticisms.2000, 163（7）：837-841.

[7] Sackett DL, Rosenberg WMC, Gray JAM, et al. Evidence based medicine: what it is and what it isn't. Bri Med J.1996, 312: 71-72.

[8] Gray JAM. Evidence Based Healthcare. how to make health policy and management decisions. London: Churchill Livingstone, 1997.

[9] Gray JAM, Tang JL. 循证医学：循证医疗卫生决策. 北京北京大学医学出版社, 2004.

[10] Gray JAM, de Lusignan S. National electronic Library for Health (NeLH). BMJ. 1999, 319: 1476-1479.

[11] Gary JAM. The Resourceful Patient. eRosetta Press, 2002.

[12] Chalmers I. The Cochrane Collaboration: preparing, maintaining, and disseminating systematic reviews of the effects of health care. Ann N Y Acad Sci.1993, 70 (3): 156-163.

[13] Guyatt GH, Meade MO, Jaeschke RZ, et al. Practitioners of evidence based care. Not all clinicians need to appraise evidence from scratch but all need some skills. BMJ.2000, 320 (7240): 954-955.

[14] Glasziou P, Chalmers I, Rawlins M, et al. When are randomised trials unnecessary? Picking signal from noise. BMJ.2007, 334: 349-351.

[15] Haynes RB, Devereaux PJ, Guyatt GH. Physicians and patients choices in evidence based practice: evidence does not make decisions, people do. BMJ.2002, 324: 1350.

[16] Haynes RB, Devereaux PJ, Guyatt GH. Clinical expertise in the era of evidence based medicine and patient choice. Evidence Based Medicine. 2002, 7: 36-38.

[17] Glasziou P, Haynes RB. The paths from research to improved patient outcomes. ACP Journal Club.2005, 142: 8-10.

[18] Lang ES, Wyer PC, Byanes RB. Knowldge translaion: Closing the evidence to practice gap. Ann Emerg Med.2007, 49: 355-363.

[19] Tang JL. Research priorities in traditional Chinese medicine. BMJ, 2006, 333: 391-394.

练 习 题

【名词解释】

1. 临床流行病学
2. 证据
3. 证据的质量分级
4. 考科蓝协作组织
5. 价值取向
6. 循证医学
7. 循证卫生决策
8. 应用性研究
9. 转化性研究
10. 证据-效果反应链

【选择题】

1. 关于循证医学，以下哪项陈述是**错误**的
    A. 临床实践需基于现有最好的证据
    B. 循证医学的思想也适用于针对群体的决策
    C. 现有最好的证据需来自科学研究
    D. 与医学实践直接相关的证据来自在人群中的科学研究

2. 关于临床经验在循证医学中的作用，以下哪项陈述是**错误**的
    A. 临床经验有时可能是现有最好的证据
    B. 研究证据经常需要临床经验的补充
    C. 临床经验也是证据，只是可信性较低的证据
    D. 如果研究证据充分，它可以完全取代临床经验

3. 以下哪位科学家**没有**直接对循证医学做过贡献
    A. John Snow
    B. Archie Cochrane

C. Muir Gray
D. Iain Chalmers

4. 关于循证医学所指的证据，以下哪个陈述是**错误**的
   A. 关于同一临床问题的证据，证据的可信度有大小之分
   B. 不论实践问题是什么，随机对照试验的证据等级总是高于前瞻性研究的证据
   C. 关于治疗效果，随机对照试验的证据等级一般高于前瞻性研究的证据
   D. 当证据显示治疗无效时，证据将是决策的主导因素

5. 关于循证决策，以下哪项陈述是**错误**的
   A. 现有资源的多少影响决策
   B. 证据本身不是决策
   C. 人们的价值取向影响决策
   D. 国际上的高质量实践指南总是可以在我国使用的

【问答题】
1. 试述流行病学在循证医学产生和发展中的作用。
2. 试述早期循证医学的主要内容和特征。
3. 试比较早期和目前循证医学概念的主要区别。
4. 循证医学的核心是什么？如何才能实现其提出的目标？
5. 为什么针对个人的临床实践应遵循基于群体的研究证据？
6. 试比较证据和经验的区别以及在医学实践中的用途。
7. 试述证据分级对循证实践的意义和用途。
8. 分别讨论研究证据、现有资源和价值取向对临床实践的影响。
9. 试讨论循证医学对医学提出的启示和挑战。
10. 与循证医学密切相关的学科有哪些？对循证医学的贡献是什么？

（唐金陵[*]　Paul Glasziou[*]）

第二章　流行病学——产生证据的方法论

把事情弄糟的方法有很多，但把事情做好的方法却只有几种。

——大卫·萨基特

一、引言

医学实践需要的证据是如何产生的？其实，逻辑推理、实践经验、科学研究都是医学决策可依赖的证据来源[1-2]，三者有着密切的关系。以疗效论证而言，推理可提出问题，经验可初步验证，研究是最后证实的方法，后者是产生医学实践证据最可靠的方法。科学研究产生的证据是医学实践可依的总纲，但是在医学实践很多关键和细节的地方都缺乏研究证据，推理和经验就成了研究证据之外医学实践所需要的广泛存在的参考依据。

在医学领域，我们可以把科学研究大致分为三类：基础研究、转化型研究和应用型研究（图 1-1）。基础研究是在分子、细胞、动物等水平上的研究，是有关生命与疾病物质基础、原理、机制等理论层面的探索。基础研究是对生命、健康和疾病本质的探索，其最终目的是产生有效的诊断和防治方法。转化型研究是试图将基础研究成果转化为医疗干预方法的过渡性研究，如药物和新的诊断方法的开发。应用型研究是在人群中评估诊治方法实际应用效果及其大小的一类研究。应用型研究是一种"黑箱式"研究，只关心暴露或干预对临床结局的直接影响，不关心中间的机制（图 2-1），与实验室基础研究刚好相反。

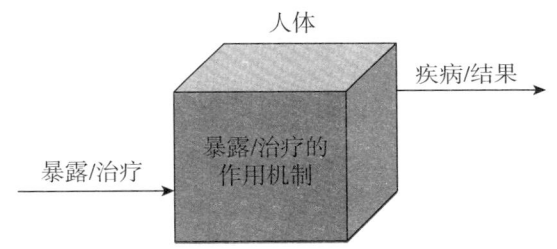

图 2-1　流行病学的"黑箱式"研究模式

应用型研究结果可以直接指导医学实践，逻辑推理是依据间接证据揭示的规律和原则对某诊治方法是否可能有效的理论推测。如此推演出的效果可能是正确的，但经常是不可靠的。千分之几的药物研发的成功率说明了这个问题。有人说，如果从动物研究的成果推测，已经可以消灭癌症很多次了，但是我们目前还远没有看到在人类中根除癌症的有效方法。这说明了推理对医学实践指导的局限性。

实践经验可看成是一种应用型研究，一种非系统的缺乏科学严谨性的初步探索，也是产生新的研究假说的重要途径。医学应用型研究的方法论是 20 世纪中叶诞生的现代流行病学（epidemiology），是在人群中研究有关健康、疾病和医疗服务一般规律的学问和艺术[3-9]。它的基本或最小研究单位是作为一个个体的人，研究的问题是医学实践直接面对的应用性问题，因此其结果可以直接用于指导和影响医学实践（表 1-1），其方法包括临床流行病学（clinical epidemiology）等重要分支学科[10-12]。流行病学研究的结果是医学实践可以依赖的直接证据，是循证医学实践应遵循的证据的主体。

对于一项治疗是否有效,科学研究的目的在于寻找有关这个问题的真实答案。假设研究观察到的结果为观察值,真实的疗效为真实值,二者的关系可以用图2-2展示。在流行病学中,我们把真实值和观察值之间的距离或差别称为偏倚(bias)或系统误差(systematic error),与偏倚相反的概念叫可信度、真实性或效度(validity)。一个研究的偏倚越多,其结果和结论的真实性就越低。

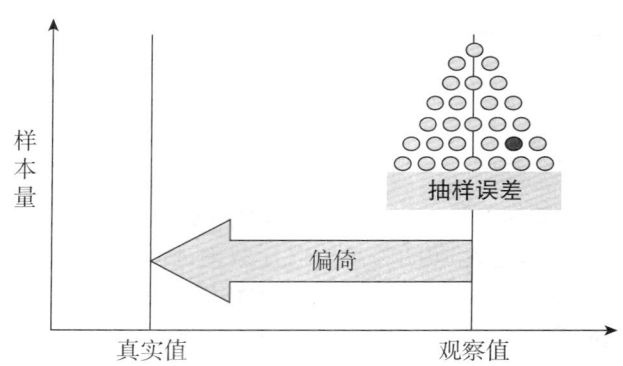

图 2-2 偏倚、抽样误差与真实性的关系

但是,我们永远无法知道观察到的结果是否真实,甚至不知道它离真实值有多远。即使观察值与真实值一模一样,我们还是不知道它是否真实。这是因为我们不知道真实值,如果知道,就没有必要再做研究了。那么,我们怎么才能知道观察值是否反映了真实呢?唯一可行的方法是从研究的程序上进行判断。具体来说,就是在研究使用的控制偏倚的方法上进行分析,控制偏倚的方法越多、越严谨,研究的结果就越接近真实。因此,一个更具有实际意义的关于偏倚的定义是:研究中可能引起"偏倚"的程序或方法。如失访偏倚,是一种因研究对象失访而造成的偏倚,其实质是一种选择偏倚。

控制偏倚最有效的方法是研究设计。流行病学研究设计主要是由对比的方式和观察的时间走向决定的研究框架,一类研究设计有固定的设计框架,包含这类研究独特的、不可缺少的因素。

实践循证医学首先需要对证据进行评估,评估证据包括真实性、结果和适用性三个方面。对证据真实性的评估就是对其偏倚高低的评估,因此本章也是对本书第二部分的解读医学文献以评估证据真实性各章的概述。

二、研究设计

(一)病例系列研究

20世纪20年代,英国医疗工作者发现很多肺癌患者都是吸烟者,因此怀疑吸烟可能会引起肺癌。这是人类研究吸烟和肺癌关系的开端。从研究设计上讲,这个起始的观察方法叫病例系列(case series)研究,即只有一组患者,用他们的共同特征揭示事物的规律[110-12]。但是,病例系列的最大问题是缺乏对照,如果无肺癌者中很多也是吸烟者,该研究提示的吸烟与肺癌的关系将不会成立。

没有对照,就没有鉴别,对照是科学研究的要素之一。如果没有任何对照,仅仅根据病例系列的分析则得不出任何可信的结论,病例系列研究需参照研究外的对照才能做出结论。举例说明,用某药物治疗一批普通感冒患者,如果他们在2周内都得到康复,是否说明该药物有效呢?显然不是。我们之所以可以做出这样的结论,是因为大量经验告诉我们,即使没有任何治疗，绝大多数感冒患者也都会在2周内康复。研究外的对照多为历史对照，缺乏严格的可比性，影响结论的可信度。因此，从研究方法学上，科学家设计了比病例系列更可靠的含有直接对照的病例对照研究，并用此进一步验证吸烟和肺癌的关系。

（二）病例对照研究

1939年，德国人Müller以德文在癌症研究杂志发表了第一篇关于吸烟和肺癌关系的病例对照研究（case-control study）[13]，但当时并没引起太多的重视。1950年，英国流行病学家Doll与统计学家Hill关于吸烟和肺癌关系的病例对照研究发表于《英国医学杂志》[14]。该研究包括了649例肺癌患者，设置的内部直接对照为649例无肺癌者。肺癌患者中只有2人不是吸烟者，无肺癌者中有27位不是吸烟者。病例组和对照组中吸烟者的比值比高达14（有关暴露或干预效应的一般计算方法请参见本章"研究结果"部分和表2-4），进一步说明吸烟和肺癌是有关的。图2-3展示了病例对照研究的设计框架[3-8]。

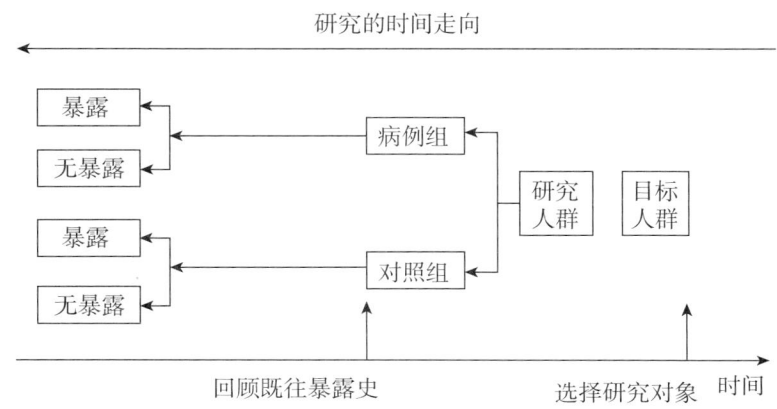

图 2-3　病例对照研究的对比和时间走向的设计框架

在上述病例对照研究中，对比人群是肺癌患者和非肺癌患者，时间走向是从现在发现的肺癌到过去的吸烟史，吸烟是暴露因素，肺癌是结局指标。由于病例对照研究走向是从结局到暴露，其时间走向是从现在到过去，属于回顾性的，因此此类研究又称作回顾性研究（retrospective study）。病例对照研究的特点是经济、快速，但是结果不太可靠（参见本书第十五章）。

研究的最终目的是看吸烟是否可引起肺癌，但是上述病例对照研究本质上比较的是肺癌患者和非肺癌患者过去吸烟历史的区别，二者并非等同。更直接、更可靠的方法应该是比较吸烟者和非吸烟者未来发生肺癌机会的差别，这就是前瞻性队列研究的思路。

（三）队列研究

1951年，Doll和Hill开始了一项追踪观察长达50年的前瞻性研究（prospective study）[15]。该研究在英格兰征募了40701个医生，并将他们分为吸烟者和非吸烟者，然后长期随访以观察两组的肺癌发生情况。前40年随访发现，吸烟者的肺癌发病率为每10万人每年209例，非吸烟组的发病率为每10万人每年19例。两组肺癌发病率之比为14.9，说明吸烟者肺癌发病率是非吸烟者的14.9倍，这与前述病例对照研究显示的比值比（14）在数值上十分接近，说明绝大多数肺癌患者都是由于吸烟引起的。

上述研究是从"现在"开始，并随访观察到"未来"某一个时点，因此称为前瞻性研究。图2-4描述了前瞻性研究的设计框架[3-8]。由于整个研究从头至尾是由一个队列（即同一个固定的人群）组成的，前瞻性研究一般称为队列研究或定群研究（cohort study）。队列研究费时、费力、费钱，但结论的真实性高于病例对照研究。参见本书第十四章。

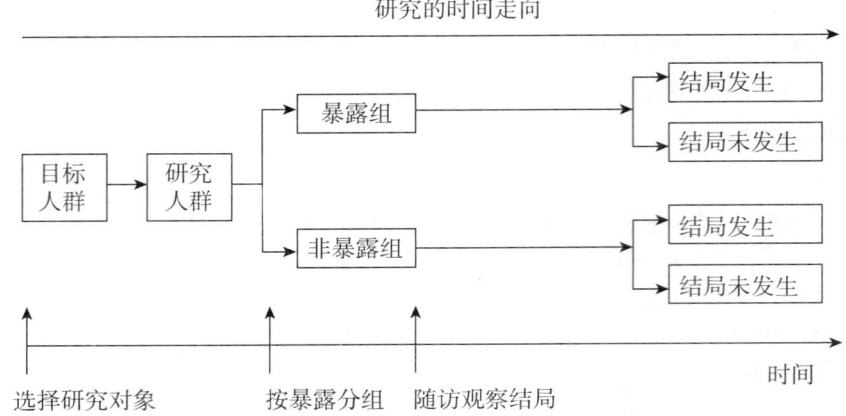

图 2-4　前瞻性队列研究的对比和时间走向的设计框架

然而，上述队列研究发现的吸烟者和非吸烟者之间肺癌发病率的差别仍然存在其他可能的解释，不能肯定地归结于吸烟的结果。我们知道，吸烟者多为男性，非吸烟者多为女性，而且男性更容易患肺癌。这样一来，即使吸烟和肺癌无关，吸烟者的肺癌发病率也会因为吸烟者多是男性而高于多是女性的非吸烟者（图 2-5）。在流行病学里，这种现象称作混杂，即性别和吸烟对肺癌的作用混杂在一起，我们无法肯定地判断吸烟者和非吸烟者之间肺癌发病率的差别是由于或完全由于吸烟造成的。

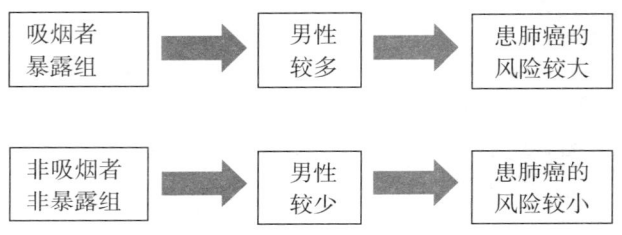

图 2-5　性别对吸烟和肺癌关系的混杂作用

这里的混杂是由于吸烟者和非吸烟者在性别上的不可比造成的。其实任何一个可能引起肺癌的因素都可以成为潜在的混杂因素，因此一个研究中的混杂因素可能有很多，如年龄、种族、职业、饮食习惯、家族史等。混杂是任何一个队列研究都必须排除的偏倚，设计阶段可以使用匹配和限制控制混杂，更常用的则是数据分析阶段可采用的分层分析、标化比较和多元回归分析。在分析阶段，最有用的是多元回归分析。所有控制混杂的原理是相同的：通过各种方法"迫使"比较组之间在混杂因素上变得可比。然而，所有这些方法都不能保证彻底控制混杂，因为我们经常不知道所有的混杂因素，或者我们没有收集所有已知混杂因素的数据，而且统计分析模型也有其自身的缺陷。

队列研究和病例对照研究均属于观察性研究。在观察性研究里，暴露组和非暴露组（如吸烟者和非吸烟者）是"自然"形成的，或是人们自愿选择的，研究者只是旁观者，不能主动分配暴露，也不对暴露进行任何干预。譬如，研究者不能人为地让一群人吸烟 30 年，而另一群人则不能吸烟，即使后者很喜欢吸烟。不是因为科学上做不到，而是伦理上不可接受，因为研究者不能人为地给研究对象施加可能有害的因素。所以，研究疾病病因和危险因素时，只能使用观察性研究。混杂是由于其他可以影响结局指标的因素在暴露组和非暴露组不可比造成的，是观察性研究永存的缺陷，在队列研究里如此，在病例对照研究中更为严重和复杂。

（四）随机对照试验

如果研究的是一项潜在可能有益的因素（如治疗），尤其是尚无人暴露于这个因素（如新药）时，研究者必须人为地将研究对象分配到不同的比较组，然后才能施加干预措施并观察其作用。由于分配的因素是潜在有益的，人为分组在伦理上则是可以接受的。

一个重要的方法学问题是：能否借助这个可以人为分组的机会，设计一种方法，使获得的比较组间除了干预外的各种因素都是可比的，从而根本上消除混杂效应？答案是：随机化分组，即用随机的方法把研究对象分配到各比较组。随机分组时，研究对象被分配到哪一组完全由随机机制决定，不受研究者、患者和其他任何人的意志和偏好的影响。通过随机分组形成的对照研究就是随机对照试验[16-18]（图2-6）。1948年，世界上第一个随机对照试验在《英国医学杂志》发表，研究目的是评估链霉素治疗肺结核的临床效果[19-20]。

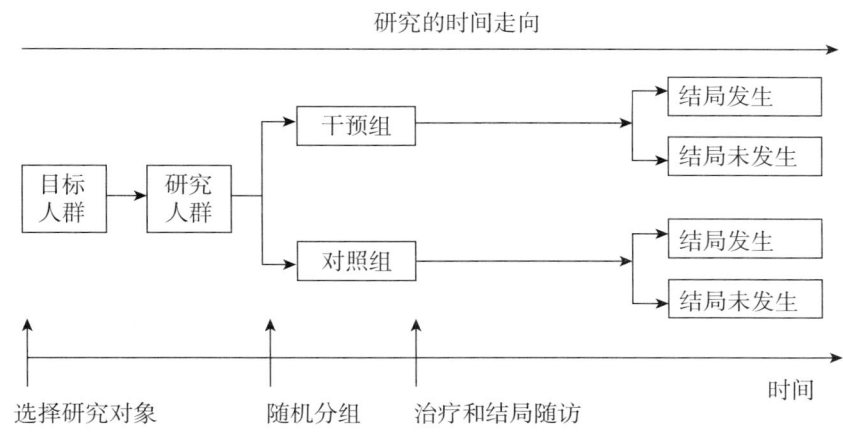

图2-6　随机对照试验的对比和时间走向的设计框架

随机分组只能保证比较组在研究开始时是可比的，盲法、降低失访、提高随访率、维持原随机分组分析（即意向治疗分析）等在研究开始后的措施保证了比较组在研究的整个过程中自始至终都是可比的，从而在随机对照试验里最大限度地降低了混杂效应。为了明确显示随机对照试验相对其他流行病学研究的优势，一般把前者称为实验性研究，后者统称为观察性研究。随机对照试验是目前最可靠的研究医学领域中因果关系的研究设计。医学领域中的因果关系主要包括治疗和效果的关系以及病因和疾病的关系。但是，由于伦理学的限制，随机对照试验只可以用于评估医学干预措施（如药物、手术、疫苗等）的效果，不能直接用于研究疾病的病因和危险因素（参见本书第十一章）。

（五）系统综述

关于同一研究问题，经常存在很多类似的研究。如表2-1所示，截至1994年，有28个关于尼古丁口胶戒烟效果的随机对照试验，它们都是高质量的随机双盲安慰剂对照试验，但结果各不相同，有的研究显示尼古丁口胶可以明显帮助吸烟者戒烟（如第1项研究），有的显示没有任何作用（如第17项研究），有的显示可能还会使吸烟者更容易继续吸烟（如第22项研究）。哪些研究是正确的？如果该治疗是有效的，效果的大小如何？是否在不同患者中效果可能存在差异？

表2-1　28个尼古丁口胶随机对照试验的结果

第一作者	率差（%）	第一作者	率差（%）
1. Archeoon	20	15. Jarvik	11
2. B.T.S.	1	16. Jarvis	26
3. Cambell	2	17. Jensen	0
4. Clavel	9	18. Killen（1）	20

续表

第一作者	率差（%）	第一作者	率差（%）
5. Fagerstrome（1）	19	19. Killen（2）	4
6. Fagerstrome（2）	16	20. Malcolm	15
7. Fee	4	21. Ocken	5
8. Gillbert	2	22. Page	−3
9. Hall	21	23. Pirie	13
10. Harackiewicz	−1	24. Russell	5
11. Hjalmarson	11	25. Sutton（1）	6
12. Hughes（1）	22	26. Sutton（2）	8
13. Hughes（2）	3	27. Segnan	2
14. Jamrozik	2	28. Tonensen	16

（资料来源：唐金陵等．英国医学杂志，1994，308：21-6）

面对医学研究中的这类问题，20世纪70年代末，有人提出了meta分析（meta-analysis）的方法，就是现在常说的系统综述（systematic review），试图通过对既往研究的系统回顾，回答这些问题。系统综述是一种系统的以定量分析为主的总结和整合文献的研究方法[21-23]。其本质是一种综述方法，目的是提炼和整合同类研究的结果，以做出定量的、更可靠的结论。"系统"特指收集原始文献的全面性、操作方法的可靠性和统一性，以及利用meta分析定量地整合结果。本书讲的meta分析主要指系统综述中用于定量地合并多个有关研究的结果以获得能够代表这些研究的平均结果的统计学方法。

其实，系统综述就是综合某研究问题现有所有证据，科学、定量地进行科学推论的方法。

（六）5类研究可信度的比较

由上述分析可见，探索病因和疗效，至少有5类研究可以使用，但是它们不是等同的，其证据的可信度由高到低依次是：随机对照试验的系统综述、单个随机对照试验、队列研究、病例对照研究和病例系列研究。上述讨论揭示了三个提高研究结果可信度的原则：保证观察从暴露到结局的时间走向，设立对照，保证比较组间的可比性。研究设计的核心区别就是在处理这些问题上的不同。当针对一个问题的各种研究都存在时，研究种类是判断研究结果和结论可信度最简单、快速的方法（图1-5）。当不同研究的结果和结论不一致时，应以最可信的研究类型提供的证据为准。

前面描述了5种流行病学研究类型的基本设计及其差别，重点在于比较它们的设计原理以及控制偏倚能力的区别。下面则从流行病学研究的另一个侧面，简要介绍一个具体研究的组成和步骤。

三、研究的组成和步骤

简单地讲，一项研究应由以下几个基本部分组成：研究问题、研究设计、研究对象、研究变量、结果和结论[10,23]。因此，从研究步骤上讲，在时间先后顺序上研究者依次应该做的事情是：确定研究问题、选择研究设计、选择研究对象、测量研究变量、估计研究结果，以及做出科学推论（图2-7）。

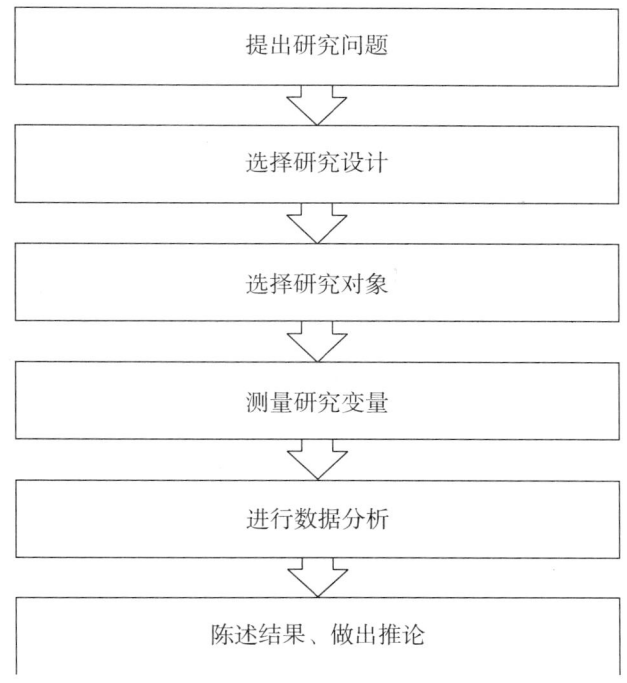

图 2-7 流行病学研究的步骤和内容

（一）研究问题

研究问题是一项流行病学研究的灵魂，决定一项研究的临床应用价值，也是选择和进行研究设计以及选择研究对象、确定研究变量和选择数据分析方法的统领。当研究问题不明确时，确定研究的其他程序和内容将变得盲目。研究问题决定研究的意义，研究设计决定结果的可信度，可用资源和伦理要求决定研究的可行性（图 2-8）。一个没有意义的研究问题，对其回答的可信度再高，该项研究还是没有意义，消耗的资源就是浪费，浪费资源是不符合伦理的。对临床研究问题意义最基本的要求是新颖且具有价值：新颖指全新的或是尚不能肯定回答的问题，价值就是可以用来改善人们的健康。

图 2-8 研究问题、研究设计和研究资源的关系

医学实践常见的研究问题不外乎：疾病负担、病因和危险因素、诊断的准确性、疾病的转归和预后、治疗的效果、治疗的毒副作用、干预的经济学评价等。疾病负担主要指一个疾病的严重程度及其在人群中的发病和患病频度。疾病病因和危险因素系指可以引起疾病发生的因素，从流行病学研究意义上讲，可以把二者等同对待。诊断的准确性是指一个检查（测试或影像）能够正确区分无病和有病状态的能力，它只部分决定了一项检查的临床价值。疾病的转归和预后指一个疾病在自然情况下或医学干预后演化和发展的情况。治疗的效果是治疗可以给患者带来的好处，毒副作用是治疗给患者带来的害处。干预的经济学评价是对干预措施成本 - 效果或成本 - 效用的分析，如 5 年内预防一例冠心病所需要的总费用是多少。这些都是医学实践

第二章 流行病学——产生证据的方法论

中常见的问题,是医学决策和临床实践必须不断面对的问题。只有通过系统的科学研究,才能可靠地回答这些问题。

(二)研究设计

对于每种实践问题,都有多种研究设计可以采用(表2-2)。一般来讲,研究需要的资源(包括时间)与结果的可信度成正比,从高到低依次为:随机对照试验、队列研究和病例对照研究(图2-9)。兼顾可信度和可行性两个因素,每种研究问题都有相应最优可行的研究设计(表2-3)。对于疾病患病率的研究,现况研究就足够了。简单地说,现况研究就是对一群人某时点的特征进行的调查。对于病因和危险因素的确定,最优的研究是队列研究,由于伦理的限制,不能使用实验性研究。对于疾病预后及其严重程度的了解则需要追踪观察患者,近似于队列研究,也可以从临床试验中获得。对于诊断准确性的评估只需要现况研究,但是对于诊断和治疗联合效果的评估,如癌症的早诊断早治疗,则需要随机对照试验。

表2-2 临床研究问题与可用的常见研究设计

临床问题	可用的常见研究设计
病因	病例系列、病例对照研究、队列研究
诊断	现况研究、随机对照试验(RCT)
转归	病例对照研究、队列研究、RCT
疗效	病例系列、对照试验、RCT
毒副作用	病例系列、病例对照研究、队列研究、RCT
系统综述适合于对上述所有研究结果的回顾总结	

表2-3 医学实践问题与最优可行的研究设计

常见研究问题	最优可行研究设计
患病率	横断面研究
发病率	队列研究
常见疾病的病因	队列研究
极其罕见疾病的病因和药物不良反应	病例对照研究
不常见的疾病的病因和药物不良反应	队列研究
干预效果和常见不良反应	随机对照试验
诊断方法的准确性	横断面研究
疾病的预后	队列研究
系统综述适合于对上述所有研究结果的回顾总结	

	随机对照试验	队列研究	病例对照研究
时间	+++++	++++	+
资源	+++++	++++	+
可信度	+++++	+++	+
最适研究问题	疗效 常见的毒副作用	病因 较常见的毒副作用	罕见疾病 罕见的毒副作用

时间:进行研究所需时间;资源:进行研究所需的时间以外的资源;最适研究问题:对应的研究设计是该类研究问题最优可行的研究类型

图2-9 常见研究类型所需资源、结果真实性和最适研究问题的比较

对于医学干预措施的评估，最优的研究设计是随机对照试验，尤其是当干预效果不是很大时，例如一般抗血压药物可在 100 个患者中预防 3～5 例心血管事件。对治疗常见的毒副作用，在随机对照试验评估同时就可以确定。但是对于严重罕见的慢性不良反应，如发生率在 1‰ 以下的死亡和癌症事件，评估疗效的临床试验一般由于样本量不够大或者随访时间不够长，不能检测到这么罕见的不良反应，则需要借助队列研究。当不良反应在 0.1‰ 水平或更低时，甚至队列研究也是不可行的，病例对照研究可能是唯一可行的研究设计。

最后，经济学评价需要从多种途径获得证据，如从临床试验中获得效果的证据，从队列研究获得不良反应的证据，从现况研究获得费用的数据。

但是，不是每个研究都会或需要针对研究问题选择最优的研究设计。另一个决定研究设计选择的因素是研究的阶段。一般而言，尤其是针对病因和治疗的研究，研究可分为以下几个阶段：产生假设，初步检验假设，进一步检验假设，最后确定假设（图 2-10）。以吸烟和肺癌的关系研究为例，最初是通过临床经验或病例系列产生吸烟可能引起肺癌的假设，然后通过病例对照研究初步检验假设，进而开展大型队列研究进一步验证假设，最后总结所有有关的研究做出结论。

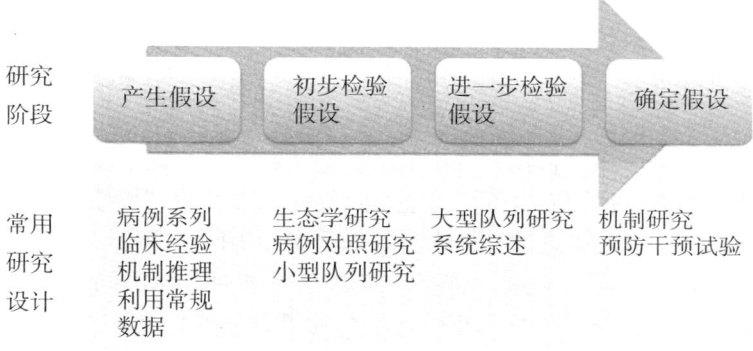

图 2-10 病因研究的阶段和研究设计的选择

关于新药的临床验证，一般分为四个阶段，即常说的 Ⅰ～Ⅳ 期临床试验[16-18,25]。研究的问题包括毒副作用和效果两个方面，毒副作用是每个研究阶段都需要关注的，对二者的研究也需要循序渐进，研究设计的选择更为灵活和复杂。Ⅰ 期临床试验是一个新药第一次在人身上的测试，需十分谨慎，评估的不是疗效而是急性毒性作用，也包括对药动学的考察。研究往往是在仔细挑选的健康人中进行的，本质是病例系列，没有对照组。如果一个药物通过了 Ⅰ 期试验，没有明显的急性毒性作用，则可进入 Ⅱ 期试验，对疗效进行初步评估。根据评估的进展阶段，可选的研究设计很多，如病例系列、前后对照试验、平行对照试验和小型随机对照试验等。Ⅲ 期试验是对疗效最严格的验证，也是对常见毒副作用的评估，需要使用样本量足够大的随机对照盲法试验。Ⅳ 期试验是药物上市后的研究，主要是对严重罕见慢性不良反应的监察，主要使用的是病例对照研究和队列研究。有关细节可参见第二十九章表 29-4 的内容。

另外，还有其他原因使得研究者不会选择针对研究问题最优的研究设计。例如，硕士研究生的研究课题，主要目的一般不在于可靠地回答研究问题，更多的考虑是对学生熟悉研究方法和程序的训练以及可用于课题的技术、人力、物力、时间等资源问题。这时，即使是研究病因，即使已经存在很多高质量的队列研究，一个硕士生课题可能还是会选择病例对照研究。

因此，对于同一临床问题，文献中会存在各种类型的研究，循证医学实践者应能够辨别一类研究问题的最优设计，基于现有最好的证据进行决策。

还值得一提的是，常规收集的大数据给临床研究提供了新的机会，但是基于常规收集的数据只能是观察性的，可以用来研究病因、诊断、转归、药物不良反应、初步验证疗效等。常规数据的另一个重要用途是产生新的研究假设。常规数据信息存在很多问题，如测量不准确、不一致以及患者的失访，使得基于常规数据的研究可信度较低。因此，有关治疗效果的研究，除非效果极其明显，否则基于常规数据的观察性研究不能取代随机对照试验对疗效的验证。另外，目前医院收集的数据来源都是患者，不能代表一个地区或人群的所有人口，因此不适用于对发病率、患病率和死亡率（病死率除外）的研究。虽然体检收集的数据代表的多是健康人，但是由于参与体检的人群是高度选择的人群，也不适用于对发病率、患病率和死亡率的研究。

有关研究目的和研究设计的匹配和选择，尤其是有关观察性研究和实验性研究的区别，以及有关医学干预的研究，请参见本书第二十九章。

（三）研究对象

研究对象系指依据研究的纳入标准最终纳入研究的观察对象。流行病学研究的对象是作为一个整体的人，而不是动物、分子和细胞。研究对象对外推人群的代表性是流行病学研究选择研究对象的总体原则。但是在早期探索阶段，一般会选择最可能揭示出"阳性"结果的人群，而在后期验证阶段应该选择有代表性的人群。

什么是有代表性的人群？以药物评估为例，一种药物一般都有明确的适用人群，这个适用人群就是研究人群应该代表的人群，一般叫作目标人群，如全世界所有成年原发高血压患者。由于研究目标人群（也称总体人群）是不可行的，也是不必要的，在一个有代表性的人群中进行研究就可以获得准确可靠的结果。犹如想知道一桶酒的滋味，不需要把整桶酒都喝了，尝几口就可以了。研究也是如此。

理论上讲，研究样本应该从目标人群中抽取。但是，有时目标人群很抽象，如上述全世界所有成年原发高血压患者，任何研究都不可能从这样一个人群中直接抽样。一般的做法是依据目标人群的特征选择一个有代表性的抽样人群，如香港沙田区初级保健门诊中所有的高血压患者。然后再从抽样人群中征募患者进行研究，如2015年6月新诊断的高血压患者，再剔除不愿参加研究的患者后，就获得了最后真正纳入研究的患者（图2-11）。有些研究的抽样可能更复杂，每一步选样都会影响研究人群对目标人群的代表性。

对患病率和发病率的调查，研究人群必须充分代表总体人群。譬如，估计北京市成年人冠心病的患病率，从北京大学学生中抽取一部分学生进行调查显然是不合理的，因为他们比北京市成年人群年轻得多、健康得多，因此冠心病患病率也低得多，其结果会远远低估北京成年人冠心病的患病情况。这里，北京所有的成年人构成了该研究的目标人群，北京大学的学生为抽样人群，具体抽入并参加调查的为研究人群。选择北京大学的学生为抽样人群出了问题，因此结果是不可靠的。一般来讲，在每一级选择中，随机抽样是获得有代表性人群的可靠方法。

对于病因和疗效的研究，研究对象对总体人群的代表性也十分重要。但是，无论是病例系列还是病例对照研究，无论是队列研究还是随机对照试验，多是利用方便的人群，一般不会采取随机抽样的方法。这样的做法是基于一个重要的假设：病因和疾病的关系以及治疗和效果的关系具有一定的普遍性。例如，胰岛素可以降低血糖，基本在所有的人群都可以；又如，吸烟可以引起肺癌，在各种人群都可以。因此，研究人群的代表性就不那么重要了。相比，疾病患病率和发病率在不同人群千差万别，代表性就显得十分重要。

在队列研究和临床试验里，需要追踪随访，有时随访时间可以长达几年甚至几十年。在随访过程中很多人会失访，使得在关键结局指标上缺乏信息，导致最后纳入数据分析的人数远远小于研究开始时的人数。因此，失访也是"选择"研究对象程序的一个部分，是研究开始以后研究对象的自我选择。

（四）样本量

样本量就是实际纳入研究对象的总人数。研究样本量的大小十分重要。简单地说，如想估计某大学男生的平均身高，如果只找一个人测量，碰巧他的身高是1.9米，则离平均值很远；

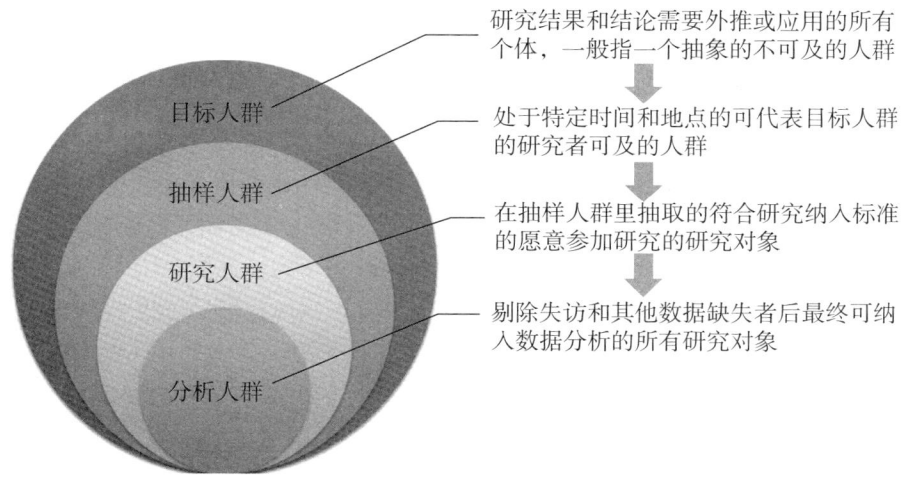

图 2-11　目标人群、抽样人群、研究人群和分析人群的关系

如果随机找 10 个人测量，他们的平均身高则会比较接近真实；如果测量 100 人，结果会十分接近真实。又如，冠心病在高血压人群中的 5 年发病率为 10%，如欲估计该发病率，观察 1 人 5 年，发病率不是 100%，就是 0%，而且很可能是 0%；如观察 10 个人，可能还是一个病例都没出现，也可能会出现两三个病例。如果观察 1000 人，估计的发病率会在 8%～12%（即 95% 可信区间，下同），已经很接近 10% 了。如果是观察 1 万人，发病率会在 9.4%～10.6%；如果观察 100 万人，会在 9.98%～10.02%。对于很多决策来说，1000～10000 人提供的结果就足够好了，100 万人的研究提供了决策不必要的精确的信息，是浪费资源。另一方面，样本量过大可能会引起其他问题。比如，由于收集资料的任务过重，可能不得不采取简单快速但不够准确的测量方法。

以简单的两组比较的临床试验为例，估计样本量需要知道两组发病率和统计学的第Ⅰ类及第Ⅱ类错误的概率。第Ⅰ类和第Ⅱ类错误是人为规定的，但是有关两组的发病率，只能根据间接相关的研究结果来"猜测"，如果准确地知道，就不需要研究了。因此，一个基于"猜测"计划的样本量最好也不过"大概齐"，最坏可能就差之千里了。但是，关于样本量有一点是肯定的，那就是一项研究需要的样本量越大，它所研究的真实效应（如疗效）就越小。如果一个药物可以把晚期肝癌患者的生命延长 10 年，三五例患者就够了，对照都不需要，因为成千上万的临床观察显示几乎没有晚期肝癌患者可以生存 10 年。青霉素治疗大叶性肺炎，几十例患者也许就足够。但是，要证明一个抗高血压药物是否可以预防心血管事件，一般需要几千人。上述三种治疗之间，第一种肯定是最有效的。因此，在评估大样本多中心的随机临床试验对临床实践的意义时，不能忽略其显示的疗效的大小而只注重样本量。

如果说研究设计是降低偏倚的主要措施，样本量则是降低随机误差的主要措施。如图 2-2 所示，即使研究没有任何偏倚，观察值还是不可能与真实值完全重叠。由于随机误差的存在，观察值不是一个固定的值，而是一个因样本量不同围绕一个中心值左右摆动的值。摆动的幅度与样本量成反比：样本量越大，研究结果围绕中心值摆动的平均幅度就越小，估计值的稳定性越高，反之则摆动幅度越大，稳定性越低。我们不知道一个具体研究的估计值会落在中心值的哪边，但是可以肯定的是：随着样本量增加，平均估计值会更接近中心值。随机误差不同于偏倚，随机误差的方向是不可预测的，而偏倚的方向在产生程序明确时是可以确定的。增加样本量可以增加估计值的稳定性，减少偏倚可以使这个稳定的估计更接近真实。但是，降低偏倚不会影响随机误差，反之亦然，二者是相互独立的。

（五）研究变量

流行病学研究通过收集数据才能回答研究问题，流行病学数据是在研究对象中收集的有关研究变量的信息。有关某一个研究对象某一个研究变量的信息就是一个数据点，每一个数据点都有两个基本属性和一个赋值：两个基本属性分别指研究对象和研究变量，赋值是对这个变量的测量值，如第 12 个研究对象的性别（研究变量）是男性（变量赋值）。一项研究的所有数据点的集合（即有关所有研究对象所有研究变量的赋值）就构成了该研究所有的数据。

一个典型的队列研究的变量主要有五类：①暴露；②结局；③混杂因子和（或）效应修饰因子；④确认研究对象的变量（如身份证号码、病历号、地址、姓名、电话，主要为联系患者使用）；⑤其他，如调整偏倚需要的变量（如依从性、失访）。其中暴露和结局是最关键的信息。例如，在一个吸烟和肺癌的队列研究中，吸烟就是暴露变量，肺癌是结局变量，暴露和结局以外的该病的病因和危险因素如种族、职业、性别、年龄等都可能成为潜在的混杂因子和效应修饰因子。又如，在评估抗高血压药物预防心血管事件的随机对照试验中，抗高血压药物是暴露变量，心血管事件是结局变量，其他预防措施以及心血管病的其他危险因素是潜在的混杂因子和效应修饰因子。

有时，变量并不是直接明了可测的事物。以危险因素为例，什么是吸烟？一天吸多少支才算吸烟？一年吸多少天才算吸烟？一生吸多少年才算吸烟？卷烟、雪茄、烟斗是等同的烟草吗？深吸者和浅吸者是等同的吸烟者吗？一般认为，每天吸 1 支烟超过 1 年就算吸烟。但这不过是一个方便的规定，否则我们无法采集信息。因此，在定义变量时，尤其暴露和结局，涉及很多人为的主观的规定，须仔细斟酌。对变量的定义一般还包括测量方法，例如对滥用毒品的确定，是通过问卷，还是对体液里毒品的测定？又如对癌症的确诊是基于超声、CT 还是病理？

结局指标的选择和测量也十分重要。在评估干预效果时，结局指标直接影响研究的设计和结果的意义。例如，在评估抗血压药物时，可用的结局指标包括症状（头痛、头晕、乏力）、血压、心血管事件（如心肌梗死和脑卒中）以及死亡等。症状是次要的结局，死亡是重要的结局。血压是中间结局，心血管事件是终末结局。如果选择血压为主要结局指标，需要的样本量则很小，观察几个月就够了，如对几百人观察半年。但是这样的研究不能直接证明降低心血管事件的作用。如果使用心血管事件作为主要结局指标，可以同时观察对症状和血压的影响，但是需要的样本量和观察时间可能要 10 倍以上，如对几千人观察 5 年。由于中间结局的改善不必然引起终末结局的改善，因此中间结局的研究不能替代终末结局的研究。一般来讲，早期评估多使用中间替代结局，最终验证需使用重要终末结局。重要终末结局一般是患者可以直接感受到或充分理解的重要临床结局，如疼痛、失明、失聪、残障和死亡，绝大部分仪器测量的指标则属于中间替代结局。

对变量测量的一般原则是：准确、精确、统一。准确就是测量了要测量的对象，精确就是每次测量的结果是一致的，统一就是要求对不同比较组的测量的标准、程序、方法等是完全相同的。试想，用问卷的方式测量人们是否使用了毒品，显然是不可靠的。测量都存在随机误差，即每次测量同一个人的同一个变量（比如血压）的结果不会一致，这会导致低估比较组间的差别。一个常用的解决办法是，测量 2～3 次，用其平均值。另外，如果在比较组间使用不同的测量方法，也会扭曲组间的差别。即使用的是同一测量方法，如果测量标准、频度、人员等在两组不同，也会引起偏倚。

（六）研究结果

流行病学研究多是定量的，即研究结果是定量表达的。因此，数据分析的核心是对有关指标的估计，如发病率和疗效[8,26]。以随机对照试验为例，如果治疗组的死亡率是 10%，无治疗的安慰剂对照组的死亡率是 30%，两组死亡率之间的差别才反映治疗特有的作用。这个差别可以用很多指标来表达，这些指标又可分为绝对效果指标和相对效果指标。前者如两组死亡率之差和需治人数（即两组率差值的倒数），后者如相对危险度、相对危险减少百分数、比值比等。它们的计算公式见表2-4，它们的估计值分别为：率差 =−20.00%，需治人数 =5，相对危险度 =0.3333，相对危险减少百分数 =66.67%，比值比 =0.4286。

表2-4 随机对照试验数据总结表和效应指标估计公式

比较组	结局（如死亡）发生情况			
	发生人数	未发生人数	总人数	累计发生率
治疗组	a	c	n_1	$I_1 = a/n_1$
安慰对照组	b	d	n_0	$I_0 = b/n_0$

效应测量指标

相对指标
1. 相对危险度 $RR = I_1/I_0$
2. 相对危险减少度 $RRR = (I_1-I_0)/I_0$
3. 比值比 $OR = ad/bc = [I_1(1-I_1)]/[I_0(1-I_0)]$

绝对指标
4. 率差 $RD = I_1 - I_0$
5. 需治疗人数 $NNT = 1/RD$

由于相对效果指标在不同情况下容易保持一致，因此多数临床试验会使用相对指标。但是，决策需要参考绝对效果，可以利用研究显示的相对效果和患者不治疗时的风险进行转换（详见第四章"测量疗效的结局指标"一部分）。

由于随机误差的存在，在提供指标的点估计的同时，还需提供这个点估计的可信区间，一般用95%可信区间表达。可信区间越窄，说明结果的稳定性越高。另外，由于统计学显著性检验是过去常用的方法，现在很多研究还会在指标点估计及其可信区间之外，提供相应的 P 值。其实，这个 P 值是不必要的，因为可信区间可以给出同样甚至更多的信息。

在观察性研究里，如病例对照研究和队列研究，数据分析的另一个重要任务是控制可能的混杂因素。分层分析和标化比较是没有计算机时代控制混杂常用的方法，也是展示控制混杂存在及其控制原理的常用方法，但是当需要控制的混杂因素很多时，它们的作用往往有限。因此，在计算机普及的今天，绝大多数数据分析依靠的是可以同时有效控制多个混杂因子的多元回归分析。因为多数研究的因变量是二分变量，所以多数分析使用的模型是 Logistic 回归模型。多元回归分析混杂控制的信度取决于三个因素：①回归方程是否纳入了所有重要的混杂因素；②利用回归分析判断混杂因素的方法是否正确（即应根据混杂因素对主效应的影响来判断，而不是根据混杂因素与结局关系的统计学显著性来判断）；③混杂因素的测量是否准确可靠。随机对照试验则无需控制混杂，因为随机分组可以完全平衡所有已知和未知的混杂因子。

如果分析将研究对象先分为两个亚组（或多组），然后在亚组内分别估计暴露的效应，若发现亚组间效应大小不同，且具有统计学显著意义，则说明用来分组的因素可能是一个可以修饰暴露与结局关系的效应修饰因素。效应修饰作用又称交互作用，指一个因素可以增加或降低另一个因素的作用，或者二者一起产生新的效应的现象。例如，吉非替尼在 EGFR 突变型肺癌患者中有效，在 EGFR 野生型患者中无效，说明 EGFR 突变可以修饰吉非替尼的治疗效果；又如，胺碘酮可增加地高辛的毒性，饮酒可以增加慢性乙型肝炎病毒感染患者发生肝癌的机会；中药的"十八反"说的也是药物间的相互作用。就药物来说，相互作用对如何用药十分重要。因此，当相互作用存在时，应分别报告各个亚组的结果。

但是，一个具体研究中对效应修饰作用的分析可能是不可靠的，尤其是当总体无效但个别亚组显示有效时，应特别引起注意，因为多数研究的样本量只足够证明总体效果的存在，亚组里的效果很可能是机遇造成的假象，需要其他研究重复证明。

关于流行病学数据分析更多的内容，请参考本章第3项参考文献的内容[3]。

四、误差和推论

无论研究者如何努力,任何流行病学研究都不可能完全消除误差。所谓误差,就是指研究的结果没有完全反映真实,二者之间存在差别。误差可分为两类:系统误差和随机误差。在流行病学里,系统误差一般称作偏倚,随机误差最主要的形式是抽样误差。偏倚与随机误差不同,如果知道一种偏倚是如何产生的,一般可判断偏倚的方向,即高估还是低估了真实,而随机误差的方向永远是不可知的。降低抽样误差的主要方法是增加样本量,不再赘述。

控制偏倚最有效的方法是研究设计。在设计基础之上,还有一类研究设计可进一步采取的特有的降低偏倚的方法,如随机对照试验中可采取分组隐匿、盲法、维持原随机分组分析等偏倚控制措施(表2-5)。这些措施不适用于其他类型的研究,因为如果没有随机分组,这些措施(资料收集者盲法除外)将不再有效。还有一些偏倚控制方法是所有流行病学研究都可以采取的,如有代表性的研究样本,设立对照,准确可靠的测量,以及结局与暴露的测量彼此独立(表2-6)。这些偏倚控制措施是所有流行病学研究,包括随机对照试验都应该遵循的原则。

表2-5 随机对照试验特有的偏倚控制措施
• 随机分组
• 分组隐匿
• 盲法
• 提高随访率
• 提高依从性
• 维持原随机分组分析

表2-6 流行病学研究中一般的偏倚控制措施
• 具有代表性的研究人群
• 设置合理的对照
• 保证比较组的可比性
• 测量方法准确、可靠、一致
• 暴露和结局的测量彼此独立
• 足够的随访时间

即使一个研究遵循了以上所有的偏倚控制措施,偏倚还可能会发生,而且一个偏倚就可以严重扭曲观察的结果。如上所述,偏倚可分为三类:混杂偏倚、选择偏倚和信息偏倚。混杂偏倚的规律比较清楚,如果一个因素与结局有关,而且在比较组间不可比,混杂就会出现。虽然流行病学发明了一整套控制混杂的方法,但是最简单、最有效、最彻底控制混杂的方法是随机分组。但是随机分组只可用于评估医学干预措施,不能用于病因研究。

选择偏倚是由于选择研究对象的方法不当而造成的效应估计上的误差,信息偏倚是由于测量研究变量的方法不当而造成的效应估计上的误差。与混杂不同,选择偏倚和信息偏倚发生的形式很多,没有统一的规律可循,控制这些偏倚只能针对具体的偏倚发生的形式和规律一对一地采取措施,不存在像控制混杂那样的统一的控制所有选择偏倚或信息偏倚的措施。例如,如果病例对照研究中只纳入现患病例,当目前尚存活的病例和已经死亡的病例在暴露史上存在区别时,或者存活的病例改变了暴露状况,就会在暴露和疾病关系的估计上引起偏倚。控制该偏倚的方法之一是使用新发病例。

因此,控制选择偏倚和信息偏倚的策略是:尽可能了解各种偏倚发生的形式、条件和规律,并采取相应措施进行预防。目前已经认识到的偏倚有100多种,新的偏倚还在出现。我们只能设法预防已知的偏倚,无法预防未知的偏倚,这正是做好流行病学研究设计困难的地方,也是区分研究设计优劣的地方。

五、其他研究设计

本文主要围绕病因和疗效的研究,对流行病学研究方法进行了讨论,表2-7总结了各种流行病学研究设计及其应用领域。但是,本章在现况研究、生态学研究(ecological study)、基因-疾病关系研究、经济学评价、群体遗传学研究、定性研究、传染病暴发调查等方面着墨很少。有关这些研究的理论和原则,可参考本书第二部分有关章节或有关流行病学专著[3-12]。

表2-7 流行病学研究方法及其可应用的主要领域

研究方法	主要应用领域
随机对照试验	干预、筛查、诊断和管理模式效果,副作用
队列性研究	病因、副作用、疾病预后和转归、诊断
病例对照研究	病因、副作用、诊断
现况调查	诊断准确性,卫生服务需求评估
系统综述	各种研究结果的总结和整理

但是,这里有必要对诊断研究做一个简单介绍。对诊断方法临床应用的初步研究是关于准确性的研究,是目前有关诊断方法研究的主要部分。诊断的准确性系指诊断方法可以正确区分疾病状况的能力。疾病状况可分为有病和无病两种,诊断区分有病状况的能力称灵敏度(sensitivity),区分无病状况的能力称特异度(specificity)。比如,在200个患者中180个诊断测试为阳性,提示疾病存在,灵敏度则为90%,在100个患者中会漏诊10个患者;在300个无该病的人群中285个测试阴性,提示疾病不存在,特异度则为95%,在100个非患者中有5个人会被误认为有病。

作为一项检查,90%的灵敏度和95%特异度是很难得的,但是这并不能直接说明该项检查在特殊的临床场合是否有用。假如这是脑部CT影像识别脑垂体瘤的准确性,如果任何无症状和体征的人群中脑垂体瘤的发生率为0.1‰,那么100万个"正常人"中会有100个患者,90个会被检出,999900个无病的人中有5%会被误诊为有垂体瘤,共49995人。根据CT影像判断,100万个人中有50085人(即90 + 49995)会被认为患有脑垂体瘤,其中99.82%的人都是假阳性,很多可能会因此做进一步病理学检查,但99.82%的人不会从病理学检查中受益。就此意义上看,用CT在健康人中筛查脑垂体瘤似乎是不可取的。关于诊断准确性的研究更多的内容,请参考本书第九章和本章参考文献中的有关专著。

六、本章概要

循证医学实践需要的证据主要来自系统的有组织的流行病学研究,学好循证医学需要掌握流行病学基础知识和技能。现代流行病学是在人群中研究有关健康、疾病和医疗服务一般规律的学问和艺术。它的基本或最小研究单位是作为一个个体的人,研究的问题是医学实践直接面对的应用性问题,因此其结果可以直接用于指导和影响医学实践。流行病学的主要研究设计类型包括上述的病例系列、病例对照研究、队列研究、随机对照试验、系统综述,还包括上面未提及的生态学研究、现况研究等。研究的目的决定研究结果的实践意义,研究资源决定一个研究的可行性,研究方法决定这个结果的真实性。一种研究设计可以用于研究多种临床问题;由于资源和伦理的限制,每种临床问题都有对应的最优可行的研究设计。研究旨在获得真实的研究结果,但是任何研究或多或少都存在偏倚,不可能观察到绝对的真实的结果。组间不可比可引起混杂偏倚,纳入研究对象的方法和程序不适当可引起选择偏倚,信息不准确、不可靠、不一致可起信息偏倚。做好流行病学研究设计的目的就是围绕需要回答的研究问题采取各种方法降低误差。增加样本量可以提高结果估计的稳定性,但不能减少偏倚。流行病学研究结果的可信度首先取决于研究的设计框架,其次取决于一般流行病学研究控制偏倚的方法,再次取决于一类研究设计特有的偏倚控制措施。

参考文献

[1] Guyatt G. Users' Guides to the Medical Literature：Essentials of Evidence-Based Clinical，Practice. 2nd Edition. New York：McGraw-Hill Medical，2008.

[2] Straus SE，Glasziu P. Evidence-Based Medicine：How to Practice and Teach It. 4th Edition. Churchill Livingstone，2010.

[3] 詹思延. 流行病学. 7 版. 北京：人民卫生出版社，2012.

[4] 李立明. 临床流行病学. 北京：人民卫生出版社，2011.

[5] 谭红专. 现代流行病学. 2 版. 北京：人民卫生出版社，2008.

[6] Rothman K. Epidemiology：An Introduction. New York：Oxford University Press，2002.

[7] Gordis L. Epidemiology. 5th Edition. Philadelphia，PA：Elsevier/Saunders，2013.

[8] Rothman KJ，Greenland S，Lash TL. Modern Epidemiology. 3rd Edition. Philadelphia：Wolters Kluwer Health/Lippincott Williams & Wilkins，2008.

[9] Porta MS，Greenland S，Hern M，Silva IS，Last JM. Dictionary of Epidemiology. Oxford：Oxford University Press，2014.

[10] Haynes RB，Sackett DL，Guyatt GH，Tugwell P. Clinical Epidemiology：How to Do Clinical Practice Research. 3rd Edition. Philadelphia：Lippincott Williams & Wilkins，2006.

[11] Fletcher R，Fletcher S，Wagner E. Clinical Epidemiology-The Essentials. 4th Edition. Baltimore：William and Wilkins，2005.

[12] Feinstein AR. Clinical Epidemiology：The Architecture of Clinical Research. 2nd Edition. W.B. Saunders Company，1985.

[13] Müller FH. Tabakmissbrauch und Lungencarcinom. ZeitschriftfürKrebsforschung. 1939. 49：57-85.

[14] Doll R，Hill AB. Smoking and Carcinoma of the lung：preliminary report. BM. 1950. 2：739-48.

[15] Doll R，Peto R，Boreham J. Sutherland I. Mortality in relation to smoking：50 years' observations on male British doctors. BMJ. 2004，328（7455）：1519-1528.

[16] 唐金陵，江宇，张宏伟. 随机对照试验. 见：李立明 主编. 流行病学. 6 版. 北京：人民卫生出版社，2007，129-163.

[17] Pocock SJ. Clinical Trials：A Practical Approach. Wiley，1984.

[18] MeinertCL，Tonascia S. Clinical Trials：Design，Conduct and Analysis. Oxford：Oxford University Press，1986.

[19] Chalmers I. Why the 1948 MRC trial of streptomycin used treatment allocation based on random numbers. Journal of the Royal Society of Medicine. 2011，104：383-386.

[20] Medical Research Council（1948）. Streptomycin treatment of pulmonary tuberculosis：a Medical Research Council investigation. BMJ. 2：769-782.

[21] 唐金陵，杨祖耀. 第二篇第十四章：系统综述与 Meta 分析. 见：李立明 主编. 流行病学. 3 版，第一卷. 北京：人民卫生出版社，2015，261-290.

[22] 唐金陵，毛琛. 第四篇第三十一章：系统综述中的统计分析. 见：李立明 主编. 流行病学. 3 版，第一卷. 北京：人民卫生出版社，2015，566-595.

[23] Chalmers I，Altman DG. Systematic Reviews. BMJ Books，1999.

[24] Hulley SB，Cummings SR，Browners WS，Crady DG，Newman TB. Designing Clinical Research. 4th Edition. Philadelphia：Wolters Kluwer Health/Lippincott Williams & Wilkins，2007.

[25] Di MY，Tang JL. Adaption and application of the four phase trials to traditional Chinese medicines. Evidence-Based Complementary and Alternative Medicine. 2013，128030.

[26] 唐金陵. 第四篇第二十章：流行病学研究资料统计分析概述. 见：李立明主编. 流行病学. 3 版. 第一卷. 北京：人民卫生出版社，2015，369-397.

练 习 题

【名词解释】
1．流行病学
2．研究设计
3．偏倚
4．随机误差
5．可信度
6．研究对象
7．研究变量
8．相对效果
9．绝对效果
10．混杂

【选择题】
1．评估干预效果最可靠的研究设计是
    A．病例对照研究
    B．队列研究
    C．随机对照试验
    D．病例系列研究
    E．现况研究
2．评估罕见慢性严重不良反应最可行的研究设计是
    A．现况研究
    B．病例对照研究
    C．队列研究
    D．随机对照试验
    E．病例系列研究
3．关于流行病学研究，以下哪项正确
    A．在人群中进行的研究
    B．针对医学实践问题的研究
    C．结果可以直接用于医学实践
    D．多使用定量分析
    E．以上都正确
4．关于流行病学研究，以下哪一项是**错误**的
    A．回顾性研究可以用于研究病因
    B．队列研究可以用于研究干预效果
    C．随机对照试验不能用来评估干预的副作用
    D．系统综述可以用来总结队列研究
    E．病例系列研究可以用来产生病因的假设
5．由于两组不可比而造成的在组间差别估计（即效应）上的扭曲属于
    A．信息偏倚
    B．随机误差
    C．选择偏倚
    D．混杂偏倚
    E．交互作用

【计算题】
某随机对照试验显示，治疗组的死亡率为10%，无治疗的对照组的死亡率为30%，试计算以下效果指标：
- 需治人数
- 率差
- 率比
- 相对危险降低百分数
- 比值比

【问答题】
1．简述流行病学研究与循证医学证据的关系。
2．试述研究问题、研究设计和可行性之间的关系。

3. 简述什么是误差、偏倚、随机误差及其与观察值和真实值的关系。
4. 简述流行病学研究中控制偏倚的策略和措施。
5. 简述什么是混杂并比较各种控制混杂方法及其优缺点。
6. 解释各种常见临床实践问题最优可行研究设计的理由。
7. 试比较各种常见的研究设计在偏倚控制方面的区别。
8. 试述在评估药物效果时不同研究阶段和研究设计选择的关系以及选择的理由。
9. 简述什么是研究对象以及挑选研究对象的原理和原则。
10. 试述流行病学研究中各类变量的区别以及测量原则。

（唐金陵[*] 韩笑然）

第三章 研究证据的收集、整理和传播

一个专业的优势不仅仅在于其产生信息的能力，还取决于其超越其他团体的管理信息的能力。

——爱德华·胡斯

循证医学是基于现有最好的证据进行决策的学问，要想实现循证医学，最终必须通过医学工作者的实践活动，这就需要医学实践者敏于发现问题，并能够根据问题的需要检索、收集、整理和评估有关文献，这正是早期循证医学强调的重点。

十几年的经验证明，依靠医学实践者个人检索、收集和评估现有的证据并将它们用于实践和决策，不是实现循证医学最有效的方法，更不用说从进行原始临床研究开始（图 3-1）[1]。因为，这些工作不是医学实践者和决策者的首要任务，他们的首要任务是照护患者，他们的精力和时间应该放在基于证据进行实践和决策上，而不是花在收集、整理和评估研究文献上，更何况后者并不是他们的特长，同时，他们既没有足够的时间和精力也没有足够的兴趣来做这些事[1]。

提供证据完全可以像提供洁净的饮用水一样，依靠社会和集体的力量，由有关专业人员统一收集、加工、整合最新的研究证据，并以简明有效的方式，在决策实际需要的地方，提供给医学实践者和决策者（图 3-1）。

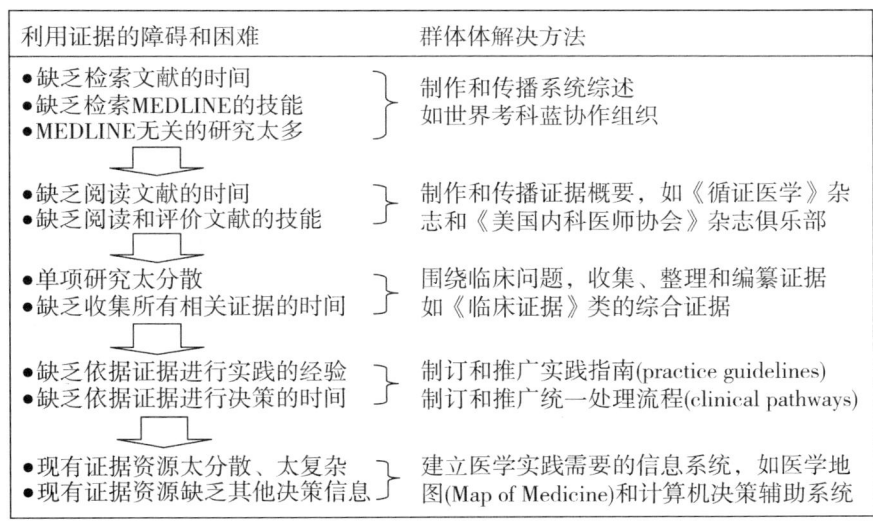

图 3-1　医生进行循证实践面对的困难和群体解决方法

十几年来，针对医学实践者在循证实践中面对的困难，医学信息工作者在证据的收集、加工、整合和传播方面做了大量的工作，新的文献库也应运而生。新的证据资源的出现加速了循证医学的发展，使循证医学真正开始成为可能。将文献的收集、加工、整合和传播与依据证据进行实践区分开来，也更加明确地体现出循证医学的核心内容。文献的收集、加工、整合和传播本身并不能使循证医学得以实现，循证医学的实现依赖于医学工作者利用证据进行决策的实践活动。

本章将以医学实践者收集、整理和评估证据的困难为主线，以目前常见的医学文献库为实例，展示证据演进背后的逻辑和意义，分析各种证据资源的特点及其相互关系，以确定每种文献库在循证实践中不同的地位和作用，供医学实践者使用时参考。

一、证据的收集、评估和总结

（一）收集和利用原始研究的困难

原始研究（primary study）是产生和提供证据的基本单位，是所有其他证据衍生品的原始材料。MEDLINE 是原始研究最权威的文献库之一。MEDLINE 包含的内容十分全面，对新的研究推出很快，而且索引和检索系统完善，是其他所有次级文献库的基础。绝大多数医学工作者都对 MEDLINE 有一定的了解，并能够利用 MEDLINE 进行一般性的文献检索。熟悉文献评估技术的医学工作者还能够根据决策问题的 PICOS（即 patient、intervention、comparator、outcome、setting）特征，限制性地检索有关文献。

但是，由于 MEDLINE 包含的内容太多太杂，绝大多数基础实验室研究的文献与医学实践无直接关系，很多有关的人群应用性研究因方法不当而不能提供可靠的证据，真正与一个实践问题相关且可靠的研究的数目一般都很小，从上千万 MEDLINE 文献中找几篇或几十篇有关的文章，犹如大海捞针[2]。例如，MEDLINE 中 1966—2006 年间发表的可能是抗高血压药预防心血管病的随机对照试验的总数逾 5 万篇。很少医学实践者有足够的时间、精力和耐性过筛这几万篇文章，从中挑选出几十个真正有关的高质量的随机对照试验。

即使具有检索 MEDLINE 的技能和时间，并花费了大量时间找到了所有相关的研究，绝大多数医学实践者也会发现自己不能完全读懂这些由研究者为研究者撰写的研究报告，无法判别哪些研究是高质量的，哪些是不可靠的，该相信哪些，该扔掉哪些。即使你学习了评估原始研究的技术，你也会发现每项研究的结果几乎都互不相同。比如，关于尼古丁替代疗法的随机对照试验就有几十个，它们的结果各不一样（表 2-2）[3]。有些研究是否搞错了？哪些又是对的？治疗是否有效？真实效果到底有多大？在不同患者和治疗环境中效果是否不同？面对几十个不同的研究，很少有医学实践者会觉得有信心满意地回答这些问题。鉴于这些困难，循证医学作为"检索、解读和利用医学文献"的学问[4]，已经使绝大多数医学实践者望而却步。

（二）系统综述：统一收集、整理和总结原始研究

鉴于检索和解读原始研究的困难，meta 分析（meta-analysis）应运而生。目前这类研究一般被称作系统综述（systematic review），meta 分析特指系统综述中用于综合原始研究结果的统计分析方法。系统综述是一种系统的、客观的、可靠的、定量的综述文献的科学方法[5]。系统综述从具体的实践问题出发，确定问题的 PICOS 组成，然后系统地、全面地收集所有相关的原始研究，并对原始研究的方法学质量进行评估，进而对其结果进行整理、分析和综合。

一项系统综述综合了有关一个实践问题现有最好的相关的研究，对证据的质量进行了系统的客观的评估，提供了比任何单项研究都更综合、更精确、更可靠的信息，并会探索在什么条件下一项干预措施更有效。系统综述将研究证据和医学实践的距离拉近了一大步，有了系统综述，医学实践者就可以越过检索和收集原始文献的障碍，避免分析和整理原始研究结果的困难，直接利用现有最好的综合的证据。

考科蓝协作组织（the Cochrane Collaboration）就是一个以系统综述的方法收集和总结医学应用性研究证据为主要使命的国际性协作组织。它的主要任务是，以系统综述的方式收集、总结和传播研究证据，从而加速科学研究成果在实践中的应用。截至 2010 年 8 月，该组织检出并注册临床试验近 62.6 万个，完成系统综述 4331 个，登记注册其他来源的系统综述约 12893 个，登记注册系统综述方法学论文 13320 篇，登记注册医疗卫生技术评估和卫生经济学评估研究论文逾 3.7 万篇。这些文献都收集在《考科蓝图书馆》（the cochrane library）[6]。

考科蓝图书馆已成为现今最重要的系统综述文献库，在利用 MEDLINE 检索原始研究以

前，循证实践者应首先检索考科蓝图书馆，只有当系统综述不存在时，才需要利用 MEDLINE 检索原始研究。同时，考科蓝图书馆也是检索临床试验的重要文献库。

（三）证据概要：协助医学实践者解读文献

系统综述的确节省了循证实践者检索、收集和综合原始研究的工作，但是并没有从根本上解决解读和评估证据的困难。对于绝大多数医学实践者来说，系统综述仍是一个陌生的、令人望而生畏的东西。有些系统综述的报告长达几十页，里面有很多复杂的名词和艰涩的概念，限制了医学实践者的直接解读和利用。而且，在很多实践问题上，尚没有现成的系统综述，决策者必须从解读和评估原始研究开始。因此，在解读和利用系统综述和原始研究的问题上，绝大多数医学实践者仍需要帮助。

为了减轻医学实践者和决策者寻找、阅读和理解系统综述及其他研究报告的负担，1991 年美国内科医学协会创办了《美国内科学会杂志俱乐部》（ACP Journal Club）[7]，每期从 100 多种在世界最具影响的临床医学杂志最新发表的应用性研究中，按照临床重要性、相关性和科学性，遴选出约 50 个研究，由国际上熟悉研究方法的资深临床专家，针对每项研究的质量、结果和应用注意事项等，进行一个简明扼要的、通俗易懂的总结和评述，即整理成证据概要（synopsis of evidence），并以期刊的方式发表和传播。有了证据概要，医学实践者就可以在十几分钟内获得一个原始研究或一个系统综述中包含的与决策有关的主要信息，以及信息的可靠性和应用注意事项。

类似《美国内科学会杂志俱乐部》的杂志还有《循证医学》（Evidence-Based Medicine）[8] 等十几种。有些可以通过电子文献库获得。对于繁忙的医学实践者来说，定期阅读与自己专科相关的证据概要，不失为一种主动地追踪新知识的好方法。这类期刊的主要问题是几经挑选、题目有限、缺乏系统性，你所读到的未必是你目前最需要的，你所需要的却又往往没有报道。

（四）综合证据：围绕实践问题提供综合证据

一项单项的原始研究，回答的都是单一的问题，比如，某降血压药是否可以降低脑卒中的长期风险。一个系统综述和一个证据概要都是对一类原始研究的总结，因此回答的是同一个问题，只是简繁程度不同。然而，医学实践者面对的是患者，需要的是关于该疾病各个方面的证据，就一个疾病的治疗而言，决策者需要的是所有相关治疗的证据，即可以用于治疗该疾病的所有证据。有了这样的综合证据，决策者将不再需要检阅大量的相互分离的证据，就能在短时间内获得所有相关的信息。

1. 综合证据资源一：《临床证据》

《临床证据》《Clinical Evidence》正是依照这样的理念编纂的[9]。简单地说，《临床证据》就是按照临床问题收集编纂的、更浓缩、更简明、更综合的证据概要。《临床证据》首先从确定相关的重要的临床问题开始，然后针对这些问题收集、评估和总结现有最好的相关的证据，并以简单易懂的语言进行归纳和陈述。

现阶段《临床证据》主要集中在治疗效果的证据，首先收集随机对照试验的系统综述，当系统综述不存在时，则收集相关的随机对照试验，若无相关的随机对照试验，则明确指出缺乏高质量的研究证据。

比如，2010 年 6 月《临床证据》在"治疗高血压预防心血管病"部分围绕以下两个临床问题报告了有关证据：①不同抗高血压药物预防主要心血管事件的效果是否有别？②改变饮食控制高血压的效果如何？前者回顾了 22 个随机对照试验，发现新老抗高血压药物在预防主要心血管事件和死亡方面没有显著的区别。后者回顾了近 150 个评估鱼油、低盐饮食、钙补充剂、镁补充剂和钾补充剂控制血压的作用的随机对照试验，发现鱼油和低盐饮食可能具有降低血压的作用，但是补充钙、镁和钾能否降低血压尚不确定。

目前《临床证据》共收录了关于 260 种常见疾病的几千种治疗的科学证据。《临床证据》

将总结的治疗措施按照效果的确定性分为 6 类,其中 11% 肯定有益,23% 很可能有益,7% 益害相当,5% 不太可能有益,3% 很可能无益或有害,51% 效果不明确(图 3-2)。《临床证据》为繁忙的医学实践者提供了相关、全面、及时、简明、可靠的综合性证据资源。中文版《临床证据》精华版和全文版已于 2007 年出版[10]。

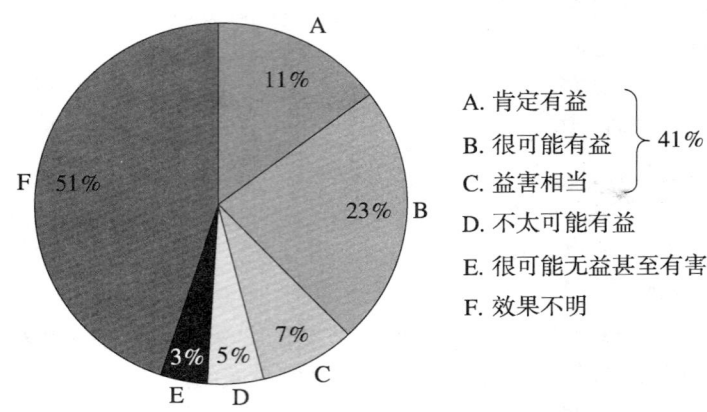

图 3-2　《临床证据》收录的 3000 多种常用治疗的效果的分类
(Source:BMJ Clinical Evidence,2010)

类似《临床证据》的证据资源还有 UpToDate 和 DynaMed。读者可以通过互联网进行进一步了解。

2．综合证据资源二：临床指南

原始研究、系统综述、证据概要和综合证据都是科学研究证据的不同表达形式,且内容越来越浓缩简明。证据的一个重要的共同特点是,它们属于科学研究发现的普遍规律,因此都具有普遍适用的价值,全世界各个国家、地区或人群都可以借鉴。

大量研究发现,即使基于同样的证据,不同医学实践者对同一种患者的处理也可能差之千里,说明一些医学实践者的决策可能失之恰当。为了帮助那些需要帮助的医学实践者,人们开始通过指南来提高这些"后进"医生的实践,以提高服务质量。实践指南（practice guidelines）在推行循证实践方面也起着积极的作用。好的实践指南应是基于现有最好的所有相关的证据,并根据当地实际情况、患者需要、现有资源和人们的价值取向所制订的医学实践的原则性的指导性的建议[11,12]。

制订指南以前,好的指南都会花费大量的时间去收集和整理处理某实践问题的有关证据。指南收集的证据来自原始研究和系统综述,属于综合性证据,有普遍的借鉴意义。从检索证据的意义上讲,好的指南必然是所有相关研究证据的一个极好的综合性资源。美国医学指南文献库（American Guideline Clearinghouse）就是一个十分重要的临床指南的文献资源[12]。

值得注意的是,指南中的建议与证据不同,受证据、需求、资源、价值取向、实践条件等因素影响,即使是基于同一证据,对不同的患者或人群,建议经常是不同的。因此,为一个地区或人群制订的指南,对其他地区有借鉴意义,但不能死搬硬套,必须根据具体情况进行修正,方能得到应有的效果。

（五）证据系统：最完善的证据提供系统

证据系统就是同时提供决策需要的全部的现有最好的研究证据,以及决策所需要的其他信息的计算机决策支持系统,是证据总结、整理、整合和提供过程的终端,也是证据提供系统的最高形式。

"医学地图"（Map of Medicine）[13] 是一个正在建设和发展的临床决策的证据系统,是目前世界上初具雏形的证据系统之一。简单地说,医学地图是疾病诊治的临床路径和相关的证据的结合。它以医学实践者诊治患者的程序作为引线，以此过程中可能遇到的问题作为提供证据的切入点，连接经过进一步优化的各种形式的研究证据，同时还提供当地诊断和治疗指南的建议，并与患者的病情及其他有关信息连接。其最终目标是，在医生会诊时，可以随时连接，并在极短时间内迅速读取信息。"医学地图"是耗资 18 亿英镑的英国国家医疗卫生服务信息工程的重要部分之一，目前英国 50 多个地区的医疗卫生服务机构使用了医学地图。

二、证据演进的 5S 模式与证据金字塔

信息的效用与其相关性和可信性成正比，与其使用时需要的工作量成反比。为了克服医学工作者利用证据进行决策的困难，医学信息工作者做了大量的工作，对原始研究进行过滤、梳理和总结，再将总结的证据简化和整合（图 3-3）。证据因此从原始研究报告演进成决策者可以直接使用的信息，演进背后的主要逻辑是简化和综合，目的是使决策者能及时快速地获得相关的、准确的、简明的、综合的信息。循证医学的证据信息及其提供系统还在不断地发展和完善，在证据演进的进程中，保证收录的证据的相关性、可靠性、及时性和简明性，是成功的关键。本文介绍的新的证据资源都是依据这个原则进行的，而且其在同类证据库中，最具代表性、最全面、规模最大。因此，只有使用这样的证据资源，才能保证在最短的时间内得到现有最好的证据。教科书属于传统的不合时宜的信息提供方式。有关其他现代证据资源，可参考英国国家卫生图书馆等网上资源[14,15]。

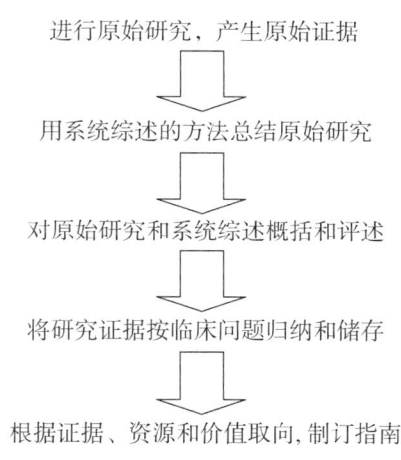

图 3-3　证据的产生、总结、加工、整合和利用

加拿大医学信息学专家 Brian Haynes 教授用 5S 总结了循证医学信息服务模式演进的过程（图 3-4），5S 分别指 studies（原始研究）、syntheses（系统综述）、synopses（证据概要）、summaries（综合证据）、systems（证据系统），相对应的典型的证据资源分别是 MEDLINE、考科蓝图书馆、美国内科医师学会杂志俱乐部、临床证据、医学地图。Studies 是所有其他证据衍生品的基础，systems 是提供证据的最高形式，因此证据资源以原始研究为基础，以证据系统为终端，自下而上形成一个不断缩小的证据资源金字塔（pyramid of evidence）（图 3-4）。金字塔的顶是证据演进的终端，也是证据最浓缩最简明的形式。当然，也可以把系统综述的概要与原始研究的概要区分开来，因为前者是更综合性的证据。

图 3-5 描述了证据演进的方向和线路，以及各种证据形式之间的相互关系。实线表示已经成熟的关系，虚线表示尚需完善的关系。MEDLINE、EMBASE 以及其他原始研究文献库提供原始研究报告，是证据综合、浓缩、简化的起点，是一切其他证据衍生品的基础。系统综述从这些文献库里获得原始研究，完成的系统综述的全文或在考科蓝图书馆发表，或在传统的医学杂志上发表，这些发表的系统综述再被 MEDLINE 等原始研究文献库收录，因此在 MEDLINE

里也可以检索到系统综述。

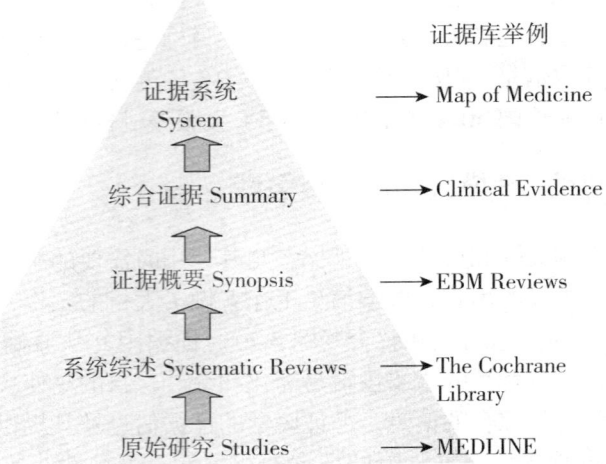

图 3-4 证据提供模式演进的 5S 系统
(Haynes B. EBM. 2007, 11: 162)

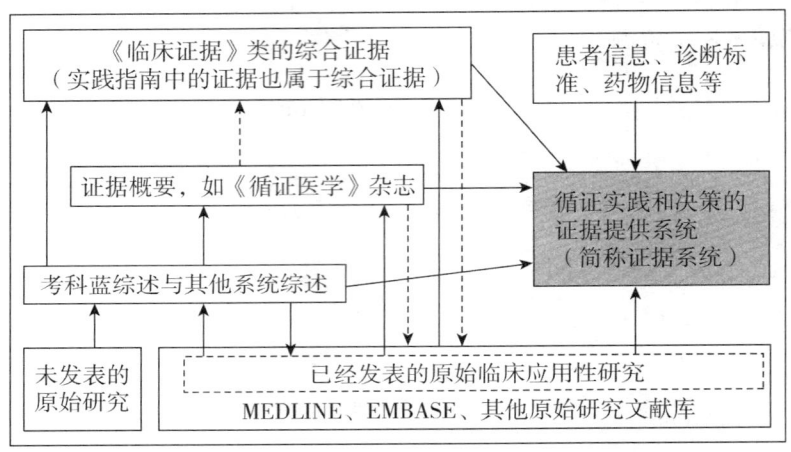

图 3-5 证据的演进及主要证据类型之间的关系

证据概要或是对系统综述的概括,或是对原始研究的概括,因此它们从医学杂志、考科蓝图书馆和 MEDLINE 收集系统综述和原始研究。证据概要一般通过刊物和电子邮件传播,还被很多文献库收集,如考科蓝图书馆。临床证据和实践指南主要从系统综述和原始研究中获得证据,进行简化和整合。由于很多指南会在医学杂志上发表,因此从 MEDLINE 也能检索到那些在医学刊物上发表了的实践指南。证据系统从各种其他证据资源中获取证据,并将其简化和整合,最后纳入决策支持系统,并与决策需要的其他信息连接。

不同证据资源在证据的涵盖范围、更新速度、实践的相关性、易检索程度、综合程度、证据质量和简明程度等方面存在着较大的差别(表 3-1)。MEDLINE 涵盖范围最广,更新速度最快,但是绝大多研究是基础研究,与医学实践无直接关系,检索相关的研究十分困难,且相关证据彼此分离、缺乏整合,相关研究的质量也参差不齐,研究报告繁杂冗长且绝大部分内容与医学实践无关。相比而言,《临床证据》提供的证据简明扼要,都与实践高度相关,且高度整合、质量可靠、容易检索。但是由于每项证据的制作都需要时间,目前《临床证据》覆盖的范围还比较窄,且更新速度没有 MEDLINE 快。证据概要(如 ACP 杂志俱乐部)与综合证据(如《临床证据》)十分相似,但是缺乏对证据的系统组织和整合,覆盖范围也小于《临床证据》。系统综述（如考科蓝图书馆）的特点则介于原始证据和证据概要之间。

表3-1 现有主要证据资源的比较

证据资源	涵盖范围	更新速度	临床相关性	易检索性	易理解性	综合程度	证据质量	简明程度
MEDLINE	5	5	1	1	1	1	1	1
考科蓝图书馆	3	2	4	4	2	2	5	1
ACP杂志俱乐部	1	4	4	3	4	3	4	3
临床证据	4	4	5	5	5	4	5	5
实践指南	2	1	5	2	3	5	3	2

注：5＝最好，1＝最差。数字之间的对比只说明差别的存在，并不表示真实差别的大小，且随着新型证据资源（如《临床证据》）的发展和改善，其涵盖范围和更新速度会不断提高，相应的对比也会发生变化

证据演进的5S模式和证据金字塔是对证据服务模式演进的总结，指出了证据提供模式的发展方向，同时也指出了作为塔顶的证据资源的缺乏和不足。Map of Medicine 只是一个尝试，目前尚没有设计完好并可以广泛推广应用的证据系统；《临床证据》包含的内容主要是有关治疗的证据，其内容总量远远小于MEDLINE涵盖的证据；MEDLINE含有的大量的证据尚没有得到系统的总结和整理，因此还没有收入更高级别的证据资源库。

三、获取证据的策略

（一）按顺序检索的策略

对于临床医学实践者来说，以上讨论的重要启示是：检索证据应从选择最恰当的证据库开始。一个系统综述的制作者，可能必须检索复杂的MEDLINE。但是，由于越靠近证据金字塔顶端的证据资源越贴近医学实践的需要，对于繁忙的医学实践者来说，证据检索的程序应逆着证据演进的方向进行，即从证据系统自上而下地进行。如果没有检索到有关证据，或者检索到的证据不够详尽，或怀疑有更新的证据存在，可以从上至下依次检索各类证据资源，直到检索到相关的证据为止。由于证据系统的发展尚处于初级阶段，目前证据检索应从综合证据库（如《临床证据》）开始，如果没有检索到相关的证据，再依次检索证据概要（如《循证医学杂志》）、系统综述（如考科蓝图书馆），以及原始研究（如MEDLINE）。

证据金字塔里提到的MEDLINE、考科蓝图书馆、美国内科医师学会杂志俱乐部、临床证据、医学地图都是证据库。检索证据库需要检索引擎。每个证据库都有自己的检索引擎，有的很简单，有的很复杂。一般来讲，越是在金字塔下端的证据库，越需要复杂的检索引擎，因为塔底的资源包含的内容太广太杂。但是，即使MEDLINE具有复杂的成熟的检索工具，检索相关的研究仍然十分困难。

（二）跨文献库的检索

由于证据金字塔顶端资源库的不完善性，而且同一类资源库又有多种，一个一个地检索这些证据库将十分费时和繁琐。鉴于此，人们设计了跨文献库的检索引擎或平台，可以同时检索多种不同类型的证据资源库。常见的跨文献库检索引擎有TRIP、SUMSearch、MD Consult和MacPLUS Federated Search。使用这些检索引擎，可以同时检索多种不同的证据库，达到一石多鸟的功效。有兴趣的读者，可以利用这些检索引擎的英文名字，通过网络检索引擎找到它们的网址，进行进一步了解。

以TRIP为例介绍。TRIP始于1977年，是一个为临床医生检索现有最好的证据设计的临床检索引擎，可以同时检索多种文献库，其中包括证据概要、系统综述、临床指南、核心医学杂志、电子图书、专利信息、医学新闻、MEDLINE等。以hypertension（高血压）作为关键词，

2010年5月31日的检索结果显示了33328篇相关文献,其中最相关的证据概要875篇,系统综述1470篇,指南及其相关的文献744篇,MEDLINE显示与高血压有关的临床文献多达约5万篇。可见,次生的证据资源大大减少了无关文献的数量。

重要的是,对检出文献的阅读应遵循证据金字塔(图3-4)自上而下的顺序,首先阅读综合证据,以避免阅读不必要的文献。比如,上述TRIP的检索结果里"证据概要"的第一篇文献来自2010年的《临床证据》。

另外,PubMed Clinical Queries是一个以MEDLINE为主要信息库的检索工具,不同于跨文献库的检索引擎,PubMed Clinical Queries只能检索MEDLINE和一些书籍。与MEDLINE的一般检索工具不同的是,PubMed Clinical Queries能够根据具体的临床问题限制地检索相关的文献。

(三)证据提示系统

至此,证据资源的使用主要靠医学实践者主动地检索和收集证据,即"拉"(pull)的原则。在拉的策略里,医学实践者是主导者,他们可以决定何时何地进行检索,主要是在需要时进行检索,这是符合医学实践需要的证据提供方式,也是证据提供的主要方式。

但是,拉的策略不能保证在新的证据出现时医学实践者可以及时得到。新的证据可以由医学信息工作者"推"(push)给医学实践者。在推的策略里,医学信息工作者是推手,医学实践者是被推者,是被动的接受者,此策略的主要目的是在新的重要的证据出现时及时地提醒有关人员。有效的提醒系统是基于电子邮件的系统。具有代表性的系统包括MacMaster PLUS、BMJ Update和Journal Watch,它们通过电子邮件直接将临床相关的、重要的、可靠的最新证据及时地有选择地传送给相关专科的医学实践者。

以McMaster PLUS为例介绍。McMaster PLUS首先从120多种核心临床医学期刊中选择高质量的临床应用型研究,然后由临床专家对它们的临床相关性和新闻性进行评估,并将高质量的具有新闻价值的研究整理成约1000字的证据概要,再将这些证据概要通过多个证据提示系统发送给有关临床专业人员,这些提示系统包括Evidence Updates、OBESITY+、Medscape Best Evidence Alerts、STAT! Ref Evidence Alerts、nursing+Best Evidence for Nursing Care和national health library services:Norwegian Electronic Health Library等。有些提示系统是免费的。同时,这些证据概要还通过证据概要类杂志进行传播,这些杂志包括ACP Journal Club and such evidence based summary texts as PIRE、BMJ Clinical Evidence、eTherapeutics、ACP Medicine、ACS Surgery等。

四、本章概要

早期的循证医学提倡医生能够根据问题的需要检索、收集、整理和评估有关文献,然而依靠个人行为检索、收集和评估研究证据并将它们用于实践,似乎不是实现循证医学最有效的方法。检索、收集和评估研究证据不是医学实践者和决策者的首要任务,也不是他们的特长,很多人没有足够的时间、精力、兴趣来做这些事。有效的收集、评估和传播证据的方法应该是依靠社会的力量,由有关专业人员统一收集、加工、整合最新的研究证据,并以简明有效的方式,在决策实际需要的地方,提供给医学实践者和决策者。针对医学实践者在循证实践中面对的困难,医学信息工作者在证据的收集、加工、整合和传播方面做了大量的工作,新的文献库也应运而生,其宗旨就是使决策者能够在最短的时间内获得最简明易懂的现有最好的有关证据,医学证据演进的5S模式是对这些工作的总结,可以用来指导对证据的检索和利用。证据检索应按照证据金字塔提示的顺序自上而下依次地进行。跨证据库的检索可以同时检索多个证据库,但是阅读检索结果时还应遵循证据金字塔提示的顺序,以避免阅读不必要的文献。一方面医生可以在需要时主动地检索证据,另一方面还可以加入一些证据提示系统,通过电子邮件及时地获得最新的证据。

参考文献

[1] Guyatt GH, Meade MO, Jaeschke RZ, et al. Practitioners of evidence based care. Not all clinicians need to appraise evidence from scratch but all need some skills. BMJ. 2000, 320: 954-955.

[2] Haynes RB. Of studies, syntheses, synopses, and systems: the "5S" evolution of services for finding current best evidence. EBM. 2006, 11: 162-164.

[3] Tang JL, Law M, Wald NJ. How effective is nicotine replacement therapy in helping people to stop smoking. BMJ. 1994, 308: 21-26.

[4] Evidence Based Medicine Working Group. Evidence based medicine: The new approach to teaching the practice of medicine. JAMA. 1992, 268: 2420-2425.

[5] Cook DJ, Mulrow CD, Haynes RB. Systematic Reviews: synthesis of best evidence for clinical decisions. Ann Intern Med. 1997, 126: 364-371.

[6] The Cochrane Collaboration Homepgae. http://www.interscience.wiley.com/cgi bin/mrwhome/106568753/ProductDescriptions.html#counts (accessed 24 June 2008).

[7] ACP Journal Club Homepage. http://hiru.mcmaster.ca/acpjc/default.htm (accessed 23 April 2007).

[8] Evidence Based Medicine Homepage. http://ebm.bmj.com (accessed 23 April 2007).

[9] Clincial Evidence Homepage. http://www.clinicalevidence.com (accessed 23 April 2007).

[10] 唐金陵,王杉主译.临床证据(全版本).英国医学杂志出版集团主编.北京:北京大学医学出版社,2007.

[11] Woolf SH, Grol R, Hutchinson A, et al. Clinical guidelines: Potential benefits, limitations, and harms of clinical guidelines. BMJ. 1999, 318: 527-530.

[12] American Guideline Clearinghouse Homepage. http://www.guideline.gov/ (accessed 23 April 2007).

[13] Map of Medicine Homepgae. http://www.mapofmedicine.com (accessed 23 April 2007).

[14] National Library for Health Homepgae. http://www.library.nhs.uk/ (accessed 23 April 2007).

[15] Netting the Evidence Homepgae. http://www.shef.ac.uk/scharr/ir/netting/ (accessed 23 April 2007).

练 习 题

【名词解释】

1. 证据概要
2. 综合证据
3. 证据金字塔
4. TRIP
5. 证据提示系统
6. McMaster PLUS
7. 医学地图
8. 考科蓝图书馆
9. 临床证据
10. 美国内科学会杂志俱乐部

【选择题】

1. 为了医学实践寻找证据时,应最先检索以下哪个证据资源库
   A. MEDLINE
   B. Google
   C. Clinical Evidence
   D. Cochrane Library

2. 以下四种证据形式中,哪种是最具综合性的证据
   A.《临床证据》提供的证据
   B. 考科蓝图书馆提供的证据
   C. 循证实践指南提供的证据
   D. 证据概要

3. 以下哪种证据提供方式属于决策者主动的"拉"法
   A.《临床证据》
   B. BMJ Update
   C. SUMSearch

D．McMaster PLUS
4．以下哪种证据提供方式属于决策者被动的"推"法
   A．《临床证据》
   B．BMJ Update
   C．TRIP
   D．MEDLINE

5．决策者为了进行循证实践寻找证据时，以下哪个做法是**不合理**的
   A．应最先检索《临床证据》
   B．检索 MEDLINE 时，应最先检索系统综述
   C．可采用跨文献库的检索引擎
   D．可依赖 McMaster PLUS

【问答题】

1．试比较证据概要和综合证据的区别。
2．简述证据演进的 5S 模式。
3．作为循证实践的证据资源，MEDLINE 的优缺点是什么？
4．作为循证实践的证据资源，《临床证据》的优缺点是什么？
5．简述 MEDLINE、PubMed Clinical Queries、TRIP 和 BMJ Update 的区别。
6．什么是"推式"证据提供法？什么是"拉式"证据提供法？二者各有何优缺点？
7．试述医学证据演进背后的原理和方法。
8．简述如何利用证据金字塔进行文献检索。
9．如果最后必须检索 MEDLINE，检索应遵循什么原则？
10．试比较研究证据和临床指南的区别。

（唐金陵[*]）

第四章　评估医学证据概论

循证医学是遵循证据进行医学实践的学问，其目的是将证据用于实践，改善实践。对证据及其作用的理解是了解循证医学的关键。医学实践需要的一切信息皆可称为证据，循证医学的证据特指需通过科学研究方可获得的信息；一切科学研究的结果皆可称为证据，但医学实践需要的证据特指那些探索或回答医学实践问题的科学研究的结果。

那么当医生碰到新的或不能回答的实践问题时，他将如何寻找有关的信息和证据？医生传统的信息来源主要包括其他医生、学术讲座、学术会议、参考书、医学杂志。医学杂志发表的科学研究是其他信息的源头，但最方便最常用的信息来源是参考书。传统的参考书有明显的缺陷：①信息的可信度不明，读者不知道其信息来源，因此不知其是否可信，以及可信的程度；②信息的时效性不明，即读者不知道信息是否已经过期，是否有新的研究已经改变了有关结论；③信息不完整，即缺失一种或多种与实践和决策相关的必要信息，如治疗可改变的结局指标、效果大小的定量信息，以及不同研究结果的异质性；④对信息的描述不准确或太复杂，致使其临床含义不明确或不易理解，使读者无法正确地利用有关信息指导实践，如对复杂治疗的描述不够详尽，用比值比描述效果的大小，用 P 值描述结果的精确性等。正是由于传统的教科书传播医学信息的低效性，很多充分证明无效的措施还在实践中常规使用，很多充分证明有效的措施却迟迟不能用于实践。

循证医学的早期倡导者提出循证医学，认为最好的证据来源是医学杂志发表的科学研究，每一个医学工作者必须学习收集、总结、分析和利用原始科学研究证据的知识和能力。任何信息和证据都有两个基本特征，即相关性和真实性。对于一个具体的决策来说，世界上绝大多数的科学研究与医学实践无关，很多相关的信息和证据又是不可靠的。

例如，收集科学研究最全面的文献库是美国国家医学图书馆编纂的 MEDLINE。目前 MEDLINE 收集的科学研究论文多达 1000 多万篇，与某一个具体实践问题相关的原始研究文献少则几篇，多者不过几十篇，从上千万篇文献中找出几篇或几十篇有关的文献，犹如大海捞针，一定要有有效的文献检索策略和方法。

文献检索必须从临床问题开始。一个好的临床研究都是回答了一个明确的具体的临床实践问题。比如，在常规治疗基础上，针灸治疗是否可以提高恢复期脑卒中患者的生存质量？又如，在中度高血压患者中使用钙通道阻滞剂是否可以降低未来 5 年心脑血管事件的危险？有了明确的临床问题，检索相关的研究，就是检索那些回答了你所面临的临床问题的研究，就是利用你的临床问题的特征去检索那些具有同样或类似特征的研究。

因此，利用证据的第一步是根据实践的需要，形成问题，识别需解决的问题的性质、特征和构成，并依此制订出文献检索的方案。第二步是针对具体问题，选择合适的文献库，检索和收集现有最好的相关证据。第三步是评价收集到的研究的方法学质量，判断结果的可信性，综合和解释研究显示的结果，并分析结果的临床价值和外推性。最后一步是依据现有证据的提示，兼顾现有资源的多寡和患者的价值取向，制订出合理的处理方案。

提出问题、检索文献、评价文献、做出决策，是早期循证医学内容的核心，即评价医学文献技术（critical appraisal skills）（图 1-2）[1,2]。本章将对医学文献评价进行一般性的介绍。

第四章　评估医学证据概论

一、确定临床实践问题

（一）临床实践问题的特征

医生在医学实践中可能问及的问题大致分为三类：基础医学问题（basic biomedical questions）、临床基础问题（clinical background questions）、临床实践问题（clinical foreground questions）。以利尿剂治疗高血压为例，在临床上可能会提出以下三个问题：①为什么利尿剂可以降低血压？②什么是高血压？③利尿剂是否可以降低血压？它们分别是与高血压相关的基础医学问题、临床基础问题和临床实践问题。

基础医学问题与医学实践（如患者诊治）无直接关系，医学生在学习临床基础以前接触的问题绝大多数都属于基础医学问题，它们是关于生理、生化、病理、病理生理、解剖、病理解剖、免疫、细胞、遗传等方面的问题。比如，心脏的解剖结构特征是什么？糖类是如何在体内转换成能量的？青蒿素治疗疟疾的原理是什么？细胞免疫在HIV感染中的作用有哪些？这些问题不是关于患者的问题，而是关于分子、细胞、组织、器官的问题，是关于疾病物质基础和相关机制的问题。

临床基础问题是关于患者的问题，与临床实践有关，有关知识多是在临床观察和科学研究基础上形成的人为的规定、规范、标准，主要特征是随时间的推移变化很少或很慢。比如，什么是出血性脑卒中？出血性脑卒中的诊断标准是什么？出血性脑卒中和缺血性脑卒中的临床表现有什么区别？出血性脑卒中的现有治疗方法有哪些？它们是诊治照护患者的临床基础，是医学生在临床初期阶段学习的内容。

临床实践性问题是与患者诊治直接相关的问题，是临床决策不可缺失的信息，往往需要科学研究才能准确地回答，其答案随时间变化可能会发生明显的变化。临床实践问题主要包括：鉴别诊断、诊断方法的准确性、治疗的效果、治疗的副作用，以及疾病治疗和无治疗情况下的转归、病因、治疗的成本-效益。与公共卫生实践相关的实践性问题还包括关于疾病负担（如发病率和患病率）等问题。

以急性心肌梗死患者为例，有关的临床实践问题包括：急性心肌梗死患者出现室性心律失常的可能诱因是什么（病因）？负荷心电图ST段降低的患者患有冠心病的机会有多大（诊断）？在急性心肌梗死患者中预防性使用利多卡因是否可以提高患者的生存率（治疗的益处）？利多卡因预防性治疗的副作用有哪些（治疗的害处）？如果没有用利多卡因治疗，患者死亡的风险有多大（无治疗时的预后）？

（二）临床实践问题的构成

以治疗效果为例，一个典型的临床实践问题具有以下几个基本组成成分：人群（患者）、治疗、参照的治疗、治疗拟向有利方向改变的结局指标，以及诊治的环境和服务条件，即英文的Population（or patient）、Intervention、Comparator、Outcome、Setting，简称PICOS。比如，在常规治疗基础上，三级甲等医院对急性心肌梗死的住院患者使用预防性利多卡因是否可以降低高危患者死亡的机会（治疗的益处）？该问题包括：P——急性心肌梗死患者；I——利多卡因；C——无利多卡因治疗；O——死亡；S——中国服务水平最高的一类医院。这个特殊的PICOS组成就是文献检索时用来"瞄准"相关文献的工具。

另外，关于副作用的问题，需用副作用的结局替代有益结局指标。关于病因的问题，需用暴露替代治疗，用参照的暴露替代参照的治疗，用病因所致的疾病替代治疗的结局。关于诊断和转归的问题比较简单，请参见评价该类文献的有关章节。

二、检索有关研究

目前最重要的医学研究的文献库包括MEDLINE和EMBASE，它们涵盖了以上所有三类问题研究的文献。重要的中文文献库包括中国生物医学期刊文献数据库（CMDisc）和中文生物医学期刊引文数据库（CMCI）等。由于中文文献库只收集国内的文献，有很大的局限性。比如，关于抗高血压药物的高质量的大型随机对照试验主要来自英文文献，即使中国有一些研究，它们也往往比较小，很多是国际多中心试验的一个部分，已经在国际上发表，很多研究随访时间很短，使用的多是中间替代指标，对抗高血压药物效果的整体结论影响不大，因此不是循证实践文献检索的重点。但是，关于诸如发病率、患病率、以及药物在中国人群的特殊反应，只有中国人群的研究才是相关的，在这方面中文文献库应是检索的重点。

（一）研究类型与文献检索

与临床实践相关的研究是那些在人群中进行的关于疾病和健康一般规律的应用性科学研究，主要就是流行病学研究，而不是在实验室进行的关于分子、细胞和动物的基础医学研究。因此循证医学的文献检索首先应局限于在人群中进行的应用性流行病学研究（表 1-1 与表 2-7）。

即使是来自人群的研究，相关的证据也是多层次的，往往多种不同来源的证据同时存在，不同质量的证据同时存在。就疗效来说，可能有医生个人经验的总结，也可能有高质量的随机对照试验。循证医学强调医学实践必须基于现有最好的证据，这意味着文献检索必须从可能的最高质量的研究开始。目前，唯一可行的方法就是按照提供证据的研究设计的类型，将证据质量进行分级，文献检索时应按照质量的高低由上而下依次进行，直到发现有关证据为止。

流行病学研究设计主要包括临床试验、队列研究、病例对照研究、横断面研究和系统综述（systematic reviews）。虽然所有这些研究设计都可以用于研究同一临床问题（表 2-7），但是出于科学性的要求，并受资源和伦理的限制，关于一类临床问题的最好研究证据往往来自于某种特定的研究设计（表 2-4）。比如，虽然关于某药物治疗效果的最好证据来自科学性很高的随机对照试验，但是关于同一药物的罕见的慢性不良反应，往往只能使用科学性较低的但切实可行的病例对照研究。

我们把这一研究设计称为适合研究某临床问题的最好的、可行的研究，或简称为最好的研究设计。其他低质量可行的研究设计也可以用于研究该类问题，但来自最好的研究设计的证据的真实性高于其他可行的研究设计。有些研究设计可能提供更高质量的证据，但是由于伦理和可行性的限制，它们不能用于研究某类临床问题。比如，队列研究是研究病因最好的研究设计，来自队列研究的证据质量高于病例对照研究、横断面研究和病例系列分析等。随机对照试验可以提供比队列研究更好的证据，但是由于伦理的限制，随机对照试验不能用于病因研究。

由于偏倚控制措施的不同，各种研究设计的方法学质量不同，来自各种研究设计的证据的真实性也因此不同。可用于评价治疗效果的各类研究的方法学质量由高到低依次为：随机对照试验，（非随机分组的）对照试验，队列研究，病例对照研究，（无对照组的）病例系列分析，临床经验回顾（图 1-5）。

这种研究类型方法学质量的排序称为证据分级（hierarchy of evidence 或 level of evidence）[3]。证据分级的方法有很多，繁简程度不一，但背后的原理和依据是一样的。证据分级是循证医学的重要贡献之一，分级的用途有三：①作为文献检索的指引，文献检索应依证据质量高低，由最好的研究开始，自上而下地进行，直到检索到有关证据为止；②质量的高低与研究结果的真实性或可信性成正比，与结果的不确定性成反比；③当不同质量的证据同时具备时，决策必须基于最好来源的证据。

证据检索必须从最好的研究设计类型开始。所谓检索某类研究，就是在文献检索时只限制性地检索这类研究。以治疗效果证据为例，应首先检索随机对照试验。如果随机对照试验不存在，再依次向下检索其他类型的研究，直到检索到相关证据为止，无需继续检索其下低质量的证据。只有在以上任何证据都不存在时，基础研究的证据方可用作参考。

系统综述是收集、总结和整合有关同一临床问题的所有同类研究（如随机对照试验）的研究方法。系统综述可以提高效果大小估计的精确度，可以显示和分析不同研究的异质性，因此比单一的原始研究提供了更好更全面的证据。比如，随机对照试验的系统综述提供了比其中任何单一原始研究都更全面的证据。因此，检索任何单一原始研究之前都必须首先检索该类研究的系统综述，如果系统综述存在，将无需进行有关原始研究的检索。

图1-5提供的检索顺序只适用于治疗效果证据的检索，不适用于其他临床问题，因为随机对照试验不是提供所有临床实践问题证据的最好研究设计。关于不同临床问题的最好原始研究设计，请参考表2-4。

（二）临床问题与文献检索

在限定研究设计类型的基础上，须依据临床问题进一步限定文献检索的范围。以随机对照试验为例，这类研究有很多，且方法学设计大同小异，多会使用随机分组、分组隐匿（allocation concealment）、盲法、提高随访率、维持原随机分组分析（intention to treat analysis），以及适当的样本量等预防偏倚和减少随机误差的措施。然而，这些千千万万的看似相同的随机对照试验又千差万别，差别在于它们回答了不同的临床问题，临床问题的特征由PICOS决定，不同的临床问题就有不同的PICOS组成，因而不同的临床试验就具有不同的PICOS特征。PICOS决定了一项研究的目的，同时也决定了该项研究的临床实践意义，改变PICOS的任何一个方面，就改变了研究所回答的临床问题。文献检索就是要检出那些回答了特定PICOS的临床问题的研究。

比如，一项临床试验的研究目的是：在初级保健机构（S）发现的成人原发性高血压患者（P）中，使用利尿剂治疗（I），与无治疗作用的安慰剂比较（C），是否可以降低主要心脑血管事件（O）的风险？而另一项研究是在同样的患者中进行的，使用同样的试验治疗和结局指标，但对照组的治疗不是安慰剂而是钙通道阻滞剂。两项研究只有对照组治疗不同，其结果的临床意义明显有别，文献检索时可通过对对照治疗的限制，将两类研究区分开来。

文献检索的诀窍就在于如何对PICOS和研究设计进行限制。以MEDLINE为例，检索治疗效果证据时，首先应限制随机对照试验，其次对PICOS逐一限制，然后限制人类研究和研究的年份，最后用"and"将它们合并，得出最终的检索结果。由于随机对照试验和PICOS的每个方面都有很多同义词，用"or"将同一个方面的同义词连接起来进行检索，会增加检出相关研究的机会。一般来讲，"and"用得越少且"or"用得越多，检出有关研究的机会就越大，但混杂的无关研究也越多。相反，"and"用得越多且"or"用得越少，混杂的无关研究就越少，但检出有关研究的机会也越小。

图4-1是"抗高血压药物预防心脑血管事件效果的随机对照试验"的检索策略实例。第1～19步是对随机对照试验的检索，第20步用"or"将随机对照试验的同义词合并检索；第21～30步是对患者和治疗的联合检索，第31步用"or"将患者和治疗的同义词联合检索；第32步是对临床结局同义词的联合检索；第33步将前三大步检索的结果用"and"进行限制，第34～35步对检索的结果限制于人类研究，第36步将年份限制于1966—2006年，共检出50 886项研究。在这5万多项研究中，真正有关的研究只有几十个，检索者还必须进一步从5万多篇文摘中找出有关的研究。显然，该检索策略检出的绝大多数文献是无关的研究。

（三）检索的灵敏度和特异度

文献检索是根据检索目的检出有关的文章，因此可把文献库里的文章分为有关和无关两类。无关的研究是大量的，有关的研究是少数的。相关研究被检出的百分数为灵敏度，无关研究不被检出的百分数为特异度；"1－灵敏度"为漏检的百分数，"1－特异度"为无关研究被检出的百分数。

灵敏度越高，检出有关研究的机会就越大；特异度越高，检出无关研究的比例就越小。特

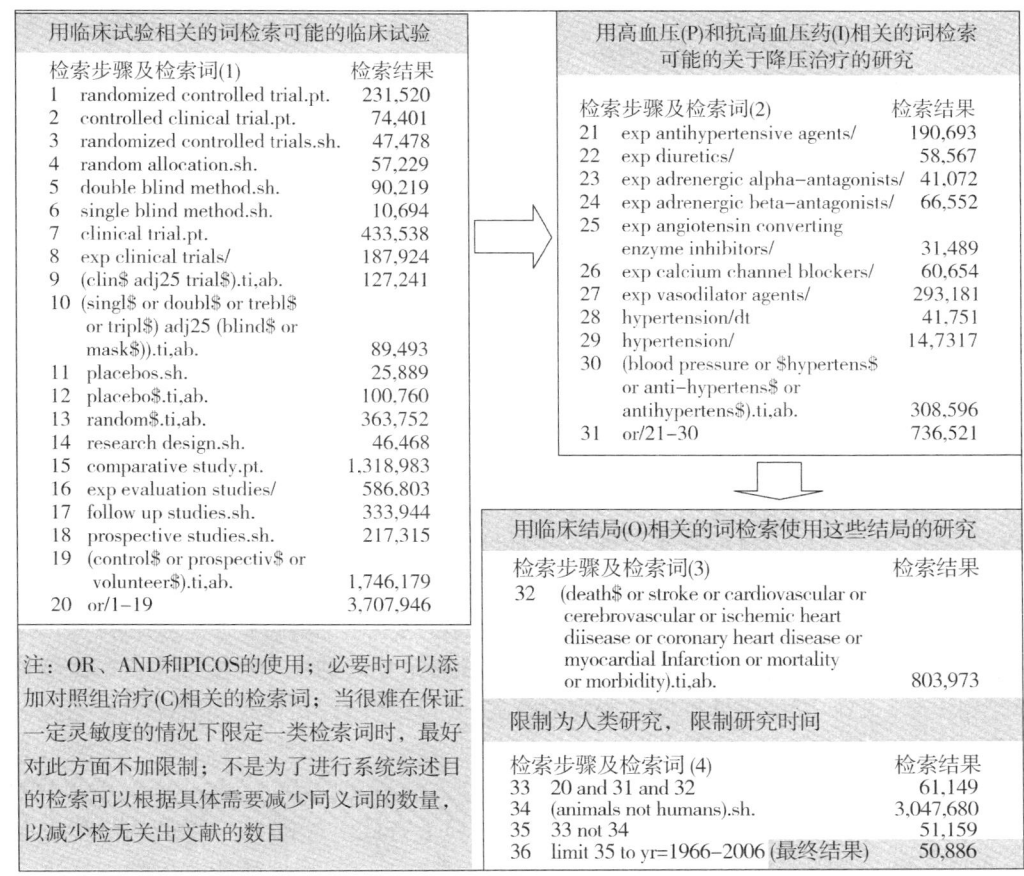

图 4-1　用 MEDLINE 检索降压药预防心血管病效果的临床试验的策略

异度低的后果是，检出无关研究太多，增加进一步筛检有关研究的工作量。比如，图 4-1 中的检索策略就是一个为了制作系统综述制订的灵敏度高、特异度低的检索策略。值得注意的是，改变检索策略总是同时改变检索的灵敏度和特异度，且灵敏度和特异度成反比，提高灵敏度的同时必然降低特异度，反之亦然。

为了制作系统综述而进行的文献检索应尽可能提高灵敏度，其他一般性检索可以适当提高特异度。读者可以根据需要，通过限制 PICOS 的部分或全部内容，并利用"or"对同义词进行加减，以改变检索的灵敏度和特异度，从而制订出符合自己需要的检索策略。比如，PICOS 中的 P 和 I 以及"在人类的研究"是最基本的内容，必须进行限制。由于文献库对 C、O 和 S 的记录和索引往往不是必需和统一的，很难针对 C、O 和 S 进行限制，限制的结果是大大降低了检索的灵敏度，因此为了保持检索的灵敏度，往往无需对 C、O 和 S 进行限制。

三、文献评估的内容

找到文献后的任务是评价文献。为循证实践而评价文献，就是找出原始科学研究报告中与临床决策有关的信息，评价信息的可信度，评价信息的临床实践意义，进而利用这些信息进行临床决策。

一篇科学论文报告，短则几千字，长则几万字，不是里面所有的信息都与临床决策有关，读者必须从中找出与临床实践有关的信息[4]。一篇科学论文中与实践有关的信息大致分为三类：

- 研究的结果
- 有关结果真实性的信息
- 有关结果外推性的信息

研究的结果是核心,但只有可信的结果才有可利用的价值,可信性由研究的质量决定。可信的有意义的结果未必会在所有不同的患者中得到重复,因此决策者还必须对研究结果在具体患者中的外推性进行判断。

四、评估研究的结果

(一)概括研究结果

科学论文报告中的结果有些是实践必需的,有些与实践无关。所谓必需,就是当这些内容缺乏时,决策者将无法作出明智的决定和选择。评价结果以前,必须把结果中与实践决策有关的部分萃取出来。

就治疗来讲,所有决定或影响一个患者是否能够从一项治疗中受益及受益大小的因素都是进行治疗决策必需的因素。这些因素大致可分为四个方面:疗效的大小、治疗的意义、结果的可信性,以及结果的外推性。简单地说,假设需要治疗的疾病和涉及的治疗已经明确,疗效的估计值及其可信区间显示疗效的大小,研究的质量决定这个结论的可信性,测量疗效的结局指标决定这项治疗对患者的价值,研究结果间的异质性决定疗效的大小可能因条件的改变而变化的可能性和程度,是研究结果外推性的决定因素之一。这些内容是评价研究结果的重点。

(二)测定疗效的结局指标

测量疗效使用的结局指标是衡量治疗的价值和疗效的意义的基础。与一个疾病有关的临床指标可能有很多,但一项治疗可能只在改变某些结局上有效。如抗HIV感染的治疗可能只影响CD4计数,却不会影响患者艾滋病发病和生存的机会。一项治疗所能改变的结局决定了它对患者的重要性,是决策者和患者判断治疗的意义和重要性的基础,是决策必须考虑的重要因素。因此,当证据显示治疗有效时,同时必须指明在什么结局上有效,否则患者和决策者将很难进行判断和取舍。

比如,对高血压的治疗,可改变的临床结局包括死亡、脑卒中、冠心病、头痛头晕、血压等(图4-2)。可以降低死亡低风险的药物的价值将远远高于仅仅可以缓解头痛头晕的药物的价值。

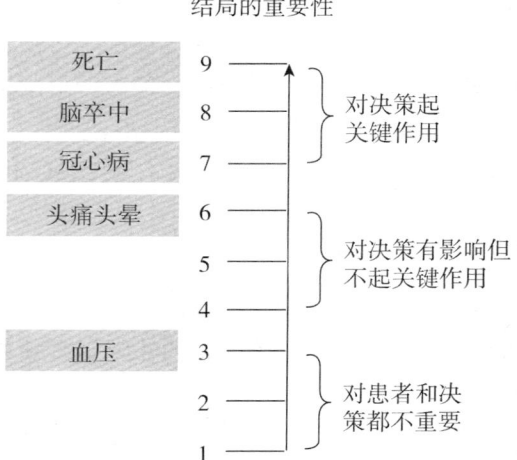

图4-2 治疗高血压可改变的结局的重要性比较

由于人们的价值取向不同，人们对同一结局的重要性的看法可能不同。这一点对群体决策者十分重要，比如比较治疗不同疾病（如失聪和冠心病）的价值时，哪一个更重要且应得到优先治疗，完全是一个对价值的判断，没有对错之分，因此很难作出适合各种人群和各种情况的指南和建议。

另外，所有的结局指标都包含时间的概念，比如治疗5年内发生的心血管事件。时间也是决策应考虑的因素。比如，抗高血压药物可以在5年内，在每100名70岁受治的患者中预防5例心血管事件，但如果这个时间是50年，其意义将大大不同。

（三）疗效的大小

以临床试验的结果为例说明。治疗是否有效？这是一个定性的问题。典型的定性信息就是显著性检验的 P 值，以及与此相关的有效和无效的结论。

然而，把治疗措施笼统地分为有效和无效，对决策帮助很小。效果到底有多大？是否可取？有效措施中哪些更有效、更可取？这些是定量的问题。回答这些问题需要对疗效进行定量的描述。与定性信息相比，定量信息可以帮助医生和患者作出更准确的决定，而且比较不同的治疗效果的大小也需要准确的定量信息。忽视定量信息，就拒绝了更好的决策。比如，笼统地说"抗高血压治疗有效"，或者准确地说"抗高血压治疗5年内可以在100名受治患者中预防4例脑卒中或心肌梗死事件"，对很多人下治疗与否的决定的影响可能完全不一样。

表达治疗效果大小的指标大致有两类[2]：相对指标和绝对指标。前者如相对危险度（rate ratio，risk ratio，RR）、比值比（odds ratio，OR）和相对危险减少百分数（relative risk reduction，RRR），后者如绝对危险减少百分数（absolute risk reduction，ARR，又称率差，rate difference，risk difference，RD）和需治人数（number needed to treat，NNT）。目前文献多用相对指标表达效果的大小。与绝对指标相比，相对指标的最大优点是在不同患者群组或在不同治疗环境下更趋于一致或相同，信息容易总结和传播。但是，相对效果指标具有明显的装潢作用，即夸大治疗实际效果的作用，会造成错误的决定。

比如，某治疗骨质疏松的药物可以在老年人中将骨折的机会降低60%，其效果看起来十分可观[5]。但是，其绝对效果是通过4年治疗可以把骨折率从2.0%降低到0.8%，即每治疗80多位患者，4年内可以预防1例骨折，在西方国家这相当于花费30万美元预防1例骨折，对很多中国人来说这可能是不合算的。

因此，决策必须考虑治疗措施的绝对效果，绝对危险减少百分数和需治人数是最常用的指标，二者互为倒数关系。绝对危险减少的含义是，每治疗100个患者，有多少患者会从治疗中受益。需治人数的含义是，要使1例患者在治疗中获得益处需要治疗的总人数。比如，抗高血压药物预防心血管病的 NNT = 40，就是说，要避免1例主要心血管事件，需治疗40名患者。

此外，相对效果的一致性会造成一种误导，即同一治疗在不同患者和不同环境下的效果是等同的，因此没有轻重缓急之分。然而，一致的相对效果意味着绝对效果在不同基线危险的患者中一定不同。需治人数可以帮助确定哪些患者更可能从同一治疗中受益。比如，抗高血压药物预防心血管病的相对效果（RRR）是25%，而且该相对效果在不同患者和不同治疗环境中基本是一致的。对于40岁无其他危险因素的高血压女性患者来说，不治疗时未来5年发生心血管事件的危险可能低于4%，如果进行降压治疗，可以将该危险降低25%，即降低到3%，那么每治疗100个这样的患者最多可以预防1例心血管事件，需治人数为100。而对于65岁左右吸烟且有糖尿病和高血脂的男性高血压患者来说，不治疗时未来5年发生心血管事件的危险可能大于20%，如果进行降压治疗，可以将该危险降低25%，即降低到15%，那么每治疗100个这样的患者最少可以预防5例心血管事件，需治人数为20。按照相对效果决策，两类患者中效果相同，治疗的需要和优先权是相同的；但是，按照绝对效果决策，男性患者的收益是女性患者的5倍，应优先给予治疗。

第四章 评估医学证据概论

将相对效果转换成绝对效果时,需要知道不治疗时患者发生"相关结局"的概率,这个概率称为基线危险,又称初始危险。特别需要注意的是,"相关结局"指有关临床试验中用来估计干预效果所使用的一个结局;基线危险必须是决策者自己所负责患者的基线危险,而不是研究中显示的危险。就预防心血管病而言,读者可以参考"新西兰心血管病危险估计图"来估计患者未来5年心血管病的发病危险。例如,60岁男性非糖尿病吸烟患者,当血压为160/95mmHg、TC/HDL为6时,根据此图,不治疗时的5年危险在25%~30%。对于中国的患者,应尽可能使用适合中国人群的危险预测模型,以保证估计的准确性(详见本书第五章)。

关于其他疾病的基线危险,最好参考当地队列研究中类似患者有关事件的发生率。另外也可以参考证据资源中有关临床试验中无治疗或安慰剂对照组相关事件的发生概率,或证据资源中提供的关于疾病预后的信息。

有了基线危险(baseline risk,BR)和相对危险降低百分数(RRR),就可以估计绝对危险降低百分数(ARR)与需治人数(NNT):

$$ARR = (BR \times RRR)$$
$$NNT = 1/ARR = 1/(AR \times RRR)$$

当结局指标为不良结局时(如死亡),RRR = (1 − RR) ≈ (1 − OR)。这里,RR 和 OR 的计算必须以对照组为分母,且基线危险和相对危险降低百分数均需用小数表示。读者也可以尝试使用有关的 Monogram 估计需治人数。有意者可浏览 JAMA Evidence 网站提供的工具 http://www.jamaevidence.com/calculators/9000028。

另外,效果的大小与结果真实性也存在关系。从定性的意义上讲,效果大的结果(如 RR = 5)更可能是真实的,这是因为每个研究或多或少都存在偏倚,在偏倚近似的情况下,完全由于偏倚出现很大效应的可能性很小。同理,如果效果很大,即使研究存在明显的偏倚,如病例对照研究中 OR > 10,也极可能存在真实的作用。

(四)疗效估计的可信区间

决策还应参考效果大小的可信区间。可信区间是真实效果可能存在的区间,反映效果估计的精确性。点估计显示平均可能的效果,可信区间下限提示最小可能的效果,可信区间上限提示最大可能的效果,它们在决策中都具有特殊的用途。例如,随机对照试验显示5年内的相对危险度的点估计为 0.69,95% 可信区间为 0.57 ~ 0.83。真实效果的 RR 不是 0.69,而是有 95% 的概率是 0.57 ~ 0.83 间任何可能的数值,但 RR 代表的疗效最小不会小于 0.83,最大不会大于 0.57。

可信区间越窄,说明真实值的估计越精确,更有利于进行决策,如图4-3中的治疗A和治疗B。就 RRR 而言,如果说 RRR 是 0 ~ 100%(即可能的最宽的可信区间),等于对效果没有任何的界定,因此对决策也没有任何用处。如果说 RRR 在 49% ~ 51%(即十分精确的信息),无论真实值是 49%、50% 还是 51%,决定都将会是一样的。

当可信区间的上下限都在无效值的一侧时,说明很可能有效(如图4-3中的治疗A和

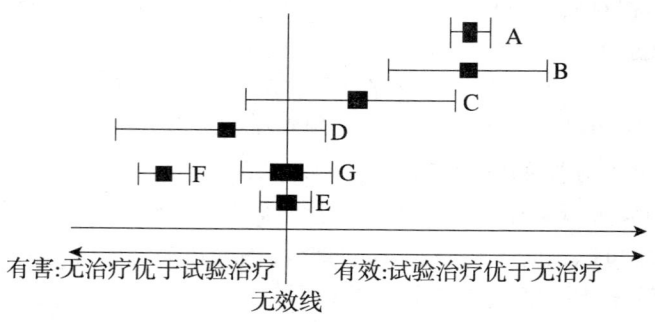

图4-3 治疗效果的 95% 可信区间的临床意义

B），或很可能有害（如治疗 F）。但是，当可信区间横跨无效值时，或治疗效果没有统计学显著性时（$P > 0.05$），不应简单地认为治疗无效。这时其可信区间将会跨越"治疗有益，治疗有害，或治疗没有任何作用"三个区域。正确的解释是，由于研究的样本量不够大，因此没有足够的把握确定是哪种情况。

例如，当可信区间包含无效值时（如治疗 C、D 和 E），认为治疗 C、D 和 E 都是同等无效的，是一个错误或不准确的结论，正确的结论是三种可能——有益、有害、无任何效应——俱在。这三种可能性中哪种最可能是正确的，取决于可信区间相对无效值的位置。如果主要在有效一侧（如治疗 C），则更可能有效；如果主要在有害一侧（如治疗 D），则更可能有害；如围绕无效线对称分布（如治疗 G），则两种可能均等；如围绕无效线对称分布（如治疗 E），且很窄，则无任何效应的可能性最大。

治疗 E 的例子还说明一个重要问题。从统计学上讲，证明效果或害处不存在的难度远远大于证明它们存在的难度。尤其是涉及现行常用治疗时，这给淘汰无效的治疗带来了困难，因为我们几乎无法证明一项治疗是无效的，因此拿不出可靠的证据来否定它们的继续使用。常用解决方法是，预先设定一个临床上最小可接受的效果，当可信区间显示的最大效果低于这个最小效果时，就可以认为一项治疗在临床上无实际意义。但是，最小可接受的效果是一个主观的设定。

（五）对照组的治疗

以上所说的有效和无效有一个前提，即假设随机对照试验的对照组是无治疗或安慰治疗。当对照组的治疗不是无治疗或安慰治疗而是另一种治疗时，比较的是试验组治疗（A）与对照组治疗（B）的差别，同样是 RRR 或 ARR，其临床意义完全不同，反映的是两种治疗效果的相对差别，而不是某个治疗与无治疗比较时的绝对效果。

与安慰治疗比较的目的在于验证治疗有效与否，但是临床实践多不是在治与不治之间的选择，而是在不同治疗之间的选择。比较不同治疗的研究在于揭示治疗之间效果大小的相对差别，在于比较不同治疗的优劣，更有助于患者进行选择，其结果也更符合临床的实际需要。因此，了解对照组的治疗是什么，是诠释效果的必备条件。

（六）不治疗的后果

不治疗的后果特指不治疗时"相关结局"发生的机会，又常称为基线危险。"相关结局"指估计效果使用的同样的临床结局。基线危险是估计绝对效果的必要信息，本身也是决策需要考虑的重要因素。比如，如果不给予治疗，高血压患者在 5～10 年内发生心血管事件的机会有多大？

人们往往会忽略很小的危险。比如，乘飞机有出事的危险，但是这个危险可能性很小，人们不会为此而不乘飞机出行。对于疾病来说，不治疗的危险越高，治疗的必要性就越大。但是，不治疗的危险很高不等于一定要治疗，还取决于治疗效果的大小和费用，如果疗效甚微而费用很高，则不采用该治疗可能是明智的选择。

队列研究是回答此类问题最好的研究，详情请参见本书第十章。

（七）异质性

异质性（heterogeneity）是对不同研究之间结果差异的大小的测量，反映同一治疗在不同患者或不同环境下可能存在的效果差异，是决策需考虑的重要信息之一。

单项研究不能提供异质性的信息，只有把多项研究放在一起进行比较才能揭示异质性的存在，因此包含多项研究的系统综述是提供异质性信息的重要来源。异质性检验（heterogeneity test）是定量地评估异质性大小的方法。当异质性检验的 $P \leq 0.10$ 时，提示异质性存在，且 P 值越小，存在异质性的可能性越大。

异质性的存在说明，同一治疗在不同患者中或不同医疗条件下的效果存在差异。此时，在实际医疗条件下，在具体患者中，能否获益以及获益的多少，将很难被准确地判断。相反，在各种不同患者和各种不同医疗条件下的研究显示一致的结果时，说明无论患者或治疗环境如何，治疗效果都是一样的，这时决策者将有足够的理由相信自己的患者会获得同样大小的益处。

当异质性存在时，系统综述往往会进行分层分析或亚组分析，有时分层分析会显示治疗的效果在一种患者（或其他情况下）优于另一种患者，这种现象称交互作用，或效应修饰作用。交互作用可以看成是一种被揭示了的由研究的临床特征引起的异质性。交互作用具有重要的实践意义。比如，临床试验亚组分析（即分层分析）发现某药物在男性患者中十分有效，而在女性中没有明显的作用，显示药物和性别有交互作用，该证据对未来用药十分重要：女性应避免使用此药。又如，某暴露在儿童可引起严重疾病，而在成年人中没有明显的害处，说明该暴露和年龄间存在交互作用，儿童应是主要保护对象，该尽可能避免暴露于该因素。

但对研究发现的交互作用的解释和结论一定要慎重，因为很多交互作用只是一种假象。交互作用是否真实存在，首先取决于交互作用的分析是否研究了预先计划的分析，预先计划的亚组分析的结果比无计划的事后分析更可能是真实的。另外，如果其他研究已经报告了类似的交互作用，而且两个因素发生交互作用存在可解释的生物学机制，则目前研究发现的交互作用则更可能是真实的。

五、评估结果的真实性

（一）真实性和研究的质量

只有真实可信的结果才能作为决策依据的基础。这里的真实性指内部真实性（internal validity）或可信性（trustworthiness），是对一项研究的结果或结论反映真实情况的程度的衡量。研究的目的在于求得真实，真实和观察到的结果之间的差别称为偏倚或系统误差。一项研究的偏倚与其结果的内部真实性成反比。决定研究结果内部真实性的因素是研究的质量，即一项研究的方法学质量。研究质量是对研究偏倚控制程度的总体衡量。因此，研究的质量决定研究结果的可信度，质量越高，偏倚就越小，结果的可信度就越高，结论正确的可能性就越高。决策不能基于不可信的信息，基于可信度较低的信息进行决策时应格外谨慎（图4-4）[6]。

图 4-4　证据的真实性与决策需要的谨慎程度

图片来源：BMJ. 2004, 328: 1490

（二）决定研究质量的因素

研究的质量由研究的偏倚控制措施决定。研究设计是一项研究控制偏倚最基本的方法，一项研究的质量首先取决于研究设计的种类。比如，评价疗效时，从设计上讲，随机对照试验的质量一般应高于非随机对照试验，后者又高于病例对照研究。其次，研究的质量由该类研究特有的偏倚控制措施决定，比如临床试验可使用合理的对照、随机分组、分组隐匿、盲法、维持原随机分组分析等偏倚控制措施。但一项研究不一定采取所有这些措施，使用得越多，偏倚控制得就越好，质量就越高。最后，研究的质量还取决于流行病学研究的一般偏倚控制措施，如收集资料的准确性、样本的代表性、减少失访、足够的观察时间等。另外，样本量决定结果估计的精确性，决定可信区间的宽窄，虽然影响的也是结果的不确定性，但一般认为与研究质量无关。

（三）评价研究质量的方法

评价一项研究的质量就是对该研究设计和偏倚控制措施进行分析和评价。一个简单、快速、粗略的评价方法是根据研究设计的类型将证据进行分级[3]。图1-5是对疗效证据的分级，不同研究提供的证据的质量自上而下逐渐递减，是循证实践者重要的参考工具。

在研究设计的基础上，更详细的评价方法允许对同一类研究，根据其偏倚控制措施的多少和严谨程度，进行进一步的质量划分。比如，关于临床试验的分级，可根据研究是否使用了随机分组、分组隐匿、盲法、维持原随机分组等措施，以及这些措施实施的适当程度，将临床试验的质量进一步分为0～5级或0～10级，0级最低，5级或10级最高。

对证据分级的方式有很多[7]，国际GRADE工作组正在尝试综合各种分级方法的优点，制订出合理的统一的分级方式[6,8]。有关GRADE的工作及其发表物，请参见本书第二十六章及GRADE工作组的网站http://www.gradeworkinggroup.org

目前研究证据分级的工作主要集中在疗效研究的证据。关于诊断[9]和其他临床问题研究的质量分级尚在初级探索阶段，可留意GRADE工作组新的发表物。

将证据更加详细地分级理论上是可行的，但详细划分证据的使用价值有待研究。因为医学决策的最后结果只有两种可能：做，不做。将证据分得很细是否会帮助医生和患者作出更好的行动选择仍是一个未知数，如何将可划分为十几级或几十级的证据和临床决策联系起来，尚没有明确可行的方法。因此，近些年来，似乎有更加简化证据分级的趋势，比如，GRADE工作组建议综合所有的信息，将有关疗效的证据分为四级[10]：

- 高质量：未来的研究不大可能会改变目前我们对疗效估计的信心。
- 中等质量：未来研究有可能会改变目前我们对疗效估计的信心，并可能改变对疗效的估计。
- 低质量：未来研究很有可能会改变目前我们对疗效估计的信心，并很可能改变对疗效的估计。
- 很低质量：目前疗效的估计很不可靠。

另外，医生经常需对同一疾病不同治疗的效果进行比较和选择。比如，随机对照试验的系统综述显示，与安慰治疗比较，甲药可以降低某临床事件的效果RRR为0.5，乙药可以降低同一事件的RRR效果为0.7，显示甲药的效果大于乙药。关于两种药物的证据都来自多个高质量的随机安慰对照试验，因为使用甲药的患者和使用乙药的患者来自不同的研究，他们的比较不是随机形成的，而且不同研究的环境和条件也不同，因此证据的质量低于随机对照试验，最多只等同于没有控制混杂的对照研究的证据。更好的证据应来自直接比较两种药物的随机对照试验。

（四）评价真实性的困难

对方法学质量的判断的本质是对结果真实性的判断。上述讨论的内容多局限于对单一研究质量的评价，当针对同一问题同时存在多个研究时，对这些研究的总体真实性的评价更加复杂。

20世纪60年代，希尔（Austin Bradford Hill）爵士提出了疾病与病因因果关系推论的九个准则，是循证医学出现之前人们用来进行医学因果关系推论的主要依据。系统综述和meta

分析提供了新的思路，尤其是在原始研究结果真实性、精确性和一致性方面的评估提出了一套统一的操作方法。原始研究和系统综述的设计和分析要素里包含了希尔的主要准则，如时间顺序、关联强度、剂量-效应关系、实验证据、一致性等。然而，在什么情况下，即当证据质量达到什么水平，当证据累积到什么时候，我们就可以肯定地说结果是真实的？系统综述也没有明确的答案，也许我们永远也不会得到确切的答案。

因此，希尔自己也说，"我提出的九个准则没有一项可以对因果关系的存在与否提出确定无疑的证据"。因果关系最多不过是一个尝试性的主观上的推论。任何科学工作都不是完美无缺的，所有科学证据都可能被颠覆或修正，科学推论永远都带着不确定性，我们永远无法确切地知道一项研究的结果的真实性，但是，证据的不确定性并不赋予我们可以无视现有证据的权利，不能作为延迟必要行动的理由和借口。

六、评估结果的外推性

所有疗效的估计都是在特定条件下的结果，换一个条件或用于不同患者，治疗是否还会有效？疗效的大小是否一样？这是有关研究结果外推性的问题。从医学实践意义上讲，外推性（generalizibility）指研究结果是否可以在不同人群和环境中得到重复和再现的可能性。外推性又称外部真实性（external validity），与适用性（applicability）的含义十分接近。

外推性有两个层面的含意，一是定性外推，一是定量外推。以治疗为例，定性外推只关心在实际患者或医疗环境下治疗是否有效，并不关心效果的大小；定量外推关心的是研究显示的效果的大小是否可以在实际患者和医疗环境中得以重复。定量外推包含了定性外推，但定性外推性并不能保证研究显示的结果的大小可以在现实中准确地得以实现。

外推性首先由结果的内部真实性决定，不真实的信息一定不能外推到其他情况，但真实的结果未必一定可以外推到其他情况。决定真实结果外推性的因素有两个，一是研究中的条件是否可以在实际医疗环境里得到复制，二是治疗的效果是否存在效应修正因素或交互作用，即效果在不同人群存在真实的差异。因此，评估外推性的重点在于比较实际患者的特征和医疗条件与研究相似的程度。

（一）患者特征

患者的特征包括患者的性别、年龄、教育程度、治疗史、病情、并发症等可能影响治疗效果的因素，还包括依从性。严格来讲，研究显示的效果可能仅适用于类似的患者，不能外推到其他不同的患者。实际患者与研究人群特征的相似程度，是用来判断证据可否外推到实际患者的条件之一，二者越接近，结果的外推性就越高。

然而，患者的特征是多方面的，实际患者与研究的患者总会存在不同的地方，而且我们往往难以回答哪些因素与疗效相关，哪些是无关的，因此依据患者特征判断证据的外推性是一件十分困难的事情，在没有亚组的结果时，经常只能依靠临床经验进行判断。比如，种族是患者的一个特征，是否西方人群的研究结果都不能用于中国患者呢？显然不是的。再如，年龄是患者的一个特征，是否所有在成年人的研究结果都不能用于儿童呢？显然也不是。

当异质性存在时，决策者应利用研究的亚组分析或meta回归的结果，更准确地判断自己的患者从治疗中获益的可能性。具体来讲，就是首先比较自己的患者与哪个亚组的患者更接近，那个最接近的亚组的结果就更适用于你的患者。

（二）医疗条件

医疗条件包括很多因素，如接诊速度、诊断仪器、诊断标准、治疗的及时性、医务人员的素质等。这些都是治疗效果的直接决定因素，因此，比较实际和研究医疗条件，是判断研究结果是否可以在当地患者中得到实现的重要内容。例如，阿司匹林可以用于治疗缺血性脑卒中，但是在诊断条件不足以区别出血性和缺血性脑卒中的情况下，可能会错误地给出血性卒中患者使用阿司匹林，治疗的总体效果必然会降低，副作用必然会升高。再如，在国内外一流医院具有丰富实践经验的医生中证明益处大于害处的治疗，在我国边远落后地区的医院里可能无效甚至害处大于益处，外科手术和其他程序复杂的治疗尤其如此。另外，急性病的给药时间也十分重要，比如在我国现实条件下是否可以在急性心肌梗死发病后很短时间内即给予有关治疗？如果不能，我们的患者将很难获得研究中显示的效果。

值得注意的是，实际患者和医疗条件与研究中的可比性是高外推性的指征，但是二者之间的差异不是不可外推的必要条件。

七、依据证据进行决策

评价证据的最终目的在于做好决策。然而，证据只是决策的依据之一，就像砖瓦水泥不等于高楼大厦一样，证据本身也不是决策。在证据的基础上，决策还必须考虑现有资源的多寡，资源越多，我们能够采取的干预措施就越多。但是，资源是有限的，即使富裕的西方国家，也没有支付所有现有医学干预措施费用的能力。选择性地使用医学措施是现实的必然，决定人们选择取向的是人们的价值取向，人们总是把有限的资源用在那些他们认为最重要、最有价值的事物上。事物价值的大小由人们的价值观决定。循证决策必须收集、评价和依据现有最好的证据，兼顾现有资源的多寡，尊重人们的价值取向。

证据包含三个方面的内容：结果是什么，结果的可信性，结果的适用性。通过对治疗可改变结局意义的评估，通过对研究质量（即结果内部真实性）的评估，通过对结果外推性的分析，循证医学使证据变得明晰、具体和量化。同时，由于结局价值的相对性，由于结果真实性的不确定性，由于价值取向的相对性，循证医学同时也使我们明确地看到了医学决策的不确定性。与过去医学实践模式不同的是，循证医学明确地承认证据的不确定性，因而承认决策的不确定性，而不是在对不确定性无知的情况下盲目地自信和果断。歌德说："不确定性是我们的命运。"医学何尝不是如此？承认和正确地对待医学实践的不确定性，减少工作中的盲目和武断，也许是患者真正的福音。

八、本章概要

进行循证实践，决策者必须能够形成决策问题，分析和确定问题的性质，并根据问题的特征，检索和评价相关的文献，最后依据有关的证据和现有资源的多寡，参酌患者的意见和取向，做出合乎患者需要的决定。不同的临床问题由不同的 PICOS 组成，如何根据 PICOS 和研究设计对文献检索进行限制，是文献检索技术的核心。文献评价包括评价结果的大小和意义、评价结果的可信性、评价结果的外推性三个方面。就治疗效果来说，结果的意义取决于治疗可向着有利方向改变的结局，以及改变这个结局的多少。结果的可信性取决于研究的质量，由研究设计和各种偏倚控制措施决定。研究显示的结果能否在实际患者中得到重现，首先取决于结果的可信性（即内部真实性），其次取决于实际患者和医疗条件与研究中的可比性，可比性越好，外推性就越高，但二者的差异不是否定外推性的必然条件。对结果的意义、可信性和外推性的评价和判断，是主观的、带着不确定性的。证据的主观性和不确定性进而决定了医学决策的主观性和不确定性，正确地认识和对待不确定性，将减少医学实践的盲目和武断，给患者带来福祉。

参考文献

[1] Guyatt G，Rennie D. Users Guides to the Medical Literature.AMA Press，2001.

[2] JAMA Evidence Using Evidence to Improve Care. http：//www.jamaevidence.com/resource/520.

[3] Oxford Centre for Evidence Based medicine. Level of evidence. http：//www.cebm.net/?o=1025.

[4] TANG J，WANG S. Defining and providing essential evidence for practice//Clinical Evidence. London：BMJ group，2008：1-4.

[5] Cummings SR，Black DM，Thompson DE， et al. Effect of Alendronate on Risk of Fracture in Women With Low Bone Density but Without Vertebral Fractures：Results From the Fracture Intervention Trial. JAMA. 1998，280：2077-2082.

[6] Guyatt GH，Oxman AD，Kunz R，et al. Rating quality of evidence and strength of recommendations：What is "quality of evidence" and why is it important to clinicians? BMJ. 2008，336：995-998.

[7] The GRADE Working Group. Systems for grading the quality of evidence and the strength of recommendations I：Critical appraisal of existing approaches. BMC Health Serv Res. 2004，4：38.

[8] Guyatt G，Vist G，Falck Ytter Y，et al.An emerging consensus on grading recommendations? ACP J Club. 2006，144：108.

[9] The GRADE working group. Grading quality of evidence and strength of recommendations. BMJ. 2004，328：1490-1494.

[10] Schünemann HJ，Oxman AD，Brozek J，et al. Grading quality of evidence and strength of recommendations for diagnostic tests and strategies. BMJ. 2008，336：1106-1110.

[11] Susser M. What is a Cause and How Do We Know One? A Grammar for Pragmatic Epidemiology. Am J Epide. 1991，133：635-648.

练 习 题

【名词解释】

1．文献检索的灵敏度
2．文献检索的特异度
3．GRADE 工作组
4．可信区间
5．异质性
6．交互作用
7．研究质量
8．内部真实性
9．外部真实性
10．结果的精确性

【选择题】

1．关于 MEDLINE 检索，以下陈述**错误**的是
   A．为减少无关研究，应尽可能用 PICOS 和研究类型进行限制
   B．为提高灵敏度，应尽可能使用 PICOS 中每个方面的同义词进行扩展
   C．为提高灵敏度，应使用 "or" 把 PICOS 一个方面的同义词连接起来
   D．为减少无关研究，应使用 "or" 把 PICOS 各个方面的词连接起来

2．某治疗与安慰治疗比较，95% 可信区间包括无效值，其正确的解释是
   A．治疗可能无任何作用
   B．治疗可能有益
   C．治疗可能有害
   D．以上任何一种情况都有可能存在，目前尚不能下结论

3．决定一项研究结果真实性的因素包括
   A．研究的设计类型，如随机对照试验
   B．该类研究特有的偏倚控制措施，如分组隐匿
   C．流行病学研究一般性的偏倚控制措施，如准确的测量
   D．以上三种因素共同决定结果的真实性

4．设研究的 RR = 0.75，患者的基线危险 = 0.10，以下关于该患者效果的估计**错误**的是

A．ARR = 0.25
B．NNT = 40
C．RRR = 0.25
D．RD = 0.025

5．关于证据与临床决策的关系，以下陈述**错误**的是
A．结局指标是治疗价值的重要决定因素之一
B．如果真实性差，再大的效果也没有实践意义
C．不同研究结果不一致时，判断自己患者可能获益的大小将更困难
D．95% 可信区间包括无效值时，治疗还是存在有益作用的可能性

【问答题】

1．举例说明常见的临床实践问题。
2．举例说明检索 MEDLINE 时可利用哪些方面对检索进行限制。
3．试说明 MEDLINE 检索的灵敏度和特异度及其与检索结果的关系。
4．举例说明一项冗长的临床试验报告中与临床决策有关的主要信息有哪些。
5．列举六种性质不同的可信区间，解释每种区间的特殊含义。
6．举例说明结局指标对解释和利用有关疗效证据的重要性。
7．试述异质性和交互作用对临床决策的意义。
8．决定研究内部真实性的因素有哪些？
9．试述如何判断一项证据的外推性。
10．试述为什么决策应考虑治疗的绝对效果。

（唐金陵[*]）

第五章　对疾病危险因素控制和癌症筛检的考量

1个多世纪以来，医疗技术取得了巨大进步。诊断技术从X线检查到CT、磁共振、PET，使得医生能够看到身体内部很多结构及其病变，实验室检查能够协助发现很多病理状态下的生化与细胞学改变乃至基因变化；预防领域从疫苗的诞生到人类彻底消灭天花；治疗药物从磺胺药、抗生素的发现到每年数百种化学合成药或生物制剂的批准上市；外科手术从麻醉剂和消毒技术的应用到人工呼吸机和心肺体外循环机发明后手术范围的扩大，再到器官移植、微创手术的广泛应用。医疗技术的进步使得许许多多原来不知道的疾病得到诊断，原来对之束手无策的疾病得以治愈，人类健康水平大幅度提高。但医学科技进步如此之大，如此之快，以至人们来不及思考进步中带来的很多问题，常常忘记医疗的根本目的，忘记自己从哪里来，要往哪里去。同时，随着人类对传染病的有效控制，慢性病已经成为人类的主要死因，而通过控制危险因素预防疾病发生，以及通过筛检争取对癌症早发现、早治疗，是目前人类应对慢性病的重要手段，本文就这两方面的问题做一些思考，并提出相应的建议。

一、对疾病危险因素的控制

每一种疾病特别是慢性病都有一定的发病概率，如果某些因素能够使群体中这种疾病的发病概率提高，就称之为危险因素。而控制了这些危险因素，这种疾病在人群中的发生率就能降低。一个典型的例子是，在20世纪后半叶，美国通过研究确认高血压、高血脂和吸烟是心脑血管疾病的三大危险因素，进而下力气控制这三个危险因素，当这三个危险因素都得到了比较好的控制后，美国心脑血管疾病发病率则有了明显的下降。

由于慢性病对人类健康影响日益增大，人们越来越重视影响慢性病发生的危险因素，越来越多的危险因素被发现，并采取相应措施控制这些因素，包括广泛使用药物。这些控制措施到底效果如何呢？下面，笔者重点以高血压和高胆固醇血症的控制为例谈谈对当前疾病危险因素控制的一些思考。

高血压是疾病吗？这是一个比较复杂的问题。就高血压者体内存在的病理改变而言，可以说是疾病；但多数高血压者长期并没有不适感觉，常常到发生冠心病或脑卒中的时候才出现明显的临床症状，而人们对高血压的关注也主要是因为冠心病和脑卒中这样的严重后果，因此高血压在概念上更加接近冠心病和脑卒中的危险因素。

高血压需要治疗吗？大量的研究证明，控制血压可以降低25%～30%心脑血管事件的发生率，所以就人群而言，针对高血压给予治疗肯定是有益的。但要想一想当把降低30%的心血管事件危险性的结论用到个体时是什么含义。降低30%是一个相对概念，从100%降低到70%，是30%的降低，从1%降低到0.7%，也是30%的降低。就我国40岁以上的高血压人群而言，10年心脑血管事件（心肌梗死和脑卒中）的发生率最高在15%左右。降低30%的发生率，即由15%降为10.5%。也就是100个40岁以上高血压者服用降压药物控制血压，在10年内只有4～5个人因为服用抗高血压药物而避免了心肌梗死和脑卒中的发生，另外95～96个人用不用药结果都是一样的。再考虑到高血压治疗药物的副作用和服药的经济负担，作为个人是选择治疗还是不治疗呢？

此处还有一个高血压诊断标准的问题。目前国际上通用 140/90mmHg 为标准，超过此标准就规定要终身服药，这合理吗？研究表明，舒张压的大小与缺血性心脏病及脑卒中的危险性几乎呈直线相关关系，见图 5-1[1]，也就是说，舒张压越高越不好，在保证重要脏器的基本供血前提下，舒张压越低越好，中间并没有一个明显的拐点[1]。那么，为什么偏偏要把舒张压的治疗标准定在 90mmHg，而不是 95mmHg 或者 100mmHg 呢？这确实是一个令人困惑的问题。

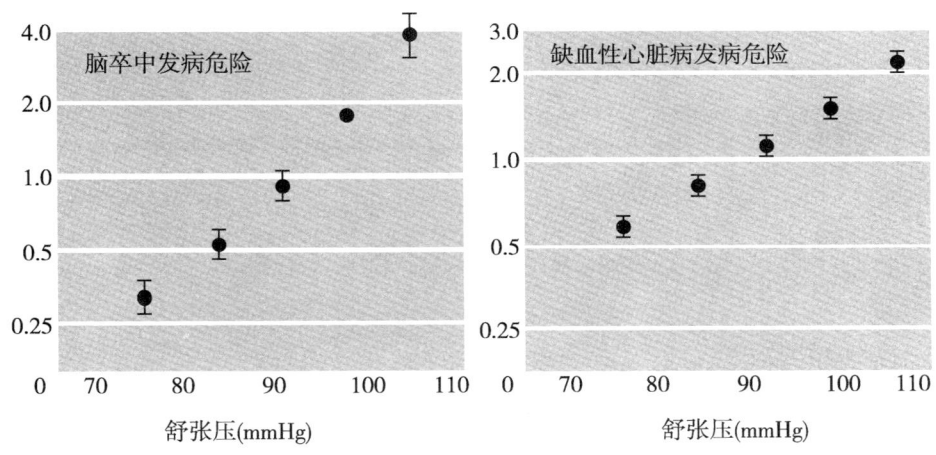

图 5-1 血压与脑卒中、缺血性心脏病发病的关系

2012 年的一项荟萃研究[2]结果显示，8912 例轻度高血压患者（140～159/90～99 mmHg），经 4～5 年降压药治疗，与不治疗组相比，总死亡率（RR = 0.85，95% CI：0.63，1.15）、冠心病发病率（RR=1.12，95% CI：0.80，1.57）、脑卒中发病率（RR = 0.51，95% CI：0.24，1.08）、总心血管病发生率（RR=0.97，95% CI：0.72，1.32）都没有统计学显著差别；而服药者中有 9% 因为发生药物副作用而不得不中止治疗。这项研究提示，如果把现在的舒张压治疗标准提高 10mmHg，由此全球至少可以减少 1 亿人服用降压药，而人群的心脑血管事件的发生率不会因此改变。

除了高血压外，已有研究表明高胆固醇血症也与冠心病和脑卒中的危险性相关[3]，因而专家认定如果通过限制饮食仍然不能把血液胆固醇水平降为正常者，则需要服用降脂药控制。对此，再来看一组研究，1998 年美国空军/德克萨斯冠状动脉粥样硬化预防研究表明，治疗组将平均血胆固醇水平由 228mg/dl 降到 184mg/dl，结果 5 年内心血管事件发生率由对照组的 5% 降到了 3%，证明控制血胆固醇水平的临床意义[4]。但当这样的结果落到个人时，是什么含义呢？就是每 100 个血脂轻度升高的人服用降脂药，只有 2 人受益。如果按此结果推算到终身服药（该研究人群平均 58 岁，按平均期望寿命 82 岁计算，持续服药 24 年），该研究估计，每 100 个血脂轻度升高者，不用降脂治疗会有 22 人发生心血管事件，用降脂治疗会有 14 人发生，说明 78 人用不用药都不会发病，因此属于过度诊断，14 人用不用药都会发病，只有 8 人会从终身服药中受益[4]。此外，基于这项研究，美国将高胆固醇血症的诊断标准由 240mg/dl 降到 200mg/dl，由于血胆固醇水平 200mg/dl 已经相当接近人群胆固醇分布的平均数，这一小幅度的改变使美国高胆固醇血症患者骤然增加 4200 万人，见图 5-2[4]。当前美国 1/3 成年人血脂高于"正常"，40 岁以上美国人中有 1/4 在服用他汀类药物（美国第二大处方药）。

从上述例子中可知，当前针对危险因素进行干预的实际结果是，只有极少数人从干预中受益，其中有些人反而因副作用而损害健康。究其原因，当前这些危险因素的"危险性"并不高，针对这样的危险因素进行治疗实在像是在执行"宁可错杀百人，不可错放一人"的做法，效率当然是很低的。问题是谁也无法排除自己是否属于不能"错放"的那个人。

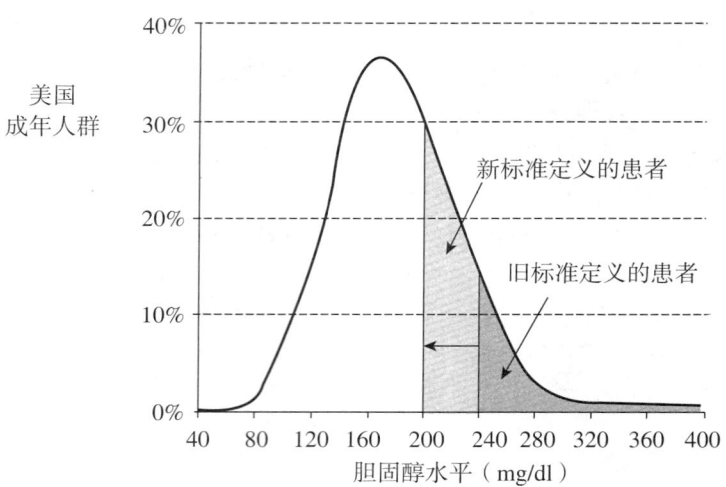

图 5-2　高胆固醇血症标准改变对发病人数的影响

二、对癌症的筛检

癌症也是慢性病，这已经成为医学界的共识。对癌症的危险因素尚不如心脑血管疾病那么确定，目前普遍采用的策略是通过筛检企求早发现、早治疗，从而提高治愈率，降低死亡率。实际结果怎样呢？笔者仅就几种癌症筛检的情况举例说明。

（一）用前列腺特异性抗原筛检前列腺癌

前列腺特异性抗原（prostate specific antigen，PSA）指标在 20 世纪 80 年代中期以后得到广泛应用，现在很多发达国家包括日本都将 PSA 作为前列腺癌筛检的指标。美国有一项前列腺、肺、结直肠和卵巢癌（Prostate, Lung, Colorectal and Ovarian，PLCO）筛查研究，在 76685 例 55~74 岁男性中，筛检组 38340 人，每年检测一次 PSA 加直肠指诊，对照组 38345 人，不做任何筛检。92% 的人完成了 10 年随访，57% 的人完成了 13 年随访。结果显示，筛检组发现前列腺癌 108.4 例/（万人·年），对照组 97.1 例/（万人·年），筛检组较对照组多检出了 12% 的患者；但死于前列腺癌的患者在筛检组为 3.7 例/（万人·年），与对照组的 3.4 例/（万人·年）没有统计学显著差异[5]。这一研究说明，采用 PSA 加直肠指诊作为指标来筛检前列腺癌是没有意义的。不过欧洲前列腺癌随机筛查研究（European randomised study of screening for prostate cancer，ERSPC）研究的结果有所不同。他们研究了 182000 名 50~74 岁男性（162243 人年龄为 59~69 岁），其中 72890 人每 4 年做一次 PSA 检查，其余为对照组，不做检查。平均 9 年随访中，累积发病率在筛检和未筛检人群分别为 8.2% 和 4.8%，有显著差异，而且筛检组的死亡率相对下降了 20%（RR = 0.80，95% CI：0.65，0.98）[6]。然而如果进一步思考，死亡率相对下降 20% 意味着什么呢？由于前列腺癌的人群每年的死亡率只有 0.3‰~0.4‰，所以 9 年间两组间的实际死亡率之差仅为 0.71‰，说明每筛选 1409 人才能减少 1 例死亡；而根据发病率之差，每筛选 1409 人，将多检出 49 患者，其中 48 例属于过度诊断。所以综合来看，被筛检者并没有从诊断和随后的治疗中获得益处。

（二）用多种方法筛检肺癌

美国一项 453965 人群的荟萃研究[7]，比较了采用各种筛检策略的效果。与不筛检进行比较，结果显示，每年 X 线胸片检查，肺癌死亡率与不筛检没有差别（RR = 0.99，95% CI：0.91，1.07）。与每年一次 X 线胸片检查比较，每年两次以上检查肺癌死亡率反而增高（RR = 1.11，95% CI：1.00，1.23）；胸片加痰细胞学检查与单独胸片检查比较，死亡率似乎降低，但没有统计学显著差异（RR = 0.88，95% CI：0.74，1.03）。仅在吸烟和曾吸烟（戒烟短于 15 年）

的肺癌高危人群中显示 CT 检查与胸片检查相比，肺癌死亡率有所降低（RR = 0.80，95% CI：0.70，0.92），这与上述欧洲前列腺癌 PSA 筛检虽然降低 20% 死亡率但意义不大的道理是一样的[8]。总之，以上筛检与不筛检以及不同的筛检策略之间效果的差异，从减少死亡的绝对数来看没有多大实际意义。

（三）用钼靶 X 线筛检乳腺癌

2014 年 2 月，加拿大的研究人员在《英国医学杂志》上发表的一篇论文引起轰动，他们在对近 9 万人的研究中发现，按照先前美国建议的 40 岁以上女性每年接受一次乳房钼靶 X 线检查，在 5 年后与 25 年后，尽管发现的乳腺癌患者增加，但死于乳腺癌的人数却没有显著改变，见表 5-1，因而采用每年一次钼靶 X 线筛检乳腺癌是没有意义的[9]。而美国和其他一些国家对此表示强烈的质疑，因为美国、瑞典和其他国家先前都有研究表明，钼靶 X 线筛检乳腺癌能使 10 年死亡率降低 30%。但即使如此，从绝对效果来看，人群中乳腺癌死亡率只是从 3.3‰ 降到了 2.3‰，即每年每筛检 1000 个人才可以减少 1 个人死于乳腺癌。

表5-1　加拿大钼靶X线筛检乳腺癌结果（n=89835）

	5 年观察结果		25 年观察结果	
	筛检组（44925 人）	对照组（44910 人）	筛检组（44925 人）	对照组（44910 人）
检出癌症人数	666	524	3250	3133
癌症发病率（%）	1.48	1.17	7.23	6.98
发病率相对增加（%）	27.06		3.70	
癌症死亡人数	180	171	500	505
癌症死亡率（%）	0.40	0.38	1.11	1.12
死亡率相对增加（%）	5.23		−1.02	

图 5-3[10] 显示了一个有趣的现象，从 1975—2005 年的 30 年间，美国甲状腺癌、肾癌、乳腺癌、黑色素瘤和前列腺癌的发病率都增加了 3 倍左右，但这 5 种癌症的死亡率却并没有明显变化。一种可能的解释是，在这 30 年间癌症发病率的确不断增高，但由于诊疗水平的提高，做到了早发现、早治疗，大大降低了死亡率。但这与前述研究显示的在同时期内筛检组和对照组死亡率无明显区别的结论相矛盾。因此，一种更加可能的解释是，近几十年医学诊断技术的快速进步，查出了很多本来不治疗也不会导致死亡的"癌症"患者，人为地拔高了发病率。

事实上现在已经有不少研究支持这种解释。例如，有研究发现对非甲状腺癌死者的甲状腺做 2.5mm 厚度的切片病理检查，发现 36% 的死者患有甲状腺癌，如果把切片厚度做得更薄，例如 0.5mm，会发现更多的癌症患者。同样，对死于非癌症的 40～50 岁的女性乳腺组织切片检查也发现，约 40% 妇女患有乳腺癌[11]。更加令人惊讶的是，美国底特律的一个研究对 525 例意外死亡的男性死者的前列腺做病理切片检查发现，即使在 20 多岁的年轻人中也有近 10% 的人有"前列腺癌"，癌症检出率与年龄明显相关，70 岁以上的死者，有 80% 以上的人为阳性（图 5-4）[12]。这些研究表明，人群中确实存在相当比例终生没有征兆、没有麻烦、无检查也不会发现的癌症。

由于诊断技术的进步，在当前的诊疗过程中，无意中发现的肿块（现在被冠以 incidentaloma 的名称）越来越多，但其中多数并非致命性的癌症。例如，有一项在 50 岁人群中进行的研究发现，对肺进行 CT 扫描，在吸烟人群中有 50% 发现肿块，而只有 3.6% 为致命性肺癌；即使在非吸烟人群中也有 15% 发现肿块，其中只有 0.7% 为致命性肺癌。对肾和肝进行 CT 扫描，则分别有 23% 和 15% 的人发现肿块，其中分别只有 0.2% 和 0.5% 为致命性癌

第五章 对疾病危险因素控制和癌症筛检的考量

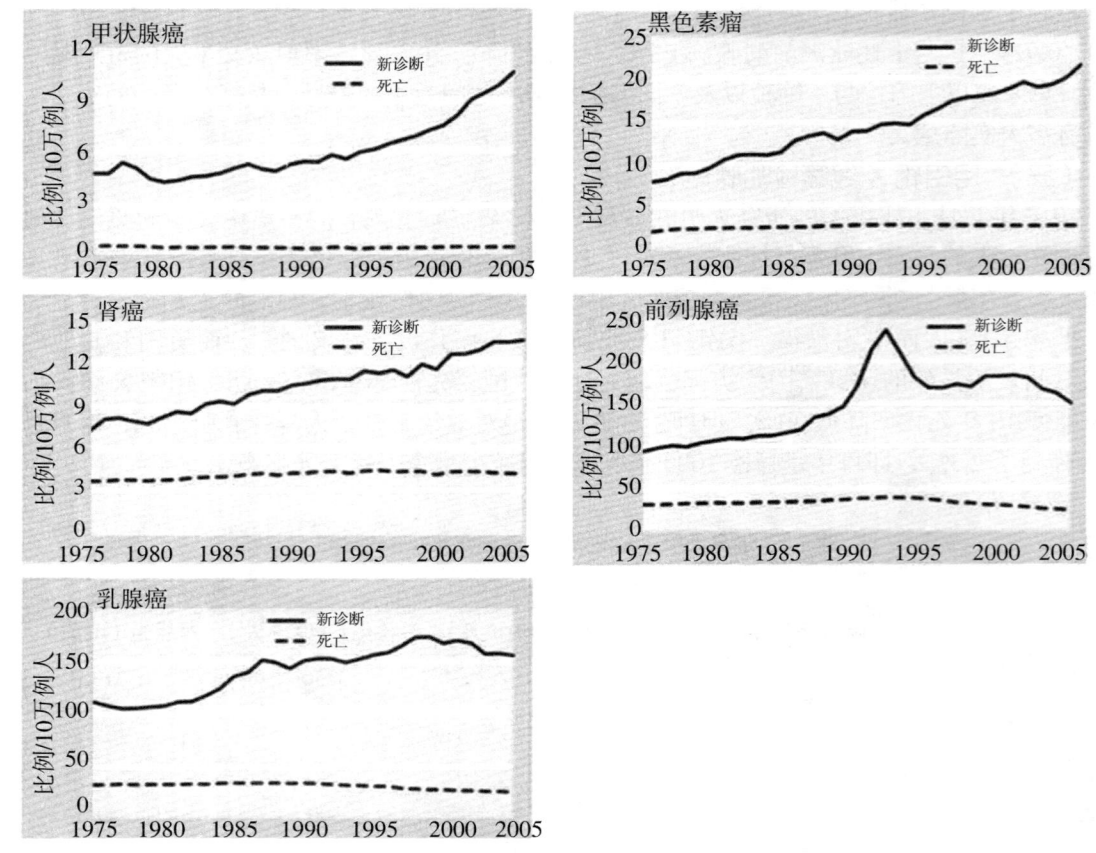

图 5-3　1975—2005 年美国 5 种癌症发病率和死亡率变化的对比

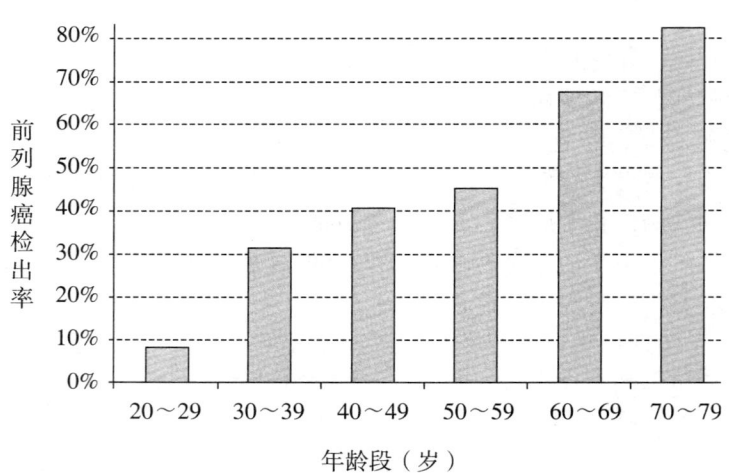

图 5-4　意外死亡人群中不同年龄段前列腺癌的检出率

症。对甲状腺做超声检查，则有 67% 的人发现肿瘤，其中只有 0.01% 为致命性甲状腺癌[13-17]。

根据上述现象可以推测，恶性肿瘤依据其进展速度可分为三种类型，见图 5-5。第一类发展极快（如图 5-5 中 A 所代表的患者），一旦发现，即使立刻治疗往往也已经难以逆转；第二类进展比较缓慢（如 B），症状出现以前还有相当长一段时间窗口可以被检出，而且病理上还属于早期，通过治疗可以减缓或者中断其病程；第三类属于停滞（indolent）型，其发展非常缓慢，直到人的生命终结时还不会出现症状或引起死亡（如 C 和 D），有些甚至自动消失，就像有些人曾经得过肺结核或肝炎，只是自己没有发现而已。每种恶性肿瘤都包含这三种类型，

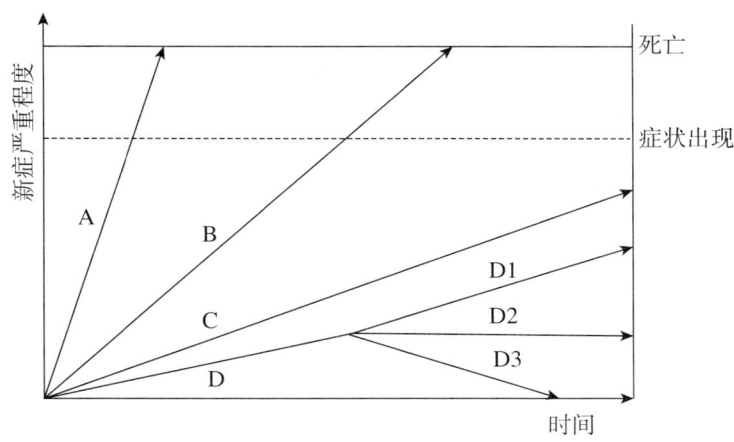

图 5-5　按病例进程划分的三类癌症（假设）

只是不同肿瘤包含某一种类型的概率不同，如食管癌、胰腺癌中多数为第一种类型，结肠癌、子宫颈癌中含第二种类型较多，而前列腺癌、甲状腺癌中多数为第三种类型。近些年在乳腺癌、肺癌和黑色素瘤中也发现越来越多的第三种类型患者[18]。可以设想，癌症筛查对第一种类型患者意义不大，对第二种类型患者意义较为显著，如果某种恶性肿瘤中包含第二型肿瘤比例较多，可检出的患者数目就较多，可能从治疗中收益的人数也就较多；而对第三种类型患者则只是导致更多的过度治疗而已。

总之，采用目前技术手段对健康人群进行癌症筛检的效率极低，基本上不能降低癌症的病死率，相反会给相当多的人带来很大心理负担，或接受没有必要甚至有害的治疗，因而对健康造成很大损害。

但是，人们似乎总是欢迎更多的检查。如图 5-6 所示，癌症筛检的结果无外乎三种可能：正常、可疑或确诊。结果正常者感觉良好，还会继续进行筛检；可疑者会忧虑重重，急于重新检查以排除或确诊癌症；如诊断有病，其中过度诊断者（即上述"停滞型"癌症患者，对于他们，即使没有得到诊断和治疗也没有关系）和确需治疗的患者，经过治疗康复后，都会认为是筛检挽救了自己的健康和生命，以后会更加重视筛检；其中经治疗无效死亡者，也不会怪罪于筛检[19]。由此可见，不管检查出来是什么结果，都会促进人们继续筛检。如果再加上医患关系紧张的压力和资本力量的推动，估计对癌症的筛检还会继续扩大和发展，但这似乎不是一个十分理性的做法。

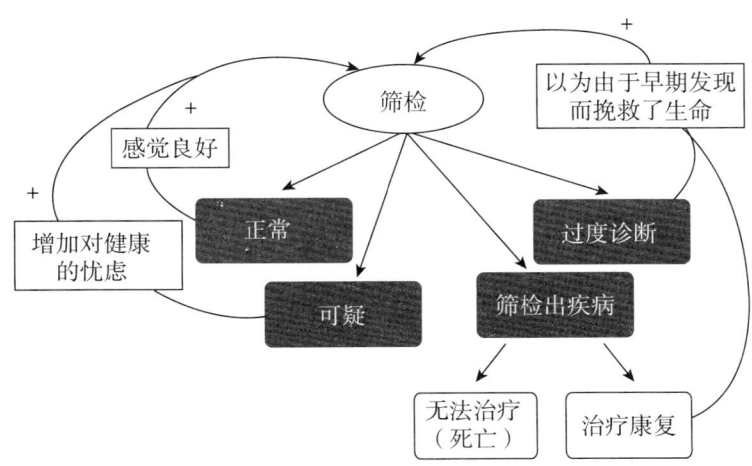

图 5-6　癌症筛检的自我促进机制

三、应对的举措

（一）面对低概率事件，做出合理决策，力争提高干预措施或筛检的效益

第一，控制慢性病危险因素时，应首选安全、低成本的有效干预方式与方法。例如，在控制心脑血管疾病危险因素时，应该首先强调建立健康的生活方式，包括低盐低脂饮食、戒烟、多运动、减少精神压力等，这些举措成本低、效果好，应该首先做到，然后才考虑给予药物治疗。对于癌症筛检，目前多数的方法效果甚微，甚至基本无效，不应该在健康人群中无选择性地推广，建议只在高危人群或仅在出现可疑症状时才做有针对性的检查。

第二，使用药物治疗预防疾病时，应优先在综合危险程度较高的人群中使用。例如，一位 65 岁的男性和一位 35 岁的女性，都有同等的轻度血压升高（150/96mmHg）症状，前者吸烟、有高胆固醇血症，后者不吸烟、血脂正常，10 年冠心病绝对危险在前者和后者分别为 51% 和 2.5%，在这种情况下，前者服药控制血压可以将 10 年冠心病危险降低 12.8%，而后者只能降低 0.6%[20]，前者的收益是后者的 21 倍，抛开年龄因素，显然前者应优先考虑药物干预，而后者应慎重用药。推而广之，努力目标应该是建立完善的多危险因素综合分析的方法。例如，冠心病和脑卒中的危险因素包括高盐高脂饮食习惯、高血压、高血糖、高血脂、吸烟、缺乏运动、心理压力、遗传易感、年龄、性别等，可以针对各项因素给予评分，然后根据各项因素的权重通过合理的方程计算出总危险指数，只对总危险指数超过一定阈值而且通过改善生活方式仍然无效的人群给予药物干预。当然，这种多危险因素综合分析方法的建立，需以进行大型人群及临床流行病学研究为前提。

对于多种危险因素同时存在的高危人群，还可以根据具体情况，针对多个危险因素"多管齐下、综合治理"。例如有研究显示，对 50 岁以上人群，同时使用低剂量降血压药、降血脂药、叶酸、阿司匹林等药物，可以将心血管事件降低 80% 以上[21]。

第三，尽可能寻找特异性更高的危险因素指标，将危险因素限制于"危险"程度更高的人群，以缩小治疗范围。例如，对高血压和高血脂人群，如果通过多普勒超声或更加简易、准确的方法进一步鉴别出已有较严重动脉粥样斑块的人群，甚或发明新的方法鉴别出在冠状动脉或脑血管存在易破裂的不稳定动脉粥样斑块的人群，就能区分出高血压者中真正容易发生冠心病和脑卒中的人群，而只针对这些人群给予药物治疗，就可大大提高干预的效率。

也许更重要的是，我们应该对危险因素的观念有一个根本性的转变。就拿高血压这单一危险因素而言，诚然，其可以通过对动脉内膜的作用引起动脉粥样硬化和微小动脉阻力增高等病变，成为冠心病和脑卒中的直接病因，但血压的升高更只是某种疾病的外在表现之一，机体内同时还存在一系列由该疾病引起的其他与高血压无关的导致心脑血管严重事件的病理改变，所以单纯用药物降低血压当然不能对心脑血管事件的发生率产生根本性的影响；现在看到药物的部分影响可能也不仅仅是降低了血压的结果，而是药物还通过其他途径发挥的作用。因此，对各种危险因素只有深入研究分析，针对其背后的真正病因或直接引起发病的机制采取控制措施，才能最有效地防止严重疾病的发生。

对癌症的筛检，也要争取找出更加特异性的标记物，发明更加理想的检查方法，以检出真正可从治疗中受益的患者，特别是鉴别出无需治疗的"停滞型"癌症，从而改善癌症筛检的效果。

第四，进一步加强临床研究，根据国情确定我国自己的诊断与治疗标准。目前的诊断标准基本上都是来自西方发达国家，国人在生理和病理上可能有所不同；此外，每个国家的经济社会发展水平不同，能够用于医疗的投入有明显差距，我国应该根据自己的国情来确定自己的诊治标准。我国有 13 亿人口，拥有非常丰富的临床医疗信息资源，应该充分发挥这方面的优势，加强医学大数据和人群及临床流行病学研究，不盲目迷信西方发达国家订立的标准和方法，开

拓创新，把我国对危险因素的控制和疾病筛检牢牢地建筑在有效促进公民健康和符合中国国情的基础之上。

（二）从根本上树立更加正确的健康和医疗观念

健康不仅是生理上，而且包括心理上和社会适应上的正常状况。我们追求的不仅是没有疾病，而且是全面的健康。健康不仅取决于医疗，更重要的还取决于生活方式、公共卫生、社会和自然环境、经济条件和遗传基因等，见图5-7。有研究提出医疗在保证人们健康中只起8%的作用，这一比例虽然不一定精确，但总体看，一个人的健康程度更多取决于非医疗因素则是可以肯定的。所以，我们不能把健康完全寄托于医疗，不能等生病了才注意自己的健康。为了全民的健康，一个社会也不应该把卫生资源的大部分放在医疗上，而应该更多放在决定健康的其他重要方面。

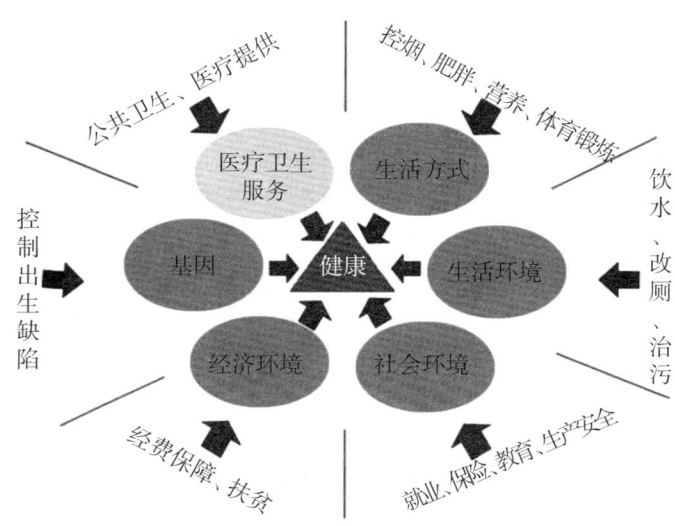

图 5-7　决定人类健康的各种因素

就医疗而言，当前我国近80%的费用花在了患者的临终阶段，而那么多的花费却只换来了健康状况和生活质量很差的有限生命延长。如果能把更高比例的经费花在实际效果好、成本合理、民众可以普遍受惠的医疗上，效益就能提高，收益人群就能大大增加。体现在具体措施上，就是要完善医疗保障制度，保证基本医疗和基本药物使用，加强基层医疗卫生力量。这里当然包括前文提到的认真考量药物控制疾病危险因素和疾病筛检的社会整体效益，根据国情做出适宜的决策。

我国还是一个发展中国家，经济基础薄弱，人均收入低下，医疗卫生方面的财政投入与发达国家相比还存在很大差距，因此更应该把财力集中投向影响全民健康的基础条件上去，避免把大量的钱砸在效益低下的环节。可以设想，尤其在广大农村地区，把同样数量的钱用在改善农村厕所等基本卫生条件上，而非用在"宁可错杀百人，不可错放一人"的低危险因素的药物治疗以及不能肯定是否有意义的癌症筛检上，对改善人群健康的作用要大得多。把危险因素控制和疾病筛检放到影响人群健康的大局中来考量，就会看得更清楚一些，就容易把握得更好一些。从本质上讲，这些科学的考量，非在减少医疗卫生费用，而是为了更合理地利用有限的资源获得最大的国民健康利益。

四、本章概要

目前各项疾病危险因素的"危险性"不够高，所以通过药物控制单个危险因素来预防疾病的效益很低。癌症筛检虽然使检出的癌症患者增加，但并不能降低死亡率。因此建议，在控制

第五章 对疾病危险因素控制和癌症筛检的考量

慢性病危险因素时，应首选安全、低成本的有效干预方式方法；采用药物控制手段时，应优先在综合危险程度较高的人群使用；要努力寻找特异性更高的危险因素指标，以缩小危险人群；要进一步加强临床研究，根据国情确定我国自己的诊断与治疗标准。癌症筛检的目标是要检出真正可从治疗中受益的患者，特别是鉴别出无需治疗的"停滞型"癌症。无论是对疾病危险因素的控制，还是对癌症筛检，在改进技术的同时，更重要的是要从根本上树立正确的健康和医疗观念。

参考文献

[1] Law MR, Wald NJ. Risk factor thresholds: their existence under scrutiny. BMJ. 2002, 324 (7353): 1570-1576.

[2] Diao D, et al. Benefits of antihypertensive drugs for mild hypertension are unclear. The Cochrane Library, 14 November 2012:

[3] Emerging Risk Factors Collaboration, Di Angelantonio E, et al. Major lipids, apolipoproteins, and risk of vascular disease. JAMA. 2009, 302: 1993-2000.

[4] Downs J, et al. Primary prevention of acute coronary events with lovastatin in man and women with average cholesterol levels: results of AFCAPS/TesCAPS. JAMA. 1998, 179: 1615-1622.

[5] Andriole GL, et al. Prostate cancer screening in the randomized prostate, lung, colorectal, and ovarian cancer screening trial: mortality results after 13years of follow-up. J Natl Cancer Inst. 2012, 104: 125-132.

[6] Schroder FH, et al. Screening and prostate-cancer mortality in a randomized European study. New Eng J Med. 2009, 360: 1320-1328.

[7] Manser R, et al. Screening for lung cancer. The Cochrane Library. 2013, issue 6.

[8] The National Lung Screening Trial Research Team. Reduced lung-cancer mortality with low-dose computed tomographic screening. New Eng J Med. 2011, 365: 395-409.

[9] Miller AB, et al. Twenty five year follow-up for breast cancer incidence and mortality of the Canadian National Breast Screening Study: randomised screening trial. BMJ. 2014, 348: 366.

[10] Welch G, Black WC. Overdiagnosis in cancer. J Natl Cancer Inst. 2010, 102: 605-613.

[11] Nielsen M, et al. Breast cancer and atypia among young and middle-aged women: a study of 110 medicolegal autopsies. Br J Cancer. 1987, 56: 814-819.

[12] Sakr WA, et al. Age and racial distribution of prostatic intraepithelial neoplasia. Eur Urol. 1996, 30: 138-144.

[13] Welch HG, et al. Over-diagnosed: make people sick in the pursuit of health. Beacon Press. 2011, 95.

[14] Furtado CD, et al. Whole-body CT screening: spectrum of findings and recommendations in 1192 patients. Radiology. 2005, 237: 385-394.

[15] Swensen SJ, et al. Screening for lung cancer with low-dose spiral computed tomograhuy. Am J Resp Critical Care Medicine. 2002, 165: 508-513.

[16] Ezzat S, et al. Thyroid incidentalomas: prevalence by palpation and ultrasonography. Arch Inern Med. 1994, 154: 1838-1840.

[17] Woloshin S, et al. The risk of death by age, sex, and smoking status in the United States: putting health risks in context. J Natl Cancer Inst. 2008, 845-853.

[18] Esseman LJ, et al. Overdiagnosis and overtreatment in cancer. An opportunity for improvement. JAMA. 2013, 28: 797-798.

[19] Welch HG, et al. Over-diagnosed: make people sick in the pursuit of health. Beacon Press. 2011: 176.

[20] Wallis EJ, et al. Cardiovascular and coronary risk estimation in hypertention management. Heart 2002；88：306-312.

[21] Wald NJ, Law MR. A strategy to reduce cardiovascular disease by more than 80%. BMJ 2003；326：1419-1425.

（韩启德）

原文刊登于：医学与哲学 2014；15：1-6

第六章 循证决策实例：心血管病药物预防策略背后的证据和逻辑

一、高血压的严峻性

第二次世界大战后，由于卫生和科技的发展、营养的改善以及和平的发展环境，传染病得到了有效的控制，发病率和死亡率不断下降，人类的平均寿命也不断增加。由于城市化、社会经济的转型、生活方式的改变和人口的老龄化，慢性非传染性疾病逐渐替代传染病成为威胁人类健康的主要病因，慢性病的增加导致了世界各国流行病学的转型和疾病谱的改变。和绝大多数国家一样，慢性病已经成为当前我国主要的疾病负担。

引起人类死亡的慢性疾病主要是心血管病和癌症。心血管病导致全球 1/3 人口死亡，是全球疾病负担不断增长的主要原因之一。西方国家心血管病的流行早于发展中国家，对心血管病的认识和控制开始得比较早，并取得了一定效果，心血管病的发病率已经开始下降，目前世界多数心血管病死亡发生在经济不发达的国家，其中很大一部分来自我国。过去几十年里，我国心血管病的发病病例和死亡率都呈不断上升的趋势，心血管病的死亡人数已经占总死亡人数的 1/3 以上。

无论是西方还是东方人群，高血压（hypertension）都是心血管病最重要的可控制的危险因素之一。我国高血压患者数呈逐年增多的趋势，1960 年时高血压患者为 3000 万，1980 年为 5000 万，1990 年为 9400 万，2002 年为 1.6 亿，2010 年已增加到 2.0 亿。即使扣除高血压诊断标准变化的影响，我国高血压上升的趋势也已是一个不争的事实。

高血压是脑血管病、缺血性心脏病、心力衰竭和肾衰竭等严重心血管事件的主要危险因素。通过控制高血压，可降低约 40% 的脑卒中和约 20% 的心肌梗死的危险。尽管降低高血压可预防心血管事件、延长寿命、改善生命质量，但在全球范围内，尤其是发展中国家，高血压依然未得到有效的控制。

慢性病控制是一个矛盾：控制得越好，人们寿命就越长，需要治疗的时间就越长，得其他慢性病的机会就越大，因此未来需要投入的资源也就越多。世界各国都面临着医疗卫生资源缺乏的困境，我国也不例外。在资源有限的条件下，在疾病控制的整体图景中，如何制订一个符合我国国情的高血压控制策略仍是一个需要认真研究的问题。

接续第五章提出的问题，本章以药物预防心血管病为例，进一步陈述和解析有关的证据，并集中讨论以下问题：高血压是怎样一个疾病？选择某一项高血压诊断标准（主要指用于诊断高血压的血压切点或阈值）的证据和逻辑是什么？血压是不是决定降血压药物疗效的最重要因素？什么是预防心血管病的综合危险策略？其背后的证据和原理是什么？如何确定药物治疗的综合危险阈值？以此展示循证决策的特征以及与传统决策模式的区别。

最后还需指出，本章的重点在于介绍循证医学的思想、理念和方法，文中的各种数据、观点甚至结论是为了分析问题而提出和展开的，主要是用于讨论和学习，尚不应视作实际实践遵循的指南。

二、高血压的药物治疗策略

（一）高血压是怎样一个疾病

就像人的身高和体重一样，血压本来是表述人体生理功能的一个参数，在人群中，血压值是一个连续变量，有人的舒张压在 80mmHg 左右，有人在 100mmHg 左右，绝大部分人的舒张压波动在 60～110mmHg。正如人的手臂有长有短、眼睛有大有小，我们不会认为手臂特别长的人或眼睛特别大的人是不正常的、是一种病态。血压则不然，血压太低了不行，太高了也不行，都被视为非正常状态，甚至直接被视为一种疾病。

高血压被视为一种疾病，不是因为血压自身的问题，而是因为升高的血压可以引起一系列严重的心脑血管疾患。有关高血压自然转归的研究显示，不治疗高血压的后果十分严重，可以引起脑卒中、心肌梗死等严重心血管事件甚至死亡。

现以图 6-1 展示的虚拟的暴露剂量（如血压高低）与反应（如心血管事件危险）的关系说明问题。在 A 点以下，随着血压的增加，心血管事件危险没有变化，但是 A 点以上，心血管事件危险随血压升高不断增加。那么，对于血压低于 A 点的人，降低血压不能改变其心血管事件危险，干预是没有意义的。但是，对于血压高于 A 点的人，降低血压有可能降低他们的心血管事件危险。A 点应是确定高血压最合适的切点。

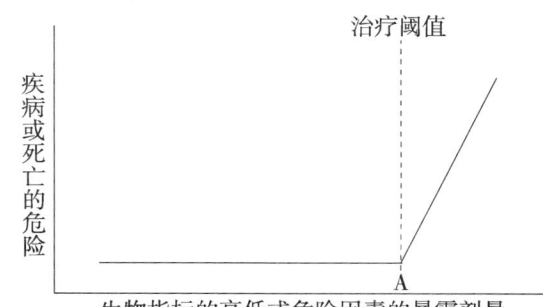

图 6-1　剂量 - 反应关系与疾病的定义

无论是在发展中国家还是发达国家，大量流行病学前瞻性研究表明，血压和心血管病事件的危险成正相关关系，血压越高，未来发生心血管病的危险也越高。具体讲，当收缩压在 110～170mmHg、舒张压在 70～110mmHg 变化时，心血管病的危险随血压增高呈近似线性上升趋势，舒张压每上升 5mmHg，冠心病危险增加 20%，脑卒中危险增加 35%。

因此，人们把血压高于某一数值（如舒张压 ≥ 90mmHg）定为高血压。的确，依据血压和心血管病的关系不难推论，这样定义的高血压患者未来发生心血管事件的危险必然高于非高血压的人群，被诊断为高血压的患者就是干预和治疗的对象。

（二）依据血压的治疗策略

当高血压被定为一种疾病的时候，按照医学的传统思维，得了高血压就需要治疗。治疗的第一步是改变生活方式，比如减少饮食中钠的含量、增加体育锻炼。对于血压很高的患者或是改变生活方式干预无效的患者，药物治疗就成了必然的第二步。这就是过去传统的高血压的药物治疗策略，我们权且把它称为依据血压的治疗策略。

在依据血压的治疗策略里，第一步是测量患者的血压，然后将其血压与预先制订的高血压诊断标准的血压阈值（以下简称阈值）进行比较，如果高于该阈值，就认为是高血压，并依此给予患者必要的治疗，治疗的主要目的是降低血压。因此，血压是传统策略的核心，血压是用来判断是否需要治疗的指标，也是用来判断治疗是否有效的指标。我们用血压判断谁会从治疗中受益并因此需要治疗，我们又用血压来判断治疗是否产生了效果，即是否降低了血压。

（三）早期药物策略的问题

然而，依据血压的治疗策略存在两个根本的问题。

1. 使用血压作为诊断标准的问题

血压是一个连续变量，不是一个全和无的现象。研究发现，心血管事件危险随血压上升的剂量 - 反应关系（dose-response relation）成近似直线上升的趋势（图 5-1），该关系曲线中没有明显的拐点，在所谓正常血压人群，心血管病的危险随血压上升的趋势与在高血压患者中一样，没有一个血压分界切点（cutoff point）可以用来区分哪些人未来可能会发生心血管病，哪些人可能不会发生心血管病。就此意义上讲，没有自然的客观的血压拐点可以用来定义高血压，任何用来定义高血压的阈值（threshold）都是相对的、人为的选择。

提高定义高血压的阈值，高血压患者的人数会减少，需要治疗的人数会减少，治疗的平均效益会增加（图6-2）。反之，降低高血压的阈值，高血压患者的人数会增加，需要治疗的人数会增加，治疗的平均效益会降低。因此，高血压已不仅是一个生物医学问题，也是一个经济和价值取向的问题。对于心血管疾病的预防，发达国家具有更多的资源，认为防治心血管病重要的国家愿意付出更多的资源治疗更多的患者，因此就意味着须使用一个较低的高血压阈值；反之，就意味着必须选择一个较高的阈值，减少需要治疗的人数，少用一些资源。

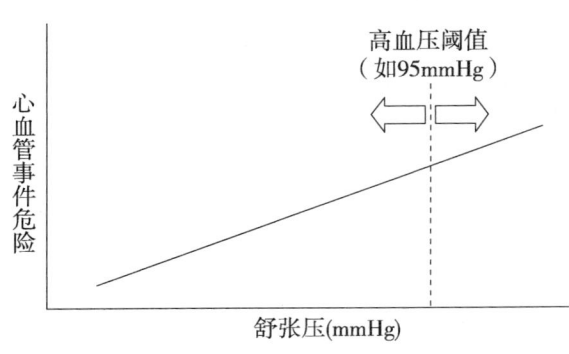

图6-2　血压与主要心血管事件危险的剂量-反应关系

的确，在西方国家，用于定义高血压的阈值一直在变化，而且越来越低，因此更多的人被诊断为高血压，更多的人接受了降血压药物治疗。我国基本上存在同样的趋势。

2．用血压来判断治疗效果的问题

如前所述，高血压之所以被视为一种疾病，主要是因为高血压可以引起严重的心血管事件。但是，血压升高会引起严重心血管事件这一事实本身还不足以将高血压界定为一个疾病或一个干预的目标。比如，随着年龄升高，心血管病危险也逐步升高，但我们从不会因此把年龄视为一个疾病。我们把血压而不把年龄看成一种疾病，是因为高血压是可以预防、控制甚至降低的。相比，我们无法阻止或预防年龄的增长，不能阻止或预防人们变老，更不能使年龄回转。

因此，高血压要成为一个实践意义上的疾病，需要我们有预防高血压、阻止血压继续上升或逆转已经升高的血压的能力。但从治疗意义上讲，这还不够，更重要的是我们能否通过预防和控制高血压改变人们未来心血管事件的危险，否则将高血压定为一种疾病，只有科学探索的意义，还没有疾病控制的实践意义。我们不能单单依据血压和心血管病之间的关系就认为把血压降下来一定有好处，如果高血压引起的血管损伤是不可逆的，对已经患有高血压的人来说，降血压治疗将是没有意义的，因为他们已不能从降低血压的治疗中受益。比如，吸烟可以引起肺癌，但是患了肺癌以后，戒烟已不能改变癌症患者的命运。

因此，对高血压采取治疗的前提是，治疗必须能够降低未来心血管事件的危险。过去几十年，人们进行了大量的研究，其目的不单是证明抗高血压药物治疗可以降低血压，更重要且更难证明的是降压治疗是否能够降低心血管事件的危险。经过几代人的努力，大量随机对照试验的证据证明，降压药物治疗可以显著地减低心血管事件的危险。

所以，即使我们可以确定一个合理的定义高血压的阈值，血压也未必是判断人们可以从降压治疗中受益大小的最好指标。换言之，利用血压来确定需要降压药物治疗的人群可能不是获得降压药物治疗最大效益的方法。

（四）决定降血压药物效果的因素

自始以来，做出高血压药物治疗的决定主要取决于血压水平的高低。绝大多数指南都规定，当血压值高于某一特定阈值时即予以治疗。然而，大量流行病学研究表明，心血管病并发症脑卒中和心肌梗死的危险不仅由血压决定，同时还受许多其他心血管病的危险因素的影响，

第六章 循证决策实例：心血管病药物预防策略背后的证据和逻辑

这些因素包括年龄、性别、吸烟习惯、血脂水平、糖尿病、靶器官损害（如左心室肥大）和既往心血管病（如心绞痛和心肌梗死）史等，这些因素与血压共同决定一个人未来发生主要心血管事件的危险。降压药物治疗的最终目的是降低未来主要心血管事件的危险，降低血压仅仅是实现最终目的的中间过程，而且仅仅是很多降低心血管事件危险的途径之一。

降压治疗的随机对照试验表明，每降低一个单位的血压，所降低的心血管事件的危险与观察性研究所预测的结果基本一致。平均来讲，降压治疗可降低所有心血管事件25%～30%的危险，降低40%的脑卒中的危险，降低20%的冠心病的危险，而且这些相对效果在各种患者中基本是一样的[1-3]。就是说，无论血压高低，无论是男性还是女性、年轻人还是老年人、白种人还是中国人、吸烟者还是非吸烟者，治疗的相对效果（即相对危险减少百分数，RRR）是相当的，因此在治疗的需要和优先权上没有高低之分。

把危险从10%降低到7.5%是25%的降低，从1%降低到0.75%也是25%的降低，相对效果不能区分这两种十分不同的情形。二者的绝对效果（如绝对危险降低，absolute risk reduction，ARR，即率差）截然不同：每治疗10000例患者，前者可以预防250例心血管事件，而后者只能预防25例。同一个治疗在前一种患者中的绝对效果是后者的10倍。当相对效果恒定时，绝对效果则取决于基线危险，即没有治疗时一个人发生主要心血管事件的危险，基线危险越高的患者的绝对受益就越大。

表6-1展示了两名（或两类）血压相同的患者，由于基线危险不同，治疗效果在两个患者中大不相同。因为其他危险因素少，甲患者具有较低的心血管病的危险性（10年危险为2.5%），治疗10年的绝对效果约为0.6%。由于年龄、性别、吸烟以及高血脂等危险因素的存在，乙患者10年心血管病的危险高达51.0%，10年治疗的绝对效果约为12.8%。绝对效果还可以用需治人数（number needed to treat，NNT）来表达，需治人数是ARR的倒数。甲（类）患者的需治人数为167，乙（类）患者为8，两个患者的绝对受益相差20倍[2]。

表6-1 两例患者的心血管危险因素及治疗获益

危险因素、基线危险和治疗效果	甲	乙
血压（mmHg）	150/96	150/96
性别	女	男
年龄（岁）	35	65
总胆固醇（mmol/L）	5.0	7.0
高密度脂蛋白胆固醇（mmol/L）	1.4	1.0
吸烟	否	是
糖尿病	否	否
左心室肥大	否	否
10年冠心病绝对危险（%）	2.5	51.0
相对危险性减少（%）	25	25
10年绝对危险降低（%）	0.6	12.8
10年需治人数（NNT）	167	8

资料来源：Wallis EJ, Ramsay LE, Jackson PR. Cardiovascular and coronary risk estimation in hypertension management. Heart. 2002, 88（3）：306-312.

实际研究证据也证明了降血压治疗的绝对效果与基线危险的正相关关系。图6-3展示了2002年以前的7项大型随机对照试验显示的降压治疗的绝对效果与患者基线危险的关系[2]。

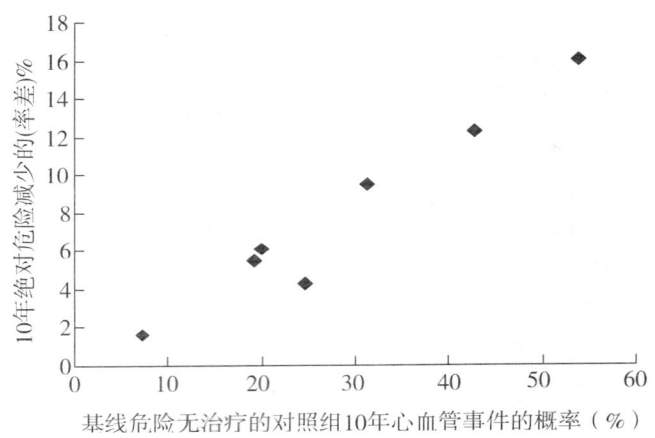

图 6-3 基线危险与降压药物绝对效果之间的关系

资料来源：Wallis EJ，Ramsay LE，Jackson PR. Cardiovascular and coronary risk estimation in hypertension management. Heart. 2002，88（3）：306-312.

该关系说明，治疗的绝对效果随基线危险的增高而增加，危险越高，治疗的效果就越大。因此，心血管病的综合危险，而非单单血压水平，从本质上决定了降压治疗的绝对效果，在资源有限时，应先治疗那些高危险的患者。近 20 年来逐渐形成的高血压药物治疗的综合危险策略正是基于这个证据和逻辑。

（五）依据综合危险的治疗策略

抗高血压药物预防心血管事件的绝对效果主要取决于一个人的心血管病的综合危险（global risk，又称基线危险，baseline risk），而不是血压和血脂等单一的危险因素。这个重要证据使得高血压的用药策略也从传统的依据血压的策略转移到了以综合危险为治疗依据的综合危险策略（global risk strategy）。1993 年，新西兰高血压指南率先采用了这一思想，提出高血压治疗应由综合危险决定，血压水平只是参考因素之一[4]。目前国际和国内高血压指南（hypertension guidelines）基本上都遵循了以综合危险为基础的高血压治疗原则。

在综合危险策略中，首先需要估计患者未来心血管事件发生的危险，然后依据危险的高低决定是否需要治疗。估计心血管病综合危险的方法有很多。欧洲高血压协会、欧洲心脏病协会，以及世界卫生组织和国际高血压协会（WHO/ISH）的指南均推荐了危险分层的近似估计法，即根据主要危险因素的数量及其高低将患者危险分级，并依此决定治疗与否。比如，2003 年的 WHO/ISH 指南根据血压和其他危险因素将患者 10 年的心血管病的危险分为三组：低度危险（＜15%），中度危险（15%～20%）和高度危险（＞20%）。这些方法都是建立在美国弗明汉心血管病方程基础上的简易方法。

与传统单个危险因素策略相比，基于综合危险的策略具有以下优点：第一，它可帮助医生将预防性治疗的重点放在那些最有可能从治疗中获益的最高危险的患者，避免了单一危险因素策略引起的对可能获益较少的低危险患者的治疗，从而降低或改善高血压治疗的总体成本-效益比。第二，它可以清晰地量化所期望的治疗效果的大小，因此可更好地帮助医生和患者做出决策。综合危险策略的主要缺点是治疗在很大程度上集中于老年人，特别是 70 岁以上的老年人群。而且，综合危险策略需要测量每个人的血胆固醇以确定危险的高低，从而增加了治疗高血压的总费用。然而，这个费用可能是不可避免的，因为通过控制血脂预防心血管病是预防心血管病综合策略的一个部分，势必也需要检查每一个人的血胆固醇的水平。

三、心血管病的综合预防策略

研究发现，综合危险与预防心血管病绝对效果的关系不仅仅见于抗高血压药物治疗，而是一个普遍现象。由于各种治疗的相对效果在不同人群的恒定性，其他预防心血管病的治疗（如降血脂药物、阿司匹林、叶酸等）的绝对效果也与基线危险成正相关关系，说明综合危险策略不仅仅适用于高血压，同时也是降血脂药物、阿司匹林和叶酸的治疗基础，现有预防心血管病的药物治疗都应遵循综合危险的策略，即将有限的药物资源首先用于综合危险最高的人群，以获得最优的成本效果。

目前，世界各国的高血压指南都逐步采纳了综合危险策略。综合危险就是不治疗时患者发生心血管事件的总体危险，综合危险的高低取决于患者所有的危险因素，而不仅仅是血压或血脂[1]。在综合危险策略里，预防药物应首先给予那些综合危险最高的患者，治疗与否不仅取决于血压或血脂的高低，更取决于其他危险因素的多少和高低，这些因素包括年龄、性别、既往心血管病史、糖尿病史、血胆固醇、吸烟等心血管病危险因素。在综合危险策略里，一个血压中度升高的患者可能不存在其他危险因素而不会从降压治疗中获得很大的好处；相反，一名血压"正常"的人可能会因具有很多其他危险因素而从治疗中受益很大。血脂也是如此。

从单个危险因素的策略转向综合危险策略，也使得我们可以同时考虑各种可能的预防措施，必要时采取综合的措施，以获得最大的绝对效果或最优的成本效果。为了便于讨论，我们权且把各种干预措施综合考虑和使用的策略称为综合预防策略（combined prevention strategy）。

在综合预防策略里，对于一个综合危险升高的患者，可使用的干预措施有三类：改变生活方式的措施（如戒烟、增加体力活动、减少食盐用量、减少高脂肪的食物、减少饮酒等）、用药物或强化干预措施控制升高的危险因素（如降血压和降血脂药物）和其他药物治疗（如阿司匹林和叶酸）。改变生活方式的措施应用于全部人群，无论综合危险是高还是低。在综合危险升高的人群中，指南一般都会规定治疗应优先用于控制那些特别高的危险因素，比如，若舒张压高于110mmHg，总胆固醇高于8mmol/L（320mg/dl），药物治疗可立即开始。

证据显示，降压药物预防脑卒中的效果大于降脂药物，降脂药物预防冠心病的效果大于降压药物，治疗剂量的叶酸没有明显副作用，阿司匹林不适用于有出血性脑卒中倾向的人群。鉴于这些证据，综合预防策略揭示了多种新的可能治疗方案：①可首先选用最有效的治疗，比如，在白种人群中冠心病患者多于脑卒中患者，降脂药物应优先于降血压药物，而在中国人群中脑血管病十分普遍，降压药物应优先于降脂药物；②可优先选用成本效果好的治疗，比如，鉴于中国农村人群中脑血管病的普遍性，且降血压药物十分便宜（尤其那些与其他降压药物效果相当的利尿剂类药物），降压药物应优先于降脂药物；③当降压药物治疗失败时，可以使用降脂药物，患者可以同样从治疗中受益，反之亦然；④叶酸和阿司匹林可用于所有的患者，但考虑到我国患者（尤其是农村人群）出血性脑血管事件的危险比较大，对阿司匹林的广泛使用应特别谨慎；⑤由于一个综合危险高的患者可以从任何一种预防治疗中获益，也可以同时在一个患者同时干预多重危险因素，使用多种或所有的药物治疗。预防心血管病的复合制剂（polypill）就是依据综合危险策略的思想提出的药物综合使用策略[5,6]，高危人群可以同时使用降血脂、降血压和其他预防心血管病的药物，以达到最大的预防效果。理论上讲，复合制剂可以将心血管病的危险减低80%以上，近期的Ⅱ期临床试验显示，复合制剂至少可以预防60%以上的心血管事件[7]。

四、确定开始治疗的心血管病危险阈值

（一）研究证据与阈值的确定

预防心血管病的治疗由心血管基线危险来决定，那么心血管病的危险高于多少时应予以治疗呢？提高治疗阈值（treatment threshold），将减少需要治疗的人数，降低治疗的平均成本-效益比。相反，若降低治疗的阈值，将增加需要治疗的人数，增加治疗的平均成本-效益比。

英国和新西兰的指南明确地界定了治疗的阈值。英国指南推荐治疗的阈值为10年冠心病

第六章 循证决策实例：心血管病药物预防策略背后的证据和逻辑

危险高于 1.5%[8]，这相当于新西兰指南所推荐的 5 年心血管病的危险高于 20%[9]。

然而无论采取什么阈值，这个阈值都是主观的、人为的、相对的。既然没有"自然"的客观的阈值可以借鉴，如何才能制订出合乎一个人群或地区实际需要的阈值呢？在这个问题上，证据本身已无能为力，我们必须分析和考查影响决策的另两个重要因素：现有资源和价值取向。

（二）现有资源与阈值的确定

广义的资源包括人力、物力和财力资源。医疗卫生服务需要资源，任何医疗卫生服务都是在有限的资源情况下运行的，庞大的医疗卫生服务需求和资源的有限性必然限制服务的内容和范围。现以英国在制订冠心病高危人群治疗切点时对资源的分析和考虑来说明问题。从图 6-4 可以看出，以年冠心病危险 3% 作为治疗切点，3.4% 的 35～69 岁的人群需要药物治疗，加上 4.8% 的冠心病现患人群，共计 8.2% 人群需要治疗。相关的费用包括筛选高危人群、实施治疗、药物费用、追踪检查等，预防性治疗包括降血压药物、降血脂药物和阿司匹林。在此危险切点，证据表明治疗的效益超过危害，全国的费用为每年大约 9 亿英镑，英国卫生部批准采用此切点的治疗策略，说明它代表了一个比较合理的政策目标[10]。

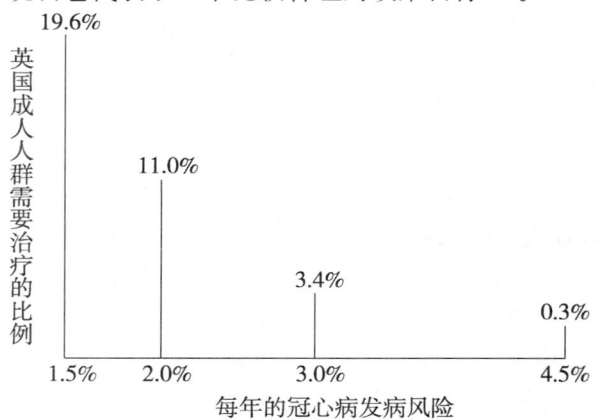

图 6-4 使用不同的危险阈值需要治疗的英国人群比例

资料来源：Gaw A, Packard CJ. At what level of coronary heart disease risk should a statin be prescribed？Curr Opin Lipidol. 2000, 11（4）：363-367.Pickin DM, McCabe CJ, Ramsay LE, et al. Cost effectiveness of HMG-CoA reductase inhibitor (statin) treatment related to the risk of coronary heart disease and cost of drug treatment. Heart. 1999,82:325–332.

临床试验证据表明：年冠心病危险在 1.5%～3.0% 的患者，也能够明显从降压和降脂治疗中减少冠心病和脑卒中的危险。研究也表明通过改变生活方式和药物治疗把冠心病危险至少降低到年 1.5% 是合理的。但是以 1.5% 作为切点的策略的费用是巨大的。在英国，把危险分界切点降低到 1.5%，将会有 25% 的人群需要降血压药物、降血脂药物和阿司匹林的治疗，全国的治疗费用将高达 27 亿英镑，超出了英国卫生部的预算承受能力[10]。因此英国卫生部没有采纳这个更低的危险阈值。

药物预防的危险分界切点需要认真斟酌，切点的微小变化将会很大程度地增加治疗的总人数及相应的费用，切点的选择必须充分考虑现有资源。不同经济状况的国家可以推荐不同的切点，世界卫生组织的推荐意味着西方 25% 的成人和一半以上的 65 岁以上的人需要药物治疗，对于发展中国家而言，这个建议从经济上讲可能不很现实。相比，对多数发达国家来说，英国指南推荐的危险切点是较为安全的，意味着治疗的效益显著大于危害，所用资源在可接受的范围之内。即使英国这个比较保守的切点也未必适合资源相对贫乏的发展中国家。

（三）价值取向与阈值的确定

对于英国来说，为什么在心血管病药物预防方面花费 9 亿英镑认为是合理的？为什么花 27 亿英镑就是不能接受的？这个决定背后的依据和逻辑是什么？在心血管病药物预防方面花费多少资源才是合理的这个问题上，没有绝对正确和错误的答案，任何选择都是相对的，影响选择的背后是人们的价值取向，价值取向决定了人们认为哪些事物对他们是重要的，哪些是不重要的，人们依据他们的价值取向把有限的资源用到最重要的地方。临床实践和医疗卫生决策也不例外，都要受到人们价值取向的影响。由于不同的人群价值取向可能不同，即使拥有同样的资源，即使面对同一种疾病，他们往往会做出不同的选择和取舍。

直接和间接参与医疗卫生决策的人群有很多，其中包括患者、医生、医疗卫生管理者、医疗卫生决策者、制药公司、医疗器械公司、行政官员和政治家等。他们有着不同的利益、不同的需要和不同的兴趣，他们的价值取向也可能不同，谁的价值取向应该主导最后的决定？答案是患者，因为患者是所有医疗卫生服务的真正出资人，也因为其他人群很难全面真实地代表患者的最高利益。患者包括过去、现在和未来的患者，其总和就是公众。无论融资系统如何，公众都是所有医疗卫生服务系统的真正出资者，因此医疗卫生决策必须了解患者和公众的需要和意愿，并根据他们的意愿做出决定。

循证医学倡导患者和公众参与医疗卫生决策活动，患者参与决策需要适当了解自己的疾病状况、治疗的选择和费用，以及治疗的益处和害处等信息。同时，研究也表明，患者知情时有利于血压的控制，患者参与治疗的选择和决策可增加依从性。

五、实施心血管病预防的综合策略

（一）评估基线危险

实施综合危险策略，决定是否需要药物治疗，首先需要评价患者的心血管病的综合危险。合理的估计综合危险的方法需考虑危险因素的数目并对不同的因素给予不同的权重，具体的估计方法是基于由大规模前瞻性流行病学研究所产生的心血管病预测方程。弗明汉心血管病危险预测方程就是最常见的方程之一，该方程综合了年龄、性别、收缩压、总胆固醇、高密度脂蛋白胆固醇、吸烟史、糖尿病史和左心室肥大史这些变量的作用，来预测一个人未来患心脑血管病的危险。

基于计算机的危险评估方法多是基于弗明汉原始方程，是最精确的方法。根据弗明汉方程而简化的方法有危险评估表和危险评估图，如新西兰危险评估图、英国多协会联合危险评估表、新谢菲尔德危险评估表、欧洲指南危险评估图等，这些图表能够使医生在无需借助计算机的情况下估计心血管病的综合危险。这些简易的方法或多或少会高估或低估患者的危险，而且基于弗明汉研究的危险估计方程可能不适用于非白种人群。

我国心血管病预防策略应使用基于中国人群或亚洲人群建立的危险预测方程。目前有三种方程可以选择：其中两种是基于中国前瞻性研究的方程，另一种是基于多个亚洲人群前瞻性研究建立的亚洲方程。它们各有优缺点，使用者应根据具体需要选择合适的方程。有关细节请参见本章的文献[11-15]。

（二）无固定阈值的策略

在综合危险策略里，对个体患者的诊治应从测量患者的主要心血管病危险因素开始，这些因素包括年龄、性别、血压、总胆固醇、高密度脂蛋白胆固醇、吸烟史、糖尿病史、有无左心室肥大史等。如果某些危险因素特别高，如舒张压高于110mmHg，在排除继发性高血压和其他禁忌证后，可立即建议降血压药物治疗。

如果无特别高的危险因素，则应根据患者的危险因素和适合的心血管事件危险预测方法，估计该患者未来5年或10年发生主要心血管事件的综合危险。如果综合危险比较高，而且患者需要直接付费进行治疗，医生应向患者明确地、详细地交代不治疗的危险以及治疗的费用、益处和害处，对益处和害处的描述应基于绝对效应，应使用定量的方法描述，比如平均每治疗100位患者，有多少患者可以从中受益。然后让患者根据自己资源的多少，对费用、益处和害处进行平衡和取舍，估计机会成本的大小，从而做出最适合自己的决定。

这样的决策方法的结果是，不同的患者实际选择了不同的治疗阈值，是一个没有固定阈值的方法，是患者可以参与决策的方法，也是最可能符合每一个患者需要和意愿的决策方法。这种方法主要适用于患者自己直接付费的服务场合。

（三）有固定阈值的策略

然而，在公费医疗或医疗保险体系里，为了公平、合理地分配共享的资源，经常需要规定一定的治疗阈值，并按照同一个阈值对所有的成员进行决策。如果一个患者的综合危险高于预先规定的治疗阈值，则应给予治疗，否则不应给予治疗。但是如何才能制订合适的治疗阈值呢？下面介绍三种方法。

第一种方法是根据现有可用于预防心血管病的资源的多少来决定。如果资源比较多，则可采用一个较低的阈值，使更多的人得到治疗；如果资源比较少，则需采用一个较高的阈值，减少需要治疗的人数。这个总资源可以是一个国家或地区财政用于心血管病预防的专门预算。举例说明，假如我国可用于药物预防心血管病的资源允许治疗约 5% 的 30~75 岁的人群，那么大约可以治疗所有 10 年心血管事件发生率在 20% 以上的高危患者[16]。

但是，这种决策方法没有涉及决策最根本的问题，即这个预算最初是如何制订的。更合理的方法是，分析当地资源的多少、心血管病的疾病负担的大小、人们对治疗重要性的认可程度，以及应对其他疾病需要的资源，并在此基础上决定在什么阈值时应采取治疗。决策者之后可以根据这个阈值决定可治疗的总人数，最后依据需治疗的总人数决定需要的总费用。

举例说明，在我国，如果人们普遍认为在 30~75 岁的人群中 10 年心血管病发病率 15% 是一个很高的危险，而且相应治疗效果也是可取的，应采取治疗，30~75 岁的人群里大约 10% 的人有这样高的危险而需要治疗[16]，治疗的直接总费用就是每个人的治疗费用与治疗总人数之积。

上述第二种方法还是一种笼统的方法。更精确具体的方法是利用公众的支付意愿进行决策，即第三种方法。在无固定阈值的决策模式里，选择不同阈值的患者实际上是表达了不同的支付意愿，它们选择的平均阈值则代表了人们对该治疗的一般支付意愿。一项研究显示，我国居民对降血压药物的平均支付意愿相当于选择 5 年心血管病危险大于 30% 作为治疗的阈值[17]。这样的研究结果值得参考。

六、我国心血管病预防策略中的问题

下面分析的目的是展示问题，而非品评指南，旧的指南暴露的问题更多、更明显，因此本文没有根据新的指南进行更新。

我国心血管病药物预防上还存在明显问题。主要包括：①直到 2011 年尚未采用统一的综合预防策略，高血压有高血压的指南，高血脂有高血脂的指南，糖尿病有糖尿病的指南，尚需要一个全面的兼顾改变生活方式、降血脂治疗、降血压治疗和其他药物治疗的综合性的心血管病预防指南；②中国的指南，如 2005 年修订的《中国高血压防治指南》，使用的是基于美国弗明汉研究的危险预测方法，可能会高估中国人群的危险，从而导致治疗危险较低的人群，增加治疗的成本-效果比；③ 2005 年《中国高血压防治指南》（修订版）采用了西方国家建议的治疗阈值，未明确估计中国现有指南建议治疗的总人数，未分析中国现有资源可能负担的治疗人数和人们接受治疗的意愿，因此指南的建议可能不完全符合中国的实际需要。

以 2005 年《中国高血压防治指南》为例，它主要参考了 WHO 及其他国际组织高血压指南，基本上已经采取了综合危险的策略，使用的是世界卫生组织推荐的危险评价方法和有关治疗建议。世界卫生组织、世界高血压联盟和欧美国家的指南采用的危险评估方法绝大多数都是基于美国弗明汉心脏研究的心血管病危险预测方程，建议治疗的总人数是按照发达国家的经济水平制订的。简单地借用基于西方人群研究的预测方程和治疗建议不适合中国人群，主要基于以下三个方面的考虑：

1. 准确的危险评价是综合危险策略的基础。弗明汉预测方程及其衍生工具已广泛应用于此目的，一是因为它建立得很早，基于著名的研究，并经过很多评估，且得到西方国家广泛的认可和应用。二是因为它可以分别评估男女不同性别的心血管病危险。然而，由于弗明汉研究的参加者几乎全部为欧洲后裔，如未对其适用性进行评价，可能不宜推广到其他人群，尤其是非白种人群。研究已经表明在一些人群中直接使用弗明汉方程会高估冠心病的危险。

研究也显示，在我国人群中直接使用弗明汉方程会导致明显高估冠心病的危险，因而导致对本来建议不需药物治疗的人进行治疗，导致实际治疗的人数远远大于指南预期的治疗人数，导致实际治疗效果低于预期的效果。

此外，尽管最近几年特别是在城市地区冠心病发病率显著增长，但我国心血管病的主要事件仍然是脑血管病，而非冠心病，美国则以冠心病为主，而弗明汉方程不是估计脑卒中危险的最佳方法。2005年后已出现了我国自己的预测方程，新的指南应使用基于中国或亚洲人群建立的心血管病危险评估方程。

2. 世界卫生组织指南推荐的危险分级和治疗建议将会导致1/4的西方人群接受降压治疗，这可能符合发达国家的需要，但从经济上对于发展中国家可能会负担过重。我国高血压防治指南推荐了同样的危险分级和治疗标准，似乎没有充分考虑我国现有的卫生资源的多寡。我国有1.6亿高血压患者，同时又有1.6亿高血脂患者。假定降血压药物每人每天需1元，降血脂药物每人每天需2元，如果所有患者均得到治疗，每年治疗的总费用保守估计将有约1750亿元，约占2005年我国卫生总费用的1/4[5]，而欧盟国家在心血管病方面的总花费只占该地区医疗卫生总支出的1/10[18]。

因此按照西方人群的推荐，我国高血压治疗势必出现资源不足的困境，指南的实施就会出现问题。中国的指南需分析和说明采取的阈值和建议可能需要药物治疗的总人数及资源的多少，只有符合我国国情的目标才可能会真正得以实现。

3. 常用降血压药物治疗5年，平均每治疗100例高血压患者可以预防2～3例脑卒中和心肌梗死事件，当年每年药物费用约500元[19]，我国多数患者是自费治疗的，尤其对于贫穷地区的高血压患者而言，高血压药物治疗不是一个很小的负担。按照这样的效果和费用，我国高血压患者接受药物治疗的意愿又如何？有研究显示，只有16%左右的城市和农村居民愿意自己付钱进行治疗[17]。居民对高血压药物的支付意愿可能部分说明了我国目前高血压药物指南实际推行时遇到的困难，解释了为什么我国高血压人群仅有5%得到了有效的控制[20]。

七、预防心血管病的全人群策略

在利用药物预防心血管病的策略中，高血压切点的问题十分重要，且争议由来已久，但大量持久的讨论无形中把我们的视线锁在了治疗上，似乎治疗是预防心血管病的唯一出路。其实，预防心血管病还有同样甚至更有效且更公平的策略。英国流行病学家Geoffrey Rose曾把心血管病预防策略分为两类，一种称为高危人群策略（high-risk strategy），一种称为全人群策略（population strategy）[21,22]。高危人群策略主要依靠临床治疗，发现危险因素（如高血压和高血脂），并用药物控制这些危险因素。全人群策略是一种公共卫生方案，并不针对任何个人，而是通过全社会或全部人群都可以受益的方法（如健康生活方式教育、公众体育设施、禁烟立法、传统食盐中添加氯化钾，等等），降低整个人群危险因素的水平，从而降低整个人群的心血管疾病的风险。高危人群策略十分有效，往往低收入人群是更需要治疗的人群，但是却缺乏支付能力，高危人群策略会加重社会在医疗上的不公平性。其实，今天我们面对的不仅仅是患病的个人，而是整个人群都处在心血管病的高危状态。因此，高危人群策略需建立在强大的全人群策略的基础之上，预防才会最有效。

八、本章概要

预防心血管病的药物策略已经从单一的危险因素策略转向综合危险策略，药物治疗不但要参考某一危险因素（如血压和血脂）的高低，更需考虑一个患者同时具有的所有的心血管危险因素。综合危险高于多少时应考虑药物治疗？答案取决于一个地区或一个人群现有资源的多寡和人们对降血压药物价值的认可程度，后者取决于人们的价值取向。提高治疗阈值，会降低需要治疗的人数，降低治疗阈值将增加需要治疗的人数。由于资源多寡的不同和人们价值取向的不同，任何治疗阈值都是主观的、相对的，没有适合所有人群和地区的建议。因此，心血管病的预防策略应综合各种干预措施，指南须在证据的基础上，考虑我国医疗卫生资源的多寡和民众的意愿，做出合乎我国国情的切实可行的建议。药物治疗是预防心血管病的重要措施，但是是个体性的临床措施，须建立在全人群策略的基础之上，而且降血压药物治疗应考虑与降血脂和其他心血管病预防药物的互补作用，必要时可以同时使用两种或多种药物以获得最大的预防效果。

参考文献

[1] Law MR, Wald NJ. Risk factor thresholds: their existence under scrutiny. BMJ. 2002, 324 (7353): 1570-1576.

[2] Wallis EJ, Ramsay LE, Jackson PR. Cardiovascular and coronary risk estimation in hypertension management. Hear. 2002, 88 (3): 306-312.

[3] Jiang Y. An investigation on the determinants of the effectiveness of anti hypertensive drugs for primary prevention of cardiovascular disease: a systematic review of randomized controlled trials. PhD Thesis, The Chinese University of Hong Kong, School of Public Health and Primary Care, 2007.

[4] Jackson R, Barham P, Bills J, et al. Management of raised blood pressure in New Zealand: a discussion document. BMJ. 1993, 307 (6896): 107-110.

[5] Tang JL, Hu YH. Drugs for preventing cardiovascular disease in China. BMJ. 2005, 330 (7492): 610-611.

[6] Wald NJ, Law MR. A strategy to reduce cardiovascular disease by more than 80%. BMJ. 2003, 326 (7404): 1419.

[7] Yusuf S, Pais P, Afzal R, et al. Effects of a polypill (Polycap) on risk factors in middle aged individuals without cardiovascular disease (TIPS): a phase II, double blind, randomised trial. Lancet. 2009, 373 (9672): 1341-1351.

[8] Williams B, Poulter NR, Brown MJ, et al. British Hypertension Society guidelines for hypertension management 2004 (BHS IV): summary. BMJ. 2004, 328 (7440): 634-640.

[9] National Health Committee. Guidelines for the management of mildly raised blood pressure in New Zealand. Wellington, New Zealand: Ministry of Health, 1995.

[10] Gaw A, Packard CJ. At what level of coronary heart disease risk should a statin be prescribed? Curr Opin Lipidol. 2000, 11 (4): 363-367.

[11] Wu Y, Liu X, Li X, et al. Estimation of 10 year risk of fatal and nonfatal ischemic cardiovascular diseases in Chinese adults. Circulation. 2006, 114 (21): 2217-2225.

[12] 国家"十五"攻关"冠心病、脑卒中综合危险度评估及干预方案的研究"课题组. 国人缺血性心血管病发病危险的评估方法及简易评估工具的开发研究. 中华心血管病杂志. 2003, 31 (12): 893-

第六章 循证决策实例：心血管病药物预防策略背后的证据和逻辑

901.

[13] Liu J, Hong Y, D Agostino RB, et al. Predictive value for the Chinese population of the Framingham CHD risk assessment tool compared with the Chinese Multi Provincial Cohort Study. JAMA. 2004, 291 (21): 2591-2599.

[14] 王薇, 赵冬, 刘静, 等. 中国 35～64 岁人群心血管病危险因素与发病危险预测模型的前瞻性研究. 中华心血管病杂志. 2003, 12: 902-908.

[15] Barzi F, Patel A, Gu D, Sritara P, Lam TH, Rodgers A, Woodward M. Cardiovascular risk prediction tools for populations in Asia. J Epid Commu Health. 2007, 61 (2): 115-121.

[16] Qin Y. Comparing the effectiveness of different strategies for primary prevention of cardiovascular diseases through anti hypertensive drugs. PhD Thesis, The Chinese University of Hong Kong, School of Public Health and Primary Care, 2010.

[17] Tang JL, Wang WZ, An JG, et al. How willing are the public to pay for anti hypertensive drugs for primary prevention of cardiovascular disease: a survey in a Chinese city. Int J Epide. 2010, 39 (1): 244-254.

[18] Allender S, Scarborough P, Peto V, et al. Chapter 12: Economic costs. In European cardiovascular disease statistics 2008. Brussels: European Heart Network, 2009.

[19] 陈延, 王梅, 詹思延, 等. 上海市半淞园地段医院高血压患者门诊费用分析. 中华流行病学杂志. 2003, 24 (12): 1074-1077.

[20] Wu Y, Huxley R, Li L, et al. Prevalence, awareness, treatment, and control of hypertension in China: data from the China National Nutrition and Health Survey 2002. Circulation. 2008, 118 (25): 2679-2686.

[21] Rose G. Sick individuals and sick populations. Intl J epidemiol. 1985, 14: 32-38.

[22] Rose G. The Strategy of Preventive Medicine. Oxford University Press, 1993.

练 习 题

【名词解释】

1．心血管病初级预防
2．心血管病综合危险
3．治疗的绝对效果
4．血压治疗阈值
5．基线危险
6．综合危险阈值
7．支付意愿
8．心血管病预测方程
9．复合制剂
10．剂量 - 反应关系

【选择题】

1．以下哪位患者将从抗高血压药物治疗中受益最大
   A．5 年心血管病危险＜15%
   B．5 年心血管病危险 = 15%
   C．5 年心血管病危险＞15%
   D．5 年心血管病危险＞30%

2．在使用降血压药物时应考虑以下哪些因素
   A．血压
   B．年龄、性别、血脂和血压
   C．心血管病基线危险和血压
   D．以上答案都不对

3．关于药物预防心血管病的综合危险阈值，以下哪个陈述是正确的
   A．阈值越低，需治的人数越多，需要的资源越多
   B．资源缺乏的国家应采取比富裕的国家更高的阈值
   C．阈值越高，需治的人数越少，平均成本 - 效果比越小

D. 以上答案都对
4. 关于心血管病预防的复合制剂，以下哪个陈述是**错误**的
   A. 它最大可以预防约80%的心血管事件
   B. 它是一种同时使用多种药物的综合策略
   C. 它须同时含有降血压药物、降血脂药物、阿司匹林和叶酸四种药物
   D. 它的效果还没有得到大型随机对照试验的最后验证
5. 关于综合预防策略的意义，以下哪个陈述是**不正确**的
   A. 多种药物可同时使用
   B. 药物的使用需以基线危险为基础
   C. 在我国可以首先考虑降血压药物而不是降血脂药物
   D. 如果没有特别高的单一危险因素，则不需使用药物治疗

【问答题】
1. 试述高血压作为一个疾病的相对性和主观性。
2. 什么叫以血压为基础的抗高血压药物策略？
3. 试述抗高血压药物绝对疗效与基线危险的关系。
4. 什么叫以综合危险为基础的药物预防策略？
5. 为什么抗高血压药物的使用应参考基线危险的高低？
6. 试述为什么一名血压中度升高的患者可能会从降血脂药物中获益。
7. 试述哪些心血管危险预测方程最适合中国人群。
8. 制订药物治疗的基线危险阈值应考虑哪些因素？
9. 使用药物预防时，为什么我国应采取不同于西方国家的综合危险阈值？
10. 试述我国心血管药物预防策略中存在的问题。

（唐金陵[*]　王卫中）

第七章 医学决策及其模式的演进

一、决策的基本概念

循证医学是关于依据证据进行医学决策的学问。此前各章主要介绍了循证医学中证据的确切内容和含义,以及近几十年国际上在收集、整理、加工和传播证据方面进行的尝试和取得的成果。本章将以医学决策的程序为主线,讨论证据在医学实践中更为具体的作用和意义。

决策(decision making)就是做出决定的意思,医学决策就是针对医疗卫生实践问题制订解决方案的过程。严格地讲,决策是针对待解决的问题提出解决目标并识别和选择行动方案的整个过程。完整的决策程序包括4个步骤:①提出决策问题;②确立行动目标;③设计行动方案;④比较和选择最终方案(图7-1)[1]。从备选行动方案中做出最终的抉择是决策拍板或定案的过程,是完整决策过程的一个环节,不是决策的全部。中文里常把对大的宏观问题的抉择称为决策,而对小的微观(如关于个人或局部的)问题的抉择称为决定,本章在于讨论它们的共性,因此对二者不做区分,统称为决策。

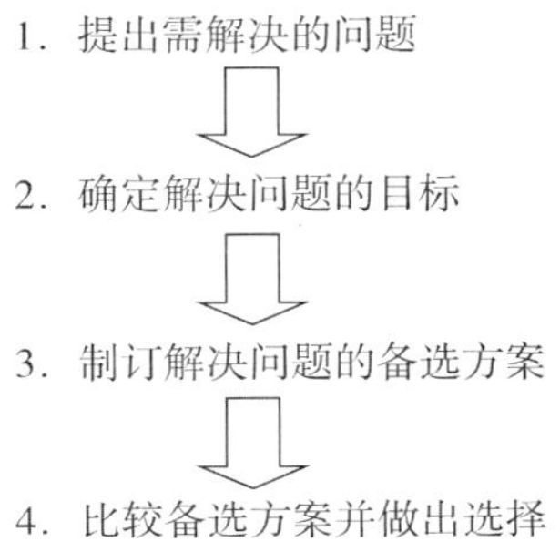

决策的以下几个方面的特征与医学决策和循证医学有密切关系,是本章讨论的重点:①决策是为了实现特定目标而进行的活动,没有目标就无从决策;目标还必须明确具体,没有明确的目标,决策将是盲目的。②决策是指向未来的,而未来经常是不确定的,存在偶然性,既然不确定,因此任何行动都会含有一定的风险。③行动的备案必须有两种或更多,决策在于从中选择最优的备案。因此,好的决策要求决策问题必须明确,决策目标必须具体,必须包括各种可能的备选方案,必须对各种预案的可能发生结果进行评估。另外,决策的目的在于付诸实施,无须实施的决策是多余的,做什么样的决策,也无关紧要;如果目标已经实现,也无须决策;如果只有一个备选方案可选,也无须决策。这些属于假性决策。

图 7-1 医学决策的步骤

1. 提出需解决的问题
2. 确定解决问题的目标
3. 制订解决问题的备选方案
4. 比较备选方案并做出选择

在医学实践中,行动就是各种各样的干预,行动方案就是关于干预措施的备案,因此医学决策就是关于各种干预措施的决策。广义的干预措施可以分为两类:个体干预和群体干预(图7-2)。个体干预是指那些可以直接施加给个体的措施,临床上使用的各种诊断和治疗措施都属于这类措施;群体干预是指那些只能施加给群体的措施,如医疗卫生政策和很多公共卫生措施(如自来水公司提供饮用水)等。广义地讲,两个人及以上的人群都是群体,群体可以是一类患者、一个科室的患者、一家医院的患者、一个社区的人群或一个国家里所有的人。

二、决策的特征和分类

(一)决策的目标人群

决策的目标人群指决策预期影响的个人或人群。按照决策目标人群的多寡,决策可以分为针对个体的决策和针对群体的决策(图7-2)。宏观决策都属于针对群体的决策。医学决策必须充分了解和考虑决策目标人群的利益和意见。

针对个体的决策不是一个人制订的决策,而是为了一个人制订的决策,所涉及的干预措施一定是个体干预措施,临床上为具体患者制订的诊治方案都属于这类决策。对于个体干预

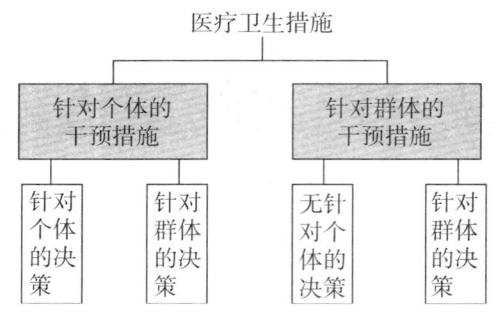

图 7-2 医疗卫生干预措施与决策的分类

措施的决策也可以是针对群体的，就是为了一个群体制订的决策，决策影响的是一群人而不是一个人，如新药上市的审批就属于这类决策。就此意义上讲，临床指南也属于针对群体的决策，因为它们是为一类患者或一种疾病制订的一般性建议。医生根据指南和患者的具体情况进一步制订的具体方案则属于对个体的决策，指南的目的在于引导和影响这些对个体的决策的行为和结果。从本质上讲，专业共识也是一种群体决策，而且是一种影响十分广泛的决策，是很多医学实践活动中针对个体患者决策的基础。

群体干预只能通过宏观政策得以实施，比如医疗卫生的融资和保障政策、基本药物政策、公共卫生政策、疾病筛查政策、空气污染控制措施、食品安全标准等。对于群体干预的决策不存在针对个体的决策。有些群体策略与健康息息相关，如关于饮用水提供和城市排污系统的决策，但是它们多已不属于医疗卫生的实践范围，非本书讨论的重点。

针对群体的决策是关乎一个人群、一个地区或一个国家医疗卫生事业发展方向和远景的决策，是关乎全局性、长远性、方向性的决策，如国家对于新的基本医疗服务项目的制订。针对群体的决策具有影响时间长、涉及范围广、作用程度深刻的特点，并往往对针对个体的决策具有指导和影响的作用。针对群体的决策由中央或高级卫生行政决策管理部门制订，而针对个体的决策则由成千上万的卫生医务人员完成，针对个体的决策往往须服从于宏观的指引和要求。

（二）决策者

决策者指决策的制订者。合法的决策者必须代表目标人群的利益并具备目标人群的信任和授权。按决策者的不同，决策可分为个体决策和集体决策。顾名思义，个体决策就是由一个人所做的决策，可以是管理人员制订的宏观决策，也可以是医生为个体患者制订的诊治方案。个体决策的特点是决策速度快、效率高，适用于常规事务及紧迫性问题的决策。个体决策的最大缺点是容易带有主观性和片面性，因此对全局性重大问题的决策不宜采用。

集体决策指由两个或者两个以上的人群联合协商进行的决策。参与决策的人员是来自决策可能涉及和影响的各个群体的代表。如患者和医生一起制订诊治方案，属于简单的群体决策；而实践指南则是对一类患者的一般性的建议，涉及的患者以及参与其制订的人员是多方面的，属于群体决策。群体决策的优点是能充分发挥集体智慧，集思广益，慎重决策，从而保证了决策的代表性、正确性和有效性。缺点是决策过程比较复杂，耗费时间较多，因此更适宜于制订长远规划以及全局性和重大问题的决策。在临床实践中，决策直接关乎患者的健康和经济利益，由患者直接参与的集体决策是使决策令人满意的关键之一。

（三）决策问题的常规性

按同样的决策问题是否重复出现，决策可分为程序化决策和非程序化决策。适合程序化决策的问题是经常出现的问题，已经有了处理的经验、程序和规则，可以按常规办法来解决，这类程序化决策也称为常规决策。如各类疫苗的接种方案就是典型的程序化决策，临床指南和临床路径也多属于这类决策。适合非程序化决策的问题是那些不常出现的、没有固定模式和经验能够解决的问题，要靠决策者做出新的预测和判断才能解决。非程序化决策也称非常规决策。如疑难病症的处理多属于非常规决策，每个医生对同类患者的处理方案以及同一医生对不同患者的处理方案都不尽相同，没有明显的规律可循。比如，在非典型性肺炎暴发的初期，没有常规的明确的治疗方法可以借鉴，当时任何治疗方案都属于非常规性决策。

（四）决策结果的确定性

按备选方案结果的单一性和可预测性，决策又可分为确定型决策和风险型决策。

在确定型决策中，备选方案可产生的结果明确且只有一种，其发生的概率可以准确预测。确定型决策的特征是预期目标明确，且对目标的实现有充分的把握，此类决策最容易，风险也最小。比如，一个人欲向三家银行借贷，三家银行的利率分别为 3.5%、4.0% 和 5.5%，向利率最低的银行借款为最佳方案，就属于确定型决策。

在风险型决策中，备选方案可能产生的结果是多样的，而且每种结果的发生概率不十分确定，不能准确地预测。风险型决策的特征是预期结果的多样性及其发生概率的偶然性或不确定性，它可能发生，也可能不发生，因此对预期目标能否实现没有充分的把握。风险型决策又称随机型决策或统计型决策。在风险型决策中，由于结果是多样的，基于不同的结果可能会选择不同的备案；由于结果预测不准确，即使是基于同一结果作出的决定，也可能存在没有选中最优方案的风险。风险型决策的风险来自对不同结果重要性判断的主观性和预期结果发生的偶然性，无论作出哪种选择，都可能存在不能实现预期目标的风险。在极端情况下，决策者无法确定会出现什么样的结果，各种结果的重要性难以比较，各种结果的发生概率无法预测，此类决策的风险最大，因此也最棘手。

由于一种医学干预可能产生的结果往往是多样的，有些甚至是未知的，而且每种结果发生的概率难以准确预测，因此绝大多数医学决策都属于风险型决策，只是风险的大小不同。比如，即使前列腺特异抗原水平很高，我们还是不能肯定患者一定患有前列腺癌。又如，即使患者长期坚持服用抗高血压药物，我们还是不能保证患者未来一定不会患冠心病和脑卒中，这样的决策属于较高风险的决策。当风险很小时，风险型决策就接近于确定型决策。用抗生素治疗大叶性肺炎，患者几乎很快都可以痊愈；接种天花疫苗几乎可以 100% 地预防天花，这样的决策近乎确定型决策。与临床决策相比，针对群体的决策可能产生的结果更复杂、更多样，结果的影响因素也更多、更复杂，变数更大，每种结果发生的可能性更难预测，因此针对群体的决策的不确定性就更大。

（五）执行决策需要资源

决策的目的在于寻找解决问题的最佳方案。解决问题需要资源，因此任何决定和政策的实施都会消耗资源。广义的资源包括时间资源、人力资源、物力资源和财力资源等。由于资源的有限性，任何决策都应该有预期应达到的一定目的，而预期目标必须具有足够的重要性或足够的价值和意义，可以证明其消耗的资源的合理性，否则有限的资源应该用到更重要、更有价值的地方。比如，任何医学干预措施的实施都会耗费资源，治疗的合理性必须建立在可预期的健康收益的基础上，当治疗无效时（包括在特定情况下治疗对患者及其家庭的安慰作用和健康之外的收益），由于干预措施副作用和不良反应的存在，即使所用的资源是零，也是不可取的。

在患者直接付费的医疗环境里，患者需要马上付费，看病的费用是直接的、明显的，医生和患者都可以明确地感觉到费用的存在，决策时就会给予足够的重视。然而，在一个完全公费医疗的系统里，大家共享一定的医疗资源，每次看病没有直接付费的过程，似乎是"免费"的，因此人们往往不会有意识地、充分地衡量和重视资源的消耗，有时甚至会不加区分地奉行"人命关天，治病须不惜一切代价"的信条。

（六）决策的机会成本

对任何决策来说，由于资源的有限性，决定选择了某种方案，同时也意味着必须放弃其他可能的方案。由于放弃其他方案而失去的最大可能的收益就是机会成本。严格地讲，机会成本（opportunity cost）就是把某资源投入某特定用途之后所放弃的在所有其他用途中所能得到的最大收益。机会成本是由于做某件事情而放弃了做其他事情而造成的。值得注意的是，维持现状，不采取任何行动，是一个不可忽略的备选方案。

比如，一个家庭的财力资源是有限的，需要用这些资源所办的事情却几乎是无限的，有健康的需要，有衣食住行的需要，有孩子教育的需要，还有旅游娱乐等很多其他可能的需要，不可能把钱都用在健康上,也不可能把可用于健康的资源都用在一个成员身上。从某种意义上讲,各种备选方案是相互排斥的,如已经用于健康的资源就不能再用于其他方面,已经用于一个成员的资源就不可能再用于其他成员。比如,一个家庭今年把所有的积蓄都用于一名癌症患者的治疗,延长了其半年的生命,如果明年家里有孩子得病需要肾移植,这个家庭可能将没有足够的资源做肾移植来挽救孩子的生命。机会成本有时是巨大的!决策就是要遴选出那些收益最大或机会成本最小的方案。

在一个资源有限且成员共享的医疗保障体系里,在不同病种、不同治疗措施、不同患者群体之间,必然存在竞争使用资源的问题。在一个家庭,多少资源应该用在健康问题上?在一个资源共享的医疗体系里,多少资源应该用于癌症患者?答案取决于一个人、一个家庭或一个群体总体资源的多寡以及人们对相关问题重要性的认识,这个认识又取决于他们的价值取向,因此机会成本的大小取决于人们的价值取向,同一决策的机会成本将是相对的,因人而异,不是一成不变的。

(七)决策的边际收益

任何决策都不是完全独立的,不是从零开始的,都是在一定的决策背景下进行的,需要解决的事情都可以看成是在现有服务投入基础上"新加"的事情。比如,一个高血脂患者在健康饮食、增加体力活动和戒烟的基础上,是否还需要降血脂药物治疗?增加额外的治疗,意味着需要增加额外的资源投入,那么增加的费用必须能够产生新的额外的收益,这样新增的投入才具有意义。在经济学里,为获得一个新的单位的收益所需要新增的投入是边际成本,每新投入一个单位的资源所获得额外收益的大小就是边际收益。重要的是,边际收益随决策背景或基础投入的不同可能不同,而且当投入增加到一定程度时,边际收益会随着投入的增加而逐渐降低,这就是"边际收益递减规律"。

举例说明,从投入生产的角度讲,存在边际收益递减的现象。假如你需要复习准备参加考试,给你3天的复习时间,你会取得60分,再加3天你会取得85分,再加三天你会取得95分,再给你3年或更长的时间,最多也只能再增加5分。显然,增加同样的投入(3天),新投入产生的额外收益(即考分的增加)受先前已经投入的多少(即基础投入)的影响,而且新投入的收益随着先前投入量的增加而递减。

从投入消费的角度讲,也存在边际收益递减的现象。假如你很饿,你拥有可以买5个馒头的钱,而且每个馒头的价钱是一样的。第一个馒头的边际收益最大,因为你那时候最饿,最需要这个馒头;第二个馒头的边际收益就小了,因为已经吃了一个馒头,不那么饿了,对第二个馒头的需要就降低了,这个馒头的价值也就降低了……第五个馒头的边际收益最小,因为那个时候你几乎快饱了,再吃一个馒头的需要就很小了。每支出一个馒头的钱所产生的收益,也就是你花钱买来的价值,从第一个到最后一个不断递减。其实,花更多的钱,买更好的电视、买更好的汽车、买更好的房子、上更好的大学等,都存在边际收益递减的现象。

边际收益递减规律对医学决策的主要启示有三。

第一,由于边际收益的递减性,当投入达到一定总量时,继续投入可能不再产生新的收益,即总收益将不再随投入的增加而增加,任何高于这个值的投入都将不会产生新的收益(图7-3中的B点),这时的投入总量可以看作最大有效投入量。

第二,最大有效投入量没有考虑成本的问题。由于很多医学干预措施存在副作用,医疗卫生服务投入的成本应等于资源投入与医学措施副作用之和,净收益应该是总收益减去总成本(图7-3)。由于治疗的受益者和非受益者都有可能出现副作用,除非治疗的总人数已经饱和,否则副作用出现的比例不会随治疗总人数的增加而降低,发生副作用的总量将随总投入的增加而增加。因此,由于边际收益的递减性,当总投入达到一定量时,净收益就会随着总投入的增加而开始递减。当净收益开始降低时,或当边际成本等于边际收益时,投入也就到达了其最优

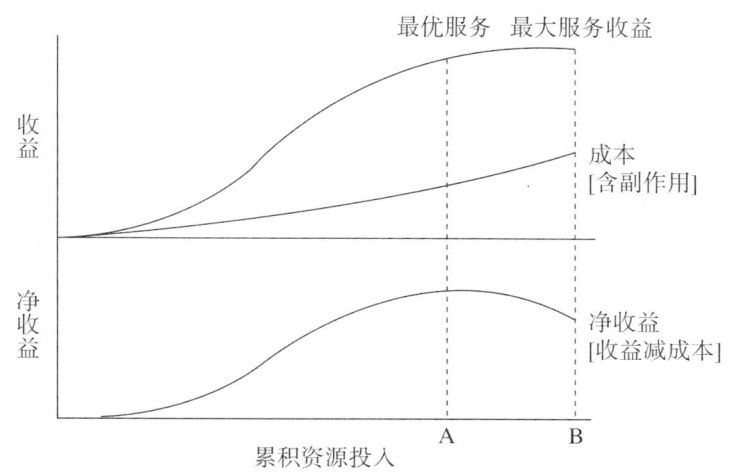

图 7-3 医疗卫生服务的累积投入与收益
A- 最优服务量，B- 最大投入量
（资料来源：Avedis Donabedian：An Introduction to Quality Assurance in Health Care. Lewis Publishers，1987）

投入量，在此点以后再投入更多的资源，将不能产生任何净收益，任何新的投入都将是"赔本买卖"。因此，图 7-3 中 A 点显示的服务投入总量应是医疗卫生服务投入的上限。

第三，在针对个体的决策中，现存证据中显示的边际收益是在特定服务背景里或投入基础上估计的，可能不同于决策者服务条件下的边际效应，因此不适用于自己的患者。比如，随机对照试验显示，与无任何干预比较，每治疗 100 名患者，抗高血压药可以预防 3 个主要心脑血管事件。但是，当患者已经采取了健康饮食、增加体力活动和戒烟等措施时，抗高血压药物治疗的额外收益可能会小得多。

三、医学决策的目标和结果

（一）医学决策的特点

如前所述，决策程序包括提出问题、确立目标、设计方案和选择方案四个阶段。典型的医学决策有临床实践决策和卫生政策决策。卫生政策是针对一个大的群体甚至一个国家的决策，其制订过程是比较复杂的医学决策。比如，我国近年普遍存在所谓"看病难、看病贵"的问题，解决这样的问题的决策就复杂得多。看病难、看病贵本身就是一个比较模糊的命题，很难明确界定，因而很难制订出十分明确的决策目标，而且目标可能是多样的，解决问题的途径也是多样的，各种解决方案的效果如何也很难预先确定。因此，最后的决策是否可以很好地解决预先的问题存在很大的不确定性。

相比，临床实践决策是针对单个患者的决策，是比较简单的决策，有其特殊性（表 7-1）。首先，临床面临的决策问题的种类相对比较单一，不外乎关于预防、诊断、治疗和转归几个方面，比较容易确定。比如，预防 HIV 感染的手段有哪些？诊断 HIV 感染的方法有哪些？对 HIV 感染者可采取什么治疗？不治疗时 HIV 感染的后果是什么？这个后果发生的机会有多大？治疗 HIV 感染的目的是什么、效果有多大、副作用有哪些？它们是医生熟悉的、每天需要面对和解决的问题。其次，绝大部分情况下不需临时设计新解决方案，只需在现有已知方案中进行选择。比如，关于艾滋病患者治疗的决策，医生所做的不是新创一种治疗方法，而是从已知的有效的治疗中选择一种最合适的治疗。创造新的治疗方法不是医生的常规任务。

第七章　医学决策及其模式的演进

表 7-1　临床决策的主要特征

- 是为患者进行的决策
- 最后决定必须符合患者的意愿
- 属于针对个体的决策
- 备选方案多数情况下是已知的
- 多属于常规决策
- 治疗可改变的结局与设定决策目标有关
- 结果的预测带有不确定性
- 多属于风险型决策
- 每个决策都存在机会成本
- 没有适合所有同类患者的标准方案

比如，对一名成人高血脂患者应采取什么医学干预措施？引发决策需要的问题是高血脂。治疗的目标包括降低血脂、降低未来冠心病和卒中的危险或二者兼有。已知有效的预防心血管病的方案包括降血脂药物，也包括降低饮食中的脂肪和胆固醇的摄入量、加强体育锻炼、其他降低心脑血管病风险的方法（如戒烟、阿司匹林、叶酸和降血压药物等），以及综合这些措施的方法。决策者可以根据患者的病情、经济情况以及对治疗的期望决定采取哪种措施。因此，临床决策的难点不在于明确决策问题和设计解决方案，而在于确定决策目标和决策结果。

（二）制订目标的困难

决策目标的制订十分重要。确定行动目标看似简单，却是经常造成意见分歧、引起争议和不满、最终导致决策失败的步骤，因此是任何决策都必须慎重对待的环节。再以治疗为例，决策的目标就是治疗要达到的主要目的。一项治疗的目的体现在它可有利地改变的主要的临床结局上，以及这些结局改变的多少或机会，前者是估计治疗效果所依赖的结局指标，后者是效果的大小。比如，降血脂药物可以降低血脂，血脂就可以用做衡量治疗效果（降血脂）的结局指标，血脂下降的多少就是疗效的大小。然而，即使针对同一疾病，不同治疗改变的结局也可能不同，因而不同的治疗所能够体现的治疗目标就不同。

有时，临床决策的目标明确而且单一。比如，对于大叶性肺炎患者的治疗，由于它不会转成慢性，很少引起其他急性和慢性并发症，治疗的结果不是痊愈就是死亡，因此治疗目标比较简单，可选方案也比较单一，而且效果十分确定，最佳方案就是及时使用适当且足量的抗生素，绝大多数患者会在治疗1周内完全康复。这样确定性的决策比较简单、明晰、容易。

有时，决策问题和治疗目的似乎都很简单，决策似乎一目了然，实际却不然。比如，降血脂药物可以降低患者的血脂，治疗目的和意义都十分明确、无可争议。但是，如果不是现代化的实验室检查，患者对升高的血脂不会有任何察觉，甚至一生也不会出现任何不适，为什么要把它降下来呢？理由是高血脂会引起冠心病和脑卒中，引起死亡。那么，降血脂药物一定能够降低未来冠心病和脑卒中的风险吗？如果不能，仅仅把血脂降下来的意义又何在？因此，降低未来冠心病和脑卒中的风险就成了降血脂治疗更重要的目标。的确，有些早期降血脂药物能够降低血脂，却没有降低心脑血管事件危险的作用[2]。很多用现代仪器确定的、患者不能直接感受到的"疾病"都存在这样的问题，比如高血压、早期糖尿病、骨质疏松症等。

很多治疗目标的制订是复杂的。比如，晚期胃癌患者的问题可能包括疼痛、焦虑、恶心呕吐、进食困难、消化道出血、腹水、其他消化道症状、继发感染、转移癌引起的问题、生命垂危等。如果治疗能够根除癌症，一切问题将迎刃而解，治疗目标的确定将十分简单。然而，现今的治疗技术还不能彻底治愈晚期胃癌，因此任何一项单一的治疗都不可能解决所有的问题。当决策问题复杂、决策目标多样时，决策者应善于抓住主要矛盾，针对主要目标采取措施。因此，临床决策的一个重要方面就是寻找主要矛盾，针对主要矛盾制订决策目标。

(三)价值观与确定决策目标

由于资源的有限性,任何决策都存在机会成本。哪种疾病更重要?哪种治疗更有价值?哪种症状是主要矛盾?对于这些问题的回答,没有其他的判断标准,只能依据价值取向来考虑各种目标的相对重要性,选择"性价比最高"或"最物有所值"的方案(图7-4)。价值观就是人们判断事物重要与否的观念。由于人们价值观的不同,不同预案价值的大小必将因人而异,针对同一问题,不同的人群经常做出不同的决定,没有绝对适合所有人群、所有环境的决定。

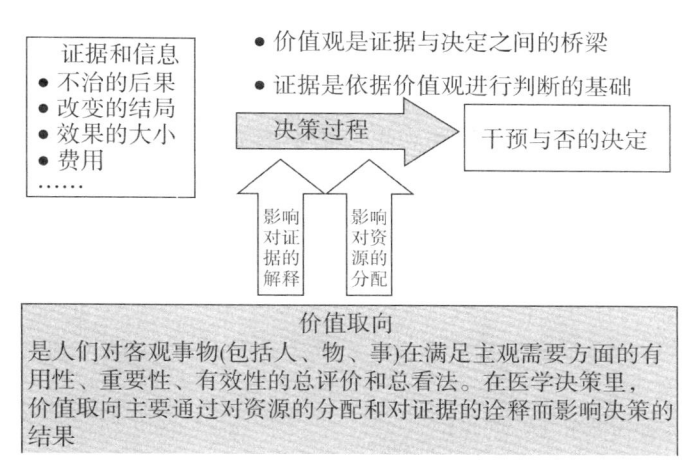

图 7-4 价值取向与证据和决策的关系

价值观是决策者在各种预案中选择出最合适决策人群的方案的"支点",没有这个支点,任何选择都是同样正确的,或是同样错误的。如何依据价值取向从预案中择出最终方案,是决策的艺术,也是决策的灵魂。一个值得注意的重要问题是:由于人们价值观的不同,对不同决策目标相对重要性的认识可能不同,谁拥有确定决策目标的权力?无论融资方式如何,患者都是资源的提供者,也是任何干预后果的承受者,他们的意见和意愿必须是设置决策目标的重要依据。比如,对于晚期胃癌的治疗,有些患者可能希望延长生存期,有些患者可能把提高生存质量放在首位。因此,只有在患者认为的主要矛盾上下工夫,才能真正获得患者和医生都满意的结果。

(四)预测决策结果的困难

临床决策的另一个困难是对决策结果的预测。比如,在治疗决策中,各种治疗方案的优劣主要取决于它们可改变的结局和改变的多少。然而,一个方案是否有效、效果大小如何,是关系决策目标能否真正实现的根本问题,却又是很难准确回答的问题。有效性是方案入选的首要条件,而效果的大小是比较优劣的前提。医学中有一个常见的假设,就是认为教科书上推荐的治疗干预措施都是有效的,这是一个错误而且危险的假设,因为很多现行的治疗措施是无效甚至有害的或者效果不明的[3]。而且,多数决策者对不同方案效果的大小没有明确的概念,这使得比较各种预案并从中挑选最有效的方案变得十分困难。循证医学就是在这两个医学最根本的问题上挑战了传统的决策习惯。循证医学认为,不是所有现有的治疗措施都是有效的,对于绝大部分不是十分有效的措施,实践经验不足以证明或否定它们的效果,最可靠的验证方法是有组织的科学研究。在循证决策模式里,关于治疗是否有效及其效果大小,决策者必须依据现有最好的科学证据进行判断。

以高血压为例,不治疗时发生冠心病和脑卒中的机会有多大?治疗会把这个危险降低多少?治疗有哪些副作用?这些副作用发生的机会有多大?目前有哪些可选的治疗方案?各种方案的费用如何?有关这些问题的答案的可靠程度是决策成功的关键之一。收集诸如备选方案及其费用的准确信息不需要科学研究,然而,关于诸如治疗的效果和副作用的大小,科学研究是回答这些问题的最可靠的方法。

可靠的信息是预期结果实现的保证。循证医学强调医学决策必须基于现有最好的证据,这里的证据主要是关于决策结果预测方面的证据,如关于疾病自然转归的证据、关于疗效和副作用的证据。结果的预测是决策的重要部分,是为决策服务的,贯穿于决策的全过程。然而,预测不是决策,预测侧重于对客观事物的分析,决策侧重于对决策目标的确定。预测强调客观分析,决策突出决断的艺术;预测是决策科学化的前提,决策是预测服务的对象和实现的机会。

然而,即使科学研究提供的信息,也存在不确定性。比如,研究显示,在100名服用抗血压药物的高血压患者中,只有2~3名患者会因为治疗而避免冠心病和脑卒中的发生。但是,哪些患者会从治疗中得益?哪些患者服不服药的结果是一样的?往往很难准确判断。在医学决策中,在疾病诊断、自然转归预测和治疗效果评估中不确定性的存在决定了很多医学决策属于风险型决策。

(五)决策分析

决策分析(decision analysis)是一种利用证据评估和比较各种预案的结果的方法,以协助对决策预案的选择。决策分析包括以下3个部分:

1. 制订所期望的各种目标,并对每个目标赋予一个相对价值(value)或效用(utility),以代表不同目标的重要程度。
2. 识别或制订各种可能的行动预案。
3. 评估每项预案可能产生的结果,以及每种结果发生的可能性。

由此可见,决策分析是对决策程序中前3个步骤的定量的明确的分析,需要依据证据对目标进行赋值以至可以定量比较,还需要依据证据对各种预案的后果进行定量的评估和预测。因此,决策分析可以看成是连接证据和行动的桥梁。

决策分析可以用决策树(decision trees)来表达,一个决策树会清晰地展示各种决策或行动方案可能的后果以及这些后果可能发生的概率。建立决策树需要关于疾病自然转归以及各种不同干预措施效果的高质量的证据。

建立好决策树后,下一步就是比较各种决策的后果和效应的大小。因为决策选择是多元的,每一选择的后果又是多种多样的,为了比较决策的后果,必须预先将各种后果转换成一个相同单位的变量,这个变量常称为效用。一种后果的效用的大小,可以通过对患者或公众的调查获得。比如,可以给一个好的结果赋予一个正效用值,而给一个坏结果赋予一个负效用值。

现以从孕妇中筛检胎儿唐氏综合征的决策分析说明决策分析的内容和过程[4]。该决策分析的目的是比较筛检的结果是否好于无筛检。从决策树(图7-5)可以看出,决策选择首先从筛检或无筛检开始,无筛检的后果有两种,一种是生下一个健康孩子,另一种是生下一个患唐氏综合征的孩子,研究证据显示,前者的发生概率是99900/100000,后者的是100/100000。

筛检组又有两种情形发生,一种是接受筛检,另一种是不接受,研究证据显示,前者的发生概率是80/100,后者为20/100;接受筛检者的结果又可分成高危险胎儿(估计唐氏综合征发生率>1/250)和低危胎儿(估计唐氏综合征发生率<1/250);怀有高危胎儿的孕妇将面临是否做羊膜穿刺确证诊断的选择,大约4000名孕妇中有3000名会接受羊膜穿刺,穿刺的结果有3种:① 40个胎儿确诊患唐氏综合征,进行人工流产中止妊娠;② 30个羊膜穿刺本身造成正常胎儿流产;③ 2930个正常胎儿。读者可以自己检查筛检组其他可能的行动选择及其相应概率,这里不作赘述,但各种决策选择的最后结果不外乎以上3种:唐氏综合征患儿、穿刺流产和正常胎儿。

由于3种结果性质不同,因此各种决策选择的最后结果无法直接比较。一种解决的办法是把3种结果转换成1个共同的单位,即给每个参加研究妇女的结果赋予1个相对效用值。通过对孕妇和公众的调查,发现大多数人认为如果给健康活婴赋予效用值0,则唐氏综合征活婴应

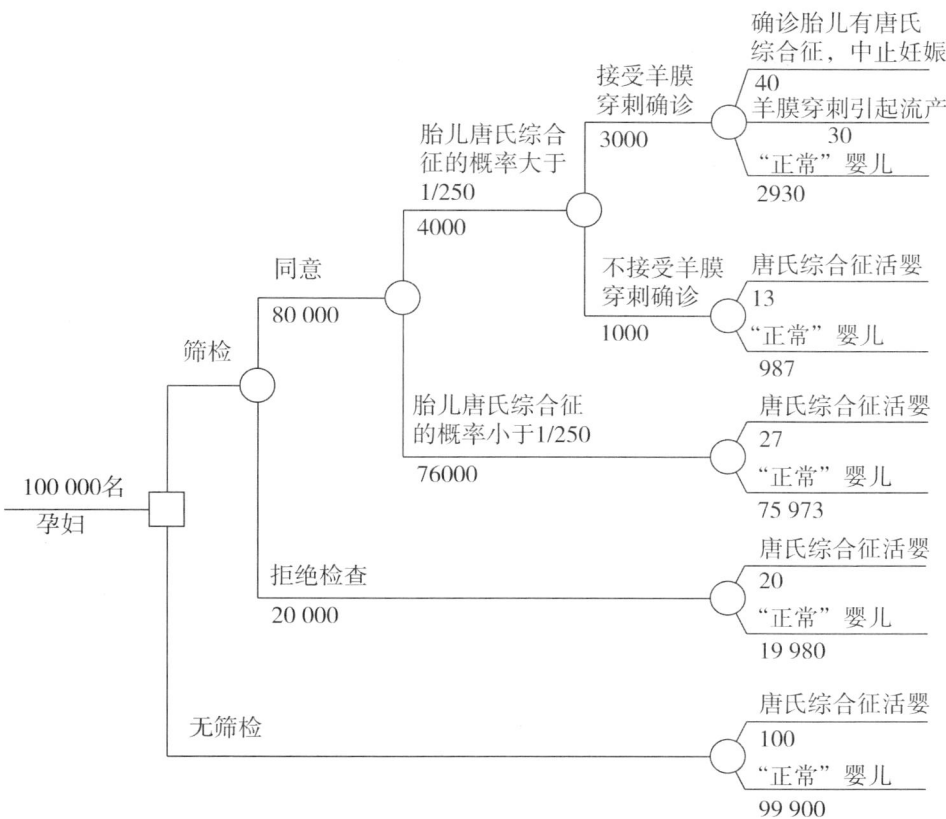

图 7-5　孕妇中筛检胎儿唐氏综合征的决策分析
（资料来源：Thornton 和 Lilford，1995[4]）

赋予 −1，羊膜穿刺所致流产和由于唐氏综合征而中止妊娠应赋予 −0.3。

每一个决策选择的效用是其相关结果出现的概率与结果效用值之积。以图 7-5 为例，如果没有筛检，将会有 100 名唐氏综合征的婴儿出生。在各种假设的前提下，筛检将会查出 40 名唐氏综合征胎儿，羊膜穿刺会引起 30 例不必要的流产，由于漏检会有 60 个唐氏综合征婴儿出生。

筛检组的预期效用 =（40 例由于唐氏综合征而中止妊娠 + 30 例由于羊膜穿刺引起流产）×（−0.3）（该两种结果的效用值）+ 60 个唐氏综合征出生婴儿 ×（−1）（该结果的效应值）+ 99 870 个正常出生婴儿 ×0（该结果的效应值）

= −21 +（−60）+ 0

= −81 个单位效用

没有筛检时的效用 = 100 例唐氏综合征活婴 ×（−1.0）（该结果的效用值）+ 99900 正常出生儿 ×0（该结果的效用值）

= −100 + 0

= −100 个单位效用

筛检与不筛检的效应值之差为 −100 −（−81）= −19，就是说筛检增加了 19 个单位的效用。

决策分析结果的可靠性取决于决策分析中所使用的各种原始参数的可靠性。当证据可靠性比较差时，可以通过改变一些相关参数的取值，进行敏感性分析。例如，如果认为检查阳性的妇女接受羊膜穿刺的 3/4 的比例可能高估了实际的比例，可换作 1/2，然后重新计算筛检组的总效用，评估筛检的净效用，看结论是否会改变，是否经得起不同假设的考验。这是决策分析的一个重要优点，分析中所涉及的参数是具体的、明晰的，当对它们有争议时，可以很容易地改变这些参数,重新进行分析,通过改变参数的敏感性分析,可使分析的结果更切合实际。

四、医学决策模式的演进

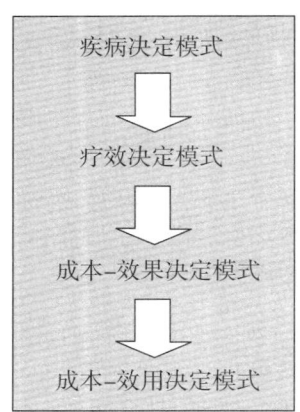

图 7-6 医学决策模式演进

目标的设定是决策的关键环节,也是医学决策的难点。随着人们对疾病转归、治疗效果以及资源有限性认识的提高,医学决策模式也在不断演进。按照对疗效和资源的认识程度的不同,医学干预的决策主要呈现出四种模式,即疾病决定模式、疗效决定模式、成本-效果决定模式以及成本-效用决定模式(图 7-6)。

决策模式一:疾病决定模式(disease based model)。即有病就该治疗。这是很多人持有的信条,也是最简单、最朴素的决策方式。这种对一切疾病和一切治疗"一视同仁"的决策模式的假设是:①所有疾病不治疗时的后果是一样的;②治疗一定有效且效果的意义和大小是一样的;③用于看病吃药的资源是无限的。研究显示,我国绝大部分城乡居民认为,如果自己患了高血压就应该吃药治疗[5]。有人说,人和动物的区别之一是人喜欢吃药而动物则不会。在简单的"疾病决定治疗"的模式里,人们对健康过度的执著会使他们做出不明智的决定。

显然,该决策模式的假设是不成立的,因此该决策模式在大部分情况下是不可取的。比如,上呼吸道感染是疾病,高血压是疾病,癌症是疾病,胃穿孔是疾病,脑出血也是疾病,每一种疾病都有不同严重程度的结局和后果,有轻重缓急之分,治疗的意义和效果也大相径庭。除非一个人或一个人群可以用于治病的资源是无限的,否则明智的决策者须针对每种不同的疾病作出相应不同的决策。比如,普通感冒经常是可以缓治或根本不治的,而胃穿孔引起的大出血则需要马上治疗。另外,即使资源是无限的,如果治疗无效,用资源换来的只是副作用,那么治疗还是不合理的。

决策模式二:疗效决定模式(effectiveness based model)。即如果有病且具备有效的措施就应该实施治疗[6-9]。与疾病决定论的决策模式相比,该决策模式的主要进步在于承认有些治疗是无效的,无效的治疗浪费资源且可能伤害患者,应该避免。该决策模式的前提是我们必须预先知道治疗的效果,否则我们必须回到疾病决定模式。但是,该决策模式没有考虑费用的问题,有些治疗可能太昂贵,我们根本负担不起;在资源有限的条件下,决策还必须考虑机会成本,我们不可能把所有的资源都用于健康,我们也不可能凡病都用最好的治疗。

决策模式三:成本-效果决定模式(cost-effectiveness based model)。简单地说,针对同一治疗目的,如果治疗的效果是等同的,那么就应该选择最便宜的治疗[8,10-13]。与第二种模式相比,该决策模式的主要进步在于承认可用于健康和疾病的资源是有限的,建议首先使用成本-效果比低的治疗。

该决策模式的前提是治疗的效果已知而且可比。比如,同是抗高血压药物且效果相当,利尿剂一类的老药比很多昂贵的新药便宜得多[14],就应该首先考虑利尿剂类药物。这里的"效果相当"有两层含义,一是它们都可用来降低心脑血管事件的风险,二是它们能够降低此危险的作用的大小相当。

但是,关于同一疾病不同目的的治疗,其疗效不能直接比较。比如,即使同是对癌症患者的治疗,有些只是缓解疼痛,有些可以减缓肿瘤的生长,有些可以提高生活质量,有些可以延长生命,它们的价值和意义很难直接比较,如果由于资源限制,不能采取所有的治疗,那么采取哪些、不采取哪些,不是成本-效果决策模式可以解决的。

更重要的是,成本-效果分析不能用于比较不同疾病治疗效果的优劣。可以恢复听力的治疗和可以恢复视力的治疗是无法直接比较的,癌症治疗和心脏病治疗的预期效果也是不可比的。因此，当同一患者患有多种疾病时，当不同个体共享同一医疗资源时，应该将有限的资源重点用于哪些疾病、哪些患者，成本-效果决策模式将无所适从。

决策模式四：成本-效用决定模式（cost-utility based model）。该决策模式认为，一个人、一个家庭或一个社区的健康问题是多方面的，可用于健康和疾病的资源是有限的，且不足以满足所有可能的改善健康和治疗疾病的需要，因此有限的资源必须用在人们认为最重要的健康问题上[15-22]。哪些健康问题是最重要的？哪些治疗是最有价值的？这是一个价值取向问题，人们对一项治疗价值大小的主观的判断就是效用。

例如，质量调整生命年数（quality adjusted life years，QALY）就是一个常用的一般性的效用指标，成本-效用就是获得一个单位的效用需要的成本。当用货币单位来表达效用大小时，相关的成本-效用分析就是成本-效益（cost-benefit analysis）分析。成本-效益分析还可以用来直接分析投入是赚钱的、赔钱的还是不赔不赚。图7-3的结果就是基于成本-效益的分析。

不同的人群价值取向可能不同，他们对不同疾病的重要性以及对不同治疗的价值的判断就会有别，决策就会不一致。遵循成本-效用决策，人们将会获得对他们来说最"物有所值"、"性价比"最好的、最满意的医疗卫生服务。比如，同是患了晚期癌症的两位老人，一位可能因为希望可以听到孙子高考的结果而选择延长生存的治疗，而另一位认为延长痛苦中的生命是浪费资源和对生命的摧残，更希望选择便宜的减缓疼痛提高生存质量的治疗，把省下的钱用在孙子上学上，他们选择的治疗方案将是不同的，对自己都是正确的，但对于对方来讲，却不是最优的选择。

从模式一到模式四，其决策的科学性、合理性和严谨性逐渐升高。在很多医疗服务实践中，决策主要还停留在"疾病决定论"阶段；在循证医学比较深入的地区，疗效已成为决策的重要依据，成本-效果也逐步成为决策参考的重要信息。然而，只有成本-效用决策模式才能使一个人或一个群体以有限的资源获得最满意的医疗服务，这才应是最理想的医疗卫生决策模式。

虽然把医学决策分为四种模式，但从古至今这四种决策模式的理念都是存在的，而且医生和患者都有意或无意地使用着它们。但是，在现代科学发展以前，后三种决策模式必然是原始的、模糊的、不可靠的，和今天倡导的模式有质的区别。1948年第一个随机对照试验诞生，医学才拥有了评估治疗效果的可靠的研究方法，基于疗效的决策模式才真正成为可能。直至近代，世界上才出现了国家或集体组织医疗卫生服务的现象，由于医学的发展和慢性病的流行，医疗卫生费用不断攀升，医疗资源短缺的问题凸显出来，社会和管理者不得不开始关注国家和集体组织的医疗卫生服务的效益，依据成本-效果进行决策因此才可能成为一种有组织的、有意识的、广泛应用的决策行为。当然，现代意义的成本-疗效决策模式的发展，还有赖于现代经济学理论和方法的发展。由于现代医患关系的紧张和合理地跨病种分配资源的必要性，决策者必须考虑患者的需要和意愿，医学决策必须回归到以患者价值取向为基础的决策模式，而这个回归是基于现代决策学、经济学和循证医学基础之上的回归，是革命性的回归。另外，私营医疗服务体系有自身的经济利益，在与患者利益的冲突面前，医生也必须重视作为出资人的患者的需要和意愿，因此这些由国家和集体医疗体系引发的决策模式的演进，也必然会引起私营医疗服务体系里决策模式的变革。

五、医学管理理念的演进

（一）提高效率

自20世纪50年代起，西方各国医疗卫生服务的投入不断增加。20世纪70年代的石油危机使得继续增加投入的压力开始显现，为了减缓卫生费用的攀升，管理者开始着手改革医疗

第七章　医学决策及其模式的演进

卫生的决策模式和管理理念（图 1-4）。早期改革的主要目的是降低服务成本和提高工作效率。降低成本的措施如：在保证安全、有效的前提下，缩短每个患者的诊治时间，在花费低的地点（如患者家里）实施诊治，将一些规范化的治疗交由护士来做，疫苗接种交由社工来做，使用便宜的药物和仪器。

进入 20 世纪 80 年代，由于人口老龄化、慢性病增加、新生疾病出现以及不断出现的新技术，卫生费用持续攀升，降低成本、提高效率的压力持续存在。与此同时，随着民众医疗卫生知识的普及和提高，患者对医疗服务质量的要求和期望也随之提高，主要表现在以下四个方面：要求更方便快捷的服务，要求更有效、更安全的治疗，要求提供更多的医疗卫生信息和知识，以及要求与医生有更好的交流和沟通。医疗卫生界对此做出的反应是，通过质量控制措施和对服务质量的监督检查，提高服务质量，把服务做得更好。

（二）提高效益

以上改革措施可能确实降低了服务费用、提高了工作质量，"降低费用"和"提高质量"，就是"把服务做好"，改革的重心在"如何做"上，在提高工作效率上。然而，工作效率不等于服务效益。工作效率是单位投入所获得的工作量，如 100 万元的投入所能够完成手术的数目。而效益则是单位投入所获得的预期健康效果的多少，如 100 万元的投入所能减少的死亡人数。如果采用的治疗和干预措施是无效的，增加工作效率只是增加了无用功，不但不能提高服务效益，反而浪费了资源，而且做得越多、越好，浪费就越大。对效率和效益概念上认识的混淆，可能是这一时期医疗卫生改革局限性的重要原因之一，混淆的核心就是对疗效的忽视。

因此，要获得现有资源所允许的最大效益，医疗卫生服务必须首先回答"应该做什么"的问题，就是首先要保证提供的服务是安全有效的，其次才是"如何做好"这些服务的问题。打个比方，我们开车去赴约会，只有一开始找对了方向，上了该上的路，开得多快、行了多少路才是有意义的，否则如果方向选错了，车开得越快，离目的地可能越远，路行得越多，做的无用功也就越多。20 世纪 90 年代以前医疗卫生服务管理的改革，很大程度上仅仅是加快了行车的速度，没有真正触及方向是否正确的问题。

医疗卫生服务的正确方向就是提供安全有效的服务。哪些服务是安全有效的呢？过去，对这个问题的回答主要由医生和决策者凭经验和主观臆断决定，并经常受到制药和医疗器械工业商业利益的影响。到了 20 世纪 90 年代初期，大量研究证明，经验不足以证明疗效的存在，也不足以排除副作用的存在，最可靠的方法是有组织的严谨的科学研究，因此医学决策必须基于现有最好的科学研究的证据。循证医学因此而诞生，依据科学研究的证据判断治疗的效果和安全性是循证医学的核心思想。至此，旧的管理理念中"阿喀琉斯之踵"（致命弱点）已经暴露，医疗卫生服务首先必须确定应该提供哪些服务，更确切地说，必须保证所采用的干预措施是有效的、必须益处大于害处，然后才是如何把服务做好的问题。医疗卫生管理理念的转变使得医学决策模式也逐步由疾病决定论转换到疗效决定论，循证医学是促成这个转变的重要因素（图 1-4）。

（三）提高价值

21 世纪医疗卫生工作者所面临的首要问题将不再是"我们是否提供了高质量高效率的服务"或是"我们是否提供了应该提供的服务"，而是"我们是否高质量高效率地提供了应该提供的服务"。也就是说，我们是否做好了应该做的事。"做好应该做的事"已经成为 21 世纪医疗卫生管理所应追求的新理念、新目标。

从上述讨论可知，应该做的事不是仅仅提供有效的服务，而是在合适的时间，在合适的地点，由合适的医务人员，为患者提供患者需要的成本-效益好的干预措施。只有按照患者的意愿，提供了患者需要的服务，才能使得患者满意，才能实现医疗卫生服务的价值。因此，如何提高医疗卫生服务的价值才是 21 世纪医疗卫生管理的核心。

六、以患者为中心的服务

决策的目的是选择正确的行动方案以实现预定的目标。就治疗的决策来说，无论决策的模式是什么、决策的程序多么复杂，其决定无非是治或是不治。治疗决策的复杂性在于治疗目标的制订和预期结果的预测。循证医学指出了结果预测的最佳方式，而决策模式的演进主要是决策目标的转移，医学正迈向以患者为中心、以价值为导向的服务[23]。

（一）决策目标与服务价值

疾病决定模式以行动（如提供治疗）为目标，忽视了行动和目标的区别，如果治疗无效，行动将是徒劳的，甚至是有害的。在效果决定治疗的决策模式中，效果是决策追求的目标。效果有两个重要的层面，一是治疗可以改变的结局指标，二是治疗可以改变这个结局的多少。当治疗的疾病和预期改变的结局相同时，治疗意义的大小将直接取决于治疗可以改变这个结局的大小，不同治疗的价值的大小将显而易见。

疗效决策模式不能充分有效地利用现有资源，而且当不同治疗可以改变的结局指标不同时，效果决策模式无法区分不同治疗的价值的大小，因此不能用于比较可以改变不同结局指标的干预措施。比如，感冒患者可能有发热、头痛、鼻塞、咳嗽、乏力、纳差等症状，一种治疗只能改善一个和几个方面的症状，而对其他症状无效。因此，当可以改变的临床结局不同时，不同治疗的价值的大小将取决于人们对结局重要性的认识，将由人们的价值取向决定，不同人群的价值取向可能不同，因而对于同一结局赋予的重要性也可能不同，从而做出不同的决定。人们价值取向的不同决定了人们对卫生资源分配方式的不同，决定了人们对不同治疗的价值的判断和取舍的不同。只有成本-效用决策模式才能利用现有资源取得"物有所值"的服务。

（二）患者的意愿决定服务价值

然而，参与医学决策的人员来自多个方面，他们的价值取向直接影响决策的制订。直接参与治疗决策的人员是医生和患者，间接参与决策或可能影响决策的人群包括（过去和目前的）政治家、卫生决策和管理人员、制药工业、医疗保险业等，政治家往往是医疗卫生服务最有影响的决策参与者。过去的决策者是目前医疗卫生服务现状的决定者。对于治疗的直接决策者来说，间接决策者像一只无形的手，决定了医生和患者决策的大环境，医生和患者只是在这个大前提下进行决策。比如，我国用于医疗卫生的支出仅占国民生产总值的5%，我国乡镇医疗服务的基础建设落后于城市，中西医并重是我国医疗卫生的国策，这个大环境决定了对于我国大多数患者，可能尚没有足够的资源使用所有目前世界最先进的治疗措施，医疗服务在城乡之间存在明显的不均等性，我国的患者会比西方国家患者使用更多的传统医学（即中医药）治疗。

在众多的决策者中，谁应该是决策的主角？谁拥有最后拍板定案的权力？医疗卫生服务的出资人和决策后果的承担者必然是医疗卫生决策法定的最后拍板者。在任何医疗卫生服务体系里，无论是全民医疗保障，是商业医疗保险，或是患者直接付费的服务，患者都是服务的最终出资人，同时他们也是干预措施任何结果的承受者，因此，患者或是他们的委托人（如医生、卫生管理人员和政治家）才是医疗卫生服务决策合法的拍板人。从宏观决策角度来讲，这里的患者是一个广义的概念，包括过去的患者、今天的患者和未来的患者，三者合一就是社会的所有成员。只有当决策真正代表了患者的利益，反映了患者的需要，反映了患者的价值取向，才能真正提供民众满意的医疗卫生服务。

（三）医生的新职责

以患者为中心的服务的"软件"核心在于决策目标符合患者的需要、符合患者的价值观。如果患者是其自身诊治方案的最终拍板人，那么医生在临床实践中的职责将集中在以下几个方面：

- 诊断或明确患者需要解决的问题

- 了解患者的需要和价值观，协助患者识别和确定决策目标
- 为患者提供各种现行可能的备选方案
- 为患者提供各种预案可能产生的结果的预测
- 需要时，向患者解释各种信息的含义
- 需要时，帮助患者比较和选择最终方案
- 为患者实施最终选定的预案

在以患者为中心的服务模式里，患者将成为决策的主角，同时也是决策后果的主要承担者，医生和医疗卫生管理者的角色将会发生改变，他们将不再是决策的主角，不再是决策的拍板者，他们只是为了患者的需要和利益协助患者进行决策，提供和解释各种必要的信息，并帮助患者实施选定的诊治方案。

（四）聪明的患者

英国循证医学先驱 Muir Gray 爵士曾说：20 世纪是属于医生的，21 世纪是属于患者的。患者将是 21 世纪医疗卫生服务的中心。

现代疾病多属于慢性不可治愈的疾病，患者往往有几年甚至几十年的时间去了解自己的疾病，而且很多患者受过高等教育，有能力了解自己的疾病。互联网的普及，使得患者比以往任何时候都拥有更多的医学信息。现代患者完全可能成为比医生还了解自己疾病的"专家患者"或"聪明的患者"[24]，他们可能会拿着最新的研究证据去看病，同医生请教和讨论，他们拥有参与决策的权利，很多人也希望参与决策甚至主导决策，这使得西方国家医生和患者的角色悄然地发生着改变。

（五）个体化医疗与实践指南

在不同个体，不治疗的转归和风险千差万别，治疗效果和不良反应也各不相同，不同患者拥有的资源不同，对不治疗的风险承受能力不同，对治疗的价值判断不同，这使得不同患者对同一治疗做出不尽相同的抉择成为必然。对一个人来说，无非是治或是不治，只有两种简单的可能。但是对一组患者来说，即使只有 10 个人，理论上也可以有 1024 种不同的选择组合。欲使这 10 个人在每种情况下都得到满意的选择，任何统一的指南或推荐都无法实现这个目标。患者满意的决策需要患者充分参与决策过程并为最终的选择拍板和负责，即只有通过个体化决策方能实现所有患者都满意的选择。

尤其是对于慢性非传染性疾病，不治疗时的转归和风险不确定性很大，治疗的效果和不良反应不确定性也很大，这些不确定性形成了个体化医疗最根本的理由。为了做好个体化医疗（individualized or personalized care），医学采取了各种方法，试图更准确地预测不治疗的风险和治疗的效果，以减少不必要的治疗和增加受治人的效果。例如，把一个人所有心血管病危险因素综合起来，估计他未来发生心血管病的总体风险，并以此指标确定风险高的患者进行治疗，而不仅仅围绕单一危险因素进行考量，就是个体化医疗最常见的实践之一。精准医学（precision medicine）的目的是一样的，还是为了更好地确定谁会从治疗中受益，谁会发生不良反应，谁会对治疗无任何反应。虽然很多因素都可以用来预测，如年龄、性别、家族史、疾病特征等，但是精准医学更强调生物医学标志物对预后和治疗反应的预测价值。

然而，在纯粹生物医学上的个体化或精准预测并不能真正实现患者满意的医疗服务。因为即使治疗在每一个人身上都有效且无害，由于人们拥有的资源不同，人们医疗以外的需要不同，人们分配资源的价值取向不同，不同的人完全可能会做出不同的抉择。因此，在生物医学上的精准只是个体化医疗的一个层面，个体化医疗的另一个层面是根据现有资源的多寡、人们的真实需要以及价值取向，做出适合具体个人的选择。有了后者，才可以取得个体预后和效果与个体资源和价值的最优匹配。

尤其是当患者参与决策时，个体化医疗是保证患者利益最大化的有效方法。但是在干预效

果十分可取时（如天花疫苗），或在对于同种患者诊治方案参差不齐、并没有充分理由可以解释时，或在医疗卫生服务存在患者以外的巨大利益时，用标准的方法，对某一疾病的诊治策略甚至方法做出统一的建议，不失为一种明智的做法。这种做法是一种宏观、群体的策略，大到法律、法令、法规、政策，小到指南和临床路径等，都属于统一化的医疗建议。这些统一的群体的方法可以减少错误，提升质量，节省时间，提高效率，但同时也会限制优秀的医生，患者不能得到最适合自己的选择，或被用做推脱责任的借口，以及被利益集团利用。为了保证患者利益的最大化，这些群体措施应基于现有最好的证据，应确保疗效的真实性，应邀请患者参与指南的制订，应充分反映患者的需要，应说明推荐所依据的价值取向的人群，应尽可能减少其中的利益冲突，应给予决策者足够的灵活运用的余地，具体诊治时应与患者充分沟通，并对需要的资源有足够的认识。

个体化医疗与医学指南是处理同一事物的两种对立的方法，前者强调特殊性，后者强调共性，但二者都是为了更好地实现医疗的同一目标。在指南制订中存在巨大利益冲突时，指南制订者尤其应把患者的利益放在首位，处理好个性与共性的关系，平衡好患者与其他各方的利益。

七、本章概要

循证医学是关于依据证据进行医学决策的学问，本章围绕医学决策讨论了证据在医学实践中具体的作用和意义。决策是针对待解决的问题提出解决目标并识别和选择行动方案的整个过程。完整的决策程序包括提出决策问题、确立行动目标、设计行动方案，以及比较备选方案和敲定最终方案。研究证据在医学决策中的作用主要是提供有关各决策预案可能产生的结果的预测，例如使用某治疗后可能产生哪些结果以及它们发生的可能性，对医学干预结果的预测一般都带着不确定性，因此医学决策多属于风险型决策。医学决策可以是针对个体的，也可以是针对群体的。临床上对患者的诊治属于典型的对个体的决策，卫生政策是典型的对群体的决策，指南则属于对群体的决策，目的在于指导或影响针对个体的决策。决策付诸行动才能得以实现，任何医疗卫生实践活动都需要资源。有限的资源应首先放在哪些措施上？回答这个问题，需要证据（如干预是否有效）的支持，但其本质是一个价值取向的问题。在医学决策中，价值取向是联系证据和行动的桥梁；抛开价值取向，任何决策都将没有错对之分。对资源和价值取向的考虑，使医学决策逐步从简单的疾病决定模式和疗效决定模式转向成本-效果和成本-效用决定模式。只有成本—效用决定模式才能最终取得患者满意的医疗卫生服务。以患者为中心的医疗卫生服务必须以患者的价值取向为依据进行决策。

参考文献

[1] Simon HA. Administrative Behavior：A Study of Decision Making Processes in Administrative Organizations. 4th edition. New York：The Free Press，1997.

[2] Bucher HC，Griffith LE，GuyattGH .Systematic Review on the Risk and Benefit of Different Cholesterol Lowering Interventions.Arterioscler Thromb Vasc Biol. 1999，19：187-195.

[3] 唐金陵，王杉. 临床证据. 15 版. 北京：北京大学医学出版社，2007.

[4] Thornton，JG，Lilford RJ.Decision analysis for medical managers. BMJ. 1995，310：791-794.

[5] Tang JL，Wang WZ，An JG, et al. How willing are the public to pay for anti-hypertensive drugs for primary prevention of cardiovascular disease：a survey in a Chinese city. Intern J Epide. 2010，39：244-254.

[6] Evidence-Based Medicine Working Group. Evidence-based medicine：The new approach to teaching the

practice of medicine. JAMA. 1992, 268: 2420-2425.

[7] Gray JAM.Evidence-Based Healthcare.How to make health policy and management decisions. London: Churchill Livingstone, 1997.

[8] Brian Haynes. Can it work? Does it work? Is it worth it? The testing of healthcare interventions is evolving. BMJ. 1999, 652-653.

[9] Anon. Government moves to curb number of ineffective treatments in the NHS, U.K. Medical News Today. 10 September 2006. http://www.medicalnewstoday.com/articles/51371.php

[10] Weinstein MC, Stasson WB. Foundations of cost-effectiveness analysis for health and medical practice. N Engl J Med. 1977, 296: 716-721.

[11] Eddy DM. Cost-effectiveness analysis: will it be accepted? JAMA. 1992, 268: 132-136.

[12] Gold MR, Siegel GE, Russell LB, et al. Cost-Effectiveness in Health and Medicine. Oxford: Oxford University Press, 1996.

[13] Pettit DB. Meta-analysis, decision analysis and cost-effectiveness: Methods for Quantitative Synthesis in Medicine. 2nd edition. Oxford: Oxford University Press, 2000.

[14] Turnbull F. Blood Pressure Lowering Treatment Trialists Collaboration. Effects of different blood pressure lowering regimens on major cardiovascular events: results of prospectively designed overviews of randomised trials. Lancet. 2003, 362 (9395): 1527-1535.

[15] Brown MM, Brown GC, Sharma S. Evidence-based to Value-based Medicine. USA: AMA Press, 2005.

[16] JAM Gray. How to Get Better Value Healthcare. Oxford: Offox Press, 2007.

[17] Hunink MGM, Glasziou P, Siegel JE, et al. Decision Making in Health Care and Medicine: Integrating Evidence and Values. Cambridge: Cambridge University Press, 2001.

[18] Brent RJ.Cost-benefit Analysis and Health Care Evaluations. Glos: Edward Elgar Publishing Limited, 2003.

[19] Vranceanu AM, Cooper C, Ring D. Integrating patient values into evidence-based practice: effective communication for shared decision-making. Hand Clinics. 2009, 25 (1): 83-96.

[20] Williams R, Fulford KW. Evidence-based and values-based policy, management and practice in child and adolescent mental health services. Clinical Child Psychology & Psychiatry. 2007, 12 (2): 223-242.

[21] Melnyk BM, Fineout Overholt E. Consumer preferences and values as an integral key to evidence-based practice. Nursing Administration Quarterly. 2006, 30 (2): 123-127.

[22] Gray JAM. Evidence Based Policy Making: Is about Taking Decisions Based on Evidence and the Needs and Values of the Population. BMJ. 2004, 329: 988-989.

[23] Stewart M, Brown JB, Weston WW, et al. Patient-centred medicine transforming the clinical method. Thousand Oaks: Sage Publications, 1995.

[24] 秦颖,唐金陵. 聪明的病人. 北京:北京大学医学出版社,2006.

练 习 题

【名词解释】

1. 针对个体的决策
2. 常规决策
3. 风险型决策
4. 决策目标

5. 边际效益
6. 疾病决定模式
7. 疗效决定模式
8. 成本-效果决定模式
9. 成本-效用决定模式
10. 以患者为中心的服务

【选择题】

1. 如果希望临床决策尽可能符合患者的需要和意愿，以下哪种决策模式最合适
   A. 疾病决定模式
   B. 疗效决定模式
   C. 成本-效果决定模式
   D. 成本-效用决定模式
2. 有关机会成本，以下哪个陈述是**错误**的
   A. 机会成本的存在是因为资源的有限性
   B. 如果没有选择，就没有机会成本
   C. 机会成本越大，有关选择（如治疗）就越合算
   D. 在公费医疗体系里决策同样存在机会成本
3. 关于成本-效果决定模式，以下哪个选择是**错误**的
   A. 成本-效果就是每单位成本可获得的效果的大小
   B. 既有效又便宜的治疗就是有意义的治疗
   C. 不适合用于跨不同疾病种类的决策
   D. 成本-效果大小的意义很大程度上取决于结局指标的意义
4. 关于疗效决定模式，以下哪个选择是正确的
   A. 治疗必须考虑疗效，因为有些治疗是无效的
   B. 疗效决定模式不是利用有限资源的有效模式
   C. 疗效大小的意义很大程度上取决于结局指标的意义
   D. 以上三项都正确
5. 临床指南属于以下哪一类决策
   A. 属于针对群体的决策
   B. 多属于风险型决策
   C. 多属于常规性决策
   D. 以上三类都正确

【问答题】

1. 试以临床治疗为例简述决策的四个步骤。
2. 为什么说医学决策多属于风险型决策？
3. 比较针对个体的决策与针对群体的决策的主要区别。
4. 举例说明机会成本和边际效益与临床决策的关系。
5. 举例说明疾病决定模式和疗效决定模式及其主要问题。
6. 比较成本-效果和成本-效用决定模式并分析其必要性和优缺点。
7. 用边际成本-效益和不良反应说明什么是医学服务的最大有效成本。
8. 举例说明价值取向和治疗可改变的结局指标与决策目标的关系。
9. 举例说明医学决策模式的演进与医学管理重心的关系。
10. 试述在以患者为中心的服务模式中医生和患者的新角色。

（唐金陵[*]）

第八章 临床指南和临床路径

一、循证医学与规范化服务

(一)循证医学与临床指南

临床指南是循证医学资源的重要组成部分,是循证医学在医疗实践中的具体应用;它以系统评价为依据,经过专业学会或团体严格评价和筛选后制订,是具有权威性和实践意义的临床指导意见。

临床指南的制订应以循证医学为基础,筛选最新、最真实可靠并有临床价值的研究结果,由此制订出针对某一疾病的诊疗常规,同时根据证据的可信程度对建议进行分级。在将每一项临床指南用于患者前,也先要从循证医学的观点对临床指南的科学性进行评估;新的临床研究证据发表后,以前的推荐意见可能已不再恰当,应及时按照新的研究证据进行更新。

因为临床指南具有一定的普适性,因此关于"临床指南"这部分内容以学习如何检索、评价和使用为主,掌握科学地应用临床指南解决具体的临床问题的方法。

(二)循证医学与临床路径

临床路径可以看成是一种更详尽、更具体的服务指南。不同于临床指南的是,临床指南关注的主要是需要科学研究方能回答的一般性的具有普遍意义的实践问题,其建议因此也具有一定的普适性。而临床路径是依据临床指南、为实现临床指南的目标制订的一套规范化的操作流程,很多部分不需要依据科学研究的证据,而是依据一个具有独立特征的实践单位的具体情况制订的"切实可行"的操作流程,因此临床路径的普适性很低,往往只适用于具有类似特征的医疗单位。循证医学与临床路径均以最佳治疗为目的,循证医学为临床路径提供思路和指导,临床路径的实施则是循证医学的直接体现,两者相互促进、协调发展。

关于"临床路径"部分,了解其基本原理、制订方法、使用注意事项等是学习的重点。

二、临床指南

(一)临床指南的概念及其发展

临床指南是临床实践的一个部分,其产生可以追溯到60年前,近20年来发展迅速,并成为各临床专业的热点。1990年,美国医学研究所(Institute of Medicine)提出临床指南的定义:"临床指南(clinical guideline)是系统开发的多组临床指导意见,帮助医生和患者针对特定的临床问题做出恰当处理,选择和制订适宜的卫生保健服务"[1]。指南是实现循证医学的重要途径。实施临床指南的意义在于[2-3]:①提高医疗保健质量,改善临床结局;②概述研究结果,使临床决策透明化;③减少临床实践中不恰当的差异;④促进资源的有效利用;⑤识别知识差距,区分医学研究优先次序。指南与研究证据的区别在于:研究证据是客观的研究结果,包括对结果的解释,而不是主观的推荐意见。而临床指南则是针对具体临床问题,分析评价已有的研究证据,并结合当地资源情况、当地需要和价值观等提出具体的推荐意见,以指导临床医生的医疗行为。因此指南的核心是推荐或建议,而证据则更具有普适性。临床指南是依据证据制订的,是连接证据和临床实践的桥梁,更加贴近临床实践的需要。

临床指南的出现,与现阶段医疗领域存在的问题密切相关。例如,各国医疗资源均有限,而医疗保健的需求却逐年增长,因此如何明智地使用有限的医疗资源成为各国政府和医疗保健机构面临的问题。另外，在过去 20 年中，人们发现在医疗实践中存在极大的、难以解释的差异，甚至某些医疗措施明显地被不恰当地使用，WHO（2010 年 5 月）关于药物的合理使用调查数据显示：多于 50% 的药物没有正确地规定、分发、售卖，多于 50% 的患者未正确使用药物，而发展中国家情况更甚。药物的不恰当使用导致许多不良后果，其中过去 70 年抗生素过度使用是导致传染性疾病耐药的一个重要原因，比如多重耐药和广泛耐药结核的形成。人们对这些差异的合理性和治疗措施的科学性产生了怀疑。因此，国际上近年开发了大量高质量的临床指南[4]，旨在指导、帮助基层医生从事预防、诊断、治疗、康复、保健和管理工作。临床指南的应用已逐渐成为一些国家临床质量管理日常工作的重要组成部分。

（二）临床指南的内容

临床指南应包括的主要内容如下：

1．指南标题：给出指南的文章标题。

2．指南的状态：给出该指南当前的版本情况。

3．指南的领域

（1）疾病/状况：指南所关注的疾病类别、临床情景。

（2）指南种类：有评估、管理、预防、治疗、诊断等类别。一篇指南可包括一种、多种或所有内容。

（3）临床专业：指南内容所涉及的医疗学科。

（4）针对的用户：该指南的阅读和使用对象。

（5）指南的目标：通过指南的努力，欲实现的目标、达成的结果。

（6）目标人群：哪些疾病是属于该指南所关注的、所适用的。

（7）涉及的干预和方案。

4．指南制订的方法学

（1）描述采集、选择证据的方法。

（2）描述评估研究证据及推荐强度的分级体系。

5．指南的建议：给出在该指南所探讨的医疗过程领域内的、针对具体情况提出的建议。同时会在建议的末尾给出建议基于的证据的质量分级和推荐的强度，明确该建议的理论有效性。"建议"部分是指南中用于表述医疗指导和医疗方法的重点。其他部分都是围绕着此部分以补充、标注、理论支持、背景介绍等目的存在的。

6．用于支持所给出的建议的医学研究证据：即指南制作过程中的参考材料，是推荐建议的理论基础和证据来源。

7．鉴别信息和实用性：包括发布日期、指南制订者、项目资金来源、指南委员会、指南编审团成员、指南可用性、患者资源、版权声明等。

（三）临床指南的制订

临床指南的制订，大致有以下几种方法：非正式的共识性方法（informal consensus development）、正式的共识性方法（formal consensus development）、明晰指南制订法（explicit guideline development）和循证制订指南法（evidence-bases guideline development，EBD）。循证制订指南的方法，即将推荐意见与相关的证据质量明确地联系起来，依据对现有的证据进行评价的结果来确定推荐意见制订指南。高质量的可靠的指南必须是依据证据制订的指南，所以目前多数指南采用的都是循证制订指南的方法。

撰写循证临床指南的过程与以往撰写指南的过程有很大不同，它包括提出相关临床问题、系统检索文献和使用正确的方法对证据的质量进行评分，再根据证据的级别和强度提出推荐意见。像任何科学程序一样，制订循证临床指南的方法学是基于证据的方法学，其结论（推荐意见）须有可靠的证据支持。制订循证临床指南具体的流程及注意事项如图 8-1 所示：

第八章 临床指南和临床路径

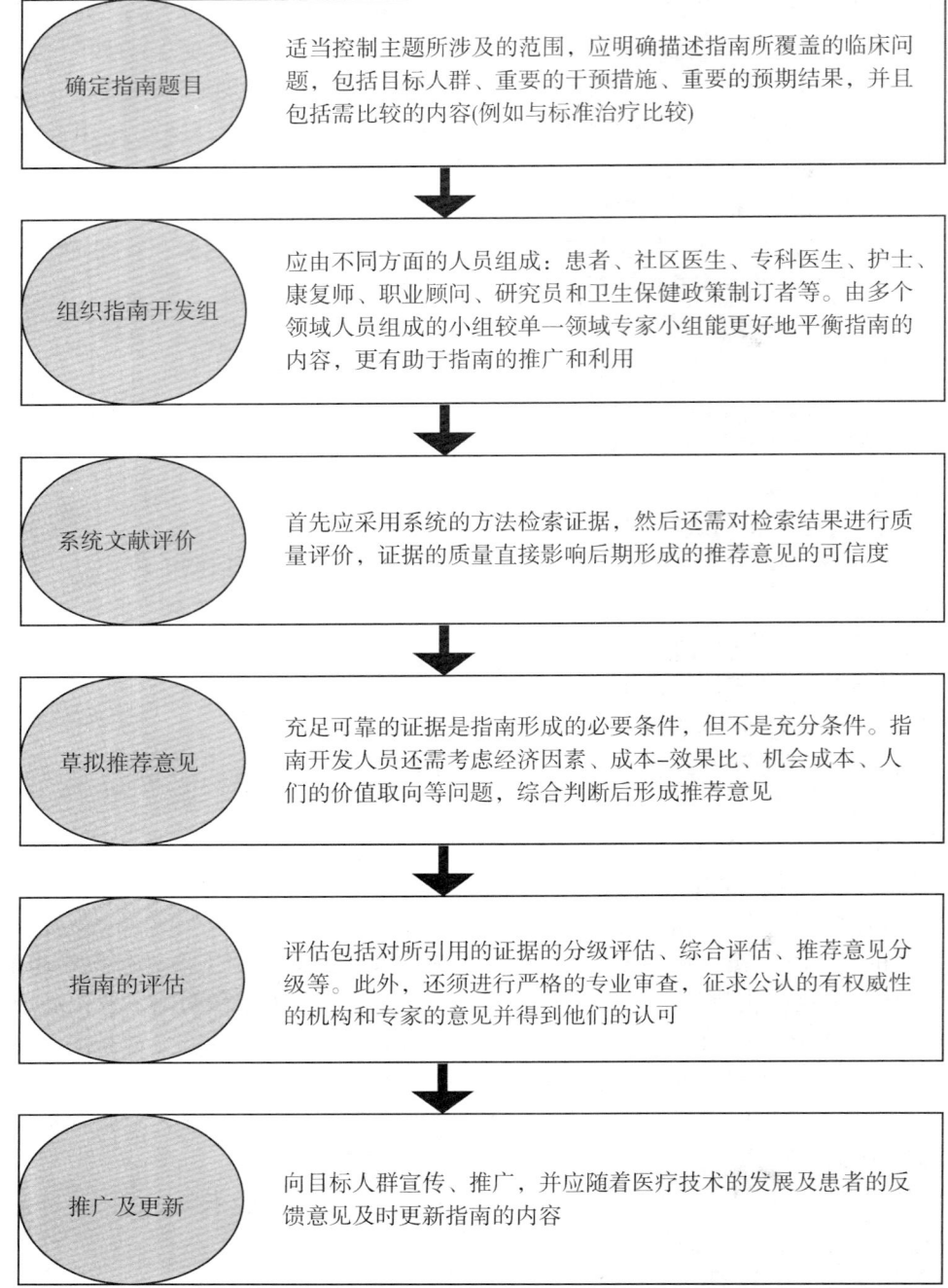

图 8-1 循证临床指南的制订流程

(四)临床指南的应用

应用临床指南来解决问题、进行患者照护决策,需包括以下步骤:提出需要解决的临床问题,检索临床指南,评价临床指南的质量,应用临床指南的证据,以及根据临床情况做出后效评价。表 8-1 总结了应用临床指南解决临床问题的主要步骤。下面将以一个具体的临床实例来说明如何应用临床指南来解决临床问题。

表8-1　应用临床指南解决临床问题的主要步骤

(一) 提出临床问题
　　1. 如何按照 PICOS 原则构建明确的临床问题？
　　2. 决定是否需要参考临床指南
(二) 检索临床指南
　　1. 检索专业的指南网站
　　2. 检索一般性的文献库
　　3. 检索有关疾病的学术网站
　　4. 检索循证医学期刊
(三) 解读临床指南并评价其质量
　　1. 证据质量和推荐强度的分级标准：GRADE 测评表
　　2. 指南质量的评价：AGREE 测评表
(四) 应用临床指南
(五) 临床指南应用的后效评价

1. 提出临床问题

(1) 按照 PICOS 原则构建明确的临床问题：通常采用国际上常用的 PICOS 原则构建明确的临床问题。P 指人群或患者（population/patients），I 指干预（intervention/exposure），C 指对照组干预措施（comparator），O 指结局指标（outcome），S 指研究中的治疗环境和条件（setting）。

(2) 决定是否需要参考临床指南：在临床实践中，遇到一个需要解决的临床问题后，最好先寻找和使用临床指南，如果没有发现相关指南，则医生须自己寻找系统综述的证据或原始研究的证据，并依据证据进行决策。因为一个好的、以证据为基础的临床指南已经完成了对当前证据的收集和评价，并将证据与具体实践相结合，对临床实践提出具体和实际的指导意见。对某一临床问题，即使当前还没有可使用的研究证据，指南也会根据共识提出相应的处理建议，对基层的临床医师特别有帮助。另外，虽然临床研究的证据越来越多，但临床医生每天面对的多数临床问题仍缺乏相应的高质量临床研究证据，而又必须及时为患者做出诊治决策。指南则可以对这种情况提出指导意见供临床医生参考，为一线临床医生特别是基层的全科医生提供了方便。因此，指南更加贴近临床实践的需要。

但是同时应该认识到，正由于临床指南的重要性和实用性，其科学性就显得尤为重要，错误的指南会导致错误的临床行为。一项好的临床指南应具有真实性、可靠性和可重复性，即临床指南中所提到的诊断治疗建议要有充分的科学依据，同时还需具备实用性、灵活性且表达清楚、简单明了，即所提的诊断治疗建议在应用时能适应临床实际情况。但是目前的临床指南并不都按这个原则制订，故我们在将每一项临床指南用于患者前，先要从循证观点对临床指南的科学性进行评估。

在对指南的科学性进行评价后，应进一步考虑这项结果能否用于临床。此时首先要确定患者情况是否与临床指南中所述情况相同。循证临床指南可能对某一特殊人群是正确的，但是推荐意见并不一定适用于所有患者。例如国外发表的临床指南，仅对在国外可供使用的药物进行系统综述，其患者情况也不一定与我国相同，因此不能照搬。

确定指南适用于临床后，则需考虑指南的追踪评估和更新是否及时。

如果寻找到的临床指南的科学性值得怀疑，或者指南所描述的患者情况等与临床中所述情况差距很大，或者指南很长时间没有更新，此时应用指南应慎重，应根据实际情况参考或者不参考指南。

2. 检索临床指南

可通过多种途径检索到临床指南，有关文献库或网站大致可分为四类：专业的指南网站，一般性的文献库，有关疾病的学术网站，循证医学期刊。

（1）专业指南网站

① SIGN：网址 http://www.sign.ac.uk/guidelines

SIGN 的全称是 Scottish Intercollegiate Guidelines Network，即苏格兰跨学会临床指南网络，是英国皇家医学会于 1993 年建立的英国国家卫生服务系统（National Health Service，NHS）苏格兰地区的指南网络。网站的栏目有：简介、新闻、最新内容、指南、方法、患者、链接和检索。在 SIGN 的网站中列出了历年来制作的临床指南，并注明这些指南是否是当前的、需要更新的或已被撤销等情况。此外，免费提供的临床指南分为"Full Guideline"和"Quick Reference Guide"两种类型，后者有利于指南的传播。网站方法栏有一本"指南制订者手册"，并链接有 AGREE 指南评价工具，还列有指南选题提示或范围和指南制订的方法学标准。网站还链接有其他许多有关临床指南制订和评价的网站。

② NGC：网址 http://www.guideline.gov

NGC 的全称是 National Guideline Clearinghouse，即国家临床指南交流站，是由美国卫生健康研究与质量管理机构（AHRQ）、美国医学会（AMA）和美国卫生健康计划协会（AAHP）于 1998 年联合制作的一个提供临床指南和相关证据的功能完善的免费指南库，目前收集有来自全世界 200 个指南制订机构提供的 1900 余篇临床指南的全文。NGC 收录的指南范围广、数量多、检索功能强，各种类型指南均有，但指南的质量参差不齐，需要用户自己评价。"指南比较"栏目增加了对指南治疗方面内容进行标注的选项，方便用户选择指南。而 SIGN 是基于证据的指南，指南的制作有相应的规范，并对指南有评价、更新等质量控制措施，但指南的数量较 NGC 少。

③ NZGG：网址 http://www.nzgg.org.nz

NZGG 的全称是 New Zealand Guidelines Group，即新西兰临床指南组织，NZGG 于 1996 年由新西兰国家卫生委员会建立。网站的栏目有：简介、工作机会、指南图书馆、方法和资源、指南制订的情况、新西兰循证医疗杂志、消费者与循证医疗、波利尼西亚人与循证医疗、残障人群循证医疗促进、与疾病诊疗组织的合作、自助、链接和检索。网站将指南分为详述循证性指南（explicit evidence based）、循证性指南（evidence based）、共识性指南（consensus）和专家意见性指南（expert opinion），并在每个指南中有注明。方法和资源栏目中除有一本《指南制订手册》和《NZGG 指南手册》外，还按照指南开发全过程中的每个环节（指南的选题，内部资料的收集和文献资料的评价，指南初稿的拟订，指南的修改、完善和定稿，指南的贯彻和执行，以及指南的评价和测量）收录或链接有比较详细的操作规范、流程图和标准等的资料。另外，网站还链接了一系列与临床指南的制订和评价等有关的网站。

④ CMA INFOBASE：网址 http://mdm.ca/cpgsnew/cpgs/index.asp

CMA INFOBASE（临床实践指南网站）是加拿大医学会信息网的一个部分，于 1995 年由加拿大国家、州或地区医学卫生组织、专业协会、政府机构和专家小组共同主办并认可，指南由加拿大各地和各机构团体提供。网站提供关键词搜索、浏览、基本检索和高级检索等多种检索途径。网站中一半以上的指南有全文。该网站的栏目有：制订者名单、最新内容、热门话题、新闻、方法与资源、其他网站、常见问题解答和检索。

（2）一般性医学文献库：MEDLINE 是当今最权威的医学文献库之一，收录了 1966 年以来 70 多个国家和地区有关医学、护理学、口腔医学、兽医学、卫生保健等学科的近 5000 多种重要生物医学期刊文献。MEDLINE 可以通过 PubMed 搜索引擎进行检索，PubMed 已成为因特网上使用频率最高的生物医学文献检索方法。PubMed 可以限制性地检索 MEDLINE 和其他一些文献库收录的指南。PubMed 的网址为 http://www.ncbi.nlm.nih.gov/pubmed/。

（3）检索有关疾病的学术网站：例如，搜索常用的与肝病有关的学术机构网站，可以检索到关于乙肝防治的相关指南，如美国肝病研究会（AASLD）、亚太地区肝脏学会（APASL）、欧洲肝脏研究学会（EASL）、美国国立卫生研究院（NIH）。

（4）循证医学期刊：各国创建的循证医学期刊也刊载了一些临床指南的文摘，比如 ACP Journal Club（http://www.acpjc.org/）。该刊由美国内科医师协会（American College of Physicians）于 1991 年创办。现为双月刊，以印刷和网络两种形式出版，网上可免费获取全文。在 ACP Journal Club 网站上可搜索有关专题的临床指南，只需在检索框中输入某个专题，在检索框下的"Article type"中选择"Clinical prediction Guide"即可。其他的循证医学期刊如（http://ebm.bmjjournals.com）、*Journal Club on the Web*（http://www.journalclub.org）、《中国循证医学杂志》（http://www.chinacochrane.org/zazhi）等也是临床指南的网络资源。

3. 解读临床指南并评价其质量

临床指南的制订有各种情况，有基于专家共识的指南，也有基于证据的循证临床指南等，指南的不同制作方法对指南的质量必然有所影响。因此，在应用临床指南以前，我们首先要读懂临床指南，并对其质量进行评估。

一个循证制订的临床指南，会标注证据的质量级别和建议的推荐强度。不同组织开发的指南有可能会采用不同的证据质量和建议推荐强度分级系统。2000 年起，由指南制订者、系统综述作者和临床流行病学家组成的"制订和评估指南建议评定方法工作组"（the Grading of Recommendations Assessment, Development and Evaluation Working Group，简称 GRADE）制订了一套证据质量和推荐强度的分级标准（表 8-2），这套标准明确、全面、透明、实用性强，已逐渐被全球各种组织采纳。

表8-2 GRADE证据质量和推荐强度的分级标准

证据质量的分级	
高质量	进一步研究也不可能改变该疗效评估结果的可信度
中等质量	进一步研究很可能影响该疗效评估结果的可信度，且可能改变该评估结果
低质量	进一步研究极有可能影响该疗效评估结果的可信度，且该评估结果很可能改变
极低质量	任何疗效评估结果都很不确定
建议的推荐强度	
强	明确显示干预措施利大于弊或弊大于利
弱	利弊不确定或无论质量高低的证据均显示利弊相当

评价临床指南的质量有很多种方法，目前比较常用的有 AGREE（Appraisal of Guidelines for Research and Evaluation，AGREE）测评表，是由 11 个欧洲国家及加拿大共同研究的指南研究与评价测评表。AGREE 通过 6 个领域（指南的范围与目的、利益相关者的参与度、指南开发的严格性、表述明确和清晰程度、指南的可应用性、编辑工作的独立性）共 23 个条目对临床指南进行评分[5-6]。AGREE 成为目前国际临床指南质量评价的基础工具，已被世界各国广泛用于评估指南的质量。

AGREE 具体评分程序简述如下：通过 6 个领域共 23 个条目对指南进行评分，表中每个条目的分数为 1~4 分，完全符合条目要求的打 4 分，完全不符合的打 1 分，介于二者之间的根据测评人员的判断给 2 分或 3 分（评价不可避免地存在一定的主观性，所以每一篇指南应由 2~4 名参评人员独立进行评价);然后根据公式将所有参评人员的评分进行综合,得到标化百分比;最后根据 6 个领域的标化百分比综合判断该指南是否值得推荐应用。分 3 个等级:①强烈推荐:大多数条目得高分(3~4 分),6 个领域中的大多数标化百分比 > 60%;②推荐:低分条目(1~2 分)与高分条目(3~4 分)数目大致相当,6 个领域中的大多数标化百分比介于 30%~60%;③不推荐:大多数条目得低分(1~2 分),6 个领域中的大多数标化百分比 < 30%。具体计算方法可参考 AGREE 官方网站 http://www.agreecollaboration.org/instrument/。

4. 应用临床指南

应用临床指南时我们首先要确定查找的指南是否包含了要回答的临床问题,如果没有,则需要重新查找其他的临床指南,或者寻找其他的证据;在确定所检索到的临床指南包含了要回答的临床问题后,再从中筛选出质量好、可信度高、实用性强的指南来解决临床问题。

如果评价结果显示临床指南是真实可靠的,下一步就要看这个指南是否适用于你的患者、诊所、医院、社区。一个临床指南的成功应用依赖于其与四个地区性因素的吻合程度:疾病负担、价值观、费用和应用的障碍。是否应该使用指南主要是看有没有不适宜应用指南的四个因素存在:①疾病负担:指南所涉及的疾病是否在本地区发病率太低而没有理由使用指南?②患者和社区关于干预措施价值和后果的看法及价值取向是否与指南相符?③应用指南的花费与精力和社区资源是否不相匹配而导致指南应用困难?④地域的、结构的、传统的、权威的、法律的或行为的障碍是否太大以至于不值得去克服这些障碍?对这些情况,患者和医生最清楚。如果没有这些情况,就可以考虑应用指南[7-8]。

但应注意临床指南只是为临床医生处理临床问题制订的参考性文件,不是法规。不应该不分患者的具体情况强制地、盲目地照搬使用。指南是对多数或典型患者或多数情况提供的普遍性指导原则,不可能包括或解决每一个体患者所有复杂、特殊的临床问题。面对具体的个体患者,临床医生应在指南的指导下,根据具体病情及多方面的因素选择治疗方案[9]。应用临床技能和经验迅速判断患者的健康状况和建立诊断的能力,以及判断患者对干预措施可能获得的效益和风险比的能力,都是临床医生正确使用指南做出恰当临床决策的基础。此外,患者的意愿也是做出诊断和治疗决策时应当考虑的重要因素。

5. 临床指南应用的后效评价

后效评价是指在患者接受根据指南制订的方案后,对患者病情的变化进行临床随访。后效评价在整个循证临床实践中具有重要作用,是指南的修订和更新需要的重要信息。

下面我们以一个实例来说明如何应用临床指南。

临床情景描述:

患者男性,45 岁。因"乏力、纳差伴肝功能异常半个月"入院。患者半个月前无明显诱因出现乏力、纳差,门诊查肝功能异常,ALT 365 U/L,AST 298U/L,TB 35μmol/L,DB 21μmol/L,凝血酶原时间 12.3s。HCV RNA $2.1×10^6$copies/ml,HCV RNA 基因为 1 型,B 超示慢性肝病。甲肝、乙肝、戊肝抗原、抗体检测均阴性。2 年前因车祸,有输血、手术史。无饮酒史,无药物成瘾史。入院后行肝穿刺活检,提示肝组织学有炎症坏死(G2)和轻度纤维化(S1)。诊断:慢性丙型病毒性肝炎,基因 1 型。

接诊的住院医师在采集病史后,面临以下问题:对于既往未接受抗病毒治疗的慢性丙型病毒性肝炎患者,如何进行合适的抗病毒治疗?现有哪些抗病毒药?它们的疗效如何?是否适用于该患者?

全球约有 1 亿 8500 万人感染丙型肝炎病毒(HCV),我国近年来丙肝的发病率呈现上升趋势。约 80% 的急性 HCV 感染患者进展为慢性感染,其中 20% 在 25 年内会进展为肝硬化,25% 的肝硬化患者会发生肝细胞癌和(或)失代偿性肝病。

已知 HCV 有 6 种基因型，其中基因 1 型较基因 2 或 3 型更难治愈。传统的丙肝治疗方案包括干扰素和利巴韦林，但近年来研发了针对 HCV 生命周期不同阶段的、直接作用的口服抗病毒药物（DAAs），包括 HCV 蛋白酶抑制剂（Boceprevir、Telaprevir）、NS5B 聚合酶抑制剂（Sofosbuvir），以及它们联合或不联合干扰素的治疗方案，可以缩短疗程，改善耐受性，提高有效性（以持续病毒学应答 SVR 衡量，治疗目标为治疗结束后 12 或 24 周血浆 HCV RNA 无法检出）。那么，原有的干扰素联合利巴韦林方案是否还适用于我的患者？现有的方案在安全性、有效性、耐受性等方面有哪些优势？

（1）医生需把遇到的临床问题按照 PICOS 原则进行转换。该问题转换成如下 5 个组成部分：

患者（P）　慢性丙型病毒性肝炎患者（基因 1 型），初治患者

干预措施（I）　干扰素联合利巴韦林方案

对照措施（C）　HCV 蛋白酶抑制剂或 NS5B 聚合酶抑制剂联合干扰素及利巴韦林方案

结局指标（O）　安全性、有效性、耐受性、成本/效果等

医疗环境（S）　中国三级甲等医院

（2）检索临床指南：根据 HCV guideline 检索 Pubmed，即可检索到 2014 年 WHO 指南（Guidelines for the Screening, Care and Treatment of Persons with Hepatitis C Infection. Geneva: World Health Organization; 2014 Apr.）[10] 和 2014 年 EASL 指南（EASL Clinical Practice Guidelines: management of hepatitis C virus infection. European Association for Study of Liver. J Hepatol. 2014 Feb; 60 (2): 392-420.）[11]。

（3）解读指南：根据指南及其依据的临床证据，对基因 1 型的 HCV 初治患者，采用 Boceprevir 或 Telaprevir 联合聚乙二醇干扰素 + 利巴韦林的三联疗法，优于聚乙二醇干扰素 + 利巴韦林的疗法（SVR 范围分别为 61%～75% 和 38%～49%）。对于在治疗前 12 周内实现了病毒载量快速下降的患者，短疗程的治疗效果与 48 周的固定疗程治疗相同。Sofosbuvir 联合聚乙二醇干扰素 + 利巴韦林的三联疗法，仅 12 周即可获得较高的 SVR 率（89%～90%）。因此，指南均推荐 Sofosbuvir 联合聚乙二醇干扰素 + 利巴韦林，或 Boceprevir 或 Telaprevir 联合聚乙二醇干扰素 + 利巴韦林治疗，聚乙二醇干扰素 + 利巴韦林方案处于次选的位置。

（4）应用指南：现在我们明白了指南的推荐，那么我们该如何选择方案呢？首先，患者是一名普通的工薪阶层职员，收入有限，选择 HCV 蛋白酶抑制剂或 NS5B 聚合酶抑制剂联合干扰素及利巴韦林方案，费用昂贵，每日多达 1000 美元的支出，其次，目前 HCV 蛋白酶抑制剂或 NS5B 聚合酶抑制剂尚未在中国大陆上市，故在三甲医院无法购得上述药物。与患者沟通后，仍给予聚乙二醇干扰素 + 利巴韦林方案治疗。

（5）后效评价：对患者进行定时随访，观察疗效及副作用等。

（五）临床指南应用中存在的问题

虽然临床指南在改善患者的临床结局、为卫生工作人员的决策提供依据、为政府及相关团体节约费用方面，带来了诸多益处，但同时也必须认识和解决指南的一些负面因素：多种原因可能导致指南所推荐的建议错误；对不同的普及应用指南的策略效果仍不明确；临床指南多数趋向于长篇累牍；指南内容多偏重于常见病，很少有关于罕见病的指南；制作和更新指南费时费力，存在困难；同一指南来源多样且结论可能不一致。

临床指南是综合证据、现有资源、价值取向、当地需要等信息提出的具体推荐意见。即使基于同样级别的证据，由于不同地区和人群往往具有不同的资源、需要和价值观，决策或取舍往往不同，不同的指南有时会给出不同甚至完全相反的推荐意见。另外，循证临床实践显示，如果一种疗法有高质量大样本随机对照试验证据，其使用一般不存在或较少有争议，人们会在临床实践中按照证据的结果和指南意见为患者选择治疗方案。但现实是因为研究资源有限，有

高质量证据的疗法非常少。临床医生往往面临很多无高质量证据的疗法需要选择,其中不少疗法是当地长期广泛使用的特殊疗法。如果一种疗法缺乏高质量证据,究竟用或不用往往存在激烈的争论。

制订指南的方法是动态的、发展的,还将不断完善。为更好地发展指南,以下几方面值得关注:①建立一个"整理"机制来对指南进行分门别类,以减少其重复性;②指南必须根据当地患者的情况及每一个服务机构的条件来进行调整、修改;③指南一旦开发出来,必须在实施、评价方面给予更多的关注,开发指南的组织应当让目标人群了解指南,并让他们一起参与指南的开发、应用;④根据新的科学证据及消费者的反馈信息不断地发展、实施、评价、修订临床指南;⑤适时更新指南并增加一个机制,使医师及时获得指南更新的反馈信息;⑥有效、系统地开发循证指南,并使用循证方法和系统评价对临床指南和临床路径进行修改、调整,以及将循证指南严格地应用到卫生政策与决策当中。

三、临床路径

(一)临床路径及其发展

20世纪80年代,由于医疗费用及保险费用的不断上升,医疗保险的成本压力巨大,美国国会寄希望于通过立法减少医疗开支。诊断相关组(Diagnosis Related Groups,DRGs)应运而生。区别于传统的按服务付费(Fee-For-Service,FFS),DRGs是一种预付费方式,其原理在于根据临床诊断和统计学方法将疾病按照诊断、处理和病情的不同分成不同的组别,并制订其相应的标准支付费用。在医疗保险机构向医院和医生支付费用时,并非按照实际产生的费用支付,而是按照事先约定的标准支付费用支付。通过这种方式,医疗保险部门可以督促医院采取措施控制其成本,因此DRGs在全美国的各种健康保险机构中迅速得到推广。为了应对这种新的支付方式,波士顿新英格兰医疗中心医院(Boston New England Medical Center Hospital)的医生和护士引入了工业界对于生产线进行流程管理的方法,制订了临床路径。

临床路径(clinical pathway)是指针对某一疾病(或者某疾病的某种情况)建立的一套标准化治疗模式与治疗程序。临床路径是一个有关临床治疗的综合模式,以循证医学证据和指南为指导来促进治疗组织和疾病管理的方法,最终起到规范医疗行为、减少服务变异、降低成本、提高质量的作用。作为一种新的质量效益型医疗质量管理模式,临床路径对于降低平均住院日、增加床位周转次数、减少平均住院费用、提高医院经济效益和社会效益、贯彻整体护理理念、规范诊疗行为、增进患者满意程度等有着明显的效果。目前,很多发达国家都广泛开展了对临床路径的研究、制订和应用,其已被认为是实施治疗标准化、规范化的一种有效的形式。国内发展临床路径较晚,现已有部分医院结合自身情况开展相关病种的临床路径和单病种收费,并取得了一定的成效。原卫生部于2009年末陆续颁布了临床各学科几个病种的临床路径以推荐各级医院使用。

相较于传统的治疗方法,临床路径具有以下优势和特点。

1. 改变医学模式

临床路径是以患者为中心的医疗模式。临床路径需要各个部门通力合作,从临床、护理、检验、手术室等各个部门根据患者入院后进入的临床路径,落实路径表中各个时间点安排的各项工作,使工作有条不紊,患者也能在最大程度上受益。

2. 革新管理模式

传统的患者管理模式过度依赖医生的经验以及个人喜好,患者何时进行手术、后续治疗如何安排往往都只有主管医师本人知道,没有流程和具体的时间表。临床路径给医疗带来的革新之处在于有详尽的流程,并且能根据病情变化随时调整。

3. 实施标准化及规范化治疗

进入临床路径的患者，从开始就得到标准化的管理，各个环节均有明确的安排和规范化的管理，检查、检验、用药、评估等各个环节有明确的时间点。临床路径最大程度减少了不同医师在管理患者上的差异，并且使得新医生能够尽快熟悉临床患者管理程序，减少患者住院管理时的各种变异情况，避免医疗处置失当。

4．控制医疗费用

临床路径的诞生是基于DRGs，即医疗方从减少支出上所做出的努力。相较于传统的治疗方法，同一个疾病、同一种病情，不同地区、不同医院的不同医生可能有不同的方案，进而导致不同的临床结果和费用。临床路径的规范化管理使变异情况减少、额外支出减少，故减少了患者的医疗支出。

（二）临床路径的制订

和临床指南不同，临床路径的制订在一定程度上赋予了各医院更大的自主权。在满足临床诊疗规范的前提和基础下，医院可以根据其自身情况，结合国家及国际上正使用的相关疾病临床路径，制订和本医院级别及个体情况相符合的临床路径。一般认为，适合做临床路径的病种应当具有如下特征：诊断明确、主要处理明确、治疗效果明确；变异较少，且具有一定的病例数量。制订临床路径大致可以分为以下几步：①根据该院的实际情况，选定某些疾病制订临床路径；②查阅该疾病相关文献、临床指南、教科书以及已经投入使用的临床路径，根据循证医学的原则，制订该院的临床路径文书（文书中包括一个临床路径完整的流程，还有具体的执行表单，详细内容可见章后附录）；③列出该疾病的入选指标及排除指标、主要的处理步骤、治疗评估、出院指标等，编撰临床路径表；④根据疾病所属科室的实际情况，执行临床路径。

（三）临床路径执行计划的制订

临床路径并不仅仅是一张临床路径表，背后还有很多内容。对于医院而言，一份完整的临床路径应当包括：

1．诊疗指南文件

针对一个病种，需要有一份基于循证医学的诊疗指南。这份指南应当明确指出什么样的诊断符合临床路径的入组标准、这个临床路径的主要处置是什么、各种医疗处置（手术、药品等）需符合什么样的应用原则、出院时需要达到什么样的临床结果、一些关键的临床结果指标（例如住院天数等）、常见的变异以及其应对策略。甚至，当其在院内实施时还可以包括一些对于成本指标的要求和控制，以便实施单病种诊治。

2．临床路径表

表单的具体内容及式样可以参考原卫生部下发的临床路径表，根据本院的医疗实践进行调整。

3．执行计划

执行计划应当因地制宜，可根据各科医生的经验、能力以及患者情况而不同。每份执行计划均应包含四个部分：临床路径使用培训，临床路径日常执行和监督，定期对临床路径变异讨论和分析，根据反馈定期对临床路径重新修订。另外，明确临床路径执行人员的分工以及职责也相当重要。医生的职责主要包括决定患者进入或退出临床路径，执行临床路径表上的治疗、检查、检验项目，评估治疗进度和效果，记录、分析和处理变异等。护士的主要职责是执行临床路径表上的护理项目和健康宣教等。

（四）临床路径的应用流程

临床路径的实施，大致可以分为以下步骤：入组评估，检查检验，临床处理，处理评估，出院评估，变异分析。具体流程见图8-2。

传统的临床路径是以时间为横轴，以入院指导与评估、诊断性检查、处置、治疗、药物、会诊、营养、康复情况以及出院计划等医疗手段为纵轴制订的一整套标准化临床诊疗规范流

第八章 临床指南和临床路径

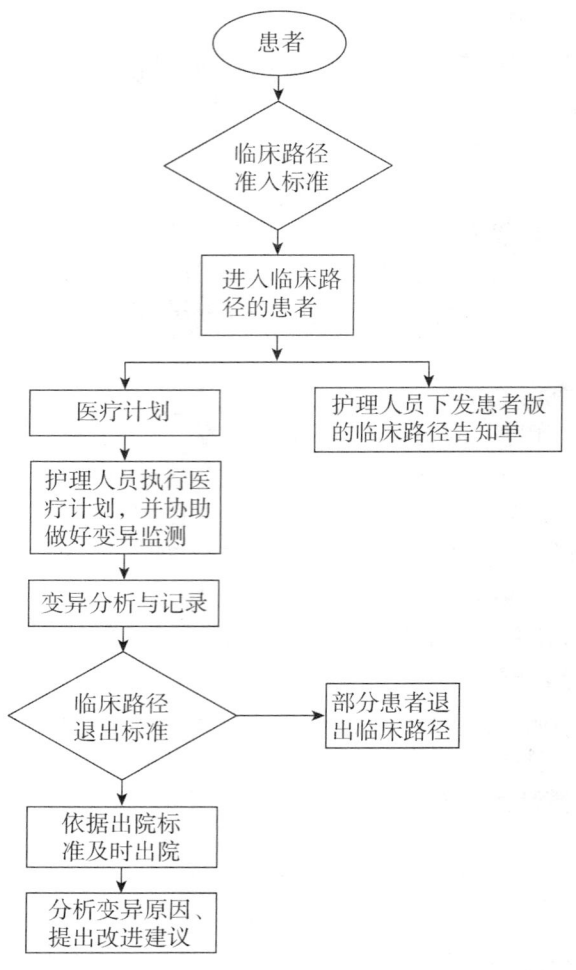

图 8-2 临床路径实施流程图

程。但大部分疾病病情千变万化,很难用固定的时间去规范诊疗行为;且时间长短只是住院诊疗的一种表象,其内在本质是组成疾病病情变化、各种诊疗步骤的一系列重要评估指标、操作等。因此,近年来引入"关键节点"的概念,对临床路径的关键环节进行监控。例如,对于外科疾病,一般都以手术为一个分水岭,大致分为入组评估、术前评估、术前核对、手术、术后恢复、出院随访 6 个阶段,即 6 个关键节点。

基于关键节点的临床路径,按照符合诊疗思维的诊疗节点划分诊疗纵轴,对患者诊疗状态的描述更为清晰。同时针对某个特定的诊疗节点,都有完全独立的、归属明确的诊疗纵轴,因此可以极大地简化纵轴诊疗清单,将和某个诊疗阶段无关的诊疗项目剔除,从而优化了单病种临床路径表,提高了临床路径的开发效率,极大地提高了路径实施过程中的分阶段管理效率。

我们现以行远端胃癌根治术为例,介绍进入临床路径管理患者的大致流程[12]:

62 岁的王先生因为"进食后饱胀不适 1 月余"至医院就诊。他有胃溃疡病史,医生根据他的病情建议行胃镜检查,王先生同意了。胃镜检查的结果为"胃窦部隆起,上附白苔",1 周后,病变部位的病理报告显示"胃窦腺癌",医生认为王先生胃癌诊断基本明确,于是建议他住院进行手术治疗。

入院后,主管医师根据王先生的情况,对照事先规定的标准,对王先生的病情和临床路径的准入标准和退出标准进行了对比,发现符合进入临床路径指征,即该患者可以进入远端胃癌根治术的临床路径进行管理。在和患者及其家属充分沟通后,患者进入了临床路径,同时,他也拿到了患者版的"远端胃癌根治术"临床路径表,里面详细地描述了他入院后依次将会进行的诊治活动,以及他所需要注意的相关事项。

按照临床路径表上的内容,王先生入院后行手术前的相关检查和检验,这些检验和检查用来帮助明确病变,排除转移,以及评估患者的一般情况是否耐受手术。这些检查检验分为必须和可选择的两种。在患者确定进入临床路径时,这些检验和检查就已经安排了预约,基本在规定的天数内就可以完成相应的检查。患者完成检查后医生对病情进行评估,此时如果发生变异,如肿瘤已有转移等情况,就需要退出临床路径,然后根据具体情况做出适当(临床路径外)的处理,医生还需在变异表中做出登记。

完成术前评估后,患者进入手术环节。术前有完整的核对项目,包括对临床路径文书及检查检验项目的核对,还有麻醉师及家属的各项告知。术中使用的器材以及药物也是按照临床路径规定准备的。术后按照临床路径中的医嘱管理系统每日给予规范的术后药物治疗,包括止血、抗感染、营养支持等治疗。在患者恢复的不同阶段有不同的药物组别供选择。最后,在约定的出院日期前后,按照临床路径表要求进行术后恢复评估,若患者达到出院条件,即可办理出院手续。

(五)临床路径的变异及其分析

临床实际与标准临床路径相比出现的偏离称为临床路径的变异。变异一旦发生,首要的是记录变异,然后给予相应的处置,对于不影响后续临床路径实施的变异,可以在处理后继续使用当前临床路径管理,否则需要退出该临床路径。常见的变异有患者变异、医师变异、系统变异、出院变异等。例如,患者本来约定入院后第二天行CT检查,但是医院的CT机器出现故障,使得患者的实际住院情况和标准临床路径发生了差异,此即为一个变异,但并不影响患者继续使用临床路径管理,在第三天行CT检查后可以继续在临床路径中管理患者。临床路径执行人员需要定期对变异进行分析,分析变异的来源、某种变异的频次、对变异的处理、如何避免变异等。这些评价和分析可以有效地检验路径的科学性、合理性,发现诊疗过程以及临床路径制订中存在的问题,并根据本院的情况,结合循证医学、临床指南等证据,对已经在使用的临床路径进行修订和完善,使临床路径更具实用性。

(六)临床路径的意义

1. 增强医疗质量管理,提高医疗服务质量

临床路径可用于医疗质量管理和医疗质量评价。临床路径是一种标准化的患者服务和管理流程,它强调按临床诊疗规范严格制订和严格执行,在完成后可针对每一例患者的诊疗与标准进行比较、总结、评价、统计,有利于医院进行质量管理和质量控制。

2. 控制医疗成本

临床路径可以规范医生行为,降低医疗成本。医院通过制订合理的标准住院天数、规范诊疗用药和检查,减少医疗行为的随意性、个体性,进而减少浪费。

3. 提高医院诊疗水平

通过临床路径,去除临床诊疗中过度或无效的行为,引导医务人员根据合理的过程开展医疗工作,促使医务人员医疗行为规范化,提高诊疗水平。通过临床路径的使用、对变异信息的分析与反馈,可以引导医护人员积极参与,弥补个人临床经验的不足,提升整体医疗技术水平。

4. 提高患者满意度

通过临床路径,可以减少医疗成本,使患者减少开支。而临床路径是规范制订的最佳处理,无论主管医生水平如何,都可以使患者享受到目前最佳的治疗方案方式,治疗效果得到保障。

(七)临床路径应用中存在的困难

临床路径方法在国外发展已较为成熟,是一种既可保证医疗质量,又可降低医疗成本的

第八章　临床指南和临床路径

医疗质量管理方法，它促进了质量效益型管理模式的实现。但是，研究表明，临床路径在实施过程中遇到了许多的问题，如临床路径的法律地位问题；临床路径与电子病历的有效结合；临床路径与传统的病历之间的关系；临床路径如何与现有的医院信息系统（hospital information system）系统衔接；临床路径是否会限制临床医生，尤其是优秀临床医生的判断力和自主性；对医学教育、研究是否会产生负面的影响；如何将医疗费用的信息纳入临床路径的实施过程等，这些问题有待于我们在研究和实施临床路径的过程中进一步思考和解决。

关于临床路径的更多详细内容请参考中国临床路径网 http://www.ch-cp.org.cn/

四、本章概要

临床指南和临床路径是实施循证医学的途径之一。指南是一般性的建议，路径是具体的规范化的患者管理程序。只有基于证据制订的临床指南和路径才能起到实施循证医学的作用。临床指南，指人们针对特定的临床情况，制订出的一套系统的能帮助临床医生和患者做出恰当处理的指导意见。在指南的指导下，结合患者的具体病情做出诊断和治疗的决策，有助于循证医学的原则在临床医疗实践中得到更好的贯彻和实施，规范临床医生的医疗行为，提高医疗服务质量。目前多采用循证制订指南的方法。应用临床指南来解决问题，包括以下步骤：按照PICOS原则提出需要解决的临床问题，检索临床指南，评价临床指南的质量，充分考虑本地区人群的基线特征、医疗卫生资源的分布情况、患者的意愿等来应用临床指南的证据和建议，以及根据临床情况做出后效评价。虽然临床指南给医疗卫生事业带来了诸多益处，却同时也存在很多负面因素。此外还有很多缺乏高质量证据的疗法，人们有着不同的解读，从而导致指南间存在的差异，此时使用指南应慎重考虑。临床路径是指针对某一疾病（或者某疾病的某种情况）建立的一套标准化的治疗模式与治疗程序。临床路径是一个有关临床治疗的综合模式，以科学证据和临床指南为指导来促进治疗组织和疾病管理，最终起到规范医疗行为、减少变异、降低成本、提高质量的作用。和临床指南不同，临床路径的制订在一定程度上赋予了各医院更大的自主权。临床路径的实施大致可以分为以下步骤：入组评估，检查检验，临床处理，处理评估，出院评估，变异分析。变异一旦发生，应该采用正确的方法进行处置。

附录　胃癌根治术临床路径流程简述

S1 入组评估

（1）对于新入院、转科或者入院一段时间后新近诊断为胃癌的患者对照纳入标准和排除标准判断其是否进入临床路径管理。

（2）纳入标准：对照系统列出的纳入标准，选择和候选入组患者最符合的选项，对于纳入标准，只要符合其中一条即可进入临床路径管理。

（3）对于不符合纳入标准的患者，可选择退出本临床路径，然后进入其他疾病的临床路径，重新对其进行入组评估，也可以不进入临床路径管理。

（4）排除标准：对照系统列出的排除标准，排除候选入组患者目前存有的相关禁忌，需要排除所有的禁忌后方可进入临床路径管理。

（5）对于符合排除标准的患者，需退出临床路径管理，可以对其禁忌因素进行干预，待该因素消除后再进入该临床路径，或者不进入临床路径管理。

（6）经过纳入标准和排除标准筛选的患者方可实施临床路径管理。

（7）完成入组评估后，进入术前评估。

S2 术前评估

（1）术前评估是指对患者病情及全身情况进行的全面评估，以判断其是否需要手术、能否耐受手术。

第八章 临床指南和临床路径

（2）本模块可分为体检、检查、检验、药物、既往史/个人史、护理等几个子目录。

（3）体检是指医生运用感官和借助简便的检查工具，来客观了解和评估患者身体状况的一系列最基本的检查方法，通过基础的体格检查，可以获得患者的阳性体征及重要的阴性体征，有助于更好地评估和了解病情。

（4）检查是指利用医疗仪器、设备等对患者的全身或者某个部位进行检测，以了解病情。对于入选患者，需完成必选检查中的所有项目，可以根据患者及医院的条件加行可选检查中的项目。条件必选是指系统设定的对于符合某些条件的患者，自动调整必选检查项目单，加行某些检查。

（5）检验是指利用医疗仪器、设备对患者的血液、体液或者排泄物等进行检测，以了解病情。对于入选患者，需完成必选检验中的所有项目，可以根据患者及医院的条件加行可选检验中的项目。条件必选为系统设定的对于符合某些条件的患者，自动调整必选检验项目单，加行某些检验。

（6）对于某些在体检、检验、检查中出现的异常项目，需要干预的，可以在处理后对患者进行相关项目的复查，直至医生认为可进行手术为止。

（7）对于复查结果不满意的患者，或者医生认为目前暂不支持实施本临床路径管理的患者，可以退出临床路径。

（8）药物是指进入临床路径的患者近期使用或停用的所有药物，以帮助医生更好地掌握患者用药情况，判断是否影响手术。

（9）既往史/个人史是指对患者既往情况的了解，以全面评估及了解患者的全身情况。

（10）护理分为护理评估、护理措施、健康宣教等子目录，是指护士对患者情况的评估。

（11）体检、检查、检验、药物、既往史/个人史、护理各个项目可以平行进行，即评估顺序无严格规定，无明显先后关系。

（12）完成术前评估，进入术前核对。

S3 术前核对

（1）术前核对是指更高权限的医生对术前评估异常项目及术前准备、术前文本、护理等各方面的核对。

（2）对于初查结果异常的检验/检查，应复查至医生认为可进行手术为止。无法实施临床路径管理的患者，应退出临床路径。

（3）术前准备核对是指核对手术前必须完成的相关工作，以提醒并完善术前准备。

（4）术前文本核对是指对术前相关医疗文书完成情况的核对，以提醒医生及时完成相关文书，规范医疗行为。

（5）护理核对是指护士对术前护理内容进行的核对。

（6）术前核对各项之间为平行关系，即核对顺序无严格规定，无明显先后关系。

（7）完成术前核对，进入手术。

S4 手术

（1）手术模块是指手术当天医护人员所进行的医疗活动，分为手术前和手术后两个子目录。

（2）术前医生需对等待手术患者开具相关医嘱，护士完成术前护理评估并执行相应的医嘱，进行患者及其家属的相关宣教。

（3）术后医生需对患者开具相关医嘱，系统自动提醒医生完善术后相关文书及术后病情告知；护士完成术后护理评估并执行相应的医嘱。

S5 术后恢复

（1）术后恢复是指对术后患者的规范管理。

（2）对于术后患者，根据饮食情况分为禁食、肠内营养及肠外营养三个阶段，每个阶段在饮食、药物、术后需行的检查/检验、术后对患者的处置和护理等各个环节对患者进行管理。

（3）饮食是指术后患者当前饮食状态，医生可以根据其恢复情况调整其饮食方案。

（4）药物是指术后该阶段所使用的药物，可以分为不同组别对药物进行管理，系统根据医生的用药习惯给予相应记录,以提高医疗效率及规范用药。

(5) 治疗/处理是指该阶段对患者的一般处理,系统提醒医生完成该阶段相应的操作。

(6) 检查/检验是指该阶段患者所需行的检查/检验,用于评估患者恢复情况及术后相关指标,系统根据设置提醒医生在相应时刻行相应检查/检验。

(7) 观测指标是指该阶段患者所需要关注的指标,系统提醒医生对相应内容给予重点关注。

(8) 文本记录是指该阶段医生所需要完成的相关文书,系统提醒医生及时完成。

(9) 护理项目是指该阶段护士对患者的观测及处理。

(10) 医嘱清单是指当日开具的所有药物及非药物医嘱,用于查看核对及打印医嘱。

(11) 术后各阶段按照时间顺序,需完成某个阶段后方能进入下一阶段。

(12) 阶段内各项目之间为平行关系,可以调整顺序或跳过某一步进入下一个项目。

(13) 系统根据设置提醒医生是否需要进入下一阶段。

(14) 在患者进入术后恢复最后阶段后,医生根据其恢复情况适时启动出院随访模块。

S6 出院随访

(1) 出院随访是指对患者出院阶段的病情评估及相应文书的完成。

(2) 出院随访包括出院评估及出院核对。

(3) 出院评估是指对患者术后恢复情况进行的全面评估,评定患者是否符合出院条件。

(4) 出院评估的内容包括患者当前的症状、体征、检验/检查情况、创口/引流等。

(5) 评估各项指标后可进入出院核对,出院核对是指对上述内容中存有异常项目的核对,对于检验/检查有异常的项目,可以复查,并重新评估患者出院情况,直至医生认为患者可以出院为止。

(6) 出院文本核对是指对出院所需要完成的各项文书的审查核对,系统提醒医生完成相应的文书。

(7) 护理核对是指护士在护理平台对患者出院前各项内容的核对,包括护理评估、护理措施及健康宣教。

(8) 完成各项核对后可以准予患者出院。

(9) 出院随访模块可以和术后恢复模块同时进行。

胃癌根治术临床路径标准住院流程

1. 适用对象 第一诊断为胃癌(ICD-10:C16 D00.2)拟行胃癌根治手术者。

2. 诊断依据 《临床诊疗指南·外科学分册》(中华医学会编著)和《临床诊疗指南·肿瘤分册》(中华医学会编著)。

(1) 临床表现:上腹不适、隐痛、贫血等,如伴梗阻症状可有恶心、呕吐、胃部振水音等。

(2) 检查/检验:大便隐血试验可呈阳性,部分患者血清肿瘤标志物中 CEA 升高。影像学(如 CT、PET-CT)提示胃占位性病变。

(3) 病理:胃镜活检标本病理结果为胃癌。

3. 选择治疗方案的依据 《临床诊疗指南·外科学分册》(中华医学会编著)、《临床诊疗指南·肿瘤分册》(中华医学会编著)、《NCCN 胃癌临床实践指南》(中国版第 1 版,2009 年)。

除 Tis 期或者 T1a 期肿瘤可考虑内镜下切除,其余分期如评估后可根治性切除,均推荐行根治性切除手术。手术范围包括:足够的胃切除以达到显微镜下切缘阴性,同时需行区域淋巴结清扫(D1),推荐行 D2 手术。

4. 临床路径标准 住院日 15~25 天。

5. 进入路径标准

(1) 第一诊断必须符合 C16 D00.2 胃癌疾病编码。

(2) 若患者伴有其他疾病,但不需要特殊处理,也不影响胃癌临床路径的实施,可以进入路径。

6. 术前准备 3~7 天。

(1) 术前评估：完善病史资料；完成必选检查／检验项目，酌情进行可选检查／检验项目。

(2) 术前核对：对术前评估进行核对，如有严重影响临床路径进行的异常结果，可考虑退出路径。

(3) 术前准备：患者皮肤、肠道准备等。

7．预防性抗菌药物选择与使用时机

(1) 首选第一、二代头孢菌素。

(2) 术前 0.5～2 小时内给药，或麻醉开始时给药。

(3) 手术时间超过 3 小时，或失血量大（>1500ml），可手术中给予第 2 剂。

(4) 预防用药时间为 48 小时，可酌情延长。

8．手术日入院　第 4～8 天。

(1) 麻醉方式：推荐全身麻醉。

(2) 输血：必要时。

(3) 病理：必要时术中冰冻检查。

9．术后住院恢复　10～20 天。

(1) 病理检查。

(2) 进行必需的检查／检验。

(3) 抗生素的合理应用。

(4) 能量、营养及液体支持。

(5) 切口及引流管理。

10．出院标准

(1) 伤口愈合良好。

(2) 生命体征平稳，血象正常。

(3) 恢复经口进食。

(4) 恢复排气排便。

11．有无变异及原因分析

(1) 与医院相关的变异经评估无法耐受手术者行姑息治疗。

(2) 术前评估肿瘤切除困难者可先行新辅助化疗后再次评估。

(3) 虽然肿瘤不能切除但合并梗阻、出血、穿孔者，应行姑息切除或胃空肠吻合术、胃造瘘术。

参考文献

[1] Marilyn J，Kathleen N. Clinical Practice Guidelines：Directions for a New Program. Committee to Advise the Public Health Service on Clinical Practice Guidelines. Institute of Medicine. Washington DC：National Academy Press，1999.

[2] Wollersheim H，Burgers J，Grol R．Clinical guidelines to improve patient care．Neth J Med.

[3] Woolf SH，Grol R，Hutchinson A，et al. Clinical guidelines：potential benefits，limitations，and harms of clinical guidelines. BMJ. 1999，318：527-30.

[4] Graham ID，Beardall S，Carter Ao，etal. What is the quality of drug therapy clinical guidelines in Canada? CMAJ. 2001，165（1）：157-163.

[5] AGREE Collaboration. Development and validation of an international appraisal instrument for assessing the quality of clinical practice guidelines：The AGREE project. Qual Saf Health Care. 2003，12：18-23.

[6] AGREE. Appraisal of Guidelines for Research & Evaluation：AGREE Instrument Training Manual. The AGREE Collaboration，2003.

[7] Scalzitti DA. Evidence-based guidelines：Application to clinical practice. Phys Ther. 2001，81：1622-1628.

[8] Grol R, Dalhuijsen J, Thomas S, et al. Attributes of clinical guidelines that influence use of guidelines in general practice: Observational study. BMJ. 1998, 317: 858-861.

[9] Ulrich R, Eric R, Jens J, et al. Clinical pathways in surgery-should we introduce them into clinical routine? A review article. Langenbecks Arch Surg. 2008, 393: 449-457.

[10] Word Health Organization. Guidelines for the Screening, Care and Treatment of Persons with Hepatitis C Infection Geneva. 2014.

[11] European Association for Study. of Liver. EASL Clinical Practice Guidelines: management of hepatitis C virus infection. J Hepatol. 2014, 60 (2): 392-420.

[12] 郑树森. 数字化临床路径建设. 北京: 科学出版社, 2012: 282-286.

练 习 题

【名词解释】

1. 临床指南
2. AGREE 测评表
3. 后效评价
4. DRGs
5. 临床路径
6. 循证指南制订法
7. 国家临床指南交流站
8. 建议推荐强度
9. 指南证据质量分级
10. 临床路径中的变异

【选择题】

1. 以下对"临床指南"的描述正确的是
   A. 是原始研究证据
   B. 是一级证据（系统评价和Meta分析）
   C. 是系统综述
   D. 是连接证据和临床实践的桥梁

2. 指南的制订应由一个小组来完成，小组成员可以**不包括**
   A. 患者
   B. 社区医生康复师、职业顾问
   C. 医学专家、护士
   D. 财务人员

3. 具体应用临床指南时
   A. 只要指南明确回答了您所需要解决的临床问题，便可以应用
   B. 应尽可能选择最新的指南
   C. 对于同一个临床问题，不同的指南有时会给出不同甚至完全相反的推荐意见，此时完全没有必要参考指南
   D. 若患者的临床特征与指南目标人群的特征有差异，不管差异大小，都不能应用此指南

4. 病种具备以下哪种特征时**不适合**做临床路径
   A. 诊断明确
   B. 变异较少
   C. 罕见病例
   D. 主要处理明确，治疗效果明确

5. 关于原始研究证据、临床指南及临床路径之间的关系，**不正确**的描述是
   A. 原始研究证据具有普适性，而临床指南和临床路径不具有普适性，不能直接照搬
   B. 临床指南应是依据证据而制订的
   C. 临床路径是依据指南、为实现指南的目标制订的一套规范化的操作流程
   D. 研究证据的核心是研究结果，临床指南的核心是推荐或建议，临床路径的核心是规范化的操作流程

【问答题】

1. 简单描述应用临床指南解决临床问题的主要步骤。
2. 什么是 PICOS 原则？为什么需要按照 PICOS 原则构建临床问题？
3. 简述可以通过哪些途径检索到临床指南。
4. 简述 GRADE 证据质量和推荐强度的分级标准。
5. 在应用临床指南时应该注意哪些问题？
6. 相对于传统的临床实践模式，临床路径具有哪些优势和特点？
7. 简单描述制订临床指南及临床路径的步骤及其区别。
8. 简述临床路径的实施流程。
9. 什么是临床路径的变异？发生变异时应如何处置？
10. 实施临床路径的意义是什么？

（李兰娟* 吴 炜 夏 琪 朱 瑜 陈 楚）

第二部分

解读医学文献各论

第九章 如何解读关于诊断方法准确性的研究

一、临床情景描述

假设你是某医科大学附属医院急诊室的一名当值医生。一位 27 岁已婚女性患者，主诉"下腹疼痛 1 天"来诊。患者前日晚餐后渐感不适，下腹为主，右侧略明显；无明显发热及腹泻，否认放射痛及游走性痛。末次月经时间为 3 周前。既往有类似发作 2 次，一般 1～2 天症状可缓解，曾被诊断为"排卵痛"。今日因性生活时腹痛加剧来急诊。体检：无明显急慢性面容，体温 37.2℃，其他生命体征未见异常。双下腹轻压痛，右侧似略重，无明显反跳痛；未见异常阴道宫颈分泌物，无子宫颈抬举痛。辅助检查：血白细胞（WBC）计数 9×10^9/L。B 超双下腹未及明显游离腹水，阑尾直径接近 6mm（超声诊断急性阑尾炎的标准之一是所测阑尾直径＞6mm，腔内无气体）。提示"急性阑尾炎可能"。外科医师会诊后建议观察，必要时手术。

患者近期拟出差，希望你能进一步完善检查，尽快确诊或者排除像急性阑尾炎这样可能急需手术的疾病，尽快治疗，同时也便于患者安排自己的工作。由于上述临床资料和血常规、B 超检查等辅助检查尚不足以肯定地确诊或排除阑尾炎或其他疾病，因此，就阑尾炎的诊断而言，你面临的问题是：

1. 还有哪些辅助检查可以用来诊断或排除阑尾炎？
2. 这些辅助检查的准确性如何？

二、诊断方法的准确性及其意义

疾病的诊断指通过病史、症状、体征、实验室检查、医学影像学检查以及病理学检查（活检、手术病理、尸检等）来确诊或排除疾病。例如，一般患者临床如果出现典型的急性转移性右下腹痛和麦氏点压痛阳性，就可以通过"病史＋症状＋体征"作出"急性阑尾炎"的诊断；假使血常规检查中 WBC＞10×10^9/L，就更加支持该诊断。但对于育龄期妇女的下腹痛，仅凭以上临床和血常规检查即确诊急性阑尾炎是不够的。

育龄期女性急性右下腹痛的常见原因有急性阑尾炎、急性妇科疾病或非特异性疾病等。由于在症状和体征上急性阑尾炎和急性妇科疾病有相似之处，仅凭一般体检和血常规检查很难确诊。有研究报道，在 108 名 15～45 岁行阑尾切除术的女性中，48% 的阑尾实际是正常的，其中 56% 是包括卵巢囊肿、卵巢扭转，以及盆腔炎在内的急性妇科疾病[1]。可见，仅凭上述临床症状体征和血常规，诊断育龄期女性的阑尾炎准确性是很差的。临床上还需要结合其他影像学检查来提高诊断的准确性，有文献报道螺旋 CT 在确定或排除阑尾炎上的准确性高达 94%～98%[2]。

准确的诊断是选择治疗和成功治疗的前提。以上述患者为例，如果是急性阑尾炎，可能需要手术；如果是排卵痛，则只需镇痛就可以了；如果是胃肠炎，则应针对胃肠炎进行治疗。用统计学的观点来看，临床诊断就是借助某种检查从验前概率（即想要诊断或排除的目标疾病在相应的临床就诊人群中的患病率。对本例来说，就是你当值医院的急诊科，因急性右下腹痛来就诊的育龄期妇女患急性阑尾炎的概率）产生验后概率（在本例中就是该女性接受某种检查后,检查结果为阳性时该女性患阑尾炎的概率,或检查结果为阴性时无阑尾炎的概率)的过程。换言之,临床增加更多的检查的目的就是要提高检查后对某疾病的诊断或排除诊断的概率。本例就诊者现有的临床和辅助检查资料最多只能提示"可疑"急性阑尾炎(诊断和排除诊断的概率都比较低),下一步的工作就是:如何选择准确性好的急性阑尾炎的辅助检查,把"可疑"提升到"很可能"或"确诊"(非常高的诊断概率),或排除阑尾炎的可能性?

对某种诊断方法优劣的评价包括很多内容,如诊断方法的准确性、可靠性,诊断结果在多大程度上影响临床决策,诊断方法的费用、危险、可接受性,诊断方法是否可改善临床结局等。其中诊断方法的准确性是最基本的评价指标,也是本章要讨论的主题。

三、描述诊断方法准确性的指标

疾病诊断方法准确性,是通过比较待评价的诊断方法的结果与疾病真实情况的一致性来评价的。"真实情况"通常用相互排斥的"有病"和"无病"两种情况表示(如有、无心肌梗死)。"真实情况"由"金标准"来判定,即理论上能检测出所有患者,同时又能排除所有非患者的检查方法或诊断过程。

我们希望的"金标准"当然最好是100%准确,但现实中"金标准"大多只能是指本专业公认的、比较客观而且比待评价的诊断方法更准确的检查方法。医学研究中的"金标准"多是组织活检、手术病理和尸检等。对于一些非自限性、在发现可疑征兆数年后疾病表现才可能会更典型或更明确的疾病(如大部分癌症及退行性疾病),如果它们的金标准诊断风险太高、非无创或微创、价格太昂贵或患者难以接受时,也可把患者数年后的随访诊断结果作为该诊断方法评价研究的"金标准"。由于"金标准"通常较需要评价的诊断方法价格昂贵,或者更容易在检查时给患者带来危险,或检查手段更复杂,或是完成诊断所需的时间更长,因而在临床实践中不适合作为首选的诊断措施。

需要注意的是,有时候"金标准"是多种临床和实验室检查结果组合起来的诊断标准,此时待评价的诊断试验不能是金标准中的一部分,否则将导致循环论证。譬如要评价"尿淀粉酶诊断慢性胰腺炎"的准确性时,研究者如果使用一系列临床和实验室检查结果组合作为慢性胰腺炎诊断的金标准,则其中不应该包括尿淀粉酶试验,否则就会夸大尿淀粉酶在慢性胰腺炎中的诊断价值。

最常见的描述诊断方法准确性的指标有:灵敏度、特异度、受试者工作特征(ROC)曲线、似然比、一致率、Youden指数等。其中灵敏度和特异度是最基本的指标,也是最容易理解和最直接展示诊断方法准确性特征的指标。

(一)灵敏度和特异度

首先,我们从最简单易懂的诊断结果,即诊断结果为二分变量(即阴性或阳性、正常或异常)来理解灵敏度和特异度的含义。通过与金标准的检查结果比较,诊断准确性数据可被整理成四格表(表9-1)的形式。

表9-1 需要评价的诊断试验与金标准检查结果比较表

要评价的诊断试验结果		金标准结果		
		患病	未患病	合计
阳性(异常)	+	TP(真阳性)	FP(假阳性)	TP + FP
阴性(正常)	−	FN(假阴性)	TN(真阴性)	FN + TN
合计		TP + FN	FP + TN	N = TP + FP + FN + TN

TP:true Positive(真阳性);TN:true negative(真阴性);FP:false positive(假阳性);FN:false negative(假阴性)

第九章 如何解读关于诊断方法准确性的研究

此时，待评价的诊断试验的灵敏度和特异度定义如下：

灵敏度（sensitivity，Se）：又称真阳性率（true positive rate，TPR），指在金标准诊断的"患者"中该诊断试验阳性者的比例。

$$Se = TP/(TP + FN)$$

特异度（specificity，Sp）：又称真阴性率（true negative rate，TNR），指在金标准诊断的"非患者"中该诊断试验阴性者的比例。

$$Sp = TN/(FP + TN)$$

假阴性率和假阳性率则是与灵敏度和特异度互补的两个指标，其定义分别是：

假阴性率（false negative rate）：又称漏诊率，指被金标准诊断的"患者"中该诊断试验阴性者的比例。

$$漏诊率 = 假阴性率 = FN/(TP + FN) = 1 - 灵敏度$$

假阳性率（false positive rate）：又称误诊率，即被金标准诊断的"非患者"中该诊断试验阳性者的比例。

$$误诊率 = 假阳性率 = FP/(FP + TN) = 1 - 特异度$$

从灵敏度和漏诊率以及特异度和误诊率的关系可以看出，灵敏度越高则漏诊率越小，特异度越高则误诊率就越小。当一个诊断试验具有很高的灵敏度时，一旦结果为阴性，则可以有较大把握排除该疾病的存在；反之，当一个诊断试验具有很高的特异度时，一旦结果为阳性，则可以有较大的把握确定该疾病的存在。

当待评价的试验结果是"连续"的数值或者多个等级的数值时，如果我们仍然用二分变量的方法来估计灵敏度和特异度，则需要先设定诊断切分点，将连续的结果切分成"试验阳性（提示患病）"和"试验阴性（提示未患病）"两组。例如，临床上常结合病史、心电图的动态变化和血清肌酸激酶（creatine kinase，CK）值的动态检测，来辅助诊断急性心肌梗死。但是，不同的血清CK切分点在诊断和排除急性心肌梗死时的价值（与金标准相比）不同，如表9-2所示。

表9-2 急性心肌梗死患者和非患者血清CK值的分布和不同血清CK值的似然比

血清CK值（U/L）	心肌梗死（金标准）		似然比
	患者	非患者	
≥240	97（0.4218）	1（0.0077）	54.78
80～239	118（0.5130）	15（0.1154）	4.45
40～79	13（0.0565）	26（0.2000）	0.28
1～39	2（0.0087）	88（0.6769）	0.01
合计	230（1.00）	130（1.000）	—

引自：Sackett DL, et al. Clinical Epidemiology：A Basic Science for Clinical Medicine. 2nd edition. Lippincott Williams & Wilkins，1991.

如果我们将血清CK水平≥240U/L作为诊断急性心肌梗死的切分点，即当血清CK值≥240U/L时判定为患病（患心肌梗死），反之为未患病（无心肌梗死），则可将资料整理为表9-3；该点相对应的灵敏度和特异度分别为42.2%（97/230）和99.2%（129/130），可见240U/L是一个低灵敏度和高特异度的诊断切分点。

表9-3 血清肌酸激酶水平≥240U/L时诊断急性心肌梗死的准确性

血清CK（U/L）	心肌梗死		
	患者	非患者	合计
≥240	97	1	98
<240	133	129	262
合计	230	130	360

如果我们希望提高灵敏度、降低漏诊率，则可以将血清CK水平下移，比如用≥80U/L作为诊断急性心肌梗死的标准，资料可以整理成表9-4。该切分点对应的灵敏度和特异度分别为93.5%（215/230）和87.7%（114/130），可见80U/L是一个高灵敏度和低特异度的诊断切分点。

表9-4 血清CK值≥80U/L时诊断急性心肌梗死的准确性

血清CK（U/L）	心肌梗死		
	患者	非患者	合计
≥80	215	16	231
<80	15	114	129
合计	230	130	360

灵敏度和特异度的大小主要是由试验本身特性决定，其大小不受患病率的影响。如上例，表9-3和表9-4中，无论研究对象所在人群急性心肌梗死患病率如何，用血清CK值诊断急性心肌梗死的灵敏度和特异度基本相同（除了抽样误差造成的影响外）。

灵敏度和特异度不受患病率影响的特点有重要意义，它意味着估算灵敏度和特异度的研究中，研究样本中患者和非患者的比例并不影响灵敏度和特异度的估计，研究者可以根据具体情况使用不同比例的患者和非患者，而且研究获得的灵敏度和特异度结果可以用于不同患病率的人群。

虽然诊断试验的灵敏度和特异度不受患病率的影响，但会受研究对象疾病谱或疾病严重程度等的影响，提示诊断试验的研究对象的疾病谱决定了该诊断试验的适用范围。

另外，从血清CK水平不同切分点的灵敏度和特异度的变化可以看出，变动诊断切分点时，随着灵敏度升高则特异度降低；反之亦然。出现该现象的原因是急性心肌梗死患者和非患者的血清CK测量值分布有交叉，即患者和非患者都有可能出现某个范围的CK水平。绝大多数诊断检查都存在这种测量值交叉现象。因此，在估计和比较连续变量用于诊断疾病的准确性时，用一个切分点是不全面的，因为在不同的切分点灵敏度和特异度都可能不同，此时，常用其他综合描述各种合理切分点准确性的方法，如受试者工作特征曲线和似然比。

（二）受试者工作特征曲线

在前面应用血清CK水平诊断急性心肌梗死的例子中可以看到，当待评价的诊断试验结果是"连续"数值或者多个等级数值时，可以使用不同的测量值作为诊断的切分点，而且不同切分点得到的灵敏度和特异度的组合是不同的。

那么一个直接的问题是：不同切分点的准确性特征如何？它们的区别有多大？用哪些切分点进行诊断是合理的？受试者工作特征曲线（receiver operator characteristic curve，ROC曲线）可以帮助回答这些问题。

以血清CK水平诊断急性心肌梗死为例，以不同CK水平切分点对应的灵敏度（真阳性率）为纵坐标，以1-特异度（假阳性率）为横坐标，依照切分点的大小顺序，用这些点对应

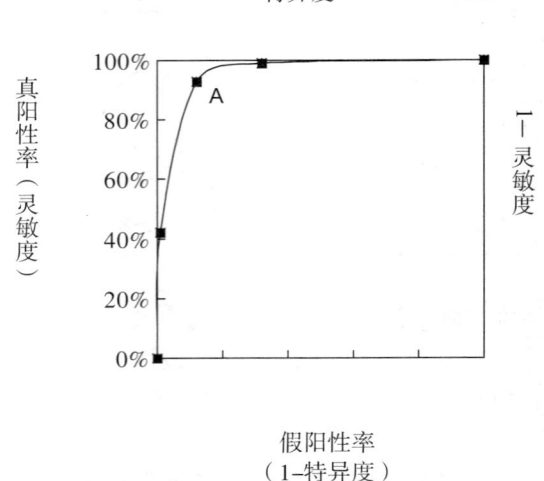

图 9-1　血清肌酸激酶水平用于诊断急性心肌梗死的 ROC 曲线

的灵敏度和特异度即可绘制出 ROC 曲线（图 9-1）。

图 9-1 直观地展现了血清 CK 水平不同切分点对应的诊断急性心肌梗死的灵敏度和特异度的特征及其变化。如果临床诊断对灵敏度和特异度无特殊考虑，例如，对降低漏诊率和降低误诊率没有特别的偏好，采用位于 ROC 曲线的"肩部"分界点（如图 9-1 所示的 A 点，即血清 CK 水平 ≥ 80U/L）可以得到最佳的特异度和灵敏度的组合；而且在 A 点或附近，提高灵敏度或者特异度，另外一个指标的降低（损失）要比在其他区域小。

同时还可以利用 ROC 曲线下围成的面积（又称曲线下面积，area under the curve，AUC）来比较用于同一疾病诊断的两种方法的综合诊断准确性。AUC 的理论取值范围在 0.5～1，AUC 为 1 的 ROC 曲线为最理想的 ROC 曲线，此时灵敏度和特异度均为 100%，即诊断试验和金标准的结果完全吻合。如果 AUC 为 0.5，则 ROC 曲线与坐标系 45°线重合，这样的诊断试验没有什么临床价值。因此，综合准确性好的诊断试验的 ROC 曲线应该尽可能靠近左上角，即 AUC 越大越好。如图 9-2 所示，试验 A 曲线下面积大于试验 B，故 A 诊断试验的整体准确性高于试验 B。

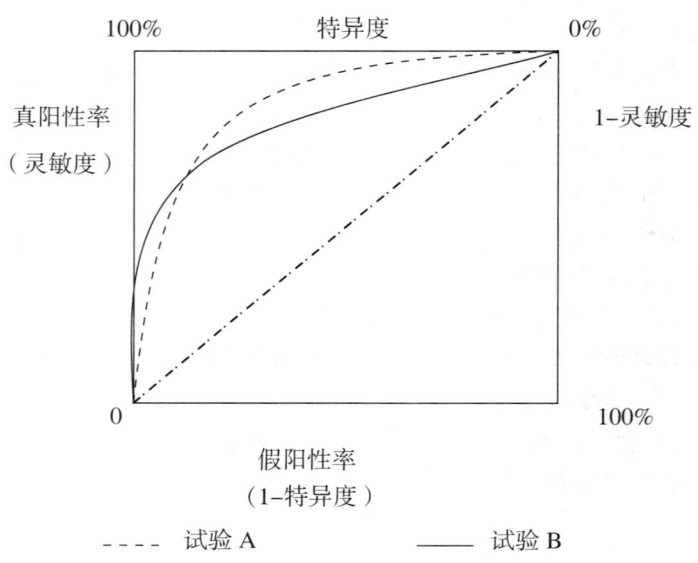

图 9-2　试验 A 和试验 B 用于诊断某一疾病准确性的 ROC 曲线比较

（三）似然比（likelihood ratio，LR）

似然比的定义为：患者中出现某种检查结果的百分比与非患者中出现同类检查结果的百分比的比值，由于对应的检查结果有阳性和阴性之分，因此，似然比又可分为阳性似然比（likelihood ratio for positive result，LR+）和阴性似然比（likelihood ratio for negative result，LR−）。阳性似然比表示，患者出现阳性结果的机会相较非患者出现阳性结果机会的倍数；阴性似然比表示，患者出现阴性结果的机会相较非患者出现阴性结果的机会的倍数。其计算公式如下：

$$LR+ = 灵敏度 / 误诊率 = 灵敏度 / (1 - 特异度)$$
$$LR- = 漏诊率 / 特异度 = (1 - 灵敏度) / 特异度$$

当检查结果为连续变量时，一般需要把连续变量转换成 3～5 个等级的变量，然后计算各等级检查结果的似然比。表 9-2 数据显示了不同血清 CK 水平诊断急性心肌梗死时的似然比。230 例金标准判定的患者中 118 例血清 CK 水平介于 80～239U/L，占总患者人数的 0.5130；而 130 例金标准判定的非患者中 15 例血清 CK 水平介于 80～239U/L，占非患者人数的 0.1154。因此，血清 CK 水平在 80～239U/L 间时的似然比约等于 4.45（0.5130/0.1154），提示有急性心肌梗死的患者出现血清 CK 水平在 80～239U 的机会是没有急性心肌梗死的患者的 4.45 倍。

对于受检者而言，检查结果对应的似然比大于 1 时，提示其患诊断目标疾病的机会大于未患该病的机会；似然比等于 1 时，提示受检者患病的机会和未患该病的机会相等；似然比小于 1 时，提示未患该病的机会大于患该病的机会。

总之，似然比是综合利用灵敏度和特异度信息的指标，且不受患病率的影响。无论诊断试验的结果是等级变量还是连续变量，理论上每个测量等级都可以计算出相应的似然比，通过比较这些似然比，可以全面考查不同试验检测值的诊断意义。除了可以更好地利用连续变量和等级变量进行更准确的诊断外，似然比的最大优点是，利用疾病的验前概率及其检查结果的似然比可以十分方便地估计受检者患某病的概率（详见后文"研究结果的意义"）。

（四）其他指标

在比较不同检查方法准确性时，采用单个准确性的指标比采用一对灵敏度和特异度的指标相对容易。当检查结果是二分变量时，综合灵敏度和特异度信息的指标有一致率和 Youden 指数。

一致率（consistency）是指整个样本中真阳性数和真阴性数所占的百分比，其计算公式为：

$$一致率 = (TP+TN) / N = (灵敏度 \times 患病率) + [特异度 \times (1 - 患病率)]$$

一致率的缺点是：①其大小依赖于患病率，所以同一诊断试验用于不同患病率人群，其一致率不同。②不能区分误诊率和漏诊率。例如，试验 A 的灵敏度为 100%，特异度为 0%；试验 B 的灵敏度为 0%，特异度为 100%，被诊断的研究人群的患病率为 50%，由此得到的试验 A 和试验 B 的一致率均为 50%。然而，两种情况下受检者接受的处理将完全不同。③一致率与灵敏度和特异度一样，也会受诊断切分点的影响，不同诊断切分点下，其一致率不同。

Youden 指数 =（灵敏度 + 特异度 − 1），取值范围在 0～1。Youden 指数的数值反映的是相对非患者而言，患者诊断试验为阳性结果的可能性。Youden 指数不受研究对象所在人群的患病率的影响，但其大小会受诊断切分点变动的影响，同样也不能区分误诊率和漏诊率。

由于这些指标只能用来估计和比较试验检查采用某切分点时的整体准确性，不能同时比较不同切分点时的准确性，因此，真正可以比较两个试验整体准确性的方法是比较它们的 ROC 下面积；更重要的是，一致性和 Youden 指数都不能用来方便地估计验后概率，而验后概率才是临床医生在解释诊断结果时直接需要的信息。临床医生的主要任务不是估计和比较诊断准确性的指标，而是利用研究提供的关于诊断准确性的信息去估计验后概率。基于这两个理由，本章不再对此类准确性指标做详细描述和分析。

第九章　如何解读关于诊断方法准确性的研究

四、解读诊断方法准确性的研究

与评价其他文献类似，诊断方法准确性研究的评价也包括研究的质量、研究结果的意义以及研究结果在医疗实践中的适用性3个主要方面（表9-5）。

表9-5　诊断试验准确性研究评价要点

1. 研究质量
（1）采用的是何种研究设计？
（2）研究对象是否具有代表性？
（3）"金标准"的使用是否合理？
（4）是否使用了盲法？
（5）分析时是否控制了偏倚？
（6）是否提供了准确性指标估计值的精度？
（7）是否对试验方法有清楚的表述？
2. 研究结果的意义
（1）诊断试验的准确性有多大？
（2）诊断试验结果是否有助于我们做进一步的临床决策？
3. 研究结果在医疗实践中的适用性
（1）该研究的对象与您接诊的患者情况类似吗？
（2）该研究的医疗环境与您的临床工作环境类似吗？

（一）研究质量

评价一个研究的质量首先要关注这个研究结果的真实性和可靠性，或者说研究对误差控制的优劣。研究误差可来自研究的设计、实施和分析的各个阶段。一般来说，评价诊断试验准确性研究的质量需要关注以下几点。

1. 采用的是何种研究设计？

诊断试验准确性研究常用横断面研究和病例对照研究两种方法。

（1）横断面研究（cross-sectional study）：是指在特定时点或时期，对确定的研究对象样本同时做待评价的诊断试验以及"金标准"测量，从而获得诊断试验结果与疾病"金标准"诊断之间的关系。例如，通过连续招募2009年1月1日—12月31日，在北京市某三甲医院急诊科就诊的所有疑似急性心肌梗死的患者，探讨血清肌钙蛋白Ⅰ对于诊断急性心肌梗死的准确性。研究对象招募时，研究者并不知道他们是否发生了心肌梗死，只是在一个时间点上、一次性收集他们的血清肌钙蛋白Ⅰ和金标准检查结果，据此分析血清肌钙蛋白Ⅰ在心肌梗死诊断上的准确性，这种研究方法就是横断面研究。

其优点是：通常横断面设计只对研究对象进行一次"观察"，容易实施；能同时观测多种诊断试验与疾病间的关系；节约人力、物力和时间。缺点是：不适用于患病率低的疾病，以及太危险、太具侵犯性、价格太昂贵或患者难以接受的诊断试验或金标准。

（2）病例对照研究（case-control study）：病例对照研究按照招募病例的方法不同分为两种。

一种是先按照金标准选择一组患者群（即病例组）和一组未患此疾病的人群（即对照组）；然后对每一研究对象进行待评价的诊断试验检查，比较病例组和对照组检查结果的差别，从而估计该诊断检查的准确性。这种按照金标准招募病例和对照的研究方法又称为病例参照法（case-referent approach）或金标准招募法。金标准招募法适用于临床上已经存在的一些用金标准确诊或排除患某类疾病患者的情况，或金标准比较容易进行的情况。例如，在评价CT对于胰腺癌的诊断准确性的研究中，由于胰腺癌的诊断金标准是手术/病理（有创的诊断过程），因此在招募研究对象时，应首先选择一批已经手术后确诊或排除胰腺癌的患者作为研究对象，然后再在其中选择术前有 CT 检查结果的患者作为研究对象，按照手术诊断结果组成病例组和对照组，比较两组术前 CT 诊断来评价该方法诊断胰腺癌的准确性。

另一种病例对照研究是根据待评价的诊断试验的结果招募研究对象，即按试验结果的阳性和阴性分别招募研究对象的方法组成"病例组"和"对照组"，然后对每一研究对象进行金标准检查，进而估计诊断的准确性，这种方法也称为试验检查招募法（test-based enrollment）。例如我们想评价用临床主诉"乏力"来诊断贫血的准确性，可以根据临床资料定义"乏力"患者标准，分别从临床就诊者中招募"乏力"和"不乏力"的两组研究对象，对这两组人群行红细胞相关检查（"金标准"）来诊断他们是否患有贫血，这样就可以评价用临床主诉"乏力"来判断患者是否患有贫血的准确性。试验检查招募法适用于待评价试验很容易接受而金标准很昂贵或较难进行的研究。

用病例对照研究来评价诊断试验的优点是：所需人力物力较少，尤其适于罕见病的研究。缺点是：很难保证选择的对照组能代表目标人群（参见后面关于研究对象的内容），因此会给结果带入偏倚。此外，按照试验检查结果招募对象时，如果金标准检查方法有创、高危，那么对待评价诊断试验阴性的对照组进行金标准检查，就会受到包括伦理在内的种种限制。

2．研究对象是否具有代表性？

研究对象的"代表性"，是指诊断试验准确性研究中纳入的研究对象应该与临床实践中需要使用该试验的就诊者类似，特别是在影响疾病发生和诊断的一些重要特征方面应该类似。

如选用金标准招募法时，病例组为金标准确诊的"患病"者，对照组为经"金标准"确定的"未患病"者；理论上，病例组应该囊括相关各型病例，如典型的和不典型的病例，早、中、晚期病例，轻、中、重型病例，甚至有时需要考虑有无并发症等，同时各型病例的比例最好也与常见的临床就诊人群一致。但实际研究中不可能涵盖所有可能需要该检查方法的人群（有些研究对象的临床特征也是未知的），所以一篇好的研究文献必须明确陈述研究招募的对象的定义、临床特征、诊断标准，以及招募的方法。同时，为了达到诊断试验用于鉴别诊断的目的，准确性研究的参照组中还须包括容易与该疾病混淆的其他疾病患者，不能刻意选择容易鉴别的人群（如健康人群），否则容易歪曲待评价的方法的准确性。

以癌胚抗原（CEA）诊断试验为例。早年研究者们一直把 CEA 视为结直肠癌特有标志物用于临床诊断。但随着后续研究的不断完善，CEA 检查作为确诊结直肠癌指标的准确性受到质疑。进一步回顾发表的文献，发现最初用于诊断结直肠癌的 CEA 诊断试验中，病例组为进展期结直肠癌患者，而参照组为非肿瘤患者，因此发现 CEA 检查作为进展期结直肠癌的确诊试验具有极高的准确性。但如果将其他肿瘤患者纳为参照组时，CEA 水平的高低就不能很好地区分进展期结直肠癌与非进展期结直肠癌或其他肿瘤[3]。

3．"金标准"的使用是否合理？

诊断试验准确性评价研究中使用的"金标准"通常比较昂贵和（或）有风险，因此诊断试验研究有时会面临伦理学限制。让诊断试验结果异常的受检者进一步做"金标准"检查（例如活检病理检查），无论从受检者依从性上，还是从伦理上都容易通过；而对诊断试验阴性的研究对象，则不易进行。因此，试验阴性组是否"患病"，可能需要用其他方法来判定。临床上常使用"随访数年后，研究对象是否发展为患者"作为诊断试验阴性者判断疾病状态的"金标准"。此种情况下试验阳性者和阴性者所使用的"金标准"就有所不同。另外，诊断试验阳性和阴性的人群，被随访的可能性也不同。以上诸多不同均可导致确证偏倚（verification bias）。

此外，需要注意的是，以随访作为金标准时，随访的时间不能太短，否则可能低估实际的疾病情况（未进展到可供临床诊断的阶段）；但随访时间较长也会因失访等问题带来其他研究误差。

需要强调的是，如前文所述，金标准诊断中绝对不应使用待评价的检查方法的结果，否则会夸大待评价的检查方法的准确性。

4. 是否使用了盲法？

理论上，每位研究对象都应同时接受待评价的诊断试验与"金标准"试验的检查；且结果判断均应采用盲法，即判断试验结果的人和判断金标准结果的人，都不应知道该受检者另外一种检查/诊断的结果，以尽量减少两类结果相互参照造成的偏倚。

5. 分析时是否控制了偏倚？

当患者和非患者在某些与疾病和诊断相关的特征上，如年龄、性别等方面不具可比性时，需要分层分析或利用 logistic 回归对混杂因素进行控制后估计灵敏度和（或）特异度模型。

6. 是否提供了准确度指标的估计值精度？

评价诊断试验真实性的各种指标（灵敏度、特异度、似然比等），大多是用患病或未患病的人组成的研究样本计算出来的数值，这些数值又称点估计值。即使研究没有偏倚，但因随机误差，同样的样本量下重复研究得到的点估计值都不会完全一样，点估计值波动范围大小反映了研究随机误差的大小或者精度高低。我们可以根据二项分布理论，计算这些点估计值的可信区间（confidence interval，CI）来表示指标的随机误差或精度。详细内容请参见相关统计学书籍。

7. 是否对试验方法有清晰的描述？

研究文献中应该对诊断试验实施的条件，研究对象特征及招募方法，诊断试验所需材料、操作步骤与方法，注意事项，所得结果的意义，以及所得试验结果的判读等均有明确阐述，以便读者可以结合本单位情况决定是否开展该诊断试验，可以按标准程序操作，保证试验结果的可重复性。

总之，一个好的诊断试验评价研究应该根据研究问题选用合适的研究设计，如病例对照研究或横断面研究；研究对象应尽可能代表临床实践中需要使用该试验的就诊者，即病例组应尽量囊括各型病例，而对照组应尽量包括与该疾病容易混淆的其他临床病种；理论上所有的病例和对照都应复用同样的金标准；判读金标准和诊断试验结果时均应使用盲法。

（二）研究结果的意义

临床医生日常工作中面对的主要问题不是利用金标准估计一项诊断试验的准确性，而是利用研究文献提供的该试验准确性信息，得到疾病存在概率，对受试者检查结果进行解释。

选择某项检查后，医生首先需要知道的是：如果该检查结果异常（阳性），受检者患目标疾病的可能性有多大？如果该检查结果正常（阴性），该患者未患目标疾病的可能性又有多大？以及如果该检查结果为阳性，受检者实际上也可能未患目标疾病（假阳性）的风险有多少？如果检查结果阴性，受检者可能仍是患者（假阴性）的风险又是多少？上述问题其实就是"预测值"或者检查后患病概率（验后概率）的问题。

诊断试验的阳性预测值（positive predictive value，PPV）是指该试验阳性的受检者中真正患目标疾病的患者比例（又称检查阳性者患病概率），它表示阳性结果时受检者患目标疾病的机会的大小；阴性预测值（negative predictive value，NPV）是指所有试验阴性的受检者中，真正未患目标疾病的人数比例（又称检查阴性者未患病概率），即阴性结果时不存在目标疾病的机会的大小。

如前所述，似然比可以方便地帮助估计验后概率。利用似然比估计验后概率的过程一般是这样的：首先从文献中获得关于某个诊断试验的灵敏度、特异度，计算相应的似然比；或者直接获得似然比数据，根据自己患者的检查结果找到对应的似然比；其次，再从研究文献或自己医院的就诊者资料中，获得与自己医院相似的就诊人群中目标疾病的患病率（又称验前概率）；最后，按照下列公式估计自己的患者真正患病的验后概率。

假设验前概率（就诊人群患病率）为 P，自己患者的检查结果对应的似然比为 LR，设

$A = LR \times P / (1 - P)$，则该患者患有某病的验后概率为：

患有目标疾病的验后概率 $= A / (A + 1)$

例如，在表 9-2 的实例中，如果接受血清 CK 水平检验的人群中患急性心肌梗死的概率为 20%，某人血清 CK 水平检查结果为 200U/L，该结果对应的似然比是 54.78。用上述公式计算，$A = 54.78 \times 0.2 / (1 - 0.2) = 13.7$，此患者的验后概率应为 $13.7 / (13.7+1) = 93\%$，即该患者患急性心肌梗死的概率约为 93%，无心肌梗死的概率为 7%，患者目前血清 CK 水平提示该就诊者有急性心肌梗死的可能性非常大。

除了上述计算方法外，在临床工作中我们还可以使用似然比检验后概率估计图（图 9-3），更便捷地估计验后概率。回到上面的例子，先在似然比检验后概率图中左侧验前概率线上找到 20%，在中间似然比线上找到近似 54.78 的值，连接两点划一条直线，该直线与右侧验后概率线的交叉点就是该患者的验后概率。使用该图估算，此患者（A）的验后概率略低于 95%，即该患者患急性心肌梗死的概率约为 95%，无心肌梗死的概率为 5%。同理，如果在相同的被检人群中，另一患者（B）血清 CK 检查结果为 150 U/L，对应的似然比是 4.45，则在图 9-3 中连接左侧验前概率线上的 20% 和中间似然比线上的 4.45 划一直线，该直线与右侧验后概率的交叉点大致位于 60% 下面，显示该患者患急性心肌梗死的验后概率低于 60%（精确计算值为 53%），相对于前一位受检者而言，该患者急性心肌梗死的可能性小多了。但这种验后概率又不足以排除急性心肌梗死，故临床往往需要再做进一步检查，或者密切随访观察血清 CK 值的变化，才能明确诊断。

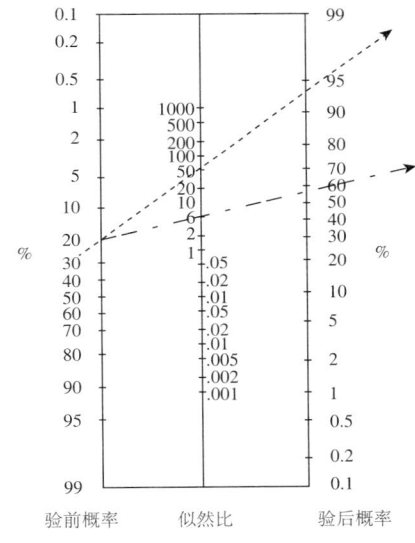

图 9-3　利用验前概率和似然比估计验后概率

诊断试验的阳性预测值和阴性预测值都会随受检人群患病率的变化而改变。由图 9-3 可以看出，对于同一诊断试验，在相同的似然比下，随着被检人群患病率（即验前概率）的增加，被检者有急性心肌梗死的可能性（图中的验后概率，或阳性预测值）将增加；反之，则验后概率下降。表 9-6 更详细展现了这一特点。

表9-6 预测值与患病率的关系（灵敏度=95%，特异度=95%）

	被检人群患病率（%）										
	99	90	80	70	60	50	40	30	20	10	1	0.1
PPV（%）	99.9	99.4	99	98	97	95	93	89	83	68	16	2
NPV（%）	16	68	83	89	93	95	97	98	99	99.4	99.9	99.99

注：PPV = 阳性预测值；NPV = 阴性预测值

由表9-6可以看出，在相同的灵敏度和特异度下，阳性预测值随患病率的增加而增加，而阴性预测值随患病率增加而降低。因此，在患病率很高的人群中使用该诊断方法时，阳性结果对确诊该疾病意义很大，而阴性结果对排除目标疾病的意义不大；当患病率很低时，使用同样的诊断方法，则是阴性结果对排除该疾病意义更大，而阳性结果诊断目标疾病的意义不大。临床工作中，将同样的诊断方法用在基层社区医院和用在三级甲等医院，其诊断价值可能不同，原因之一就是在这两类医院中，受检者真正患目标疾病的概率可能非常不同。

另外，无论是什么疾病，无论检查的准确度如何，只有当疾病的验前概率在50%左右时，一项检查对诊断或排除目标疾病的贡献才是最大的，此时才最有用。

（三）研究结果在医疗实践中的适用性

即使一个准确性评价研究质量可靠，但要确定诊断试验是否适用于你的待诊患者时，仍需要回答下列问题。

1. 该研究的对象与你接诊的患者情况类似吗？

诊断准确性试验的性质会随着研究对象的特征（如疾病谱）不同而不同。当研究对象均为患有严重疾病的患者时，所用诊断试验的灵敏度结果会比于临床实际应用时高，反之则低。因此，只有在临床中遇到的患者与文献中的研究对象性质相似时，才能将文献中诊断试验准确性数据类推于临床。

2. 该研究的医疗环境与你的临床工作环境类似吗？

医疗环境，包括文献中的医院水平与你所在的医院水平的比较，包括诊断试验所用检测方法的可获得性、检测试验技术人员的技术水平等，这些都会影响到文献所述诊断试验在你的患者诊断中的应用。

譬如文献报道CT用于诊断急性阑尾炎准确度可达90%以上，但是否能直接应用到你所在的医院中一位右下腹疼痛的育龄女性的急性阑尾炎的诊断中？医院的技术水平是否相当是关键。

一般而言，到三级甲等医院就诊的急性阑尾炎患者，其严重程度可能要高于一级医院，而灵敏度、特异度等指标和病情轻重程度密切相关。此外，文献中提到的CT仪器型号是否与你所在医院的型号相似？如果不同，是否具有可比性？因为不同型号CT分辨率差别较大。同是CT，可以是单排或多排螺旋；同样是螺旋CT，可以是8排或64排，甚至128排，其采集的数据信息量及软件支持度都差别甚大。另外，大型医疗中心放射科医生经常判读CT影像结果，而基层医院放射科医生很少有机会判读CT片，他们解读的结果和经验往往会有差异。所以，即便不考虑患者转诊偏倚，大型医疗中心有经验操作者得出的结果，与基层诊所同样型号CT检查得出的结果一般也会有所不同，故不能简单类推。

总而言之，你面对的患者和所处的医疗环境，与文献所述越接近，文献结果越可类推到你的患者的诊断上。

五、解读实例

回到本章开头的场景描述。对于这位就诊的育龄妇女，其B超结果尚不能确诊或排除急性阑尾炎，会诊医生建议使用螺旋 CT 协助进一步检查。因此，你需要考虑的问题是：螺旋 CT 在诊断育龄妇女急性阑尾炎方面的准确性如何？能否通过螺旋 CT 结果确诊或排除急性阑尾炎？

为回答该问题，你在 PubBed 的"clinical queries"下选择"diagnosis"及"narrow specificity"，并同时使用检索词"appendicitis"和"computed tomography"，将文献语言限制在"english"，发表年代限制在"1999—present（2009/11/18）发表的，同时具有摘要的文献"，结果共检索到 88 篇，其中 5 篇为综述。对文献摘要进行评价后，我们发现其中一篇综述是"评价 CT 和 B 超对于成人及儿童急性阑尾炎诊断准确性研究"，该综述评价了 1966—2003 年间，已发表的成人及儿童急性阑尾炎诊断中应用 CT 检查的诊断准确性研究；同时发现所有关于螺旋 CT 诊断成人阑尾炎的准确性研究中，只有一篇发表于 1999 年的文献是关于"应用 CT 来鉴别阑尾炎和妇科疾病诊断"[4]。阅读该文后你认为其医院环境及患者情况与你的患者最为接近，故该文章最有可能回答你的问题。

我们按照本章介绍的文献解读原则来评价一下这篇文献：首先我们要判断这篇文章的研究质量如何，还要判断其结果的临床适用性。

（一）研究质量

1．采用了何种研究设计？

研究者选择了 1997 年 10 月—1998 年 3 月，以"急性下腹痛"为主诉到波士顿麻省总医院急诊室就诊的 100 位非孕期的女性作为研究对象，入选标准为具有两个或两个以上的与阑尾炎相关的症状或体征，所有的研究对象都进行了 CT 检查以及金标准判断是否患有阑尾炎。该研究设计可以认为是横断面研究。

2．研究对象的选择是否具有代表性？

该研究对象样本年龄跨度为 11～63 岁，平均年龄 28 岁，21 位年龄小于 18 岁，所有对象均具有两个或两个以上与阑尾炎或急性妇科疾病相关的症状或体征。但是这 100 位研究对象不全是育龄妇女，只是"非孕期女性"的样本。如果年龄不是急性阑尾炎诊断的重要影响因素，这个研究的结果还是可以参考的。

3．"金标准"的使用是否合理？

100 位研究对象因治疗不同被分为 2 组，其后各自使用了不同的金标准。41 名行手术治疗的患者中，手术和病理结果为其金标准；其余 59 名未行手术的患者，临床随访结果（包括 CT 检查后 2 个月内的门诊随访，以及电话随访）为其金标准。但是该文献中没有详细描述随访的情况，是依据症状还是依据再次 CT 检查作为金标准？这是该文献的缺点之一。

4．是否使用了盲法？

研究者只报道由住院医师或急诊放射科医生来确定 CT 结果，没有说明在病理医生判读手术标本以及临床医生判断随访结果时是否参考了 CT 结果，因此无法判断该研究的结果判断中是否使用了盲法。

5．分析时是否控制了混杂偏倚因素？

虽然研究对象年龄跨度比较大，而且女性儿童或少年急性下腹痛需要鉴别诊断的疾病谱与成年女性不同，因此分析时若考虑分层可能会更合适。但该研究可能由于样本量所限，没有按照年龄进行分层分析。

6．是否提供了准确度的数值精度？

该研究给出了灵敏度、特异度等多个准确度指标的标准误和 95% CI。

7．是否说明了试验是如何操作的？

该文详细地描述了如何根据 CT 结果判定或排除患者为急性阑尾炎，为其他研究者提供了参考。

第九章 如何解读关于诊断方法准确性的研究

虽然该研究存在一些缺陷，但是，从文献检索结果看，该文发表之后，很多国家及地区也在其他急性下腹痛人群（如未成年人、老年人、孕妇）中开展了类似CT诊断准确性的研究。直到2010年为止，这类研究结果都是一致认为CT用于急性下腹痛患者具有较高的诊断准确性，部分小样本研究的敏感性和特异度甚至可达100%。

（二）CT用于诊断急性阑尾炎的准确性如何

1. CT诊断阑尾炎灵敏度和特异度

该研究报告结果如表9-7所示。

表9-7 应用CT检查诊断急性阑尾炎结果

CT检验	金标准（手术或随诊）		合计
	急性阑尾炎	非急性阑尾炎	
阳性（+）	32（100%）	2（2.94%）	34
阴性（-）	0（0%）	66（97.06%）	66
合计	32（100%）	68（100.00%）	100

CT诊断灵敏度 = TP／(TP + FN) = 32／(32 + 0) = 100.00%

CT诊断特异度 = TN／(TN + FP) = 66／(66 + 2) = 97.06%

以上是对灵敏度和特异度的点估计值。可以看出CT诊断急性阑尾炎的灵敏度和特异度都很高。

2. 准确度测量结果的精度

该研究报告的灵敏度的95% CI为89.1% ~ 100%；特异度的95% CI为89.8% ~ 99.6%。说明在这个样本量下，灵敏度、特异度的估计值可能有10%左右的波动。

3. 似然比

事实上，临床医生最关心的是，如果这位患者CT检查结果阳性或者阴性，她能否被诊断或排除急性阑尾炎，也就是说，她患急性阑尾炎的概率有多大。我们选择该文献报告的点估计值来计算CT诊断急性阑尾炎的似然比：

阳性似然比（LR+）= 灵敏度／(1 − 特异度)
　　　　　　　　 = 100%／(100% − 97.06%)
　　　　　　　　 = 34.0

阴性似然比（LR−）= (1 − 灵敏度)／特异度
　　　　　　　　 = (100% − 100%)／97.06%
　　　　　　　　 = 0

结果提示急性阑尾炎患者CT显示阑尾异常的可能性比非急性阑尾炎患者高30多倍；而阑尾炎患者几乎不大可能出现阑尾正常的CT影像。

值得注意的是，点估计值可以在某个范围内波动。例如，该研究报告显示CT检查诊断急性阑尾炎的灵敏度有可能低到89%，特异度可能低到90%左右，则据此推算的似然比也会随之改变。

（三）如何根据CT检查结果来判断自己的患者有阑尾炎的可能性

要做出这个判断，除了估计CT检查的阳性似然比和阴性似然比之外，还需要知道你所面对的急性下腹痛育龄期女性就诊人群急性阑尾炎的患病率。你可以根据自己医院积累的资料估算类似就诊者急性阑尾炎的患病率，也可通过检索文献获得。

你检索到一篇综述，作者收集了1966—2006年间，Medline、Embase、CINAHL及Cochrane数据库资料，通过meta分析显示，因右下腹痛就诊的育龄期女性急性阑尾炎的患病率约为

50%（13% ～ 77%）[2]。

假定我们使用 50% 作为育龄期急性下腹痛女性患急性阑尾炎的患病率，那么通过 CT 检查"阑尾异常"判断"育龄期急性下腹痛女性患急性阑尾炎"的概率估算过程就是：

步骤一：验前概率（患病率）= 50%

步骤二：LR+ =34（见上）

步骤三：A = 34×0.5/(1−0.5) = 34 ［公式见本章四（二）中］

步骤四：该患者 CT 检查结果阳性的验后概率（检查阳性者患急性阑尾炎的概率，阳性预测值）=A/(A + 1) =34/(1 + 34) = 34/35 = 0.97，不患该病的概率为 0.03。

同理可以推算出如果 CT 检查结果为阴性时的验后概率（检查阴性者患急性阑尾炎的概率）为 0，即不患该病概率（阴性预测值）为 1 − 0 = 1。

这些数字的意义就是：如果该妇女 CT 检查结果为阳性，则其患急性阑尾炎的可能性为 97%，未患该病的可能性为 3%；如果 CT 检查结果为阴性，则没有患急性阑尾炎的可能性为 100%。可见，CT 检查对判断"育龄期急性下腹痛妇女患急性阑尾炎"有很好的价值。

不过，临床医生必须考虑到，文献中报告的患病率与自己面对的人群患病率很可能不同。你可以在可能的范围内用不同的患病率来计算你的患者的阳性预测值和（或）阴性预测值，估计出患病率在可能的变动范围内对检查后患病概率（预测值）的影响有多大，从而为你的临床诊断提供更进一步的参考。

（四）结果的适用性及就诊者安排

1. 结果的适用性

你的患者为育龄期妇女，同时与该文献中提到的研究对象就诊时症状和特征相同，假如你所在的医院与该文献中提到的医院的临床条件也具有可比性，如你所在医院的 CT 室医生的读片能力应该与文献中报道的医科大学附属医院的 CT 室医生能力相当，就可以考虑应用该文献提供的 CT 诊断阑尾炎的灵敏度和特异度数据对你的患者进行诊断。

2. 就诊者安排

鉴于对上述文献结果的审慎评价，另有多篇文献验证 CT 在诊断不典型下腹痛的急性阑尾炎方面的准确度很高，更考虑到症状不典型的急性阑尾炎患者延误治疗后果严重（阑尾穿孔率增加，住院时间延长，甚至可能死亡），你决定为自己的患者安排 CT 检查来进一步诊断和排除急性阑尾炎。该患者 CT 结果也诊断其为"急性阑尾炎"。

接诊 2 小时后，患者右下腹痛进行性加剧。再行血常规检查时，发现血 WBC 16×10^9/L。患者最终进行了手术治疗。术后诊断：急性坏疽性阑尾炎，部分阑尾壁薄接近穿孔。因为诊断及时、手术顺利，患者术后 3 天出院，随诊恢复良好。

六、本章概要

审慎地评价某个诊断试验的准确性，是恰当理解其结果的意义、进行正确诊断、合理并及时治疗的前提。

解读诊断试验准确性研究的结果，首先要熟悉描述诊断试验准确性的常用指标的特性，特别是和临床应用密切相关的灵敏度、特异度及似然比。更重要的是，还要会评价诊断试验准确性研究的质量，包括：①研究采用的是何种研究设计？②研究对象的选择是否具有代表性？③"金标准"的定义是否合理？④是否使用了盲法？⑤分析时是否控制了偏倚？⑥是否提供了准确性估计值的精度？在使用某些非常规诊断技术时，还应该看作者是否对该诊断试验如何操作加以说明等。同时，临床医生还需要把诊断试验准确性研究使用的研究对象的特征、诊治环境、医生的技能和经验等因素，与自己实际的临床实践环境进行比较，以判断研究结果对自己临床工作的适用性。

参考文献

[1] Nakhgevany KB, Clarke LE. Acute appendicitis in women of childbearing age. Arch Surg. 1986, 121: 1053-1055.

[2] Randen AV, Bipat S, Zwinderman AK, et al. Acute appendicitis: meta analysis of diagnostics performance of CT and graded compression US related to prevalence of disease. Radiology. 2008, 249: 97-106.

[3] Fletcher RH. Carcinoembryonic antigen. Annals of Internal Medicine. 1986, 104: 66-73.

[4] Rao PM, Feltmate CM, Rhea JT, et al. Helical computed tomograph in differentiating appendicitis and acute gynecologic conditions. Obstet Gynecol. 1999, 93: 417-421.

练 习 题

【名词解释】

1．灵敏度
2．特异度
3．阳性预测值
4．阴性预测值
5．似然比
6．诊断切分点
7．ROC 曲线
8．疾病的验前概率
9．疾病的验后概率
10．假阳性率
11．假阴性率

【选择题】

1．两名儿科医生拟比较一种新的检测链球菌感染的实验室方法的优劣。张医生用传统方法检测，其灵敏度是90%，特异度是96%。王医生用新技术检测，其灵敏度和特异度均是96%。如果200位患者同时进行了上述检测，下面哪项叙述正确

 A．张医生组正确发现患者数比王医生组多

 B．张医生组正确发现患者数比王医生组少

 C．张医生组正确排除非链球菌感染的人数比王医生组多

 D．张医生组正确排除非链球菌感染的人数比王医生组少

2．胰腺癌的发病率为（5～10）/100000。有一研究者想探讨 CA199 用于诊断胰腺癌的准确性，其金标准为手术后病理诊断。以下哪一种研究设计方法最合适

 A．横断面研究

 B．病例对照研究，且样本入选方法为金标准招募法

 C．病例对照研究，且样本入选方法为试验检查招募法

 D．随机对照双盲临床试验

3．某研究者拟采用病例对照研究来探讨某种血清学指标用于诊断结肠癌的准确性，其病例应为

 A．进展期结肠癌患者

 B．非进展期结肠癌患者

 C．同时包括进展期和非进展期结肠癌患者

 D．选择病例时不需考虑入选病例结肠癌的进展期状况

4．用乳腺 X 线片诊断乳腺癌的诊断准确性研究中，病例为乳腺癌患者，对照为非乳腺癌患者，获得阳性似然比 LR+ 为 1.72，其代表的意义是

 A．乳腺癌患者在乳腺 X 线检查中阳性结果的概率是非乳腺癌患者的 1.72 倍

 B．乳腺 X 线检查阳性结果者最终确诊为乳腺癌的可能性是非癌患者的 1.72 倍

C．以上结果都不对
D．以上结果都对
5．下面哪个评价诊断试验准确性指标与诊断人群的患病率有关
 A．灵敏度
 B．特异度

C．一致率
D．Youden 指数

【问答题】

1．诊断试验准确性研究常用的研究设计有哪些？适用性如何？
2．评价诊断试验准确性常用的指标有哪些？
3．使用灵敏度和特异度作为诊断试验准确性的指标有何优缺点？
4．什么是 ROC 曲线？其在诊断试验准确性研究中的意义如何？
5．如果想回答"大肠镜在结肠癌诊断中的价值"这个诊断问题，请采用病例对照研究方法设计一个诊断试验准确性研究，包括如何确定研究对象、诊断方法、金标准等。
6．诊断试验准确性研究的质量评价需要注意哪些问题？
7．如果你是一名临床医生，如何评价一项诊断试验准确性研究对你临床实践的指导价值？
8．什么是诊断试验准确性研究中的金标准？金标准的选择方式有哪些？其对我们判断一项诊断试验的准确性有何影响？
9．什么是似然比？与灵敏度和特异度比较，用似然比评价诊断试验的准确性的优点是什么？
10．什么是验前概率和验后概率？试举例说明如何利用似然比估计验后概率。

【计算题】

1．对 2008—2009 年到某医院连续就诊的怀疑为某癌症的 191 名患者采用某试验进行诊断，试验阳性者 136 人。病理确诊（金标准）癌症患者 126 人。结果见下表。

诊断试验		金标准		
		患病	未患病	合计
阳性	+	121	15	136
阴性	−	5	50	55
合计		126	65	191

根据以上信息，请回答以下两个问题：
（1）请结合上表计算该诊断试验的灵敏度、特异度、阳性似然比及阴性似然比。
（2）如果已知该癌症的患病率为 100/100000，请分别估计某患者诊断试验结果为阳性或阴性时患该病的概率。

2．为评价血清铁蛋白用于诊断缺铁性贫血的诊断准确性，招募 2014 年 1 月 1 日—12 月 31 日到某三甲医院就诊的所有疑似缺铁性贫血患者 123 例，在铁剂治疗前进行血清铁蛋白检查和骨髓铁染色（金标准）。结果 50 位骨髓铁染色阳性，其中 42 位血清铁蛋白检测也为阳性。但在其他 73 位骨髓铁染色阴性者中，58 位血清铁蛋白检测为阴性。同时根据历年来医院就诊患者的情况可以估计出到该医院就诊的人群中缺铁性贫血的患病率为 12%。

根据以上信息，请问答以下问题：
（1）血清铁蛋白用于诊断缺铁性贫血的灵敏度是多少？

第九章 如何解读关于诊断方法准确性的研究

（2）血清铁蛋白用于诊断缺铁性贫血的特异度是多少？

（3）如果在该三甲医院就诊的某患者血清铁蛋白诊断结果为阳性，那么该患者真正患缺铁性贫血的可能性是多少？

（4）如果在该三甲医院就诊的某患者血清铁蛋白检查结果为阴性，那么该患者真正未患此疾病的可能性是多少？

（王　丽　严雪敏　廖苏苏[*]）

第十章　如何解读关于疾病预后的前瞻性研究

一、临床情景描述

假设你在一家教学医院的消化科工作。今天你收治了一位 52 岁的男性患者，其主诉是"反复中上腹痛 6 年，腹泻 2 年"。患者在 6 年前确诊为胃溃疡，服用奥美拉唑后病情一度好转，但每次停药都会复发。最近 2 年患者出现腹泻，体重明显下降。2 周前复查胃镜，发现在食管下段、胃小弯、胃窦、十二指肠球部等多个部位均有较大面积的溃疡。进一步检查显示胰体部有一个直径约 2cm 的占位病变，没有发现其他部位转移。最终该患者确诊为胃泌素瘤。外科医师会诊后建议手术切除肿瘤。患者对手术治疗还有一些疑虑，而且他非常想知道胃泌素瘤的患者能生存多久，因为他的收入是家庭主要的生活来源，他希望了解疾病可能的后果，以便能更好地安排家里的生活。

现在你需要回答的问题是：一个中年男性胃泌素瘤患者，在没有发生肿瘤转移的情况下，手术切除肿瘤的预后（特别是术后存活时间）如何？

胃泌素瘤是一种比较罕见的消化道神经内分泌肿瘤，文献报告年发病率仅为 1/100 万。瘤体好发于胆囊、十二指肠降部和胰腺之间的三角区。该肿瘤过度分泌促胃液素，引起胃酸过多，可在消化道的多个部位造成顽固性溃疡。过多的胃酸还可影响肠道的吸收功能，造成腹泻[1]。对于胃泌素瘤这样的罕见疾病，一个医生即使在他一生的临床实践中都很难积累足够的经验，因此需要阅读高质量的临床研究文献，才能全面了解该病的预后，据此做出合理的临床决策。

二、疾病的预后及其重要性

预后系指疾病在某个时点（如症状初发或确定诊断）后的发展过程和转归，即此后可能发生的（好的和坏的）事件以及这些事件发生的机会和时间，既包括疾病的自然转归，也包括在治疗影响下的预后。疾病的自然转归（natural progress of disease）是指在没有任何医疗干预时疾病的自然发展过程，又简称为自然史（natural history of disease）。治疗的目的在于向有利的方向改变疾病的自然转归：或是加速恢复健康的过程，或是预防或推迟更严重事件的发生。因此，如果治疗有效，疾病的自然史会发生改变，从而产生不同的转归。

了解疾病的预后，是诊断疾病后进一步决策需要的重要信息，是医生和患者做出理性行动选择的前提。比如，普通感冒属于自限性疾病，多数患者会在几天或 1 周内自然痊愈，因此很多患者会选择不进行任何治疗。相比之下，很多高血压患者会在未来的几十年内发生心肌梗死和脑卒中等严重后果，如果治疗可以预防或推迟这些不良事件的发生，那么采取治疗将是一个明智的选择。

对疾病预后的描述通常包括以下 3 个方面的内容：①定性预测（该疾病都会产生什么后果）；②定量预测（每种后果发生的可能性有多大）；③时间预测（每种后果会在多长时间内发生）。以胃泌素瘤为例，在众多可能的后果中，患者最关心的往往是该病是否会导致死亡。因此，对死亡的预测应包括：该病是否会导致死亡？死亡会在未来什么时间内发生？在此时间内死亡发生的可能性有多大?

三、研究疾病预后的方法

研究疾病预后的流行病学设计有多种，最理想的是前瞻性研究（prospective study），又称队列研究或定群研究（cohort study）。这类研究属于观察性研究。研究对象是患某种疾病但还没有发生相应预后事件的一组患者。研究者从某一时间点（如疾病确诊时间）开始，对这些患者进行随访观察，收集与预后相关的信息，尤其是研究所关注的预后事件（例如死亡、痊愈、缓解、复发等），确定预后事件发生的数量、时间以及影响因素，阐明疾病发展和转归的特点。

为了使研究结果能更准确地外推到不同的患者群体，除了记录和观察未来将要发生的预后事件外，研究者还会收集影响预后的有关因素（简称预后因素）的信息，并通过亚组或回归分析，分别估计和比较不同特征患者的预后，以供未来给类似的患者参考。

预后因素通常可以分为4类：①患者的基本特征（demographic factors），包括年龄、性别、种族、生物标志物等；②疾病相关的特定因素（disease-specific factors），包括病情严重程度、疾病分型、并发症等，例如胃泌素瘤有无转移、是否已引起消化道出血等；③合并症（co-morbidities），例如胃泌素瘤患者是否同时患有其他慢性疾病，如糖尿病、冠心病等；④治疗措施，包括患者因该病接受的治疗以及因其他疾病接受的治疗。对很多疾病而言，治疗是非常重要的预后因素。例如，及时正确的抗生素治疗可以改善医院获得性肺炎的预后。当然，确定治疗是否可以影响预后，最理想的研究是随机对照试验而不是前瞻性研究。

对同一疾病而言，预后因素与造成疾病发生的危险因素（病因）可能不完全相同。例如吸烟是肺癌的危险因素，吸烟者发生肺癌的危险高于不吸烟者，但有吸烟史的肺癌患者与不吸烟的肺癌患者在临床转归上可能没有很大的差别，因此吸烟史不是肺癌患者的预后因素。当然，某些疾病的病因也是重要的预后因素，例如 BCR-ABL 融合基因是导致慢性粒细胞白血病发病危险增加的重要因素。但与没有该基因的慢性粒细胞白血病患者相比，该基因阳性的患者使用伊马替尼治疗的效果更好，说明该因素既是致病因素也是预后因素，而且其致病作用和影响预后的作用刚好相反。

另外，随机对照试验中的治疗组和对照组（如其他治疗、无治疗和安慰治疗）同样可以提供关于预后的证据，前者提供了试验治疗下的预后信息，后者提供了其他治疗（或无治疗或安慰治疗）下的疾病预后和转归的信息。然而，与临床试验不同的是，前瞻性研究属于观察性研究，它可以研究接受某治疗的所有患者的预后，但这些患者的治疗是医生在实际临床环境下，根据患者的具体需要，按照临床实践常规决定的，而不是像临床试验那样根据研究目的在高度筛选的患者中实施研究规定的治疗。因此，在提供预后的证据方面，前瞻性研究结果可能更能反映临床实际情况，更能代表多种特征患者的整体预后。

四、解读疾病预后的前瞻性研究

与评价其他文献相似，预后研究的评估也包括以下3个方面：研究质量如何？研究的结果是什么？结果在实际医疗条件下的适用性怎样？表10-1总结了评价预后的前瞻性研究的主要内容。

表10-1　评价预后的前瞻性研究要点

一、研究质量
　　1. 研究对象是否具有代表性？
　　2. 观察时间是否足够长？
　　3. 失访是否严重？失访的原因是什么？
　　4. 预后指标的定义是否明确？其测量有无偏倚？
　　5. 比较时是否控制了混杂因素？
　　6. 结果的可重复性如何？
二、研究结果
　　1. 在一定时间段内某预后事件发生的机会有多大？
　　2. 预后事件发生率的估算是否精确？
三、评价结果的适用性
　　1. 该研究对象与我的患者特征相似吗？
　　2. 该研究的环境是否与我的临床工作条件接近？

（一）评价前瞻性预后研究的质量

研究的方法学质量决定了结果的真实性（即可信性）。前瞻性预后研究的质量通常由以下几个方面决定。

1. 研究对象是否具有代表性？

一般来讲，研究对象的代表性主要指纳入研究的患者在预后因素（例如人口学特点、病情轻重、疾病类型、病程早晚等）方面是否与该病整体的患者人群相似。世界上几乎没有一个研究可以代表某种疾病的所有患者。若一项研究选择了某种疾病的不同类型患者，听起来代表性很好，但有将"萝卜白菜"混为一谈的可能，从而掩盖了造成不同患者预后差异的真实原因。多数研究只代表了一类患者的某一部分，因此，研究样本的代表性"好坏"都是相对的，应根据临床实践中实际面对的患者做具体分析。在评价预后研究时，应特别仔细地阅读研究患者的入选标准，应特别关注研究对象与自己的患者在主要预后因素方面的区别，二者区别越小，研究样本对我们自己的患者"代表性"就越高，研究结果就越适用于我们自己的患者。当研究提供亚组分析时，医生应选择和自己患者特征最接近的亚组进行比较，并借鉴该亚组患者的结果，而不是全体患者的结果。

例如研究社区获得性肺炎的预后，若在基层医院征集研究对象，入选的患者可能中青年人居多，病情相对较轻，只要及时治疗，通常预后良好。而如果在大型教学医院募集患者，则研究对象可能以老年人居多，病情相对较重，即使给予正确及时的治疗，病死率也会比较高[2]。这是由于转诊等原因对患者进行了某种"筛选"，从而导致大型医院患者病情往往比基层医院更重、预后更差，这种现象常被称为"转诊偏倚"。因此，用大型医院患者作为预后研究对象获得的结论，其结果更适用于大型医院的患者，不能很好地代表该病患者整体的预后情况，尤其不能代表中小型医院的患者。如果一项研究既包括了大型医院的患者，也包括中小型医院的患者，则应进行亚组分析，分别评估两类医院患者的预后，为不同医院的医生和患者提供借鉴。

除了转诊偏倚外，预后研究还应考虑疾病病程的影响，在制订研究对象入选标准时，应清楚地规定患者进入研究时所处的病程阶段。例如，"首次在医院被诊断为胃泌素瘤、影像学检查没有发现转移的患者""第一次心肌梗死发作后的存活患者""经粪便潜血筛查阳性后结肠镜检查诊断结肠息肉的患者"等。在理想的情况下，同一研究的所有研究对象应处于相同的病程时点上。这样做的好处在于分析预后因素和疾病结局的关系时，能够排除由于病程时点不同对预后造成的影响。例如，首次出现症状后就被诊断为胃泌素瘤的病例，预后一般要好于症状出

第十章　如何解读关于疾病预后的前瞻性研究

现很久才得到诊治的胃泌素瘤患者，原因在于前者处于病程的相对早期。可见，如果预后研究中包括了不同病程阶段的病例（例如恶性肿瘤的预后研究包含了不同分期的患者），则不宜笼统报告全体患者的预后，而要根据病程不同阶段分别报告，才能消除病程的影响，正确揭示病程以外的其他预后因素（例如治疗）与预后的关系。

2. 观察时间是否足够长？

疾病预后的发生需要一定的时间，因此，预后研究的随访时间应该足够长，才能观察到足够多的结局事件。所谓"足够"长是以该病的病情特征和临床预后的需要为着眼点的。特别是某些慢性疾病，如果随访时间不够，观察到的结局事件往往很难代表实际的（长期的、最终的）预后。例如 Barrett 食管在发生癌变之前，食管黏膜层可能在数年甚至更长的时间里都表现为炎症或癌前病变。如果某一关于 Barrett 食管患者癌症发生的研究只进行了 1 年的观察，就可能严重低估该病进展为肿瘤的可能性。

3. 失访是否严重？失访的原因是什么？

前瞻性研究的一个常见的问题是失访。失访就是在研究随访过程中患者"丢失"了，因此研究者无法获知失访患者的预后结局。失访对研究结果的影响有两个层面：①失访率有多高？失访率越高对结果真实性的影响会越大；②哪些患者发生了失访？失访的原因是什么？失访患者的特征是否与预后有关？只有失访者特征与预后相关时，才会对预后的估计产生影响，否则失访只是减少了样本量，影响了预后结果的精确性，不会对其真实性有重大影响。

怎样的失访率属于过高呢？这取决于失访率和预后事件发生率的相互对比，没有一个绝对的标准适用于所有研究。有人提出了"5% 和 20%"的准则，即失访率在 5% 以下时，对结果的影响可能不大；如果失访率大于 20%，则很可能会给研究结果带来某些误差，但也不尽然。假设某一研究想测定一定时间内慢性阻塞性肺疾病（COPD）患者发生呼吸衰竭的可能性有多大，他们随访观察了 100 例患者，到研究结束时，4 例发生呼吸衰竭，16 例失访。如果根据完成随访的病例计算，COPD 引发呼吸衰竭的比例应为 4.8%（4/84）。假设所有失访患者均未发生呼吸衰竭，则该研究中呼吸衰竭的实际发生率应为 4%，这与有失访的情况下计算结果相差不大；但是，如果所有失访患者均发生了呼吸衰竭，则呼吸衰竭的实际发生率就升至 20%。我们无法知道如果该研究没有失访，则呼吸衰竭的真实发生率是多少，但可以推测其真实发生率应该在 4%～20%。在这种情况下，16% 的失访对于估算呼吸衰竭发生率的影响就会很大。如果这个样本中有 21 位患者有呼吸衰竭，同样还是 16 位患者失访，情况又如何呢？读者可以自己估算一下。一般来讲，发生预后结局的频率越低，对随访率的要求就越高。

失访引起偏倚的根本原因在于某些失访可能与预后相关，即失访病例的预后与完成随访的患者预后有显著区别，这个区别可以通过比较他们的预后因素来判断。病情很重或很轻的患者比一般患者更可能失访，前者可能由于病情较重而无法就诊，后者可能因为症状轻微而不愿就诊。失访者与随访者病情轻重比例不同，将直接影响观察到的预后结果的真实性。例如，在一项关于神经症治疗的研究中，研究人员按照随访的难易程度将患者分为两类，其中容易随访的患者其病死率仅为 3%，而其余随访难度较大的患者病死率则高达 27%[3]。因此，一项好的预后研究除了要报告失访率外，还应报告失访的原因，并比较失访病例和随访病例在预后因素方面有无差异。如果没有这些信息，该研究结论的真实性将受到质疑。

4. 预后指标的定义是否明确？其测量有无偏倚？

某些预后指标测量的准确性和可重复性较好，例如死亡、入院、接受某种治疗等。另一些预后指标虽有客观测量方法，但仍需要一定的主观判断，例如心力衰竭的严重程度、死亡原因的判断等。其他一些预后指标可能测量方法更复杂，需要更多的主观判断，例如疼痛程度、生活质量等。预后研究应清楚地描述所使用的预后指标的定义及其测量方法。为了减少主观因素的影响，应对预后结局的测量者设置"盲法"，不让他们知道研究对象的具体特征。否则，预后指标测量的可靠性就值得怀疑。

5．比较时是否控制了混杂因素？

很多预后研究都会比较不同特征的患者预后有无差异。例如，根据术前有无转移将胃泌素瘤患者分为两类，比较其术后生存时间的差别。若研究者想知道"有无转移"是否独立地影响手术后存活时间，就需要在比较两组患者时，同时控制其他预后因素（例如患者年龄、有无并发症、其他基础疾病情况等）的影响。

弗明汉心脏研究（Framingham heart study）曾发现，在风湿性心脏病的心房颤动患者中，脑卒中发病率为每 1000 人年 41 例，与没有风心病的房颤患者相似。但是，风心病的房颤患者比没有风心病的房颤患者明显年轻，而年龄也是影响脑卒中发病率的一个重要因素。为了消除年龄的影响，研究人员对年龄、性别、有无高血压等特征进行了统计学调整，结果发现调整后风心病房颤患者的脑卒中发病率是无风心病房颤患者的 6 倍[4]。在这个例子中，风心病房颤和无风心病房颤两组患者之间年龄存在差异，而年龄增加与脑卒中发病率升高有关，因此年龄就构成了比较两类房颤患者脑卒中发病率的"混杂因素"。要正确分析不同病因的房颤与脑卒中发病率的关系，必须消除年龄的影响。

在预后研究中为了去除混杂因素的影响，可以在研究设计和分析阶段采用不同的方法［例如，限制（restriction）、匹配（matching）、分层分析（stratified analysis）、标化（standardization）、多因素回归分析（multiple regression analysis）等］，适用最广的是多因素回归分析。

6．结果的可重复性如何？

如果研究发现某因素与预后的关联有统计学显著性（例如，P 值小于通常设定的 0.05 的水平），对其他混杂因素也进行了调整控制，我们能否认为该因素会独立地影响预后？答案是：还不能。原因在于，仅仅基于统计学显著性检验建立起来的"关联"，并不能完全排除"偶然机遇"（chance）的影响，更不能代表它们之间存在"因果"关系。如果某个预后因素是首次在一个研究中发现的，我们称该研究中使用的患者样本为"建立假说"的样本或训练样本（derivation set 或 training set）。对这样"首次报告"的研究结果，我们应当特别警惕是否因"偶然机遇"让我们"发现"了这个结果的可能性。为了增加结论的可靠程度，我们至少还需要另外的、独立的患者群体（称为验证样本，test set 或 validation set）验证这一结果。只有首次发现的某个预后因素能够在未来研究中得到验证，才能认为该结论具备了一定的可靠性。有关预后问题的系统综述用特定的方法，分析汇总多个类似的预后研究的结果，因此，一般认为它提供了比单个研究更可靠的证据。

以上讨论的是如何判断前瞻性预后研究的质量。在研究质量可靠的前提下，我们还需要继续评估以下两个问题。

（二）评价预后研究的结果

描述预后结局的指标通常有 3 种：①预后事件发生率：在某个随访时段内某预后事件（如死亡）发生的百分比。例如，5 年病死率为 5%，即 5% 的患者会在 5 年内因该病死亡。未发生某预后事件的患者被视为"生存者"。因此，生存率 = 1 − 发生率。例如，当 5 年病死率为 5% 时，生存率就等于 95%，即 5 年内 95% 的患者不会因该病死亡。②中位生存时间（median survival）：一半随访对象发生预后事件的时间。例如，某疾病的中位生存时间是 2.5 年，即有一半的患者在 2.5 年内会发生预后事件。③生存曲线：描述不同时间段内患者生存概率的曲线，常用的有 Kaplan-Meier 生存曲线。

解读预后研究的结果主要在于获取和理解以下两个方面的信息。

1．在一定时间段内某预后事件发生的机会有多大？

这是关于预后事件发生率的问题。很多临床事件（例如死亡、心肌梗死、脑卒中等）只有"发生"与"未发生"两种可能,通常用各种预后事件的发生率来表达。例如,在前面例子中,房颤患者脑卒中的发病率是每 1000 人年 41 例,其含义是对 1000 位此类患者随访 1 年,可以发现 41 例脑卒中。如果没有说明时间,仅仅用"41‰"这个数字,意义是不明确的。

生存曲线(survival curve)是常用的描述预后结局的另一种方法。生存曲线的横坐标是随访时间,纵坐标是预后事件没有发生的概率,即生存率。例如,如果研究的是某病的病死率,生存曲线的纵坐标就是该病的生存率,即 1−病死率。注意,与简单地用某个时间点的发生率(例如 5 年生存率)表示预后相比,生存曲线用简洁的方法提供更多的生存信息:它包括某个随访时间范围内不同时间段的生存率。生存曲线特别适用于描述预后事件发生率比较高的生存过程。图 10-1 展示的是服用两种不同抗肿瘤药物的某种肿瘤患者的 3 年随访期间的生存过程。这两条生存曲线直观地表现了在相同的随访时间点上,服用 A 药的患者生存率始终高于服用 B 药的患者,用生存曲线可比较不同患者之间的预后,比单纯报告不同治疗组的 3 年生存率提供了更多的信息。

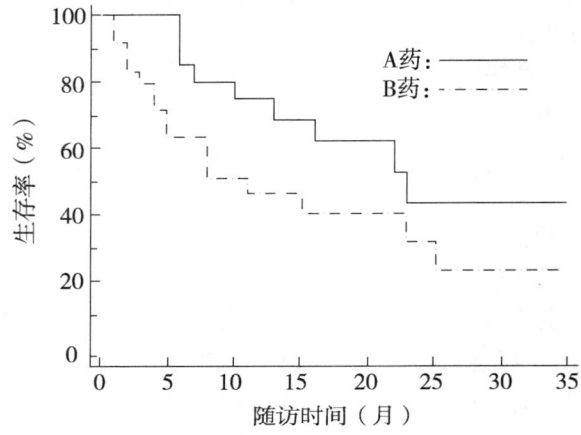

图 10-1 两种药物治疗后某种肿瘤患者生存曲线的比较

更重要的是,尤其当事件发生率很高时,比较不同患者的总发生率或总生存率可能会得出错误的结论,而生存曲线可以帮助得出正确的结论。如图 10-2 所示,3 种患者的 5 年生存率都是 10%,即病死率 90%,彼此间没有区别。但从生存曲线上看,它们生存曲线的"形状"却非常不同,中位生存时间相差很大。生存曲线早期下降迅速的疾病(图 10-2 中的疾病 C),其中位生存时间短于早期下降平缓后期下降迅速的疾病(图 10-2 中的疾病 A),即在 5 年内 C 类患者的中位生存时间远远短于 A 类患者;B 类患者的中位生存时间居中。

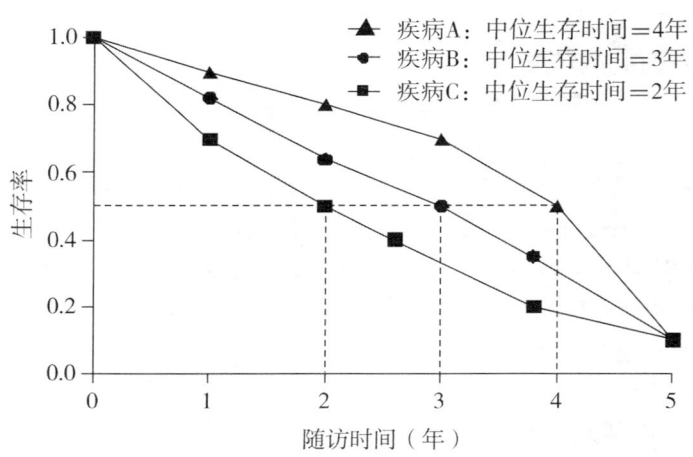

图 10-2 5 年生存率相同的三种疾病的生存曲线和中位生存时间的比较

2. 预后事件发生率的估算是否精确？

预后研究通常用百分数来表示某一事件的发生率，例如胰腺癌的 5 年生存率约为 5%。但是，这类研究结果仅仅是对真实发生率的点估计，不可避免地会有误差。研究者应同时报告预后事件发生率的可信区间（confidence interval，CI），这样才能表示所报告的发生率的精确度。人们常用 95% 的可信区间（95% CI），其含义是：该区间有 95% 的可能性包含了真实发生率，或者真实发病率有 95% 可能存在于该区间。该区间越宽，说明真实发生率存在的范围越大，发生率的点估计精确度也就越低。反之，区间越窄，关于发生率的信息就越精确。

在生存曲线中，也可以标出不同时间段生存率的可信区间，如图 10-3 所示。注意，在随访早期生存曲线上的可信区间往往比较"窄"，而随访后期比较"宽"，这是由于结局发生率的精度与研究的样本量成正相关，随访早期研究对象的样本量比随访后期要大，早期生存率估算就比后期生存率估算更精确。

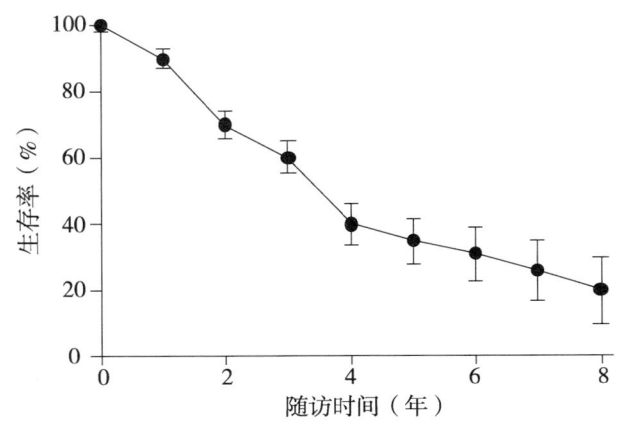

图 10-3　生存率及其 95% 可信区间

随访初期生存率估计的精确性大于后期

（三）评价结果的适用性

评价结果的适用性就是判断研究的结果是否可以适用于我们自己的患者，即我们的患者预后是否与研究显示的结果相似。例如，研究显示某癌症患者术后 5 年生存率为 70%，"适用性"考虑的就是我们的患者是否也有 70% 的概率在术后生存 5 年。

首先，研究选择的预后指标必须具有重要的临床意义，如失明、失聪、残障、死亡，它们是患者关心和重视的指标。患者不能直接感受到的很多指标，例如肿瘤体积缩小、某些血液检验值恢复正常等，其临床意义可能有限，一般不应作为临床预后研究的主要目标。如果一项研究只包括一些与临床无直接关系的预后指标，无论其结果的可信性有多高，对临床实践的价值都不大。其次，研究使用的预后指标必须与患者关心的预后指标一致，否则对指导患者没有太大的意义。

然而，即使某个预后研究的结局指标有重要的临床意义，也是患者关心的指标，其研究质量也很好，仍需要进一步考虑其结论能否应用于其他患者人群。原因在于，单个研究无论样本量多少，在预后因素方面都只能代表具备某些特征的患者和某种临床工作条件。因此，高质量的研究结果能否适用于我们的患者还取决于以下两个问题。

1. 该研究的对象与我的患者特征相似吗？

预后研究应详细描述那些与临床预后相关的患者特征。例如，很多研究都显示抗凝剂华法林可以降低心房颤动患者发生脑卒中的危险[5]，但是，一项研究发现，年龄在 60 岁以下的孤立性心房颤动（即没有其他心肺或全身疾病）患者 15 年内脑卒中的发病率仅为 1.3%[6]。由于这类患者脑卒中发病率很低，长期抗凝治疗的益处可能还无法抵消药物的不良反应（例如治疗带来的出血危险）。因此，报告这个研究结果时，研究对象的年龄特征和心房颤动性质对于读者正确解读其结果的临床意义必不可少。

2．该研究的环境是否与我的临床工作条件接近？

在实际工作中，医生做出决策时往往还要考虑具体环境的影响，包括所在医院的设备条件、技术实力、患者意愿等。例如，为了预防颈内动脉高度狭窄的患者发生脑卒中，可以选择手术或介入治疗。研究表明，与传统的颈内动脉内膜剥脱术相比，颈内动脉支架术创伤更小，而预防脑卒中的效果相当[7]，该研究的设计和实施是比较严密的，因此这个研究似乎很能说服人们采纳颈内动脉支架术。然而，值得注意的是，参加该研究的医生此前平均每人已经完成了64例的颈内动脉支架置入术，表明医生掌握这门新技术的熟练程度较高。对于开展这一手术时间尚短、病例数较少、还缺乏经验的医生而言，能否获得同样的预防效果值得考虑。

简言之，无论研究中的患者和环境如何，与我们自己患者及医院条件的相似程度是研究结果能否指导我们临床实践的关键。

五、解读实例

（一）研究质量

利用 Medline 提供的 Clinical Queries 功能，检索到 Yu 及其同事关于胃泌素瘤预后的前瞻性研究[8]。该研究纳入了 1978 年 12 月—1997 年 12 月美国国立卫生研究院经治的所有胃泌素瘤患者。该研究的样本量为 212 例，随访时间自首发临床症状起平均为（13.8±0.6）年，自诊断起平均为（8.7±0.4）年，在整个研究期间没有病例失访。虽然美国国立卫生研究院是美国国家级研究中心，不同于一般医疗机构，但对于这种罕见的疑难病，绝大多数患者都会进入大型医院，而且该文作者也明确指出，研究纳入的患者特征与其他大型研究中的患者接近，这些特征包括男性患者的比例（61%）、发病年龄高峰（54±1）岁，以及实验室检查结果（包括胃酸分泌量、促胃液素水平等）。从患者的代表性、随访的长度、随访率、患者进入研究的病程阶段明确、预后指标明确及其测量的准确性方面，都说明这是一个高质量的研究。

（二）研究结果

该研究发现，如果从临床首发症状时间算起，用生存分析方法估算这个胃泌素瘤患者样本的总体 15 年生存率为 74%，胃泌素瘤导致的 15 年病死率为 17%，胃泌素瘤无关的 15 年病死率为 11%。研究期间共有 159 例患者接受了胃泌素瘤切除手术，虽然该研究没有重点分析手术对生存率的影响，但是从文章提供的数据来看，接受胃泌素瘤切除术的患者 15 年生存率（76.7%）显著高于未接受手术和接受其他减低胃酸分泌手术患者的生存率（43.4%）。除了手术以外，文章中分析的其他预后因素可能对你的患者也很重要。例如，有无肝转移似乎是影响预后的重要因素。从未发生肝转移的患者，自诊断之日起 15 年生存率为 93%（95% CI：84%～97%），而发生肝转移的患者 15 年生存率仅为 68%（95% CI：41%～87%），二者生存率的差别有统计学显著意义（$P < 0.024$）。

该研究虽然报告了不同特征患者的生存率，但是在分析这些因素时没有同时控制其他混杂因素。例如，接受胃泌素瘤切除术的患者预后相对较好，但是这些患者与那些没有手术或者仅做控制胃酸手术的患者相比，是不是整体病情较"轻"？例如，手术患者的肿瘤尚处于可切除的阶段、肿瘤体积较小、尚未发生肝转移等。手术患者病死率较低是否有手术的"贡献"？多大程度是手术的贡献？仅凭该文的分析很难判断。因此，该文的作者也在讨论中提到，该研究关于各种治疗的分析还不足以为临床提供可靠的参考。

尽管如此，结合目前对胃泌素瘤的其他研究来看，促胃液素过度分泌导致的一系列临床问题是与不良预后相关的重要因素，切除胃泌素瘤可以较好地控制胃酸分泌，所以，综合所有这些证据，切除胃泌素瘤可能对改善预后还是有益的。此外，这篇文章重点探讨的肝转移（包括转移的时间、范围等）与预后的关系，虽然没有做多因素分析来消除混杂因素的影响，但从肿瘤的生物学行为来看，早期发生转移往往提示肿瘤恶性程度较高，因此该研究发现肝转移的胃泌素瘤患者预后较差，也可以从这一点得到支持。

重要的是，尽管该文章存在缺陷，但若该研究是目前关于该病预后最好的研究证据，与患者在预后问题上的沟通也只能基于"现有最好的"证据，并参考其他信息（如临床经验和低质量的研究）和间接的生物医学知识。

（三）结果的外推性

鉴于研究结果的可靠性，且你的患者目前肿瘤尚未发生转移，又在可切除的部位，你所在的医院外科多年来一直开展胃泌素瘤的手术治疗，手术经验相对较多，考虑到所有因素后，你向患者介绍了现有研究中关于胃泌素瘤中位生存时间的信息，并建议患者接受肿瘤切除手术，而且术后要定期随访，以及时发现是否发生肝转移，这样有助于改善预后。患者接受了你的建议，成功接受了手术治疗。术后恢复顺利，溃疡逐渐愈合，症状明显好转，目前正在门诊随访中。

六、研究预后的其他方法

除了前瞻性观察研究之外，临床试验（包括随机对照试验，randomized controlled trial，RCT）也可以提供关于预后的证据。临床试验主要是用来评估干预和治疗措施的效果，而不是预测疾病的预后，通过将试验性治疗与对照治疗比较，来评价该治疗能否使患者获得更好的预后。例如，一项随机对照试验将一组60岁以下的非孤立性房颤患者随机分为两组，一组给予华法林抗凝治疗，另一组给予安慰剂，比较两组患者脑卒中的5年发病率。由于随机对照试验采用了随机分组的办法平衡了试验组和对照组在治疗以外的其他重要的预后因素（如病情轻重），在控制混杂方面远远优于前瞻性观察研究，因此随机对照试验是比较患者在不同治疗方案下预后的最可靠的研究设计。同时，随机对照试验中试验组和对照组患者的转归本身也提供了两组患者的预后结果，而且随机对照试验的基线资料也可以用于比较不同特征的患者在治疗（或未治疗）下的预后和转归。

随机对照试验的局限性在于，为了保证试验的可行性和符合研究伦理，往往对募集患者有比较严格的规定，例如要选择依从性较好以及不容易失访的患者等，而且其治疗方案是根据研究需要制订的、严格规定甚至"标准化"的治疗方案。严格的患者入选条件、高度标准化的治疗方案，以及严格控制的治疗环境，使得随机对照试验与临床实践之间有比较大的差别，其显示的预后结果很难真实反映一般患者的实际情况，从而限制了其结果的外推性。另外，还有一类非随机的对照试验，虽然在评估疗效上的科学性远远低于随机对照试验，也存在与观察性前瞻性研究类似的问题，但非随机分组的对照试验在研究治疗相关的预后方面，仍有相当的科学和临床意义。

此外，病例对照研究也可用于分析疾病的预后，特别是一些罕见疾病，用前瞻性的方法很难观察到足够数量的预后事件，病例对照研究可能是唯一可行的研究设计。但这类研究更容易产生偏倚，其结果的真实性低于前瞻性研究和临床试验，而且只能提供不同特征患者预后的相对差别，不能提供有关病死率和生存率的信息。

七、本章概要

预后是对疾病未来发展趋势的判断和推测。了解疾病的预后以及影响因素是临床决策的重要依据之一，对于患者正确理解自身所患疾病也十分重要。最理想的预后研究设计是前瞻性研究，其患者的代表性以及与临床实践的一致性往往高于临床试验。决定前瞻性预后研究结果真实性的因素包括：①研究样本在重要的预后因素方面能否代表整个患者人群？更重要的是与实际临床面对的患者是否相似？②随访观察时间是否足够长？③随访率是否足够高？失访是否会导致很大的偏倚？④关于预后的定义是否明确？预后的测量是否准确可靠？⑤比较不同患者预后时是否控制了其他混杂因素？常用的表达预后的定量指标包括预后事件发生率、生存率、生存曲线和中位生存时间。质量可靠的研究结果能否适用于我们的患者，还取决于研究中患者特征、治疗环境、医生的技能和经验等因素与我们临床实际情况的比较。一般来讲，二者越接近，结果的适用性就越高。

参考文献

[1] Ellison EC, Johnson JA. The Zollinger-Ellison Syndrome: a comprehensive review of historical, scientific, and clinical considerations. Curr Probl Surg. 2009, 46: 13-106.

[2] Durrington HJ, Summers C. Recent changes of community acquired pneumonia in adults. BMJ. 2008, 336: 1429-1433.

[3] Sims AC. Importance of a high tracing-rate in long-term medical follow-up studies. Lancet. 1973, 2: 433-435.

[4] Wolf PA, Dawber TR, Thomas HE Jr, et al. Epidemiologic assessment of chronic atrial fibrillation and risk of stroke: the Framingham study. Neurology. 1978, 28: 973-977.

[5] Walker MD. Atrial fibrillation and antithrombotic prophylaxis: a prospective meta-analysis. Lancet. 1989, 1: 325-366.

[6] Kopercky SL, Gersh BJ, McGoon MD, et al. The natural history of lone atrial fibrillation. A population-based study over three decades. N Engl J Med. 1987, 317: 669-674.

[7] Yadav JS, Wholey MH, Kuntz RE, et al. Protected carotid-artery stenting versus endarterectomy in high-risk patients. N Engl J Med. 2004, 351: 1493-1501.

[8] Yu F, Venzon DJ, Serrano J, et al. Prospective study of the clinical course, prognostic factors, causes of death, and survival in patients with long-standing Zollinger-Ellison syndrome. J Clin Onco. 1999, 17: 615-630.

练 习 题

【名词解释】

1. 预后
2. 预后结局
3. 预后因素
4. 自然病程
5. 队列研究
6. 5年生存率
7. 病死率
8. 中位生存时间
9. 生存曲线
10. 生存率的95%可信区间

【选择题】

1. 预后信息的临床实践意义在于
   A. 帮助理解疾病的严重性
   B. 帮助了解治疗后的转归
   C. 帮助决定是否需要治疗
   D. A+B+C

2. 关于生存曲线的描述，以下哪项是正确的
   A. 可用于显示预后的过程
   B. 对应50%生存率的时间是该类患者的中位生存时间
   C. 越往病程后期，生存曲线的精确

性相对越差

D．A + B + C

3．甲医院某种手术治疗后 1 年生存率是 80%，乙医院该手术的 1 年生存率是 65%，这个结果提示
   A．甲医院比乙医院手术水平高
   B．甲医院患者病情可能比乙医院患者轻
   C．两医院术后生存率的差别可能是随机误差和其他偏倚造成的结果
   D．上述三种解释都有可能

4．比较前瞻性观察研究与随机对照试验，你认为以下哪项是正确的
   A．都可以研究临床预后问题
   B．后者只能研究治疗效果，研究疾病预后的价值有限
   C．后者难以控制研究的偏倚
   D．后者在预后上的结果对临床实践更有指导意义

5．一项研究显示，某种检查技术可以查出无症状的某种癌症，查出的早期癌症患者接受手术后，中位生存时间比以往报告的患者术后生存时间要长。基于这些结果，你认为以下哪项是正确的
   A．这说明早检查早治疗可以延长患者生存时间
   B．这个研究不能说明早检查早治疗是否可以延长患者生存时间
   C．需要依据统计学显著性才能判断早检查早治疗是否能延长生存时间
   D．需要生存率的信息才能判断早检查早治疗否能延长患者生存时间

【问答题】

1．什么是疾病的预后和自然转归？简述预后研究的临床实践用途。
2．常用的研究疾病预后的方法主要有哪两种？试比较其优缺点。
3．简述如何使用前瞻性研究探索疾病的预后。
4．决定前瞻性预后研究结果真实性的因素有哪些？
5．什么是混杂因素？举例说明临床预后研究中常见的混杂。
6．怎样评价预后研究结果的临床适用性？
7．描述疾病预后的指标有哪些？
8．什么是生存曲线？如何在生存曲线上估计中位生存时间？
9．试比较用生存率和生存曲线在描述预后方面的优缺点。
10．为什么随机对照试验不是研究预后的最佳方法？

（吴　东　廖苏苏[*]）

第十一章　如何解读关于防治措施效果的随机对照试验

一、临床情景描述

数年前，在一家教学医院肝病科收治的患者中，有慢性乙型肝炎（乙肝）和乙肝肝硬化患者。一天，一位慢性乙肝患者问医生："我目前在用拉米夫定抗病毒治疗，其效果除了降低病毒滴度、使肝功能复常外，是否可以防止病友那样的肝硬化的发生？"而那位肝硬化病友也问："我是否也应该使用抗病毒治疗以预防更严重的并发症和癌症的发生？"

第一名患者的问题可归纳为：对于慢性乙肝患者进行抗病毒治疗是否可以阻止肝炎的进展并减少肝硬化和肝癌发生的机会？第二个患者的问题核心是：抗病毒治疗乙肝引起的肝硬化是否可以降低并发症和肝癌发生的机会？这些问题不仅是关系到某个患者治疗的问题，而且是关系千千万万个乙肝患者治疗的决策问题。

慢性乙肝是一个十分严重的临床问题，全世界有 3.5 亿乙肝病毒（HBV）慢性感染者，活动性乙肝患者 5 年中有 15%～20% 会进展为肝硬化，大多数肝硬化患者未来会发展为肝癌（70%～90%），肝癌患者的 5 年生存率一般为 55%。亚洲男性的乙肝患者约有 40% 死于肝硬化并发症或者肝癌。

自从乙肝抗病毒药物治疗问世以来，其有效性仅用 e 抗原血清转换、病毒复制的抑制和转氨酶复常等中间指标进行判定，虽然少数组织学检查也发现抗病毒治疗可减轻炎症及纤维化的程度，但是抗病毒治疗能否阻止肝炎的进展以及预防肝硬化和肝癌的发生尚不确定。研究也发现，HBsAg 阳性会增加原发性肝癌发生机会 15 倍左右。

综合以上两种证据，可以推测控制病毒复制可能会降低未来肝硬化和肝癌发生的机会。但这种推测毕竟不是抗病毒治疗可以预防肝癌的直接证据。要回答这个问题，必须依据评估防治措施效果的、直接以肝硬化和肝癌为结局指标的随机对照试验的证据。

二、防治措施效果评价及其重要性

该临床问题是有关防治措施作用（包括治疗作用和副作用）的问题。防与治是一切医学活动的中心，是医学存在的根本，没有有效的防治措施，医学所有的理论都将是空洞的；失去有效的防治方法，医学所有的实践活动都将是徒劳的。因此，评估防治措施的效果是一切医学应用性研究的中心。

评估防治效果的研究属于干预性研究，属于人群实验性研究。临床防治研究的终末性评价须在医学实践中以患者为研究对象，应用医学科研的理论和方法，通过科学严谨的设计（design）、精确的测量（measurement）对目标防治措施的效果进行客观的评价（evaluation）。随机对照试验（randomized controlled trial，RCT）是现今认为评估防治措施效果最科学、最严谨的方法。

有效的治疗会提高治愈率，降低病残率及病死率，提高生存质量，改善人体健康。防治措施临床试验的证据是对患者进行防治的依据，也是制订宏观防治政策和指南的依据。它的真实性是其能够作为实践依据的关键。因此，在使用临床试验结果进行决策之前，必须对研究的原始报告进行系统的评价。

三、评价防治措施效果的方法

由于每个人的生理特点、经济情况、文化水平、社会背景、家庭支持、疾病分期、严重程度、伴随疾病、重要脏器功能等方面的不同，除治疗外，还有许多其他因素可能影响疾病的转归，因此每个患者对同一治疗的反应可能存在很大差异。仅仅观察一组收治的患者很难做出治疗有效与否的结论。与其他人群流行病学研究一样，评估疗效的研究很容易出现偏倚（bias，又叫系统误差），从而造成研究结果偏离真实。因此疗效研究必须遵循一定的科学原则，随机对照试验的三个重要原则是对照（control）、随机（randomization）和盲法（blinding）。

对试验组和对照组进行比较时，除治疗因素外，其他因素在两组中的分布应完全相同，即两组在开始治疗前必须具有可比性。只有在可比较的前提下，目标结局在两组间的差异才可以归因为治疗的效果或治疗的不良反应。随机分组是临床试验中形成可比的比较组、控制选择偏倚（或混杂偏倚）最可靠的方法。如果同时使用盲法，则还可避免主观因素对两组不同的影响，减少测量误差和人为偏向的干扰。对照、随机、盲法三大原则是评估防治效果研究真实性的保证，形成了评估防治效果最可靠的方法，因此也是解读临床试验时应主要审核的质量因素。

四、解读防治措施效果的随机对照试验

与评价其他研究证据一样，评价防治措施效果研究的证据应包括研究的质量、研究结果和结果的适用性3个方面（表11-1）。

表11-1 评价防治措施效果研究的项目清单

1. 研究的质量
   (1) 是否采取了随机分组？随机序列的产生是否合理？
   (2) 是否采取了分组隐匿？
   (3) 治疗和随访过程中是否采取了盲法？
   (4) 除试验治疗外，两组的其他治疗和检查是否相同？
   (5) 患者的随访是否完整？失访率有多高？
   (6) 资料分析是否采用了维持原随机分组分析？
2. 研究的结果
   (1) 治疗效果的大小有多少？
   (2) 治疗效果估计值的精确度有多少？
3. 结果的适用性
   (1) 自己的患者是否和研究中的患者相近？
   (2) 该治疗在当地高质量实施的可行性有多大？
   (3) 治疗的益害比对自己的患者是否可取？

（一）研究的质量

1. 是否采取了随机分组？随机序列的产生是否合理？

随机分组就是每个患者的分组是随机决定的，不受任何人主观意向的影响，不是由患者和研究者的偏爱决定的，因而避免了选择偏倚。抽签、抓阄、掷硬币都是一种随机程序，但不是最完美可靠的随机化方法，而且容易受到人为的干扰，容易引入偏倚。使用随机数字是一种正确的最常用的随机分组方法。随机分组是保证比较组组间可比性最好的方法。

2. 随机分组时是否采取了分组隐匿?

分组隐匿 (allocation concealment)[1] 指在诊断患者、审核患者合格性、征求患者加入、随机分配的阶段,使患者、医生和分组人员都不知道随机序列以及相对应的组别的一种方法。随机化的精髓在于其不可预测性,只有同时采用分组隐匿,才可以彻底避免选择偏倚,在最大限度上使各项已知和未知的预后因素在组间达到可比,最终可以将组间结局的差异归因为防治措施效果的差异。

因此,恰当的随机分组有赖于分组隐匿,分组隐匿是保持随机分组成功、达到组间可比必需的程序。分组隐匿程序使得患者、医生和分组人员不知道分组情况,这样就可以使医生避免由于知道分组情况而决定患者合格与否,也可避免患者由于知道分组情况而决定是否参与研究。如果没有分组隐匿,患者和医生就可能人为地决定患者的入选,破坏了恰当的随机分配序列,致使患者特征与分组发生关联,使比较组之间失去应有的可比性。研究表明,没有隐匿的随机对照试验会明显高估实际的治疗效果。

使用安慰对照和盲法的试验自然会在审核患者和随机分组阶段采取分组隐匿,因此分组隐匿只适用于无盲法的治疗分组开放的随机对照试验,如比较药物和手术的研究。在阅读治疗组开放的随机对照试验时才需要检查研究是否采用了分组隐匿,而对于采用了安慰剂对照盲法的试验是不必要的。

中心随机分组的方法属于典型的含有分组隐匿的随机分组方法,即当确定了一个患者的合格性并征得患者书面同意参与研究后,才向中心分组人员或部门索取随机数字,并以此给予治疗。通过互联网进行中心随机分组是目前最常用和最佳的方法。不透明的密封信封不是可靠的分组隐匿的方法,因为分组者可以预先打开信封,并根据里面显示的治疗和患者的情况决定是否纳入下一个患者或是否参与研究,从而破坏了随机序列,导致随机分组的失败。

3. 治疗和随访过程中是否采取了盲法?

盲法指为了使患者、医生或资料收集人员不知道患者接受的是什么治疗,而采用的一种程序或方法。盲法不同于分组隐匿,有些研究不能使用盲法,但必须使用分组隐匿;而使用盲法的研究必定也采取了分组隐匿。当结局指标是主观评价的指标(如疼痛、乏力)时,盲法尤为重要。采用盲法可以消除患者、医生和资料收集者的期望偏倚,因此最好采取三盲。当无法对患者和医生采取盲法时,还可进行盲法评定,即只对资料收集者采取盲法。除了一些十分客观的结局指标(如死亡和仪器自动测量的结局)外,都应该尽可能对资料收集人员采取盲法,以降低测量误差,减少信息偏倚。

实施盲法,可以减少进入不同研究组的患者对干预措施心理上或生理上反应的差异,也使患者更易遵守试验方案,从而减少寻求其他治疗措施的机会,提高受试者的依从性,也可减少失访。对实施研究的医师,盲法可避免他们对不同组别的患者区别对待,不会有区别地剔除受试者,不会有区别地鼓励患者继续试验或劝其退出试验,从而使随机分组获得的组间可比性在治疗和观察阶段得到维持和延续,减少可能发生的混杂和信息偏倚。

因此,判断一项研究是否采用了盲法,是判断临床试验结果真实性的重要部分。在临床试验报告中,研究者必须清楚描述是否使用了盲法、对谁进行了盲法、盲法是如何实施的,而不是笼统地简单地说实施了单盲、双盲或三盲。读者在阅读和评价临床试验报告时要注意这些说明。

如果研究采用了盲法,研究报告还应提供盲法实施的具体方法(如胶囊、药片、薄膜等包装的情况)、两组治疗特征的一致性(如药品的外观、口感、给药方式、派药时间),以及派药时间表(如派药表放在何处,何时为分析数据揭盲,在哪些情况下可为某个患者揭盲),这些信息可以帮助读者判断一项研究是否真正和正确地使用了盲法。

4. 除试验治疗外,两组的治疗和检查是否相同?

第十一章　如何解读关于防治措施效果的随机对照试验

除了研究设定的干预外，其他额外的治疗和检查在两组之间应该是等同的。如果试验组额外接受了有利的治疗，就会夸大试验治疗措施的效果，称为干扰（cointervention）。如果对照组额外地接受了试验治疗或其他有利的治疗，就会夸大对照治疗的效果，称为沾染（contamination）。双盲使参与研究的医生不会区别对待受试者，不会区别给予其他治疗，不会区别调整治疗剂量，因此可避免干扰和沾染。

5．患者的随访是否完整？失访率有多高？

患者随访是否完整，对于结果的真实性十分重要。失访指在试验某一时间点上，需要测定患者的结局时，却不能找到该患者。失访最重要的特征是结局资料的缺失。结局资料的缺失也是失访最重要的后果，是失访引起偏倚的原因。失访的可能原因包括：①治疗有不良反应，患者不愿继续接受治疗，或者患者在随访这段时间内已经死亡，因此找不到患者；②由于症状已缓解，患者不愿继续治疗或随访；③患者已迁离原地址，失去了联系；④患者不愿接受某些检查，特别是有创伤性检查。

随访时间的长短因研究的性质不同而异，有的几天，有的几个月，有的几年，例如回答本文案例的问题至少需要随访几年或更长的时间。随访时间越长，失访的可能性就越大。一般认为失访率超过20%就是较高的失访。但也不能一概而论，尤其是当结局事件发生率比较低时，如失访率高于结局事件的发生率，引入严重偏倚的可能性就比较大。

6．资料分析是否采用了维持原随机分组分析？

在评定临床试验的质量时，应检查资料的分析是否采用了维持原随机分组分析。维持原随机分组分析必须在估计疗效时包括所有随机分组纳入的患者，且每一个患者必须放在其原始随机分组的组别进行分析，也就是按照原随机分组决定的治疗意向进行分析，故该分析方法常称为干预意向分析（intention-to-treat analysis），或简称为ITT分析。

一般来讲，随机对照试验的报告都会包括一个研究人群的流程图（图11-1），显示每一步开始进入的人数、流失的人数以及流失的原因，这些数据是分析选择偏倚的重要信息，也可用来检查是否使用了ITT分析。

ITT分析必须纳入随机分配的所有患者，不管他是否失访，也不管他最终是否接受了原分配的治疗，在疗效估计时都不能剔除。ITT分析可以防止预后较差的患者在最后分析中被人为地剔除，保留随机分组获得的组间可比性，使结论更可靠。对于失访的患者，由于结局资料不存在，一般假设治疗在两组都是失败的。

维持原随机分组分析一般会导致对实际疗效偏低的估计。在处理失访、不依从和组间治疗调换的问题上，其他分析方法（如按实际接受的治疗的分析）可能会引起偏倚，高估实际的疗效。在高估和低估之间，从决策意义上讲，一般认为低估的结果更有利于做好决策。

（二）研究结果[2]

评估疗效使用的结局指标是体现一项治疗实际价值大小的重要参考依据。以往常用的评价疗效指标主要是"软"结局，即用症状的改善、实验室测量的结果等中间指标和替代结局（如血压和血脂的降低、肝功能指标的变化等）来评价治疗的效果。循证医学认为对很多治疗效果的评价应强调使用终点结局指标的重要性，典型的终点结局指标如心肌梗死、脑卒中、失明、失聪、伤残、生存时间和死亡等。与软指标相比，终点结局往往是医生和患者最关心的治疗结果，同时也更具客观性和可靠性。

研究结果中除报道疗效有关的结果外，不良事件的报告也非常重要，尽管多数临床试验并不足以证明慢性罕见不良事件的存在。在描述不良事件时，需要包括具体的不良事件，各组不良事件发生的频率、时间和程度，与治疗的关系，是否需要因此停药或采取措施进行处理等。

1．治疗效果的大小有多少？

大多数临床试验的结果以二分变量表示，例如死亡或活着，又如有肝癌或无肝癌。我们常

第十一章 如何解读关于防治措施效果的随机对照试验

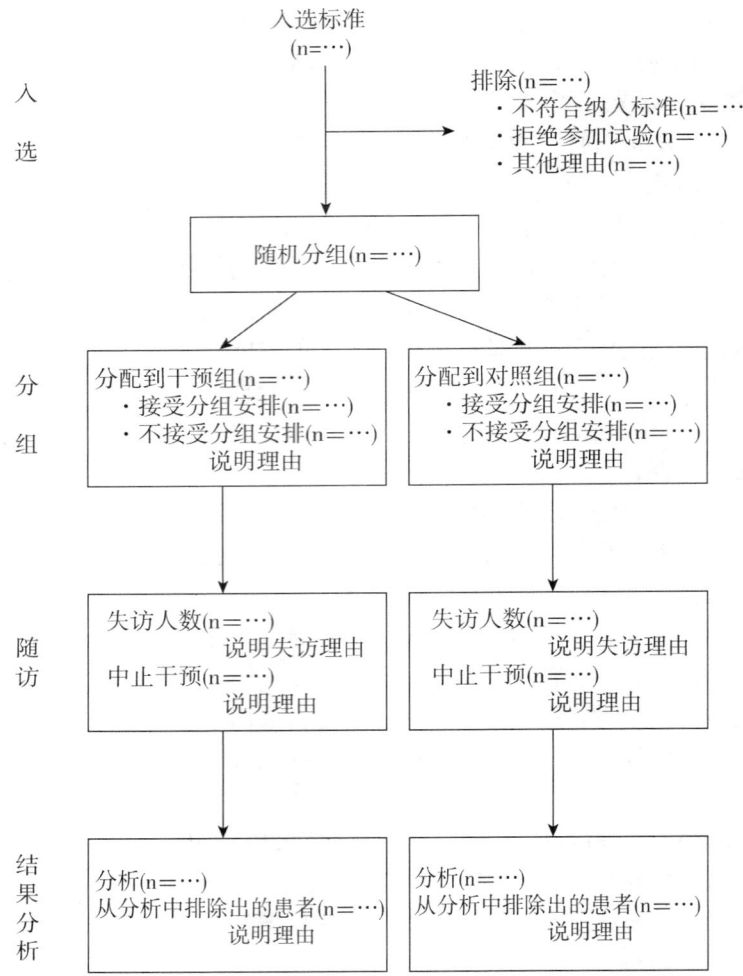

图 11.1 随机对照试验中研究人群的流程图

用危险度（risk）来表示某一个给定结局发生频数，危险度是一个概率，波动于 0.0～1.0。概率为 0.0 时表示事件不会发生，概率为 1.0 时表示事件必然会发生。疗效的大小常用两个比较组之间危险度的差别来测量，这个差别可以由以下几种指标度量：

- 相对危险度（relative risk，RR）
- 比值比（odds ratio，OR）
- 相对危险度减少（relative risk reduction，RRR）
- 绝对危险度减少（absolute risk reduction，ARR）
- 需治人数（number needed to treat，NNT）

相对危险度是试验组相对于对照组的危险度，是两组危险度之比，也就是试验组危险度除以对照组的危险度。相对危险度告诉我们结局在试验组发生的可能性是对照组的多少倍。当结局事件是不良事件时，RR=1 说明试验治疗和对照治疗对结局的影响没有区别；RR＜1 说明试验组的治疗措施能降低不良事件发生的危险，治疗是有益的；RR＞1，说明试验治疗反而增加不良事件发生的危险性，干预措施是有害的。

相对危险度的减少是试验治疗组与对照组相比，其不良事件减少的相对数。RRR（对照组不良事件 - 试验组不良事件）/ 对照组不良事件，也等于 1-RR。

比值比是两组结局事件比值（odds）之商。假设 P= 结局事件的危险度：

试验组该组事件的比值 = $[P_1/(1-P_1)]$
对照组该事件的比值 = $[P_2/(1-P_2)]$
两组的比值比 = $[P_1/(1-P_1)]/[P_2/(1-P_2)]$

当结局事件发生率比较低时，比值近似于危险度，比值比近似于相对危险度。

绝对危险度减少是试验组和对照组危险度的绝对差别，因此一般又称作率差（risk difference，RD）。ARR=0 时说明两组之间无差异。当结局事件是不良事件时，ARR ＜ 0 说明试验组的治疗措施能降低不良事件发生的危险，治疗是有益的；ARR ＞ 0，说明试验治疗反而增加不良事件发生的危险性，干预措施是有害的。

需治人数是 ARR 的倒数，NNT = 1/ARR。意思是为了预防一例不良事件或获得一例有益事件需要治疗的患者数。NNT 越小表示治疗效果越大。

举例说明，在一项研究中，试验治疗组 2 年死亡率是 10%，无治疗的对照组死亡率是 15%，则相对危险度 RR=0.10/0.15=0.67，即试验组死亡率是对照组死亡率的 0.67 倍，说明该治疗可以降低死亡率。相对危险度减少（RRR）=（0.15 − 0.10）/0.15=1 − RR=1-0.67=0.33，即试验治疗组死亡率比对照组低下降了 33%。绝对危险度减少（ARR）=10% − 15%= − 5%，即每治疗 100 人试验治疗可预防 5 例死亡；NNT = 1/ARR=1/0.05=20，即要预防 1 例死亡需要治疗 20 例患者。

RRR、RR 和 OR 属于相对效果指标，ARR 和 NNT 属于绝对效果指标。相对效果在不同研究中相对比较稳定，因此是文献中报道治疗作用最常见的方法。然而在临床决策中绝对指标更为重要。决策者还需要依据自己患者无治疗时目标结局的危险度（常称为基线危险）和研究显示的相对危险度，估计自己患者的 ARR 和 NNT，不能直接使用研究显示的绝对效果，这一点十分重要！

例如，如果自己患者的基线危险 $P = 10\%$，研究显示的 RRR = 0.33，ARR = P × RRR = 10% × 0.33 = 3.3%，NNT = 1/ARR = 1/0.033 ≈ 30，即要预防 1 例死亡需要治疗 30 例患者。这个 NNT 不同于研究中的 20，因为研究中患者的基线危险为 15%，高于自己患者的 10%。

2．治疗效果估计值的精确性有多少？

过去常用显著性检验来判断随机误差的大小，$P ≤ 0.05$ 提示在统计学上有显著意义，说明试验组和对照组危险度的差别约有 ≤ 5% 的可能性是由于随机误差造成的。但是，显著性检验仅是对"结果是否由随机误差造成的"这个问题的定性的结论，P 值没有提供研究结果精确性（precision）的定量信息，即没有提供实际疗效所在区间的信息。

与 P 值相比，可信区间（confidence intervals，CI）提供了关于研究结果精确性的定量信息。95% 可信区间（95% CI）是治疗作用有 95% 的可能存在的区间，即可信区间就是真实效果可能存在的区间，95% 就是对这个结论正确性的信心或把握度。

可信区间范围的大小主要由样本量的大小来决定，样本量越大，可信区间的范围就越窄，对于真实效果的估计就越精确，就越有利于做好决策。

当可信区间包含无效值时，尤其要注意以下两点。以 RRR 为例，当 CI 上限 ＞ 0 且下限 ＜ 0 时，相当于 $P ＞ 0.05$，统计学上无显著差异。可信区间包含的信息有三种：试验治疗有可能优于对照治疗，也可能等于对照治疗，也可能劣于对照组治疗。不能简单地说二者没有差异或治疗是无效的。这时，关于效果的信息是不可靠的，很难依此做出明智的决定。

另外，如果可信区间较宽，如 RRR 上限为 50%，下限 ＜ 0，但刚刚小于 0（如 −5%），则说明试验治疗有效的可能远远大于无效的可能，目前的不确定性很可能是由于样本量太小引起的，反之亦然。比如，一项比较内镜下套扎（endoscopic ligation）和内镜下注射硬化剂预防食管静脉破裂再出血的研究中，3 个月再出血率的 RRR 为 26%（95% CI：−15% ~ 68%，$P ＞$

0.05），显示套扎可能优于硬化剂注射，但由于本研究仅有77例患者，不能做出结论。2年后，该研究组收集了7项同类研究，对总计547患者进行了Meta分析。随着样本量的增大，套扎与硬化剂注射相比，再出血率的RRR = 42%，95% CI为16% ~ 60%，$P < 0.01$，显示套扎在预防再出血上明显优于硬化剂注射。

（三）结果的适用性[3]

评价结果的适用性就是判断研究结果是否适用于自己的患者。研究结果的适用性首先取决于研究的质量（即内部真实性），只有在内部真实性高的基础上，判断结果的外推性（即外部真实性）才有意义。

1. 自己的患者是否和研究中的患者相近？

如果一项研究入选的患者与自己的患者相同，那么该项研究结果可以应用于自己的患者。随机对照试验受试者的纳入有严格的筛查程序，志愿参加试验的患者与其他患者往往存在差异，比如，他们的健康状况可能比较好，或者没有合并症。如果研究中的患者与自己的患者略有不同，例如年龄较大或有合并症等，此时医生须根据自己的经验和其他知识判断这个不同是否足以造成疗效在他们之间的区别。

值得指出的是，患者特征包括对治疗的依从性，依从性是影响实际效果的因素之一，低依从性或多或少都会降低治疗的效果。因此，决策时应分析是否会存在一些因素使自己患者的依从性低于研究中的患者。但是，依从性不是一成不变的，是可以采取措施改进的，可以通过必要的措施使自己患者的依从性接近或高于研究中的患者。这些措施包括良好的医患关系、充分必要的交流和知情、及时的追踪随访等。

2. 治疗在当地高质量实施的可行性有多大？

适用性还涉及患者及医疗保险系统能否支付该项治疗措施的费用、本人所在的科室与医院有无开展该项技术、有无有关设备及药品、有无能力进行监察和随访，例如已知肝移植用于终末期肝病可以延长生存率和生存时间。但并非每个医院都可以开展肝移植，也并非每个患者及医疗保险系统都可以支付肝移植的费用，也不是每一个医院都可以按照研究中的质量标准进行手术。如不能，就不能将治疗有效地用于自己的患者。

3. 治疗的益害比对自己的患者是否可取？

最后还需对治疗的益处和害处的对比进行分析。应考虑对于自己患者治疗好处是否大于害处，还应考虑费用的高低和患者的支付意愿。如果治疗费用较低，安全性大，使用方便，而且无治疗时有可能出现严重后果，即使治疗效果不是很大也可以考虑治疗。相反，如果治疗昂贵，副作用明显，又有创伤性，就需要较大的效果才可取。

另外，医生需对每个患者的不同情况有所了解，即患者本身的健康状况是否会影响治疗措施的安全性和有效性。例如，颈静脉内膜切除术对有症状的颈静脉狭窄非常有效，但医生必须根据患者具体情况确定患者能否耐受手术。

然而，益处和害处及其它们的大小是相对的，由于价值取向的不同，不同的患者可能会做出不同的结论。患者接受或拒绝治疗的意向在决策中十分重要。如果医生认为应该采取治疗，而患者有顾虑，那么向患者说明利弊，让患者能够以此进行合理的取舍，这既是医生的责任，也是医生需要修炼的艺术。

五、解读实例

按照本章开头的场景描述，可采用国际上常用的PICOS格式构建有关的临床问题。P指人群或患者（population/patients），I指干预（intervention/exposure），C指对照组干预措施（comparator），O为结局指标（outcome），S为研究中的治疗环境和条件（setting）。该问题的五个组成部分如下：

P：慢性乙肝患者

I：拉米夫定（Lamivudine）

C：安慰剂

O：肝硬化和肝癌

S：本研究是一项多中心研究，患者来自澳大利亚、中国大陆、中国香港、中国台湾、马来西亚、新西兰、菲律宾、新加坡、泰国的41所医院。

用PubMed的Clinical Queries功能，检索到Liaw及其同事关于拉米夫定治疗慢性乙型肝炎疗效的临床试验[4]。下面我们对该研究的质量、结果和适用性进行评价。

（一）研究质量

研究设计遵循了临床试验随机、对照和双盲三大原则，是一个多中心（来自9个国家和地区的41个中心）、中心随机、双盲、安慰剂对照的研究，有明确的患者纳入和排除标准，随访时间为5年，每3个月随访一次了解是否出现临床失代偿或并发症，并抽血检测血常规、生化指标和e抗原/抗体以及甲胎蛋白。每6个月检查HBsAg/HBsAb和B超。在第1、12、24、36、48、60个月时抽血，由中心实验室统一进行HBV DNA的检测。临床怀疑肝癌时，可行B超下肝活检以明确诊断。结局终点为疾病进展，定义为Child Pugh评分上升2分，或者出现自发性细菌性腹膜炎（SBP）、肾功能不全、胃食管静脉出血、肝癌或由于肝病引起的死亡。终点出现时可破盲，破盲后继续服药1年。

该研究运用了标准的中心随机分组的方法，并用2︰1的比例分配患者，即拉米夫定组2例，对照组1例。虽然没有明确提到随机隐匿，但中心随机和双盲的使用保证了分组是隐匿的。随机分组和分组隐匿保证了两个比较组在一开始就是可比的，这一点还得到了基线比较的证实，两组在性别、年龄、肝功能代偿程度（Child-Pugh评分）、纤维化程度（Ishak评分）、病毒复制情况（HBV DNA的定量检测）、AFP、白蛋白、ALT等可能影响结局的因素上无统计学显著性差异。除了研究设定的拉米夫定干预外，两组其他治疗和检查完全相同，而且盲法更保证了这一点的实现。71%患者至少服药30个月，研究者详细记录了患者没有完成服药的原因。疗效估计采用了维持原随机分组分析，所有随机分组的患者都纳入了最后的分析。

另外，主要结局指标的测量采用了客观的测量方法（如死亡），在肝活检标本检查时采用了盲法，有三位肝病学家独立对结果进行评判，对于肝癌的影像学、细针穿刺和肝活检标本检查都有明确客观的标准。

总之，该研究是一个高质量的研究，该研究的结果应具有很高的真实性。

（二）研究的结果

研究于第32个月停止，此时已有72人达到临床终点，拉米夫定组34人达到临床终点，危险度为7.8%（34/436），安慰剂组为17.7%（38/215），疾病进展的风险比（hazard ratio）为0.45，95% CI为0.28～0.73，$P = 0.001$，显示拉米夫定可以降低肝硬化和肝癌发生50%以上。Child Pugh评分在两组分别上升了3.4%和8.8%（$P = 0.02$），肝癌发生率在两组分别为3.9%和7.4%（$P = 0.047$）。这些结果显示拉米夫定抗病毒治疗可降低肝硬化、肝硬化并发症和肝癌的发生。

（三）结果的适用性

首先这是一个高质量的研究，并显示拉米夫定可以降低肝硬化和肝癌等重要事件的发生率。该研究的患者来自亚洲，包括中国，我们遇到的患者与研究中患者基本相似，对他来说预防肝硬化和肝癌是十分重要的。因此结果能应适用于本患者。该药比较安全，副作用少。研究中两组不良事件的发生率拉米夫定组12%，对照组18%，无显著差别。该抗病毒药物已在我国上市，可以很容易获得，费用是目前核苷类抗病毒药中价格最低的，且实施治疗十分容易。因此，结果可适用于我们本章开始例子中的患者。的确，该文发表5年后，其结果已为各大洲

第十一章 如何解读关于防治措施效果的随机对照试验

乙肝抗病毒的指南所推荐。需要注意的问题是乙肝病毒容易发生变异，对该药产生耐药，因此，患者的知晓度以及密切随访（每3个月）十分重要，如发生上述情况，需继续服药并合用阿德福韦酯。这篇研究也报道，乙肝病毒变异组肝硬化和肝癌发生率为11%（23/209），仍低于对照组的18%（38/214）。

近年来，随着抗病毒药物研究的进展，抗病毒能力强而且不易发生耐药的恩替卡韦在我国上市，成为抗病毒的一线用药[5]，但是抗病毒治疗可以降低肝硬化、肝硬化并发症和肝癌等重要事件的发生的理论是基于上述的拉米夫定临床研究的。

六、评价干预措施效果的其他方法

虽然随机对照试验是评估医学干预措施效果的金标准，但不是所有的干预措施都需要随机对照试验来评估，也不是所有的干预措施都可以使用随机对照试验来评估。下面简单介绍什么情况下随机对照试验是不合适的、应采取什么研究设计，以及它们的主要优缺点[6]。

（一）非随机对照研究（non-randomized controlled studies）

在这些研究中，比较组可能是自然形成的，或是由研究者分配形成的，但一定不是随机分配形成的。使用非随机对照研究的真正理由有两个。

一是治疗的效果十分显著，不需要严谨的偏倚控制措施就能够显示治疗的效果。比如，断肢再植、青霉素对大叶性肺炎的治疗、疖痈的引流等。当效果极其明显时，甚至没有平行对照的病例系列也可以说明问题。

二是没有足够的研究单位供分组研究，而且随机分配也不切合实际。比如，研究一项国家性空气质量控制策略的效果时，很少有另一个国家会愿意被随机地分配到对照组。即使有一两个国家愿意参加，由于研究单位太少，分组形成的对照也没有控制混杂的意义。因此，评估宏观政策或针对群体的措施时，只能与那些自愿采取或未采取某种策略的国家、社区或人群进行比较。

非随机对照试验的优点是简单、方便、容易被患者接受和实施，且依从性高。缺点是可能存在选择偏倚。由于治疗组和对照组在人群特征和主要预后因素上分布不匀，导致研究结果偏倚。其报告标准可以参考 www.trend-statement.org/。

（二）单病例随机交叉对照试验（n of 1 trial）

此类研究对临床单个病例用两种或多种治疗作进行随机交叉对照试验，每一个治疗阶段都以随机化方式来决定接受哪一种治疗。单病例随机交叉对照试验不适合用来确定疗效不明的治疗的效果，而主要用于确定已知有效的治疗在某具体患者身上是否有效或筛选出确实对该患者最有效的治疗。单病例试验也可同时采用盲法，并在每一阶段对目标结局进行评定，试验将持续到能决定哪一种疗法更有效为止。此类研究不适用于急性病和可以治愈的疾病，而适用于不可治愈的慢性疾病的治疗，如高血压、高血脂和糖尿病等。

（三）其他研究类型

常见的随机临床试验设计还包括序贯试验（sequential trial）、交叉对照研究（crossover trial）、交互试验（factorial trial）等。它们多用于特殊的研究目的、特殊的疾病、特殊的药物或特殊的研究阶段。由于临床问题的特殊性，读者可能需要根据问题的特殊性检索和评价特殊的临床试验设计。另外，包含经济学（如成本-效果）分析的随机对照试验不是一种特殊的研究设计方法，只是结局指标里所包括的经济学指标。

七、本章概要

预防和治疗是一切医学实践活动的根本，有用的防治措施的益处应大于害处。评估防治措

第十一章 如何解读关于防治措施效果的随机对照试验

施效果最可靠的方法是随机对照试验。寻找防治措施效果的随机对照试验的证据,首先要厘清实践问题的 PICOS 特征,然后以此进行文献检索,最后对检索到的文献进行真实性和适用性评估。决定随机对照试验方法学质量的主要因素包括分组序列的产生方法、分组隐匿、盲法、随访率、维持原随机分组分析等。效果的大小可以用相对效果(如 RR、OR、RRR)或绝对效果(如 ARR、NNT)来表达,但决策必须考虑绝对效果。研究结果的质量决定研究的内部真实性,内部真实性是研究结果可以外推到其他患者的基础。治疗的价值取决于使用的结局指标和效果的大小。一项随机对照试验的结果能否用于自己的患者,还需考虑自己患者与研究中患者的近似程度,考虑当地诊断标准、治疗条件与研究中的近似程度,平衡治疗的益处和害处的对比,最后结合资源的允许程度以及患者的意愿和期望做出决定。由于伦理和可行性的限制,随机对照试验不能用于评估所有医学干预措施的效果。如果一个治疗措施十分有效,对患者的治疗不必等待随机对照试验结果。对于政策和公共措施的效果,平行对照研究甚至是前后对照研究就是最好可行的研究,要求随机对照试验的结果是不合理的。

参考文献

[1] Schulz KF, Grimes DA. The Lancet handbook of essential concepts in clinical research. London:Elsevier Limited,2006.

[2] Glasziou P, Del Mar C, Salisbury J. Evidence based medicine practice work book. Session Two:critical appraisal of a therapy study. Oxford:University of Oxford Press,2007.

[3] Marcelliu P, Heathcote J, Buti M, et al. Tenofovir disoproxil fumarate versus adefovir dipivoxil for chronic hepatitis B. N Eng J Med. 2008,359:2442-2455.

[4] Liaw YF, Sung JY, Chow WC, et al. Lamivudine for patients with chronic hepatitis B and advanced liver diseases. N Eng J Med. 2004,351:1521-1531.

[5] 王吉耀,Gluud C. 循证医学和临床实践.3 版.北京:科学出版社,2012:417-421.

[6] Jiyao Wang.Clinical utility of entecavir for chronic hepatitis B in China. Drug Design Development and Therapy. 2014,8,13-24.

练 习 题

【名词解释】

1. 随机分组
2. 分组隐匿
3. PICOS
4. 盲法
5. ITT 分析
6. 失访
7. 相对危险度
8. RRR
9. ARR
10. NNT

【选择题】

1. 临床试验中,对研究对象规定严格的入选标准,其主要的缺点是
   A. 结论的可推广性差
   B. 研究结果的可信度差
   C. 研究对象的依从性差
   D. 不容易出现统计学显著性差异
2. 随机试验对照中下列哪项是**错误**的
   A. 随机分组是临床试验最重要的偏倚控制措施之一
   B. 采取分组隐匿的研究显示的效果往往大于未采取分组隐匿的研究
   C. 随机分组中研究对象有同等或固定的机会被分配到各比较组
   D. 意向分析要求不能排除任何经随

机分组纳入的患者
3. 评估疗效的临床试验的偏倚控制原则**不包括**下列哪一项
   A. 是否随机化分组
   B. 是否设立对照组
   C. 是否采用盲法
   D. 是否与常规治疗比较
4. 关于随机分组的叙述，下列哪一项是**不正确**的
   A. 避免选择偏倚
   B. 使每个研究对象有同等或固定的机会被分配到各组
   C. 可使各种预后因素均等地分布于各比较组
   D. 把研究对象随意地分配到治疗组和对照组
5. 关于临床试验随机分组和分组隐匿，以下哪一项是**不正确**的
   A. 患者事先不能知道被分配的组别，但医生可以知道
   B. 随机分组的成功必须借助分组隐匿
   C. 分组隐匿对非盲法的开放性试验尤为重要
   D. 组间可比性随样本量的增加而增加

【问答题】
1. 简述随机对照试验的设计要点。
2. 为什么说随机对照试验是评估防治措施效果的金标准？
3. 什么是随机分组？随机分组的目的是什么？
4. 什么是选择偏倚？如何在临床试验中有效地控制选择偏倚？
5. 什么是分组隐匿？分组隐匿和盲法有什么区别？
6. 影响防治效果研究内部真实性的因素有哪些？
7. 试比较测量防治措施效果大小的相对指标和绝对指标及其应用。
8. 试举例说明为什么失访和组间治疗交换会在临床试验中引起偏倚。
9. 试比较随机对照试验和非随机对照试验的区别及其在评估干预效果中的用途。
10. 如何判断随机对照试验研究结果的外部真实性和对自己患者的适用性？

（王吉耀[*]）

第十二章　如何解读关于治疗效果的随机对照试验的系统综述

一、临床情景描述

假如你在一家教学医院的传染病科工作，今天收住了一名中年男性患者。患者有严重的厌食、呕吐、腹胀等消化道症状，身上多处出血点，血清总胆红素为200μmol/L，凝血酶原活动度为25%，经诊断为急性肝衰竭。人工肝支持系统（artificial liver support system，ALSS）治疗是一个可选的治疗。患者希望知道，与目前的常规治疗比较，人工肝支持系统是否可以提高生存率、该治疗有什么副作用。可是你对最新的研究证据并不十分确定，因此需要检索和评估现有最好的有关的研究证据。简单地说，你面临的问题是人工肝治疗急性肝衰竭患者在提高生存率方面是否优于常规治疗。

二、系统综述的必要性

从这个临床情境中可以看出，这是一个有关治疗效果的问题。医疗卫生干预的效果评价主要采用随机对照试验的研究设计，在面临此问题时，人们首先可能做的是检索、阅读和评价有关的高质量的临床试验，从中找到有关问题的证据，据此做出合理的决策。但是，我们经常会发现，就某一具体临床问题可能存在几篇甚至几十篇文献，需要花费大量的时间来筛选和阅读这些文献，这在临床实践中往往是不实际的。况且，不同的研究显示的结果经常不同甚至相反，使决策者不知所从。由此可见，试图阅读原始研究的报告来解决临床问题的方法并不可取。在这个时候，我们希望有这样一篇文章，它已经收集并综合了所有相关的原始研究，并对每个原始研究的质量进行了评价，得出一个综合性的结论，只需阅读一篇这样的综合性文章就可以进行循证实践，从而节省大量的时间和精力。

系统综述（systematic review）就是这样一种可以提供综合性结论的研究。系统综述是一种研究方法，它针对一个特定的临床问题，收集所有相关的研究（包括以各种语言发表的文章），整合起来进行全面和客观的分析，从而得出关于该问题的综合性的高质量的结论。它是一种在原始研究基础上进行的二次文献研究。有的系统综述中运用了Meta分析（一种统计学定量整合的方法）来综合原始研究的结果。因此，过去又把使用这种统计学方法的综述称作Meta分析[1]。目前人们普遍认为，来自多个随机对照试验的系统综述提供了有关治疗效果最好的证据。在飞速发展的信息时代，系统综述是临床医生、研究人员和医疗卫生决策者获得现有最好证据的捷径。就本章开始的实例，经过检索，我们发现了一篇关于人工肝治疗急性肝衰竭的考科蓝综述[2]。本章以下内容就如何快速、正确地解读系统综述进行讨论。

三、解读治疗效果的随机对照试验的系统综述

评价系统综述的证据时，首先需要回答的问题是该系统综述研究的问题是否与自己决策面对的问题相关，这通常通过阅读文章的题目或摘要就可以确定。其次是评价系统综述的方法学质量，也就是判断综述结果的可信度或真实性。再次，提取和解释综述的结果，最后依据综述

的证据、结合患者的需要和意愿做出决策。表12-1总结了评价随机对照试验的系统综述的主要项目[3]。

表12-1 如何评价关于治疗效果的随机对照试验的系统综述

1. 研究结果是否可信?
   1.1 该综述中的临床问题是否具体、明确?
   1.2 原始研究的纳入标准是否合适?
   1.3 综述对相关研究的检索是否全面无偏倚?
   1.4 是否对原始研究的质量进行了评价?质量如何?
   1.5 研究的收集、纳入、质量评价和数据提取是否可重复?
   1.6 不同研究的结果是否相似?即结果的异质性如何?
2. 该系统综述的结果是什么?
   2.1 系统综述的疗效大小如何?
   2.2 疗效估计值的精确度如何?
3. 该系统综述的结果对于治疗我的患者是否有帮助?
   3.1 研究结果是否可以应用在我的患者身上?
   3.2 该系统综述是否考虑了所有重要的临床结局?
   3.3 该治疗措施的利弊比较如何?

(一)研究结果是否可信?

研究结果的可信度或真实性(validity)由研究的质量决定,而研究的质量由研究设计和各种偏倚控制措施决定,因此在研究设计固定的情况下,对研究结果可信度的评价就是对各种偏倚控制措施的评价。一般来讲,虽然系统综述具有偏倚程度小、证据综合性强、可信度高的特点,但它毕竟也是一种研究工具,因此与其他研究一样,可能存在偏倚和随机误差。低质量的系统综述可能得出错误的结论,导致不当的实践,因此,如同阅读随机对照试验文献一样,需要对研究的质量进行严格评价,才能判断一篇系统综述是否提供了可靠的科学证据。

由于制作系统综述是一项复杂的工作,其间需要诸多的主观判断,即使是很有经验的研究者也难免出错。对系统综述的质量进行评价,仅仅通过阅读系统综述的摘要和结论是不够的,还应该包括以下几个方面的系统评估。

1. 该综述中的临床问题是否具体、明确?

综述所提出的临床问题应当具体、明确,并可以通过系统综述得以回答。好的问题应当切中临床决策所要用到的关键证据。拟回答的问题将决定系统综述的结构,并影响研究的全过程,包括文献检索、研究的筛选、研究相关性的确定、原始研究质量的评价、资料提取和结果分析。此外,系统综述的使用者将通过对系统综述问题和研究目的的判断,决定该问题的研究结果能否可用于对自己患者的处理。一个定义良好的问题应当包括研究对象、试验组的治疗、对照组的治疗、估计效果使用的结局,以及服务条件和环境。临床问题不明确的综述势必会增加原始研究纳入的主观性,从而增加选择性偏倚的可能性。

2. 原始研究的纳入标准是否合适?

为了确定一个系统综述是否包括了适合的原始研究,读者需要知道系统综述作者挑选研究的标准。如果一个系统综述根本没有明确的纳入标准,或者预先制订的标准不明确,或者纳入的研究和预先制订的标准不一致,就可能存在研究者根据研究结果随意纳入研究的现象,从而引入偏倚。

(1)研究纳入标准的几个方面

① 研究对象:纳入标准首先要明确研究的疾病,然后确定患该病的人群和背景,即纳入

研究患者的特征，应具体到选择什么样的人群以及根据何种因素进行选择。比如，根据性别、年龄、种族、受教育程度，以及是否伴随某疾病（如心脏病患者伴有糖尿病）来纳入患者。某些情况下，研究也可能对某种特殊背景条件下的人群感兴趣，并据此进行纳入限制。比如，只纳入生活在某种社区的人群、住院患者、养老院或门诊患者等。对人群特征的限制一定要有合理的生物学或社会学依据，否则应尽可能避免。

② 比较的类型：要具体说明所关注的干预措施以及作为对照的处理措施。若干预措施是药物，需要说明药物的制剂、给药途径、剂量、持续时间和频率等因素。如干预措施是复杂干预（如教育或行为干预），应界定其共同的核心特点。对照组的选择是解释两组治疗效果差别的关键。合理的比较包括：治疗 A 与无治疗或安慰剂比较，以及治疗 A 与效果已知的治疗 B 比较。以下比较的结果将无法解释：治疗 A 与效果不明的治疗 B 比较，治疗 A 加辅助治疗与无治疗或效果已知的治疗 B 比较，治疗 A 与效果已知的治疗 B 加辅助治疗比较。

③ 结局指标：系统综述强调要纳入所有决策相关的重要结局。研究者应当避免过多的结局指标，尤其是不重要的结局。系统综述应有明确的结局纳入标准。例如，有关脑卒中死亡结局的系统综述，有的研究在报告结局时将死亡与非死亡的资料合并报告，对这样的研究是否纳入，应在纳入标准里事先有明确的规定。一般应当纳入决策需要考虑的结局，强调重要的结局。有些结局指标虽难以获得，但对决策十分重要，也应纳入。例如，生存质量对晚期癌症患者是重要的结局指标，即使不是所有的原始研究都报告了有关资料，也应将生存质量作为研究的结局。一定要避免仅仅根据原始研究使用的结局指标来确定系统综述使用的指标。同理，系统综述中还应当说明是否以及如何纳入有关不良反应的资料。

④ 研究设计的类型：系统综述要求根据所需回答的问题选择最佳研究设计类型。如涉及疗效的问题，随机对照试验是最佳研究设计，而对病因或危险因素问题则只能采用病例对照研究或队列研究。影响临床试验质量的因素包括分组方法、分组隐匿、盲法、结局的测量、随访时间、失访、维持原随机分组分析（intention-to-treat analysis，又称意向分析）等。就结局而言，如果综述纳入的研究不能提供可靠的结局资料来回答研究提出的问题，这类系统综述可能是无益的，甚至会得出错误的结论。例如，研究者若要评估某一治疗措施是否可以提高慢性病患者的生存率，采用短期的研究则不恰当。

（2）纳入研究时常见的偏倚及其控制方法

① 纳入标准偏倚（inclusion criteria bias）：不同的系统综述有不同的纳入标准，没有统一的标准可循。如果研究者根据某种需要制订了"有偏向的"纳入标准，据此决定排除和纳入哪些研究，可能会引入人为的偏倚。

② 筛选者偏倚（selector bias）：尽管制订了严格的研究纳入标准，但由于纳入标准不一定对每项研究的入选或排除都非常特异，在筛选过程中也可能会受研究者主观意愿的影响而引入偏倚。

制订客观、严密的纳入标准，是控制纳入标准偏倚和筛选者偏倚最重要的方法。除此之外，盲法筛选是控制筛选者偏倚常用的方法，即筛选者对一项研究纳入与否的判断独立于该项研究的结果，从而避免依据研究结果对纳入和排除的干扰。

3．综述对相关研究的检索是否全面、无偏倚？

制订检索策略，进行全面、无偏倚的检索是系统综述与传统综述的关键区别之一。文献检索首先需要确定拟检索的文献库，然后根据事先拟定的纳入和排除标准，确定检索词和检索方法，制订合理的检索策略，对符合标准的研究进行全面、无偏倚的检索。

常用的文献检索方法包括检索电子文献库、手工检索重要的专业杂志、检索专业会议文摘、筛检有关文章的参考文献，以及与有关专家和药厂联系来收集那些尚未发表的或已经完成而从未发表的研究等。文献检索不应特别地排除或局限于某些数据库、语言和地区等，以防止选择偏倚。

常用的文献数据库包括 Medline、Embase、AMED、Cochrane 图书馆、CBM 光盘等。不同的检索方法要相互结合,并通过对全文的阅读,决定每篇文章的纳入和排除。一般要求两个或以上研究人员独立筛选和确定纳入的研究,以避免偏倚。

在文献检索方面,读者应特别关注以下几个问题:研究者是否尽可能使用了各种主要的文献检索方法?电子检索方法是否全面、系统并清楚地陈述了检索策略?检索使用的关键词是否全面、得当?是否遗漏了重要的关键词?是否对各种检索的结果有明确的描述?当研究数量比较大时,是否采用了漏斗图等方法评估了发表偏倚存在的可能性,并对潜在的偏倚进行了测量和控制?在文献检索时常见的偏倚有以下几种:

(1) 发表偏倚:发表偏倚(publication bias)是系统综述的常见的偏倚之一。研究发现,样本量大的或显示阳性结果的研究容易得到发表,而样本量小的、显示阴性结果的研究一般不投稿或投稿后不容易获得发表,这种选择性发表样本量大的、显示阳性结果研究的倾向会造成对治疗效果的夸大,由此形成的偏倚称为发表偏倚。在评价系统综述时,是否存在发表偏倚,是判断其结果科学性的重要指标之一。

评估和检测系统综述是否存在发表偏倚的常用方法是漏斗图(funnel plot)及其相关的统计分析。该图以原始研究的治疗效果的估计值作为 X 轴,以对应的样本量或效果估计的精确性作为 Y 轴,形成一个散点图。如果没有选择偏倚,散点应围绕一个代表真实效果的中心轴对称分布,小样本研究的结果宽散地分布在图形的下方,而大样本的研究则紧靠中心轴分布在图的上方,状似倒置的漏斗(图 12-1)。

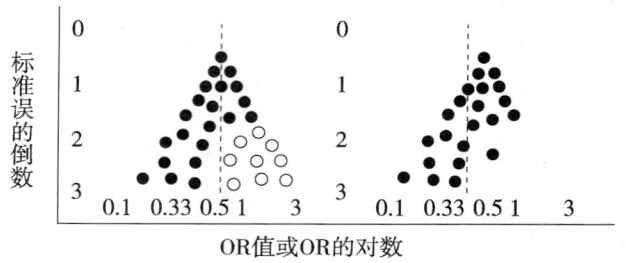

图 12-1 检测发表偏倚的漏斗图

引自:康德英,等. 中国循证医学杂志. 2003, 3 (1):45-49.

当小样本阴性结果的研究(如图 12-1 左图中的中空点)区域变得稀疏或完全缺失时(图 12-1 右图),提示发表偏倚可能存在。更客观的方法是通过统计学检验对图形对称性进行定量的分析,以弥补对图形对称性观察的主观性和不可靠性。

需要注意的是,漏斗图并不是一个灵敏度很高的检测发表偏倚的方法。当统计学检验显示图形不对称时,除了发表偏倚外,还有以下几种可能:临床异质性、方法学异质性、漏斗图纵轴和横轴的选择等。而且绘制漏斗图需要一定数量的研究,一般来讲 10 个以上的研究才有实际意义,如果有关的研究数量太少,漏斗图分析则没有太大的意义。

(2) 其他选择偏倚:选择偏倚(selection bias)是由于收集、评估和纳入原始研究的方法不当而造成的偏倚。发表偏倚是一种典型的选择偏倚。系统综述中其他常见的选择偏倚还有定位偏倚、语言偏倚、引用偏倚、多次发表偏倚和文献库偏倚。定位偏倚(location bias)是指采用的检索策略或工具不当引起文献遗漏而造成的偏倚。语言偏倚(language bias)指由于只收入某种或某几种语言发表的研究而产生的偏倚,如仅收录了英文文章而出现的偏倚。因为不同语种对发表研究的倾向性不同,如德语文章较英语文章更倾向于发表阴性结果的研究,排除德语发表的研究会夸大治疗的效果。引用偏倚(citation bias)指由于作者引用文献的嗜好或倾向性所造成的偏倚。研究中引用阳性结果的研究多于阴性结果的研究，由此阳性结果的研究更容易被发现并收入系统综述，从而高估实际的效果。另外，阳性结果的研究有时会重复发表，增加了它们被引用的机会，从而增加了它们被发现和收入系统综述的机会，也导致多次发表偏倚（multiple publication bias），高估实际的效果。文献库偏倚（database bias）是由于现有文献库的特征所引起的偏倚。目前世界上几个主要的医学文献库有 Medline、Embase、Science Citation Index（SCI），虽然它们收集的杂志种类很多，但绝大部分杂志来自发达国家，发展中国家所占比例很小，而且发展中国家具有阳性结果的研究可能更容易发表在这些杂志，所以仅检索这些文献库可能会引入偏倚。

对于临床试验来讲，控制这些偏倚唯一满意的策略是对所有临床试验进行前瞻性注册，注册有助于改进研究的实施、资料分析及结果报告，同时也有利于降低系统综述的发表偏倚。

4. 是否对原始研究的质量进行了评价？质量如何？

如前所述，研究结果的可信度由研究的质量决定，评估研究的质量就是对研究结果可信度的评价。研究的质量由研究设计和具体研究采取的各种偏倚控制措施所决定。原始研究的质量是系统综述质量的基础，系统综述不可能把低质量的原始研究变成高质量的综合证据，系统综述遵循一个"垃圾进，垃圾出"的规律。无论系统综述的其他工作（如文献检索）做得如何，综合低质量原始研究的系统综述必定是低质量的综述。

因此，评估原始研究的方法学质量以确定系统综述结果的真实性非常重要。另外，评估原始研究的质量对系统综述还有以下几个方面的作用：①可作为纳入研究的标准之一；②用于解释研究结果间的异质性；③用于敏感性分析；④作为综合结果时赋予权重的依据，即质量越高，赋予的权重越大。

目前尚无质量评价的金标准，现有很多种评价研究质量的工具，其基本原理都是利用量表或清单，针对影响研究质量的不同方面进行打分，最后将各项的得分综合得出一个质量总分。1995 年，Moher 等分析了 34 种评估临床试验质量的方法，这些量表包括的质量项目从 3 项到 57 项不等，完成整个评价过程需要 10～45 分钟。虽然这些都是常用的标准，但是很多量表中包含了与研究质量无关的条目。世界考科蓝协作组织（The Cochrane Collaboration）认为以下几个方面是决定临床试验质量最基本的因素[4]：

- 是否报告了随机序列产生的方法？所用的方法是否适当？（评价是否存在研究对象的选择偏倚）
- 随机分配方案是否隐藏？所用的方法是否适当？（评价是否存在研究对象的选择偏倚）
- 是否对研究对象和受试者施盲？（评价是否存在实施偏倚）
- 是否对研究结局评价者施盲？（评价是否存在测量偏倚）
- 结局数据是否完整？是否报告了每个主要结局指标的数据（包括失访及退出的）？是否报道了退出及失访的原因，并在统计分析时作了恰当处理（如意向治疗分析）？（评价是否存在磨损偏倚）
- 研究者是否有选择地报告了某些结局？（评价是否存在结局报告偏倚）
- 是否存在其他偏倚？

最后，建议用"偏倚风险"的程度对上述不同方面是否达到要求进行评价，如"低偏倚风险""未知偏倚风险"和"高偏倚风险"。以上每个方面的具体评判指标可参见考科蓝协作组织的 *Cochrane Handbook for Systematic Reviews of Interventions*（version 5.1.0）中的相关章节。

另外，对研究质量的评价还面临两个问题。一是研究报告不恰当，可能是研究设计的问题，也可能是报告本身的问题，仅仅通过阅读研究报告很难说清楚。二是现有的证据尚不能完全证明哪些因素会真正影响研究的结果和结论，因此很难确定地说应该用哪些指标来评价研究的质量。

第十二章　如何解读关于治疗效果的随机对照试验的系统综述

5．研究的收集、纳入、质量评价和数据提取是否可重复？

如前所述，系统综述的研究者必须要决定纳入哪些研究，评估研究的质量如何，以及从中提取哪些数据。每一项决定都要求研究者进行主观判断，故每一项决定都可能会引入人为的误差。因此，对研究的质量评价通常需要至少 2 名研究者独立进行，并在意见相悖时通过讨论和征求第三者的意见以取得共识。如果研究人员之间能达成良好的共识，综述的结果就更加可信。研究者还可以在评价质量时采用盲法，以减少研究者偏倚，而且研究表明盲法评估比开放式评估更容易得到一致的结论。因此，在阅读系统综述时，应检查是否采用了 2 个研究者独立评估的方法、是否使用了盲法、二者意见的一致性如何。

6．不同研究的结果是否相似？即结果的异质性如何？

系统综述一般会对纳入研究的结果进行合并，最后得到一个综合所有研究的"平均"结果。如果纳入系统综述的每个研究的结果相似或至少效应的方向一致，则由此合成的结果的可信度较高。但是，一般来说，纳入到系统综述中的研究总是不同的，如果各研究结果差异很大，则合并的平均结果是不合理的。不同研究之间在结果上的差异称为异质性（heterogeneity），研究在临床方面（如患者特征）和研究设计方面的差别都可能引起结果的异质性。因此，在进行系统综述的过程中，对纳入的研究进行异质性检验是非常重要的。读者应当关注系统综述是否报告了异质性检验的结果，如果异质性检验有统计学显著性差异（$P \leq 0.10$），则显示异质性的存在。当异质性存在时，由于合并的平均结果不能代表各研究的结果，寻找异质性的原因将成为该系统综述的主要分析内容。

异质性可由以下三类原因造成：临床异质性（clinical heterogeneity）、方法学异质性（methodological heterogeneity）和统计学异质性（statistical heterogeneity）。临床异质性指的是不同研究在患者、治疗和结局等临床特征方面的差别引起的异质性，方法学异质性指的是不同研究在研究设计和偏倚控制等研究方法学方面的差异引起的异质性，统计学异质性指的是随机误差造成的不同研究的结果之间的差异。

确定异质性的方法有两种：一是通过森林图 [见本章三（二）1] 观察各研究结果的可信区间是否有重叠，如果有些研究的可信区间互不重叠，则说明有明显的异质性，这是一种定性的方法。另一种方法是进行异质性检验，是定量的方法，如果异质性检验显示研究结果之间有显著性差异，则说明有异质性的存在。检测异质性的检验为异质性 χ^2 检验，用来判断研究间结果的差异是否完全由随机误差造成。当 $P \leq 0.10$ 时，说明研究结果之间的变异超过了机遇或随机误差所能够造成的最大变异，提示可能有临床和方法学因素引起的变异。

需要注意的是，异质性的 χ^2 检验的灵敏度较低，尤其是当纳入研究的样本量较小或纳入研究的数量较少时，该检验可能不能检出真实存在的异质性。也就是说，χ^2 检验统计学无"显著性"时，也不能肯定研究之间不存在真实的异质性。为了提高异质性的 χ^2 检验灵敏度，通常把统计学显著性的 P 值的阈值定在 0.10，而不是通常使用的 0.05。有关异质性检验的另外一个问题是，如果系统综述中纳入了很多的研究，χ^2 检验可能会检测出来一些很小的异质性，即使这些异质性在临床上并不重要。另外，异质性的大小还可以用 I^2 值来衡量，I^2 值表示由于非机遇因素造成的研究结果之间的变异占总变异的百分比。I^2 值大于 50% 表示存在显著的异质性。

在 Meta 分析中，对异质性的处理可以按图 12-2 的流程来进行。当异质性存在时，如果研究数目足够，应尽可能采取措施分析异质性的原因，可根据研究的特征（如性别、年龄、病情严重程度、疾病分期、基线危险度、观察时间长短、研究设计等因素）进行亚组分析或 Meta 回归分析，以解释异质性的来源。也可以进行敏感性分析，分析异质性是否是由一两个特殊的研究造成的。

如果以上分析没有发现任何引起异质性的因素，且认为合并的结果仍具有一定的实践意

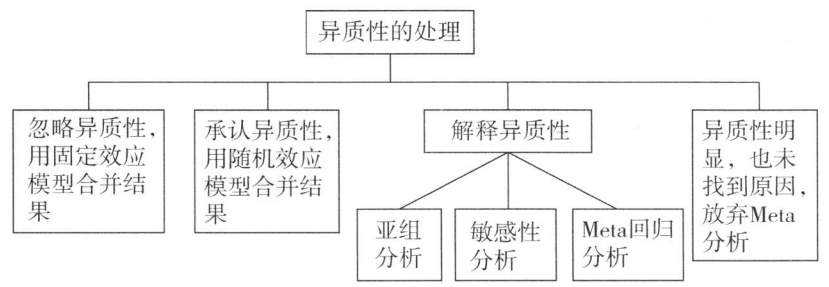

图 12-2　Meta 分析中异质性资料的处理方法

义，常用的方法是采用随机效应模型（random effect model）合并研究结果。当研究在患者、治疗和结局等各个方面十分相似，且异质性不是很大时，可忽略异质性，采用固定效应模型（fixed effect model）合并研究结果。相反，如果异质性过于明显，而且研究在临床和方法学方面存在明显的不同，可彻底放弃对结果的合并，只对不同研究的结果做分别的报告和讨论。

（1）Meta 回归分析：Meta 回归分析中所用的合并研究结果的方法有固定效应模型和随机效应模型两种。固定效应模型的统计方法假设系统综述纳入的所有研究的真实结果是一样的，其间的差异完全是由于随机误差造成的。随机效应模型则假设系统综述纳入的研究的真实结果本来就是不同的，其间的差异部分由随机误差引起，部分由于临床和方法学特征的不同而产生。因此不同模型采用了不同的权重计算方法。固定效应模型的统计方法主要包括 Mantel Haenszel 法、Peto 法和倒方差法（inverse variance method）。随机效应模型的统计方法主要是 DerSimonian & Laird 的方法。两种方法在最终合并的结果上常无明显差异，但是随机效应模型给出的 95% 可信区间一般都会大于固定效应模型的可信区间，因此随机效应模型分析的结果比较保守。

（2）亚组分析和敏感性分析：亚组分析（subgroup analysis）是依据研究的临床或方法学特征进行分组，分别估计各组内研究的结果，并对各组的综合结果进行比较，如果它们之间的差异存在统计学显著性，则提示分组的因素可能是异质性的原因之一。敏感性分析（sensitivity analysis）是通过剔除具有某种特征的少数研究，来观察剩余的多数研究合并的结果是否会发生变化，如果结果发生了明显的变化，则说明剔除的研究可能是引起异质性的原因，如果有明确的、足够的理由，可以在最终分析里剔除这些研究，并在报告中说明。

（二）该系统综述的结果是什么？

系统综述的结果主要包括疗效的大小和疗效估计值的精确度。

1. 系统综述的疗效大小如何？

在常规系统综述的研究里，研究人员从个体研究中收集数据，利用定量的方法（Meta 分析）对这些数据进行整合，最后得到一个综合所有研究的平均结果。在结果分析时，不能简单地根据阳性结果和阴性结果的研究个数来做结论，而应根据研究的质量和样本含量的大小，对不同研究给予不同的权重，并采用定量的统计指标和方法综合结果。

系统综述中常见的资料类型有三种。第一种是计数资料，主要是二分类资料，即每一个体只能处于两种状态之中的一种，如生与死、阳性与阴性、有或无等。这样的资料可以用比值比（odds ratio，OR）、相对危险度（relative risk，RR）、相对危险度降低（relative risk reduction，RRR）表示。当结局事件发生频率很低时，OR 几乎等于 RR。第二种资料为连续变量，如身高、体重、血压、血转氨酶水平等，在系统综述中通常用组间均数的差值（mean difference）和相对差值百分数来测量治疗的效果。当对同一结局的测量采用不同的度量衡单位（如使用不同的疼痛量表测量疼痛的严重程度）或使用的结局指标完全不同（如疼痛评分、生活质量和血压）时，可选择标准化均数差（standardized mean difference，SMD）。合并不同研究均数差时一般使用的是加权均数差（weighted mean difference，WMD）。第三种资料为生存时间，常常用于发生频率比较高的事件如癌症的治疗研究，处理这类资料时通常会用两组即时发生率之比（hazard ratio，HR）来测量治疗的效果。

可用于测量治疗效果的统计量还有绝对指标，如用于分析二分类变量的指标有绝对危险度降低（absolute risk reduction，ARR；ARR又称率差，risk difference，RD）和需要治疗人数（number needed to treat，NNT）。这些指标的临床意义直接、明确、易懂，已被广泛接受和应用。然而，由于相对指标的同质性优于绝对指标，绝大部分系统综述还是采用相对指标来综合不同研究的结果。决策时，医生和决策者可将相对效果转换成绝对效果，并参考绝对效果进行决策。

Meta分析的结果通常以森林图（forrest plot）的形式表达（图12-3）。森林图的平面直角坐标系以一条垂直的无效线（横坐标刻度为1或0）为中心，用平行于横轴的多条线段表达每个被纳入的研究的效应量及其可信区间（confidence interval，CI），可信区间中间的正方形图形（或其他图形）的大小代表研究的样本量或权重，正方形的中心是该研究的效果的点估计值。综合效应一般用菱形表示，以区别具体研究的结果，菱形的中心点是综合结果的点估计值，其宽度表示可信区间。

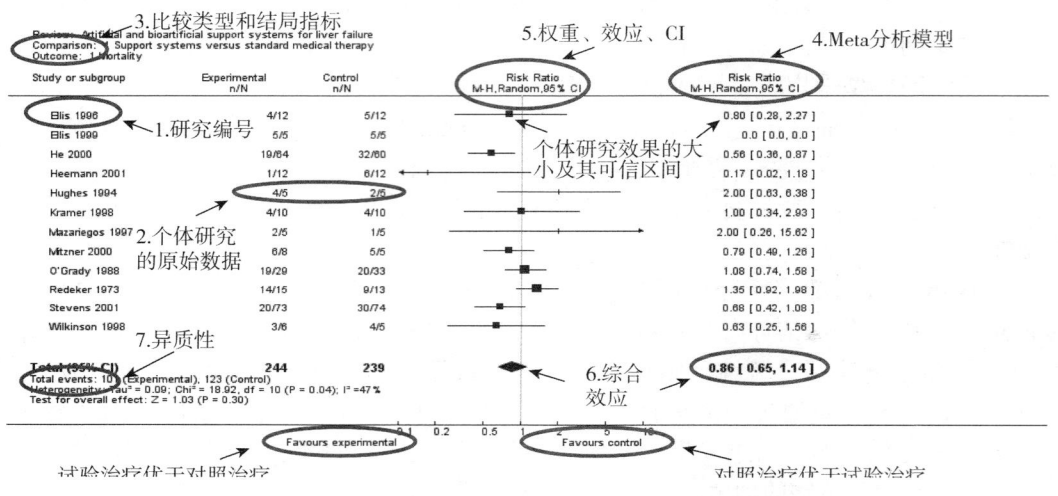

图12-3 人工肝及生物人工肝支持系统治疗肝衰竭的系统综述结果森林图

一个典型的森林图一般包括以下信息：研究编号、个体研究的原始数据、比较的类型、结局指标、Meta分析模型、研究的权重、异质性检验结果、个体研究效果的大小及其95%可信区间（effect size and 95% CI），以及综合效果及其可信区间。

以图12-3为例。这是一篇关于人工肝和生物人工肝支持系统治疗肝衰竭随机对照试验的系统综述的Meta分析结果。共计纳入12篇比较了人工肝和常规西医治疗的随机对照试验，使用的结局指标为病死率。

（1）研究编号：系统综述中每一个纳入的研究都有一个编号，编号由系统综述研究人员制订，一般是原始研究第一作者的姓氏加发表年代，如"Blis 1996"。如果几项研究的作者姓氏和年代都相同，可在编号末尾加不同的字母以示区别，如"Huang 1999a"。

（2）个体研究的原始数据：以Hughes 1994为例，试验组和对照组各有5例随机分配的患者，治疗后试验组死亡4例，对照组死亡2例。个体研究数据是Meta分析的基础。

（3）比较的类型和结局指标：在此Meta分析中，试验组的治疗为人工肝或生物人工肝治疗，对照组治疗为西医常规治疗。此Meta分析中，结局指标是死亡。

(4) Meta 分析模型：从图的右上角可以看到"Random"，说明此 Meta 分析使用的是随机效应模型。因为异质性检验 $\chi^2 = 18.92$，df = 10，$P = 0.04$，说明这些研究之间的异质性较大，因此研究者正确地采用了随机效应模型（random effect model），以使结论更加保守。

(5) 研究的权重（weight）、效果大小和可信区间：Meta 分析中的综合效应是加权平均值，根据精确度（有时也包括研究质量）的高低，不同的研究给予不同的权重。图中的方块表示权重的大小，方块越大，该试验在所有试验的综和结果中所占的权重越大。

个体研究的效应点估计和 95% 可信区间：阅读森林图时首先要弄清两个问题：一是用于测量效果的统计学指标是什么；二是当整个可信区间落到哪侧时说明试验治疗优于对照治疗，相反，落到另一侧时则说明对照治疗优于试验治疗。该 Meta 分析的效应指标为相对危险度。水平线的长度代表单个研究效应估计的 95% 可信区间，这个线段越短，表明结论的精确度越高。如果水平线跨越中间垂直的"无效线"，则说明两组治疗没有统计学显著性。从图中可以看出，大部分研究的结果的精确度都不是很好，并且跨越了"无效线"，说明人工肝治疗与标准治疗比较，在改善患者病死率方面没有显著性差异。

(6) 综合效应：在"Total（95% CI）"横向右侧对应的菱形图形代表所有研究的综合并效应值，最右侧是其点估计值和可信区间的数字表达。由于合并后综合效应跨越了无效线，说明人工肝治疗与标准治疗比较，在改善患者病死率方面没有统计学上的显著性差异。

值得注意的是，统计学上没有显著性差异不等同于两种治疗的效果没有区别。正确的结论是，试验治疗可能优于对照治疗，也可能劣于对照治疗，也可能二者间无任何区别，但是由于总样本量太小，无法做出肯定的结论。由于综合效应的 95% 可信区间的大部分都落在了无效线的左侧，提示试验治疗优于对照治疗的可能性最大，但需要更多的研究才能证实。

(7) 异质性检验：本综述里原始研究结果间异质性检验的 P 值为 0.04，$I^2 = 47\%$，说明可能存在方法学和（或）临床异质性。

2．疗效估计值的精确度如何？

综合效应估计值的精确度一般由 95% 可信区间表达。可信区间的意思是，由于随机误差的存在，我们只能对真实效果做一个宽泛的估计，不能做出精确的估计，这个宽泛的估计就是可信区间。95% 可信区间的意思是，我们有 95% 的把握真实的效果在这个区间之内。可信区间越窄，疗效估计就越精确，对决策就越有利。

（三）该系统综述的结果对我的患者是否有帮助？

系统综述的证据能否被运用到自己的患者，如同评价临床试验结果的适用性一样，除了以上讨论的结果真实性和临床重要性之外，还需考虑影响系统综述研究结果外部真实性的因素，即自己患者的具体情况。这些因素包括：试验的场所，诊断的方法和标准，患者的特征（如患者的种族、年龄、疾病轻重程度等），辅助治疗措施，干预的强度和时间，患者的依从性，患者的意愿和期望及其对治疗的益处害处的权衡。外推性的一般原则是：当前的环境和患者特征与研究的环境和患者特征越接近，外推的可能性就越大，外部真实性就越高。决策时，医生需基于证据，并结合自己的经验以弥补证据的不足，兼顾现有资源的多少和机会成本的高低，尊重患者的意愿和期望，做出最有利于患者的决策。

1．研究结果是否可以应用在我的患者身上？

可通过比较自己的患者与系统综述中的患者在年龄、性别、并发症、疾病严重程度、病程、依从性、文化背景等临床、生物和社会因素的差异，并结合临床知识和经验综合判断这些因素是否影响治疗的效果，进而判断自己的患者是否能从该治疗中获得研究显示的效果。此外由于技术力量、设备条件、社会经济因素的限制，即使系统综述中的干预措施效果明显，有时自己所在的医院可能不提供有关治疗，或不能以研究中的标准和质量提供治疗，或者诊断水平不够高，存在误诊漏诊。这样，自己的患者将不能从有关治疗中获得研究显示的效果。

第十二章 如何解读关于治疗效果的随机对照试验的系统综述

2．该系统综述是否考虑了所有重要的临床结局？

研究者需要判断该系统综述是否纳入了所有决策相关的重要结局，并且应当避免根据不重要的结局指标的结果做出判断，比如，实验室指标等替代结局的改善并不一定可以代表终点结局的改善。此外，研究者还要看系统综述作者是否有明确的结局纳入标准。

3．该治疗措施的利弊比较如何？

在做出一项临床决策时，必须权衡预期的收益、潜在的风险、需要的资源和机会成本的大小。对治疗益处和害处的大小及其重要性的判断应该是患者自己的意见，而不是任何其他人的观点，治疗提供的益处应该与患者期望从中得到的益处一致，这样方能给予患者满意的服务。

四、解读实例

回到本章开头的场景描述中，你面临的问题是"人工肝治疗急性肝衰竭患者在提高生存率方面是否优于常规治疗"，为了回答该问题，你在考科蓝图书馆中使用检索词"artificial liver"和"liver failure"进行检索，发现了一篇关于人工肝治疗肝衰竭的考科蓝系统综述。该综述评价了 1966 年至 2002 年 9 月发表的、比较人工肝与常规治疗对急性成人肝衰竭的治疗效果方面差别的随机对照试验。该文章有可能回答你的问题。因此我们按照以上解读原则，实际解读一下这篇文献。

（一）研究结果是否可信？

1．该综述中的临床问题是否具体、明确？

通过阅读系统综述的题目、研究目的及摘要，发现该系统综述的临床问题是"评价对于急性肝衰竭及慢性肝衰竭急性发作的患者，人工和生物人工肝支持系统与标准治疗及其他常规支持治疗相比，治疗的有效性及安全性"。临床问题具体、明确，与我们的问题非常相关。

2．原始研究的纳入标准是否合适？

根据研究目的，该系统综述设定了原始研究的纳入标准，包括研究对象、比较类型、结局指标和研究设计类型四个方面。

（1）研究对象：研究对象为患急性肝衰竭或慢性肝衰竭急性发作患者，对于肝衰竭的病因及患者肝性脑病的阶段未加限制。肝衰竭定义为患者出现了肝性脑病、黄疸发展和凝血障碍，急性肝衰竭的定义为没有前期存在的肝病变的情况下出现肝衰竭的急性发作，急性发作的慢性肝衰竭定义为在原来存在肝病变的基础上出现急性肝衰竭症状。另外，有一部分研究没有报告其纳入的急性肝衰竭或慢性肝衰竭急性发作患者的具体诊断标准，也纳入了该系统综述中。

（2）比较类型：就本章提出的问题而言，评估的治疗是人工肝治疗，对照组治疗是目前的标准治疗。

（3）结局指标：主要的结局指标的全因死亡率。次要结局指标包括：症状没有改善而不能接受移植的患者数，肝性脑病没有改善的患者数，患者的不良事件及卫生经济学指标（如住院天数）。

（4）研究设计的类型：此临床问题是疗效评价的问题，随机对照试验是最佳研究设计。因此该系统综述纳入的研究类型为随机对照试验。该综述没有对是否采用盲法、发表状态及发表语言进行限制，排除了半随机对照试验、前瞻性观察性研究和历史对照的观察性研究，并使用敏感性分析评估了这些研究对结果的影响。

总之，该系统综述中纳入了对于疗效评价问题来说最佳的研究类型；研究对象定义明确，有明确的诊断标准，人工肝与标准治疗的比较类型合理，结局指标纳入了决策相关的重要结局。据此可见，原始研究的纳入标准是合适的。

3．综述对相关研究的检索是否全面、无偏倚？

通过阅读该系统综述可以看出，作者对于原始文献的检索是较为全面的，对常用的中外文献数据库均进行了检索，包括四个外文电子数据库和一个中文数据库：考科蓝肝胆组对照试验注册中心（The Cochrane Hepato-Biliary Group Controlled Trials Register）、考科蓝临床对照试验注册中心（The Cochrane Controlled Trials Register）、美国生物医学文献数据库（Medline）、荷兰医学文摘电子版（Embase）和中国生物医学数据库。检索截止时间为2002年9月，没有对语言进行限制，而且在文中详细地列出了检索策略。此外，作者还使用不同的检索方法相互组合，除了电子数据库检索之外，还进行了相关文章的参考文献目录检索，并且与原始研究的作者及医药公司联系以获取相关的其他研究。

对于检索的结果，作者也做了明确的描述：最初的检索得到528项研究，其中32项研究来自考科蓝肝胆组对照试验注册中心，21项研究来自考科蓝临床对照试验注册中心，158项研究来自Medline，255项研究来自Embase，45项研究来自BIOSIS，17项研究来自中国生物医学数据库。为了避免偏倚，该系统综述中由3名研究人员独立筛选和确定纳入的研究。经过阅读题目和摘要，排除了473项研究，排除理由主要是重复发表、非临床试验或研究目的不同。剩余55项研究中，通过进一步阅读全文，有43项研究由于不符合设定的纳入标准而被排除。最终纳入12项研究。该系统综述没有绘制"漏斗图"，可能是由于纳入研究数量较少所致。

综上所述，该系统综述对于相关研究的检索是较为全面的。

4．是否对原始研究的质量进行了评价？质量如何？

该系统综述对纳入的每项研究均进行了质量评价，主要评价了3项指标：随机序列产生的方法，随机分配方案的隐匿及是否对结局指标采用了盲法评价。经过评价显示：在纳入的12项研究中，5项研究采用了合适的随机序列产生方法，9项研究采取了随机分配方案的隐匿，只有1项研究采用了结局指标盲法评价。由于主要结局是死亡，非盲法的评估引入偏倚的可能性极小。原始研究的质量比较高，方法学不足导致的偏倚有限。

5．研究的纳入、质量评价和数据提取是否可重复？

该系统综述没有指出研究纳入、质量评价和数据提取是否是由至少2名研究者独立进行的，也未对在意见相悖时如何取得共识做出说明。

6．不同研究的结果是否相似？即结果的异质性如何？

如图12-3所示，首先从森林图中可以肉眼看出，纳入研究的可信区间无互不重叠的现象，但异质性 χ^2 检验的 $P = 0.04$，$I^2 = 47\%$，提示研究间可能存在明显的异质性。Meta回归分析显示支持治疗的效果与肝衰竭的类型有关，部分解释了异质性的来源。

（二）该系统综述的结果是什么？

最初的Meta分析显示，与标准治疗比较，人工肝支持系统并没有显著地降低肝衰竭患者的死亡率。但是Meta回归分析显示支持治疗的效果与肝衰竭的类型有关，结果显示对于慢性肝衰竭急性发作的患者，人工肝支持系统可以降低33%的死亡率，但对于急性肝衰竭患者，人工肝支持系统没有显示出降低死亡率的优势。但是，亚组分析并不能得出肯定的结论，需要将来更多关于这方面的随机对照研究来得出肯定的结论。

（三）该系统综述的结果对治疗我的患者是否有帮助？

本系统综述的结果并不能表明与标准治疗比较，人工肝支持系统可以降低肝衰竭患者的死亡率，而且，分层Meta分析显示，对于急性肝衰竭患者，人工肝支持系统没有治疗上的优势。你的患者为急性肝衰竭患者，而且考虑到人工肝支持系统的费用及其相应的并发症，因此，不建议患者接受人工肝治疗。

五、本章概要

在这个信息爆炸的时代，临床医生需要有效地整合已有的信息，从而为合理的决策提供依据。系统综述具有偏倚程度小、证据可信度高、综合性强的特点，特别是当众多试验结果相互矛盾时，可以为临床医师提供一个快速的、可靠的、综合的证据。然而，仅仅阅读系统综述的摘要和结论不足以作为决策的依据。系统综述是一种研究方法，与其他研究一样，存在偏倚和随机误差。低质量的系统综述可能得出错误的结论，因而误导实践。因此，阅读一篇系统综述时，如同阅读随机对照试验一样，需要应用一定的原则对其质量、结果和适用性进行评价，才能用作决策的证据。一篇综述的质量常常取决于原始研究收集的全面程度和质量，以及提取和分析数据的方法。因此，评价系统综述的证据时，首先要回答的问题是该系统综述的研究问题是否与自己决策面临的问题相关，其次是评价系统综述的方法学质量，也就是判断综述结果的可信度，然后提取和解释综述的结果，最后依据综述的证据，结合患者的需要和意愿做出适合具体患者的决策。

参考文献

[1] 刘建平. 循证中医药临床研究方法. 2版. 北京：人民卫生出版社，2009.

[2] Liu JP, Gluud LL, Als-Nielsen B, Gluud C. Artificial and bioartificial support systems for liver failure. Cochrane Database of Systematic Reviews，2004.

[3] Oxman AD, Cook DJ, Guyatt GH. Users guides to the medical literature. VI. How to use an overview. Evidence Based Medicine Working Group. JAMA. 1994，272（17）：1367-1371.

[4] Higgins JPT, Green S. Cochrane Handbook for Systematic Reviews of Interventions * （Version 5.1.0）[updated March 2011]. The Cochrane Collaboration，2011.

练 习 题

【名词解释】

1. Cochrane 综述
2. Meta 分析
3. 敏感性分析
4. 漏斗图
5. 森林图
6. 发表偏倚
7. 异质性
8. 亚组分析
9. 交互作用
10. 考科蓝图书馆

【选择题】

1. Meta 分析在合并各个独立研究结果前通常应进行
   A. 相关性检验
   B. 异质性检验
   C. 回归分析
   D. 标准化

2. 系统综述里异质性检验的目的是
   A. 评价研究结果的统计学显著性
   B. 检查各个独立研究的结果是否具有一致性
   C. 评价一定假设条件下所获效应合并值的稳定性
   D. 增加统计学检验效能

3. 发表偏倚是指
   A. 由于我们更偏向于发表样本量大的有"统计学意义"的研究结果而造成的偏倚
   B. 由于世界上几个主要的医学文献库绝大部分来自发达国家而造成的选择偏倚
   C. 由于研究者根据需要自定一个不合适的纳入标准所引起的选择偏倚
   D. 由于研究结果的筛选过程中筛选者主观偏好的影响而引入的偏倚

4. 如果漏斗图呈明显的不对称，且统计

学检验提示研究分布不对称,说明
A. 异质性统计学检验效能不够
B. Meta 分析中各独立研究的结果存在异质性
C. Meta 分析的合并效应值有统计学显著意义
D. Meta 分析可能存在发表偏倚

5. 关于 Meta 分析中的敏感性分析,以下哪个陈述是正确的
A. 敏感性分析可用于分析数据提取方法对结果的影响
B. 敏感性分析可用于分析研究质量和偏倚对结果的影响
C. 敏感性分析可用于分析纳入标准不确定性对结果的影响
D. A+B+C

【问答题】

1. 简述系统综述及其与 Meta 分析的关系。
2. 系统综述中常见的偏倚有哪些?如何避免?
3. 什么叫做全面的检索策略?
4. 如何对纳入研究的方法学质量进行评价?
5. 什么叫"异质性"?造成异质性的原因有哪些?
6. 如何进行"异质性检验"?如何处理研究间的异质性?
7. Meta 分析的常用统计模型类型有哪些?分别适用于什么情况?
8. 试解释森林图中各项内容的含义。
9. 什么叫发表偏倚?如何检测和处理发表偏倚?
10. 应用 Meta 分析结果时的注意事项有哪些?

(陈 薇 刘建平[*])

第十三章 如何解读关于治疗效果使用替代结局的临床试验

一、临床情景描述

假定您是一位医生,遇到以下临床情形:一位 68 岁患有骨质疏松的绝经后女性,脊柱 X 线检查发现一个陈旧性椎体骨折。尽管目前尚无背部疼痛,患者担心未来会发生由骨质疏松性骨折导致的长期严重背部疼痛,故前来寻求医生的帮助。经询问,得知患者以前曾服用阿仑膦酸钠,但因为严重的消化不良和食管炎不得不停用。此外,患者曾患有深静脉血栓形成和肺栓塞,雷洛昔芬可增加血栓栓塞的风险,也不适用。在这种情况下,你想知道降钙素是否能够用于该患者从而预防骨折的发生。

经过文献检索,你发现目前研究关注的主要是降钙素对骨矿物质密度的影响,尚未发现直接关注降钙素预防骨折效果的研究。患者关心的终点结局是骨折,骨矿物质密度只是降钙素和骨折之间的一个中间结局,那么降钙素是否能够通过改善骨质疏松患者的骨矿物质密度而预防骨折呢?

本章关注的问题是:当一项临床试验使用替代结局评估一项治疗的效果时,我们怎么才能知道该治疗也可以改善有关的终点结局?

二、替代结局及其意义

终点结局(end point outcomes)是指那些直接反映患者的感受、功能或生存状况的指标,是患者关心的、可以直接感受到的、与患者生命和生活直接相关的结局指标,如疼痛、残疾、死亡等。替代结局(surrogate outcomes)是临床试验评估某药物效果时用来代替终末结局的指标,它们多为患者不能直接感受或解释的实验室、生理、生化、病理、免疫、形态、影像等方面的测量,如血压、血脂、DNA 复制等,通常用来预测治疗的效果。替代结局必须是终点结局发生路径或因果关系链(causal chain)上的一些中间结局(intermediate outcomes),合格的替代结局必须是治疗与终点结局因果关系链上的主要中间介导因素(图 13-1)。

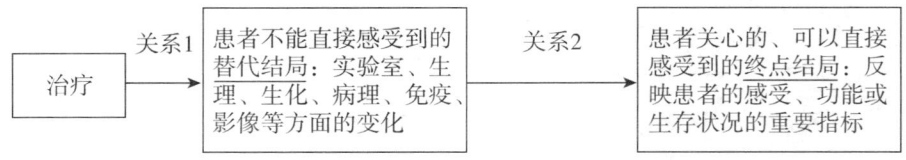

图 13-1　替代结局和终点结局的概念与关系

决策应依据患者关心的、重要的终点结局,而不是患者弄不清其意义的替代结局。就此意义上,评估防治措施的治疗效果时,也应依据终点结局来设计临床试验。然而,采用终点结局的临床试验常常需要很大的样本量和相当长的随访时间,为了减少样本量、减少随访时间、降低研究成本,往往会采用一些替代结局指标。图 13-2 显示了在研究利尿剂是否能够降低心血管病危险时的两种设计方案。一种方案直接观察利尿剂对主要心血管病事件的效应,另一种方案则通过观察利尿剂对血压这一替代结局的影响，进而推断其对终点结局（即主要心血管事件）的作用。

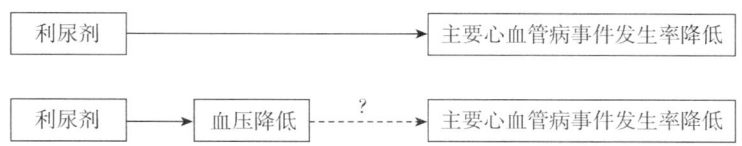

图 13-2　研究利尿剂是否能降低心血管病危险的两种方案

有效地、正确地使用替代结局有助于缩短疗效评价的时间，节省研究成本，加快新疗法的开发、研究和推广应用。例如，考虑到 HIV 感染者对有效治疗的巨大需求，美国食品与药品管理局基于使用替代结局的临床试验批准了新的抗逆转录病毒药物。随后开展的、使用终点结局的随机对照试验也证实了此类药物的有效性。

使用不恰当的替代结局将导致对终点结局错误的结论，导致错误地引入一项治疗，致使患者蒙受伤害和损失。例如，尽管研究证实强心剂和血管舒张剂能够改善心力衰竭患者的血流动力学（替代结局），但是随后的随机对照试验却证实这些药物中有许多能导致超额死亡，包括氟司喹南、米利农、异波帕胺、维司力农和扎莫特罗等。

因此，当没有直接关注治疗和终点结局关系的证据时，决策必须基于使用替代结局的研究。判断替代结局是否有效，是解读关于治疗效果的、使用替代结局的临床试验的重要内容。

三、解读使用替代结局的临床试验

评价使用替代结局的临床试验的内容包括：替代结局的有效性、研究的质量、研究的结果，以及研究结果的应用[1]。详见表 13-1。

表13-1　评价使用替代结局的临床试验的内容

1. 替代结局的有效性
   (1) 替代结局与终点结局是否存在较强的、独立的、一致的关联？
   (2) 其他类药物的随机对照试验是否证实替代结局的改变总是与终点结局一致？
   (3) 同类药物的随机对照试验是否证实替代结局的改变总是与终点结局一致？
2. 研究的质量
   对于此类研究的质量的评估同一般的随机对照试验，有关内容详见第十一章。
3. 研究的结果
   治疗在替代结局上的效果大小与精确度如何？
4. 研究结果的应用
   (1) 结果是否适用于自己管理的患者？
   (2) 是否考虑了所有重要的结局？
   (3) 治疗所带来的益处是否大于可能的风险？

（一）替代结局的有效性

对替代结局有效性的评价是基于以下两个原则：第一，替代结局必须位于治疗与终点结局因果关系链上，并在二者之间；第二，干预对终点结局的作用全部或主要是通过替代结局介导的。

与其他类型的研究不同，在评价使用替代结局的临床试验时，读者还需要充分了解其他有关的研究证据：一是有关替代结局与终点结局之间关联的证据，主要来自观察性研究；二是有关其他治疗措施或药物通过改变替代结局从而改变了终点结局的证据，主要来自随机对照

第十三章　如何解读关于治疗效果使用替代结局的临床试验

试验。

1. 替代结局与终点结局是否存在较强的、独立的、一致的关联？

替代结局与终点结局之间的关联主要通过前瞻性研究的系统综述来阐明。在良好的研究质量基础上，研究显示的关联度越强（如相对危险度越高），两者之间存在因果关联的可能性就越大，对终点结局的影响可能就越大，可用作替代结局的意义就越大。

许多替代结局仅仅与终点结局存在弱相关。例如，慢性肺部疾病患者的呼吸道功能和心肺疾病患者的运动负荷试验结果，与日常生活活动能力的关联很弱。当二者关联很弱时，替代结局对终点结局的替代作用可能也很小，用作替代结局的意义不大。

关联的独立性是指排除潜在混杂因素的影响后关联依旧存在。例如，即使调整了年龄、吸烟和收缩压等潜在混杂因素，血清胆固醇与冠心病死亡之间仍存在较强的相关，这意味着两者之间的关联是独立存在的。

此外，还应考虑不同研究结果的一致性。不同研究结果的一致性（consistency）说明了研究的可重复性，是所有科学研究结果真实性的进一步佐证。例如，前瞻性研究一致提示血浆病毒载量能够预测 HIV 感染者发生 AIDS 或死亡的危险。

然而，替代结局与终点结局之间存在较强的、独立的、一致的关联，只提供了图 13-1 中关于"关系 2"的观察性证据。如果存在有关此关系的"联动"证据（即改变了中间结局可以改变终点结局），替代结局则更可能是有效的。改变需要干预，改变中间结局是干预性研究，因此随机对照试验是提供此类证据最佳的研究。

2. 其他类药物的随机对照试验是否证实替代结局的改变总是能改变终点结局？

随机对照试验的系统综述是证实替代结局与终点结局存在"联动"关系的最好方法。例如，随机对照试验的系统综述证实，尽管 I 类抗心律失常药能有效抑制心肌梗死患者的室性心律失常，然而同时可能增加死亡率，二者的不一致说明室性心律失常不能作为有效的、替代死亡指标的结局。有学者提出射血分数、心率变异性可作为心力衰竭患者终点结局（死亡）的替代结局，随机对照试验的系统综述却表明，尽管多巴胺类药物（如异波帕）对这两个替代结局具有积极效应，但同时会增加心力衰竭患者的死亡率，说明它们也不是有效、可用的替代结局[2]。

与以上情形不同，不同类型抗逆转录病毒药物的随机对照试验系统综述证实，HIV 感染者 CD4 细胞数的改变总是与终点结局（进展到 AIDS 或死亡）一致，并且在 CD4 细胞数上的效应越大，在终点结局上的效应也越大。此结果表明，如果一类新的药物治疗可以提高 HIV 感染者 CD4 细胞数，就可能推迟 AIDS 的发生并减少由此引起的死亡。

3. 同类药物的随机对照试验是否证实替代结局的改变总是能改变终点结局？

如果随机对照试验的系统综述可证实同类药物可通过改变某替代结局从而改变终点结局，那么就更有理由相信基于替代结局推测终点结局的结论对目前所关注药物的有效性。例如，多项冠心病预防试验的系统综述显示，他汀类药物能够降低低密度脂蛋白胆固醇水平，并降低心血管不良事件的发生危险。据此可以认为，一种新的、能够降低低密度脂蛋白胆固醇水平的他汀类药物同样会降低心血管不良事件的危险。

然而，我们却没有同样的把握将这一替代结局（低密度脂蛋白胆固醇水平）推广到其他类别的降脂药物[3]。例如，随机对照试验的系统综述显示，贝特类药物能够降低低密度脂蛋白胆固醇水平，却同时增加死亡率。又如，虽然血管紧张素转换酶抑制剂与钙通道阻滞药在降低血压和减少脑卒中发生方面几乎等效，但由于前者可能具有独立于降压之外的生物学作用，能减少高血压患者其他重要结局（如心肌梗死、充血性心力衰竭）的发生，因此优于后者。这种独立于替代结局效应之外的附加效应，更容易在不同类别药物之间出现，因此依据同一类别药物的随机对照试验获得的关于替代结局与终点结局关系的证据，更能说明可改变替代结局的试验药物可能会改变终点结局[4]。

针对许多存在争议的替代结局，表13-2给出了使用以上标准进行评价的结果。表13-3给出了3个使用替代结局的研究与直接使用终点结局的研究结果相矛盾的实例，这些矛盾可能是由于使用了无效的替代结局造成的。

（二）研究的质量

现在我们回到需要评价的研究，即某项评估某药物能否改变替代结局的随机对照试验。对替代结局有效性的评估目的在于建立图13-2中的"关系2"。目前的研究则在于建立图13-2中的"关系1"，只有当"关系1"和"关系2"两个关系同时存在，从治疗到中间结局到终点结局的关系链才能完整，治疗才有可能通过改变中间结局最终改变终点结局。

评估使用替代结局的随机对照试验的方法学质量与评估一般随机对照试验一样，具体评价方法见本书第十一章。值得注意的是，即使使用了符合上述标准的、有效的替代结局，而且随机对照试验证明试验治疗可以改变中间结局，对治疗能否改变终点结局的推断仍然可能出现偏差，对替代结局有效性的最终、最可靠的检验是直接使用终点结局的随机对照试验。比如在降血脂药物的研究中，初期使用血脂作为替代结局显示有效的药物，最终只有一部分药物在使用终点结局的研究中得到了证实。因此基于替代结局研究作出的治疗建议，其级别通常低于基于直接使用终点结局研究作出的建议。

（三）研究的结果

研究的结果主要指治疗在替代结局上的效应大小与精确度。关于效应大小及其精确度的定义和临床意义，请参考本书第十一章。一般来讲，如果在替代结局上的效应越大，并且精度足够（效应95%可信区间较窄），终点结局发生改变的可能性就越大；反之，如果在替代结局上的效应越小，精度越低（可信区间较宽），终点结局发生改变的可能性就越低。

前面已经证实CD4细胞数似乎是HIV感染者进展到AIDS或死亡的有效替代结局。但是，在1749例HIV感染者中开展的1项随机对照试验发现，经过平均3.3年的随访，尽管齐多夫定治疗组与对照组CD4细胞中位数存在显著差异（治疗组较对照组多30/ml），但是两组HIV感染者AIDS发病率和死亡率却没有差异。可能是因为治疗组和对照组之间在替代结局（CD4细胞数）上差异（30/ml）太小，未能改变终点结局和产生实际的益处。该研究一方面说明替代结局作用的大小十分重要，另一方面也说明以上判断替代结局有效性的标准不是充分标准，最终的检验标准是直接使用终点结局的研究。

（四）研究结果的应用

在应用临床试验的研究结果时，应考虑结果的外部有效性、治疗效果的大小、治疗可能的风险，以及患者对治疗利弊的权衡。对于使用替代结局的临床试验而言，这些问题尤其富有挑战性。关于临床试验结果外推行的一般性问题，第四章"评估医学证据概论"和第十一章"如何解读关于防治措施效果的随机对照试验"两章已有详细的讨论，这里不再赘述。

1. 结果是否适用于自己管理的患者？

这一问题是对研究结果外部有效性的评价。医生需要比较自己管理的患者与研究中患者的相似程度，自己的患者与研究中的患者越接近，则适用性越高。另外，还需了解相应的治疗在自身所处的医疗机构是否可行，可行性包括医院是否提供该项治疗、是否可以按照研究中的标准进行治疗等因素。

2. 是否考虑了所有重要的结局？

在随机对照试验里，使用不同的结局可能做出不同的结论（即使都用的是终点结局）。除非一项研究包括了所有重要的结局，否则基于一两个结局做出的结论都有出错的可能。比如，某药物可以降低心血管事件的发生，但有可能同时增加其他疾病（如癌症）的发生和死亡，致使受治者的总死亡率高于无治疗的对照患者。这一问题进一步提醒医生，一定要关注治疗的有

第十三章 如何解读关于治疗效果使用替代结局的临床试验

表13-2 对存在争议的替代结局进行有效性评价的实例[1]

药物	替代结局	终点结局	标准1 替代结局与终点结局是否存在较强的、独立的、一致的关联?	标准2 其他类药物的随机对照试验是否证实替代结局的改变可改变终点结局?	标准3 同类药物的随机对照试验是否实替代结局的改变总是可改变终点结局?	替代结局有效性
降钙素	骨密度	骨折	是	否	否	无效
奈非那韦 (Nelfinavir)	血浆病毒载量	AIDS, 死亡	是	是	是	有效
阿巴卡韦 (Abacavir)	血浆病毒载量	AIDS, 死亡	是	是	是	有效
奈非那韦 (Nelfinavir)	CD4 计数	AIDS, 死亡	是	是	是	有效
阿巴卡韦 (Abacavir)	CD4 计数	AIDS, 死亡	是	是	是	有效
二氢吡啶类钙通道阻滞剂	血压	脑卒中, 死亡	是	是	否	无效
新噻嗪类利尿剂	血压	脑卒中, 死亡	是	是	是	有效
阿伐他汀 (Atorvastatin)	HDL 胆固醇	心梗, 死亡	是	否	是	有效
苯扎贝特 (Bezafibrate)	HDL 胆固醇	心梗, 死亡	是	否	否	无效

表13-3 替代结局研究与终点结局研究结果相互矛盾的实例[1]

临床问题	使用替代结局研究的证据	直接使用终点结局研究的证据
异波帕胺 (Ibopamine) 是否能减少心力衰竭患者的死亡?	1项双盲交叉试验 (每期治疗15天) 将 8 例特发性扩张型心肌病患者随机分配到异波帕胺治疗组和安慰剂组,发现异波帕胺治疗组的心排血量和每搏输出量高于安慰剂组 ($P < 0.05$),并且患者对异波帕胺耐受性良好	1 项随机对照试验评价了异波帕胺对晚期严重左心室疾病患者生存率的影响。患者被随机分配到口服异波帕胺组或安慰剂组。在纳入了 1906 例患者后,由于异波帕胺组死亡率是安慰剂组的 1.26 倍 (95% 可信区间: 1.04, 1.53; $P = 0.017$),试验被迫提前中止
扎莫特罗 (Xamoterol) 能否有效、安全地治疗心衰?	1 项纳入了 14 例轻到中度心力衰竭患者的随机单盲交叉试验评价了扎莫特罗的效果,结果表明与安慰剂相比,扎莫特罗治疗组患者耐力 ($P < 0.005$) 和所完成的活动量 ($P < 0.005$) 均显著增加,最大运动心率则降低 ($P < 0.05$)	1 项研究将 516 名 III 级和 IV 级心力衰竭患者随机分配到扎莫特罗治疗组 (每日 2 次, 每次 200 mg) 和安慰剂组, 治疗 13 周后, 未发现治疗与对照组之间完成的活动或运动持续时间上存在差异 (95% 可信区间: 1.04, 6.18; $P = 0.02$) 随机化之后 100 天内治疗组死亡的危险是对照组的 2.54 倍
与标准心肺复苏术 (standard CPR) 相比,主动按压减压心肺复苏术 (active compression-decompression CPR) 是否能改善心搏骤停患者的结局?	1 项随机对照交叉试验评价了主动按压减压心肺复苏术,结果显示主动按压减压心肺复苏术组在平均呼气末二氧化碳 ($P < 0.0001$)、速度时间积分 ($P < 0.0001$)、舒张期充盈时间 ($P < 0.004$) 上均显著低于标准心肺复苏术组	1 项随机对照试验将 1784 名心搏骤停患者随机分配到标准心肺复苏术组或主动按压减压心肺复苏术组, 未发现两组在 1 小时生存率或存活出院率上存在显著差异

害作用。

然而，对药物毒副作用的评价，通常需要比一般临床试验更大的样本量和更长的随访时间，更不用说短而小的、使用替代结局的临床试验。因此，使用替代结局的试验往往并不能提供有关副作用的可靠证据[5]，运用这类证据时应特别关注不良反应的问题。

针对这一缺陷，有学者提出了两种可能的解决方案。其一，通过其他相关研究评价药物安全性。即通过来自其他人群（特别是对药物有害作用更敏感的人群）、药理学上相关的其他药物的数据，根据药物的基本药理学特性，判断试验药物是否可能对人体有害[5]。其二，也是更可靠的方法，就是在药物上市后，通过开展大规模的、长期的Ⅳ期临床试验，监测评价药物的安全性[3]。

3．治疗所带来的益处是否超出了可能的风险？

对于只使用了替代结局的临床试验，数据只局限在治疗对替代结局的效应方面，没有治疗在终点结局上效果大小的信息。如何才能据此估计治疗在终点结局上的效果呢？一种方法是根据在相似患者群中开展的、评价同类药物治疗效果的、同时提供了替代结局和终点结局数据的随机对照试验的结果进行推断。例如，AFCAPS/TexCAPS 试验是一个为期 5 年的、评价洛伐他汀预防缺血性心脏病的随机对照试验。不过在此之前，只有替代结局的结果。研究显示，洛伐他汀减低胆固醇的程度与其同类药物普伐他汀基本相同，据此推测二者减低终点结局（心肌梗死）的作用可能相同。AFCAPS/TexCAPS 研究结果表明，洛伐他汀与普伐他汀降低心肌梗死的相对危险度分别降低为 40%（95% CI：17%，57%）和 31%（95% CI：17%，43%）。不过，在根据非同类药物的效果进行推断时很可能会出现严重偏差，因为不同类别药物在有益作用和有害作用的产生机制上很可能不同[6]。

四、解读实例

现在以一个实际的、使用替代结局的临床试验作为示例[7]，说明对此类研究的解读过程和注意事项。由于以下研究所使用的替代结局经判断是无效的，因此我们未对研究的质量、研究的结果、研究结果的应用等进行评价（其评价方法与一般随机对照试验相同）。

该研究的目的是在绝经后骨质疏松症患者中评价降钙素喷鼻剂对骨折的替代结局骨矿物质密度的影响。46 例 55～75 岁的女性患者被随机分配到降钙素喷鼻剂治疗组（200IU/d）或安慰剂组，接受为期 1 年的干预。1 年后，安慰剂组骨矿物质密度降低了 5.0%，而降钙素治疗组则增加了 11%，两组之间差异呈统计学显著性（$P \leq 0.05$），并且未发现与降钙素有关的任何有害效应。

替代结局的有效性

1．替代结局与终点结局是否存在较强的、独立的、一致的关联？

有关骨矿物质密度与骨折之间关联的前瞻性研究的系统综述表明，不同研究一致发现，绝经后女性骨矿物质密度越低，骨折危险越大，两者之间存在中等强度的关联。并且这种关联在调整了潜在的混杂因素（既往任意部位骨折史、健康状况自我评价差、长效苯二氮䓬的使用、视觉功能受损和体力活动减少）之后仍旧存在。结论是骨矿物质密度与骨折之间存在中等强度的、独立的、一致的关联。

2．其他类药物的随机对照试验是否证实替代结局的改变总能改变终点结局？

其他类药物的随机对照试验的系统综述中，存在着矛盾的结果。关于双膦酸盐类药物（包括阿仑膦酸盐、依替膦酸盐）的随机对照试验显示，骨矿物质密度增加，并且新的椎体骨折发生率也出现了下降。而关于氟化物的两项随机对照试验中，一项研究显示尽管腰椎骨矿物质密度在 5 年后增加了 35%，氟化钠治疗组骨折率却显著上升；另外一项研究同样发现骨矿物质密度增加，但骨折率无任何改变。关于碳酸钙、苹果酸和维生素 D 的随机对照试验则显示，骨矿物质密度未发生改变,骨折率却下降了约50%。可见,对于不同类药物而言,替代结局的改变(骨矿物质密度的增加)与终点结局的改变(骨质疏松性骨折率的降低)并不一致。

3．同类药物的随机对照试验是否证实替代结局的改变总能改变终点结局?

降钙素是一种激素,代表了一类不同于双膦酸盐、氟化物的药物。这类药物与双膦酸盐、氟化物类药物的作用机制可能存在着重要差异。目前,尚没发现其他激素类药物可改变骨矿物质密度的随机对照试验。

综合上述,骨矿物质密度与骨折危险之间存在着中等强度的、一致的、独立的关联,然而随机对照试验的系统综述未能证实其他非同类药物在改变骨矿物质密度的同时可以预防骨折危险,目前尚没有同类(即激素类)药物可增加骨矿物质密度、同时减低骨折危险的证据。结论是,对于降钙素而言,骨矿物质密度不能作为骨折的有效替代结局,因此目前尚无法做出降钙素可以降低骨折发生率的结论。

五、本章概要

在评估治疗效果时,有很多相关结局可以使用。使用不同的结局可能会得出不同的结论。治疗在终点结局上的效果是患者真正关心的重要决策信息。使用替代结局评估治疗的效果,可以加速研究的进程、降低研究成本、促进新的有效的治疗在患者中的应用。但是,错误使用无效的替代结局可能得出错误的结论,甚至导致对患者的伤害。有效的替代结局应该是治疗和终点结局的因果关系链上可测量的生理生化等中间结局,而且干预对终点结局的作用全部或主要是通过该替代结局介导的。因此,如果一项高质量的随机对照试验显示一项治疗可以改变某替代结局,要判断一个替代结局是否有效、是否可以用其推测治疗终点结局上的效果,读者还需要从其他研究中获取以下两个重要证据:从观察性研究获得替代结局与终点结局存在因果关系的证据,从随机对照试验中获得其他(同类或非同类)药物通过改变替代结局而改变终点结局的证据。即使如此,这些证据还不能构成替代结局有效性的充分证据,对替代结局有效性的最终检验是直接使用终点结局的随机对照试验。

参考文献

[1] The Evidence-Based Medicine Working Group. JAMA. Users Guide to the Medical Literature-A Manual for Evidence-Based Clinical Practice. AMA Press,2001.

[2] Yee KM,Struthers AD. Can drug effects on mortality in heart failure be predicted by any surrogate measure? Eur Heart J. 1997,18:1860-1864.

[3] Psaty BM,Weiss NS,Furberg CD,et al. Surrogate end points,health outcomes,and the drug-approval process for the treatment of risk factors for cardiovascular disease. JAMA. 1999,282(8):786-790.

[4] McAlister FA,Straus S,Sackett D. Randomized clinical trials of antihypertensive drugs:all that glitters is not gold. CMAJ. 1998,159:488-490.

[5] Temple R. Are surrogate markers adequate to assess cardiovascular disease drugs? JAMA. 1999,282(8):790-795.

[6] Prentice RL. Surrogate endpoints in clinical trials:definition and operational criteria. Stat Med. 1989,8:431-440.

[7] Kapetanos G,Symeonides PP,Dimitriou C,et al. A double blind study of intranasal calcitonin for established postmenopausal osteoporosis. Acta Orthop Scand. 1997,275(Suppl):108-111.

第十三章　如何解读关于治疗效果使用替代结局的临床试验

练 习 题

【名词解释】

1．因果关系链
2．关联强度
3．终点结局
4．替代结局
5．中间结局

【选择题】

1．以下关于替代结局的说法正确的是
　A．替代结局就是可用来替代终点结局的中间结局
　B．替代结局就是终点结局
　C．任何中间结局都可用来替代终点结局
　D．终点结局可以用来替代替代结局

2．在治疗和效果的因果关系链上，以下哪条关系链是正确的
　A．治疗→终点结局→替代结局
　B．终点结局→替代结局→治疗
　C．治疗→替代结局→终点结局
　D．终点结局→治疗→替代结局

3．关于替代结局，以下哪种陈述是正确的
　A．只要与终点结局有因果关系，就可用作替代结局
　B．只要与治疗措施有因果关联，就可用作替代结局
　C．只要同时符合条件 A 和 B，就可用作替代结局
　D．以上任何条件都不是替代结局可以代替终点结局的充分条件

4．以下哪个替代结局被证明是有效的
　A．血压用于评估利尿剂在高血压患者中预防心血管病事件的效果
　B．血脂用于评估贝特类药物在高血脂患者中预防心血管病事件的效果
　C．心率用于评估 I 类抗心律失常药在心律失常患者中预防死亡的效果
　D．骨矿物质密度用于评估降钙素在骨质疏松患者中预防骨折的效果

5．使用中间结局代替终点结局研究治疗效果时，下列哪种陈述是**错误**的
　A．有关的临床试验更短更小，不利于研究治疗的副作用
　B．使用替代结局主要是为了快速和节省，不是为了更高的真实性
　C．目的在于推论治疗在终点结局上的效果
　D．推断在终点结局上的效果时，基于其他非同类药物的试验结果优于基于同类药物的结果

【问答题】

1．什么是因果关系链？试举例说明。
2．试说明替代结局和终点结局的关系和异同。
3．有效的替代结局应具备哪些条件？
4．使用有效的替代结局评估治疗效果有哪些好处？
5．错误地使用无效的替代结局评估治疗的效果会造成何种不良后果？
6．试描述和分析使用一个有效和一个无效替代结局评估治疗效果的案例。
7．为何使用替代结局的研究证据级别总是弱于直接使用终点结局的研究证据？
8．依据药物在替代结局上的结果推断其在终点结局上的结果需要哪些证据？如何获得？
9．使用替代结局评估药物效果的临床试验在安全性数据方面有何缺陷？如何克服这些缺陷？

第十三章 如何解读关于治疗效果使用替代结局的临床试验

10. 用药物在替代结局上的结果推断其在终点结局上的结果时,为何来自关于同类药物的证据好于关于其他类药物的证据?

11. 试说明评价使用替代结局的临床试验和使用终点结局的临床试验的异同。

(王 波 詹思延[*])

第十四章　如何解读有关治疗不良反应的前瞻性研究

一、临床情景描述

一位 55 岁的患者最近 2 个月来出现情绪低落、悲观绝望、注意力困难等症状，经诊断为抑郁症。假如你是该患者的医生，需要考虑对该患者进行抗抑郁治疗。尽管选择性 5-HT 重吸收抑制剂（selective serotonin reuptake inhibitors，SSRI）已成为一线抗抑郁药物，但对当前的患者却未必合适，因为该患者过去 5 年一直在服用非甾体类抗炎药来控制骨质疏松引起的髋部疼痛。大量的研究证实长期服用非甾体类抗炎药容易引起上消化道出血，而新近的研究提示 SSRI 也可能增加上消化道出血的危险，如果同时使用这两种药物，可能会引起更严重的副作用[1,2]。因此，评价相关的证据，以明确 SSRI 是否会增加上消化道出血的危险，从而决定是否应给该患者使用 SSRI 治疗。

二、不良反应及其重要性

对药物或临床治疗措施而言，仅仅通过临床试验证实其益处是不够的，对其不良反应的关注同样重要。例如，某类降脂药在减少心血管死亡的同时却增加了其他原因导致的死亡，化疗在延长癌症患者生命的同时却降低了生活质量，某种降压药在降低血压的同时却可能引起视力丧失。

药物的不良反应（adverse drug reaction）是指合格药品在正常用法用量下出现的与用药目的无关或意外的有害反应，可分为副作用（side reaction）、毒性反应（toxic reaction）、后遗效应（residual effect）、停药反应（withdrawal reaction）、变态反应（allergic reaction）、特异质反应（idiosyncratic reaction）。如果忽视了药物的不良反应，有时可能造成灾难性的后果。例如，可能增加死亡危险的 I 类抗心律失常药物却被长期用来预防致死性心律失常。

表 14-1 提供了可用于查询药物或治疗措施不良反应信息的主要渠道。

表14-1　可查询药物或治疗措施不良反应的主要信息资源[3]

1. 一般医学文献库
    (1) 电子文献库，如 Medline、Embase、Cochrane Library、CNKI 等
    (2) 科学引文索引（Science Citation Index）
    (3) 会议文摘、论文等
2. 不良反应手册
    (1) Meyler 药物副作用手册
    (2) 药物副作用年鉴（Side Effects of Drug Annuals，SEDA）
    (3) Martindale 大药典
3. 各国药品监管机构的安全公告
    (1) FDA Medwatch
    (2) 欧洲药品评价局评估报告
    (3) 澳大利亚药品不良反应公告
    (4) 中国食品药品监督管理局药品不良反应信息通报

4. 药物信息专业文献库
   (1) 全文数据库，如 IDIS、Derwent Drug File、TOXLINE、Pharmline
   (2) 摘要数据库，如 Drugdex、XPhram、CPA
5. 不良反应报告数据
   (1) WHO Uppsala Monitoring Centre（UMC）
   (2) （美国、英国、加拿大、荷兰、中国等）药品监管机构网站

三、研究不良反应的方法

关于治疗不良反应的研究关注的是这样的问题：与对照治疗（安慰剂、空白或常规治疗）相比，用于治疗某种疾病的药物或其他治疗措施是否会引起（或引起更多的）不良反应（包括副作用和毒性作用）？例如，抑郁症患者服用选择性 5-HT 重吸收抑制剂是否会增加上消化道出血的危险？关于治疗不良反应的研究，常见的研究设计类型包括随机对照试验、前瞻性研究、病例对照研究、病例系列和病例报告等。

随机对照试验采用随机分组的方法，将研究对象分配到治疗组和对照组，并比较两组不良反应发生率的差异。由于伦理的原因，用随机对照试验评估不良反应，必须在评估治疗效果的同时对不良反应进行观察。依此的观察也是确定不良反应最可靠的方法。关于随机对照试验的解读详见第十一章。

随机对照试验是以评价疗效为主要目标的，同时可以观察不良反应。如果研究目的主要是不良反应，使用随机对照试验是不符合伦理的。另外，与治疗作用比，副作用往往更少见，且很多是慢性的，因此随机对照试验对研究不良反应一般都样本量不够大或时间不够长。对很多不良反应的独立研究必须借助观察性研究，从设计上讲，质量最高的观察性研究是前瞻性研究。

前瞻性研究（prospective study）又叫队列研究（cohort study）或定群研究（longitudinal study），研究者根据患者的用药状况将研究对象分为用药组（即暴露组）与非用药组（即非暴露组），进行前瞻性随访，比较两组人群某不良反应（结局）的发生情况（图14-1）。与随机对照试验相比，前瞻性研究中的用药者和非用药者是"自然"形成的，不是随机分配形成的，因此两组之间可能存在潜在混杂因素的不均衡，即使所有已知的混杂因素在暴露组与非暴露组之间可比或已经进行了调整，仍然存在其他未知的潜在混杂因素在两组之间不平衡的可能性。

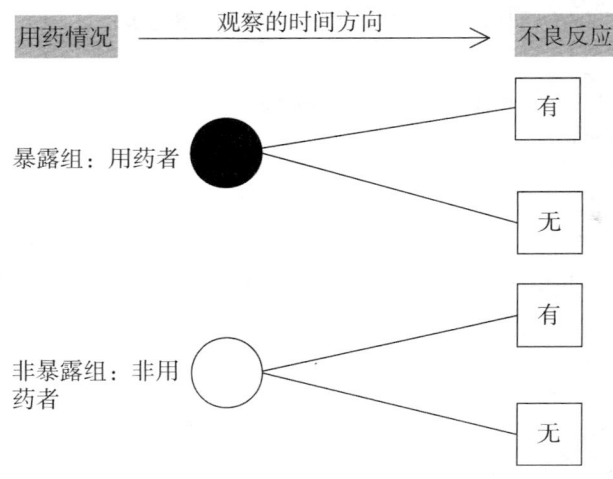

图 14-1　前瞻性研究原理示意图

第十四章　如何解读有关治疗不良反应的前瞻性研究

尽管如此，对慢性少见的不良反应，前瞻性研究具有重要的和不可替代的价值。因此，本章将介绍如何解读关于不良反应的前瞻性研究。

四、解读治疗不良反应的前瞻性研究

评价关于治疗不良反应的前瞻性研究包括以下 3 个方面的内容（表 14-2）：研究的质量、研究的结果，以及研究结果的应用[4]。

表14-2　评价关于治疗不良反应的前瞻性研究的内容

1．研究的质量
　（1）研究者是否调整了潜在的混杂因素？
　（2）两组在结局测量上是否相同？
　（3）随访时间是否足够长？
　（4）随访数据是否足够完整？
2．研究的结果
　效应的大小与精度如何？
3．研究结果的应用
　（1）研究对象与自己管理的患者是否相似？
　（2）不良反应所造成的危害有多大？
　（3）是否停止或不推荐相应的治疗？

（一）研究的质量

判断研究结果的有效性或真实性，是解读关于治疗不良反应的前瞻性研究的第一步，也是后续步骤的前提和基础，具体包括以下四个评价内容。

1．研究者是否调整了潜在的混杂因素？

如果暴露组与非暴露组之间（前瞻性研究）在某些预后因素上存在差异，并且在分析中未对这些因素进行调整，就可能导致研究结果受到混杂偏倚的影响。例如，有人通过比较相似年龄、性别的住院人群和社区人群的死亡率，作出了"住院增加死亡危险"的结论[5]。事实上，住院人群因为患有各种疾病而健康状况更差、死亡危险更高，由此导致了以上暴露（住院）与结局（死亡）之间的错误关联。

2．两组在结局测量上是否相同？

前瞻性研究的结局测量非常关键。首先是测量方法要准确可靠，其次是暴露组与非暴露组之间测量方法必须保持一致。例如，研究者报告工作时接触放射性物质能够使恶性肿瘤的危险增加 3 倍，但在判断恶性肿瘤结局时暴露组和非暴露组却存在差异，即医生对暴露组的检查比非暴露组更仔细，使得暴露组比非暴露组检出了更多的恶性肿瘤，从而导致了偏倚的发生。

3．随访时间是否足够长？

对于许多慢性疾病，从治疗开始作用至不良反应发生往往需要很长的时间。因此，前瞻性研究的随访时间如果不够长，使得随访在某些不良反应结局出现之前即停止，从而导致研究者未能发现需要更长时间才能出现的不良反应。例如，PEPIT（the postmenopausal estrogen/progestin intervention trial）研究很可能因为随访时间不够长而未能发现激素替代疗法在冠心病、脑卒中和乳腺癌等方面的危害，这些危害在大规模、更长随访时间的 WHI（womens health initiative）研究中均获得了证实[6,7]。

4．随访数据是否足够完整？

在前瞻性研究中，失访可能导致失访人群与随访人群在某些预后因素上存在差异，从而可能引起偏倚的产生。失访率越高，出现偏倚的可能性越大；失访率越低，失访数据对研究结果

第十四章 如何解读有关治疗不良反应的前瞻性研究

有效性的影响越小。通常研究随访期越长,失访的可能性就越大,失访率也越高。

(二)研究的结果

前瞻性研究多使用相对危险度(relative risk,RR)来反映治疗与不良反应之间关联的强度。相对危险度为治疗组与对照组不良反应发生率之比,如果治疗的确可以引起不良反应,治疗组不良反应发生率应高于对照组,RR应高于1。关联强度越大,由偏倚所致的可能性就越小。效应估计的精度通常通过可信区间来反映。可信区间的下限代表关联强度的最小可能值,其上限代表关联强度的最大可能值。

(三)研究结果的应用

1. 研究对象与自己管理的患者是否相似?

临床医生需要考虑研究对象与自己所管理的患者在疾病、年龄、性别、种族及其他重要因素上是否相似。如果在某些因素上存在差异,则需要进一步分析这种差异是否可能导致与治疗有关的生物学机制发生改变,以致原有的因果关联不再适用。例如,20世纪70年代发现的口服避孕药与血栓静脉炎之间的关联很可能不适用于20世纪90年代的患者,因为口服避孕药中雌激素的含量已经明显降低。

2. 不良反应所造成的危害有多大?

相对危险度只能反映与对照相比,某种治疗引起不良反应的相对危险。害一需治人数(number needed to harm,NNH)表示每治疗多少例患者会出现1例由治疗引起的不良反应。NNH可以反映治疗所引起的不良反应出现的绝对危险,从而用于评价治疗不良反应的临床危害。例如,SSRI增加上消化道出血危险的害一需治人数为625,表示使用SSRI每治疗625例患者,会出现1例由治疗引起的上消化道出血。NNH越小,说明治疗的不良反应危害越大。

一般认为相对危险度是一个比较恒定的指标,在不同人群其结果基本是相同的。由于无治疗时类似不良反应的事件也可能会发生,但在不同人群的发生率可能差别很大,这样一来,不同人群的NNH就会不同,绝对危害的大小也就不同。因此,决策需考虑绝对危险度的大小,绝对危险度的大小由相对危险度和自己患者在无治疗时类似不良反应事件发生的频率决定。

设研究显示的不良反应的相对危险度为RR,自己管理的患者在无治疗时类似不良反应事件发生的频率 P,则:

$$NNH = 1 / [(RR - 1) \times P]$$

重要的是,在自己管理的患者中的绝对危险度可能与研究中不同,因此不能直接使用研究显示的绝对危险度进行决策。这里的 P 可来自在与自己管理的患者相似的人群中开展的随机对照试验或前瞻性研究中无治疗的患者中类似不良反应事件发生的频率。

病例对照研究只能估计比值比(OR),无法获得RR。如果不良反应事件发生率比较低(如低于5%),OR将与RR十分接近,由于不良反应发生率一般都比较低,因此可用OR替代RR计算NNH。

3. 是否停止或不推荐相应的治疗?

这部分内容实际上是对以上评价结果的总结。如果研究确实发现了治疗与不良反应之间存在关联,并且研究对象与临床医生所管理的患者相似,在这种情形下,临床医生还需要考虑3个方面的问题,才能作出是否停止正在进行的治疗或在推荐治疗时不推荐该治疗的临床决定。第一,判断证据的强度,即由研究设计类型和具体研究的方法学质量来判断研究结果的可信性或真实性;第二,判断治疗不良反应所造成的临床危害,需要的信息包括不良反应事件是什么、发生的概率有多大,以及此概率的可信区间;第三,判断治疗带来的益处有哪些,需要的信息同样包括结局是什么、发生的概率有多大,以及此概率的可信区间。

有三种情况值得注意。①如果关于治疗不良反应的证据强度足够高,并且治疗不良反应造成的危害严重,则应停止或不推荐该治疗,如Ⅰ类抗心律失常药可控制心率但也可以引起死亡。②不论有关某治疗不良反应的证据强度是否足够，如果存在其他具有相似的疗效且副作用较小的治疗，应停止或不推荐原治疗，考虑其他治疗。例如，对于具有瑞氏综合征（Reye syndrome）危险的儿童，应使用对乙酰氨基酚取代阿司匹林用于退热（尽管发现阿司匹林与瑞氏综合征关联的只是证据强度较弱的病例对照研究）。③如果证据强度足够高，但治疗不良反应造成的危害很低，同时缺乏其他可替代的、安全的治疗，则不应停止或不推荐该治疗。例如，已经有大量高质量的前瞻性研究和病例对照研究证实了非甾体类抗炎药与上消化道出血之间的关联，但其引起出血的概率很低（NNH 为 2000），同时没有其他疗效相近、安全的替代药物，因此仍被用于很多疾病的治疗[8]。

五、解读实例

现在我们以一项关于治疗不良反应的前瞻性研究[9]为例，说明对此类研究的解读过程。

该研究的目的是评价皮质类固醇激素与上消化道出血之间的关联。研究采用以人群为基础的前瞻性研究（历史性队列研究）设计，使用丹麦 North Jutland 地区处方数据库，比较了 45980 例接受皮质类固醇激素治疗的患者与该地区其他未接受该治疗的人群发生上消化道出血事件的差异。研究发现皮质类固醇激素治疗可以增加上消化道出血的危险（RR = 2.9，95% CI：2.2 ~ 3.7）。

（一）研究结果是否真实

在混杂因素处理方面，研究者对非甾体类抗炎药、阿司匹林、抗凝剂、年龄、性别等潜在的混杂因素进行了调整，由于所使用的处方数据库的局限性，该研究未能对非处方类非甾体类抗炎药、上消化道病史、吸烟和饮酒等其他可能的混杂因素进行控制，因此可能存在剩余的混杂偏倚；在结局判定方面，该研究通过出院登记系统识别上消化道出血，这种客观的记录资料避免了由于知道暴露组与非暴露组所引起的结局判定上的系统差异；研究的平均随访期限约为 5 个月，这保证了足够的随访时间；同时，随访数据具有良好的完整性。

（二）效应的大小与精度

研究发现，反映皮质类固醇激素与上消化道出血之间关联强度的比值比为 2.9，表明两者之间存在较强关联。同时，95% 可信区间为 2.2 ~ 3.7，说明效应的估计具有足够的精度，下限所代表的关联强度最小估计达到 2.2，具有重要的病因学意义。

（三）研究结果的应用

在不良反应的危害方面，研究报告皮质类固醇激素引起上消化道出血的 NNH 为 400，即使用皮质类固醇激素每治疗 400 例患者会出现 1 例由治疗引起的上消化道出血，其临床危害高于非甾体类抗炎药（NNH 约为 2000）。读者可以根据自己管理的患者无治疗时类似不良反应事件的发生率，估计自己管理的患者的 NNH。

在研究证据的强度方面，该研究对混杂偏倚的控制尚不足，加之仅仅为单项研究的结果，尚不足以确定皮质类固醇激素与上消化道出血之间的因果关联。尽管如此，皮质类固醇激素与上消化道出血之间在统计学上的强关联，使得医生无法忽视其可能的不良反应危险。皮质类固醇激素所造成的上消化道出血危险的 NNH 为 400，所造成的临床危害属于中等。在这种情况下，医生在制订治疗决策之前，还需要收集更多高质量的研究证据（如系统综述）、考虑是否有疗效近似但副作用小的替代药物，以及患者的观点和意向等。

六、研究不良反应的其他方法

前已述及，关注不良反应的研究设计除前瞻性研究之外，还包括随机对照试验、病例对照研究、病例系列和病例报告等。

第十四章　如何解读有关治疗不良反应的前瞻性研究

在大部分情况下，药物不良反应的概率低于有益事件的概率，或出现晚于有益事件，因此用来评估疗效的随机对照试验若用于评估不良反应，往往样本量不够大，时间也不够长。相比之下，前瞻性研究还有代表性高的优点。因此，研究不良反应的方法主要是前瞻性研究。

通常，病例对照研究的质量低于前瞻性研究。然而，当一种不良反应极其罕见（如万分之一或十万分之一）时，前瞻性研究也会变得不可行，病例对照研究可能是唯一可行的、最严谨的研究（参见本书第十五章）。在病例对照研究里，研究者根据是否患有某种疾病将研究对象分为病例组与对照组，通过询问、实验室检查或复查病史搜集既往危险因素暴露史，比较两组人群某种暴露的比例。例如，青年女性阴道腺癌被怀疑与母亲孕期服用己烯雌酚（diethylstibestrol，DES）有关。如果采用随机对照试验或前瞻性研究设计，则至少需要随访观察20年以上的时间；而且，由于阴道腺癌极为罕见，随机对照试验或前瞻性研究需要很大的样本量。两种研究显然都不合适。病例对照研究克服了以上缺陷，研究者仅使用40例研究对象（8例阴道腺癌患者和32例对照），并且在很短的时间即发现子宫己烯雌酚暴露与阴道腺癌之间存在很强的关联[10]。

另外，病例系列（描述一系列患者）和病例报告（描述个体患者）也可用于研究不良反应。它们属于没有对照组的研究，多适用于发现可能不良反应的早期探索性研究，结果并不是很可信。但是，在极少数情况下，如不良反应事件极其特别或发生率很高，病例系列也能够证实某些治疗的严重不良反应，如曾经导致数万例新生儿患短肢畸形的反应停（thalidomide）就是一个很好的实例。

七、本章概要

进行治疗决策时，不但要考虑治疗的效果，还必须考虑治疗可能引起的不良反应，有用的治疗的效果必须大于不良反应。对于少数常见的急性不良反应，随机对照试验是提供证据的最佳研究。然而，由于不良反应的发生往往低于或晚于有益事件，且由于研究对象代表性、样本量大小和随访时间等限制，对多数不良反应的研究随机对照试验是不可行的或不可靠的，因此前瞻性研究是研究治疗不良反应的重要研究方法。但是，当不良反应极其罕见或很多年后才能发生时，病例对照研究可能是最佳的、可行的研究。对前瞻性研究的解读包括三个方面：研究的质量、研究的结果和研究结果的应用。影响前瞻性研究质量的主要因素包括：混杂因素及其控制、测量的准确性和组间的一致性、随访时间的长短，以及随访的完整性。在研究结果可信的基础上，结合治疗的不良反应、治疗的益处、资源的多少，以及患者对治疗利弊平衡的看法，最后做出适合具体患者的决定。

参考文献

[1] De Abajo FJ，García Rodríguez LA，et al. Association between selective serotonin reuptake inhibitors and upper gastrointestinal bleeding：population based case control study. BMJ. 1999，319：1106-1109.

[2] Goldberg RJ. Selective serotonin reuptake inhibitors：infrequent medical adverse effects. Arch Fam Med. 1998，7：78-84.

[3] Higgins JPT，Green S（editors）. Cochrane Handbook for Systematic Reviews of Interventions Version 5.0.1 [updated September 2008]. The Cochrane Collaboration，2008. http：//www.cochrane handbook.org.

[4] The Evidence Based Medicine Working Group. JAMA. Users Guide to the Medical Literature A Manual for Evidence Based Clinical Practice. AMA Press，2001.

[5] Browner WS，Li J，Mangano DT. In-hospital and long-term mortality in male veteran following noncardiac surgery. JAMA. 1992，268：228-232.

[6] The Writing Group for the PEPI Trial. Effects of estrogen or estrogen/progestin regimens on heart disease risk factors in postmenopausal women. The Postmenopausal Estrogen/Progestin Interventions (PEPI) Trial. JAMA. 1995, 273 (3): 199-208.

[7] Jacques E, Garnet L, Ross L, et al. Risks and benefits of estrogen plus progestin in healthy postmenopausal women.Principal results from the Women's Health Initiative randomized controlled trial. JAMA. 2002, 288 (3): 321-333.

[8] Carson JL, Strom BL, Soper KA, et al. The association of nonsteroidal anti-inflammatory drugs with upper gastrointestinal tract bleeding. Arch Intern Med. 1987, 147: 85-88.

[9] Nielsen GL, Sorensen HT, Mellemkjoer L, et al. Risk of Hospitalization Resulting from Upper Gastrointestinal Bleeding among Patients Taking Corticosteroids: A Register-Based Cohort Study. Am J Med. 2001, 111: 541-545.

[10] Herbst AL, Ulfelder H, Poskanzer DC. Adenocarcinoma of the vagina: association of maternal stilbestrol therapy with tumor appearance in young women. N Engl J Med. 1971, 284: 878-881.

练 习 题

【名词解释】
1．不良反应
2．副作用
3．NNH
4．慢性罕见不良反应

【选择题】
1．关于不良反应的说法，以下哪个陈述是正确的
　　A．不良反应是指副作用
　　B．不良反应是指毒性作用
　　C．不良反应包括副作用与毒性作用
　　D．不良反应是指严重毒副作用
2．评价药物急性常见不良反应的最佳研究设计是
　　A．队列研究
　　B．随机对照试验
　　C．病例对照研究
　　D．病例系列
3．评价多数不良反应的最佳研究设计是
　　A．队列研究
　　B．随机对照试验
　　C．病例对照研究
　　D．病例系列
4．评价药物慢性罕见不良反应的最佳研究设计是
　　A．队列研究
　　B．随机对照试验
　　C．病例对照研究
　　D．病例系列
5．关于NNH，以下哪项陈述是**不正确**的
　　A．NNH是"害一需治人数"
　　B．NNH是测量治疗不良反应的相对指标
　　C．NNH为出现一例不良事件所需治疗的患者总数
　　D．NNH越小，说明不良反应的发生越频繁

【问答题】
1．医生为什么要重视药物或治疗措施的不良反应？
2．获取药物或治疗措施不良反应信息的主要渠道有哪些？
3．评估不良反应的研究方法有哪些？各有什么优缺点？
4．如何评价关于治疗不良反应的前瞻性研究？
5．临床试验在评价药物不良反应方面有哪些优缺点？

第十四章　如何解读有关治疗不良反应的前瞻性研究

6. 为什么前瞻性研究是不良反应最重要的研究方法？
7. 什么时候病例对照研究是不良反应最佳的可行的研究？
8. 计算自己管理的患者的 NNH 时，为什么应使用自己管理的患者在无治疗时类似不良反应的发生率？
9. 关于疗效的 RR 和关于不良反应的 RR 有什么不同？
10. 试说明为什么要使用 NNH 而不是 RR 进行临床决策。

【计算题】

1. 一队列研究调查了某种药物是否能够引起上消化道出血，发现药物治疗组上消化道出血发生率为 2%，未接受治疗组发生率为 1.4%。如果你管理的患者在无治疗时类似不良反应事件的发生率与研究中相近，试计算你管理的患者的 NNH。

2. 一病例对照队列研究调查了某种药物是否能够引起上消化道出血，发现不良反应 OR 值为 1.4。如果你管理的患者在无治疗时类似不良反应事件发生率为 3%，试计算你管理的患者的 NNH。

（王　波　詹思延*）

第十五章　如何解读有关严重罕见慢性不良反应的病例对照研究

一、临床情景描述

为了说明问题，本章采用了一个经典历史实例来说明研究严重罕见慢性不良反应的特殊性。假设，你是一名20世纪70年代初的妇科医生，在临床上突然发现几例25岁以下的阴道腺癌患者。你知道25岁以下的阴道腺癌患者极其罕见。例如，美国波士顿一家医院在1966—1969年仅收治了7例年龄在15～22岁的阴道腺癌患者，而且，1966年前该医院从来没有见过25岁以下阴道腺癌的患者。你对此十分警觉，觉得可能和某种药物的不良反应和副作用（以下统称不良反应）有关，希望进一步了解有关研究证据，以防止这类癌症的继续发生。

癌症一般发病缓慢，而且年轻女性阴道腺癌极其罕见。常规的评估药物效果的临床试验的样本量和观察时间远远不足以揭示这样一个极其罕见的慢性不良反应。即使是队列研究，也可能需要对几十万甚至几百万人观察很多年，而这样的队列研究在过去根本不可行。唯一可行且比较可靠探索该不良反应的研究方法是病例对照研究。你在图书馆花了半天时间，找到了1971年Herbst在《新英格兰医学杂志》上发表的一篇病例对照研究[1]。这是当时关于该癌症病因研究的唯一的病例对照研究。

二、严重罕见慢性不良反应及其研究

由于严重罕见慢性不良反应发展缓慢、发生频率低，发现和确定慢性不良反应的研究具有一定的特殊性。

（一）严重罕见慢性不良反应

与常见的急性不良反应相对，严重罕见慢性不良反应（severe rare chronic harms）指那些严重的、发生率极低而且发生极其缓慢的不良反应。由于其发生罕见且缓慢，往往不易甚至不可能在临床试验阶段发现。尤其是当很多人因治疗很小的疾患而使用某药物时，即使严重不良反应很罕见，对人群总的伤害也会很大，应及早发现和及时控制。

例如1956年沙利度胺（反应停）作为早孕期间的止吐药进入市场，1959年12月第一例罕见女婴畸形被报道，1961年10月更多的类似畸形儿被发现，1962年反应停被撤药。在这6年间，全世界30多个国家和地区共发现1万多例"海豹"畸形的新生儿。反应停所造成的胎儿畸形，是20世纪最大的药物导致先天畸形的灾难性事件之一[2]。

（二）严重罕见慢性不良反应的研究方法

可用于研究药物或其他临床治疗措施不良反应的设计包括随机对照试验、队列研究、病例对照研究，以及病例系列。有关它们的特征和区别的详情，请参见本书第二章和第十四章。在研究不良反应上，这些不同的研究设计各有利弊。

随机对照试验最大的优点在于对混杂的控制与结果的真实性，在评估治疗效果的同时，也常用于考查常见的急性不良反应。例如，在一项癌症患者的临床试验中，研究者发现非甾体抗炎药Vioxx可以增加心肌梗死或脑卒中的发病风险，该药因此从市场上撤回[3]。

设计严谨的随机对照试验表明一种药物与某不良反应有关联，那么这一结果真实性很高。

第十五章　如何解读有关严重罕见慢性不良反应的病例对照研究

但是，当不良反应不常见时，或是很多年以后才会出现时，尤其是罕见的慢性不良反应，需要的样本量很大，观察时间很长，随机对照试验往往不能发现它们的存在。另外，当发现一种已经上市并广泛使用的治疗可能存在某不良反应时，从伦理上讲，我们也不能用随机对照试验来单独验证不良反应存在的可能性。这时，更适用的研究设计是队列研究，就是将用过某药物和未用过该药物的两组患者进行比较，看用药组有关的不良反应发生率是否高于未用药组。虽然队列研究结果的真实性不及随机对照试验，在很多情况下却是可行的最优的研究设计。

但当不良反应的发生概率极低（如低于 1/1000）而且在治疗后很长时间（如 5～10 年）才会发生时，队列研究也会变得不可行。此时，最好的可行的方法是病例对照研究（case control study），就是将已出现不良反应的患者作为病例组，未出现该不良反应的同质可比人群作为对照组，回顾性地比较病例组过去使用某药物或治疗的机会是否高于对照组（图 15-1）。不过，病例对照研究结果的可信性低于队列研究。

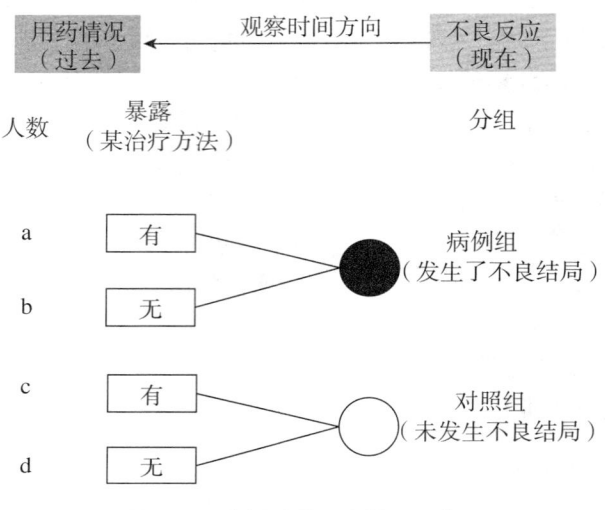

图 15-1　病例对照研究原理示意图

病例系列也可以用来研究不良反应。病例系列就是对具有某临床特征的一组患者的观察，比如一组接受过某治疗的患者，或是一组出现了某种特殊不良反应的患者。病例系列没有平行的对照组，只能与历史患者或研究以外的同期患者进行比较而做出推论，因此其结果的可信性更是低于病例对照研究。病例系列不能用于确证某药物是否肯定可以引起某不良反应，但是常作为提示不良反应存在的早期探索，然后再用病例对照或队列研究进行验证。例如吸烟和肺癌的关系以及反应停和出生缺陷的关系就是由病例系列最早提示的。

对于药物与治疗措施而言，只有当其疗效大于不良反应时，该措施才是有意义的，因此对不良反应的评估是对医学干预措施评估的一个必要部分。对于急性和常见不良反应，随机对照试验在评估疗效的同时就可以证明；评估发生缓慢、发生率不是太低的不良反应可用队列研究；而对于极其罕见的慢性不良反应，病例对照研究可能是唯一可行的研究设计。但是，随着电子病历系统的不断完善与大数据技术的快速发展，未来完全可以利用常规收集的患者资料进行队列研究、监测不良反应，以利于更早、更可靠地发现和及时地控制。

三、如何解读严重罕见慢性治疗不良反应的病例对照研究

如解读其他临床研究报告一样，解读严重罕见慢性不良反应病例对照研究的重点也在于对研究质量、结果与结果外推性的评价。

（一）评价研究质量

1．不良反应的定义与患者的筛选

在探索不良反应的病例对照研究文献中，作者需要详细地介绍该不良反应的定义及不良反应病例（cases）的筛选方法。从定义上讲，研究最好只纳入最典型的不良反应的患者，这样可以减少信息偏倚。不良反应的筛选方法对于判断该不良反应在目标人群中是否具有代表性至关重要。病例的筛选可以有多种方法，如临床诊断、自我报告、实验室检查、死亡证明以及病案登记系统等。最好采用客观的筛选方法，如测量比自我报告更加客观。

此外，不良反应病例有新发病例与现患病例之分。现患病例样本方便找到，调查难度较小，因此研究中常用现患病例作为研究对象。与新发病例相比，现患病例难以代表所有发生了该不良反应的患者，这是因为存活时间长的个体在现患病例中所占比例会偏高，且因不良反应而早期死亡的患者将不会在现患病例中，因此选择现患病例作为研究对象会造成疾病的病程和严重程度与真实情况之间的差异，患者的既往暴露史也可能因此并不完全一样。并且，现有患者可能在不良反应诊断后对于其治疗方式有所怀疑而改变其治疗方式，转向更保守的药物或治疗方法，因此其在研究期间的暴露状况会发生变化。如果在研究中不将既往暴露史与近期暴露情况加以区分，则会引起一种称为现患 - 新发病例偏倚（Neyman's bias，奈曼偏倚，又称 prevalence-incidence bias）的误差，而这应当尽量避免。

关于病例的选择，还有一点要注意的，就是样本的同质性。尤其是在初级保健比较发达的地区，初级卫生保健中心的病例会包括了不良反应各阶段的轻重不同的患者，而来自大型综合医院的病例则很可能是处于严重的晚期阶段，这种情况下，病例的来源决定了病例的代表性与研究结果的外推性。

2．排除标准合理且不引入偏倚

若研究入选的患者最终有一部分人未被纳入分析，这既改变了原有的研究人群，又会引起偏倚。合格患者的剔除必须与研究的既往治疗史无关，即患者的剔除不能有意或无意地参考既往治疗史，否则会引起严重的偏倚。

3．对照的选择、纳入与排除

对照与病例必须来自同一个"源人群"。就是说，如果一名候选的对照患者经查存在有关不良反应，那么他便符合入选病例组的条件；同理，若一名候选患者经查没有该不良反应，他则符合入选对照组的条件。

对照（control）在入组时应该没有发生待研究的不良反应，因此确定对照的理想方法应和确证病例所采取的方法一致，也即，对照是在确证病例过程中得到否定结果的人群。但在实际研究中，由于伦理和经费的限制，不允许向对照提供复杂昂贵的确证检查，因此通常把未出现相应不良反应的患者作为对照组的候选人群。

对照的选择要独立于暴露，如果所选对照组与正常人群相比更有可能或者更不可能接触暴露，都会引入偏倚。例如，研究阿司匹林与上消化道出血的关系，对照可以是来自不同科室的没有上消化道出血的住院人群，那么心血管病科室的患者则不应作为对照，因为他们更有可能服用了阿司匹林，从而会低估阿司匹林和上消化道出血的关系。此外，对照组的排除标准应与病例组的排除标准一致，否则会导致不良反应与暴露之间的虚假的关联。

4．病例组与对照组的可比性

在评估暴露之前，应将病例组和对照组的年龄和性别等基线特征进行比较。如果病例组和对照组基线特征不可比，则会引起混杂。

如果病例组和对照组在基本人口学特征上有差别，应分析这种差别会如何影响研究的结果。

如果病例组和对照组之间某些特征差别很大，例如他们平均年龄差 10 岁，如果年龄也与研究的不良反应有关，治疗暴露和不良反应之间的关联很可能仅仅是由于年龄的差异导致的。患者的很多特征都可能造成这种差异，作者应尽可能描述与暴露和疾病有关的特征，如果存在差异，一般应对这些差异进行统计学调整。但是，统计学调整在某些情况下是不可行的，比如

第十五章　如何解读有关严重罕见慢性不良反应的病例对照研究

病例组与对照组在民族上存在区别，而不同民族的生活习惯是一个可疑的混杂因素，这时统计技术将很难有效地控制这种混杂。

如果病例组和对照组具有相似性，那这种相似性是如何达到的以及对研究结果的解释的影响如何？

为了保持病例组和对照组在某些重要方面的一致性，在选择对照组时通常会采用匹配（matching）的原则，以排除这些匹配因素可能造成的混杂。匹配分为个体匹配与频数匹配。个体匹配是以病例组和对照组个体为单元进行匹配。频数匹配则是保证病例组与对照组在匹配因素上的分布基本一致。文献中应仔细描述所用的匹配方法及其合理性、匹配的操作过程以及匹配后是否产生了一个具有代表性的对照组。

匹配会增加工作难度，甚至引起偏倚。如果需要匹配的因素很多，就会排除很多潜在的对照，造成偏倚。例如，如果对年龄、性别、社会经济状况和吸烟状况都进行匹配，当大多数候选对照后两个变量数据不完整的时候，就可能造成选择偏倚。

匹配的另一个问题是过度匹配，也就是匹配了不应该匹配的因素。在病例对照研究中，有三类因素不应匹配：一是暴露（如治疗）与结果（如不良反应）的因果链中的中间变量，二是只与可疑暴露有关而与结果无关的因素，三是结果的继发因素。再以阿司匹林和上消化道出血的关系为例，缺血性心脏病属于以上三类因素中的第二类，如果在缺血性心脏病上进行匹配，而缺血性心脏病的对照患者既往服用阿司匹林的机会远远高于一般人群，匹配将降低病例组和对照组既往阿司匹林服用史的差别，从而低估阿司匹林和上消化道出血的关系[5]。

5．暴露的测量

在暴露测量上，有三点需要重视：一是暴露的定义，二是暴露的测量方法，三是定义和测量方法在病例组和对照组执行的一致程度。暴露的定义必须明确。例如，在定义某药物的暴露史时，应明确指出药物名称、服用途径、服用剂量等因素，还应包括明确的时间窗口，如2年前或上一次怀孕期间。重要的是，在病例组和对照组都必须使用同一个定义和同一种测量方法，否则会引入信息偏倚。

暴露必须先于不良反应发生，才可以进一步推断因果关系。因此，病例对照研究测量的是不良反应发生之前的暴露情况，而不是现在或未来的暴露情况。由于既往暴露的发生时间、剂量等往往难以准确测量或回忆，所以应特别注意是否存在由于回忆误差而引起的对治疗和不良反应关系的低估或高估，即回忆偏倚（recall bias）。

还有一个值得注意的问题是，暴露与不良反应的发生之间存在着诱导期与窗口期，因此测量的暴露应是发生在诱导期与窗口期前的暴露，不能是诱导期与窗口期内或之后的暴露。例如，服药1年后有关不良反应才可能出现，那么过去1年之内的用药史是无关的，应该收集的是过去1年以前的用药史。

6．其他可能存在的偏倚的控制

在病例对照研究中还可能出现入院率偏倚和检出偏倚。当利用医院其他科室患者作为对照组时，不良反应病例组和对照组的疾病的入院率不同，可能会产生偏倚，使得本来无关联的暴露与不良反应呈现出假关联。这种偏倚又叫Berkson偏倚。

检出偏倚的发生是由于治疗措施引起的更早出现的其他不良反应，这些不良反应使患者更早、更容易去医院就诊，从而使研究所关注的不良反应更容易被检出。例如，Ziel于1975年在美国加州洛杉矶进行的病例对照研究发现子宫内膜癌患者雌激素暴露比例明显高于对照组，提示子宫内膜癌与服用雌激素有关[4]。但是，后来有人指出，这个关联可能是由检出偏倚所致。因为服用雌激素会升高子宫出血的概率，继而使更多患者去医院就诊，最后导致子宫内膜癌更早、更容易被检出。

这两种偏倚都会使得研究结果出现假阳性的概率升高，读者在阅读该类病例对照文献时应注意是否有此两类偏倚的存在。

另外，对研究收集的数据中存在缺失值的数据进行删除也会引入偏倚，因此研究者不仅要对研究设计阶段排除个案的标准进行描述，如果在数据分析阶段因数据不完整而删除了某些个案，尤其当删除的个案数比较大时，还必须对缺失数据的处理进行详细描述，以供读者判断是否引入了新的偏倚。另外，对于个体匹配的研究，应该检查是否采用了合适的数据处理方法，包括配对的卡方检验以及多元分析的条件logistic回归。

（二）评价结果及其意义

病例对照研究常用的效果指标是比值比（odds ratio，OR），直接测量的是不良反应病例组既往暴露于某治疗的频度与无不良反应的对照组暴露于同一治疗的频度的比值（表15-1和表2-1）。但是，当不良反应不常见时，假设不存在偏倚，病例对照研究显示的OR值的意义和解释几乎与相应的队列研究显示的相对危险度一样。

OR等于1，表示该治疗与不良反应无关；OR大于1，提示该治疗可以增加有关不良反应的事件，提示治疗的有害性；OR小于1，提示该治疗可以降低有关不良反应的事件，提示治疗的有益性。OR离1越远，说明暴露的效应越大。

在解读OR时，我们除了要看OR的点估计值之外，还应注意OR的95%可信区间，可信区间的最小估计值反映了关联强度的最小估计，可信区间的上限对于不良反应研究更有意义，提示最坏的可能有多大。若可信区间包括1，则说明P值大于0.05，治疗暴露与不良反应的关联没有统计学意义，提示治疗可能与该不良反应无关。

值得注意的是，无统计学显著性不等于二者没有关系。尤其当效应值比较大且可信区间较宽时，应考虑是否因为样本量太小而致该研究没有足够的效力检出二者关系的可能性。

如果服药史和不良反应存在剂量-反应关系，即随着服药的时间的延长，或剂量的加大，或二者都增加，不良反应的发生频率或严重程度增加，则更说明不良反应存在的可能性。

（三）评价结果的适用性

任何研究结果外推性的前提是研究的内部真实性，只有保证了研究结果的真实性，才能谈其外推性。但是，对于有关不良反应的研究结果，医学往往会采取更"宽容"的态度。换言之，即使采用的是病例对照研究，其结果的真实性低于队列研究，更低于随机对照试验，然而由于药物不良反应研究中的利益冲突远远低于疗效研究，很少有强烈的理由让研究者有意地做出不良反应存在的结果。因此，一旦有比较可靠的证据（如大样本、高质量的病例对照研究）显示不良反应存在，尤其是严重罕见慢性不良反应，我们往往会偏向于假设不良反应的存在，并在决策中加以考虑，尤其是当治疗的益处不是很大而且只有部分人可以从治疗中受益时。这个谨慎的态度，同样也用于对适用性的判断，一旦发现有不良反应，我们在处理各种患者时都会比较谨慎。当然，如果研究是在成人中做的，面对儿童患者时我们会更加小心。

如果我们一定要对适用性做出判断，应考虑以下三个方面：一是药物的同质性，二是患者特征的同质性，三是整体服务环境和质量的同质性。如果不良反应来自药物的辅料，而不是主要成分，不同药厂的同一药物的不良反应的多寡和程度可能不同。如果不良反应来自药物的主要成分，则药物使用的剂量也有关系。如果在我们患者中使用的剂量远远高于或低于研究中的剂量，那么应该对不良反应做不同的判断。如果研究的暴露是外科手术，而不是药物，那么服务环境和质量就十分重要，诊断、消毒、器械、护理、医生的有关培训和经验，都可能与"不良反应"的发生有关。在一个较差的服务环境里，预期的不良反应会高于研究显示的结果。

一个不良反应是否可以接受，首先取决于治疗的益处的大小，如果益处是减缓轻微的疼痛，而可能发生的副作用是癌症或死亡，即使发生的频率很低，也应充分引起重视。但是，不同的患者对治疗的益处和害处的评价可能不同。例如，虽是治疗同一个疾病，一个网球运动员可能对运动系统的不良反应更敏感，而可以容忍一些轻度的皮肤方面的不良反应，而一个演员

第十五章　如何解读有关严重罕见慢性不良反应的病例对照研究

对这两类不良反应的接受度可能刚好相反。

对于不良反应的危害大小可以用害—需治人数（number needed to harm，NNH）这一指标进行评估，详见第十四章。

总之，对于可能引起严重不良反应的治疗措施，即使研究证据强度很低，我们也应该在以后的临床决策中谨慎使用该治疗。如果证据强度不是很高，但是存在疗效相当、不良反应更小的替代措施，我们应该采用不良反应更小的替代措施。如果证据强度很高，治疗措施危害较小，又缺乏替代措施时，我们需在权衡治疗的益处和害处之后做出决策。

四、解读实例

（一）研究质量

现在让我们回到检索到的 1971 年 Herbst 发表的病例对照研究。该研究的目的是探索患者母亲怀孕期间可能暴露的有关阴道腺癌的危险因素。该研究共纳入 8 例 25 岁以下的阴道腺癌患者，并在同一医院出生且与病例组出生日期前后相差不超过 5 天女孩中选择对照。由于病例太少，在选择对照时研究者采用了 1:4 的个体匹配，即一个患者匹配 4 个对照，以尽可能提高研究统计学效率。对于病例组与对照组母亲的采访，均由受过训练的调研员采用统一的调查问卷进行调查，共调查了几十种有关因素。这 8 例患者都是明确诊断的病例，对照均为非阴道腺癌患者。

该研究主要是通过匹配控制混杂。研究纳入同一医院出生且与病例组出生日期前后相差不超过 5 天的女孩组成对照组，控制了可能存在的社会经济因素造成的混杂，但医院出生记录中符合条件的候选对照人群中有 25% 已联系不到，只有还住在原址的候选对照可以被找到，这可能会引入选择偏倚。但作者进一步解释说因为 8 例病例也都还住在原社区或原社区附近，因此对照组也选择还住在原社区的匹配效果可能会更好，这样的匹配同时也减少了其他可能的选择偏倚[6]。

从研究设计上来讲，这是一个高质量的病例对照研究，主要缺点是只纳入了 8 个病例。

（二）研究结果

结果的分析同时采用了配对 t 检验与非配对的 t 检验和卡方分析，所得结果一致。在比较的因素中，两组在母亲怀孕时的年龄、父母吸烟史、宫内 X 线暴露情况以及喂养方式等方面均无统计学显著差异。

母亲怀孕期间使用己烯雌酚（diethylstilbestrol，DES）治疗（OR = 28.0，$P < 0.00001$）、母亲以前流产史（OR = 10.5，$P < 0.01$）以及此次怀孕阴道出血史（OR = 8.0，$P < 0.05$）三个因素在两组间差别具有统计学意义，但流产史和阴道出血史正是使用己烯雌酚治疗的 7 位母亲进行该治疗的原因。

8 位患者的出生时间正是 1946—1951 年间雌激素大范围用于高危妊娠产妇的时间。研究人员还了解到 1946—1951 年间，波士顿产科医院平均每 21 位住院产妇便有 1 位接受了雌激素治疗，与对照组 32 位母亲均没有接受该治疗也形成了鲜明的对比。该研究未报告 OR 的 95% 可信区间，但卡方检验 P 值显示该结果具有高度显著的统计学意义。研究者认为母亲在妊娠早期服用己烯雌酚会使女儿以后发生阴道腺癌的危险性增加。

（三）结果的外推性

虽然这个结论仅仅是基于一个只有 8 个病例和 32 个对照的病例对照研究，虽然该病例对照研究还存在其他可能的问题和偏倚，但是，任何实际可能存在的偏倚和混杂几乎都没有可能引起数值高达 28 的比值比。由此可以肯定地推断，母亲在妊娠早期持续服用己烯雌酚是其女儿青春期阴道腺癌的致病原因。

鉴于暴露人口（母亲孕期接受己烯雌酚治疗的胎儿）成年人数的不断增多，研究人员推测

第十五章 如何解读有关严重罕见慢性不良反应的病例对照研究

可能会有更多的病例出现。仅仅根据病例对照研究的结果，美国FDA后来撤销了怀孕妇女使用己烯雌酚的批文。

五、本章概要

与评估治疗的益处相对应，对不良反应的评估是对一个治疗措施评估的必要部分。对于急性和常见不良反应，随机对照试验在评估疗效的同时就可以证明；评估发生不是太缓慢、发生率不是太低的不良反应可用队列研究；而对于极其罕见的慢性不良反应，病例对照研究可能是唯一可行的研究设计。病例对照研究在评估药物不良反应方面有着不可替代的作用。病例对照研究比较的是病例组和对照组既往某种危险因素的暴露史，一般只能计算不良反应和可疑治疗间关联的比值比，这个比值比的临床意义几乎与队列研究中的相对危险度等同。病例对照研究的主要问题是因果时间顺序的颠倒、回忆偏倚和混杂控制的效率。即使如此，如果发现治疗和不良反应存在较强的关联关系，病例对照研究本身就构成了相当可靠的临床行动的依据。但是，随着电子病历系统的不断完善与大数据技术的快速发展，未来完全可以利用常规收集的患者资料进行队列研究，使用更可靠的研究方法，监测不良反应，更早地发现和控制治疗的不良反应。

参考文献

[1] Arthur L. Herbst, Howard Ulfelder, and David C. Poskanzer. Adenocarcinoma of the Vagina. New England Journal of Medicine. 1971, 284: 878-881.

[2] Lecutier M. A. Phocomelia and internal defects due to thalidomide. British Medical Journal. 1962, 2(5317):1447-8.

[3] F. T. Ruschitzka. 'Clinical Trials Report. The Approve Study: What We Should Learn from the Vioxx Withdrawal. Curr Hypertens Rep. 2005, 7: 41-43.

[4] Harry K. Ziel, William D. Finkle. Increased Risk of Endometrial Carcinoma among Users of Conjugated Estrogens. New England Journal of Medicine. 1975, 293: 1167-1170.

[5] Nicholas J. Talley, G. Richard Locke, Paul Moayyedi. GI Epidemiology: Diseases and Clinical Methodology. 2nd edition. New York: Wiley-Blackwell, 2014.

[6] M. Levine, S. Walter, H. Lee, et al. Users Guides to the Medical Literature. Iv. How to Use an Article About Harm. Evidence-Based Medicine Working Group. JAMA. 1994, 271: 1615-1619.

练 习 题

【名词解释】

1．严重罕见慢性不良反应
2．病例对照研究
3．比值比
4．匹配
5．回忆偏倚
6．现患-新发病例偏倚

【选择题】

1．关于药物治疗罕见的慢性副作用，应首先检索的原始研究通常是
   A．随机对照试验
   B．横断面研究
   C．病例系列研究
   D．病例对照研究

2．关于病例对照研究，以下哪个陈述是正确的
   A．该设计不易引入选择偏倚，因为研究开始时便挑选了病例

B. 该设计对于研究严重罕见慢性不良结局的危险因素十分实用
C. 暴露通常在结局事件发生前已测量
D. 可计算发病率

3. 病例对照研究中研究对象的纳入是依据
   A. 病例组选择怀疑患某种疾病的人，对照组选择未患该疾病的人
   B. 病例组选择确诊患某种疾病的人，对照组为怀疑患该疾病的人
   C. 病例组与对照组均未确定患某种疾病
   D. 病例组选择确定患有某种疾病的人，对照组是未患该疾病的人

4. 在解读病例对照研究时，通常不用考虑以下哪一项偏倚
   A. 回忆偏倚
   B. 混杂偏倚
   C. 失访偏倚
   D. 选择偏倚

5. 关于病例对照研究中过去暴露的测量，哪一项是正确的
   A. 测量方法和程序在病例组和对照组应该保持一致
   B. 一般测量的是过去某时间点以前的暴露
   C. 测量者最好不知道疾病的患病情况（即不知是病例还是对照）
   D. 所有以上3条都是正确的

【问答题】

1. 病例对照研究在研究严重罕见慢性治疗不良反应方面有哪些优缺点？
2. 在解读严重罕见慢性不良反应的病例对照研究时应注意哪些问题？

【计算题】

某项研究严重罕见慢性不良反应的病例对照研究共收集到50名出现了有关不良反应的患者，研究者按频数匹配的方法对混杂因素进行控制，纳入100名合格的对照，调查得知病例组与对照组中均有20人有可疑治疗的暴露史，请计算该治疗和不良反应关系的比值比。

（江　宇[*]　曲翌敏）

第十六章　如何解读关于癌症筛检效果的随机对照试验

一、临床情景描述

假设你是一位内科医生，一位吸烟多年的中年男性要求做胸部 X 线检查，因为他听说胸部 X 线检查可以早期发现肺癌，从而可以早期治疗，以得到更好的治疗效果。面对如此情形，你应该如何对患者的请求做出回答？建议做还是不做？你需要什么样的证据来支持你的临床决策呢？

二、筛检的重要性及相关概念

（一）医学筛检及其意义

20 世纪中叶以来，心血管病和癌症成为人类主要死因。心血管病可以通过初级预防进行有效的控制，但是对于癌症我们尚没有十分有效的初级预防措施，目前应对癌症的主要策略是早发现和早治疗，就是我们常说的医学筛检（medical screening），简称筛检。筛检是人类应对和控制疾病的主要策略之一。

筛检是在健康人群中使用简单、快速的检查方法，初步筛出那些可能患有某种疾病的无症状的临床前期患者，或是具有某种严重疾病的危险因素者，然后给予他们进一步的临床检查，并对确诊的患者给予治疗或预防措施，筛检的最终目的是为了患者从早诊断和早治疗中获得更大的健康收益[1]。如果筛检的是临床前期患者，早治疗可以预防更严重的并发症的发生（如残疾和死亡），筛检则属于二级预防。如果筛检的是危险因素，然后通过对危险因素的干预进而预防更严重疾病的发生，筛检则属于一级预防。例如，乳房 X 线摄片用来发现乳腺癌就是二级预防，而测量和发现具有高血压、高胆固醇、高血糖的冠心病高危人群并给予干预治疗则属于一级预防。

筛检的初步检查（screening test），过去一般译作筛检试验（为了与临床试验相区别，本文译作初步检查）。筛检的初步检查不同于临床诊断的检查。临床诊断的对象是已有症状且已寻求医疗帮助的患者，而筛检的对象是无症状的"健康"人群，因为没有症状，他们一般没有因筛检的疾病而求医。所谓健康人群，特指那些没有罹患筛检疾病或罹患筛检疾病但尚处于临床前期的人群。

筛检项目（screening program）不是简单的测试和检查，而是一个有组织的系统的卫生服务项目，包括对筛检对象的宣传和征募、初步检查后的进一步确诊，以及确诊后的治疗和护理。图 16-1 展示了利用宫颈涂片（Pap smear）作为初步检查的宫颈癌筛检项目所包含的主要工作内容和流程，其中包括了初步检查、进一步确诊检查和治疗三个主要组成部分[2]。简言之，筛检就是为了促进健康而进行的早诊断早治疗。

自 20 世纪 60 年代宫颈癌和乳腺癌的群体筛检效果被证实以来，肿瘤领域的医学影像学和遗传检测技术迅猛发展，为早期发现和治疗癌症、延长患者生存提供了更多的可能性，许多技术已广泛应用于临床。然而，由于在一般健康人群中筛检的疾病的比例很低，为了发现这些疾病，被筛检的人群中绝大多数并没有筛检的疾病，不会从筛检中受益，但他们也必须陪着接受

第十六章 如何解读关于癌症筛检效果的随机对照试验

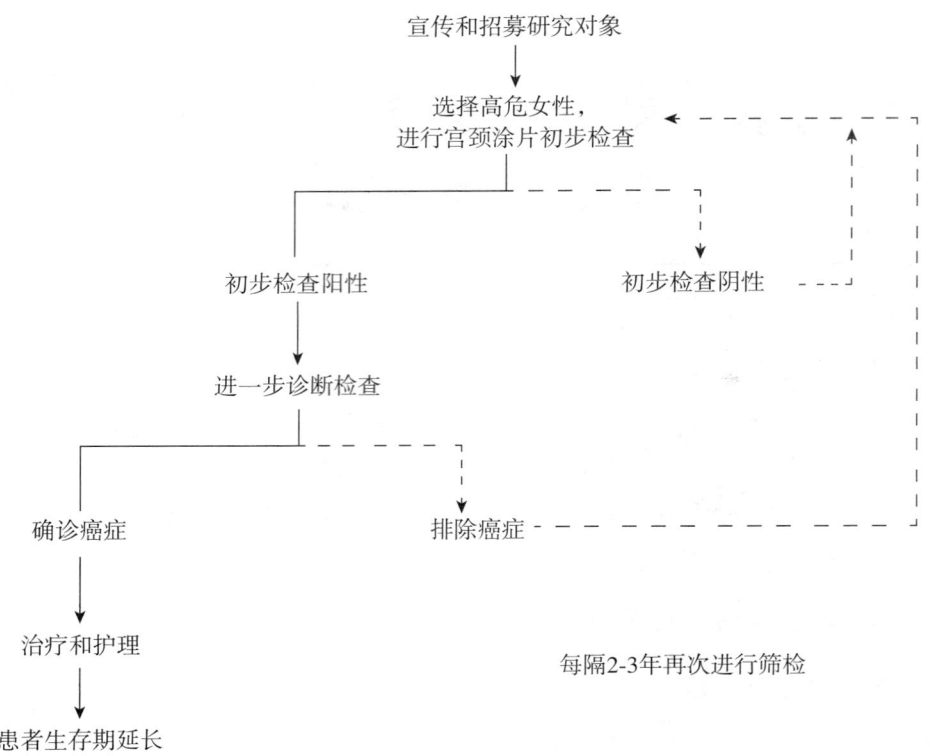

图 16-1 宫颈涂片筛检原位宫颈癌的主要工作内容和流程

有关检查。即使早发现早治疗的确可以使检出的患者受益,但在全部接受检查的人群中,受益者只是很小一个部分。

但是,所有参加筛检的人都被置于潜在的伤害之中。最重要的伤害来自初步检查假阳性患者的进一步诊断检查,等待进一步检查是一个痛苦的过程,进一步的检查可能十分昂贵且具有潜在危险,而且那些筛检发现的但不会从治疗中受益的患者会进而受到治疗的伤害。后者属于过度诊断(over-diagnosis)。

另外,为大量健康人群提供的检查即使简单快速,社会的总费用也是巨大的。而且被检查的绝大多数人不会从检查中受益,因为他们根本没有罹患筛检的疾病。筛检的另一部分费用是对假阳性结果的进一步的诊断确认,主要体现在两个方面,即等待进一步检查前的焦虑以及进一步检查需要的时间、费用和可能的伤害。

因此,一项筛检策略必须经过严格的评估。最基本的要求是筛检可以最终给筛检出的患者带来健康收益,其次是成本和收益的比例是合算的。那么,在什么情况下一项筛检才有可能给筛检的人群带来收益呢?一项可能有益的筛检项目应同时具备表 16-1 中列出的三个特征[3]。为了更好地理解筛检及其效果的评估,我们首先应对筛检效果的决定因素进行初步了解。

第十六章　如何解读关于癌症筛检效果的随机对照试验

表16-1　决定筛检效果的主要因素

疾病的患病率和自然史
- 比较常见，即患病率比较高
- 有足够长的无症状的临床前期
- 不及时治疗可以引起严重后果，如残疾和死亡

初步检查方法的特性
- 有足够高的灵敏度，可以检出尽可能多的早期患者
- 有足够高的特异度，可以降低假阳性的人数及其不良后果
- 可行性和可接受性高，如简单、快速、便宜、安全
- 有进一步排除或确诊的后备方法

治疗的特征
- 在早期患者中有效
- 可被早期患者接受

（二）疾病的自然史

疾病自然史是指在没有任何治疗或者干预措施的情况下疾病发生、发展到结束的整个过程。不同疾病的自然史差异很大，了解疾病自然史对于了解筛检的意义和效果十分重要。人为的干预（如筛检和临床诊断及其随后的治疗）会改变疾病的发展过程，其中有5个时间点值得注意：发病时间、筛检可发现疾病的时间、无筛检时因临床症状出现疾病可被发现的时间、治疗开始的时间，以及患者痊愈或死亡的时间。对于癌症来说，发病时间一般是未知的，对于同一个患者，我们要么可以确定筛检发现疾病的时间，要么可以确定无筛检时因临床症状出现疾病被发现的时间，但二者不可皆知。治疗开始时间一般等同于发现疾病的时间（图16-2）。

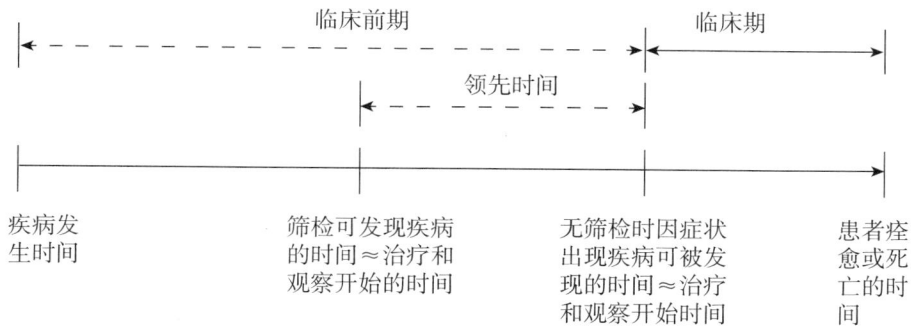

图 16-2　疾病的自然发展阶段与医学干预之间的关系

临床前期：疾病从发生到临床症状和体征出现的时间称为临床前期（preclinical stage），又称为无症状期（asymptomatic stage）（图16-2）。比如，典型的肺癌在发生时单个癌细胞的直径只有10μm大小，假定倍增时间180天为一常数，需经过17年的生长其直径才可达到1cm[4,5]。症状和（或）体征出现时，疾病就进入临床期，这时筛检已失去意义。

临床期：在未进行筛检的情况下，疾病可能发展进而产生症状和体征，标志着临床前期的结束和临床期（clinical stage）的开始（图16-2）。患者会主动就诊，疾病得到诊断和治疗。最后，疾病进一步发展，直至患者痊愈或死亡，标志着临床阶段的结束和整个疾病发展过程的结束。

领先时间：筛检的一个重要特征是可以在临床前期的某个时间点发现疾病。从筛检发现疾病的时间点到无筛检时因症状和体征疾病被发现的时间点之间的时间长度称为领先时间（lead time）（图16-2）。简言之，就是筛检可以提前诊断疾病的时间长度。如前所述，对于任何一个

患者来说，这两个时间点只有一个是可以观察到的，因此领先时间是一个不可直接观察到或测量到的理论值。领先时间一定小于临床前期的时间，其长短与临床前期的长短和检查方法的灵敏度成正比，与筛检的频率成反比。领先时间是通过干预可以提前的时间量，是决定是否筛检的关键因素之一。

（三）筛检的准确性

灵敏度和特异度是一对用来度量一项诊断检查方法准确度的常用指标，分别代表检查方法可以将患者和非患者正确归类的程度或概率。灵敏度是诊断方法可以将患者归类为患者的百分比，特异度是同一方法可以将非患者归类为非患者的百分比，否则就是误差。例如，在100个真实患者中，90个患者的检查结果为阳性，则该检查的灵敏度为90%，假阴性率（false positive rate，即误差）为10%。同理，在100个非患者中，95个患者的检查结果为阴性，则该检查的特异度为95%，假阳性率为5%。有关计算细节见本书第九章。一项诊断方法的灵敏度和特异度需要特殊的研究才能得到可靠的估计。

在实际筛检中，首次检查之后，根据测试的结果可以将筛检的人群分为测试阳性和测试阴性两组。由于测试阴性者患有筛检的疾病的机会很小，因此除邀请他们几年后再次检查外，往往不再对这些人采取进一步的诊断检查。初次检查阳性者是筛检需要进一步处理的关键，也是决定筛检的费用和害处的重要因素。一般来讲，初步检查阳性者只有一小部分真实患病，很多人其实是假阳性，需要进一步严格的检查以确诊或排除患病的可能性。

例如，假定在一般人群中某疾病处于临床前期的比例为1%，筛检的灵敏度和特异度均为95%，那么阳性预测值则只有16%（即 $1\times95/(1\times95+99\times5)$），假阳性率则为84%。假阳性率就是测试阳性者中没有患病的比例，在假阳性人群中进一步采取的任何措施和消耗的任何资源都是不必要的，因为如果没有筛检，这部分费用和伤害就不会发生。因此，一个筛检项目应尽可能降低假阳性的人数，以减少这部分不必要的费用和伤害。

一个诊断检查的灵敏度和特异度不是独立的，而是彼此相互影响的。如果我们想提高特异度，就意味着必须降低灵敏度，反之亦然。灵敏度太低，漏掉的患者太多，筛检就失去了意义。相反，特异度太低，假阳性的人数必然很大，会增加进一步诊断的费用和伤害。一项筛检项目必须充分平衡漏诊和假阳性的得失，并以此适当调整灵敏度和特异度的高低。

诊断的准确性是筛检成败的关键因素，但不是衡量筛检效果的直接指标。如果一项筛检的初步检查不够灵敏，诊断提前的时间很短，治疗的效果可能不会提高很多。相反，即使筛检试验的灵敏度很高，能大大提前诊断的时间，但也不能说明筛检就一定有好处。比如早期治疗并不比晚治疗更有效的疾病，以及没有有效治疗手段的疾病的筛检，无论如何都是无效的。

三、筛检效果评价

以上是对筛检效果决定因素的理论考量，尚不是实际的效果。筛检是否可以给患者带来健康收益，必须在实际人群中进行验证和评估。就癌症筛检而言，一种常用的评估方法是，比较筛检发现的患者和临床上因症状出现而发现的患者，看他们治疗后生存率是否有区别。如果筛检的确发现了早期患者，而且治疗有效，那么筛检发现的患者的生存率应该高于临床上因症状而发现的患者。医学文献中这样的比较研究很多，但是此类研究存在严重的缺陷，几乎无法得出可靠的结论。主要存在的偏倚是领先时间偏倚、病程长短偏倚和过度诊断偏倚。

领先时间偏倚（lead time bias）就是因为提前诊断而产生的生存时间延长的假象。如图16-3所示，假设所有患者在症状出现后都在第3年末死亡，即从出现临床症状到死亡的时间为3年。再假设该病的临床前期为10年，而且筛检可以在发病6年后检出癌症，即比症状提早4年发现癌症，领先时间为4年。在未筛检的人群中（A），诊断是基于临床症状的，可观察到的从诊断到死亡的生存时间就是3年。相比，在筛检的人群中（B），诊断是在临床前期

第十六章　如何解读关于癌症筛检效果的随机对照试验

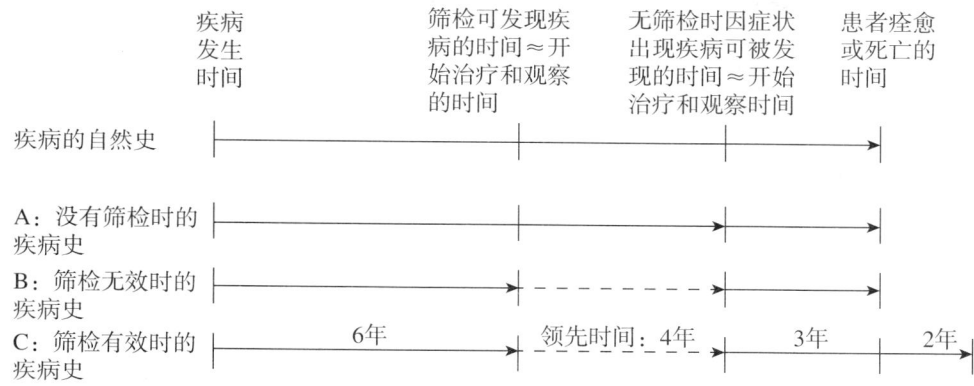

图 16-3　由于早诊断早开始观察而引起的在生存时间上的领先时间（虚线）偏倚

提前 4 年做出的，可观察到的从诊断到死亡的总生存时间为 7 年，即 4 年领先时间与 3 年临床期之和。

当使用生存时间来比较筛检发现的患者和因症状体征诊断的患者的预后时，即使早诊断和早治疗是无效的（即与无筛检相比，对生存时间无任何作用），筛检发现的患者一定比依据症状发现的患者平均多生存 4 年，这完全是由领先时间造成的。换言之，筛检发现的患者并不是因为早诊断和早治疗活得更长，而完全是因为诊断时间提前造成的假象。如果比较两组的 5 年生存率，筛检组为 100%，对照组则为 0%，两组存在巨大差别，但是这个差别完全是领先时间偏倚的结果。

如果筛检组比无筛检组可以额外延长患者生存时间 2 年（C），那么筛检出的患者的总生存时间将是 9 年（4+3+2），因症状诊断的患者的总生存时间则为 3 年，两组之差为 6 年，但是这 6 年中只有 2 年是筛检带来的额外益处。由于领先时间实际是未知的，我们永远无法确定筛检组延长的生存时间是由领先时间造成的，还是领先时间与治疗效果的联合作用。

病程长短偏倚（length bias）是由于筛检发现的患者与因症状发现的患者在病情进展速度上的不同而引起的偏倚。因症状诊断的患者的病情进展比较快，因此在筛检以前症状就出现了，而筛检发现的患者的病情进展比较缓慢，筛检前症状还没有出现。一般来讲，进展快的癌症从发病到死亡的总病程应低于进展比较缓慢的患者。因此，即使没有任何治疗，或者治疗没有任何效果，筛检发现的患者的生存时间也会长于因症状发现的患者（图 5-5）。

在极端情况下，癌症可能进展极其缓慢，病程极其漫长，患者在死于其他疾病之前，既不会出现症状，更不会死于该癌症，这类疾病又称为假性疾病（pseudo-disease）。对这类患者的发现完全是过度诊断，筛检对他们没有任何意义。但是，这类患者会在评估筛检效果时造成最严重的病程长短偏倚，有人又把这种偏倚称作过度诊断偏倚（over-diagnosis bias）。更多详情请参考本书第五章。

由于这些偏倚的存在，单纯比较因筛检发现的患者和因症状而发现的患者的生存时间来评估筛检的效果是不可靠的，可靠的方法是随机对照试验（参见本书第十一章）。

在评估筛检的随机对照试验里，首先将筛检的健康目标人群随机分为两组，对一组给予筛检干预，另一组以无筛检干预作为对照，然后对筛检组提供筛检服务，并同时对两组人群进行追踪观察。如果筛检组有关癌症死亡率低于未行筛检的对照组，表明筛检有效，可以提高患者的生存时间，从而降低筛检疾病的死亡风险。为了减少筛检措施在对照组的沾染，评估筛检项目一般不以个人为单位进行分组，而以群组为单位分组，如一个社区的所有健康人，因此这样的试验被称为群组随机对照试验（cluster randomized controlled trial）[6]。

筛检项目结束后，研究纳入的人群可分为患病和非患病两组，患者又可以进一步分为临床期患者、筛检发现的临床前期患者，以及筛检不能发现的临床前期患者。由于随机分组，这四类人的比例在筛检组和对照组是相同的、可比的。由于筛检只会影响筛检检出的临床前期患者，对非患者、临床期患者、筛检未检出的临床前期患者没有影响，后三种人对筛检的疾病死亡率的影响在筛检组和对照组相互对消。最后，有关疾病在筛检组和对照组之间死亡率上的差别就是筛检对该疾病死亡的影响。

值得注意的是，在筛检干预的随机对照试验中，测量疾病频率最合适的指标是疾病别死亡率（disease-specific mortality），不应采用生存率和病死率等指标[7]。由于疾病死亡原因的错误分类较为常见，为了减少死因错分可能导致的偏倚，一般都会同时再参考全死因死亡率（all-cause mortality，overall mortality）在筛检组和对照组之间的差别[8]。

筛检效果的大小一般用死亡率的相对危险度减少值来表达。但是，由于一种癌症在一般人群中的死亡率很低，即使相对危险度很大，筛检一定人数所能预防的癌症死亡数也可能很小。因此，对于筛检效果的报告应同时描述绝对效果的大小，如率差和需筛人数（number needed to screen）。率差就是筛检组和对照组在有关癌症死亡率上的绝对差值，需筛人数为率差的倒数。需筛人数的意思是，在一定的期间内，需要筛检多少人才能预防1例疾病的死亡。比如，假定筛检组人群在10年内死于目标疾病的概率为1%，筛检的相对危险度减少值是50%，则绝对危险度的减少为0.5%，需筛人数则为200（1/0.005）。

另外，筛检消耗资源，也存在潜在的对筛检人群的伤害。消耗的资源包括初步检查的费用、进一步确诊或排除的费用、治疗的费用；潜在的害处包括检查（尤其是进一步确诊或排除的检查）可能产生的伤害、对假阳性患者心理上的伤害，以及不能从治疗中受益的患者的伤害。一项有效的筛检可能因为费用过高而不可行，减少费用的方法之一主要是降低假阳性率。例如，只在高危人群里进行筛检，提高筛检方法的特异度，降低筛检的频度。

简言之，对筛检项目效果的评判最终取决于有关随机对照试验的结果。

四、如何解读评估筛检效果的随机对照试验

Welch教授以循证医学工作组评价治疗和预防措施效果的框架为依据，提出了一个评估筛检效果随机对照试验的内容清单（表16-2）[9]，包括研究是否适用于我的临床实践、研究的结果是否真实、初步检查和随后治疗的结果是什么。现以此内容清单为基础，来说明如何解读评估筛检效果的随机对照试验。

表16-2 评价筛检效果随机对照试验的内容清单

1. 研究是否适用于我的临床实践？
   (1) 研究适用于哪些人？
   (2) 我是否能做筛检的初步检查并具有同样的操作和诠释结果能力？
   (3) 研究实施之后筛检的初步检查技术是否有所改变？
2. 研究的结果是否真实？
   (1) 筛检初步检查开始时两组人群特征是否一致？
   (2) 结局判断是否采用了盲法？
   (3) 数据分析是否维持了原随机分组？
3. 结果是什么？
   (1) 关于筛检初步检查的结果
      ①筛检组是否查出了更多的早期患者？
      ②筛检组是否查出了较少的晚期患者？
   (2) 筛检的总效果（即早诊断早治疗的总效果）
      ①筛检组晚期患者比例是否低于对照组？筛检组的疾病别死亡率是否低于对照组？两组死亡率的绝对差别是多少？
      ②早期检查和治疗是否产生了净收益？两组全死因死亡率的差别是什么？

（一）研究是否适用于我的临床实践？

在解读任何一项筛检效果随机对照试验研究之前，都要考虑研究是否与你的临床有关。

1. 研究适用于哪些人？

为了回答这个问题，你必须审查筛检效果研究的纳入和排除标准。筛检效果随机对照试验的纳入标准一般宽泛简明，比如患者的年龄和目标疾病的特定危险因素。但是，其排除标准则较为详尽，比如具有目标疾病症状和体征的人或者具有某种疾病史的人往往排除在外。尽管是宽泛的纳入标准，但详尽的排除标准意味着筛检效果试验研究的结果仅仅适用于部分人群。

2. 我是否能做此项筛检的初步检查？

即使你的患者和研究文献相似，如果当地还没有此项检查，这项研究还是与你不相关。一般医疗机构大都可以做胸部X线等检查，但有可能难以实施一些新的基因检测项目。此外，即使当地能做此项试验，并不意味着你能按照研究执行的那样实施该项技术以及对试验结果进行判读。判断和比较某地对某检查的执行和结果解读水平，常常不是一件容易的事情，上述因素是决定研究结果能否用于当地临床实践的关键因素。

3. 研究实施以后筛检初步检查的技术是否有所改变？

如果随机对照试验开始以后有关检查技术发生了改变，结果就可能有所改变。新的技术会改变初步检查的灵敏度、特异度和费用，进而影响假阳性的比例和进一步检查的费用，但检查出更早的癌症患者是否可以受益将成为未知数。此种情况突出显现在乳房X线摄影术筛检乳腺癌中。自从美国健康保险计划（HIP）项目实施以来[10]，影像的质量得到了显著的提升。最近几十年来乳腺原位癌发病率的显著增加大抵可归结于此。较低的检测阈值可能增加了临床上相关肿瘤的检出率以及提高了筛检的益处，但同时也可能导致了过度诊断。

（二）研究的结果是否真实？

当你判定研究适用于你的临床患者后，你需要评价研究结果的真实性。简而言之，研究结果是否正确无偏地估计了筛检的效果。

1. 筛检初步检查开始时两组人群基本特征是否一致？

对于筛检效果随机对照试验，两组人群间的相似性或可比性可以用来检查随机分组成功与否。研究者会在关于研究对象的基线资料的表格中报告两组人群的相似性，一般包括年龄、性别以及其他已知或可疑的疾病危险因素。一般来讲，只有样本量足够大，随机分组才能够确保已知和未知的危险因素均等地分配到两组。

2. 测量结局时是否采用了盲法？

由于筛检效果研究中目标疾病的死亡率一般较低，对每个死亡原因的准确归类十分重要。研究者在报告中需清晰阐述结局判断的原则，并详细说明死亡的分类方法。为了减少潜在的信息偏倚，研究可使用盲法。

与治疗的随机对照试验有所不同，在筛检效果的随机对照试验中，由于患者和干预实施者都知道研究对象的分组，对他们不可能采取盲法。筛检效果的随机对照试验只能对数据收集人员采取盲法，使他们在进行诊断、计算病程和判断死因时，不知研究对象在研究中的组别。当收集数据的人员很多时，最好是把他们随机分配到筛检组和对照组。

另外，对两组的治疗都应预先进行标准化，以减少两组在治疗上可能发生的差别。

3. 数据分析是否维持了原随机分组？

根据"维持原随机分组分析"的原则，凡是随机分配的参加者，都应被纳入最后的结果分析。因为随机分配原则是要确保组间的可比性，如果剔除退出、未完成治疗和失访病例进行分析，就会破坏随机化的原则，影响结果的真实性。

当筛检组实际参与检查的人数比例较低时，可依据参与比例对最后的效果进行调整，以估计依从性最大时的效果。比如，在美国健康保险计划研究中[10]，筛检组的依从率只有67%，如果所有受邀请的人都接受了筛检，筛检死亡率的相对减少值可以从29%提高到43%。

（三）结果是什么？

筛检是一个复杂干预，其最终效果取决于筛检的准确性和提前治疗的效果两个方面。换言之，随机对照试验评估的核心问题是筛检组的患者是否得到了益处，这个最后的益处与检查和治疗都有关系。

因此，筛检效果随机对照试验首先应报告筛检初步检查的结果，也就是看是否实现了早诊断。尽管早期诊断不足以成为筛检最后有效的充分条件，但却是筛检试验有效的先决条件。当发现筛检无效或效果很小时，这部分结果尤其重要，可以用来解释筛检的失败是否因为没有检出足够数量的早期患者。

研究需要报告的更重要的结果是筛检组和对照组筛查的疾病的死亡率的差别，只有这个指标才能真实反映早诊断和早治疗是否给筛检人群带来了益处。另外，还需要说明筛检产生的假阳性的人数和比例，因为假阳性结果与费用和害处直接相关。

1．关于筛检初步检查的结果

（1）筛检组是否查出更多的早期患者？

筛检效果随机对照试验查出早期患者的能力应该在第一轮筛检初步检查中予以体现，查出更多的早期患者是筛检项目最终有效的重要前提。只有早期发现患者，才能予以早期治疗，才可能延缓疾病的发展，最终使患者从筛检中受益。如果初步检查是有效的，筛检组发现的早期患者数在筛检期间任何时点上都应超过对照组。

（2）筛检组是否降低了晚期患者的比例？

尽管查出更多的早期患者是筛检初步检查有效的重要条件，但在整个筛检的过程中，筛检组晚期患者数的减少则更加重要。在美国健康保险计划项目和明尼苏达结直肠癌筛检项目[11]中，筛检组晚期患者的数量都少于对照组；而在梅奥肺癌筛检项目中，筛检组和对照组晚期肺癌患者的数量几乎相等，预示筛检项目可能会失败。

如果筛检组晚期患者的数量明显少于对照组，这一结果有助于确认早期检查是成功的，但是还不足以说明整个筛检项目是有效的。后者还取决于早期治疗是否有效：一项有用的筛检项目的先决条件是不仅要检出更多的早期患者，而且早期治疗也要有效。

2．整个筛检项目的效果

整个筛检项目的效果指早发现和早治疗的综合效果。对于癌症筛查来说，早期检测和治疗是否可以延缓疾病的恶化、提高患者生存时间，最令人信服的证据是在筛检项目结束时筛检组筛检疾病死亡率明显低于对照组。因此，评估癌症筛检效果的常用指标是筛检疾病死亡率降低的程度，并同时观察筛检是否增加了其他原因死亡的风险。

（1）筛检是否降低了筛检疾病的死亡率？

筛检组的疾病别死亡率是否低于对照组？死亡率绝对值降低了多少？

（2）筛检的净收益是否清楚？

筛检组和对照组的疾病别死亡率是评估筛检是否有效的关键指标。但是，筛检初步检查可能会产生意想不到的副作用，后者主要来自于初步检查本身以及随后的诊断检查和治疗。筛检初步检查和随后的诊断检查的危害并未体现在疾病别死亡率中。如前所述，全死因死亡率能够保证各种检查和治疗的主要危害和益处不被遗漏，将疾病别死亡率的减少置于其他竞争性疾病危险的框架之中，帮助读者全面了解可能的益处和害处。在审查疾病别死亡率的同时，有必要审核全死因死亡率，以判定整个筛检项目的净收益。

五、解读实例

现在，让我们回到本文开头的情景描述。你面临的问题是"胸部 X 线片的筛检是否能够延长肺癌患者的生存时间进而降低肺癌死亡风险"，为了回答该问题，你在 Medline 上使用检索词"chest x-ray""screening""randomized controlled trial"和"lung cancer"进行检索，发现了一篇 2011 年发表在 JAMA 上的关于胸部 X 线片筛检肺癌的随机对照试验，该项研究是由哥伦比亚大学 Oken 及其同事所完成的前列腺癌、肺癌、结直肠癌和卵巢癌筛检项目（PLCO），该文章有可能能够回答你的问题[12]。我们下面就使用上述评估标准清单来解读这篇文献。

（一）研究是否适用于我的临床实践？

1．研究适用于哪些人？

PLCO 项目的纳入标准是年龄为 55～74 岁的男性和女性，均无前列腺癌、肺癌、结直肠癌和卵巢癌，也没有除了非黑色素皮肤癌以外的其他任何肿瘤。

2．我是否能做此项筛检的初步检查？

一般的医疗机构均可进行前后位胸部摄片并对片子进行解读。

3．研究实施以后筛检初步检查的技术是否有所改变？

试验所使用的筛检技术为现代前后位胸片检查，目前这项影像学技术未发生改变，而且我们自己的有关仪器并不比研究中的落后。

（二）研究的结果是否真实？

1．筛检初步检查开始时两组人群基本特征是否一致？

在所有参加 PLCO 筛检的 154901 位成人中，77445 人被随机分配到筛检干预组，77456 名随机分配到未筛检的"常规"对照组。两组人群的基线特征一致。大约一半是妇女（50.5%）；55～64 岁者占 64.1%；大约 45% 从未吸烟，42% 为既往吸烟者，10% 为目前吸烟者，3% 吸烟状况不明。筛检组和对照组的平均随访时间分别是 11.9 年和 11.2 年，每组随访时间四分位数间距为 10～13 年。

2．结局评价是否做到了盲法？

PLCO 研究中，试验期间所有肿瘤诊断和死亡确定，资料主要是通过每年更新的邮寄调查表获得。在调查表中，详细询问了上一年诊断为任何癌症的日期和分型。对于未收回的调查表，则通过重寄调查表或电话联系。为了证实结局的完整性，研究还通过定期连接"国内死亡索引"来进行主动追踪。

研究通过获取死亡证明来确定死亡和死亡原因。然而，死亡证明常常不能准确地记录死亡的真正原因，PLCO 项目对死因的判断采用了统一可靠的方法。与 PLCO 潜在有关的所有死亡都要进行审核。

PLCO 试验详细说明了死亡分类方法，而且在判定筛检组和对照组的死亡原因时使用了盲法。

3．数据分析是否维持了原随机分组？

基线时，筛检组患者对筛检的依从率为 86%，3 年后降低到 79%，总的依从率为 83%。而在未行筛检的对照组，约有 11%（沾染率）的研究对象接受了胸片筛检。因此，筛检组具有较高的依从率，对照组具有较低的沾染率，即对照组接受筛选的比例。当依从性不完美且存在沾染时，如果两组死亡率仍然存在差别，则说明筛检的实际效果可能比这个率差显示的更大。

（三）结果是什么？

由于我们关心的是男性吸烟者是否可以从肺片筛检中受益，因此下面只总结与肺癌相关的结果。如原文提供了有关信息，我们将按照吸烟情况和性别分别陈述。

1．关于筛检初步检查的结果

（1）筛检组是否查出了更多的早期患者？

PLCO 试验中，筛检组共发现肺癌 1696 例，对照组检出肺癌 1620 例。筛检组和对照组的累积发病率分别为 20.1/10000 人年和 19.2/10000 人年，相对危险度 RR = 1.05。从未吸烟者的累积发病率的相对危险度为 1.06，既往吸烟者为 1.12，目前吸烟者为 1.00。这些数据显示，与对照组相比，筛检组并未检出更多的肺癌患者。

（2）筛检组是否降低了晚期疾病的比例？

PLCO 试验结果中，筛检组和对照组检出患者中病程分布基本相同。以非小细胞癌为例，筛检组 1～4 期癌患者的比例分别为 32%、8%、25% 和 35%，而对照组 1～4 期癌患者的比例分别为 27%、8%、26% 和 38%。该数据表明筛检并未检出较少的晚期癌症患者。

2．筛检在降低死亡率上的效果

（1）两组肺癌死亡率的差别

PLCO 试验中，两组主要肺癌的治疗方案相同，对于 1 期非小细胞癌，主要治疗方案为切除、不化疗。对于 3 期和 4 期非小细胞癌，主要治疗方案为化疗、不切除。筛检组和对照组中分别有 75% 和 73% 的 1 期非小细胞癌患者接受了切除肺、不做化疗的治疗方案，两组分别有 53% 和 54% 的 3 期或 4 期非小细胞癌患者接受了化疗、不切除肺的治疗方案。经过 13 年的追踪观察，筛检组肺癌死亡 1213 例，对照组为 1230 例。筛检组的累积肺癌死亡率为 14.0/10000 人年，对照组为 14.2/10000 人年。相对危险度为 0.99（95% CI：0.87～1.22）。

在不同吸烟者和性别中，都没有发现筛检组和对照组间肺癌死亡率的区别。肺癌死亡率的相对危险度在从不吸烟者为 0.94（95% CI：0.69～1.29），既往吸烟者为 1.02（95% CI：0.91～1.15），目前吸烟者为 0.99（95% CI：0.88～1.12）。在男性中为 1.02（95% CI：0.92～1.13），在女性中为 0.92（95% CI：0.81～1.06）。

结果显示，筛检组肺癌死亡率与对照组基本一致，无统计学显著差异。由于两组在死亡率上没有区别，因此不需要进一步考查两组死亡率的绝对差异。

（2）两组其他死因死亡率的差别

排除因 PLCO 肿瘤死亡的患者后，筛检组死于其他原因的人数为 9091 名，对照组为 9244 名。筛检组其他原因的累积死亡率为 105.2/10000 人年，对照组为 107.1/10000 人年，相对危险度为 0.98（95% CI：0.95～1.01）。结果说明，筛检对其他原因的死亡率也没有影响。

综上所述，PLCO 随机对照试验的筛检组具有相对较高的依从率，对照组具有较低的沾染率，两组试验开始时的基线特征可比，死因判断采用了盲法，两组治疗方案的分布相同。因此，该研究结果的可信度较高。而且该研究有很大的样本量（约 15 万人），随访患者时间足够长（平均 13 年）。研究结果显示，与无筛检的对照组比较，每年 1 次为期 4 年的胸片筛检不能检出更多的肺癌患者和降低晚期肺癌患者的比例，也不能降低肺癌的死亡率。对于不同的吸烟状态和不同性别，结论是一样的。

现在让我们再回到本文开头的临床场景，对于请求做胸片筛检的中年男性吸烟患者，你可以告诉他，研究证据表明胸片筛检是无效的，不建议他为了早发现早治疗肺癌而进行定期的胸片检查。

六、本章概要

筛检就是早诊断、早治疗，其目的是提高筛检人群的健康。筛检是人类应对严重慢性疾病（如癌症）的重要策略。一项筛检是否可以提高患者的健康、可以提高多少，取决于被筛检的疾病、检查方法和治疗方法三个方面。筛检的总益处与疾病的患病率、筛检方法的敏感度以及治疗的效果成正比。筛检方法的特异度是假阳性的主要原因，是筛检可避免的费用和害处的重要决定因素。因为严重的领先时间偏倚和病程长短偏倚的存在，筛检发现的患者和因症状、体征发现的患者在生存率或生存时间上的差别不能说明筛检是否可以延长生存。可靠的方法是使用随机对照试验，比较筛检组和无筛检的对照组有关疾病死亡率和全死因死亡率的差别。因此，是否推广对疾病的早发现和早治疗，应该依据随机对照试验的证据，并且要考查这个证据显示的筛检效果的大小、证据的可信性，以及适用于本地人群的影响因素。本章以 Welch 构

第十六章　如何解读关于癌症筛检效果的随机对照试验

建的筛检效果随机对照试验评价的内容清单为依据，以美国一项大型筛检效果随机对照试验为例，展示了如何解读筛检效果的随机对照试验的研究证据。

参考文献

[1] Raffle A, Gray M. Screening: Evidence and Practice. Oxford: Oxford University Press, 2007.

[2] 王卫中，叶冬青. 筛检//王建华. 流行病学. 3版. 北京：人民卫生出版社，2015：65-882.

[3] Wang WZ, Tang JL. Medical screening: to be or not to be. Chin Med J. 2010, 123: 1948-1951.

[4] Geddes, DM. The natural history of lung cancer: a review based on rates of tumor growth. Br J Dis Chest. 1979, 73: 1-17.

[5] Winer-Muram HT, Jennings SG, Tarver RD, et al: Volumetric growth rate of stage I lung cancer prior to treatment: serial CT scanning. Radiology.2002, 223: 798-805.

[6] Sackett DL, Haynes RB, Guyatt GH, Tugwell P. Early diagnosis. In: Sackett DL, Haynes RB, Guyatt GH, Tugwell P. Clinical epidemiology: a basic science for clinical medicine. 2nd ed. Boston: Little, Brown and Company, 1991: 153-70.

[7] Morrison AS. The natural history of disease in relation to measures of disease frequency, in Screening in Chronic Disease (ed 2). New York: Oxford University Press, 1992: 21-42.

[8] Black WC, Haggstrom DA, Welch HG. All-cause mortality in randomized trials of cancer screening. J Natl Cancer Inst. 2002, 94: 167-73.

[9] Welch HG, Black WC. Evaluating randomized trials of screening. J Gen Intern Med. 1997, 12: 118-124.

[10] Shapiro S, Venet W, Strax P, Venet L. Periodic Screening for Breast Cancer: The Health Insurance Plan Project and Its Sequelae 1963-1986. Baltimore: John Hopkins University Press, 1988.

[11] Mandel JS, Bond JH, Church TR, et al. Reducing mortality from colorectal cancer by screening for fecal occult blood: Minnesota Colon Cancer Control Study. N Engl J Med. 1993, 328: 1365-71.

[12] Oken MM, Hocking WG, Kvale PA, et al. Screening by chest radiograph and lung cancer mortality. JAMA.2011, 306: 1865-7.

练　习　题

【名词解释】

1．筛检
2．临床前期
3．领先时间
4．领先时间偏倚
5．病程长短偏倚
6．过度诊断
7．灵敏度
8．假阳性率
9．疾病别死亡率
10．需筛人数

【选择题】

1．医学筛检包括
　　A．初步检查+确诊检查
　　B．初步检查+确诊检查+治疗
　　C．初步检查+治疗
　　D．确诊检查+治疗
2．领先时间指
　　A．从发病到筛检发现疾病的时间
　　B．从发病到症状或体征出现的时间
　　C．从发病到治疗开始的时间
　　D．从筛检发现疾病的时间到无筛检时症状、体征出现的理论时间
3．筛检结果假阳性的决定因素包括
　　A．灵敏度
　　B．特异度

C．患病率
D．A + B + C
4．评估筛检效果试验最可靠的研究方法是
A．现况研究
B．随机对照试验
C．队列研究
D．病例对照研究
5．在评估筛检效果的随机对照试验里，用于估计效果的疾病频率指标主要是
A．生存率
B．生存时间
C．死亡率
D．病死率

【问答题】

1．试述决定筛检益处和害处（包括费用）的主要因素。
2．试述筛检（screening）和筛检中检查（test）的区别。
3．为什么筛检发现的患者和因症状、体征发现的患者之间生存率的差别不足以说明筛检可以延长检出患者的生存时间？
4．评价筛检效果最适当的研究设计和结局指标是什么？并说明其理由。
5．试比较灵敏度和阳性预测值的区别以及如何在制订筛检策略中平衡它们的高低。

【计算题】

医生为一位怀疑患有一种罕见脑肿瘤的患者申请了磁共振成像（MRI）扫描，大约每100例这种疑似患者中有一例真正的患者。一项研究结果显示，MRI 的结果可以检测出所有真正的肿瘤患者，但也会将 1% 的无肿瘤受检者误诊为肿瘤患者。基于上述信息，请回答以下问题：
（1）在此类患者中用 MRI 扫描初筛这一脑肿瘤的灵敏度和特异度分别是多少？
（2）如果仅依据 MRI 阳性结果认为存在肿瘤，这个判断错误的可能性是多少？
（3）如果我们仅依据 MRI 阴性结果认为肿瘤不存在，判断错误的可能性是多少？
（4）如果仅依据 MRI 阴性结果认为肿瘤存在，给检查人群可能带来的不良后果是什么？
（5）你会推荐将 MRI 扫描作为这类人群筛检脑肿瘤的初筛方法吗？为什么？

（王卫中　吴心音　唐金陵[*]）

第十七章 如何解读关于治疗的经济学评价研究

一、临床情景描述

假如你是一家综合性医院的心内科的医生。最近常有 50～60 岁高血压患者向你咨询自己是否适合服用阿司匹林，以降低可能的冠心病及脑卒中发病风险。同时由于此类患者的增多，当地卫生相关部门很想了解阿司匹林是否适合用于本地中老年人的心脑血管病的初级预防。此外，你的上级医生也希望你能总结相关信息，为他下个月将要参加的指南修订讨论会准备材料。

作为临床医生，回答第一个问题是日常临床工作的一部分。你会根据每个患者的具体情况，估计治疗的效果大小、副作用及其严重程度，并给出你的建议。而对于第二个和第三个问题，由于决策扩展至本地甚至全国人群，在考虑治疗的效果和副作用之外，治疗花费以及人群的差异性也都成为必须考虑的因素。结合中国国情，虽然社会医疗投入在大幅增加，但仍不可能提供所有可能的防治措施，或者说患者不可能都得到最高标准的治疗。因此，在有限的医疗资源下，如何权衡治疗的疗效、副作用和费用，做出合理的决定，需要经济学评价的有关证据。

二、治疗的经济学评价及其重要性

治疗的经济学评价通过经济学分析（economic evaluation）的方法，将治疗方案涉及的所有成本和收益一一列出，并进行量化，通过比较不同备选方案在成本和收益上的差异，选择其中较合理的方案，为临床决策及卫生政策制订提供依据[1]。经济学评价研究与疗效研究的主要不同在于对所有治疗方案所需的资源及成本的详尽收集、整理与分析。前者的另一特点是通常会对不同的临床结局指标进行标化或者货币化，以便于比较不同治疗方案的优劣。简言之，经济学评价就是要回答"治疗"这个所谓商品的"性价比"的问题。

治疗效果与治疗成本是治疗经济学评价需要的基本信息。关于治疗效果，最好的证据来自于随机对照试验或是综合了有关随机对照试验结果的系统综述。治疗成本是多层面的，涉及范围很广，而且在不同的医疗体制下或不同研究视角下，同一治疗的成本会存在很大差异。

经济学评价的要点是边际分析（marginal analysis）或是增量分析（incremental analysis）。严格来讲，以上两个定义并不完全相同。但总的来讲，经济学评价更加关注增量，即在原有基础上，新增加的投入可以得到多大回报，或者欲获得新的额外的回报，需增加多少新的投入。在临床实践里，"原有基础"通常可以看作是常规治疗，因为假设没有任何治疗既不切实际，也不合理。对于某个患者来讲，当治疗手段达到一定数量时，虽然继续增加新的治疗仍可以得到额外效果，但是每增加一定量新的治疗投入（成本）所能获得的额外效果将会减少。换言之，当治疗达到一定数量时，想继续得到一个单位额外疗效时，需要投入的成本会不断增加。当增加一个单位的资源的投入和这一投入所能得到的额外效果在"价值"上相等时，治疗就达到了效益最大化。此后，继续增加投入所得到的回报将小于投入本身，从经济学角度讲，继续投入（即加强治疗）将是不合理的。在资源有限并存在机会成本的情况下，经济学分析的效益最大化思想为制订合理的治疗方案提供了一个新的理念[2]。

与个体治疗方案的制订一样，宏观卫生决策同样需要考量成本投入与收益的平衡。在过去几十年中，无论是发达国家还是发展中国家，医疗保健费用都呈不断增长的趋势，成了国家和社会的巨大负担。究其原因，在传统医学决策模式下，治疗措施的选择权主要在医生，而且治疗的效果被视作医生水平的体现，因此医生往往会倾向于使用新的、更有效的技术、方法和药物，希望取得更好的疗效，而忽略了治疗的成本问题。在总的医疗资源有限的前提下，需求的增加与资源的限制成了一个重要的社会矛盾，这也可能是导致我国"看病难、看病贵"的原因之一。在个体和群体医学决策中引入经济学评价，对费用引起重视，以患者利益为根本，结合患者需求，确定最适合患者的治疗方案，应是解决需求和资源矛盾的重要方法之一。同时，重视治疗的经济学评价，可能也是目前缓解医患矛盾的一个有效手段。

三、治疗成本与治疗效果

（一）治疗成本的种类及其测量

在治疗经济学评价中，不同的研究视角决定了医疗卫生服务的成本及其测量方法。主要研究视角有三种：①以患者个人为研究视角；②以机构（如医院或保险公司）为研究视角；③以整个社会为研究视角。研究视角取决于研究目的和医疗体制，比如美国的研究者常采用第二种视角，因为其医疗决策相对分散且保险公司对于医疗决策的影响很大；在全民医保体制下，经济学评价常采用第三种视角。第一种视角多用于患者直接支付的医疗系统，成本组成相对简单，通常包括患者获得治疗所需自付的治疗相关费用，以及因此误工导致的工资损失等；第二种视角下则增加了医护人员的人工成本、医院运行成本等；第三种视角则包含了整个社会因此产生的所有成本[3]。在治疗经济学评价中，成本（costs）通常由三大部分组成：直接成本、间接成本和无形成本[4]。

直接成本（direct costs）为卫生服务成本，指用于直接提供各种医疗卫生保健服务时所花费的资源。一般包括直接医疗成本和直接非医疗成本。直接医疗成本包括住院费、药费、诊疗费、实验室检查费、手术费等。直接非医疗成本指患者因病就诊或住院所花费的成本，如患者的营养费、交通费、陪护费、家属探视的路费和住宿费等。需要注意的是，卫生服务成本中那些前期的医疗投入（如医院的建设、医生的培训）很难进行评估，因此在测量直接成本时，付费的多少并不完全等同于直接成本。但是，从患者角度出发，用收费情况代替成本还是能够说明一定的问题，而且调查时也容易获得相关数据，因此，在一定条件下，可以用收费的多少来代替直接成本。

间接成本（indirect costs）为社会成本，指由于疾病而损失的资源，一般指残疾和死亡而造成损失。如由于疾病引起的工作能力减退或长期失去劳动力所造成的损失，因患病损失的工资、奖金及丧失劳动力造成的误工产值，以及由于死亡所造成的损失。相对于直接成本，精确测量间接成本更加困难，常用的方法有人力资本法和意愿支付法。人力资本法是用工资水平、失业率、期望寿命、退休年龄等因素作为变量计算的由于病残或死亡引起的收入减少。本法理论上测定相对容易，但实际问题很多，因不同人群的收入有差别，标准难统一，而且对没有工资收入的老人、儿童、失业者则很难估计有关的损失。意愿支付法是将市场经济原则用于估计人的生命价值，即提出某些结果，如残疾、脏器切除、死亡等，如果用钱能将此挽回的话，患者愿意支付的金额数，也就是为了减少病残和死亡，个人自愿支付的费用。此法在实际运用时也存在一定问题，如在调查人们愿意为改善健康付出多少时，高收入者与低收入者、健康状况良好者与患者的回答通常是不一样的，而且当生命垂危时，人们有时会不计前提地愿意支付更多。

无形成本（intangible costs）是指由于疾病所致的病痛和残疾给患者带来的精神损失，以及疾病和死亡给家属和亲人带来的悲痛等非直观的经济学结果。这类成本是最难评定的成本。

此外，关于成本，还有两个十分重要的概念。机会成本（opportunity cost），是指将同一医疗资源配置于另一最佳替代方案所产生的收益。比如患者患有慢性肾衰竭，有 50 万元治疗费用，有两个选择——肾移植或透析治疗。选择透析治疗可以维持 2 年生命，那么这个收益就是选择肾移植的机会成本。任何一项医疗措施都存在机会成本，包括其他医疗措施的机会成本，更重要的是还包括非医疗服务的机会成本，如住房、交通和教育成本。边际成本（marginal cost），是指在原有卫生服务量的基础上，再增加一个单位服务量所产生的成本。

（二）治疗效果的种类及其测量

此处的治疗效果泛指治疗可以带来的健康收益，可以用效果、效用与效益表示[5]。效果（effectiveness）指直接使用某种临床结局（如脑卒中）估计的治疗作用的大小。评估医学干预措施最可靠的方是随机对照试验，效果就是治疗组和无治疗组某临床结局发生频率的差别（参见本书第十一章）。效用（utility）是对不可直接比较的临床结局（如脑卒中和失明）转换后的指标，目的是使它们形成可以比较的单位，以便于对不同疾病治疗收益的大小进行比较。效益（benefit）是对不可直接比较的医学收益（如预防脑卒中）和非医学收益（改善医学信息系统，或公路建设）转换成统一的货币指标，目的是便于比较直接医学和非直接医学投资（以及非医学投资）的收益。由于效用和效益都是通过效果转换而来的指标，因此对效果的估计是估计效用和效益的前提。为了下面将主要以成本 - 效果为例分析来说明问题。

（三）治疗经济学的评价类型

根据估计治疗效果所采用的结局指标，治疗的经济学评价可以主要分为以下几种类型[6]：

1. 成本 - 效果分析（cost-effectiveness analysis，CEA）是直接用临床结局指标来估计两种或两种以上医疗措施的效果，结合所需支出的成本，从而对治疗措施的成本 - 效果比做出评价的一种方法。在成本 - 效果分析中，用于估计治疗效果的结局是临床或生物医学指标，而且指标必须统一，如死亡。成本 - 效果分析应尽可能使用患者关心的、可以理解的、重要的指标，如疼痛、失明、失聪、残疾、死亡等。很多估计疗效使用的结局指标属于中间替代结局，如血压、血脂、血糖等。由于中间结局指标变化的临床意义很难被患者理解和接受，其临床价值和意义很难评估，应尽可能避免使用。成本 - 效果分析只能用于比较同一结局指标的治疗措施，比如降压药和降脂药对冠心病死亡率的影响。此类研究不适用于癌症晚期药物止痛和降压药预防冠心病的比较，因为临床结局不同，不能直接比较。这是成本 - 效果分析的优点，因为所使用的临床结局指标是可比的。但这同时也是成本 - 效果分析的局限性，因为它不能比较可改变不同临床结局的治疗的成本 - 效果。

2. 成本 - 效用分析（cost-utility analysis，CUA）是指将不同治疗可改变的临床指标转换为同一可比较的指标，如质量调整生命年（quality adjusted life years，QALYs），然后再来估计两种以上医疗措施的收益，结合所需支出的成本，从而对治疗措施做出经济学评价的一种方法。由于疾病的不同，治疗所改变的结局经常是不同的，要比较它们效果的不同，就必须将不同的结局指标转换成一个相同的单位，这个新的单位就叫做效用（utility），最常用的效用指标是质量调整生命年，它是一个既兼顾健康收益数量（生命年）又考虑了健康收益质量（生命质量）的综合指标。测量效用时，应首先测量治疗措施为患者提高的生命质量和延长的生命年数，然后将两个指标综合起来。由于成本 - 效用分析可以比较不同疾病的治疗措施和改变同一疾病不同结局的治疗措施，因此比成本 - 效果分析有更宽的应用范围。

3. 成本 - 效益分析（cost-benefit analysis，CBA）指将不同治疗效果转换成统一的货币单位（monetary unit），然后用货币单位测量两种以上医疗措施的收益，结合所需支出的成本，从而对治疗措施的效益做出评价的一种方法。将不同收益转换成货币单位时，可采用人力资本法和意愿支付法。成本 - 效益分析可以比较不同疾病的治疗的成本 - 收益比，也可以将医学活动（如防治措施、人员培训、设备购置）与其他领域的活动（如交通、教育、住房等）进行比较。

在多数治疗的经济学评价文献中，成本-效果分析（CEA）常作为成本-效果分析和成本-效用分析的统称。即 CEA 既可以以某一临床结局作为效果指标，也可以以 QALYs 作为效果指标，事实上很多文献会同时报告以上两个指标。相比，成本-效益分析则主要用于宏观的跨部门和跨领域的决策。比如，同样的钱，投入到新设备的引进或者员工培训，哪个效益更高？又如，用同样的钱，在该城市里建立一所新的医院或修一所小学，哪个效益更高？此外，还有最小成本分析（cost-minimization analysis，CMA），也可称为成本最小化分析，是其中最简单的评价方法。其原理是测定两种或两种以上不同医疗措施的成本，如果这些措施的健康收益是相同的，则成本最低的措施的效率（单位成本获得的收益）最高。

（四）成本-效果比与增量成本-效果比

成本-效果比（cost-effectiveness ratio，CER）是用来测量获得单位效果所需的成本；增量成本-效果比（incremental cost-effectiveness ratio，ICER）用来测量相对于治疗 A，治疗 B 获得一个单位的额外效果（效用）所需增加的成本[7]。

比较治疗 A 和 B 的成本-效果，有三种可能情况：①与治疗 B 相比，治疗 A 可以获得更大的效果，同时需要更少的成本，我们称这种情况为治疗 A 相对于治疗 B 具有绝对优势（dominance），反之亦然，无需经济学评价。②与治疗 B 相比，治疗 A 在获得同等效果时成本更低，或者付出同等成本时效果更大，即治疗 A 具有好的成本-效果，我们称这种情况为治疗 A 相对于治疗 B 具有相对优势，反之称为具有相对劣势，也不需要经济学评价。③与治疗 B 相比，治疗 A 付出更大成本时可以取得更大效果，或者减少成本时效果也随之降低，这时则需要比较增量成本-效果比，以判别增加的效果是否合算。

举例说明。假设新的治疗 A 成本为 6000 元，可以增加 3 生命年；旧的治疗 B 成本为 2000 元，可以增加 2 生命年。

1. 两种治疗成本-效果比分别为：

治疗 A 的成本-效果比为 6000 元 /3 生命年 = 2000 元 / 每生命年

治疗 B 的成本-效果比为 2000 元 /2 生命年 = 1000 元 / 每生命年

从计算结果看，同样增加一个生命年，新的治疗 A 比旧治疗 B 成本高。按照"成果-效果比越小效益就越好"的判断标准，应当选择治疗 B。

2. 两种措施的增量成本-效果比

但是，由于治疗 B 可获得的最大生命年数较少，如果想获得更多的生命年数，则必须使用治疗 A，但是治疗 A 需要更多的成本，这时的问题转换为：多获得一个生命年需要的成本是多少？是否值得？

增量成本-效果比 =（治疗 A 成本 − 治疗 B 成本）/（治疗 A 收益 − 治疗 B 收益）=（6000 元 − 2000 元）/（3 生命年 − 2 生命年）= 4000 元 / 增加一个生命年

如果欲选择治疗 A，必须回答的问题是：是否值得多花 4000 元使用新的治疗措施以增加一个生命年？这一抉择，既受限于可使用卫生资源的多寡，也取决于患者的价值取向和治疗意愿。

3. 成本-效果比较的图示

以上介绍了成本-效果比和增量成本-效果比的基本概念。下面将通过图示的方法比较成本-效果分析和增量成本-效果分析的区别和应用。如图 17-1 所示，横轴代表不同治疗措施效果的大小，纵轴代表相应成本的高低。图中的斜线代表目前可接受的成本-效果比，即任何成本-效果落在这条线以上的可选治疗都是不可接受的。不同人群此线的斜率会不同，反映不同人群的价值选择：斜线越陡峭表示患者在同等疗效情况下，愿意支付更高的治疗成本。

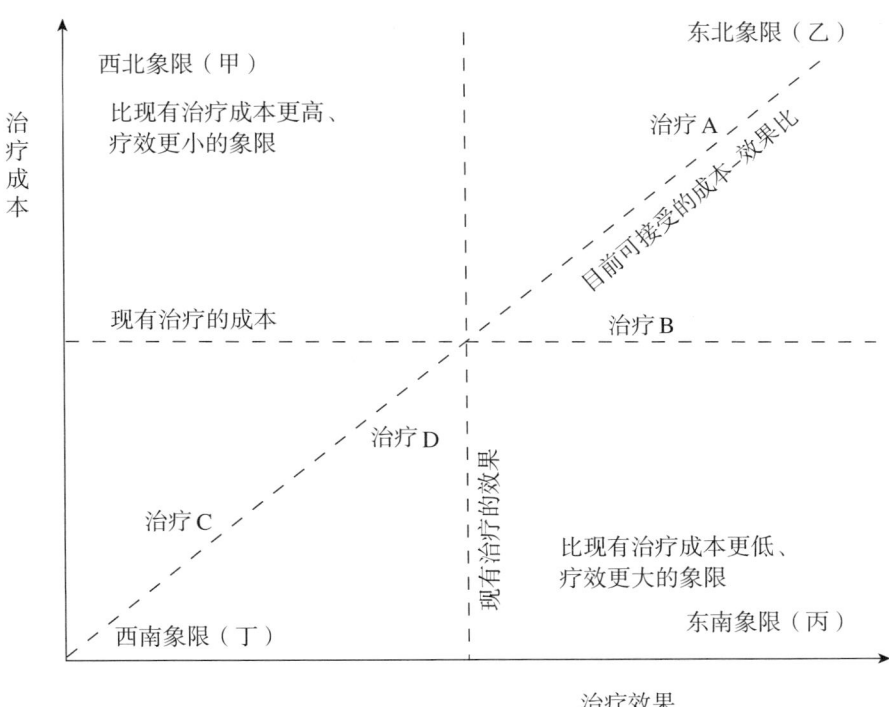

图 17-1　医学干预措施成本 - 效果比较示意图

假设我们以现有常规治疗的成本 - 效果作为参考，即图中横竖两条虚线交叉形成的原点，可将图形分为 4 个象限。图中竖的虚线代表现有治疗的效果大小，横的虚线代表现有治疗的成本。如果可选治疗的成本 - 效果落于西北象限（甲），说明治疗的效果更小且成本更高，应该拒绝，不应以此替代现有治疗；若可选治疗的成本 - 效果落于东南象限（丙），说明治疗的效果更大且成本更低，应用此替换现有治疗。这些选择显而易见，无需更多分析。

只有当比较的治疗的成本 - 效果落于东北象限（乙）和西南象限（丁）时，需要通过比较成本 - 效果比或增量成本 - 效果比进行决策。假设 A、B、C、D 分别代表四种可选治疗的成本 - 效果比。治疗 A 和 C 超出了目前可接受的成本 - 效果比，都不如现有治疗的成本 - 效果更合算，如果只用成本 - 效果比来衡量，不需要考虑用 A 或 C 替换现有治疗。从成本 - 效果上讲，治疗 B 的成本 - 效果比优于现有治疗，是可取的，B 的效果明显优于现有治疗，但是需要增加一点治疗的预算。治疗 D 的成本 - 效果比也优于现有治疗，也是可取的，可以节省一些费用，但效果比现有治疗小一点。

不同地区或者不同人群或者同一地区不同时间会有不同的最高预算和可接受的成本 - 效果比。例如，针对同一种疾病，经济发达国家可能有较高的预算。那么治疗 A 和 B 都是可以考虑的备选方案，因为 A 和 B 的效果都大于现有治疗，同时也需要更高的预算。如果只选一个，A 和 B 哪一个更合算呢？这就可以通过增量成本 - 效果比进行比较。将原点（即现有治疗的成本 - 效果比）与 B 点连接，以及将原点和 A 点连接，形成两条直线，这两条直线的斜率分别代表从现有治疗到治疗 B，以及从现有治疗到治疗 A 的增量成本 - 效果比。相比于现有治疗，治疗 B 的增量效果较大，而增加的成本很小。此外，我们可以直接比较治疗 A 与治疗 B，即将 AB 连线。相对治疗 B 而言，治疗 A 的增量效果不大，但需要增加的成本也很大，增量成本 - 效果比则不如治疗 B。如果可以增加预算，应首先选择治疗 B 替代现有治疗。

四、解读治疗经济学评价的研究

评价治疗经济学研究主要包括以下三方面：研究结果的真实性、研究结果的临床重要性和

第十七章 如何解读关于治疗的经济学评价研究

研究结果的适用性[8-11]。各评价项目的细节见表17-1。

表17-1 评价治疗的经济学研究的项目清单

一、研究的质量（真实性）
    1．是否提供了完整的经济学分析？
        （1）是否比较了所有的备选方案？
        （2）成本分析基于哪个视角？
    2．经济学评价分析方法是否恰当？
    3．是否对研究的不确定性进行了恰当的敏感性分析？
    4．研究结果是否考虑了干预人群的基线风险？
二、研究结果的临床重要性
    1．不同治疗的增量成本-效果是多少？
    2．增量成本与效果是否存在亚组差异？
    3．增量成本-效果比是否稳健？
三、研究结果的适用性
    1．你的患者是否有相似的成本和相似的临床效果？
    2．研究所涉及的方案是否可应用于你的医院？

（一）研究的质量

研究的质量即研究的真实性。从研究设计方法上看，对临床治疗措施效果的评价应采用试验性研究，随机对照试验是最严谨的方法，用于评价随机对照试验质量的因素，在这里同样适用，有关内容请参考第十一章"如何解读关于治疗效果的随机对照试验"。如果有关效果的证据来自观察性研究或是低质量的临床试验，可能的偏倚会转移到经济学评价之中。从研究设计上，还需进行如下评价：

1．该研究是否提供了完整的经济学评价？

因为经济学评价是用来协助决策选择的，因此一个完整的经济学评价研究应该包括对两种或两种以上治疗措施的比较，比较的变量不但应该包括成本，也应包括效果或收益，否则不能视为完整的经济学评价。

（1）是否比较了所有可能的备选方案？

评价研究的目的是在目前针对某一疾病或临床问题所可能实施的措施中进行更好的选择，以找到其中"最"合适的措施，因此研究应尽可能包括所有有关的备选措施，在研究报告中是否清楚定义了所有需要比较的治疗措施，并清楚说明了成本和效果的测量和计算方法。常规治疗或当前可选的最佳治疗方案应包括在备选方案之中，不做任何治疗通常不应包括在备选方案之中，因为这种假设既不现实也不合理。比较的备选方案应该尽量贴近临床实践，这样有利于结果的外推。

有关成本和效果的数据既可来自于单一随机对照临床试验，也可来自临床试验的系统综述。如果经济学评价是基于某一治疗和安慰剂比较的随机对照试验，那么该研究的结论的外推会受到限制，因为更符合实际的是与常规治疗的比较或不同治疗之间的比较。如果经济学评价是基于整合了多个随机对照试验的决策分析，那么就要对每个原始研究的质量进行评价。数据的真实性和可靠性取决于原始研究的质量及其偏倚控制措施。一般而言，基于系统综述中合并的治疗效果的经济学评价的外推性高于基于单个随机对照试验结果的经济学评价，因为系统综述中往往包含了很多不同的干预人群。

另外，时间跨度超过一年的项目需要考虑贴现问题等。由于通货膨胀和通货紧缩，目前成本和收益的估计可能不能准确地用于未来的情况，这时需要用贴现率进行调整。贴现率

(discount rate)又称折现率，指未来获得或支付的钱款折算为现值的利率。

(2) 是从什么视角来估计成本和效果的？

是从患者、政府、医疗费用提供者（如保险公司和政府）还是治疗提供者（主要是医生）的角度出发来估计治疗的成本和收益的？出发点不同，评价所选用的成本与效果指标可能不同。例如，在选择如何缩短住院时间或是否应该增加初级卫生保健投入的问题上，社区医生和医院医生势必存在不同的观点，此时较全面公正的方法是从最优化利用社会资源的角度（如患者或政府决策者）来进行评价，不应按照利益相关的一方的观点进行评估和决策。

2．针对提出的临床问题，所使用的经济学分析方法是否恰当？

在前面的方法学介绍中可以看出，不同的分析方法各具优缺点，适用于不同的决策问题，研究中所采取的分析类型应能够回答提出的问题，即针对不同的问题选择不同的分析方法。比如，如果仅仅是选择最便宜的治疗，采用成本最小化分析即可。如果是比较同一疾病的不同治疗措施，且分析所用的效果指标相同，可采用成本 - 效果分析。当所有可选择方案的结局指标都不同时，则应采用成本 - 效用分析。成本和效果资料的增量分析亦值得重视。在比较两种或两种以上措施时，如果新措施疗效优于其他措施，同时新措施成本也高于其他措施，考虑是否可采用更好但更贵的措施，应采用增量分析。

3．是否进行了敏感性分析？

治疗的经济学评价存在不确定性，不确定性的来源有两方面，应采取敏感性分析来评价这些不确定性对结果的影响。

(1) 治疗效果和治疗成本估计的不确定性：某种治疗的增量成本 - 效果比很大程度上取决于对治疗效果的估计。比如文献报告降压药可以降低冠心病死亡风险，在治疗效果的点估计之外，通常还会报告可信区间。考虑了治疗效果可信区间之后的增量成本 - 效果比也会有相应的可信区间。把临床结局转换成效用时，不同患者或不同专家也会有不同的估计。此外，由于经济学评价中纳入的成本项目以及成本估计的不确定性，也会对增量成本 - 效果比的估计产生影响。

(2) 经济学评价方法学带来的不确定性：经济学评价通常会估计未来一段时间（10年或20年）内某种治疗的效果和成本。基于对未来的不确定性，研究者通常需要对效果和成本进行贴现。如何确定贴现率？是采用3%、5%还是10%的贴现率？并没有定论。这也会影响到对增量成本 - 效果比的估计。

因此经济学分析需要充分考虑各种可能的不确定因素，分析这些因素对成本和效果估计的影响，进而考核这些因素对最终结论的影响，以供临床决策时参考。敏感性分析根据其考虑因素的多寡，可分为单因素敏感性分析、双因素敏感性分析和多因素敏感性分析。

4．研究结果是否考虑了干预人群的基线风险？

在实际临床实践中，某种治疗的成本和效果很可能是由干预人群的基线风险决定的，比如降压治疗中的高血压危险分层。假设使用同一降压药治疗且费用和治疗的相对效果相同，那么相比于50岁年龄组单一高血压患者，在平均年龄60岁且有2个以上其他危险因素的高血压患者中的绝对收益会高很多。因此报告治疗的经济学评价，干预人群的基线风险十分重要。

（二）研究的结果

如果上述涉及研究的真实性是高的，则可进一步分析其结果。

1．不同治疗的增量成本和增量效果是多少？

我们之前已经讨论了不同分析视角下成本的组成。因此首先要确定研究包含了所有应纳入的成本。比如在社会视角下，所有的医护人员人力成本、患者误工损失等都应包括在内。此外，应切记成本取决于消耗医疗资源量（如医疗耗材、医务人员工作时间）和单位医疗资源价格（如耗材成本、医务人员工资）。这两部分信息最好分别给出，因为不同的医疗条件下，完成某一治疗所消耗的医疗资源量或许是类似的，但单位医疗价格则可能差异很大。另外我们也应该注意产生证据的原始研究与经济学评价在时间跨度和使用的临床结局指标上的差异。比如临床试验的随访时间大多在 5 年之内，而经济学评价的时间跨度大多在 10 年以上，那么根据临床试验所得出的两种治疗在生存率上的差别外推至经济学评价的整个周期，是否恰当？此外，有些临床试验采用的结局指标是中间变量（或替代变量），比如血压下降或者血脂下降的程度，而经济学评价使用的结局是冠心病死亡。那么依据血压下降推算出来的冠心病死亡率下降的结果是否准确？抑或经济学评价需要比较冠心病幸存者和卒中幸存者的生活质量，所使用的效用权重是否合适？

2．研究的增量成本 - 效果比是否有亚组差异？

在临床实践中，所面临的问题常常是某种治疗应该在哪些患者中使用、如何使用，而并非该治疗是否需要使用。因此经济学评价的亚组结果报告越详细，越有利于判断该治疗在其他情况下的适用性。

治疗的目的在于得到好的健康结局，同时还应尽可能节约成本。有意义的经济学评价结果必须显示足够大的边际效益或足够大的边际成本 - 效果比。比如，对成本最小化分析，在疗效基本相同情况下，应考虑不同措施花费成本的区别是否大到确保可以减少支出；在成本 - 效果分析中，尤其是增量分析中，措施间疗效的差异是否值得支付额外的成本等。

3．研究的增量成本 - 效果比是否稳健？

基于之前的讨论，在治疗的经济学评价中需要对各种不确定因素做出不同假设，比如在治疗费用增长、期望寿命、贴现率变化等方面给出敏感性分析结果。因此读懂敏感性分析结果对理解和使用治疗的经济学评价文献十分重要。我们不妨从治疗效果的不确定性对增量成本 - 效果比的敏感性分析开始，我们需要了解治疗 - 效果的可信区间、对应的增量成本 - 效果比可信区间是多少、增量成本 - 效果比的可信区间是否跨越了某个判定标准。比如，有一种观点认为，如果挽救一个 QALY 所需要投入的成本高于某一干预人群的年平均工资，那么该治疗就是不值得的。此外，我们还需要考虑到不同因素的同时变化，比如某一治疗的效果随着时间而降低，而治疗成本也因为专利的过期而降低，那么在计算增量成本 - 效果比的时候，分子和分母在同时变化。

（三）研究结果的适用性

1．你的患者是否会得到相似的治疗效果？

在确定了研究的质量和结果之后，你现在的主要问题是确定你的患者是否会得到与研究中的患者类似的治疗效果。你需要确认以下几点：首先，经济学评价中所采用的治疗效果是否适用于我们的患者？你需要回顾经济学评价中所引用的临床试验或者系统综述文献，确定原始研究中是否包含你的患者所在人群，抑或你的患者是否与文献中某些干预人群足够类似。其次，你需要确认文献中治疗的提供方式（给药途径、依从性等）在你的患者中是否可以实现。如果以上两点均符合，比如有研究显示你的患者可能从该治疗中受益，并且效果在原始文献给出的可信区间之内，那么你可以认为研究显示的治疗效果适用于你的患者。如果不符合，比如你预期你的患者的依从率大概只有 50%，而不是文献中的 90%，那么你需要考虑如何调整治疗效果以更贴近你的患者的现实。

2．你的患者是否需要支付类似的治疗成本？

相比于治疗效果，不同人群的治疗成本可能差异更大，因此，假设文献的治疗成本适用于你的患者，则很有可能会有很大的出入。如前所述，治疗成本包含了人力成本和治疗本身的成本。大部分治疗的经济学评价基于欧美人群，那么无论是医护人员和患者人力成本，还是具体治疗，比如手术耗材或者药物的价格，与我国实际情况都会有很大差别。此外，即便某些治疗我国与欧美价格相差无几，你仍然要考虑到时间的问题。比如文献发表在 10 年前，而你想要估计未来10年的治疗成本，那么无疑你需要做很大的调整。

3．你的患者是否有类似的价值取向？

在判断某一治疗是否"质优价廉"时，现有资源的多寡、治疗的成本-效果比是两个很重要的因素，但你也不能忽略另外一个重要因素，那就是你的患者的价值取向。而且有时患者的价值取向和医护人员以及卫生决策者的价值取向相去甚远。有研究显示，我国居民和当地医护人员在决定是否使用降压药时，其可接受的心血管病风险阈值相差10倍[12]。因此即使分析结果是真实的，也是重要的，那么分析中所应用的判断标准是否适合您的实际环境呢？通过采用前面的分析，尽管认为某项措施具有好的成本-效果比，值得推广，但实际能否推广还要受到物质条件、社会因素等多种因素的影响。例如，在将欧美国家成本-效果分析的结果用于我国时，就须注意医疗制度、文化背景等差异可能造成的外推的困难。

忽视中国人群与西方人群在可用资源和价值取向方面的不同，是我们借用国外经济学评价时最常犯的一个错误。

五、解读实例

回到本章开始的案例。按照PICOS的原则确定的临床问题为：在我国，阿司匹林是否适用于心脑血管病初级预防？我们以Greving及其同事2008年发表于*Circulation*杂志的关于阿司匹林在心血管病初级预防的成本-效果分析的文章为例[13]，说明解读此类文章的过程与注意事项。

阿司匹林在心血管病二级预防中作用显著，但哪些患者将在阿司匹林心脑血管病初级预防中受益尚有争议。该研究属于典型的基于Markov模型的决策分析。模型考虑了阿司匹林应用于心血管病初级预防中的主要收益（心肌梗死与梗死性卒中）与风险（出血性卒中与消化道出血），模拟了阿司匹林应用于心血管病初级预防在不同患者亚组（年龄与基线风险）中的收益与风险，并估计了增量成本-效果比。

1．该研究是否提供了完整的经济学分析？

（1）是否比较了所有的备选方案？

该分析对阿司匹林服用与否的成本-效果进行了分析，根据本章前述理论介绍可知，该分析并没有比较所有的备选方案。从临床实际考虑，还应考虑其他可能的备选方案，比如健康方式改变、用降压药和他汀类药物等。此外该研究比较的是某一特定人群中服用和未服用阿司匹林两组人中的成本-效益的区别，而没有考虑服药依从性的问题，如果对此进行敏感性分析，结果会更加可信。

（2）是从什么人群的角度来估计成本的？

本研究评价的视角是卫生服务付费方。对照本章之前介绍，该视角的主体可以是医疗保险机构或者是患者个人，取决于该国卫生体系的融资和付费方式。成本主要包括药费、处方费、医生人力成本，以及心脑血管事件发生后付费方需要支付的急救与长期医疗费用。可以肯定的是，该研究并未采取社会视角。成本中并未包含患者发生心脑血管事件后的非直接医疗支出、误工误学损失以及社会生产力损失等。鉴于该研究纳入分析的成本组成与分析视角的特征，该研究的成本-效益分析适用于卫生服务付费方（如自费治疗的患者个人和医疗保险机构），但未必适用于整个社会的利益最大化。

2．针对提出的临床问题，所使用的经济学分析方法是否恰当？

该研究以QALY为主要结局，属于典型的成本-效用分析。由于该研究纳入了不同的心脑血管疾病结局，还包括了消化道出血，每个结局对应的生命质量损失是不同的，因此成本-效用分析是恰当的。此外该研究计算了增量成本-效用比，提供了更多的决策需要的信息。

第十七章　如何解读关于治疗的经济学评价研究

3．是否进行了敏感性分析？

从该文的表五以及相应文字描述可知，该分析对药物疗效、药物价格、服用阿司匹林造成的生命质量损失，以及成本及效用贴现等方面做了敏感性分析，并提供了相应的增量成本-效用比。

4．是否考虑了治疗人群的基线风险？

从该文的表三、表四和相应文字描述可知，该分析对治疗人群的基线风险做了详尽的亚组分析。

5．增量成本与增量效果的确定

该研究囊括了卫生服务付费方的主要成本，对成本来源的介绍、成本的估计与贴现问题描述得比较清楚。美中不足的是该文仅给出了心脑血管事件的总治疗费用，而没有明确介绍其费用组成，读者可能无法很好地判断该指标是否适用于自己的目标人群。心脑血管事件的发病率和病死率的主要指标来源于队列研究。治疗效果基于随机对照试验的系统综述分析。不同心脑血管疾病的生命质量损失来源交代得也比较清楚。基于以上信息，基本可以认为该研究的增量成本与增量效果计算可信度较高。以男性55岁年龄组有2个心脑血管疾病危险因素的人群为例，相对于不服用阿司匹林，服用组的增量成本为618欧元，增量效用为11天（约为0.03质量调整生命年），则增量成本-效用比为20298欧元/质量调整生命年。

6．增量成本-效果比的组间差异

基于表三和表四，我们可以看到，是否服用阿司匹林用于心脑血管疾病初级预防的增量成本-效果比（就本研究而言，是增量成本-效用比）有明显的组间差异。首先我们可以判断男性和女性在使用阿司匹林进行心脑血管疾病初级预防方面差异很大；此外，即使是同一性别同一年龄组，基线风险不同，使用阿司匹林进行心脑血管疾病初级预防的增量成本-效用比差异也很大。该研究很好地诠释了考虑治疗人群基线风险和组间差异的重要性。

7．增量成本-效果比是否稳健？

由表五可知，该研究针对不同因素进行了单因素敏感性分析。是否进行了双因素或者多因素敏感性分析，文章没有提及。仅以表五结果为例，在55岁男性组，阿司匹林应用于心脑血管疾病初级预防的增量成本-效果比受治疗效果和成本视角的影响很大。比如治疗效果更好，或者只考虑阿司匹林药物费用而忽略其他成本，则增量成本-效果比减小（意味着更加物美价廉）；而成本以及疗效的长期体现率对增量成本-效果比影响不大。

8．你的患者是否会得到相似的治疗效果？

尤其对于心血管病初级预防来说，治疗的绝对效果主要取决于两部分：患者基线风险和治疗效果的相对度。该研究采用的相对危险度是基于多个随机对照试验的系统综述，如果其中包含了你的患者所在人群，那么阿司匹林在你的患者群体很有可能有类似的相对疗效。你的患者是否具有和该研究人群类似的基线风险呢？答案很可能是否定的。因为我国人群和该研究的荷兰人群的心脑血管疾病危险因素分布不尽相同，同时我国人群中危险因素与心脑血管疾病的联系强度也很有可能与研究中的荷兰人群不同。因此，同样是男性55岁年龄组，具备2个危险因素的我国患者使用阿司匹林得到的治疗效果未必与相应的荷兰人群相同。另外，与很多西方国家不同，出血性卒中仍然是我国心血管病死亡的重要原因，长期服用阿司匹林可能会增加这个危险，使得研究呈现的成本-效用更不适用于中国人群。

9．你的患者是否愿意支付类似的费用？

如前所述，成本取决于所需要的医疗服务量和单位医疗服务成本。阿司匹林药物的成本相对容易比较；但对于我国患者，处方费和药剂师相关费用理论上应该显著低于荷兰患者。如果发生心脑血管事件，两国患者所需的医疗服务量应该大致相当，但相应的需付费用可能相差很大。仍以男性55岁年龄组为例，我国患者的花费可能与荷兰患者有很大不同。

10．你的患者是否有类似的价值取向？

该研究基于荷兰社会经济状况与人群数据，采用 2 万欧元每质量调整生命年为可接受的成本 - 效益切点。该研究的成本与效果数据均来源于 2005 年左右。考虑到最近 10 年间我国经济的发展、关于阿司匹林用于心脑血管疾病初级预防研究的进展，以及我国患者对健康的重视程度与投入，我国患者是否会做出同样的选择仍未可知。

六、本章概要

全球范围内，医疗服务需求在不断增长，且速度快过卫生投入的增长。由此引起的问题在我国现阶段集中体现为"看病难，看病贵"的现象。哪些患者需要优先诊治？针对同一种患者，哪种治疗手段应该优先考虑？如何使有限的卫生资源发挥更大的作用？回答以上问题不仅需要考虑治疗的效果与副作用，相应的成本投入也应是重要的考量指标。治疗的经济学评价研究旨在详尽分析一个疾病所有备选治疗方案的成本、效果以及增量成本 - 效果比，进而选择最为"合理"的治疗方案。其目的是为治疗选择提供一个更为全面的分析，就是回答有关医疗干预的"性价比"的问题。此研究方法的应用不限于治疗方案的选择，还常被应用于人群预防措施评价、辅助卫生决策等。本章介绍了治疗经济学评价的基本内容和方法，主要内容包括如何提出临床问题，如何评价有关的研究，以及如何运用评价的结果来解决临床问题。与其他类型研究文献的解读相比较，经济学评价研究关于文献结果真实性的评价以及文献结果的解读大致类似。主要区别在于文献结果适用性方面的判断，除了考虑患者和医疗环境等因素外，还要考虑到治疗成本和患者的价值取向等方面。

参考文献

[1] Warner KE, Luce BR. Cost-benefit and cost-effectiveness analysis in health care: principles, practice, and potential. Health Administration Press, 1982.

[2] Disbrow D, Bertram K. Cost benefit, cost effectiveness analysis: a practical, step-by-step, guide for nutrition professionals. Bertram Nutrition Associates, 1984.

[3] Gold MR, Siegel JE, Russell LB, et al. Cost-Effectiveness in Health and Medicine. New York: Oxford University Press, 1996.

[4] World Health Organization. Making choices in health: WHO guide to cost-effectiveness analysis. Geneva: World Health Organization, 2003.

[5] Levin HM, McEwan PJ. Cost-effectiveness analysis: methods and applications (second edition). Thousand Oaks: Sage Publications, 2002.

[6] Gray AM, Clarke PM, Wolstenholme J, Wordsworth S. Applied methods of cost-effectiveness analysis in healthcare. New York: Oxford University Press, 2011.

[7] Muennig P. Cost-effectiveness analyses in health: a practical approach. 2nd ed. San Francisco: Jossey-Bass, 2008.

[8] Drummond MF, Richardson WS, O'Brien BJ, et al for the Evidence-Based Medicine Working Group. Users' guides to the medical literature XIII. How to use an article on economic analysis of clinical practice A. Are the results of the study valid? JAMA. 1997, 277 (19): 1552-1557.

[9] O'Brien BJ, Heyland D, Richardson WS, et al for the Evidence-Based Medicine Working Group. Users' guides to the medical literature XIII. How to use an article on economic analysis of clinical practice B. What are the results and will they help me in caring for my patients? JAMA. 1997, 277 (22): 1802-1806.

[10] Dans AL, Dans LF, Guyatt GH, et al for the Evidence-Based Medicine Working Group. Users' guides to the medical literature XIV. How to decide the applicability of clinical results to my patients. JAMA.1998, 279 (7): 545-549.

[11] Goeree R, Drummond MF, Moayyedi P, Levine M. Chapter 22.1 Economic Analysis. In: Users' guides to the medical literature-A manual for evidence-based clinical practice (second edition). McGraw-Hill Medical, 2008.

[12] Tang JL, Wang WZ, An JG, et al. How willing are the public to pay for anti-hypertensive drugs for primary prevention of cardiovascular disease: a survey in a Chinese city. Int J Epidemiol.2010, 39 (1): 244-254.

[13] Greving JP, Buskens E, Koffijberg H, Algra A. Cost-effectiveness of aspirin treatment in the primary prevention of cardiovascular disease events in subgroups based on age, gender, and varying cardiovascular risk. Circulation. 2008, 117: 2875-2883.

练 习 题

【名词解释】
1. 成本-效果分析
2. 成本-效益分析
3. 成本-效用分析
4. 机会成本
5. 边际成本
6. 社会视角
7. 机构视角
8. 个人视角
9. 质量调整生命年
10. 增量成本-效果比

【选择题】
1. 临床治疗成本-效果评价中的效果指
   A. 社会效果
   B. 经济效果
   C. 在健康相关指标上的改进
   D. 以上三种都对
2. 治疗经济学评价有哪些视角
   A. 社会视角
   B. 机构视角
   C. 个人视角
   D. A+B+C
3. 当收益指标为货币单位时，医学经济学评价属于以下哪一种
   A. 成本-效益分析
   B. 成本-效果分析
   C. 成本-效用分析
   D. 最小成本分析
4. 使用面最宽的医学经济学分析方法是
   A. 成本-效益分析
   B. 成本-效果分析
   C. 成本-效用分析
   D. 最小成本分析
5. 设甲治疗措施成本-效果比为每获得一个单位的健康收益需要2000元，乙治疗措施需要1500元，且已知甲治疗的最大效果大于乙治疗。试问患者应选择哪项治疗
   A. 应选甲措施
   B. 应选乙措施
   C. 还需考虑甲治疗
   D. 无法选择，应比较甲乙措施的增量成本-效益比

【问答题】
1. 什么是"边际"分析？如何从临床治疗的角度理解这个问题？
2. 治疗的经济学评价有哪几种视角？它们是如何界定成本的？

3. 常用的研究临床治疗成本-效益的评价方法有哪些？各有什么优缺点？
4. 比较成本-效果比和增量成本-效果比。
5. 什么情况下治疗的经济学评价应使用如 QALY 这样的指标？
6. 决定治疗经济学评价真实性的因素主要有哪些？
7. 影响经济学评价结果外推性的因素有哪些？如何评价？
8. 试述什么情况下适合使用成本-效果分析。
9. 什么叫敏感性分析？其意义是什么？
10. 试述治疗经济学评价的重要性。

（扈学俸　唐金陵[*]）

第三部分

常见防治措施效果的证据选集

第十八章 证据选集导读

一、导读

本部分共有 7 章，总结了几十种常见防治措施效果的临床研究证据，主要集中在心血管病和癌症的预防及治疗方面。具体涵盖的干预有癌症筛检、常规体检、肺癌的治疗、心血管病初级预防、冠心病的药物治疗、冠心病的介入和手术治疗、膳食补充剂等。还特别收录了几种研究显示有效的中医药治疗措施的证据。本部分内容不追求完整和全面，其用途不在于指导或影响临床实践，而是为教学提供参考，也帮助读者对广泛应用的干预措施的效果在量化意义上有一个具体的认识，或者指出研究缺乏或不足的地方。

很多干预措施的效果不是"全或无"的现象，多是概率性的或是平均性的，如治疗 100 个人，20 个可以从中受益，或者可以把有关临床指标平均降低 10 个单位。定量地陈述疗效的大小，尤其是使用绝对效果指标，并将其用于临床实践，是近几十年的事情，是对临床决策冲击最大的证据内容之一。效果的量化信息（即效果的大小）是本部分各章欲呈现的核心内容。

每章收录不超过 10 个干预措施，每节只介绍一篇关于一个临床问题的系统综述。该系统综述应该是关于该问题最新、最高质量或常被指南引用的系统综述。必要时，作者会指出与此系统综述有关的重要的补充性的系统综述或其他证据（如随机对照试验）。

对每个系统综述的总结包括背景介绍、证据总结和结论 3 个部分。由于总结的是高质量的研究证据，我们没有再对证据的质量作进一步的评估和陈述。总结的证据内容主要是有关效果的大小以及正确诠释和应用该结果需要的信息。有关疗效大小的信息，主要包括研究数量、受试者总人数、试验组及对照组各组的总人数、总事件数、事件发生率（由总事件数除以总人数得到的比值）、两组比较的效应值（如 RR、OR、RD）及其 95% 可信区间、P 值、异质性检验的结果（一般包括 I^2 及 P 值）。有关诠释和应用研究结果所需要的信息主要指的是研究问题 PICOS 的内容，即患者特征、治疗措施、对照的治疗、结局指标、医疗环境和条件。对证据的总结总是围绕一个具体的临床结局进行的，若研究中报告了多个结局指标，我们只提供或优先陈述有关最重要结局指标的证据。

对于具有统计学显著性的结果，我们根据系统综述提供的合并的相对效果，再利用有关 Meta 分析中纳入的样本量最大的研究中对照组的事件发生率作为基线风险，估计需治人数（NNT）。如果结果没有统计学显著性，有两种可能：一是干预措施无效，二是目前尚无足够证据证明其是有效的。如果 RR/OR 远离 1，提示效果很大；P 值接近 0.10 甚至 0.05（本文称边缘显著性），提示效果存在的机会大于 90%，我们一般会做出"干预措施在改变该结局上可能有效"的结论，虽然未达到统计学显著性，但也应引起注意。

如果多个结局的结果都具有统计学显著性，一般只选最重要结局进行具体描述，计算该结局的 NNT，对其他结局的结果只做一个总体概括。同理，如果有多个结局的结果都没有统计学显著性，一般也会选最重要的进行具体描述，并对其他结局进行概括，不计算 NNT。如果多个结局的结果都呈边缘显著性，处理方法类似。亚组分析的结果有助于判断是否存在效应修饰作用或交互作用，如果系统综述报告了亚组分析，我们会在亚组间干预效果差别很大时进行报告。如果结果在重要结局和次要结局上不同，应以重要结局的结果为主要参考。

下面简要介绍各章的内容。

二、证据汇总

(一)常见癌症筛检和常规体检项目效果的证据

①尚无足够证据显示乳腺癌筛检可以降低乳腺癌死亡或全死因死亡的风险。②粪便潜血试验或可屈式乙状结肠镜筛检1000人,10~15年内可减少1~2例结直肠癌死亡,但尚无足够证据显示它们可以降低全死因死亡的风险。③HPV基因检测减少宫颈癌死亡的效果有待在不同人种的队列中进行验证;尚无足够证据显示常规巴氏试验或醋酸肉眼检查法可以降低宫颈癌死亡的风险。④尚无足够证据显示前列腺特异性抗原筛检项目可以降低前列腺癌死亡或全死因死亡的风险。⑤尚无足够证据显示年度胸透可以降低肺癌死亡或全死因死亡的风险;高频率胸透反而会增加肺癌死亡的风险。与年度胸透相比,低剂量CT筛检1000人,6~7年内可以减少3~4例肺癌死亡和4~5例全死因死亡。⑥尚无足够证据证实血清甲胎蛋白检测或肝超声检查在乙型肝炎表面抗原阳性患者中筛查肝细胞癌的价值;尚无足够证据支持进行胃癌、脑垂体瘤、食管癌及甲状腺癌的筛检。

(二)常见癌症治疗措施效果的证据

①在放射治疗基础上,手术治疗与无手术治疗相比,前者并不能延长早中期非小细胞肺癌患者的生存期。②在早中期非小细胞肺癌患者中,术后辅助放射治疗会增加死亡、局部复发、远处复发和整体复发的风险。③在早中期非小细胞肺癌患者中,术后辅助化学治疗可以改善患者的总生存和整体无复发生存。④在晚期或转移性非小细胞肺癌患者中,高剂量多次分割放射治疗与低剂量少次分割放射治疗相比并不能改善患者的总生存及其他次要结局。⑤在体能状态良好的晚期非小细胞肺癌患者中,化疗可延长1.5个月的生存期。⑥在晚期非小细胞肺癌患者中,表皮生长因子受体酪氨酸激酶抑制剂不能改善总生存。

(三)常见心血管病初级预防措施效果的证据(生活方式和药物)

①1万个无心血管病史的人常规服用他汀类1年以上可预防39例全死因死亡和109例心血管事件。②1万个无心血管病史的1级高血压患者服用降血压药物4~5年,可减少56例全死因死亡、89例心血管病死亡和18例卒中。③尚无足够证据显示无心血管病史的糖尿病或糖尿病前期患者接受二甲双胍治疗可减少全死因死亡、心血管病死亡和心血管事件。④1万个无心血管病史的人常规服用阿司匹林3.6年可预防19例全死因死亡、31例总心血管事件和16例缺血性脑卒中,但会增加7例出血性脑卒中和139例消化道出血。⑤1万个冠心病患者接受3个月~5年的生活方式干预可以减少66例全死因死亡、55例心血管疾病死亡和87例心血管事件。

(四)常见冠心病治疗措施效果的证据

①尚无足够证据显示他汀类药物在急性冠状动脉综合征患者中可降低死亡或其他次要结局的风险。②抗血小板药物治疗100个急性心肌梗死患者1个月或陈旧性心肌梗死患者3年,可分别减少1~2例死亡和3~4例严重心血管事件,但有颅外出血的风险。③在非ST段抬高的急性冠状动脉综合征患者中,与延迟侵入性治疗相比,早期侵入性治疗在2年内可减少1~2例死亡、2例非致死性心肌梗死和20例需要住院治疗的复发性不稳定型心绞痛。④在稳定型冠心病患者中,尚无足够证据显示早期支架植入术与延迟支架植入术在降低死亡和心肌梗死方面的效果有差别。⑤在一般冠心病患者中,尚难以判定介入治疗与冠状动脉旁路移植术孰优孰劣;在100个多支血管病变的冠心病患者中,与介入治疗相比,冠状动脉旁路移植术在4年内可减少3~4例死亡。

(五)常见膳食补充剂预防和治疗疾病效果的证据

①100个从事剧烈体力活动和(或)暴露于寒冷环境的受试者规律服用200mg及以上剂量的维生素C 2~8周,可减少11例感冒的发生,但尚无足够证据显示其对一般健康人群有

预防和治疗普通感冒的作用。②尚无足够证据显示服用抗氧化剂可以降低死亡、癌症或心血管疾病的风险，有的抗氧化剂还可能会增加这些事件的风险。③尚无足够证据显示心血管疾病患者或高危人群服用叶酸、维生素 B_6 和（或）维生素 B_{12} 可以预防心血管事件的发生。④ 120 个心血管疾病患者或健康人服用 ω-3 脂肪酸 2 年以上可减少 1 例心血管疾病死亡，但尚无足够证据显示其可减少全死因死亡或心肌梗死、脑卒中等严重心血管事件。

（六）中医药治疗效果证据选集

①青蒿素在治疗间日疟血液感染阶段的疗效与氯喹至少相当。②与阳性药物（匹维溴铵和马来酸曲美布汀）相比，针刺每治疗 6 例肠易激综合征患者，可有效改善 1 例患者症状；与单独中药或者心理治疗相比，针刺联合中药或者心理治疗每治疗 8 例患者可改善 1 例患者的症状；但当前尚无足够证据证明针刺在提高肠易激综合征患者生活质量方面优于假针刺。③与非甾体抗炎药相比，针刺每治疗 10 例急性或亚急性腰痛患者可改善 1 例患者症状；相比假针刺，首次针刺能更有效地缓解疼痛，但尚无足够证据显示其能改善亚急性腰背痛功能状态。④姜治疗妊娠恶心和呕吐 4 天，可降低患者恶心 VAS 1.2 个评分，但对于呕吐症状的作用不大。⑤相对于常规药物治疗，中草药每治疗 8 例湿疹患者，可有效改善 1 例症状。⑥相比于单独使用三氧化二砷，三氧化二砷联合全反式维甲酸每治疗 14 例新诊断和复发急性粒细胞白血病能增加 1 例完全缓解患者，完全缓解时间平均缩短 6.51 天，但尚无足够证据显示二者在降低患者早期病死率上有差异。

（唐金陵[*]）

第十九章 常见癌症筛检项目效果的证据

筛检（screening）是在健康人群中使用简单、快速的检查方法，初步筛出那些可能患有某种疾病的无症状的临床前期患者，或是具有某种严重疾病的危险因素者，然后给予他们进一步的临床检查，并对确诊的患者给予治疗或预防措施，筛检的最终目的是患者从早诊断和早治疗中获得更大的健康收益。随机对照试验是评估筛检效果最可靠的方法（参见本书第十六章）。癌症筛检是早期发现癌症和癌前病变（precancerous lesions）的重要途径。在评价癌症筛检的效果时，癌症别死亡率是最重要、最敏感的指标，癌症发病（检出）率不能直接反映筛检的效果，因为在无症状的临床前期患者中开展筛检，必然会导致更多的"患者"被发现。由于疾病死亡原因的错误分类较为常见，为了减少死因错分可能导致的偏倚，一般都会同时参考全死因死亡率在筛检组和对照组之间的差别。癌症的筛检项目由于癌症种类的不同而有所不同，主要通过血液检查（blood examination）、影像学检查（imageological examination）、组织细胞学检查（histocytic examination）、体格检查（physical examination）以及基因遗传学检查（genetics examination）等。本章基于目前最新发表的最权威的随机对照试验系统综述结果，总结了常见癌症筛检项目的效果：

1. 乳腺癌常见筛检项目的效果
2. 结直肠癌常见筛检项目的效果
3. 宫颈癌常见筛检项目的效果
4. 前列腺癌常见筛检项目的效果
5. 肺癌常见筛检项目的效果
6. 其他癌症（肝癌、胃癌等）常见筛检项目的效果

一、乳腺癌常见筛检项目的效果

1. 背景介绍

常用的乳腺癌（breast cancer）筛检项目包括临床乳腺检查（clinical breast examination，CBE）、乳房X线摄影术（mammography，MAM）、超声成像（ultrasonography，US）、磁共振成像（magnetic resonance imaging，MRI）和乳房自检（breast self-examination，BSE）等，其中乳房X线摄影术（乳腺钼靶）是乳腺癌最常用的筛检项目。2013年Gotzsche和Jorgensen发表的一项系统综述对应用乳房X线摄影术进行乳腺癌筛检的效果进行了总结。该系统综述收集了7项开始于1963—1991年间的大型随机对照试验，共纳入约60万名年龄在39～74岁的女性，主要为欧美白种人。试验组采用乳房X线摄影术进行乳腺癌筛检，而对照组则不采用任何筛检方法。纳入的7项随机对照试验中，3项研究充分完成了随机化设计，而另外4项研究并未充分做到随机化或可能存在较大偏倚风险。由于充分完成了随机化设计的研究结果更可信，本节只描述基于这些试验的结果。系统综述关心的结局包括：①乳腺癌死亡率；②全癌症死亡率；③全死因死亡率。

第十九章　常见癌症筛检项目效果的证据

2．乳房 X 线摄影术的筛检效果

（1）乳腺癌死亡率

系统综述报道了随访 7 年和 13 年的乳腺癌死亡率结果。随访 7 年时，试验组共 119897 人，因乳腺癌死亡人数为 244 人，合计死亡率为 0.20%（由事件数除以总人数得到的估计值，下同）；对照组共 173061 人，因乳腺癌死亡人数为 384 人，合计死亡率为 0.22%。试验组与对照组的乳腺癌死亡的相对危险度（relative risk，RR）为 0.93（95% CI：0.79～1.09，$P=0.36$；异质性检验：$I^2=10\%$，$P=0.34$）。合并的结果无统计学显著性，说明目前尚无足够证据证明乳房 X 线摄影术筛检项目在降低乳腺癌死亡率方面是有效的。随访 13 年的结果与以上相似，在此不赘述。

（2）全癌症死亡率

系统综述报告了全癌症死亡率的结果。经过 10 年随访，试验组共 66013 人，癌症（包括乳腺癌）死亡人数为 1451 人，合计死亡率为 2.20%；对照组共 66105 人，癌症死亡人数为 1427 人，合计死亡率为 2.16%。试验组与对照组的癌症死亡的 RR = 1.02（95% CI：0.95～1.10，$P=0.61$；异质性检验：$I^2=57\%$，$P=0.10$）。结果无统计学显著性，说明目前尚无足够证据证明乳房 X 线摄影术筛检方法在降低全癌症死亡率方面是有效的。

（3）全死因死亡率

系统综述报告了随访 7 年和 13 年的全死因死亡率的结果。随访 7 年时，试验组共 119897 人，死亡人数为 3149 人，合计死亡率为 2.63%；对照组共 173061 人，死亡人数为 4190 人，合计死亡率为 2.42%。试验组与对照组的死亡的 RR=0.98（95% CI：0.94～1.03，$P=0.44$；异质性检验：$I^2=0.0\%$，$P=0.93$）。结果无统计学显著性，说明目前尚无足够证据证明乳房 X 线摄影术筛检方法在降低全死因死亡率方面是有效的。随访 13 年的结果与以上相似，在此不赘述。

3．其他筛检项目的效果

2003 年 Kosters 和 Gotzsche 发表的系统综述对采用乳房自检进行乳腺癌筛检的效果进行了总结。该系统综述收集了两项分别来自俄罗斯（圣彼得堡样本随访 5 年，俄罗斯样本随访 3 年）和中国上海（随访时间不明，试验时间总长为 10 年）的随机对照试验，共纳入 388535 名 30～66 岁女性，其中 68.5% 样本（$N=266064$）来自中国上海。试验组（$N=190691$）采用乳房自检方法进行乳腺癌筛检，而对照组（$N=197844$）则未采用任何方法进行筛检。试验组与对照组的乳腺癌死亡的 RR = 1.05（95% CI：0.90～1.24，$P=0.52$；异质性检验：$I^2=0.0\%$，$P=0.81$）。结果均无统计学显著性，说明目前尚无足够证据证明乳腺自检筛检方法在降低乳腺癌死亡率方面是有效的。

目前尚无基于随机对照试验的系统综述针对临床乳腺检查、超声成像、磁共振成像等乳腺癌筛检方法的效果进行系统的评价。因此，仍有待更多强有力的证据来评价上述筛检方法的有效性。

4．结论

综上所述，目前尚无足够证据证明乳房 X 线摄影术筛检项目在降低全癌症死亡以及全死因死亡方面是有效的，即使有，效果也很有限。仍有待更多强有力的证据来评价临床乳腺检查、超声成像、磁共振成像等乳腺癌筛检方法的有效性。

5．原始文献

[1] Gotzsche PC, Jorgensen KJ. Screening for breast cancer with mammography. The Cochrane database of systematic reviews. 2013，6：CD001877.

[2] Kosters JP, Gotzsche PC. Regular self-examination or clinical examination for early detection of breast cancer. The Cochrane database of systematic reviews. 2003，2：CD003373.

二、结直肠癌常见筛检项目的效果

1. 背景介绍

常用的结直肠癌（colorectal cancer）筛检项目包括三类：①基于粪便的检测项目，如粪便潜血试验（fecal occult blood test，FOBT）、粪便免疫化学检测（fecal immunochemical tests，FIT）、粪便 DNA 分析等；②基于肠腔结构形态检测的方法，如可屈式乙状结肠镜（flexible sigmoidoscopy，FS）、全结肠镜（colonoscopy）、CT 结肠成像术（computed tomography colonography，CTC）等；③基于血液检查的方法，但目前还无公认的特异性标志物。2008 年 Hewitson 等发表的系统综述对采用粪便潜血试验筛检结直肠癌的效果进行了总结。该系统综述收集了 4 项随机对照试验，共纳入 329642 名来自丹麦、瑞典、英国以及美国的研究对象，平均年龄 45～80 岁，平均随访 11.7～18.4 年。试验组采用粪便潜血试验进行结直肠癌筛检，而对照组未采用任何筛检项目。系统综述关心的结局包括：①结直肠癌死亡率；②全死因死亡率。

2. 粪便潜血试验的筛检效果

（1）结直肠癌死亡率

4 项 RCT 报告了结直肠癌死亡率的结果。试验组共 172734 人，因结直肠癌死亡的人数为 1476 人，合计死亡率为 0.85%；对照组共 156908 人，结直肠癌死亡人数为 1592 人，合计死亡率为 1.01%。试验组与对照组结直肠癌死亡的 RR = 0.84（95% CI：0.78～0.90，$P < 0.001$；异质性检验：$I^2 = 0.0\%$，$P = 0.65$）。结果有统计学显著性，说明采用粪便潜血试验进行结直肠癌筛检对降低结直肠癌死亡率是有效的，按照样本量最大研究中对照组的结直肠癌死亡率 0.90%（684/76384）估计，NNT = 694。

（2）全死因死亡率

上述 4 项 RCT 报告了全死因死亡率的结果。试验组共 172734 人，死亡人数为 53666 人，合计死亡率为 31.07%；对照组共 156908 人，死亡人数为 48202 人，合计死亡率为 30.72%。试验组与对照组死亡的 RR = 1.00（95% CI：0.99～1.01，$P = 0.56$；异质性检验：$I^2 = 0.0\%$，$P = 0.58$）。结果无统计学显著性，说明目前尚无足够证据证明粪便潜血试验筛检在降低全死因死亡率方面是有效的。

3. 其他筛检项目的效果

2012 年 Elmunzer 等发表的系统综述对采用可屈式乙状结肠镜进行结直肠癌筛检的效果进行了总结。该系统综述收集了 5 项来自欧洲和美国的随机对照试验，共纳入 416159 人，年龄 55～74 岁，平均随访 7～13 年。试验组（$N = 166052$）采用可屈式乙状结肠镜进行结直肠癌筛检，而对照组（$N = 250107$）则未采用任何方法进行筛检。采用干预意向分析（intention to treat analysis），试验组与对照组的结直肠癌死亡的 RR = 0.72（95% CI：0.65～0.80，$P < 0.001$；异质性检验：$I^2 = 0.0\%$，$P = 0.91$）。结果有统计学显著性，说明采用可屈式乙状结肠镜进行结直肠癌筛检对降低结直肠癌死亡是有效的，按照样本量最大研究中对照组的结直肠癌死亡率 0.48%（538/113195）估计，NNT = 744。

目前尚无基于随机对照试验的系统综述针对全结肠镜、CT 结肠成像术、粪便免疫化学检测、粪便 DNA 检测等结直肠癌筛检方法的效果进行系统的评价。因此，仍有待更多强有力的证据来评价上述筛检方法的有效性。

4. 结论

综上所述，粪便潜血试验筛检项目在降低结直肠癌死亡方面有效。目前尚无足够证据证明粪便潜血试验在降低全死因死亡方面是有效的。可屈式乙状结肠镜筛检项目在降低结直肠癌死亡方面有效，但仍有待更多强有力的证据来评价其他结直肠癌筛检项目如全结肠镜、CT 结肠成像术、粪便免疫化学检测、粪便 DNA 检测的有效性。

5．原始文献

[1] Hewitson P, Glasziou P, Watson E, et al. Cochrane systematic review of colorectal cancer screening using the fecal occult blood test (hemoccult): an update. The American journal of gastroenterology. 2008, 103 (6): 1541-1549.

[2] Elmunzer BJ, Hayward RA, Schoenfeld PS, et al. Effect of flexible sigmoidoscopy-based screening on incidence and mortality of colorectal cancer: a systematic review and meta-analysis of randomized controlled trials. PLoS medicine. 2012, (12): e1001352.

三、宫颈癌常见筛检项目的效果

1．背景介绍

常用的宫颈癌（cervical cancer）筛检项目有以下几类：①基于细胞学的检测方法，如常规细胞学检验（cytologic testing）/巴氏试验（Pap test）、液基细胞学试验（liquid-based cytology）等；②基于人类乳头状瘤病毒（human papillomavirus，HPV）的检测方法，如高风险 HPV 基因检测、cobas 4800 HPV DNA 检测等；③ HPV 基因检测和细胞学方法联合试验；④临床检查方法，如醋酸肉眼检查法（visualinspection of the cervix with acetic acid，VIA）、阴道镜检查（colposcopy）、宫颈照相（cervix photography）、荧光镜检查（fluoroscopy）以及宫颈和宫颈管活检（cervix and cervical biopsy）等。目前没有系统综述，一项随机对照试验对 3 个宫颈癌筛检项目的效果进行了评价。2009 年 Sankaranarayanan 等发表的随机对照试验对采用常规巴氏试验、HPV 基因检测和醋酸肉眼检查法筛检宫颈癌的效果进行了总结。该随机对照试验共纳入 131746 名印度女性，平均年龄 30～59 岁。研究对象被随机分成 4 组，包括 3 组试验组（分别采用常规巴氏试验、HPV 基因检测和醋酸肉眼检查法）和 1 组对照组（未接受任何筛检项目）。试验起始时间为 2000 年 1 月，到 2007 年 12 月截止随访。随机对照试验的结局为宫颈癌死亡率。

2．三种筛检项目的效果评价

（1）常规巴氏试验

试验组共 32058 人，因宫颈癌死亡的人数为 54 人，合计死亡率为 0.17%；对照组共 31488 人，死亡人数为 64 人，合计死亡率为 0.20%。试验组与对照组宫颈癌死亡的风险比（hazard ratio，HR）= 0.89（95% CI：0.62～1.27）。结果无统计学显著性，说明目前尚无足够证据证明常规巴氏试验在降低宫颈癌死亡率方面是有效的。

（2）HPV 基因检测

试验组共 34126 人，因宫颈癌死亡的人数为 34 人，合计死亡率为 0.17%；对照组共 31488 人，死亡人数为 64 人，合计死亡率为 0.20%。试验组与对照组宫颈癌死亡的 HR = 0.52（95% CI：0.33～0.83）。结果有统计学显著性，说明采用 HPV 基因检测进行宫颈癌筛检可以降低约 48% 宫颈癌死亡风险，按照对照组的宫颈癌死亡率 0.20%（64/31488）估计，NNT = 1042。

（3）醋酸肉眼检查法

试验组共 34074 人，因宫颈癌死亡的人数为 56 人，合计死亡率为 0.16%；对照组共 31488 人，死亡人数为 64 人，合计死亡率为 0.20%。试验组与对照组宫颈癌死亡的 HR = 0.86（95% CI：0.60～1.25）。结果无统计学显著性，说明目前尚无足够证据证明醋酸肉眼检查法在降低宫颈癌死亡率方面是有效的。

3．结论

综上所述，HPV 基因检测在降低宫颈癌死亡方面有效，但结果仅仅来自一项基于印度人群的随机对照试验，该筛检项目在其他种群的有效性有待验证。目前尚无随机对照试验对其他宫颈癌筛检项目的效果进行评价。

4．原始文献

[1] Sankaranarayanan R, Nene BM, Shastri SS, et al. HPV screening for cervical cancer in rural India. The New England Journal of Medicine. Apr 2 2009, 360 (14): 1385-1394.

四、前列腺癌常见筛检项目的效果

1．背景介绍

目前应用最广泛的前列腺癌（prostate cancer）筛检方法为前列腺特异性抗原（prostate-specific antigen, PSA）检测。其他前列腺癌筛检方法还包括以下几类：①前列腺癌的其他影像学检查，如计算机断层扫描（computer tomography, CT）、磁共振波谱分析（magnetic resonance spectroscopy, MRS）、前列腺癌的核素检查（emission computed tomography, ECT）等；②直肠指诊（digital rectal examination, DRE）；③经直肠超声检查（transrectal ultrasonography, TRUS）等。2013年Ilic等发表的系统综述对采用前列腺特异性抗原检测筛检前列腺癌的效果进行了总结。该系统综述收集了5项随机对照试验，共纳入341342名欧美男性，平均年龄45～80岁，平均随访7～20年。试验组采用前列腺特异性抗原检测进行前列腺癌筛检，而对照组未采用任何筛检项目。系统综述关心的结局包括：①前列腺癌死亡率；②全死因死亡率。

2．前列腺特异性抗原检测的效果评价

（1）前列腺癌死亡率

5项研究报告了前列腺癌死亡率的结果。试验组共156157人，因前列腺癌死亡的人数为698人，合计死亡率为0.45%；对照组共185185人，前列腺癌死亡人数为1318人，合计死亡率为0.71%。试验组与对照组前列腺癌死亡的 RR = 1.00（95% CI: 0.86～1.17, $P = 0.99$；异质性检验：$I^2 = 46\%$, $P = 0.12$）。结果无统计学显著性，说明目前尚无足够证据证明前列腺特异性抗原检测在降低前列腺癌死亡率方面是有效的。

（2）全死因死亡率

4项研究报告了前列腺癌死亡率的结果。试验组共125024人，因前列腺癌死亡的人数为22833人，合计死亡率为18.26%；对照组共169832人，前列腺癌死亡人数为35790人，合计死亡率为21.07%。试验组与对照组前列腺癌死亡的 RR = 1.00（95% CI: 0.96～1.03, $P = 0.84$；异质性检验：$I^2 = 62\%$, $P = 0.05$）。结果无统计学显著性，说明目前尚无足够证据证明前列腺特异性抗原检测在降低全死因死亡率方面是有效的。

3．结论

综上所述，目前尚无足够证据证明前列腺特异性抗原检测筛检项目在降低前列腺癌死亡以及全死因死亡方面是有效的。

4．原始文献

[1] Ilic D, Neuberger MM, Djulbegovic M, et al. Screening for prostate cancer. The Cochrane database of systematic reviews. 2013, 1: CD004720.

五、肺癌常见筛检项目的效果

1．背景介绍

肺癌（lung cancer）筛检的方法和频率各有不同，主要有两类：①基于胸部X线摄片（chest X-ray）/胸透（chest radiography），如年度胸透、年度胸透+4个月一次痰细胞学检查（sputum cytology）以及不同频率胸透等；②基于CT，如低剂量CT（low-dose CT）。2013年Manser等发表的系统综述对采用不同频率和组合的胸透和低剂量CT筛检肺癌的效果进行了总

第十九章 常见癌症筛检项目效果的证据

结。该系统综述收集了 9 项随机对照试验，共纳入 453965 人，平均年龄 35～74 岁，绝大多数为男性。研究分别对高频率胸透筛查［和（或）痰细胞学检查］与较低频率的胸透筛查［和（或）痰细胞学检查］、年度胸透筛查与常规护理（usual care）（无筛查），以及年度低剂量 CT 筛查与年度胸透筛查三组筛检项目的效果进行比较评价。系统综述关心的结局包括：①肺癌死亡率；②全死因死亡率。

2．不同筛检方法的效果评价

（1）年度胸透

系统综述中 1 项大型的随机对照试验（$N=154901$）报告了肺癌死亡率的结果。随访 13 年时，试验组共 77445 人，因肺癌死亡的人数为 1231 人，合计死亡率为 1.59%；对照组共 77456 人，肺癌死亡人数为 1230 人，合计死亡率为 1.59%。试验组与对照组肺癌死亡的 RR = 0.99（95% CI：0.91～1.07，$P=0.73$）。结果无统计学显著性，说明目前尚无足够证据证明年度胸透在降低肺癌死亡率方面是有效的。

共有 5 项研究对高频率（+/− 痰细胞学检查）和低频率胸透筛查法做了比较，在肺癌死亡率方面，高频率胸透与低频率胸透比较纳入了 4 项试验，结果显示高频率胸透（$N=42668$，肺癌死亡人数 710）和低频率胸透（$N=38635$，肺癌死亡人数 629）相比，肺癌死亡的 RR = 1.11（95% CI：1.00～1.23，$P=0.046$；异质性检验：$I^2=0.0\%$，$P=0.95$）。结果具有统计学显著性，说明高频率胸透比低频率胸透增加肺癌死亡风险，按照样本量最大研究中低频率胸透组的肺癌死亡率 0.27%（68/25311）估计，NNT = 3367。年度胸透 +4 个月一次的痰细胞学检查与单纯年度胸透检查比较纳入了 2 项试验，结果显示年度胸透合并痰细胞检查（$N=10194$，肺癌死亡人数 256）和单纯年度胸透（$N=10233$，肺癌死亡人数 293）相比，肺癌死亡的 RR = 0.88（95% CI：0.74～1.03，$P=0.11$；异质性检验：$I^2=24\%$，$P=0.25$），并未发现统计学显著差异。几种方法在全死因死亡方面也未发现显著差异。

（2）低剂量 CT

系统综述中 1 项随机对照试验（$N=53454$）评估了低剂量 CT 相比于年度胸透在降低肺癌死亡和全死因死亡方面的效果。采用低剂量 CT 的试验组共 26722 人，肺癌死亡人数 356 人，合并肺癌死亡率 1.33%，全死因死亡人数 1877 人，合并死亡率 7.02%；采用年度胸透的对照组共 26732，肺癌死亡人数 443 人，合并肺癌死亡率 1.66%，全死因死亡人数 2000 人，合并死亡率 7.48%。试验组与对照组肺癌死亡的 RR = 0.80（95% CI：0.70～0.92，$P=0.002$）。结果有统计学显著性，说明采用低剂量 CT 进行肺癌筛检比年度胸透对降低肺癌死亡风险有效，按照年度胸透组的肺癌死亡率 1.66%（443/26732）估计，NNT = 301。试验组与对照组全死因死亡的 RR = 0.94（95% CI：0.88～1.00，$P=0.041$）。结果有统计学显著性，说明采用低剂量 CT 进行肺癌筛检比年度胸透对降低全死因死亡风险有效，按照年度胸透组的全死因死亡率 7.48%（2000/26732）估计，NNT = 223。

3．结论

综上所述，目前尚无足够证据证明年度胸透在降低肺癌死亡以及全死因死亡方面是有效的，同时，胸透频率不同可以影响筛检的效果，高频率胸透比低频率胸透增加肺癌死亡风险。低剂量 CT 比年度胸透降低肺癌和全死因死亡风险，然而，目前尚无随机对照试验评价低剂量 CT 比未采用任何肺癌筛检项目在降低肺癌死亡以及全死因死亡方面的有效性。

4．原始文献

[1] Manser R，Lethaby A，Irving LB，et al. Screening for lung cancer. The Cochrane database of systematic reviews. 2013, 6：CD001991.

六、其他癌症（肝癌、胃癌等）常见筛检项目的效果

本部分重点总结关于我国比较常见的其他几种癌症的筛检效果的证据。

1. 肝癌常见筛检项目的效果

（1）背景介绍

常用的肝癌（hepatocellular carcinoma）筛检方法包括血清甲胎蛋白（alpha-foetoprotein，AFP）检测、肝超声（liver ultrasonography）检测以及两者联合检测。2012 年 Aghoram 发表的综述对甲胎蛋白和肝超声进行肝癌筛检的效果做了评价。综述中纳入的 3 项随机对照试验均随访 4～5 年时间，其中只有来自我国上海的随机对照试验样本量较大且设计了空白对照组（未采用任何筛检方法）。该项随机对照试验共纳入 118816 名年龄在 35~59 岁、感染乙肝病毒或有慢性肝炎病史的上海城市人口，其中男性占 63%。试验组采用血清甲胎蛋白检测联合超声检查，而对照组则未进行任何肝癌筛检项目。系统综述关心的结局为肝癌死亡率。

（2）不同筛检方法的效果评价

试验组共 9757 人，由于肝癌死亡人数为 32 人，合计死亡率为 0.33%；对照组共 9443 人，由于肝癌死亡人数为 54 人，合计死亡率为 0.57%。试验组与对照组肝癌死亡的 RR = 0.63（95% CI：0.41～0.98）。结果有统计学显著性，说明采用甲胎蛋白联合肝超声进行肝癌筛检对降低肝癌死亡风险是有效的，按照对照组的肝癌死亡率 0.57%（54/9443）估计，NNT = 474。然而，由于该随机对照试验存在较多设计上的缺陷，且仅包括了中国人群，结果并不被完全认可。因此，在中国人群中采用甲胎蛋白联合肝超声进行肝癌筛检可能降低肝癌死亡风险，但具体效果需进一步验证。

（3）结论

目前尚无足够的证据支持或反驳甲胎蛋白或肝超声筛查以及两者联合对乙型肝炎表面抗原阳性患者肝细胞癌的价值，需要更多更高质量的随机对照试验来验证筛查的效果。

2. 其他癌症常见筛查项目的效果

目前我们尚未发现针对胃癌（gastric cancer）、脑垂体瘤（pituitary adenoma）、食管癌（esophagus cancer）及甲状腺癌（thyroid cancer）的评价相关筛检方法的随机对照试验。

3. 原始文献

[1] Aghoram R, Cai P, Dickinson JA. Alpha-foetoprotein and/or liver ultrasonography for screening of hepatocellular carcinoma in patients with chronic hepatitis B. The Cochrane database of systematic reviews. 2012, 9: CD002799.

（马晓光　张越伦）

第二十章 非小细胞肺癌常见治疗措施的效果

肺癌是世界上发病率和死亡率最高的恶性肿瘤之一。据统计，2008年我国肿瘤登记地区肺癌的发病率和死亡率均位居恶性肿瘤的首位。大约85%的肺癌为非小细胞肺癌（non-small cell lung cancer，NSCLC）。非小细胞肺癌3种常用的治疗措施是手术治疗、放射治疗和化学治疗。根据疾病的状态，这些治疗措施可以单独或联合应用。本章总结了临床实践中常用的6种非小细胞肺癌治疗措施的效果：

1. 手术治疗在早中期非小细胞肺癌中的效果
2. 术后辅助放射治疗在早中期非小细胞肺癌中的效果
3. 术后辅助化学治疗在早中期非小细胞肺癌中的效果
4. 姑息性胸部放射治疗在晚期非小细胞肺癌患者中的效果
5. 常规化学治疗在晚期非小细胞肺癌中的效果
6. 表皮生长因子受体酪氨酸激酶抑制剂在晚期非小细胞肺癌中的效果

一、手术治疗在早中期非小细胞肺癌中的效果

1. 背景介绍

外科手术治疗（surgical therapy）是临床实践指南所推荐的早期（Ⅰ期及Ⅱ期）非小细胞肺癌的首选疗法。从1933年第一例全肺切除术成功实施至今，肺癌的外科手术治疗已经经历了80余年的发展历史。2005年Manser等发表的一项系统综述对手术治疗在非小细胞肺癌患者中的效果进行了总结，并在2009年进行了更新。该综述收集了13项发表于1963—2002年间的临床随机对照试验，共纳入2290例患者。

试验组接受手术治疗或手术治疗联合其他治疗措施，手术方法包括肺叶切除术、袖状切除术、全肺切除术以及肺段切除术；对照组接受无手术治疗、假手术治疗、化学治疗或放射治疗，可单独或联合应用。系统综述的主要结局包括：①总生存期（从随机分组开始至患者因任何原因死亡的时间）；②2～5年总生存率（从随机分组开始2～5年内患者存活的百分比）；③无进展生存期（从随机分组开始至患者首次出现客观进展或因任何原因死亡的时间；客观进展指的是原发部位肿瘤病灶增大或出现新的病灶）。效应测量指标为风险比（hazard ratio，HR）或相对危险度（relative risk，RR）。由于手术治疗与其他治疗措施比较的研究较少以及较大异质性的存在，作者没有使用Meta分析合并原始研究，本文也只对具体临床试验进行描述。

2. 手术治疗的效果

（1）放射治疗基础上手术治疗与无手术治疗比较

一项临床试验（Warram，1975）比较了在放射治疗基础上手术治疗与无手术治疗的疗效差别。该研究由17家美国主要大学教学医院协作完成，共纳入152例经初始评估不可手术治疗，但经放射治疗（总放射剂量40 Gy，为期4周）后可进行手术治疗的非小细胞肺癌患者；其中46.1%（70/152）的患者为鳞状细胞癌，9.2%（14/152）的患者为腺癌；患者种族、年龄、

性别和肿瘤分期信息未报告。经 40 Gy 放射治疗后，纳入患者被随机分配至手术治疗组（78例）和无手术治疗组（74例）。临床试验结果显示手术治疗组的 5 年生存率为 8.0%，对照组为 6.0%，两组 5 年生存的相对危险度 RR = 1.42（95% CI：0.42～4.84），无统计学显著性，尚不能说明放射治疗基础上手术治疗与无手术治疗相比可以改善患者的 5 年生存（表 20-1）。其他结局指标未作报告。

表20-1　手术治疗在早中期非小细胞肺癌中的效果

原始研究	总人数	结局	RR/HR（95% CI）
放射治疗基础上手术治疗与无手术治疗比较			
Warram，1975	152	5 年生存率	1.42（0.42～4.84）
手术治疗与放射治疗比较			
Morrison，1963	58	4 年生存率	3.27（0.74～14.42）
术前化学治疗联合手术治疗与放射治疗比较			
Shepherd，1998	31	2 年生存率	1.09（0.48～2.51）
Stephens，2005	48	2 年生存率	0.75（0.19～3.00）
化学治疗后手术治疗与放射治疗比较			
Johnstone，2002	61	总死亡[*]	0.80（0.45～1.42）
		2 年生存率	1.55（0.55～4.36）
		4 年生存率	0.93（0.27～3.18）
Stathopoulos，1996	40	5 年总死亡[*]	0.39（0.19～0.81）
Van Meerbeeck，2007	332	6 年总死亡[*]	0.94（0.74～1.19）

注：由于合格研究较少以及较大异质性的存在，作者没有使用 Meta 分析合并原始研究，仅对纳入的合格临床试验进行了描述；[*] 表示该结局的效应测量指标为 HR，其余为 RR

（2）手术治疗与放射治疗比较

一项临床试验（Morrison，1963）比较了手术治疗与放射治疗的疗效差别。该研究由英国帝国理工大学附属哈默史密斯（Hammersmith）医院完成，共纳入 58 例Ⅰ～Ⅲ期非小细胞肺癌患者；纳入患者主要为白种人，其中 63.8%（37/58）的患者的年龄大于 55 岁，36.2%（21/58）的患者的年龄小于 55 岁；63.8%（37/58）的患者为鳞状细胞癌；患者性别信息未报告。纳入患者被随机分配至手术治疗组（30 例）和放射治疗组（28 例）。手术治疗组中，14 例患者接受全肺切除术，3 例患者接受肺叶切除术，11 例患者接受其他手术治疗方式。放射治疗组接受的总放射剂量为 45Gy，为期 4 周。临床试验结果显示手术治疗组的 4 年生存率为 23.3%，放射治疗组为 7.1%，两组 4 年生存的相对危险度 RR = 3.27（95% CI：0.74～14.42），虽然手术治疗组的生存率明显高于放射治疗组，但结果尚没达到统计学显著性（表 20-1）。

（3）术前化学治疗联合手术治疗与放射治疗比较

两项临床试验比较了术前化学治疗联合手术治疗与放射治疗的疗效差别。其中一项临床试验（Shepherd，1998）由加拿大国家临床试验组癌症研究所（National Cancer Institute of Canada Clinical Trials Group）完成，共纳入 31 例Ⅲ A 期非小细胞肺癌患者；纳入患者主要为欧美人群，其中 71.0%（22/31）的患者为男性；38.7%（12/31）的患者为鳞状细胞癌；患者年龄信息未报告。纳入患者被随机分配至术前化学治疗（顺铂或长春新碱）联合手术治疗组（16 例）和放射治疗组（总放射剂量为 60Gy，2 Gy/d，5 天 / 周）（15 例）。临床试验结果显示术前化学治疗联合手术治疗组的 2 年生存率为 43.8%，放射治疗组为 40.0%，两组 2 年生存的相对

第二十章 非小细胞肺癌常见治疗措施的效果

危险度 RR=1.09（95% CI：0.48～2.51），无统计学显著性，说明术前化学治疗联合手术治疗与放射治疗相比不能改善患者的 2 年生存。其他结局指标未作报告（表 20-1）。

另一项临床试验（Stephens，2005）由 12 个来自英国的肿瘤研究中心协作完成，共纳入 48 例ⅢA 期患者；纳入患者主要为白种人，其中 66.7%（32/48）的患者为男性；60.4%（29/48）的患者为鳞状细胞癌，20.8%（10/48）的患者为腺癌；患者年龄信息未报告。纳入患者被随机分配至术前化学治疗（丝裂霉素、长春新碱、顺铂、异磷酰胺或巯乙磺酸钠联合治疗）联合手术治疗组（24 例）和放射治疗组（总放射剂量为 50～60 Gy，为期 3～6 周）（24 例）。临床试验的随访期为 2 年。临床试验结果显示术前化学治疗联合手术治疗组的 2 年生存率为 12.5%，放射治疗组为 16.7%，两组 2 年生存的相对危险度 RR = 0.75（95% CI：0.19～3.00），无统计学显著性，没有证据说明术前化学治疗联合手术治疗与放射治疗相比可以改善患者的 2 年生存（表 20-1）。

(4) 化学治疗后手术治疗与放射治疗比较

三项临床试验比较了化学治疗后手术治疗与放射治疗的疗效。其中一项临床试验（Johnstone，2002）由美国肿瘤放射治疗协作组（Radiation Therapy Oncology Group）和美国东部肿瘤协作组（Eastern Cooperative Oncology Group）协作完成，试验纳入 61 例ⅢA 期非小细胞肺癌患者；纳入患者主要为白种人，其中 54.1%（33/61）的患者年龄在 60 岁以下，45.9%（28/61）的患者年龄在 60 或 60 岁以上；70.5%（43/61）的患者为女性，29.5%（18/61）的患者为男性；54.1%（33/61）的患者为鳞状细胞癌，44.3%（27/61）的患者为腺癌。在接受顺铂、长春地辛或表阿霉素等治疗后，纳入患者被随机分配至手术治疗组（29 例）和放射治疗组（总放射剂量为 64 Gy，2Gy/d，5 天/周）（32 例）。临床试验结果显示两组总生存期（两组死亡风险比 HR = 0.8，95% CI：0.45～1.42）、2 年生存率（手术治疗组 44.8%，放射治疗组 34.4%；两组生存率的相对危险度 RR = 1.55，95% CI：0.55～4.36）及 4 年生存率（手术治疗组 20.7%，放射治疗组 21.9%；两组生存率的相对危险度 RR = 0.93，95% CI：0.27～3.18）的差异均无统计学显著性，没有证据说明化学治疗后手术治疗与放射治疗相比可以改善患者的总生存、2 年生存和 4 年生存（表 20-1）。

另一项小样本临床试验（Stathopoulos，1996）由希腊雅典大学附属 Hippokration 医院完成，共纳入 40 例ⅢA 期非小细胞肺癌患者；患者年龄介于 33～72 岁；患者种族、性别和肿瘤组织学分型等相关信息未报告。在接受顺铂等化学治疗后，纳入患者被随机分配至手术治疗组和放射治疗组（总放射剂量为 50 Gy，为期 40～46 天）（未报告两组患者人数）。临床试验结果显示手术治疗组 5 年生存率为 29%，放射治疗组为 0%，$P < 0.01$，两组 5 年生存的相对危险度未作报告；两组的总死亡风险比 HR = 0.39（95% CI：0.19～0.81），差异均有统计学显著性，说明化学治疗后手术治疗与放射治疗相比可改善患者的 5 年生存及总生存（表 20-1）。

最后一项研究（Van Meerbeeck，2007）是由欧洲癌症治疗研究组织肺癌组（European Organisation for Research and Treatment of Cancer-Lung Cancer Group）组织实施的一项大型多中心随机对照临床试验，共纳入 332 例对诱导化学治疗（顺铂或卡铂）有不同程度反应的ⅢA 期 N2 非小细胞肺癌患者；纳入患者主要为白种人，手术组中位年龄为 62 岁（全距：33～76 岁），对照组为 61 岁（全距：29～78 岁）；74.1%（246/332）的患者为男性，25.9%（86/332）的患者为女性；39.5%（131/332）的患者为鳞状细胞癌，31.0%（103/332）的患者为腺癌。纳入患者被随机分配至手术治疗组（167 例）和放射治疗组（总放射剂量为 100～108.6 Gy，为期 40～46 天）（165 例）。临床试验的中位随访期约为 6 年。临床试验结果显示两组死亡风险 HR = 0.94（95% CI：0.74～1.19），进展风险比 HR = 0.94（95% CI：0.74～1.19），差异无统计学显著性，尚不能说明化学治疗后手术治疗与放射治疗相比可以改善患者的总生存及无进展生存（表 20-1）。

3．结论

由于相关临床试验的缺乏、样本含量较小以及方法学质量的限制，目前尚无足够的证据确定手术治疗在早中期非小细胞肺癌患者中的效果。仅有一篇临床试验比较了在放射治疗基础上手术治疗和无手术治疗的差别，结果显示手术治疗并不能改善早中期非小细胞肺癌患者的5年生存。其他绝大部分临床试验显示，手术治疗与放射治疗相比、术前化学治疗联合手术治疗与放射治疗相比、化学治疗后手术治疗与放射治疗相比，并不能改善早中期非小细胞肺癌患者中的总生存以及2~5年生存。值得注意的是，尚未发现在早中期非小细胞肺癌患者中直接比较手术治疗和无手术治疗效果的随机对照临床试验。由于领先时间偏倚、病程长短偏倚等严重偏倚的存在，尚不能肯定早中期非小细胞肺癌患者生存期长于中晚期患者是手术治疗的结果。

4．原始文献

[1] Manser R，Wright G，Hart D，et al. Surgery for local and locally advanced non-small cell lung cancer. Cochrane Database Syst Rev.2005，1：CD004699.

二、术后辅助放射治疗在早中期非小细胞肺癌中的效果

1．背景介绍

临床实践指南建议早期非小细胞肺癌患者在手术治疗后接受辅助放射治疗（adjuvant radiation therapy）。2005年PORT Meta-analysis Trialists组发表的一篇基于随机对照临床试验个体数据的Meta分析（individual participant data meta-analysis，IPD meta-analysis）对术后辅助放射治疗在早中期非小细胞肺癌患者中的效果进行了总结，并在2009年进行了更新。该综述收集了11项发表于1965—2002年间的随机对照临床试验，共纳入2343例接受了肿瘤完全切除术的患者，其中84.5%（1980/2342）的患者为男性，平均年龄及种族信息未报告；66.7%（1067/1600）的患者为鳞状细胞癌，25.8%（413/1600）的患者为腺癌；肿瘤分期主要为Ⅰ~Ⅲ期，28.9%（666/2304）的患者为Ⅰ期，31.2%（719/2304）的患者为Ⅱ期，39.8%（918/2304）的患者为Ⅲ期。

试验组术后接受辅助放射治疗，放射剂量为30~60 Gy，10~30次；对照组患者术后短期内不接受其他治疗。纳入临床试验的随访期从2.3~11.4年不等，随访期的中位数为4.4年。系统综述的主要结局包括：①总生存期；②局部无复发生存期（从随机分组开始至患者首次出现局部复发或因任何原因死亡的时间；局部复发指的是原发部位重新出现肿瘤病灶）；③远处无复发生存期（从随机分组开始至患者首次出现远处复发或因任何原因死亡的时间；远处复发指的是非原发部位的其他组织器官出现肿瘤病灶）；④整体无复发生存期（从随机分组开始至患者首次出现复发或因任何原因死亡的时间；复发包括局部复发和远处复发）。效应测量指标为风险比。

2．术后辅助放射治疗的效果

（1）总生存期

11项临床试验均报告了总生存的数据，合计纳入2343例患者。术后辅助放射治疗组1163例，777例死亡，死亡率为66.8%；单纯手术治疗组1180例，734例死亡，死亡率为62.2%。两组的死亡风险比HR=1.18（95% CI：1.07~1.31，$P=0.001$；异质性检验：$I^2=40\%$，$P=0.08$），有统计学显著性，说明术后辅助放射治疗与单纯手术治疗相比增加了患者的总死亡风险（表20-2）。

第二十章 非小细胞肺癌常见治疗措施的效果

表20-2 术后辅助放射治疗与单纯手术治疗相比在早中期非小细胞肺癌患者中的效果

结局	纳入研究数	总人数	HR（95% CI）	P值	异质性检验
总死亡	11	2343	1.18（1.07～1.31）	0.001	$I^2 = 40.0\%$；$P = 0.08$
局部复发	11	2343	1.12（1.00～1.23）	0.03	$I^2 = 47.0\%$；$P = 0.04$
远处复发	11	2343	1.13（1.02～1.24）	0.02	$I^2 = 31.0\%$；$P = 0.15$
整体复发	11	2343	1.10（0.99～1.21）	0.07	$I^2 = 44.0\%$；$P = 0.06$

注：亚组分析显示，术后辅助放射治疗是会增加早期癌症患者（即Ⅰ期及Ⅱ期或淋巴结转移分期N0期和N1期的患者）死亡、局部复发、远处复发和整体复发的风险；对于中期的癌症患者（即Ⅲ期或淋巴结转移N2期患者），则没有统计学显著意义的风险增加；综述中仅报告了按照疾病分期趋势检验的结果，故此表格没有提及亚组分析的结果。

针对总生存期的亚组分析显示，年龄（$P = 0.32$）、性别（$P = 0.84$）及肿瘤组织学分型（$P = 0.42$）对于效应量的影响均没有统计学显著意义。按照肿瘤分期的亚组分析显示，术后放射治疗会增加Ⅰ～Ⅱ期患者的死亡风险，对于Ⅲ期患者的死亡风险没有显著影响；肿瘤分期越早，术后放射治疗对死亡风险的增加越明显（趋势检验：$P = 0.004$）。按淋巴结转移分期的亚组分析显示，术后放射治疗会增加N0期和N1期患者的死亡风险，对于N2期患者的死亡风险没有显著影响；淋巴结转移分期越早，术后放射治疗对死亡风险的增加越明显（趋势检验：$P = 0.004$）。对于其他结局指标的亚组分析，该综述仅描述与总生存期亚组分析的结果类似，没有提供具体数据。

(2) 局部无复发生存期

11项临床试验均报告了局部无复发生存的数据，合计纳入2343例患者。术后辅助放射治疗组1163例，结局事件发生793例（包括200例局部复发和593例死亡），结局事件的发生率为68.2%；单纯手术治疗组1180例，结局事件发生763例（包括298例局部复发和465例死亡），结局事件的发生率为64.7%。两组的局部复发风险比 HR = 1.12（95% CI：1.00～1.23，$P = 0.03$；异质性检验：$I^2 = 47\%$，$P = 0.04$），有统计学显著性，说明术后辅助放射治疗与单纯手术治疗相比增加了患者的局部复发风险（表20-2）。

(3) 远处无复发生存期

11项临床试验均报告了远处无复发生存的数据，合计纳入2343例患者。术后辅助放射治疗组1163例，结局事件发生799例（包括438例远处复发和361例死亡），结局事件的发生率为68.7%；单纯手术治疗组1180例，结局事件发生771例（包括454例远处复发和317例死亡），结局事件的发生率为65.3%。两组的远处复发风险比 HR = 1.13（95% CI：1.02～1.24，$P = 0.02$；异质性检验：$I^2 = 31\%$，$P = 0.15$），有统计学显著性，说明术后辅助放射治疗与单纯手术治疗相比增加了患者的远处复发风险（表20-2）。

(4) 整体无复发生存期

11项临床试验均报告了整体无复发生存的数据，合计纳入2343例患者。术后辅助放射治疗组1163例，其中810例发生结局事件，结局事件的发生率为69.6%；单纯手术治疗组1180例，其中787例发生结局事件，结局事件的发生率为66.7%。两组的整体复发风险比 HR = 1.10（95% CI：0.99～1.21，$P = 0.07$；异质性检验：$I^2 = 44\%$，$P = 0.06$）。虽然两组差别无统计学显著性，与其他结局的结果一致，但术后辅助放射治疗与单纯手术治疗比较可能会增加患者的整体复发的风险（表20-2）。

3．结论

综上所述，术后辅助放射治疗会增加早期癌症患者（即Ⅰ期及Ⅱ期或淋巴结转移分期N0期和N1期的患者）死亡、局部复发、远处复发和整体复发的风险；对于中期的癌症患者（即Ⅲ期或淋巴结转移N2期患者），则没有统计学显著意义的风险增加。

4. 原始文献

[1] PORT Meta-analysis Trialists Group. Postoperative radiotherapy for non-small cell lung cancer. Cochrane Database Syst Rev.2005，2：CD002142.

三、术后辅助化学治疗在早中期非小细胞肺癌中的效果

1. 背景介绍

临床实践指南建议早期非小细胞肺癌患者术后接受辅助化学治疗（adjuvant chemotherapy）。2015 年 Burdett 等发表的一项基于个体数据随机对照临床试验的 Meta 分析对术后辅助化学治疗在早中期非小细胞肺癌患者中的效果进行了总结。该综述收集了 47 项发表于 1988—2010 年间的随机对照临床试验，其中的 38 项临床试验可获得患者的个体数据。共纳入 11107 名患者，71.2%（7909/11107）的患者为男性，43.9%（4881/11107）的患者小于 60 岁，12.5%（1383/11107）的患者大于等于 70 岁；40.8%（4533/11107）的患者为鳞状细胞癌，50.9%（5657/11107）的患者为腺癌；50.9%（5657/11107）的患者为 Ⅰ 期，22.7%（2522/11107）的患者为 Ⅱ 期，25.5%（2830/11107）的患者为 Ⅲ 期。

试验组手术治疗后联合辅助化学治疗或手术治疗后联合放射治疗和辅助化学治疗；对照组接受单纯手术治疗或手术治疗后联合放射治疗。试验组和对照组之间在治疗上的净差是化学治疗。试验组接受的化学治疗包括含铂类治疗方案（铂类联合长春碱类药物或联合依托泊苷、铂类联合长春瑞滨、铂类联合紫杉醇、铂类联合长春碱类药物和尿嘧啶或替加氟、其他含铂治疗）和非铂类治疗方案（替加氟联合尿嘧啶或其他药物、抗代谢类药物）。这些术后辅助化学治疗对比单纯手术治疗的临床试验随访期的中位数为 5.5 年；术后放射治疗联合辅助化学治疗对比术后放射治疗的临床试验随访期的中位数为 6.4 年。系统综述的主要结局包括：①总生存期；②整体无复发生存期。效应测量指标为风险比。

2. 术后辅助化学治疗的效果

（1）术后辅助化学治疗与单纯手术治疗比较

1）总生存期

34 项临床试验报告了 5 年总体生存的数据，合计纳入 8477 名患者（3323 例死亡），术后辅助化学治疗组 4305 人，其中 1594 人死亡，死亡率为 37.0%；单纯手术治疗组 4142 人，其中 1729 人死亡，死亡率 41.7%。两组的死亡风险比 HR = 0.86（95% CI：0.81 ~ 0.92，$P < 0.0001$；异质性检验：$I^2 = 4.0\%$，$P = 0.40$），有统计学显著性，说明术后辅助化学治疗与单纯手术治疗相比可以改善患者的总生存（表 20-3）。

表20-3 术后辅助化学治疗在早中期非小细胞肺癌患者中的效果

结局	纳入研究数	总人数	HR（95% CI）	P 值	异质性检验
术后辅助化学治疗与单纯手术治疗比较					
5 年总死亡	34	8477	0.86（0.81 ~ 0.92）	< 0.0001	$I^2 = 4.0\%$；$P = 0.40$
局部复发	16	5226	0.75（0.66 ~ 0.85）	< 0.0001	—
远处复发	16	5224	0.80（0.72 ~ 0.89）	0.0007	
整体复发	18	5379	0.83（0.77 ~ 0.90）	< 0.0001	—
术后放射治疗联合辅助化学治疗与术后单独放射治疗比较					
5 年总死亡	13	2660	0.88（0.81 ~ 0.97）	0.009	$I^2 = 0.0\%$；$P = 0.95$

续表

结局	纳入研究数	总人数	HR（95% CI）	P 值	异质性检验
局部复发	8	2247	0.79（0.67~0.94）	0.008	—
远处复发	8	2247	0.75（0.66~0.87）	<0.0001	—
整体复发	8	2247	0.85（0.77~0.93）	0.0006	—

注：—表示原文未报告具体数据

针对其他因素进行的亚组分析显示，年龄（趋势检验：$P=0.75$）、性别（$P=0.14$）、患者体能状态（$P=0.44$）、肿瘤组织分型（$P=0.68$）、肿瘤分期（趋势检验：$P=0.57$）和不同的化疗方案（$P=0.06$）对于总生存没有明显影响。

2）整体无复发生存期

18 项临床试验报告了整体无复发生存的数据，合计纳入 5379 名患者，2519 例患者发生了结局事件（局部复发、远处复发和死亡），术后辅助化学治疗组与单纯手术治疗组的复发风险比 $HR=0.83$（95% CI：0.77~0.90，$P<0.0001$），有统计学显著性，说明术后辅助化学治疗与单纯手术治疗相比可以改善患者的整体无复发生存（表 20-3）。

16 项临床试验按照复发的类型（局部复发和远处复发）报告了结局事件，5226 名患者中 936 人发生局部复发，5224 名患者中 1267 人发生远处复发，两组的局部复发风险比为 0.75（95% CI：0.66~0.85，$P<0.0001$），远处复发风险比 0.80（95% CI：0.72~0.89，$P=0.0007$），有统计学显著性，说明术后辅助化学治疗与单纯手术治疗相比可以改善患者的局部复发生存和远处复发生存（表 20-3）。

(2) 术后放射治疗联合辅助化学治疗与术后单独放射治疗比较

1）总生存期

13 项临床试验报告了 5 年总体生存的数据，合计纳入 2660 名患者，术后放射治疗联合辅助化学治疗组 1315 人，其中 916 人死亡，死亡率为 70.0%；术后放射治疗组 1345 人，其中 993 人死亡，死亡率 73.8%。两组的死亡风险比 = 0.88（95% CI：0.81~0.97，$P=0.009$；异质性检验 $I^2=0.0\%$，$P=0.95$），有统计学显著性，说明术后放射治疗联合辅助化学治疗与术后放射治疗相比可以改善患者的总生存（表 20-3）。

针对总体生存进行的亚组分析显示，年龄（趋势检验：$P=0.89$）、性别（$P=0.30$）、患者体能状态（趋势检验：$P=0.93$）、肿瘤组织分型（$P=0.15$）、肿瘤分期（趋势检验：$P=0.54$）、化疗方案（$P=0.45$）、手术切除范围（$P=0.63$）及放射治疗与辅助化学治疗的时间先后（$P=0.30$），对于联合治疗的效果没有明显影响。

2）无复发生存期

8 项临床试验报告了无复发生存的数据，合计纳入 2247 名患者，1673 例患者发生了结局事件（局部复发、远处复发和死亡），术后放射治疗联合辅助化学治疗组与术后放射治疗组的复发风险比 $HR=0.85$（95% CI：0.77~0.93，$P=0.0006$），有统计学显著性，说明术后放射治疗联合辅助化学治疗与术后放射治疗相比可以改善患者的整体无复发生存（表 20-3）。

8 项临床试验均按照复发的类型（局部复发和远处复发）报告了结局事件，2247 名患者中共 533 名患者发生局部复发，806 人发生远处复发，两组的局部复发风险比为 0.79（95% CI：0.67~0.94，$P=0.008$）；远处复发风险比为 0.75（95% CI：0.66~0.87，$P<0.0001$），有统计学显著性，说明术后放射治疗联合辅助化学治疗与术后放射治疗相比可以改善患者的局部复发生存和远处复发生存（表 20-3）。

3. 结论

综上所述，术后辅助化学治疗可以改善早中期非小细胞肺癌患者的总生存和整体无复发生存，其对总生存的效应不受患者的性别、年龄、肿瘤组织学分型、分期和化疗方案的影响。该综述没有评估术后辅助化疗对绝对生存期的延长、患者生活质量的改善和不良事件的发生,故本节没有提及此类数据。

4. 原始文献

[1] Burdett S, Pignon J P, Tierney J, et al. Adjuvant chemotherapy for resected early-stage non-small cell lung cancer. Cochrane Database Syst Rev.2015, 3: CD011430.

[2] Douillard JY1, Rosell R, De Lena M, et al. Adjuvant vinorelbine plus cisplatin versus observation in patients with completely resected stage ⅠB-ⅢA non-small-cell lung cancer (Adjuvant Navelbine International Trialist Association [ANITA]): a randomised controlled trial. Lancet Oncol.2006, 7 (9): 719-727.

[3] Waller D, Peake MD, Stephens RJ, et al. Chemotherapy for patients with non-small cell lung cancer: the surgical setting of the Big Lung Trial.Eur J Cardiothorac Surg.2004, 26 (1): 173-182.

四、姑息性胸部放射治疗在晚期非小细胞肺癌患者中的效果

1. 背景介绍

临床实践指南建议不能进行手术治疗的晚期或转移性非小细胞肺癌患者可以接受姑息性放射治疗(palliative radiation therapy)。2015年Stevens等发表的一项系统综述对姑息性胸部放射治疗在具有胸部症状的晚期或转移性非小细胞肺癌患者中的效果进行了总结。该综述收集了13项发表于1985—2005年间的随机对照临床试验,共纳入3576名患者,平均年龄为60.0~70.4岁,性别分布未报告,患者体能状态评分(eastern cooperative oncology group performance status, ECOGPS)在0~4之间。

试验组接受较高剂量及多次分割的放疗方案,剂量由20Gy,5次/1周到60Gy,30次/6周不等;对照组接受较低剂量及少次分割的放疗方案,剂量由10Gy、1次/1天到32Gy、16次/10天不等。系统综述的主要结局包括:①总生存期;②胸部主要症状的缓解(主要包括咳嗽、胸痛、咯血、气喘等主要胸部症状的缓解及缓解时间);③生活质量。效应测量指标为相对危险度。

2. 姑息性放射治疗的效果

(1) 总生存期

8项临床试验报告了1年总生存的数据,合计纳入1992名患者,高剂量多次分割组1001人,其中739人死亡,死亡率为73.8%;低剂量少次分割组991人,其中774人死亡,死亡率为78.1%。两组1年死亡的相对危险度RR = 0.95(95% CI:0.90~1.00;异质性检验I^2 = 23.0%,P = 0.30),无统计学显著性,说明高剂量多次分割与低剂量少次分割放射治疗对1年生存的影响没有区别(表20-4)。

表20-4 高剂量姑息性胸部放射治疗与低剂量相比在晚期非小细胞肺癌患者中的效果

结局	纳入研究数	总人数	RR (95% CI)	P 值	异质性检验
1年总死亡	8	1992	0.95 (0.90~1.00)	—	I^2 = 23.0%; P = 0.30

(2) 主要胸部症状缓解

13项纳入的临床试验均报告不同剂量分割放疗方案可缓解肺部肿瘤引起的主要胸部症状,仅5项临床试验明确报告高剂量多次分割组与低剂量少次分割组在主要胸部症状缓解的差异有统计学显著性。其中2项临床试验报告高剂量多次分割组患者的胸部症状缓解率高于低剂量少次分割组患者;1项临床试验报告高剂量多次分割组患者的胸部症状缓解程度高于低剂量少次分割组患者(高剂量多次分割组患者肺癌症状量表评分降低更明显);1项临床试验报告高剂

第二十章 非小细胞肺癌常见治疗措施的效果

量多次分割组患者的胸部症状缓解的时间长于低剂量少次分割组患者；1项临床试验报告高剂量多次分割组患者的胸部症状缓解的起效时间长于低剂量少次分割组患者（低剂量少次分割组在治疗2～3个月后获得胸部症状缓解的患者人数更多）。

（3）生活质量

3项临床试验使用肺癌症状量表（lung cancer symptom scale，LCSS）和欧洲癌症研究与治疗组织的生存质量核心量表（European organization for research and treatment of cancer quality of life questionnaire，EORTC QLQ-C30）对患者的生活质量进行了分析。Bejak等发表的随机对照临床试验中，高剂量多次分割组纳入114例患者，低剂量少次分割组纳入116例患者。治疗1个月后，使用LCSS量表对生活质量进行评估时，两组患者治疗前后生活质量评分均数差的差异有统计学显著性（试验组：-0.51，对照组：8.23；$P = 0.039$），说明高剂量多次分割放疗与低剂量少次分割放疗相比可改善患者的生活质量；但是，在使用EORTC QLQ-C30量表对生活质量进行评估时两组间生活质量的差异无统计学显著性（未报告各组评分和P值）。另两项试验均报告各剂量组患者的生活质量的差异无统计学显著性。

3．结论

该综述显示，高剂量多次分割胸部放射治疗与低剂量少次分割胸部放射治疗相比并不能改善晚期或转移性非小细胞肺癌患者的总生存；虽然各项临床试验对同一组患者接受姑息性胸部放射治疗的前后比较显示，其可以缓解肺部肿瘤引起的主要胸部症状，但并没有足够的证据表明高剂量多次分割胸部放射治疗在胸部症状缓解率、缓解时间、起效时间以及生活质量的改善方面与低剂量少次分割胸部放射治疗存在任何差别。

我们没有发现在晚期非小细胞肺癌患者中直接比较姑息性胸部放射治疗与无治疗效果的随机对照试验或系统综述，因此并不知道姑息性放射治疗的绝对效应（即与不接受姑息放射治疗或安慰治疗等比较的效应），尚不能依据该综述对临床实践中是否应当使用及如何使用姑息性放射治疗做出结论。

4．原始文献

[1] Stevens R, Macbeth F, Toy E, et al. Palliative radiotherapy regimens for patients with thoracic symptoms rom non-small cell lung cancer. Cochrane Database Syst Rev.2015，1：CD002143.

五、常规化学治疗在晚期非小细胞肺癌中的效果

1．背景介绍

临床实践指南建议在体能状态评分良好的晚期非小细胞肺癌患者中使用常规化学治疗（standard chemotherapy）。2010年考科蓝非小细胞肺癌协作组（Cochrane non-small cell lung cancer collaborative group）发表的一项基于个体数据随机对照临床试验的Meta分析对常规化学治疗在晚期非小细胞肺癌患者中的效果进行了总结，并在2012年进行了更新。该综述收集了16项发表于1985—2004年间的随机对照临床试验，共纳入2714名患者，多数患者为男性，患者的年龄多在60～70岁，多数患者体能状态评分良好（eastern cooperative oncology group performance status，ECOG PS 0或1；karnofsky performance status，KPS 100-70）；43%（1167/2714）的患者为鳞状细胞癌，23%（624/2714）的患者为腺癌；90%（2443/2714）的患者为ⅢB或Ⅳ期。

试验组患者接受常规化学治疗联合最佳支持治疗，12项临床试验使用含铂类化疗方案（22项临床试验使用顺铂，1项临床试验使用卡铂），4项临床试验使用非铂类单药化疗方案（依托泊苷、长春瑞滨、吉西他滨和紫杉醇各1项）；对照组患者仅接受最佳支持治疗。纳入临床试验随访期的中位数为16个月。系统综述的主要结局为总生存期。效应测量指标为风险比。

2. 常规化学治疗的效果

16项临床试验报告了总生存的数据,共纳入2714名患者,常规化学治疗联合最佳支持治疗组1399人,其中1293人死亡,死亡率为92.4%;最佳支持治疗组1315人,其中1240人死亡,死亡率为94.3%。两组的死亡风险比HR = 0.77(95% CI:0.71 ~ 0.83,$P < 0.001$;异质性检验:$I^2 = 47\%$,$P = 0.02$),有高度统计学显著性,说明与最佳支持治疗相比,常规化学治疗可以改善患者的总生存(表20-5)。合并常规化学治疗的最佳支持治疗组患者的平均中位生存期为6.0个月,最佳支持治疗组患者的平均中位生存期为4.5个月。

表20-5 最佳支持治疗基础上常规化学治疗与不治疗相比在晚期非小细胞肺癌患者中的效果

结局	纳入研究数	总人数	HR(95% CI)	P 值	异质性检验
1年总死亡	16	2714	0.77(0.71 ~ 0.83)	< 0.001	$I^2 = 47.0\%$;$P = 0.02$

3. 结论

综上所述,在最佳支持治疗的基础上,常规化学治疗可以改善体能状态良好的晚期非小细胞肺癌患者的总生存,但效果有限,平均仅可延长1.5个月的生存期。

4. 原始文献

[1] Non-Small Cell Lung Cancer Collaborative Group. Chemotherapy and supportive care versus supportive care alone for advanced non-small cell lung cancer. Cochrane Database Syst Rev.2010,5:CD007309.

六、表皮生长因子受体酪氨酸激酶抑制剂在晚期非小细胞肺癌患者中的效果

1. 背景介绍

临床实践指南建议表皮生长因子受体(epidermal growth factor receptor,EGFR)基因突变阳性的晚期非小细胞肺癌患者应在一线治疗或化疗失败后接受EGFR酪氨酸激酶抑制剂(tyrosine kinase inhibitor,TKI)靶向治疗;若患者在接受EGFR靶向治疗后病情无进展,推荐使用此类药物作为维持治疗。2013年Lee等发表的一项系统综述对EGFR酪氨酸激酶抑制剂在晚期非小细胞肺癌患者中的效果进行了总结。该综述收集了23项发表于2004—2012年间的随机对照临床试验,共纳入14570名患者,男性比例为11% ~ 77%,患者的中位年龄为55 ~ 77岁。腺癌患者比例在38% ~ 100%。

试验组接受吉非替尼、厄洛替尼、埃克替尼单药治疗或联合常规化学治疗,对照组患者接受安慰剂或常规化学治疗。已知EGFR基因突变状态患者的比例为31%(4517/14570),各研究中EGFR突变型患者的比例为0% ~ 100%。系统综述的主要结局包括:①总生存期;②无进展生存期。效应测量指标为风险比。该综述总结了EGFR酪氨酸激酶抑制剂在EGFR突变型患者、EGFR野生型患者和所有患者中的疗效。由于临床实践指南推荐只在EGFR基因突变阳性的晚期非小细胞肺癌患者中应用EGFR酪氨酸激酶抑制剂,故本节仅介绍此类药物在EGFR基因突变阳性患者中的效果。

2. 一线治疗的效果

(1)总生存期

19项临床试验报告了总生存期的数据,EGFR酪氨酸激酶抑制剂组和对照组的死亡风险比HR = 1.01(95% CI:0.87 ~ 1.18,$P = 0.86$),无统计学显著性,说明一线应用EGFR酪氨酸激酶抑制剂不能改善患者的总生存(表20-6)。

第二十章 非小细胞肺癌常见治疗措施的效果

表20-6 EGFR酪氨酸激酶抑制剂一线、二线及以上和维持治疗对晚期非小细胞肺癌患者的效果

结局	纳入研究数	总人数	HR（95% CI）	P值	异质性检验
一线治疗					
总死亡	19	—	1.01（0.87～1.18）	0.86	—
进展	12	—	0.30（0.38～0.49）	<0.001	—
二线及以上治疗					
总死亡	5	—	0.74（0.45～1.19）	0.21	—
进展	4	—	0.34（0.20～0.60）	<0.001	—
维持治疗					
总死亡	2	—	0.78（0.33～1.84）	0.57	—
进展	3	—	0.15（0.08～0.27）	<0.001	—

注：该综述没有按照不同比较组的类型（如常规化疗和安慰剂治疗）分别合并数据，故表格仅提供总的结果；—表示原文未报告具体数据

(2) 无进展生存期

12 项临床试验报告了无进展生存期的数据，EGFR 酪氨酸激酶抑制剂组和对照组的疾病进展风险比 HR = 0.30（95% CI：0.38～0.49，$P < 0.001$），有统计学显著性，说明一线应用 EGFR 酪氨酸激酶抑制剂可以改善患者的无进展生存（表20-6）。

3．二线治疗的效果

(1) 总生存期

5 项临床试验报告了总生存期的数据，EGFR 酪氨酸激酶抑制剂组和对照组的死亡风险比 HR = 0.74（95% CI：0.45～1.19，$P = 0.21$），无统计学显著性，尚无足够的证据说明二线应用 EGFR 酪氨酸激酶抑制剂可以改善患者的总生存（表20-6）。

(2) 无进展生存期

4 项临床试验报告了无进展生存期的数据，EGFR 酪氨酸激酶抑制剂组和对照组的疾病进展风险比 HR = 0.34（95% CI：0.20～0.60，$P < 0.001$），有统计学显著性，说明二线应用 EGFR 酪氨酸激酶抑制剂可以改善患者的无进展生存（表20-6）。

4．维持治疗的效果

(1) 总生存期

2 项临床试验报告了总生存期的数据，EGFR 酪氨酸激酶抑制剂组和对照组的死亡风险比 HR = 0.78（95% CI：0.33～1.84，$P = 0.57$），无统计学显著性，尚无足够的证据说明在维持治疗中应用 EGFR 酪氨酸激酶抑制剂可以改善患者的总生存（表20-6）。

(2) 无进展生存期

3 项临床试验报告了无进展生存期的数据，EGFR 酪氨酸激酶抑制剂组和对照组的疾病进展风险比 HR = 0.15（95% CI：0.08～0.27，$P < 0.001$），有统计学显著性，说明在维持治疗中应用 EGFR 酪氨酸激酶抑制剂可以改善患者的无进展生存（表20-6）。

5．结论

综上所述，EGFR 酪氨酸激酶抑制剂在一线、二线及以上和维持治疗中仅可改善 EGFR 基因突变阳性的晚期非小细胞肺癌患者的无进展生存，均不能改善更为重要的总生存，其临床意义有限。

6．讨论

该综述中共纳入 3 类临床试验：第 1 类临床试验，试验组患者接受 EGFR 酪氨酸激酶抑制剂，对照组患者接受常规化疗（8 个临床试验）；第 2 类临床试验，试验组患者接受 EGFR 酪氨酸激酶抑制剂联合常规化疗，对照组患者接受和临床试验组相同的常规化疗（4 个临床试验）；第 3 类临床试验，试验组患者接受靶向治疗，对照组患者接受安慰剂治疗（1 个临床试验）。由于作者并未按照不同对照组类型分别合并 EGFR 酪氨酸激酶抑制剂的净效应（与安慰剂或无治疗措施等比较的效应）和非净效应，应谨慎理解、应用上述合并的结果。另外，综述中没有报告纳入分析的总人数、结局事件的发生数、绝对生存期的延长以及研究间异质性的检验结果，故本节没有提及此类数据。据其他证据估计，EGFR 酪氨酸激酶抑制剂对无进展生存期的延长多在 2～3 个月以内。

7. 原始文献

[1] Lee CK, Brown C, Gralla RJ, et al. Impact of EGFR Inhibitor in Non-Small Cell Lung Cancer on Progression-Free and Overall Survival: A Meta-Analysis. J Natl Cancer Ins.2013, 105（9）：595-605.

[2] Ku GY1, Haaland BA, de Lima Lopes G Jr. Gefitinib vs. chemotherapy as first-line therapy in advanced non-small cell lung cancer: meta-analysis of phase III trials. Lung Cancer. 2011, 74（3）：469-473.

[3] Cappuzzo F, Ciuleanu T, Stelmakh L, et al. Erlotinib as maintenance treatment in advanced non-small-cell lung cancer: a multicentre, randomised, placebo-controlled phase 3 study. Lancet Oncol.2010, 11（6）：521-529.

（毛 琛　袁金秋）

第二十一章 常见心血管病初级预防措施效果的证据

心血管疾病的初级预防（primary prevention），就是指在心血管疾病尚未发生或处于亚临床阶段时采取预防措施，控制或减少心血管疾病危险因素，预防心血管事件，减少群体发病率。我国是世界上卫生资源相对匮乏的国家，更需要我们有效利用有限的卫生资源解决重大健康问题。对心血管疾病的初级预防来说，强调践行健康生活方式（如戒烟、减少膳食盐含量、多吃蔬菜水果、有规律地进行身体活动以及避免有害使用酒精）、依据证据合理使用药物（如阿司匹林、他汀类）、有效控制多重危险因素（如超重肥胖、高血压、糖尿病、血脂异常），就是具有实施可行性的极具成本效益的干预措施。本章总结了国内外主流学术组织推荐采用的 5 种常见心血管病初级预防措施的效果证据，包括：

1. 他汀类降血脂药物对心血管疾病初级预防的效果
2. 降血压药物对心血管疾病初级预防的效果
3. 降血糖药物二甲双胍对心血管疾病初级预防的效果
4. 抗血小板药物阿司匹林对心血管疾病初级预防的效果
5. 生活方式干预对心血管疾病二级预防的效果

一、他汀类降血脂药物对心血管疾病初级预防的效果

1. 背景介绍

无论既往是否有心血管病史，高胆固醇血症都是导致患者心血管事件发生的重要危险因素。HMG-CoA 还原酶抑制剂他汀类（statins）可降低胆固醇水平，是心血管疾病二级预防（secondary prevention）的首选用药，但在心血管疾病初级预防中的效果如何、是否会增加不良事件的发生，尚存在争议。2013 年 Taylor 等发表的一项系统综述对既往无心血管病史的人群使用他汀类进行初级预防的效果（包括获益和危害）进行了总结。

该系统综述收集了 18 项发表于 1994—2010 年期间的随机对照试验，共纳入 56934 位受试者。受试者平均年龄为 57 岁（28～97 岁），白种人约占 85.9%，男性约占 60.3%。受试者基线时的健康状况差异较大，其中 14 项试验招募了具有特定危险因素（包括血脂异常、糖尿病、高血压和微量白蛋白尿）的患者，但在不同试验中，既往有心血管病史患者所占的比例均不超过 10%，吸烟者的比例在 10%～45%。试验组采用他汀类进行干预，其中最常见的是普伐他汀（9 项），还包括阿托伐他汀、氟伐他汀、洛伐他汀、罗素伐他汀和辛伐他汀，使用剂量在每天 10～80mg。对照组均给予安慰剂，其中 5 项试验在干预组和对照组中同时采用饮食、锻炼、戒烟等健康行为的改变作为合并干预措施。不同试验的平均干预时间在 1～5.3 年，干预结束后随访观察至少 6 个月，其中有 3 项试验因为干预组在主要结局指标上有显著改善而提前结束，比预先确定的终止时间提前了 1.4～3.0 年，所涉及的受试者人数占总数的 47%。系统综述关心的主要结局包括：①全死因死亡（all causes mortality）；②心血管病事件（cardiovascular events）；③不良事件（adverse events）。

2. 他汀类干预的效果

（1）全死因死亡

13 项临床试验报告了全死因死亡情况，共纳入 48060 位受试者，干预组 24408 人，其中 1077 人死亡，合计死亡率约为 4.4%；对照组 23652 人，其中 1223 人死亡，合计死亡率约为 5.1%。试验组与对照组的受试者死亡的比值比（odds ratio, OR）= 0.86（95% CI：0.79 ~ 0.94，$P < 0.001$；异质性检验：$I^2 = 0.0\%$，$P = 0.47$），具有高度的统计学显著意义，说明他汀类干预在减少全死因死亡方面是有效的（表 21-1）。以被纳入该 Meta 分析且样本量最大的研究中对照组的事件发生率（2.8%）为基线风险进行估计，NNT = 257。

表21-1 他汀类降血脂药物对无心血管病史人群全死因死亡、心血管病事件和不良反应的作用

结局	研究数	总人数	效应（95% CI）	P 值	异质性检验
死亡率和发病率					
全死因死亡	13	48060	0.86（0.79 ~ 0.94）*	< 0.001	$I^2 = 0\%$；$P = 0.47$
冠心病事件	14	48049	0.73（0.67 ~ 0.80）	< 0.001	$I^2 = 10\%$；$P = 0.34$
致死性冠心病事件	10	46094	0.82（0.70 ~ 0.96）	0.016	$I^2 = 0\%$；$P = 0.59$
非致死性冠心病事件	11	40977	0.67（0.59 ~ 0.76）	< 0.001	$I^2 = 6\%$；$P = 0.39$
心血管事件	9	23805	0.75（0.70 ~ 0.81）	< 0.001	$I^2 = 31\%$；$P = 0.17$
致死性心血管事件	5	34012	0.83（0.72 ~ 0.96）	0.014	$I^2 = 0\%$；$P = 0.48$
非致死性心血管事件	2	8696	0.77（0.62 ~ 0.96）	0.022	$I^2 = 0\%$；$P = 0.73$
脑卒中	10	40295	0.78（0.68 ~ 0.89）	< 0.001	$I^2 = 26\%$；$P = 0.21$
致死性脑卒中	3	27238	0.63（0.18 ~ 2.23）	0.48	$I^2 = 68\%$；$P = 0.04$
非致死性脑卒中	5	28097	0.69（0.58 ~ 0.83）	< 0.001	$I^2 = 0\%$；$P = 0.51$
联合终点事件	4	35254	0.65（0.58 ~ 0.73）	< 0.001	$I^2 = 0\%$；$P = 0.39$
不良事件					
总不良反应	12	40716	1.00（0.97 ~ 1.03）	0.86	$I^2 = 39\%$；$P = 0.09$
因不良反应停止干预	9	21642	0.86（0.65 ~ 1.12）*	0.26	$I^2 = 80\%$；$P < 0.001$
送医院治疗	2	19707	0.74（.38 ~ 1.41）	0.36	$I^2 = 89\%$；$P = 0.003$
发生肿瘤	11	38739	1.01（0.93 ~ 1.10）	0.76	$I^2 = 9\%$；$P = 0.76$
发生肌肉疼痛	9	37938	1.03（0.97 ~ 1.09）	0.40	$I^2 = 41\%$；$P = 0.09$
发生横纹肌溶解症	6	38468	1.00（0.23 ~ 4.38）	1.0	$I^2 = 0\%$；$P = 0.68$
发生糖尿病	2	24407	1.18（1.01 ~ 1.39）*	0.037	$I^2 = 45\%$；$P = 0.18$
发生出血性脑卒中	2	25634	0.97（0.54 ~ 1.75）*	0.93	$I^2 = 0\%$；$P = 0.38$
肝功能异常	10	40094	1.16（0.87 ~ 1.54）	0.32	$I^2 = 54\%$；$P = 0.02$
发生肾脏病变	4	27804	1.11（0.99 ~ 1.26）*	0.085	$I^2 = 0\%$；$P = 0.87$
发生关节炎	2	7586	1.20（0.82 ~ 1.75）*	0.34	$I^2 = 53\%$；$P = 0.14$

*使用 OR 表示效应指标；其余使用 RR 表示效应指标

（2）心血管病事件

9项临床试验报告了总心血管事件（包括致命和非致命CVD）的发生情况，共纳入23805位受试者，试验组11892人，其中1103人在观察期间发生心血管事件，合计发生率约为9.3%；对照组11913人，其中1455人发生心血管事件，合计发生率约为12.2%。试验组与对照组的受试者发生总心血管事件的相对危险度RR = 0.75（95% CI：0.70～0.81，P < 0.001；异质性检验：I^2 = 31.0%，P = 0.17），具有高度的统计学显著意义，说明他汀类干预在减少总的心血管事件发生方面也是有效的，以被纳入该meta分析且样本量最大的研究中对照组的事件发生率（4.3%）为基线风险进行估计，NNT = 92。按致死性和非致死性心血管事件的发生进行亚组分析，情况也类似，NNT分别为1745和112。

类似地，除了致死性卒中以外，他汀类还可以分别降低冠心病事件总数、致死性和非致死性冠心病事件发生的风险，NNT分别为347、8242和303；降低总卒中数和非致死性卒中发生的风险，NNT分别为632和495；降低联合终点事件（致命性和非致命性冠心病、心血管和卒中事件）发生的风险，NNT = 135，详见表21-1。

（3）不良事件

12项临床试验报告了他汀类干预的不良事件，共纳入40716名受试者，10838人经历了不良反应，合计发生率约为26.6%，不同试验的不良反应发生率在0%～97%。试验组和对照组的受试者发生不良反应的相对危险度RR = 1.00（95% CI：0.97～1.03，P = 0.86；异质性检验：I^2 = 39.0%，P = 0.09），无统计学显著意义。而在那些因他汀类的副作用而终止治疗和需要住院的受试者当中，试验组和对照组之间的不良反应发生率也没有差异，虽然不同临床试验之间存在异质性。

具体的不良反应如肿瘤、肌痛、横纹肌溶解症和出血性脑卒中的发生率，在试验组和对照组之间的差异均无统计学显著意义。有2项临床试验（共24407位受试者）报告了2型糖尿病的发生率，试验组和对照组的风险比OR = 1.18（95% CI：1.01～1.39，P = 0.037；异质性检验：I^2 = 45.0%，P = 0.18），具有统计学显著意义，NNT = 229。

3．结论

综上所述，目前全部证据都支持他汀类对全死因死亡和心血管疾病的初级预防有效，虽然对一些心血管病事件的发生来说绝对效果是有限的。尚无证据显示使用他汀类会增加严重的不良反应。

4．原始文献

[1] Taylor F, Huffman MD, Macedo AF, et al. Statins for the primary prevention of cardiovascular disease. Cochrane Database Syst Rev 1.2013，CD004816.

二、降血压药物对心血管疾病初级预防的效果

1．背景介绍

全球高血压患者数目不断增加，约有10亿人受到影响，其中绝大多数是1级高血压患者[收缩压140～159mmHg和（或）舒张压90～99mmHg]，并且没有明显的心血管疾病。但是，当前大多数降压药物的临床试验针对的是2级或3级高血压患者，或是已经明确有心血管疾病的高危人群。2015年，以Sundstrom博士为首的降血压治疗试验协作组（blood pressure lowering treatment trialists' collaboration，BPLTTC）围绕降血压药物对既往不存在心血管疾病的1级高血压患者（mild hypertension）的初级预防效果进行了总结。该系统综述收集了12项（13个比较组）发表于1978—2007年期间的随机对照试验，其中3项试验来自于Diao博士2013年发表的一篇相同主题的系统综述，共纳入8905位高血压患者；其余数据来自BPLTTC的临床试验个体-参与者数据库，共纳入9项试验（10个比较组），6361位符合标准

第二十一章 常见心血管病初级预防措施效果的证据

的受试者。最终,共有 15266 位 1 级高血压患者被纳入该项研究,其中接受积极降血压治疗的患者 7842 位,对照组 7424 位。14457 位(95%)受试者接受一种降压药物与安慰剂的比较试验,809 位(5%)受试者接受高强度与低强度降压药物治疗的比较试验。

来自 BPLTTC 数据库的患者平均年龄为 63.5 岁,BMI 为 29.2,其中 60% 为男性,吸烟的比例占总受试者的 16%,且绝大多数受试者患有糖尿病(96%),平均基线血压值为 146/84mmHg,61% 的患者在基线时已在进行降压药物治疗,干预期间主要采用 ACEI(大多数)和钙通道阻滞剂(小部分)进行降压治疗。非 BPLTTC 数据库的患者绝大多数缺乏基线数据,但在入组时均排除了糖尿病以及已在进行降压药物治疗的患者,干预期间主要采用利尿剂和 β 受体阻滞剂进行降压治疗。BPLTTC 临床试验的中位随访时间为 4.4 年,试验组与对照组干预前后血压下降的均差为 3.6/2.4mmHg;非 BPLTTC 临床试验的随访时间为 4~5 年,治疗前后的血压变化情况不详。原文未对随访做特别定义,故认为随访时间从干预开始观察至干预结束为止(下文同)。系统综述关心的结局包括:全死因死亡,心血管疾病死亡,总心血管事件以及心力衰竭、卒中和冠心病事件发生的情况。

2. 降血压药物治疗的效果

(1)全死因死亡和心血管疾病死亡

12 项试验报告了全死因死亡的情况,共纳入 15250 名患者,试验组 7842 人,其中 307 人死亡,合计死亡率约为 3.9%;对照组 7424 人,其中 358 人死亡,合计死亡率约为 4.8%。试验组与对照组患者全死因死亡的相对危险度 OR = 0.78(95% CI:0.67~0.92;异质性检验:$I^2 = 17.0\%$),具有统计学显著意义,说明降血压药物在减少全死因死亡方面是有效的,以被纳入该 Meta 分析且样本量最大的研究中对照组的全死因死亡率为基线风险进行估计(2.5%),NNT = 180。此外,8 项试验报告了心血管疾病死亡情况,全部来自于 BPLTTC 研究,试验组与对照组患者心血管疾病死亡的 OR = 0.75(95% CI:0.57~0.98;异质性检验:$I^2 = 35.2\%$),结果具有统计学显著意义,以被纳入该 meta 分析且样本量最大的研究中对照组的心血管疾病死亡率为基线风险进行估计(3.6%),NNT = 112(表 21-2)。亚组分析的结果表明基线心血管风险更高的 BPLTTC 组更倾向于从降血压治疗中获益。

表21-2 降血压药物对1级高血压患者全死因死亡、心血管病死亡和主要心血管事件的预防效果

结局	比较组	总人数	发生数	OR(95% CI)	异质性检验
全死因死亡	12	15250	665	0.78(0.67~0.92)	$I^2 = 17.0\%$
BPLTTC 试验	9	6345	498	0.76(0.63~0.91)	$I^2 = 26.2\%$
非 BPLTTC 试验	3	8905	167	0.85(0.62~1.15)	$I^2 = 9.8\%$
心血管病死亡					
BPLTTC 试验	8	5892	220	0.75(0.57~0.98)	$I^2 = 35.2\%$
总心血管事件	11	12981	661	0.86(0.74~1.01)	$I^2 = 2.7\%$
BPLTTC 试验	9	5908	496	0.83(0.69~1.00)	$I^2 = 8.5\%$
非 BPLTTC 试验	2	7073	165	0.97(0.71~1.33)	$I^2 = 0.0\%$
脑卒中事件	11	12422	226	0.72(0.55~0.94)	$I^2 = 28.9\%$
BPLTTC 试验	10	6361	196	0.74(0.55~0.99)	$I^2 = 30.5\%$
非 BPLTTC 试验	1	6061	30	0.50(0.24~1.08)	NA
冠心病事件	9	12934	364	0.91(0.74~1.12)	$I^2 = 0.0\%$

续表

结局	比较组	总人数	发生数	OR（95% CI）	异质性检验
BPLTTC 试验	7	5861	229	0.80（0.61～1.04）	$I^2 = 0.0\%$
非 BPLTTC 试验	2	7073	135	1.12（0.80～1.58）	$I^2 = 0.0\%$
心力衰竭					
BPLTTC 试验	7	5631	138	0.44（0.01～13.32）	$I^2 = 0.0\%$

（2）心血管事件

11 项试验报告了患者发生卒中的情况，共纳入 12422 名患者，试验组 6376 人，99 人发生卒中事件，合计发生率约为 1.6%；对照组 6046 人，127 人发生卒中事件，合计发生率约为 2.1%。试验组与对照组患者卒中事件发生率的相对危险度 RR = 0.72（95% CI：0.55～0.94；异质性检验：$I^2 = 28.9\%$），具有统计学显著意义，说明降血压药物治疗在降低卒中发生风险方面是有效的，NNT = 544。此外，研究结果表明在预防总心血管事件以及心力衰竭、冠心病事件发生方面，目前尚无足够证据证明高血压药物治疗对 1 级高血压患者是有效的，详见表 21-2。

3．结论

综上所述，目前的研究结果表明无心血管疾病史的 1 级高血压患者进行降血压药物治疗可从预防全死因死亡、心血管疾病死亡和脑卒中上获益，但是绝对效果有限，且获益大小取决于受试者基线水平的心血管疾病风险。

4．原始文献

[1] Sundstrom J，Arima H，Jackson R，et al. Effects of blood pressure reduction in mild hypertension：a systematic review and meta-analysis. Ann Intern Med.2015，162：184-191.

三、降血糖药物二甲双胍对心血管疾病初级预防的效果

1．背景介绍

二甲双胍（metformin）是多数指南推荐的 2 型糖尿病治疗的一线药物，不仅可以很好地降低血糖，而且能全面干预多种心血管危险因素，从而降低心血管疾病风险，达到糖尿病治疗的最终目的。2011 年 Lamanna 等发表的一项系统综述对二甲双胍预防心血管事件和死亡的效果进行了总结。该系统综述共收集了 35 项随机对照试验，纳入 18472 名患者（试验组 7171 人，对照组 11301 人），多数试验以西方国家白种人为对象，3 项试验为东亚国家黄种人，女性占多数，不同试验中患者的平均年龄在 8.4～74.5 岁。在排除了未发生或未报告心血管事件的临床试验后，有 12 项试验，14451 名患者被纳入 Meta 分析，其中 10 项试验针对 2 型糖尿病患者（均具有二甲双胍治疗的适应证），另 2 项试验针对非糖尿病患者。试验组采用二甲双胍作为干预措施，对照组采用安慰剂、其他积极的降血糖治疗策略，或不采取任何治疗措施。如对照组采用了其他降糖治疗措施，则干预组合并采用相同的治疗措施。不同试验的中位干预持续时间为 2.2 年（1～6.6 年）。该系统综述关心的结局包括：全死因死亡、心血管疾病死亡和多种心血管事件，包括致死或非致死性心肌梗死、脑卒中和心力衰竭（作为一种严重的不良反应）。

2．二甲双胍治疗的效果

（1）全死因死亡和心血管病死亡

分别有 10 项和 5 项试验报告了受试者全死因死亡和心血管病死亡的情况（至少报告 1 例死亡事件），试验组和对照组患者的 Mantel-Henzel OR 值（MH-OR）分别为 1.103 和 0.923，P 值均大于 0.5，无统计学显著意义，说明目前尚无足够证据证明二甲双胍治疗在减少患者全死

因死亡和心血管病死亡方面是有作用的（表21-3）。但是，二甲双胍与磺酰脲类药物合并使用时会显著增加全死因死亡的风险比（2项试验，MH-OR = 1.432，95% CI：1.068～1.918；P = 0.016），详见表21-3。Meta多元回归分析显示，干预试验持续时间越长，受试者中女性的比例越高，患者从二甲双胍治疗中获得全死因死亡的收益就会越大。

表21-3 降血糖药物二甲双胍对无心血管疾病患者全死因死亡、心血管病死亡和心血管事件的预防效果

结局		研究数	OR（95% CI）	P 值
全死因死亡		10	1.103（0.804～1.513）	0.554
糖尿病	有	8	1.114（0.794～1.565）	0.532
	糖尿病前期	2	0.961（0.140～6.586）	0.967
合并治疗	无	7	0.801（0.625～1.024）	0.076
	磺酰脲类药物	2	1.432（1.068～1.918）	0.016
对照组	安慰剂/无治疗	5	1.074（0.560～2.061）	0.830
	其他积极治疗	8	0.969（0.747～1.258）	0.815
心血管病死亡		5	0.923（0.361～2.320）	0.860
心血管事件		12	0.937（0.820～1.070）	0.339
糖尿病	有	10	0.949（0.820～1.070）	0.342
	糖尿病前期	2	0.780（0.462～1.315）	0.516
合并治疗	无	8	0.894（0.734～1.090）	0.270
	胰岛素	1	0.391（1.108～2.121）	0.280
	磺酰脲类药物	3	1.012（0.829～1.234）	0.911
对照组	安慰剂/无治疗	8	0.794（0.644～0.979）	0.031
	TZDs	3	1.001（0.831～1.207）	0.991
	其他积极治疗	3	1.065（0.539～2.102）	0.857
纳入年龄	＜30岁	4	0.758（0.608～0.945）	0.014
	≥30岁	5	1.046（0.885～1.237）	0.597
排除年龄	＜65岁	3	0.775（0.600～1.001）	0.051
	≥65岁	5	1.053（0.890～1.247）	0.545

（2）心血管事件

在二甲双胍试验组的7171位受试者中发生了451次心血管事件（发病率6.29%），对照组11301位受试者中共发生了775次心血管事件（发病率6.86%）。在纳入Meta分析的12项试验中，试验组和对照组发生心血管事件的MH-OR = 0.937（95% CI：0.820～1.070，P = 0.339），亦无统计学显著意义，说明目前尚无足够证据证明二甲双胍治疗在减少总体心血管事件发生方面是有效的。类似地，目前也没有足够证据证明二甲双胍干预会减少单独的心血管事件（如心肌梗死和脑卒中）或增加不良反应（如心力衰竭）的发生。

进一步将各干预试验按不同标准分别进行分析时发现：在采用安慰剂或不治疗作为对照组的试验中，二甲双胍试验组患者心血管事件发生的风险明显低于对照组（MH-OR = 0.794，95% CI：0.644～0.979；P = 0.031），具有统计学显著意义；而采用其他积极治疗措施作为对照组的试验则未显示出统计学差异；在受试者允许纳入的年龄小于30岁，或排除的年龄小于65岁的试验中，二甲双胍试验组心血管事件发生的风险也明显低于对照组，MH-OR分别

为 0.758（95% CI：0.608～0.945；$P=0.014$）和 0.775（95% CI：0.600～1.001；$P=0.051$），均具有统计学显著意义。Meta 多元回归分析显示，试验持续时间越长，受试者最大或最小纳入年龄越低，二甲双胍治疗对心血管事件的影响似乎越大。这意味着似乎患者年龄越轻，使用二甲双胍治疗时间越长，就越能从中获益。

3．结论

综上所述，目前尚无足够证据表明二甲双胍治疗对无心血管疾病的糖尿病或糖尿病前期患者可预防全死因死亡、心血管病死亡和心血管事件的发生；与安慰剂或不治疗相比，二甲双胍对预防心血管事件有效。尚无证据显示二甲双胍会产生不良的心血管危害。

4．原始文献

[1] Lamanna C，Monami M，Marchionni N，et al. Effect of metformin on cardiovascular events and mortality：a meta-analysis of randomized clinical trials. Diabetes Obes Metab.2011，13：221-228.

四、抗血小板药物阿司匹林对心血管疾病初级预防的效果

1．背景介绍

抗血小板药物阿司匹林（aspirin）是心血管疾病二级预防的经典药物，但是对于无心血管病史的患者或高危人群，尚不确定阿司匹林在减少心血管事件方面的收益是否超过了其增加出血的风险。2011 年，Raju 博士等发表的一项系统综述对阿司匹林的心血管疾病初级预防效果及其主要副作用进行了总结。该综述系统收集了发表在 1988—2010 年间的 9 项随机对照试验，共纳入 100076 位受试者，其中 1 项试验以日本人为研究对象，其余均以西方国家白种人为主。不同试验中，受试者平均年龄在 57～64 岁，且大多数为男性，受试者的基线健康状况有较大差异（其中 2 项试验招募糖尿病患者，1 项试验招募高血压患者），但 95% 以上的受试者均无心血管病史。试验组采用阿司匹林进行治疗，剂量在 75～500mg/d，对照组采用安慰剂或不采取任何治疗措施。部分试验合并采用非阿司匹林治疗措施，如华法林、抗氧化剂、维生素 E 和（或）β-胡萝卜素等，则试验组和对照组实施相同的治疗措施。系统综述关心的结局包括：全死因死亡、心血管疾病死亡、心肌梗死、脑卒中和出血。不同试验的平均干预时间（或中位数）在 3.6～10.1 年，失访率最高为 7.6%，多数不到 1%，有 3 项试验因为阿司匹林治疗优势明显，还有 1 项试验因为不能找到主要终点和阿司匹林增加出血风险之间的差异而提前终止。

2．阿司匹林治疗的效果

（1）全死因死亡和 CVD 死亡

9 项试验均报告了全死因死亡的情况，其中试验组 50868 人，1859 人死亡，合计死亡率约为 3.65%；对照组 49208 人，1838 人死亡，死亡率约为 3.74%。试验组与对照组患者死亡的相对危险度 RR = 0.94（95% CI：0.88～1.00，$P=0.05$；异质性检验：$I^2=0.0\%$，$P=0.99$），具有统计学显著意义。以被纳入该 Meta 分析且样本量最大的研究中对照组的全死因死亡率（2.2%）为基线风险进行估计，NNT = 518，说明使用阿司匹林可以降低患者全死因死亡的风险，但是绝对效果有限。试验组与对照组患者心血管疾病死亡的相对危险度 RR = 0.96（95% CI：0.84～1.09，$P=0.51$；异质性检验：$I^2=19.0\%$，$P=0.27$），无统计学显著意义，说明目前没有足够证据证明使用阿司匹林在减少心血管病死亡方面是有效的。详见表 21-4。

表21-4 抗血小板药物阿司匹林对无心血管病史人群全死因死亡、心血管病死亡、心血管事件和出血事件的作用

结局	研究数	总人数	RR（95% CI）	P 值	异质性检验
全死因死亡	9	100076	0.94（0.88～1.00）	0.05	$I^2=0\%$；$P=0.99$
心血管病死亡	9	100076	0.96（0.84～1.09）	0.51	$I^2=19\%$；$P=0.27$

续表

结局	研究数	总人数	RR（95% CI）	P 值	异质性检验
主要心血管事件	9	100076	0.88（0.83～0.94）	<0.001	$I^2=0\%$；$P=0.48$
心肌梗死	9	100076	0.83（0.69～1.00）	0.05	$I^2=71\%$；$P<0.001$
脑卒中	9	100076	0.93（0.82～1.05）	0.23	$I^2=22\%$；$P=0.25$
缺血性脑卒中	8	81286	0.86（0.75～0.98）	0.02	$I^2=0\%$；$P=0.48$
出血性脑卒中	8	81286	1.36（1.01～1.82）	0.04	$I^2=0\%$；$P=0.63$
主要出血	7	96212	1.66（1.41～1.95）	<0.001	$I^2=0\%$；$P=0.42$
胃肠道出血	8	94937	1.37（1.15～1.62）	<0.001	$I^2=62\%$；$P=0.01$

（2）其他心血管事件

9 项试验中，试验组主要心血管事件的发生率为 3.66%（1861 例），对照组的发生率为 3.98%（1957 例），试验组与对照组患者发生主要心血管事件的相对危险度 RR = 0.88（95% CI：0.83～0.94，$P<0.001$；异质性检验：$I^2=0.0\%$，$P=0.48$），具有高度的统计学显著意义，NNT = 318，说明阿司匹林治疗可以降低患者主要心血管事件发生的风险，但是临床效果也有限。而心肌梗死的研究结果存在异质性，RR = 0.83（95% CI：0.69～1.00，$P=0.05$；异质性检验：$I^2=71.0\%$，$P<0.001$）。

从数据上看，干预组和对照组发生脑卒中的总体相对危险度 RR = 0.93（95% CI：0.82～1.05，$P=0.23$；异质性检验：$I^2=22.0\%$，$P=0.25$），无统计学显著意义。但亚组分析结果表明：试验组与对照组发生缺血性脑卒中的相对危险度 RR = 0.86（95% CI：0.75～0.98，$P=0.02$；异质性检验：$I^2=0.0\%$，$P=0.48$）；发生出血性脑卒中的相对危险度 RR = 1.36（95% CI：1.01～1.82，$P=0.04$；异质性检验：$I^2=0.0\%$，$P=0.63$），均有统计学显著意义，说明阿司匹林可以降低患者发生缺血性脑卒中的风险，但同时增加了患者发生出血性脑卒中的风险，两组的 NNT 分别为 645 和 1351，说明实际的绝对风险值都较低。

（3）出血事件

除了出血性脑卒中以外，阿司匹林还显著增加了主要出血和胃肠道出血的风险。试验组和对照组发生主要出血和胃肠道出血的相对危险度 RR 分别为 1.66（95% CI：1.41～1.95，$P<0.001$；异质性检验：$I^2=0.0\%$，$P=0.42$）和 1.37（95% CI：1.15～1.62，$P<0.001$；异质性检验：$I^2=62\%$，$P=0.01$），均具有高度的统计学显著意义，NNT 分别为 332 和 72，说明长期使用阿司匹林会明显增加患者出血，尤其是胃肠道出血的风险。

3．结论

长期服用阿司匹林在心血管疾病初级预防中能显著降低全死因死亡、主要心血管事件和缺血性脑卒中的发生风险，增加出血性脑卒中发生的风险，但临床意义有限；长期使用阿司匹林会显著增加患者出血的风险，尤其是消化道出血的风险。

4．原始文献

[1] Raju N, Sobieraj-Teague M, Hirsh J, et al. Effect of aspirin on mortality in the primary prevention of cardiovascular disease. Am J Med. 2011, 124: 621-629.

五、生活方式干预对心血管疾病二级预防的效果

1．背景介绍

几乎所有指南和专家共识都指出，生活方式干预（lifestyle intervention）是心血管疾病所有预防措施的基石，但是有关生活方式干预对心血管疾病初级预防的随机对照研究相对较少，

第二十一章 常见心血管病初级预防措施效果的证据

尤其是针对心血管疾病终点事件的研究更少。2011年Judith Cole等发表的一项系统综述对饮食、运动和生活方式干预在冠心病二级预防中的效果进行了总结。虽然该综述的研究对象均是确诊为冠心病（coronary heart disease）患者，但由于作者只纳入了由初级保健（或社区）机构以及初级保健医生团队所实施的、能和患者保持长期和持续关系的生活方式干预研究，因此作者仍将其纳入本章进行分析导读。

该系统综述收集了21项发表于1993—2010年间的随机对照试验，共纳入10799名确诊为冠心病的成年患者，试验全部在欧美国家进行，患者的平均年龄在53～75.5岁，绝大多数为男性。试验组在常规治疗基础上接受生活方式干预，干预措施可以分为六大类，包括饮食、运动、心理、教育、组织和多因素干预，其中多因素干预试验所占比例最大，共有10项，单纯饮食和运动的试验最少，各有1项。干预时间最短3个月，最长5年；干预后跟踪随访的时间也至少在3个月，最长达15年。不同试验中生活方式干预的强度差别非常大，且涉及了医生、护士、理疗师、心理学家、营养师和社会工作者等不同的临床和卫生保健专业人员。对照组只接受常规或普通的治疗，即由全科医师（general practitioner，GP）给予标准化的治疗或临床治疗。系统综述关心的主要结局包括：①全死因死亡；②心血管病死亡；③非致死性心血管事件，包括心肌梗死、冠状动脉旁路移植术、冠状动脉血管成形术等。

2．生活方式干预的效果

（1）全死因死亡

6项临床试验报告了全死因死亡的数据，共纳入7053名患者，试验组3557人，其中267人死亡，合计死亡率约为7.5%；对照组3496人，其中352人死亡，合计死亡率约为10.1%。试验组与对照组患者死亡的相对危险度RR = 0.75（95% CI：0.65～0.87，P = 0.0001，异质性检验：I^2 = 0.0%，P = 0.94），具有高度的统计学显著意义，说明采用生活方式干预可以降低心血管疾病患者全死因死亡的风险，详见表21-5。以被纳入该Meta分析且样本量最大的研究中对照组的事件发生率（2.65%）为基线风险进行估计，NNT = 151。

表21-5 生活方式干预对冠心病患者全死因死亡、心血管疾病死亡和非致死性心血管事件的预防效果

结局	研究数	总人数	RR（95% CI）	P值	异质性检验
全死因死亡	6	7053	0.75（0.65～0.87）	0.0001	I^2 = 0%；P = 0.94
心血管病死亡	8	7188	0.63（0.47～0.84）	0.002	I^2 = 39%；P = 0.12
非致死性心血管事件	9	13349	0.68（0.55～0.84）	<0.0003	I^2 = 58%；P = 0.002

（2）心血管病死亡

8项临床试验报告了心血管病死亡的数据，共纳入7188名患者，干预组3631人，其中心血管疾病死亡163人，合计死亡率约为4.5%；对照组3557人，其中心血管病死亡340人，合计死亡率约为9.6%。试验组与对照组患者发生心血管病死亡的相对危险度RR = 0.63（95% CI：0.47～0.84，P = 0.002，异质性检验：I^2 = 39%，P = 0.12），具有高度的统计学显著意义，说明采用生活方式干预可以降低心血管疾病患者心血管病死亡的风险，但不同研究之间具有中等程度的异质性。以被纳入该Meta分析且样本量最大的研究中对照组的心血管病死亡率（1.48%）为基线风险进行估计，NNT = 183。

（3）非致死性心血管事件

9项临床试验报告了非致死性心血管事件发生的数据，共纳入13349名患者，干预组6689人，其中479人发生了非致死性心血管事件，合计发生率约为7.2%；对照组6660人，其中592人发生了心血管事件，发生率约为8.9%。试验组与对照组患者发生非致死性心血管事件的相对危险度RR = 0.68（95% CI：0.55～0.84，P = 0.0003，异质性检验：I^2 = 58%，P =

0.002），具有高度的统计学显著意义，NNT = 115。但是不同研究之间存在显著的异质性，其产生原因可能与不同类别的干预措施，临床试验的研究质量、干预设置、干预强度、持续时间和跟踪随访时间的长短等有关。

3．结论

生活方式干预可以降低冠心病患者全死因死亡、心血管疾病死亡和心血管事件发生的风险，但绝对效果有限。

4．原始文献

[1] Cole JA1，Smith SM，Hart N，et al. Systematic Review of the Effect of Diet and Exercise Lifestyle Interventions in the Secondary Prevention of Coronary Heart Disease. Cardiology Research Practice. 2011：232351. doi：10.4061/2011/232351.

（杨敏　郁园园）

第二十二章 冠心病常见治疗措施的效果

冠状动脉粥样硬化性心脏病（coronary atherosclerotic heart disease）是冠状动脉发生动脉粥样硬化病变而引起血管腔狭窄或阻塞，造成心肌缺血、缺氧或坏死而导致的心脏病，常被简称为冠心病（coronary heart disease）。冠心病的治疗可大致分为药物治疗，也称为保守治疗（conservative treatment），以及手术治疗，也称为侵入性治疗（invasive therapy）两大类。本章总结了临床实践指南推荐使用的4种冠心病治疗措施的效果，涉及2种常用药物和2种主要的侵入性治疗措施：

1. 早期他汀类治疗在急性冠状动脉综合征患者中的效果
2. 抗血小板药物治疗在心肌梗死患者中的效果
3. 早期和延迟侵入性治疗在非ST段抬高型急性冠状动脉综合征患者中的效果比较
4. 早期和延迟支架植入术在稳定型冠心病患者中的效果比较
5. 介入治疗和冠状动脉旁路移植术在冠心病患者中的效果比较

一、早期他汀类治疗在急性冠状动脉综合征患者中的效果

1. 背景介绍

他汀类（statins）是急性冠状动脉综合征（acute coronary syndrome）的治疗中最常用的药物之一。2012年Briel等发表的一项系统综述对早期他汀类治疗在急性冠状动脉综合征（心肌梗死或不稳定型心绞痛）患者中的效果进行了总结。该系统综述收集了18项发表于1997—2010年间的随机对照试验，共纳入14303名患者，其中14项试验的患者（占总人数的93%）以西方国家白种人为主，4项试验的患者（占总人数的7%）为东亚国家黄种人，不同试验中，患者的平均年龄为53~69岁，大多数为男性。试验组在常规治疗的基础上接受早期他汀类治疗（疾病发作后14天内给予治疗），不同试验中，开始治疗的平均时间点为疾病发作后1~12天不等，共涉及4种他汀类药物，5个试验用了高剂量（氟伐他汀或阿托伐他汀80mg/d），另13个试验用的是中、低剂量；对照组只接受常规治疗，或在此之上给予安慰剂。不同试验中，平均治疗时间1~6个月不等，随访观察至治疗结束为止。系统综述关心的结局包括：①全死因死亡；②心血管病死亡；③心肌梗死（包括致死性和非致死性）；④卒中（包括致死性和非致死性）；⑤由全死因死亡、非致死性心肌梗死、非致死性卒中组成的复合结局；⑥血运重建；⑦新发或恶化的急性心力衰竭；⑧不稳定型心绞痛（指需要紧急住院治疗的再发心肌缺血）。系统综述的原文同时报告了治疗1个月后和4个月后的结果，前者涉及的试验相对多一些，但两者的结果基本一致，本节只摘录了治疗4个月后的结果。

2. 早期他汀类治疗的效果

（1）全死因死亡及多种心脑血管事件

12项试验报告了全死因死亡的情况，共纳入9725名患者，试验组4889人，其中121人死亡，合计死亡率约为2.5%（由总事件数除以总人数得到的估计值，下同）；对照组4836人，其中135人死亡，合计死亡率约为2.8%。试验组与对照组的患者死亡的相对危险度（relative risk，RR）= 0.90（95% CI：0.70 ~ 1.14，P = 0.37；异质性检验：I^2 = 0.0%，P = 0.9），无统计学显著性，说明目前尚无足够证据证明早期他汀类治疗在减少全死因死亡方面是有效的。详见表 22-1。类似地，目前也没有足够证据证明早期他汀类治疗在减少心血管病死亡、心肌梗死、卒中、血运重建、急性心力衰竭以及由全死因死亡、非致死性心肌梗死、非致死性卒中组成的复合结局方面是有效的。

表22-1　早期他汀类治疗在急性冠状动脉综合征患者中的效果

结局	研究数	总人数	RR（95% CI）	P 值	异质性检验
全死因死亡	12	9725	0.90（0.70 ~ 1.14）	0.37	I^2 = 0.0%；P = 0.9
心血管病死亡	11	9625	0.84（0.64 ~ 1.09）	0.16	I^2 = 0.0%；P = 0.8
心肌梗死	12	9725	0.91（0.78 ~ 1.06）	0.25	I^2 = 0.0%；P = 0.5
卒中	11	9625	0.72（0.45 ~ 1.16）	0.14	I^2 = 0.0%；P = 0.5
由全死因死亡、非致死性心肌梗死、非致死性卒中组成的复合结局	11	9629	0.93（0.80 ~ 1.06）	0.27	I^2 = 0.0%；P = 0.7
血运重建	11	9625	0.92（0.78 ~ 1.08）	0.44	I^2 = 21.0%；P = 0.3
急性心力衰竭	2	7583	0.86（0.65 ~ 1.15）	0.33	I^2 = 0.0%；P = 0.6
不稳定型心绞痛	10	8840	0.76（0.60 ~ 0.96）	0.02	I^2 = 33.0%；P = 0.2

（2）不稳定型心绞痛

10 项试验报告了不稳定型心绞痛的情况，共纳入 8840 名患者，试验组 4436 人，其中 213 人发生不稳定型心绞痛，合计发生率约为 5.2%；对照组 4404 人，其中 275 人发生不稳定型心绞痛，合计发生率约为 6.2%。试验组与对照组的患者发生不稳定型心绞痛的 RR = 0.76（95% CI：0.60 ~ 0.96，P = 0.02；异质性检验：I^2 = 33.0%，P = 0.2），有统计学显著性，说明早期他汀类治疗 4 个月可以降低不稳定型心绞痛的风险。详见表 22-1。以被纳入该 Meta 分析且样本量最大的研究中对照组的事件发生率（2.2%）为基线风险进行估计，NNT = 189。但是，由于该系统综述研究的结局数目较多，而且治疗对其他多个结局均未显示出明显效果，因此，我们尚不能排除它减少不稳定型心绞痛发生的效果是由假阳性导致的。

3．结论

综上所述，目前尚无证据证明在急性冠状动脉综合征发病后 14 天内开始给予 4 个月的他汀类治疗可以降低全死因死亡、心血管病死亡、心肌梗死、卒中等主要结局以及血运重建、急性心力衰竭等相对次要结局的风险。该治疗有可能会降低不稳定型心绞痛的风险，但即使有效，绝对效果也不会很大。

4．原始文献

[1] Briel M，Vale N，Schwartz GG，et al. Updated evidence on early statin therapy for acute coronary syndromes：Meta-analysis of 18 randomized trials involving over 14,000 patients. International Journal of Cardiology. 2012，158（1）：93-100.

二、抗血小板药物治疗在心肌梗死患者中的效果

1．背景介绍

抗血小板药物（antiplatelet drugs）是治疗心肌梗死的最常用药物之一。2002 年抗血栓试验协作组发表的一项系统综述对抗血小板药物在高风险人群中减少死亡、心肌梗死及卒中的效果进行了总结。该综述系统收集了 1999 年 9 月之前发表的 287 项随机对照试验，共纳入十几万研究对象。由于高风险人群包括多种，本节只摘录了抗血小板药物治疗在心肌梗死患者中的

效果,其中在急性和陈旧性心肌梗死的患者中开展的试验分别有 23 项(22995 名患者)和 12 项(20006 名患者)。该系统综述未明确报告患者的种族、性别和年龄的情况。试验组在常规治疗的基础上接受抗血小板药物治疗,共涉及 7 种抗血小板药物,以阿司匹林、磺吡酮、双嘧达莫居多,在有剂量信息的试验中,多数用的是高剂量(如阿司匹林 > 150mg/d);对照组只接受常规治疗,或在此之上给予安慰剂。在急性心肌梗死患者的试验中,抗血小板药物治疗的平均疗程为 1 天 ~ 6 个月,多数在 1 个月以内;在陈旧性心肌梗死患者的试验中,抗血小板药物治疗的平均疗程为 1 ~ 6 年,多数在 3 年以内;随访观察至治疗结束为止。系统综述关心的结局包括:①全死因死亡;②严重心血管事件(包括心血管病死亡、再发非致死性心肌梗死和非致死性卒中);③颅外出血。

2. 抗血小板药物治疗的效果

(1) 全死因死亡、严重心血管事件

15 项试验报告了急性心肌梗死患者中全死因死亡的情况,共纳入 19302 名患者,试验组 9658 人,其中 886 人死亡,合计死亡率约为 9.2%;对照组 9644 人,其中 1112 人死亡,合计死亡率约为 11.5%。试验组与对照组的患者死亡的 OR 有统计学显著性($P < 0.0001$)(具体的 OR 及研究之间的异质性不详),结果说明抗血小板药物治疗 1 个月左右可以降低全死因死亡的风险。详见表 22-2。由于系统综述中未明确报告各个研究的具体情况,我们根据上述的两组死亡率之差(约为 −2.3%)估计,NNT = 44。类似地,在陈旧性心肌梗死患者中,抗血小板药物治疗 3 年也可以降低全死因死亡的风险,NNT = 91。抗血小板药物治疗还可以降低严重心血管事件的风险,在急性和陈旧性心肌梗死患者中,NNT 分别为 27 和 28。

表22-2 抗血小板药物治疗在心肌梗死患者中的效果

结局及患者类型	研究数	总人数	OR(95% CI)	P 值	异质性检验
全死因死亡					
急性心肌梗死	15	19302	< 1	< 0.0001	—
陈旧性心肌梗死	12	20006	< 1	0.02	—
严重心血管事件					
急性心肌梗死	15	19302	< 1	< 0.0001	—
陈旧性心肌梗死	12	20006	< 1	< 0.0001	—
颅外出血					
急性心肌梗死	3	18270	> 1	< 0.05	—
陈旧性心肌梗死	1	1340	0.99(0.20 ~ 4.94)	> 0.05	—

—原文未报告具体数据

(2) 颅外出血(作为副作用的结局)

3 项试验报告了急性心肌梗死患者中颅外出血的情况,共纳入 18270 名患者,试验组 9134 人,其中 28 人发生颅外出血,合计发生率约为 0.31%;对照组 9136 人,其中 23 人发生颅外出血,合计发生率约为 0.25%。试验组与对照组的患者发生颅外出血的差别有统计学显著性(具体的 OR 及研究之间异质性不详),结果说明抗血小板药物治疗 1 个月会增加颅外出血的风险。详见表 22-2。由于系统综述中未明确报告各个研究的具体情况,我们根据上述的两组发生率之差(约为 0.06%)估计,NNT = 1667。在陈旧性心肌梗死患者中,目前尚无证据证明抗血小板药物治疗会增加颅外出血的风险。

3. 结论

在心肌梗死的患者中,抗血小板药物治疗可以降低全死因死亡及严重心血管事件的风险,但在心肌梗死患者中会增加颅外出血的风险,虽然其风险不是很大,但仍应引起注意。

4.原始文献

[1] Antithrombotic Trialists' Collaboration. Collaborative meta-analysis of randomised trials of antiplatelet therapy for prevention of death, myocardial infarction, and stroke in high risk patients. British Medical Journal.2002, 324 (7329): 71-86.

三、早期和延迟侵入性治疗在非ST段抬高型急性冠状动脉综合征患者中的效果比较

1.背景介绍

临床实践指南建议非ST段抬高型急性冠脉综合征患者及早进行侵入性治疗（经皮冠状动脉介入治疗，即 percutaneous coronary intervention，以下简称介入治疗）；或冠状动脉旁路移植术，即 coronary artery bypass graft，以下简称冠脉搭桥术。2006年Bavry等发表的一项系统综述对早期侵入性治疗（early invasive therapy）在非ST段抬高型急性冠脉综合征患者中的效果进行了总结。该系统综述收集了7项发表于1999—2005年间的随机对照试验，共纳入8375名患者，全部来自欧美国家，不同试验中，患者的平均年龄为62～70岁，大多数为男性。在常规药物治疗的基础上，试验组的患者入院后由导管室的医生根据其冠状动脉狭窄的情况尽快决定是继续采用药物治疗还是进行侵入性治疗，在此称之为早期侵入性治疗策略；对照组的患者则只在最大限度地使用了抗血小板和抗血栓药物治疗，而心绞痛的症状仍得不到缓解、血流动力学不稳定或出院前的压力测试显示心肌缺血负担很大的时候才进行侵入性治疗，在此称之为延迟侵入性治疗（delayed invasive therapy）策略。在进行侵入性治疗时，糖蛋白Ⅱb/Ⅲa受体抑制剂、噻氯匹定等抗血小板药物及冠状动脉支架（如果需要的话）可以随时获得。在所有试验中，患者均接受了阿司匹林以及普通肝素或小分子肝素治疗，进行介入治疗时均联合使用了噻氯匹定类抗血小板药物。使用了纤维蛋白溶解药的试验被排除。不同试验中，平均随访观察时间为1～60个月，且因结局的不同而有所不同，随访结束时，试验组大约71%的患者接受了侵入性治疗，对照组大约46%的患者接受了侵入性治疗。该系统综述关注的主要结局包括:①全死因死亡;②非致死性心肌梗死;③需要住院治疗的复发性不稳定型心绞痛。

2.早期侵入性治疗策略的效果

7项试验报告了全死因死亡的情况，共纳入8375名患者，平均随访时间为23.7个月。试验组4178人，其中204人死亡，合计死亡率约为4.9%；对照组4197人，其中274人死亡，合计死亡率约为6.5%。试验组与对照组发生死亡的RR = 0.75(95% CI: 0.63～0.90, P = 0.001；异质性检验：χ^2 = 7.38, P = 0.29)，有统计学显著性，说明早期侵入性治疗似乎可以降低2年内全死因死亡的风险。详见表22-3。以被纳入该Meta分析且样本量最大的研究中对照组的事件发生率（5.4%）为基线风险进行估计，NNT = 74。类似地，在减少2年内非致死性心肌梗死的风险方面，NNT = 47；在减少1年内需要住院的复发性不稳定型心绞痛方面，NNT = 5。

表22-3 早期侵入性治疗在非ST段抬高型急性冠状动脉综合征患者中的效果

结局	研究数	总人数	RR (95% CI)	P 值	异质性检验
全死因死亡	7	8375	0.75 (0.63～0.90)	0.001	χ^2 = 7.38; P = 0.29
非致死性心肌梗死	7	8375	0.83 (0.72～0.96)	0.012	χ^2 = 21.30; P = 0.002
需要住院治疗的复发性不稳定型心绞痛	6	7965	0.69 (0.65～0.74)	< 0.0001	χ^2 = 3.95; P = 0.56

3. 结论

综上所述，与延迟侵入性治疗策略比较，早期侵入性治疗策略似乎可以减少非ST段抬高型急性冠状动脉综合征患者发生全死因死亡、非致死性心肌梗死及需要住院治疗的复发性不稳定型心绞痛的风险。但是，由于两组患者接受侵入性治疗的比例不一样，因此仅仅根据该研究的结果尚难以确定两组效果的差别到底是由接受侵入性治疗的时间早晚不同导致的，还是由接受侵入性治疗的比例不同导致的，抑或是两者均有。

4. 原始文献

[1] Bavry AA, Kumbhani DJ, Rassi AN, et al. Benefit of early invasive therapy in acute coronary syndromes: a meta-analysis of contemporary randomized clinical trials. Journal of the American College of Cardiology. 2006, 48(7): 1319-25.

四、早期和延迟支架植入术在稳定型冠心病患者中的效果比较

1. 背景介绍

介入治疗被广泛用于治疗稳定型冠心病（stable coronary artery disease）的患者，其中经皮冠状动脉球囊血管成形术（percutaneous coronary balloon angioplasty）和冠状动脉支架植入术（coronary stent implantation）用得最多。由于球囊血管成形术治疗后冠状动脉急性闭塞和再狭窄的发生率较高，现在已经较少使用，冠状动脉支架植入术成为介入治疗的主流方法。2012年Stergiopoulos等发表的一项系统综述对早期冠状动脉支架植入术在稳定型冠心病患者中的效果进行了总结。该系统综述收集了8项发表于2002—2009年间随机对照试验，共纳入7229名患者，其中7项试验的患者（占总人数的95%）以西方国家白种人为主，1项试验的患者（占总人数的5%）为东亚国家黄种人，不同试验中，患者的平均年龄为57～64岁，大多数为男性。试验组在常规药物治疗的基础上及早进行冠状动脉支架植入术，在此称之为早期支架植入组；对照组以常规药物治疗为主，只在血管狭窄造成心绞痛且药物治疗无法缓解的时候才植入支架，在此称之为延迟支架植入组。试验中所用的支架绝大多数为裸金属支架，药物涂层支架所占比例很小。所有试验的随访观察时间均在1年以上，平均为4.3年，随访结束时，试验组大约91%的患者接受了支架植入术，对照组大约26%的患者接受了支架植入术。系统综述关注的主要结局包括：①全死因死亡；②非致死性心肌梗死；③计划外血运重建；④持续性心绞痛。

2. 早期支架植入术的效果

8项试验报告了全死因死亡的情况，共纳入7229名患者，试验组3617人，其中322人死亡，合计死亡率约为8.9%；对照组3612人，其中327人死亡，合计死亡率约为9.1%。试验组与对照组的患者死亡的OR = 0.98(95% CI：0.83～1.15, $P = 0.83$；异质性检验：$I^2 = 0.0\%$, $P = 0.98$)，未达到统计学显著性，说明目前尚无足够证据证明早期冠状动脉支架植入术在减少稳定型冠心病患者的全死因死亡方面是有效的。详见表22-4。类似地，目前也没有足够证据证明该治疗策略在减少非致死性心肌梗死方面是有效的。

表22-4 与延迟侵入性治疗相比，早期冠状动脉支架植入术在稳定型冠心病患者中的效果

结局	研究数	总人数	OR (95% CI)	P 值	异质性检验
全死因死亡	8	7229	0.98 (0.83～1.15)	0.83	$I^2 = 0.0\%$; $P = 0.98$
非致死性心肌梗死	8	7229	1.12 (0.93～1.34)	0.22	$I^2 = 4.9\%$; $P = 0.39$
计划外血运重建	8	7037	0.78 (0.57～1.06)	0.11	$I^2 = 81.9\%$; $P < 0.001$
持续性心绞痛	8	4122	0.80 (0.60～1.05)	0.10	$I^2 = 58.2\%$; $P = 0.02$

在减少计划外血运重建（OR = 0.78，95% CI：0.57 ~ 1.06，P = 0.11；异质性检验：I^2 = 81.9%，P < 0.001）和持续性心绞痛（OR = 0.80，95% CI：0.60 ~ 1.05，P = 0.10；异质性检验：I^2 = 58.2%，P = 0.02）方面，早期冠状动脉支架植入术可能有效，但无统计学显著性，且不同研究之间的异质性较大，因此有待进一步研究确认。详见表 22-4。假设确实有效的话，以被纳入 Meta 分析且样本量最大的研究中对照组的事件发生率（计划外血运重建：22%；持续性心绞痛：25%）为基线风险进行估计，NNT 分别为 21 和 20。

3．结论

综上所述，在稳定型冠心病患者中，目前尚无足够证据证明早期支架植入术与延迟支架植入术比较在减少全死因死亡及非致死性心肌梗死方面是有效的。该治疗在减少计划外血运重建及持续性心绞痛方面可能有效，但尚需进一步研究确认。即使两组的结局发生率确实有差别，由于两组患者植入支架的比例不一样，仅仅根据该研究的结果也难以确定两组效果的差别到底是由植入支架的时间早晚不同导致的，还是由植入支架的比例不同导致的，抑或是两者均有。

4．原始文献

[1] Stergiopoulos K, Brown DL. Initial coronary stent implantation with medical therapy vs medical therapy alone for stable coronary artery disease: meta-analysis of randomized controlled trials. Archives of Internal Medicine. 2012，172（4）：312-9.

五、介入治疗和冠状动脉旁路移植术在冠心病患者中的效果比较

1．背景介绍

很多需要进行血运重建的冠心病患者既适合做介入治疗，也适合做冠状动脉旁路移植术。2007 年 Bravata 等发表的一项系统综述对这两种侵入性治疗在冠心病患者中的效果进行了比较。该系统综述收集了 23 项发表于 1993—2007 年间的随机对照试验，共纳入 9963 名患者，其中 21 项试验的患者（占总人数的 97%）以西方国家白种人为主，2 项试验的患者（占总人数的 3%）为东亚国家黄种人，患者的平均年龄为 61 岁，大多数为男性。9 项试验只纳入了左前降支近端单支血管病变的患者，其余试验则包括了或全部都是多支血管病变的患者（多为 2 支血管病变，3 支血管病变者相对较少）。患者被随机分成两组，分别接受介入治疗和冠状动脉旁路移植术治疗。1987—1993 年开始的试验在做介入治疗时用的是球囊血管成形术，而较晚开始的试验（1994—2002 年）在做介入治疗时用的则是冠状动脉支架植入术，其中只有 1 个小样本试验在做介入治疗时采用了药物涂层支架。不同试验中，平均随访观察时间为 6 个月 ~ 13 年。该系统综述关注的结局包括：①全死因死亡，原文中以生存率来衡量，包括术后 30 天内的生存率和远期（1 年、5 年、10 年）生存率；②心肌梗死，包括术后 30 天内的心肌梗死（手术相关的心肌梗死）和远期（5 年）的心肌梗死；③术后 30 天内的卒中（手术相关的卒中）；④心绞痛（1 年、3 年、5 年）；⑤再次血运重建。

2．两种治疗的效果比较

（1）生存率、心肌梗死

22 项试验报告了术后 30 天内的生存率的情况，共纳入 8758 名患者，介入治疗组 4419 人，其中 4369 人存活，合计生存率约为 98.9%；冠状动脉旁路移植术组 4339 人，其中 4262 人存活，合计生存率约为 98.2%。以冠状动脉旁路移植术组为对照组，加权合并的生存率之差（risk difference，RD）= 0.2%（95% CI：−0.3% ~ 0.6%；异质性检验：不显著），无统计学显著性，说明目前尚无足够证据证明介入治疗与冠状动脉旁路移植术在改善术后 30 天内的生存率方面有差别。详见表 22-5。类似地，目前也没有足够证据证明这两种治疗在改善远期生存率及心肌梗死的发生率方面有差别。

第二十二章　冠心病常见治疗措施的效果

表22-5　与冠状动脉旁路移植术相比，介入治疗在冠心病患者中的效果比较

结局	研究数	总人数	RD（95% CI）	P 值	异质性检验
术后30天的生存率	22	8758	0.2%（−0.3% ~ 0.6%）	> 0.05	—
5年生存率	12	6273	0.9%（−0.5% ~ 2.4%）	> 0.05	—
术后30天内的卒中	15	7264	−0.6%（−1.0% ~ 0.2%）	0.002	—
术后30天内的心肌梗死	—	—	0.1%（−1.0% ~ 1.2%）	> 0.05	—
5年内的心肌梗死	10	—	< 1%	> 0.05	—
5年内的心绞痛	—	—	5%	< 0.001	—
再次血运重建	—	—	33%	< 0.001	$I^2 = 78\%$

—原文未报告具体数据

（2）术后30天内的卒中（作为副作用的结局）

15项试验报告了术后30天内的卒中的情况，共纳入7264名患者，介入治疗组3660人，其中20人术后30天内发生了卒中，合计发生率约为0.6%；冠状动脉旁路移植术组3604人，其中77人术后30天内发生了卒中，合计发生率约为1.2%。以冠状动脉旁路移植术组为对照组，加权合并的 RD = −0.6%（95% CI：−1% ~ −0.2%，$P = 0.002$；异质性检验：不显著），有统计学显著性，说明介入治疗组术后30天内发生卒中的风险比冠状动脉旁路移植术组低。详见表22-5。根据加权合并的RD计算，NNT = 167。

（3）心绞痛、再次血运重建

在不同的时间点，介入治疗组的心绞痛缓解率均比冠状动脉旁路移植术组低。随访5年，两组的心绞痛缓解率分别为79%和84%，其差别有统计学显著性（$P < 0.001$）（加权合并的RD及研究之间的异质性不详），说明在缓解心绞痛方面介入治疗比冠状动脉旁路移植术效果差。详见表22-5。根据两组的缓解率差（约为−5%）估计，NNT = 20。系统综述的作者未报告相关试验及患者数量方面的信息。类似地，在减少再次血运重建方面介入治疗的效果也比冠状动脉旁路移植术差，NNT = 3。

（4）其他证据

在上述系统综述中，作者除了纳入随机对照试验之外，还纳入了6项样本量在2000以上的队列研究，以考查介入治疗和冠状动脉旁路移植术在一般临床环境下降低死亡率的效果。结果发现，这两种治疗效果的差别总体来说无统计学显著性，但亚组分析提示，在病情最轻的患者中（例如只有1支血管轻度狭窄的患者），介入治疗可能比冠状动脉旁路移植术效果好；在病情最严重的患者中（例如3支血管中重度狭窄的患者），介入治疗可能比冠状动脉旁路移植术效果差；在病情介于以上两者之间的患者中，介入治疗与冠状动脉旁路移植术的效果几乎一样。但是，由于这些研究没有检测亚组之间的差别是否有统计学显著性，而且队列研究是观察性研究，其结果容易受混杂的影响，因此难以确定上述两种治疗的相对效果是否会随着病情的不同而变化。

2014年Sipahi等发表的一项系统综述收集了6项随机对照试验，对介入治疗和冠状动脉旁路移植术在严重患者（即多支血管病变的患者）中的效果进行了比较，共纳入6055名患者，平均随访4.1年。结果显示，与介入治疗组比较，冠状动脉旁路移植术组的全死因死亡（RR = 0.73，95% CI：0.62 ~ 0.86）、心肌梗死（RR = 0.58，95% CI：0.48 ~ 0.72）、再次血运重建（RR = 0.29，95% CI：0.21 ~ 0.41）发生率均较低，但卒中发生率则较高（RR = 1.36，95% CI：0.99 ~ 1.86）。以被纳入Meta分析且样本量最大的研究中介入治疗组的事件发生率为基线风险进行估计，冠状动脉旁路移植术改变1例上述结局的NNT分别为30、23、11和120。

3. 结论

综上所述,在总体冠心病患者中,目前尚无足够证据证明介入治疗与冠状动脉旁路移植术在改善生存率及心肌梗死发生率方面有差别;与介入治疗相比,冠状动脉旁路移植术在缓解心绞痛及减少再次血运重建方面更有效,但手术相关的卒中的发生率也稍高一些。在多支血管病变的冠心病患者中,与介入治疗相比,冠状动脉旁路移植术在减少全死因死亡、心肌梗死及再次血运重建方面均更有效,但手术相关的卒中发生率也稍高一些。

4. 原始文献

[1] Bravata DM, Gienger AL, McDonald KM, et al. Systematic review: the comparative effectiveness of percutaneous coronary interventions and coronary artery bypass graft surgery. Annals of Internal Medicine. 2007, 147 (10): 703-16.

[2] Sipahi I, Akay MH, Dagdelen S, et al. Coronary artery bypass grafting vs percutaneous coronary intervention and long-term mortality and morbidity in multivessel disease: meta-analysis of randomized clinical trials of the arterial grafting and stenting era. JAMA Internal Medicine. 2014, 174 (2): 223-30.

(杨祖耀　冯　琦)

第二十三章　常见膳食补充剂预防和治疗疾病效果的证据

膳食补充剂（dietary supplements）在现代生活中被广泛使用，常被人们用于改善健康状况甚至预防和治疗疾病。1994年，美国制订了《膳食补充剂健康与教育法案》，对膳食补充剂做了如下定义：一种通过口服旨在补充膳食的产品，它可能含有一种或多种膳食成分，包括维生素、矿物质、草药或其他植物提取物、氨基酸，以及诸如酶、器官组织、腺体和代谢产物等物质。美国食品与药品管理局（Food and Drug Administration，FDA）允许常见膳食补充剂使用以下健康声明：促进整体健康状况，提高认知和身体活动能力，增强活力，促进减肥，缓减疼痛，以及其他一系列有益健康的结局。但是，除了可以弥补天然膳食中存在的不足，或补充因为膳食不平衡而造成的营养素缺乏以外，膳食补充剂是否真的能够提高消费者的整体健康状况、预防慢性疾病和延长寿命，目前仍有很多争议。本章总结了4类常见膳食补充剂预防和治疗疾病效果的随机对照试验的研究证据：

1．维生素C预防和治疗普通感冒的效果
2．抗氧化剂预防死亡、癌症和心血管疾病的效果
3．B族维生素预防心血管疾病的效果
4．ω-3脂肪酸预防心血管疾病的效果

一、维生素C预防和治疗普通感冒的效果

1．背景介绍

维生素C（vitamin C，也称抗坏血酸，ascorbic acid）用于预防和治疗普通感冒（common cold）已有超过70年的历史。2013年Hemilä等发表的一项系统综述对口服维生素C补充剂防治普通感冒的临床试验进行了总结。该综述系统收集了发表于1942—2013年的44篇高质量的随机或准随机安慰剂对照试验的研究论文，共包含63个维生素C和安慰剂的独立比较组（以下简称试验），多数研究来自欧美国家。这些试验的受试对象多不限性别和年龄，以成年人占大多数。试验组每天口服200 mg或更高剂量的维生素C补充剂，对照组均口服安慰剂。在普通健康人群中持续规律地使用维生素C补充剂属于预防性试验；在感冒期间短期高剂量冲击性使用维生素C补充剂属于治疗性试验。预防性试验的干预时间在2周~5年，多数在3个月左右，多选择在感冒好发的季节进行；治疗性试验的干预时间在1~5天，干预剂量0.67~4 g/d，选择在感冒症状出现后立即进行。系统综述报告的主要结局包括：在整个干预期间观察到的新发感冒事件、感冒的持续时间和感冒的严重程度。

2．维生素C预防和治疗普通感冒的效果

（1）预防感冒发生的效果

29项预防性试验报告了健康人群规律口服维生素C补充剂后新发感冒的发生率（即在研究期间经历一次或多次感冒的受试者占总受试者的比例）情况，合计纳入11306名受试者。其中24项试验在一般健康人群中进行，合计纳入10708名受试者，试验组5810人，3020人发生感冒，合计感冒发生率约为52.0%；对照组4898人，2368人发生感冒，感冒发生率

约为 48.3%。试验组和对照组发生感冒的相对危险度（relative risk，RR）= 0.97（95% CI：0.94～1.00，$P = 0.057$；异质性检验：$I^2 = 0.0\%$，$P = 0.77$），无统计学显著意义，说明目前尚无足够证据证明规律服用维生素 C 补充剂能降低健康人普通感冒的发生率。详见表 23-1。17 项试验（含 6661 名受试者）的综合结果显示，即使将每天维生素 C 补充剂的口服剂量从 200mg 提高到 1000mg 或以上，预防效果仍然没有统计学显著意义，RR = 0.98（95% CI：0.95～1.01）。

另有 5 项试验报告了短期暴露于剧烈体力活动和（或）寒冷环境的人群（如马拉松运动员、滑雪运动员或在北极严寒环境下受训的士兵）的感冒发生率，合计纳入 598 位受试者。其中试验组 295 人，感冒发生 48 例，感冒发生率约为 16.3%；对照组 303 人，感冒发生 105 例，感冒发生率约为 34.7%。两组感冒发生率 RR = 0.48（95% CI：0.35～0.64，$P < 0.001$；异质性检验：$I^2 = 0.0\%$，$P = 0.96$），结果具有高度统计学显著意义。以被纳入该 Meta 分析且样本量最大的研究中对照组的感冒发生率（22.1%）为基线风险进行估计，NNT = 9。

表23-1　口服200mg以上维生素C补充剂预防和治疗普通感冒的效果

结局	研究数	总人数	效应（95% CI）	P 值	异质性检验
预防性试验					
感冒发生率*	29	11306	0.95（0.92～0.98）	0.00	$I^2 = 96.0\%$；$P = 0.00$
健康人群	24	10708	0.97（0.94～1.00）	0.97	$I^2 = 0.0\%$；$P = 0.77$
暴露于严寒及剧烈体力活动人群	5	598	0.48（0.35～0.64）	< 0.001	$I^2 = 0.0\%$；$P = 0.96$
感冒持续时间**	31	9745	−9.38（−12.86～−5.90）	< 0.001	$I^2 = 60.4\%$；$P = 0.11$
成人	17	7215	−7.72（−11.76～−3.69）	< 0.001	$I^2 = 0.0\%$；$P = 0.55$
儿童	14	2530	−14.19（−21.07～−7.31）	< 0.001	$I^2 = 27.0\%$；$P = 0.17$
感冒严重程度***	16	7209	−0.12（−0.17～−0.07）	< 0.001	$I^2 = 0.0\%$；$P = 0.63$
治疗性试验					
感冒持续时间**	7	3249	−2.90（−8.20～2.39）	0.28	$I^2 = 43.0\%$；$P = 0.10$
感冒严重程度***	4	2708	−0.07（−0.15～0.01）	0.08	$I^2 = 27.0\%$；$P = 0.25$

* 感冒发生率定义为在研究期间经历一次或多次感冒的受试者占总受试者的比例，效应大小用相对危险度表示；
** 感冒持续时间定义为感冒发作的平均天数，效果大小用组间均数差与对照组均数之比的百分数（MD）表示；
*** 感冒严重程度用两种结局衡量：一是因病受限在家或不能上班/上学的请假天数，二是症状严重性评分。效应大小用试验组与对照组的标化平均差表示

（2）缩短感冒持续时间的效果

31 项预防性试验报告了健康人群规律口服维生素 C 补充剂对感冒持续时间的影响，合计纳入 9745 位受试者。感冒持续时间为感冒发作的平均天数，效果大小由组间均数差与对照组均数比值的百分位数（MD）表示，即维生素 C 可减少感冒持续时间的百分数。结果显示，试验组和对照组相比感冒持续时间减少，MD = −9.38（95% CI：−12.86～−5.90，$P < 0.001$；异质性检验：$I^2 = 60.4\%$，$P = 0.11$），具有高度统计学显著意义。但以绝对效果而言，假如安慰剂对照组的感冒症状平均持续时间为 1 周，那么试验组只能平均缩短 0.7 天左右。

（3）缓解感冒严重程度的效果

16 项预防性试验报告了健康人群规律口服维生素 C 补充剂对感冒严重程度的影响，合计纳入 7209 位受试者。感冒严重程度用两种结局衡量：一是因病受限在家或不能上班/上学的请假天数，二是症状严重性评分。治疗效果由两组的标化平均差（standardized mean

difference，SMD）衡量。综合结果显示：一旦发生感冒，与对照组相比，试验组常规服用维生素C可降低感冒严重程度，SMD = −0.12（95% CI：−0.17 ~ −0.07，$P < 0.001$；异质性检验：$I^2 = 0.0\%$，$P = 0.63$）。结果虽然有高度统计学显著意义，但是0.12单位SMD的改善，似乎没有显著的临床价值。

（4）治疗感冒的效果

7项治疗性试验报告了感冒患者在症状出现后口服维生素C补充剂对感冒症状持续时间的影响，合计纳入3249例感冒患者。综合结果显示，在感冒症状出现后立即补充高剂量维生素C，试验组与对照组比较，感冒持续时间缩短，MD = −2.90（95% CI：−8.20 ~ 2.39，$P = 0.28$；异质性检验：$I^2 = 43.0\%$，$P = 0.10$），结果无统计学显著意义，说明目前尚无足够证据证明患感冒以后补充高剂量维生素C可以减少感冒症状的持续时间。以感冒症状严重程度作为结局指标的试验共4项，合计纳入2708位感冒患者，同样也未显示任何显著效果（SMD = −0.07，95% CI：−0.15 ~ 0.01，$P = 0.08$；异质性检验：$I^2 = 27.0\%$，$P = 0.25$）。

3．结论

综上所述，规律口服200mg及以上剂量的维生素C补充剂对从事剧烈体力活动和（或）暴露于寒冷环境的人群具有明显的感冒预防作用，但目前尚无足够证据显示对一般健康人群有效。感冒发生后服用高剂量维生素C既不能缩短病程也不能缓解症状，更高剂量的治疗性试验的有效性还有待观察。

4．原始文献

[1] Hemilä H, Chalker E.Vitamin C for preventing and treating the common cold. Cochrane Database Syst Rev. 2013，1：CD000980. doi:10.1002/14651858.CD000980.pub4.

二、抗氧化剂预防死亡、癌症和心血管疾病的效果

1．前言

氧化应激（oxidative stress）过度会导致各种各样的疾病，以往基于动物模型与人群观察性实验的研究表明，补充抗氧化剂（antioxidant）可能有预防疾病和延长寿命的好处。本部分共收录了3篇基于随机对照试验的系统综述，分别就抗氧化剂对全死因死亡（all causes mortality）、癌症（cancer）和心血管疾病（cardiovascular disease）的初级、二级预防的效果进行了总结。

2．抗氧化剂与全死因死亡

（1）背景介绍

2012年丹麦科学家Bjelakovic等发表的一项系统综述对补充抗氧化剂预防成年人全死因死亡的效果进行了总结。该系统综述共收集了78项发表于1977—2012年间的随机对照试验，共纳入296707名分别来自欧洲、南美洲、北美洲、亚洲和澳大利亚的受试者，多数为健康人群（26项试验，215900人），其余为处于稳定期的各种疾病患者（52项试验，80807人，包括胃肠道、心血管、神经、眼、皮肤、关节、肾、内分泌系统的疾病）。受试者的平均年龄为63岁（18 ~ 103岁），其中男性占54%，儿童和怀孕妇女不在研究范围之内。试验组以单独或联合的形式口服补充各种抗氧化剂（包括β-胡萝卜素、维生素A、维生素C、维生素E和硒）；对照组则采用安慰剂或无干预措施。在一些析因试验中，对照组和试验组同时使用了其他一些无抗氧化功能的维生素、微量元素、植物提取物、ω-3脂肪酸，甚至阿司匹林、辛伐他汀、雷米普利等药物作为干预措施。抗氧化剂的平均服用剂量普遍高于膳食推荐摄入量（recommended dietary allowance，除β-胡萝卜素尚无推荐摄入量标准外），剂量范围在推荐量的1.6 ~ 26.7倍，但均低于最高可耐受摄入量（tolerable upper intake level）。抗氧化剂每天或隔天服用，持续时间在28天 ~ 12年（平均时间为3年），随访观察时间则从28天 ~ 14.1年

(平均时间为3.4年),试验组和干预组的失访率无本质性差异(76项试验)。全死因死亡是唯一的研究结局。

(2)干预效果

结果显示,试验组183749人,其中21484人死亡,合计死亡率约11.7%;对照组112958人,其中11479人死亡,死亡率约为10.2%。试验组与对照组的受试者死亡的相对危险度 RR = 1.02(95% CI:0.98 ~ 1.05,P = 0.33;异质性检验:I^2 = 12.0%,P = 0.20),无统计学显著意义,说明目前尚无证据表明口服抗氧化剂会改变(升高或降低)受试者的全死因死亡率。

进一步根据干预试验偏倚风险的高低进行亚组分析,结果显示,38个高质量的随机对照试验中,试验组的全死因死亡率为10.5%(26903人中2822例死亡),对照组为9.5%(26052人中2473例死亡),RR = 1.10(95% CI:1.05 ~ 1.15,P < 0.001;异质性检验:I^2 = 0.0%,P = 0.59),表明口服抗氧化剂不但不能减少,反而增加了受试者全死因死亡的风险,具有高度的统计学显著意义,详见表23-2。若以被纳入该Meta分析且样本量最大的研究中对照组全死因死亡事件的发生率(17.0%)为基线风险进行估计,NNT = 59。

根据抗氧化剂的种类进行亚组分析时,结果显示补充β-胡萝卜素和维生素E可能增加全死因死亡的风险。β-胡萝卜素:RR = 1.05,95% CI:1.01 ~ 1.09,P = 0.019,NNT = 586;维生素E:RR = 1.03,95% CI:1.00 ~ 1.05,P = 0.035,NNT = 976。虽然增加的绝对风险并不大,但结果都具有统计学显著意义。

表23-2 单独或联合口服补充抗氧化剂对健康受试者和稳定期疾病患者预防全死因死亡的效果

	研究数	总人数	RR(95% CI)	P 值	异质性检验
随机效应模型	78	296707	1.02(0.98 ~ 1.05)	0.33	I^2 = 12.0%;P = 0.20
固定效应模型	78	296707	1.03(1.01 ~ 1.05)	NA	NA
高质量研究	56	244056	1.04(1.01 ~ 1.07)	0.004	I^2 = 4.0%;P = 0.38
高质量研究*	38	52955	1.10(1.05 ~ 1.15)	< 0.001	I^2 = 0.0%;P = 0.59
β-胡萝卜素	26	173006	1.05(1.01 ~ 1.09)	0.019	I^2 = 21.0%;P = 0.17
维生素E	46	171244	1.03(1.00 ~ 1.05)	0.035	I^2 = 0.0%;P = 0.77
维生素A	12	41144	1.07(0.97 ~ 1.18)	0.15	I^2 = 27.0%;P = 0.18
维生素C	29	65942	1.02(0.98 ~ 1.07)	0.32	I^2 = 0.0%;P = 0.68
硒	17	62740	0.97(0.91 ~ 1.03)	0.37	I^2 = 0.0%;P = 0.80

*进一步排除了析因试验以后的高质量随机对照试验

3. 抗氧化剂与癌症

(1)背景介绍

2010年,Myung等发表的一项系统综述对抗氧化剂预防癌症的效果进行了总结。该系统综述共收集了22项发表于1985—2007年期间的随机对照试验,共纳入161045位受试者,多数研究来自欧美国家,其中有4项研究来自中国,1项来自印度。纳入的受试对象平均年龄为58.4岁(15 ~ 91岁),其中男性占74.7%。受试者中既有健康人群(如普通健康人、医生和护士),也有特定疾病的患者(如皮肤和头颈部肿瘤患者、潜在冠心病患者、糖尿病患者、甲型肝炎病毒表面抗原阳性携带者、原发性肝癌的高危人群、吸烟者、石棉厂男性工人、器官移植接受者)。根据受试者是否患有癌症,将这些临床试验分为初级预防试验(针对健康人群或患有特定疾病的患者,包括非癌症患者或癌前病变患者,共12项)和二级预防试验(针对

第二十三章 常见膳食补充剂预防和治疗疾病效果的证据

癌症患者，共9项），剩余1项为混合试验（但因缺乏有关干预类型的数据而未被纳入亚组分析）。试验组采用单独或者联合的形式口服补充抗氧化剂（包括β-胡萝卜素、维生素A、维生素C、维生素E和硒）；对照组采用安慰剂（20项）或不采取任何干预措施（2项）。受试者平均干预和随访（从干预开始计算）的时间分别为5.3年和5.8年。癌症的发病率是主要的研究结局。

（2）干预效果

结果显示，试验组88610人，对照组72435人，使用固定效应模型分析，试验组与对照组受试者新发癌症风险的相对危险度RR = 0.99（95% CI：0.96～1.03；异质性检验：I^2 = 46.6%），无统计学显著意义，说明目前尚无足够证据证明抗氧化剂可减少或增加受试者发生癌症的风险。进一步按照不同的干预类型（初级预防试验或二级预防试验）、抗氧化剂的种类、新发癌症的类型以及随机对照研究质量高低进行亚组分析，除了膀胱癌以外，均未发现试验组与对照组受试者癌症发生率的差异具有统计学显著意义，详见表23-3。有4项试验报告了受试者发生膀胱癌的情况（其中3项属于二级预防试验），试验组与对照组膀胱癌发生率的相对危险度RR = 1.52（95% CI：1.06～2.17；I^2 = 0%），具有统计学显著意义。

表23-3 单独或联合口服补充抗氧化剂对健康受试者和特定疾病患者预防癌症的效果

	研究数	RR（95% CI）	异质性检验
总计	22	0.99（0.96～1.03）	I^2 = 46.6%
根据预防类型分组			
初级预防试验	12	1.00（0.97～1.04）	I^2 = 42.3%
二级预防试验	9	0.97（0.83～1.13）	I^2 = 57.8%
根据抗氧化剂分组			
β-胡萝卜素	5	1.01（0.96～1.07）	I^2 = 0.0%
维生素E	4	1.02（0.90～1.16）	I^2 = 75.2%
维生素A	4	0.98（0.90～1.08）	I^2 = 0.0%
硒	5	0.62（0.36～1.08）	I^2 = 58.8%
根据肿瘤类型分组			
膀胱癌	4	1.52（1.06～2.17）	I^2 = 0.0%
皮肤癌	9	0.98（0.91～1.05）	I^2 = 0.0%
结直肠癌	7	0.97（0.84～1.12）	I^2 = 21.7%
头颈部肿瘤	7	0.87（0.68～1.13）	I^2 = 0.0%
肺癌	7	1.00（0.83～1.20）	I^2 = 62.9%
前列腺癌	7	0.84（0.69～1.02）	I^2 = 57.8%
食管癌	5	1.01（0.81～1.26）	I^2 = 0.0%
乳腺癌	4	1.00（0.90～1.11）	I^2 = 0.0%
胃癌	3	0.99（0.79～1.24）	I^2 = 43.5%
淋巴癌与白血病	3	0.98（0.81～1.20）	I^2 = 0.0%
肾癌	2	0.95（0.62～1.46）	I^2 = 0.0%
脑肿瘤	1	0.76（0.45～1.27）	NA
甲状腺癌	1	9.50（2.21～40.77）	NA

4．抗氧化剂与心血管疾病

（1）背景介绍

2013年，Myung等又发表了一项系统综述对膳食补充剂预防心血管疾病的效果进行了总结。该系统综述收集了50项发表于1989—2012年期间的随机对照试验，共纳入受试者294478人，多数来自欧美国家，其中有2项试验在中国进行。受试者的年龄均值在49～82岁，根据受试者健康状况的不同分为初级预防试验（包括健康人群及除心血管疾病以外的一些特定疾病患者，共30项）和二级预防试验（针对心血管疾病患者，共20项）。试验组采用单独或联合方式口服抗氧化剂或维生素补充剂，抗氧化剂主要包括维生素A（vitamin A）、维生素C（vitamin C）、维生素E（vitamin E）、β-胡萝卜素（beta-carotene）和硒（selenium）；维生素包括维生素B_6、维生素B_{12}、叶酸和维生素D。对照组多数采用安慰剂（44项），或不采取任何干预措施（6项）。受试者的平均干预随访时间在6个月～12年，多数试验的干预持续时间小于5年（34项）。所有试验均以心血管事件的发生作为主要研究结局，包括心血管疾病死亡、致死性或非致死性心肌梗死、脑卒中、短暂性脑缺血发作和心绞痛。很多研究也包括了肿瘤在内的其他结局，但本部分仅报告抗氧化剂预防心血管疾病的效果。

（2）干预效果

结果显示，试验组156663人，对照组137815人，使用固定效应模型分析，试验组与对照组受试者发生总的心血管事件的相对危险度RR = 1.00（95% CI：0.98～1.02；异质性检验：$I^2 = 42\%$），结果无统计学显著意义，说明目前尚无足够证据证明抗氧化剂和维生素补充剂可减少或增加受试者发生心血管事件的风险。进一步按照不同的干预类型（初级或二级预防试验）、抗氧化剂种类、心血管事件的结局、随机对照研究质量高低以及干预时间长短等指标进行亚组分析时，也未发现有足够证据证明补充抗氧化剂（包括维生素A、维生素C、维生素E、β-胡萝卜素和硒）在减少心血管事件发生方面是有效的，详见表23-4。而且在唯一的一项高剂量维生素A干预试验中，试验组每天摄入25000IU的维生素A明显增加了心血管事件发生的风险（RR = 1.41，95% CI：1.15～1.73），结果具有统计学显著意义。

表23-4 单独或联合口服补充抗氧化剂对健康受试者、心血管疾病患者或高危人群预防心血管事件发生的效果

	研究数	RR（95% CI）	异质性检验
总计	50	1.00（0.98～1.02）	$I^2 = 42\%$
根据干预类型分组			
初级预防试验	30	1.01（0.98～1.03）	$I^2 = 42\%$
二级预防试验	20	1.00（0.97～1.03）	$I^2 = 44\%$
根据抗氧化剂种类分组			
维生素A总计	2	0.98（0.45～2.16）	$I^2 = 87\%$
低剂量（10000IU/d）	1	0.63（0.37～1.07）	NA
高剂量（25000IU/d）	1	1.41（1.15～1.73）	NA
β-胡萝卜素总计	11	1.04（0.96～1.12）	$I^2 = 55\%$
低剂量（6～25mg/d）	6	0.99（0.95～1.03）	$I^2 = 7\%$
高剂量（30～50mg/d）	5	1.14（0.96～1.35）	$I^2 = 69\%$
维生素C总计	7	0.99（0.94～1.04）	$I^2 = 16\%$
低剂量（120～250mg/d）	3	0.99（0.94～1.04）	$I^2 = 31\%$

	研究数	RR（95% CI）	异质性检验
高剂量（500～1000mg/d）	4	0.98（0.94～1.12）	$I^2 = 28\%$
维生素 E 总计	17	0.97（0.94～1.01）	$I^2 = 44\%$
低剂量（60IU～250mg/d）	13	0.96（0.92～1.01）	$I^2 = 35\%$
高剂量（500～600mg/d）	4	0.84（0.52～1.35）	$I^2 = 69\%$
硒总计	7	0.91（0.77～1.06）	$I^2 = 47\%$
低剂量（50～100μg/d）	5	0.85（0.70～1.04）	$I^2 = 44\%$
高剂量（122～200μg/d）	2	0.57（0.10～3.16）	$I^2 = 67\%$
根据单血管事件分组			
心血管死亡总计	32	1.01（0.97～1.05）	$I^2 = 41\%$
维生素 A	2	0.98（0.45～2.16）	$I^2 = 87\%$
维生素 C	6	1.03（0.95～1.12）	$I^2 = 27\%$
维生素 E	15	0.98（0.92～1.04）	$I^2 = 37\%$
β-胡萝卜素	10	1.10（0.96～1.27）	$I^2 = 61\%$
硒	15	0.98（0.92～1.04）	$I^2 = 37\%$
心肌梗死总计	7	0.87（0.68～1.13）	$I^2 = 0.0\%$
维生素 C	4	0.96（0.87～1.07）	$I^2 = 0.0\%$
维生素 E	12	0.77（0.65～0.91）	$I^2 = 76\%$
β-胡萝卜素	4	0.95（0.80～1.14）	$I^2 = 52\%$
硒	3	0.87（0.59～1.28）	$I^2 = 0.0\%$
脑卒中总计	32	0.97（0.93～1.02）	$I^2 = 0.0\%$
维生素 C	4	0.98（0.88～1.09）	$I^2 = 0.0\%$
维生素 E	12	1.00（0.93～1.09）	$I^2 = 20\%$
β-胡萝卜素	2	0.98（0.89～1.07）	$I^2 = 0.0\%$
硒	1	1.09（0.68～1.72）	NA
心绞痛总计	10	1.04（1.00～1.08）	$I^2 = 36\%$
维生素 C	2	0.94（0.85～1.03）	$I^2 = 0.0\%$
维生素 E	3	1.15（0.99～1.33）	$I^2 = 0.0\%$
短暂性脑缺血发作	5	1.12（0.97～1.30）	$I^2 = 0.0\%$
维生素 E	1	9.50（2.21～40.77）	$I^2 = 0.0\%$

5．结论

综上所述，以上作者一致认为目前尚没有充分证据支持在临床上使用抗氧化剂预防死亡、癌症和心血管疾病。甚至，一些抗氧化剂，如 β-胡萝卜素、维生素 E 以及高剂量的维生素 A，还可能会增加死亡、癌症和心血管疾病发生的风险。

6．原始文献

[1] Bjelakovic G, Nikolova D, Gluud LL, et al. Antioxidant for prevention of mortality in healthy participants and patients with various diseases. Cochrane Database Syst Rev. 2012, 3: CD007176. doi: 10.1002/14651858.CD007176.pub2.

[2] Myung, S K, Kim, et al. Effects of antioxidant supplements on cancer prevention: meta-analysis of randomized controlled trials. Ann Oncol. 2010, 21 (1): 166-179.

[3] Myung, S K, Ju, et al, Korean Meta-Analysis Study Group. Efficacy of vitamin and antioxidant supplements in prevention of cardiovascular disease: systematic review and meta-analysis of randomised controlled trials. BMJ. 2013, 346: f10. doi:10.1136/bmj.f10.

三、B族维生素预防心血管疾病的效果

1. 背景介绍

高同型半胱氨酸血症（hyperhomocysteinemia）被认为是一个与心血管事件发生相关的危险因素。B族维生素（B-group vitamins）是同型半胱氨酸代谢过程中（包括转化和排泄）必需的物质，维生素B_6、维生素B_{12}与叶酸（folic acid）摄入不足可能与高同型半胱氨酸血症相关。2015 年，希腊科学家 Marti 等发表的一项系统综述就"降低同型半胱氨酸干预（homocysteine-lowering interventions）"（给患者口服维生素B_6、维生素B_{12}与叶酸补充剂）对心血管事件的预防效果进行了总结。该系统综述收集了 2002—2010 年期间发表的 12 项随机对照试验，共纳入 47429 名受试者（试验组 25404 人，对照组 22025 人），其中 11 项试验针对已诊断为心血管疾病的患者，包括冠状动脉疾病、心肌梗死、稳定及非稳定型心绞痛、脑卒中和间歇性跛行（但不包括终末期肾病）患者；且绝大多数受试者至少有一项已知的心血管疾病危险因子，包括糖尿病、高血压、总胆固醇升高、吸烟和低水平的高密度脂蛋白胆固醇。

试验组采用单独或联合方式给予叶酸、维生素B_6和维生素B_{12}（不分给药途径和剂量）进行干预。对照组采用安慰剂或低剂量的叶酸、维生素B_6和维生素B_{12}进行干预。如果纳入的受试者具有心血管疾病风险，试验组采取了"降低同型半胱氨酸干预"结合标准治疗方案（如降压药或他汀类）进行治疗，则对照组也采用同样的标准治疗方案。不同试验干预随访的时间在 1～7.3 年。系统综述关心的主要结局包括：致死或非致死性心肌梗死、致死或非致死性脑卒中（包括缺血性或出血性脑卒中）；次要结局指标包括：全死因死亡、需要住院治疗的心绞痛初次发作、需要住院治疗的心力衰竭和不良反应。

2. 研究结果

与安慰剂对照的试验（简称安慰剂试验）和与低剂量 B 族维生素为对照的试验结果被分别描述，详见表 23-5。有 11 项安慰剂试验报告了致死或非致死性心肌梗死事件的发生情况，共纳入 43780 位受试者，试验组 23590 人，其中有 1743 人发生了心肌梗死事件，合计发生率约为 7.38%；对照组 20190 人，其中 1247 人发生了心肌梗死事件，发生率约为 6.17%。试验组与对照组受试者发生心肌梗死事件的相对危险度 RR = 1.02（95% CI：0.95～1.10，P = 0.58；异质性检验：I^2 = 0.0%，P = 0.79），无统计学显著意义，说明目前尚无足够证据证明口服 B 族维生素在减少心肌梗死事件的发生方面是有效的。与低剂量 B 族维生素比较的干预试验结果也类似。

9 项安慰剂试验报告了致死或非致死性脑卒中事件的发生情况，共纳入 41305 位受试者，试验组 22348 人，其中 968 人发生了脑卒中事件，合计发生率约为 4.33%；对照组 18957 人，其中 974 人发生了脑卒中事件，发生率约为 5.13%。试验组与对照组发生脑卒中事件的相对危险度 RR = 0.91（95% CI：0.82～1.00，P = 0.06；异质性检验：I^2 = 11.0%，P = 0.34），无统计学显著意义，说明目前也无足够证据证明口服 B 族维生素在减少脑卒中事件的发生方面是有效的。

同时，这些研究也未显示口服 B 族维生素对心血管疾病患者的全死因死亡和重要不良反应（如肿瘤等结局）有影响。此外，该系统综述的结果表明，当前研究的累积样本量已足以显示口服补充 B 族维生素在心血管事件和严重不良反应上的相对效果不会高于 20%，说明已无

须再进行更多的随机对照试验对 B 族维生素补充剂预防心血管事件的收益和危害进行评估。

表23-5　单独或联合补充叶酸、维生素B_6、维生素B_{12}对心血管疾病患者和高危人群预防心血管事件发生的效果及不良反应

结局	研究数	总人数	效应（95% CI）	P 值	异质性检验
心肌梗死					
与安慰剂比较	11	43780	1.02（0.95～1.10）	0.58	$I^2=0.0\%$；$P=0.79$
与低剂量组比较	1	3649	0.90（0.66～1.23）	0.50	NA
脑卒中					
与安慰剂比较	9	41305	0.91（0.82～1.00）	0.06	$I^2=11.0\%$；$P=0.34$
与低剂量组比较	1	3649	1.04（0.84～1.29）	0.73	NA
全死因死亡					
与安慰剂比较	10	41898	1.01（0.96～1.07）	0.65	$I^2=6.0\%$；$P=0.38$
与低剂量组比较	1	3649	0.86（0.66～1.11）	0.24	NA
首发不稳定型心绞痛	4	12644	0.98（0.80～1.21）	0.87	$I^2=66.0\%$；$P=0.03$
严重不良反应（如肿瘤）	7	32869	1.06（0.98～1.13）	0.13	$I^2=0.0\%$；$P=0.68$

3．结论

综上所述，目前尚无证据证明在心血管疾病患者和高危人群中，单独或联合使用任何剂量的叶酸、维生素 B_6 和维生素 B_{12}，对预防心血管事件的发生是有效的，也未显示会产生严重的不良反应（如肿瘤）。因此，在当前研究人群中推荐口服 B 族维生素预防心血管事件是不合理的。

4．原始文献

[1] Arturo J Marti-Carvajal, Ivan Sola, Dimitrios Lathyris. Homocysteine-lowering interventions for preventing cardiovascular events. Cochrane Database Syst Rev. 2015, Issue 1. Art. No.：CD006612. doi：10.1002/14651858.CD006612.pub4.

四、ω-3 脂肪酸预防心血管疾病的效果

1．背景介绍

ω-3 脂肪酸（omega-3 fatty acids）是一类人体必需的多不饱和脂肪酸，流行病学调查发现因纽特人极少发生心血管疾病，可能与他们的膳食结构中富含 ω-3 脂肪酸有关。大量体外实验和动物实验证明 ω-3 脂肪酸具有调节血脂和抗动脉粥样硬化的作用，但人群随机对照研究的结果还存在争议。2012 年，Evangelos 等发表的一项系统综述对补充 ω-3 脂肪酸预防成年人心血管疾病的效果进行了评估。

该系统综述收集了 1999—2010 年期间发表的 20 项随机对照试验，其中包括 13 项心血管疾病的二级预防试验、4 项初级二级混合型试验和 3 项针对已安装心脏除颤器（ICD）患者的试验，共纳入 68680 位受试者，其中试验组 34388 人，对照组 34292 人。受试者的年龄中位数为 68 岁（49～70 岁），男女比例不详，多数受试者为白种人（15 项研究，49134 人），但单个样本量最大的试验来自日本，共有 18645 位受试者。

试验组以富含 ω-3 脂肪酸的膳食（2 项）或口服 ω-3 脂肪酸补充剂作为干预措施（18 项），对照组相应地以其他形式的膳食（低 ω-3 脂肪酸）或安慰剂作为干预措施。ω-3 脂肪酸每天的中位摄入量为 1.0g（0.46g/d EPA，0.43g/d DHA），干预持续时间在 1～6.2 年不等，

中位数时间为 2 年。该系统综述以主要的心血管终点事件作为研究结局,包括全死因死亡、心血管疾病死亡、猝死、心肌梗死和脑卒中。

2. 干预效果

17 项试验报告了受试者全死因死亡的情况,共纳入 63279 位受试者,试验组 31674 人,其中 3084 人死亡,合计死亡率约为 9.7%;对照组 31605 人,其中 3211 人死亡,合计死亡率约为 10.2%。试验组与对照组的患者死亡的相对危险度 RR = 0.96(95% CI:0.91 ~ 1.02,P = 0.51;异质性检验:I^2 = 12%,P = 0.32),无统计学显著意义,说明目前尚无足够证据证明补充 ω-3 脂肪酸在减少全死因死亡方面是有效的。

13 项随机对照试验报告了心血管疾病死亡的情况,在 56407 位受试者中共发生了 3480 例心血管疾病死亡,试验组与对照组的相对危险度 RR = 0.91(95% CI:0.85 ~ 0.98,P = 0.01;异质性检验:I^2 = 6%,P = 0.09),结果具有统计学显著意义。以其中样本量最大试验中对照组-心血管疾病死亡的发生率(9.3%)为基线风险进行估计,NNT = 120,显示 ω-3 脂肪酸的临床干预效果有限。

类似的,目前尚无足够证据证明补充 ω-3 脂肪酸在减少猝死、心肌梗死和脑卒中方面是有效的,详见表 23-6。

表23-6 通过膳食或补充剂补充ω-3脂肪酸摄入对成年人预防心血管终点事件的效果

结局	研究数	总人数	效应(95% CI)	P 值	异质性检验
全死因死亡	17	63279	0.96(0.91 ~ 1.02)	0.51	I^2 = 12%;P = 0.32
初级预防试验	4	38719	0.97(0.90 ~ 1.05)	NA	I^2 = 39%;P = 0.18
二级预防试验	10	23412	0.95(0.86 ~ 1.04)	NA	I^2 = 2%;P = 0.42
ICD 试验	3	1148	0.69(0.39 ~ 1.23)	NA	I^2 = 20%;P = 0.29
心血管疾病死亡	13	56407	0.91(0.85 ~ 0.98)	0.01	I^2 = 6%;P = 0.09
猝死	7	41751	0.87(0.75 ~ 1.01)	NA	I^2 = 8%;P = 0.06
心肌梗死	13	53875	0.89(0.76 ~ 1.04)	NA	I^2 = 35%;P = 0.14
脑卒中	9	52589	1.05(0.93 ~ 1.18)	NA	I^2 = 14%;P = 0.47

3. 结论

综上所述,目前尚无证据表明补充 ω-3 脂肪酸可降低心血管疾病重大终点事件的发生,即使有(如对心血管疾病死亡),效果也非常有限。因此,目前将 ω-3 脂肪酸作为一种常规干预方法应用于临床实践或作为膳食推荐是不合理的。

4. 原始文献

[1] Rizos EC, Ntzani EE, Bika E, et al. Association between omega-3 fatty acid supplementation and risk of major cardiovascular disease events: a systematic review and meta-analysis. JAMA. 2012, 308(10): 1024-33. doi: 10.1001/jama.2013. 277028.

(杨敏 傅晓红)

第二十四章　中医药治疗效果的证据

中国传统医学已有数千年历史，是中国人民与疾病长期斗争的过程中积累的宝贵财富，其理论体系独具风格，是现代医疗的重要组成部分。传统中医药是中国的优势创新领域，中医药创新发展不仅需要继承，更需要创新，实现中医药现代化和国际化。

20世纪中叶，科学地评估医学干预措施效果的随机对照临床试验诞生，现代流行病学发端，20世纪末强调遵循临床科学研究证据进行医学实践的循证医学诞生。循证医学的意义还在于，无论机制是否清楚，只要临床上可以证明安全、有效，就可以在临床上应用。相反，即使所谓的机制很清楚，但如果临床上没有效果，则不能引入临床使用，或应该被淘汰。这对机制很难阐明的中医药治疗的发展具有重要的意义：在机制不明的情况下，只要临床证明有效，就可以广泛推广和使用。但是，评估疗效的方法必须严谨。

从20世纪80年开始，中医界已经开始利用随机对照临床试验评估中医药的临床疗效，并用系统综述总结临床试验的结果。自2000年后，中医药领域系统综述数量呈逐年上升趋势、研究领域不断扩大。研究显示，2009年12月前中医药领域发表的系统综述/Meta分析369篇，中草药、针灸领域各有314篇、55篇，疾病谱较广，包括循环系统疾病、消化系统疾病、神经系统疾病等。另一项研究显示，截至2013年12月发表的476篇针灸领域系统综述，其中Cochrane系统综述46篇，中文期刊发表203篇，非中文期刊发表227篇；数量最多的是神经系统疾病系统综述（23.53%，112/476），骨骼肌肉系统疾病系统综述（18.91%，90/476）次之。

本章遴选了有关中医药治疗的有代表性的6篇系统综述，并对其治疗效果进行总结：
1. 以青蒿素为基础的联合疗法治疗单纯性间日疟的效果
2. 针刺治疗肠易激综合征的效果
3. 针刺治疗急性、亚急性腰痛的效果
4. 姜治疗妊娠恶心和呕吐的效果
5. 中草药治疗湿疹的效果
6. 三氧化二砷联合全反式维甲酸治疗急性粒细胞白血病的效果

一、以青蒿素为基础的联合疗法治疗单纯性间日疟的效果

1．背景介绍

疟疾（malaria）是经蚊叮咬或输入带疟原虫血液而感染疟原虫所引起的虫媒传染病。奎宁（quinine）是治疗疟疾的一种廉价、方便的药物，但间日疟原虫（plasmodium vivax）对奎宁耐药性问题非常普遍。为了降低抗疟疾治疗失败率，2006年WHO建议可将两种作用于寄生虫不同生化位点的药物联合使用治疗恶性疟，2010年WHO推荐使用以青蒿素（artemisinin）为基础的联合药物（artemisinin-based combination therapy，ACT）治疗恶性疟（falciparum malaria）。

2013年Gogtay等发表的一篇系统综述对ACT治疗急性单纯性间日疟的效果进行了总结。该系统综述纳入了14项发表于2002—2011年间在亚洲和大洋洲开展的随机对照试验，共纳入2636名患者。该系统综述研究对象为成人和儿童（包括孕妇、婴儿）。试验组治疗措施为3日疗程的ACT治疗。对照组为非ACT抗疟治疗方案［如氯喹（chloroquine）、磺胺多辛-乙

胺嘧啶（sulfadoxine-pyrimethamine）、阿莫地喹（amodiaquine）、甲氟喹（mefloquine）、奎宁或其联合用药]或3日疗程的另一种ACT治疗。随访时间为研究对象招募后28天～1年，其中有7个研究的随访时间为42天。主要结局指标有：14～28天间日疟复发[外周血中重新检测到间日疟原虫，包括病情二次发作（recrudescences）、恶化（relapses）、重新感染（re-infections）]。次要结局指标：寄生虫清除（每日寄生虫清除患者比例或首次血涂片阴性时间的平均数或中位数）、退热（每日不发热患者比例，转为正常体温时间的平均数或中位数）、间日疟在1～12个月复发、血液学检查恢复正常（从基线到随访最后一日血红蛋白变化）、配子母细胞检测、引起终止治疗或入院治疗的严重不良事件。系统综述原文依次报道了ACT对比氯喹、氯喹+磺胺多辛-乙胺嘧啶、奎宁，以及不同ACT治疗的对比效果，本节只摘录了ACT与氯喹治疗效果的比较。

2. ACT与氯喹治疗单纯性间日疟的效果比较

（1）早期疗效比较

有4项研究报告了ACTs对比氯喹治疗间日疟的血液疟原虫残留率，共纳入1652例受试者，其中试验组827例，对照组825例。在治疗24小时、48小时和72小时随访3次。其中治疗后24小时疟原虫残留率ACTs组和氯喹组分别为21.89%（181/827）和52.36%（432/825），合并相对危险度（relative risk）RR = 0.42（95% CI：0.36～0.50，$P < 0.001$；异质性检验：$I^2 = 21\%$，$P = 0.28$），差异有统计学意义，说明与单用氯喹相比，24小时内，ACTs能更快清除疟疾患者血液中的疟原虫。以纳入该Meta分析中样本量最大的研究中的对照组的疟原虫残留率（2.1%）为基线风险进行估计（本章各节NNT计算均用此标准），NNT = 8。详见表24-1。类似地，两组血液疟原虫残留率在治疗后48小时和72小时差异均有统计学意义，相比单用氯喹，ACTs能更快清除疟疾患者血液中的疟原虫，NNT分别为41和167。两组患者治疗后24小时和48小时发热率差异也有统计学意义，NNT分别为13和49。但两组患者治疗后72小时发热率差异无统计学意义。

表24-1　以青蒿素为基础的联合疗法与氯喹治疗单纯性间日疟的效果比较

结局	研究数	总人数	RR（95% CI）	P值	异质性检验
治疗24小时后血液疟原虫残留率	4	1652	0.42（0.36～0.50）	<0.001	$I^2 = 21\%$；$P = 0.28$
治疗48小时后血液疟原虫残留率	4	1648	0.18（0.05～0.74）	0.017	$I^2 = 73\%$；$P = 0.01$
治疗72小时后血液疟原虫残留率	4	1648	0.08（0.01～0.43）	0.003	$I^2 = 0\%$；$P = 0.66$
治疗24小时后仍然发热比例	2	990	0.55（0.43～0.70）	<0.002	$I^2 = 0\%$；$P = 0.36$
治疗48小时后仍然发热比例	3	1390	0.53（0.31～0.91）	0.022	$I^2 = 46\%$；$P = 0.16$
治疗72小时后仍然发热比例	2	985	0.60（0.27～1.36）	0.22	$I^2 = 0\%$；$P = 0.80$
治疗28天内复发率	5	1622	0.58（0.18～1.90）	0.37	$I^2 = 53\%$；$P = 0.10$
治疗28天后复发率	3	1066	0.57（0.40～0.82）	0.002	$I^2 = 55\%$；$P = 0.11$
治疗42或56天后复发率	4	1460	0.59（0.44～0.78）	<0.001	$I^2 = 39\%$；$P = 0.18$
严重不良反应事件	5	1775	1.00（0.14～7.04）	1.0	NA*

*NA，不适用，只有一个研究发生了不良反应数据，没有进行Meta分析

（2）治疗28天内疟原虫复发比较

5个研究报告了在氯喹非耐药地区，治疗28天之内疟原虫复发情况，共纳入1622名患者。ACTs组824例，其中13例复发，合计复发率1.58%（由事件总数除以总人数，下同），氯喹组798例，其中26例复发，合计复发率3.26%。治疗28天内ACTs与氯喹两组复发率

RR = 0.58（95% CI：0.18 ~ 1.90，P = 0.37；异质性检验：I^2 = 53%，P = 0.10）。差异无统计学意义，说明目前尚无足够证据证明在预防疟疾复发上，ACT 比氯喹更有效。详见表 24-1。其中 4 项研究中，ACTs 和氯喹在治疗 28 天内疟疾复发率都很低。另一个为 2011 年泰国的研究，在治疗后 28 天内，ACT 组（2%）相比氯喹组（9%）复发率低（RR = 0.25，95% CI：0.09 ~ 0.66，1 个试验，437 例，NNT = 15），差异有统计学意义。

（3）治疗 28 天后疟原虫复发比较

3 个研究报告了治疗 28 天后疟原虫复发情况，共纳入 1066 例患者，ACT 联合长半衰期药物组 534 人，其中 141 人复发，合计复发率约为 26.4%；氯喹组 532 人，其中 215 人复发，合计复发率约为 40.4%。两组复发的相对危险度 RR = 0.57（95% CI：0.40 ~ 0.82，P = 0.002；异质性检验：I^2 = 55%，P = 0.11），有统计学显著性，说明与单用氯喹比，ACT 联合长半衰期药物治疗在 28 天后仍有更好的预防疟原虫复发的效果（NNT = 26）。详见表 24-1。类似地，ACT 联合长半衰期药物治疗在 42 天或 56 天后也显示出比氯喹更好的预防疟原虫复发的效果（NNT = 35）。

（4）不良反应

5 个研究报告了严重不良反应事件的情况，共纳入 1775 例患者，其中 4 个研究没有任何不良反应事件。一个纳入 456 人的研究在 ACT 组（228 人）和氯喹组（228）每组均有两例不良反应事件发生，不良事件发生危险性两组差异没有统计学意义（RR = 1.00，95% CI = 0.14 ~ 7.04，P = 1.0）。目前没有足够证据证明 ACT 治疗比氯喹更容易发生不良反应。

3．结论

综上所述，青蒿素在治疗间日疟原虫血液感染阶段的疗效与氯喹至少相当。在奎宁耐药疫区，ACTs 提供了一个有效的替代治疗方案。在氯喹非耐药疫区，ACT 治疗疟疾方案依然简便易行。ACT 方案中应用最多的是双氢青蒿素 - 哌喹（dihydroartemisinin-piperaquine），相比蒿甲醚 - 本芴醇（artemether-lumefantrine）、青蒿琥酯 - 阿莫地喹（artesunate-amodiaquine），它的预防作用更为持久。在高传染性疫区无论是否联合使用伯氨喹，其治疗效果在临床都是很重要的。

4．原始文献

[1] Gogtay N, Kannan S, Thatte UM, et al. Artemisinin-based combination therapy for treating uncomplicated Plasmodium vivax malaria. Cochrane Database of Systematic Reviews. 2013，10.

二、针刺治疗肠易激综合征的效果

1．背景介绍

肠易激综合征（irritable bowel syndrome，IBS）是常见的、不易治疗的胃肠道功能紊乱性疾病。Manheimer 等发表系统综述对针刺（acupuncture）治疗 IBS 的效果进行了总结。该系统综述共收集 17 项发表于 1997—2011 年间的随机对照试验，共纳入 1806 名患者。研究在美国 2 项、英国 2 项、中国 11 项、加拿大 1 项、德国 1 项。研究全面评估了临床试验中针刺技术的充分性，包括针刺穴位选择、针刺次数、持续时间、频率、针刺技术、针灸师经验、假针刺（sham acupuncture）生理反应等。

纳入研究受试对象为依照 Manning 标准，罗马 I、罗马 II 或罗马 III 标准诊断为 IBS 的成人患者。试验组为针灸，排除以下几种情况：干针疗法、触发点疗法、西方基于解剖学与生理学原理而不是中医经络理论的针刺激、激光针刺（laser acupuncture）、经皮电刺激（transcutaneous electrical nerve stimulation），耳穴、眼穴等微针刺亦排除。对照组干预措施为：假针刺（安慰针刺），无（特异性）治疗，不使用针刺，不含中医成分的阳性药物治疗，以及针灸 + 某种治疗对比单独使用该治疗。主要测量指标为 IBS 症状严重程度（IBS 症状严重程度量表，IBS-SSS 量表）和 IBS 健康相关生活质量。随访时间包括短期随访（随机分组后 3 个月以内的随访）和长期随访（随机分组后 3 个月以上、6 个月以内的随访）。本节摘取短期疗效结果。

2．针刺治疗 IBS 效果

（1）针刺对比假针刺

4 项研究（281 例受试者）报告了症状严重程度评分结果，针刺组 140 人，假针刺组 141 人，合并的标准化均数差 SMD = −0.11，（95% CI：−0.35 ~ 0.13，P = 0.36；异质性检验：I^2 = 0%，P = 0.56），组间差异无统计学意义，目前尚无足够证据证明针刺在降低 IBS 症状严重程度上优于假针刺。详见表 24-2。类似地，目前尚无足够证据证明针刺在提高 IBS 患者生活质量上优于假针刺。

表24-2　针刺治疗肠易激综合征的效果

结局	研究数	总人数	合并效应量（95% CI）	P 值	异质性检验
针刺对比假针刺					
症状严重程度评分	4	281	SMD：−0.11（−0.35 ~ 0.13）	0.36	I^2 = 0%；P = 0.56
生活治疗评分	3	253	SMD：−0.03（−0.27 ~ 0.22）	0.83	I^2 = 0%；P = 0.96
针刺对比阳性药物					
症状改善率	5	449	RR：1.28（1.12 ~ 1.45）	< 0.001	I^2 = 31%；P = 0.21
针刺 + 中药对比中药					
症状改善率	4	466	RR：1.17（1.02 ~ 1.33）	0.02	I^2 = 69%；P = 0.02
针刺 + 心理治疗对比心理治疗					
症状改善率	2	182	RR：1.16（1.04 ~ 1.29）	0.006	I^2 = 0%；P = 0.52
针刺对比非特异性治疗					
症状改善率	2	181	RR：2.11（1.18 ~ 3.79）	0.01	I^2 = 57%；P = 0.13

WMD，加权均差

（2）针刺对比阳性药物

5 项研究报告了针刺与药物 [如匹维溴铵（pinaverium bromide）、马来酸曲美布汀（trimebutine maleate）等] 对比 IBS 症状改善情况，共纳入 449 例受试者，针刺组 220 例，其中 186 例症状明显改善，合计症状改善率约为 84.5%；药物组 229 例，其中 145 例症状明显改善，合计症状改善率约为 63.3%。针刺组对药物组患者症状改善的相对危险度 RR = 1.28，（95% CI：1.12 ~ 1.45，P < 0.001；异质性检验：I^2 = 31%，P = 0.21），差异有统计学意义，说明与药物治疗比，针刺可以更有效地改善症状（NNT = 6），详见表 24-2。

（3）针刺 + 阳性治疗对比单独该阳性治疗

4 项研究报告了针刺 + 中药对比中药单独治疗的情况，共纳入 466 名患者，试验组 284 人，其中 264 人症状改善，合计症状改善率约为 93.0%；对照组 182 人，143 人症状改善，合计症状改善率约为 78.6%。两组患者症状改善合并 RR = 1.17（95% CI：1.02 ~ 1.33，P = 0.02；异质性检验：I^2 = 69%，P = 0.02），差异有统计学意义，说明与单独使用中药相比，针刺与中药的联合治疗可以更有效地改善患者症状（NNT = 8）。详见表 24-2。类似地，与单独使用心理疗法比，针刺与心理疗法联合可以更有效地改善患者症状（NNT = 8）。

（4）针刺对比非特异性治疗

2 个研究对比了针刺与非特异性治疗。这 2 项研究所有受试者可继续原有的标准 IBS 处方药物治疗，在此基础上试验组给予针刺治疗，对照组不再使用其他额外的干预措施。共纳入181名患者，试验组87人，其中55人症状改善，合计症状改善率约为63.2%；对照组94人，32人症状改善，合计症状改善率约为34.0%，两组患者症状改善合并 RR = 2.11（95% CI：1.18 ~ 3.79，$P = 0.01$；异质性检验：$I^2 = 57\%$，$P = 0.13$），有统计学显著性，说明与非特异性治疗相比，加用针刺治疗可以更有效地改善患者症状（NNT = 3），详见表24-2。

(5) 不良反应和副作用

有9项研究描述了针刺相关不良反应，其中8项无严重不良反应，另一项研究有1例受试者因晕针退出试验。

3. 结论

针刺对比假针刺的随机对照试验结果未显示出针刺治疗IBS对于缓解症状和生活质量方面的优势。而相比2个阳性药物（匹维溴铵和马来酸曲美布汀），针刺组明显改善了IBS症状和生活质量。针刺联合中药或者联合心理治疗，可以更有效地改善IBS患者症状。与单独非特异性治疗比，加用针刺治疗也可以更有效地改善患者症状。

4. 原始文献

[1] Manheimer E, Cheng K, Wieland LS, et al. Acupuncture for treatment of irritable bowel syndrome. Cochrane Database of Systematic Reviews. 2012, 5. Art.No.CD005111. doi：10.1002/14651858. CD005111.pub3.

三、针刺治疗急性、亚急性腰痛的效果

1. 背景介绍

针刺是腰背痛患者经常选择的补充与替代医学疗法之一。临床经验显示，针刺治疗急性非特异性腰背痛（low back pain，LBP）（其中大部分是诊断为急性腰扭伤）有效，可缓解疼痛、缩短疼痛持续时间，更早地恢复正常工作活动。2013年Lee等发表系统综述，对针刺治疗腰背痛的有效性和安全性进行了总结。

该系统综述收集了11项发表于2001—2010年间的随机对照试验，共纳入1139例受试者，最终进行Meta分析的有7项研究。有8项研究在中国进行（$n = 991$），来自日本（$n = 40$）、挪威（$n = 60$）和英国（$n = 48$）各1项。患者包括急性和亚急性LBP（< 12周）。针刺干预包括手针（manual acupuncture）、耳针（ear acupuncture,）、韩国手法针刺（Korea hand acupuncture）、温针（warm needling）、电针（electroacupuncture）。排除未涉及针刺技术的治疗，如耳语（auricular seed）、激光（laser）、注射、穴位埋线（acupoint embedding）、穴位按压（acupressure）、艾灸（moxibustion）、磁疗（magnetic device）。排除涉及针刺与其他干预措施联合疗效的临床试验。排除不同针刺之间比较的临床试验。对照组为安慰针、假针刺（如非穿透性针刺）、阳性药物治疗、常规治疗药物（如非甾体抗炎药）等。针刺1 ~ 12次不等，在1 ~ 6周内完成。主要测量指标是疼痛程度的缓解、整体评估（如患者报告或观察到的总改善情况，好转患者人数或治愈患者人数）、腰痛相关功能状态（如Roland Morris disability questionnaire, RMDQ和Oswestry disability index）、残疾评估（如日常活动能力，工作缺勤）。次要结局指标是物理检查、患者满意度、止痛药物使用情况、健康相关生活质量（如SF-36）以及不良反应。结局测量时间从完成一个疗程到随机分组后18个月不等。该系统综述报告了针刺对比非甾体类抗炎药、针刺对比假针刺以及针刺 + 西药对比单独使用西药的结果，最后一个对比仅纳入一个研究，本节摘录了前两个对比的结果。

2. 针刺治疗急性、亚急性腰背痛的效果

(1) 针刺对比非甾体类抗炎药

5项试验报告了治疗结束后患者报告的总体症状改善率（治愈或好转 vs. 治疗失败）的结

果。共纳入 657 名患者,针刺组 343 人,其中 335 人总体症状改善,合计总体症状改善率约为 97.7%;非甾体类抗炎药组 314 人,其中 274 人总体症状改善,合计总体症状改善率约 87.3%,两组总体症状改善率合并 RR = 1.11(95% CI:1.06~1.16,$P < 0.001$;异质性检验:$I^2 = 0\%$,$P = 0.67$),差异有统计学意义,与非甾体类抗炎药比,针刺可以更有效地改善患者总体症状(NNT = 10)。

有 3 项研究使用 NRS 或 VAS 报告了疼痛强度。其中 1 项中国的研究(样本量为 60)结果提示针刺相比布洛芬缓释胶囊有明显的镇痛效果(0.18 ± 0.13 vs. 3.31 ± 0.76;$P < 0.001$),另 2 项研究提示针刺和药物镇痛作用相似。

(2)针刺对比假针刺

2 项研究报告了首次治疗后针刺对比假针刺对疼痛强度改变的效果,共纳入 100 名患者,两组各 50 人。疼痛强度用 VAS 测量,合并结果加权均差 WMD = -9.38(95% CI:-17.00~-1.76;异质性检验:$I^2 = 27\%$,$P = 0.02$),相比假针刺差异有统计学意义,说明针刺组在首次治疗后可更好地缓解疼痛。而亚急性腰背痛第 3~12 次针刺后,两组镇痛效果(VAS 评分)无差异。

(3)不良反应和副作用

两项研究报告了轻微不良事件,一项研究报告针刺过程中 1 例患者较为兴奋,有 3 位感到疲倦。药物组分别有 16 例和 12 例患者在服药 1 周和 2 周时出现胃肠道反应。另一研究报告有 3 例出现皮下出血。

3. 结论

与非甾体类抗炎药相比,针刺可以更有效地改善急性、亚急性腰背痛症状。相比假针刺,首次针刺能更有效地缓解疼痛,但对于亚急性腰背痛功能状态改善,两组无差异。有限的证据提示针刺的副作用很少。对于急性、亚急性腰背痛患者,针刺可能比服用药物和假针刺能更有效地缓解疼痛和改善症状。限于纳入研究的方法学局限性,本研究结论有待于未来高质量临床研究的进一步验证。

4. 原始文献

[1] Lee JH, Choi TY, Lee MS, et al. Acupuncture for acute low back pain: a systematic review. Clin J Pain. 2013, 29(2): 172-85.

四、姜治疗妊娠恶心和呕吐的效果

1. 背景介绍

"姜"(ginger)属于草本药物,生活中常食用,在临床实践中姜被常应用于妊娠恶心和呕吐(nausea and vomiting of pregnancy,NVP)、妊娠剧吐(hyperemesis gravidarum,HG)及化疗诱导的恶心、呕吐,但临床实践指南中尚未推荐。已有 3 篇有关姜治疗 NVP 的系统综述发表,本节以 2014 年 Viljoen 等发表的系统综述为例,总结姜治疗 NVP 的效果。该系统综述收集了 12 项发表于 1991—2011 年的随机对照试验,共纳入 1278 名妊娠妇女。干预措施是任何形式的口服姜(鲜姜、干姜、姜粉、姜片剂、胶囊、液体提取物、姜茶)对比安慰剂或活性药物。有 11 项研究的对象为 NVP 患者,2 项为妊娠剧吐患者。有 8 项研究使用姜粉胶囊,日服用剂量为 1000~1950mg;1 项研究使用姜饼干,姜总剂量每日 2500 mg;1 项研究使用姜糖浆,每日总剂量为 1000 mg;1 项研究使用姜提取物的胶囊制剂,每日 1000mg;另一项研究使用每日 600mg 的姜精。治疗时间持续 3~21 天不等。主要用于评估疗效的结局指标包括:主观感觉的恶心、呕吐症状评分,以标准化的量表或方法测量[视觉模拟标度尺(visual analogue scale,VAS)];每日监测的呕吐次数;以 5 分 Likert-type 量表测量的治疗后一般反应;不良事件和副作用发生率。该系统综述报告了姜对比安慰剂、维生素 B_6、茶苯海明和甲氧氯普胺的结果,本节摘取了前面两个对比的结果。

2. 姜治疗早期妊娠恶心、呕吐的效果

（1）姜对比安慰剂

有 7 个研究报告了姜对比安慰剂（如乳糖、柠檬油、面粉、豆油或安慰剂饼干）的效果。由于不同研究使用不同量表测量指标,未对所有纳入的研究进行 Meta 分析。

1）恶心症状

2 项研究报告了 VAS 量表测量的恶心程度评分,共纳入 129 例孕妇,其中治疗组 64 人,对照组 65 人。治疗 4 天后,两组比较合并 WMD = 1.20（95% CI：0.56 ~ 1.84,$P < 0.001$；异质性检验：$I^2 = 0\%$,$P = 1.00$）,有统计学意义,说明与安慰剂比较,姜可更有效地降低孕妇恶心程度。亚组分析结果提示姜高剂量（≥ 1500mg/d）和低剂量（< 1500mg/d）两组之间恶心程度的 VAS 评分差异无统计学意义。然而,另外 2 个研究以 VAS 评分报告恶心改善的例数为结局指标的研究提示,相比安慰剂,姜未能减轻恶心症状。详见表 24-3。另有 1 个研究分别以罗德指数问卷评价姜治疗后的恶心程度,相比第 1 天,第 2 ~ 5 天减轻了恶心程度。另一个交叉试验结果亦支持姜相比安慰剂缓解了恶心症状（表 24-3）。

表24-3 姜治疗早期妊娠恶心、呕吐的效果

结局	研究数	总人数	合并效应量（95% CI）	P 值	异质性检验
姜对比安慰剂					
VAS 恶心程度评分	2	129	WMD：1.20（0.56 ~ 1.84）	< 0.001	$I^2 = 0\%$；$P = 1.00$
恶心改善例数	2	251	RR：2.00（0.77 ~ 5.19）	0.15	$I^2 = 59\%$；$P = 0.12$
恶心症状缓解评分	1	57	MD：3.52（0.27 ~ 6.77）	NR	NA
呕吐减少次数	2	264	WMD：0.72（−0.03 ~ 1.46）	0.006	$I^2 = 71\%$；$P = 0.06$
呕吐消失人数	1	47	RR：3.33（0.91 ~ 12.26）	NR	NA
姜对比维生素 B_6					
VAS 恶心程度评分	2	305	WMD：0.34（−1.52 ~ 2.20）	0.72	$I^2 = 91\%$；$P = 0.001$
恶心程度罗德指数	1	526	MD：−0.3（−0.85 ~ 0.25）	NR	NA
修订罗德量表	1	249	MD：0.70（0.20 ~ 1.20）	NR	NA
呕吐减少次数	3	941	WMD：−0.07（−0.48 ~ 0.35）	0.76	$I^2 = 44\%$；$P = 0.17$
呃逆	1	526	RR：27.18（1.63 ~ 453.06）	NR	NA

NR,未报告；NA,不适用；MD,均差；WMD,加权均差

2）呕吐减少次数

所有的 7 项研究均报告了呕吐减少次数,但数据因异质性不能合并。有 2 个研究报告姜相比安慰剂呕吐次数减少的结果。共纳入 264 名孕妇,其中治疗组 135 人,对照组 129 人。两组呕吐减少次数合并 WMD = 0.72（95% CI：−0.03 ~ 1.46,$P = 0.06$；异质性检验：$I^2 = 71\%$,$P = 0.06$）。亚组分析提示姜高剂量（≥ 1500mg/d）和低剂量（< 1500mg/d）在减少呕吐次数上无差异。另 1 个研究报告了姜治疗 6 日后呕吐消失的孕妇数,结果提示姜与安慰剂对比两组差异无统计学意义。详见表 24-3。其他研究分别以罗德指数问卷、恶心相关评分,均显示两组差异无统计学意义。

3）总体治疗反应

有 3 个研究报告了总体治疗反应指标。其中 2 个研究提示姜优于安慰剂,另一个研究提示姜与安慰剂总体治疗反应无差异。

4）不良反应

有 4 个研究报告姜治疗期间无副作用。有 1 个交叉试验报告了自然流产和人工流产各 1 例，但无法估算自然流产与治疗发生的关系。其他研究报告了轻微的不良反应，如过敏反应、脱水、自然流产、腹部不适、腹泻、嗜睡、头痛、胃灼热等，姜与安慰剂相比，差异均无统计学意义。

（2）姜对比维生素 B_6

4 个研究报告姜对比维生素 B_6 效果的评估。

1）恶心症状改善

所有 4 个研究评估了姜对比维生素 B_6 的效果。报告了 VAS 量表测量的恶心程度评分，共纳入 405 例孕妇，其中治疗组 208 人，对照组 197 人。两组比较合并 WMD = 0.34（95% CI：−1.52 ~ 2.20，P = 0.72；异质性检验：I^2 = 91%，P = 0.001），差异无统计学意义，说明目前尚无足够证据证明与维生素 B_6 相比，姜可更有效地降低孕妇恶心程度。亚组分析结果提示与维生素 B_6 比，低剂量（< 1500mg/d）姜治疗可减少恶心程度的 VAS 评分（1 个研究，69 例患者，MD = 1.30，95% CI：0.45 ~ 2.15，P = 0.003）。然而，另外 2 个研究以 VAS 评分报告恶心改善的例数为结局指标的研究提示，相比安慰剂，姜未能减轻恶心症状。详见表 24-3。另有 1 个研究分别以罗德指数问卷评价姜治疗后的恶心程度，相比第 1 天，第 2 ~ 5 天减轻了恶心程度。另一个交叉试验结果亦支持姜相比安慰剂缓解了恶心症状（表 24-3）。另一项研究以修订的罗德量表报告恶心/呕吐评分，结果提示姜相比维生素 B_6 更有效地改善了恶心/呕吐症状。而另一个研究以罗德指数评价恶心症状缓解情况，结果提示姜对比维生素 B_6 的恶心症状缓解情况相似，差异无统计学意义。详见表 24-3。

2）呕吐减少次数

纳入的 4 个研究均报告了呕吐减少次数，但未能对所有数据进行 Meta 分析。3 个研究报告了呕吐减少次数，共纳入 941 人，其中姜治疗组 499 人，维生素 B_6 组 442 人，两组合并 WMD = −0.07（95% CI：−0.48 ~ 0.35，P = 0.76；异质性检验：I^2 = 44%，P = 0.17），差异无统计学意义，提示目前不能证明与维生素 B_6 相比，姜能更有效地减少呕吐次数。详见表 24-3。亚组分析中姜高剂量组（≥ 1500mg/d）与低剂量组（< 1500mg/d）、长治疗疗程（≥ 7 日）和短治疗疗程（< 7 日）组，姜与维生素 B_6 组呕吐次数均相似。

3）总体治疗反应

2 个研究共纳入 665 人，其中姜治疗组 361 人，维生素 B_6 组 304 人。合并结果提示目前不能姜相比维生素 B_6 在增加总体治疗反应上更有效（原文未提供详细结果）。

4）不良反应

有 1 个研究（526 例孕妇）提示姜相比维生素 B_6 增加了呃逆的发生风险（RR = 27.18，95% CI：1.63 ~ 453.06）。其他研究报告有心律失常、自然流产、胃灼热、嗜睡、干呕、呕吐不良反应发生，但姜与维生素 B_6 组发生率相似，差异无统计学意义。

3．结论

本系统综述提示姜治疗 NVP 有利于缓解恶心症状。亚组分析结果提示姜剂量每日低于 1500mg 似乎有利于缓解恶心症状。姜对于呕吐症状改善影响作用不大，在妊娠期间亦没有明显的不良反应和不良事件风险。另有一篇 Matthews 等发表的 Cochrane 系统评价，对针刺、穴位按压、姜、黄菊、薄荷油、维生素 B_6 和镇吐药物等多种干预措施进行了评价，其中比较了姜与安慰剂、姜与镇吐药物（茶苯海明和甲氧氯普胺）、姜与黄菊，纳入了与本系统综述相似的临床试验，得到了相似的结论。综上所述，姜治疗 NVP 是安全的，是一种潜在可选择的治疗措施。但鉴于纳入研究数量和样本量有限，结局指标的评估工具不统一，证据质量较低，该结论仍需要高质量随机对照试验的进一步验证。

4. 原始文献

[1] Viljoen E, Visser J, Koen N, et al. A systematic review and meta-analysis of theeffect and safety of ginger in the treatment ofpregnancy-associated nausea and vomiting. Nutrition Journal. 2014, 13(20): 1-14.

[2] Matthews A, Haas DM, O'Mathúna DP, et al. Interventions for nausea and vomiting in early pregnancy. Cochrane database of Systematic Reviews. 2014, 3.

五、中草药治疗湿疹的效果

1. 背景介绍

特异性湿疹（atopic eczema）是一种常见皮肤疾病，近10年湿疹发病率逐年上升，临床表现为皮肤改变、发红、瘙痒、隆起、增厚。目前包括皮质类固醇（corticosteroids）等在内的西药治疗湿疹作用有限，且常出现皮肤变薄等副作用。中草药治疗湿疹已多年，有口服、局部涂抹中药或二者联合使用的方式。2013年由Gu等发表的更新版Cochrane系统评价对口服和局部涂抹中草药（Chinese herbal medicine）治疗湿疹的临床试验进行了总结。该系统综述共收集了28项发表于1999—2011年间的随机对照试验，共纳入2306名患者。其中4项为中草药对比安慰剂，22项对比常规药物，另2项口服与局部涂抹中草药间比较，以上研究均来自中国。

该系统综述纳入成人或儿童（1个月~16岁）湿疹患者，诊断标准为Hanifin标准、Rajka标准或英国简化版标准。干预措施为口服或局部涂抹单味中药、方剂、中成药或临床医师自配成药的处方药。对照组为安慰剂，不治疗，阳性对照（如针刺、常规药物），包括口服联合局部涂药的临床试验。主要测量指标为短期（6周内）和长期（大于6周）的总有效率和VAS瘙痒程度评分。次要结局指标有：评分系统评估的严重程度评分，评分系统包括湿疹面积和程度指数（eczema area and severity index, EASI），特异性皮炎严重程度评分（severity scoring of atopic dermatitis, SCORAD），患者为中心的湿疹测量（patient-oriented eczema measure, POEM）或特异性皮炎六个区域、六个体征（six area, six sign atopic dermatitis, SASSAD）；利用儿童皮肤病生活质量指数（children's dermatology life quality index, CDLQI）、皮肤病生活质量指数（dermatology life quality index, DLQI）评估的短期（6周内）和长期（大于6周）生活质量指数；副作用。该系统综述报道了中药对比安慰剂、无治疗、针刺、常规药物治疗以及口服联合局部用中药对比单独口服中药的结果，本节摘录了中药对比常规药物治疗的结果。

2. 中草药治疗湿疹的效果

（1）总有效率

21个研究报告了总有效率的情况。共纳入1868人，中草药组共979例，有效人数734例，合计总有效率约为75.0%，安慰剂组共889例，有效人数469例，合计总有效率约为52.8%。两组总有效率合并RR = 1.43（95% CI：1.27 ~ 1.61，$P < 0.001$；异质性检验：$I^2 = 65\%$，$P < 0.001$），差异有统计学意义，说明相比于常规药物治疗，中草药可以提高湿疹患者总有效率（NNT = 8）。类似地，中草药治疗在提高长期总有效率方面，也优于常规药物（NNT = 7）。详见表24-4。

表24-4 中草药对比常规药物治疗特异性湿疹的效果

结局	研究数	总人数	合并效应量（95% CI）	P 值	异质性检验
总有效率	21	1868	RR：1.43（1.27～1.61）	<0.001	$I^2=65\%$；$P<0.001$
长期总有效率	2	276	RR：1.52（1.11～2.08）	=0.009	$I^2=36\%$；$P=0.21$
VAS 瘙痒严重程度评分	7	465	SMD：−0.83（−1.43～−0.22）	0.007	$I^2=89\%$；$P<0.001$
总体严重程度评分	15	1062	SMD：−0.97（−1.23～−0.71）	<0.001	$I^2=74\%$；$P<0.001$
总体严重程度评分（长期）	1	52	MD：−8.50（−13.40～−3.60）	NR	NA
副作用	15	1396	RR：0.44（0.32～0.61）	<0.001	$I^2=0\%$；$P=0.61$

NR，未报告；NA，不适用；MD：均差；SMD，标准化均差

（2）VAS 测量的瘙痒严重程度评分

7 个研究报道了 VAS 测量的瘙痒严重程度评分，共纳入 465 名患者，其中治疗组 237 人，对照组 228 人。两组评分合并 SMD = −0.83（95% CI：−1.43～−0.22，$P=0.007$；异质性检验：$I^2=89\%$，$P<0.001$），有统计学意义，说明中草药治疗可更有效地降低湿疹患者的瘙痒程度。

（3）评分系统测量的总体严重程度

15 个研究报道了总体严重程度的结果。共纳入 1062 名患者，治疗组 545 人，对照组 517 人。两组总体严重程度评分合并 SMD = −0.97（95% CI：−1.23～−0.71，$P<0.001$；异质性检验：$I^2=74\%$，$P<0.001$），有统计学意义，说明中草药治疗可更有效地降低湿疹患者病情的总体严重程度。另外一个研究结果显示中草药治疗可长期降低患者病情的总体严重程度。详见表24-4。

（4）副作用

有 4 项研究报告无副作用。15 个研究报告了副作用。共纳入 1396 名患者，治疗组 721 人，41 人发生副作用，合计副作用发生率约为 5.7%，对照组 675 人，121 人发生副作用，合计副作用发生率约为 17.9%。两组合并副作用发生 RR = 0.44（95% CI：0.32～0.61，$P<0.001$；异质性检验：$I^2=0\%$，$P=0.61$），差异有统计学意义。相比于常规药物治疗，中草药的副作用发生危险更小（NNT = 60）。详见表24-4。

3．结论

相比于常规药物治疗，中草药可以提高湿疹患者总有效率，更有效地降低患者瘙痒程度和总体病情严重程度，并且副作用更少。但由于纳入研究存在相关高风险偏倚，所得结论尚不可靠，以上结果需要设计科学、样本量大的高质量 RCT 的进一步验证。

4．原始文献

[1] Gu S, Yang AWH, Xue CCL, et al. Chinese herbal medicine for atopic eczema. CochraneDatabase of Systematic Reviews. 2013, 9.

六、三氧化二砷联合全反式维甲酸治疗急性粒细胞白血病的效果

1．背景介绍

急性粒细胞白血病（acute promyelocytic leukemia，APL）是急性前髓细胞性白血病（acute myeloid leukemia，AML）的特殊亚型。APL 对全反式维甲酸（all-trans retinoic acid，ATRA）敏感，可诱导未成熟白血病前髓细胞向成熟粒细胞转化。ATRA 治疗 APL 的完全缓解（complete remission，CR）率达到了 90%，但临床有 20%～30% 的复发率，并常对 ATRA 再次治疗产生耐药性。砷（arsenic）是一种天然物质，俗称"砒霜"，作为传统中医药被使用

超过千年历史。临床基于"以毒攻毒"的理论使用三氧化二砷（arsenic trioxide，ATO）等几种砷化合物治疗肿瘤。20 世纪末发表了多篇 ATO 治疗 APL 的临床试验，但结果相互不一致。2011 年 Wang 等发表的一篇系统综述总结了 ATO 联合 ATRA（ATO + ATRA）对比单独 ATO 治疗 APL 的有效性和安全性。该系统综述收集了 8 项研究，其中 3 个随机对照试验、5 个非随机对照试验。1 项研究来自于法国，另外 7 项研究均来自中国。共纳入 457 名患者。其中 348 例新诊断病例和 109 例复发病例。各研究中 ATO 和 ATRA 药物剂量不一致。所有患者治疗期间均获得常规支持治疗，如检测外周血白细胞大于 > 30×10^9/L，给予羟基脲、伊达比星和适度的 CT 检查。结局指标包括完全缓解（CR）率、CR 所需时间、早期病死率、分子学应答和复发、无疾病生存（disease-free survival，DFS）以及副作用发生率。

2. 三氧化二砷治疗 APL 的效果

（1）完全缓解（CR）

8 个研究报告了 CR 率，ATO+ATRA 组纳入 255 人，229 人完全缓解，合计 CR 率约为 89.8%；ATO 组纳入 202 人，165 人完全缓解，合计 CR 率约为 81.7%。两组 CR 率合并 RR = 1.08（95% CI：1.00 ~ 1.17，$P = 0.04$；异质性检验：$I^2 = 0\%$，$P = 0.84$），差异有统计学意义，说明与单用 ATRA 相比，加用 ATO 可更有效地使 APL 患者获得完全缓解（NNT = 14）。按照是否为新诊断的 APL 以及是否为随机对照试验进行亚组分析，结果提示 ATO + ATRA 对比 ATO 的效果在新诊断 APL 和复发 APL 这两个亚组之间以及随机对照试验和非随机对照试验这两个亚组之间均无明显差别，详见表 24-5。

表24-5　三氧化二砷联合全反式维甲酸对比单用全反式维甲酸治疗急性粒细胞白血病的效果

结局	研究数	总人数	合并效应量（95% CI）	P 值	异质性检验
CR	8	457	RR：1.08（1.00 ~ 1.17）	0.04	$I^2 = 0\%$；$P = 0.84$
亚组分析					
新诊断病例 CR	5	348	RR：1.07（0.99 ~ 1.15）	0.10	$I^2 = 0\%$；$P = 0.73$
复发病例 CR	3	109	RR：1.16（0.91 ~ 1.48）	0.24	$I^2 = 0\%$；$P = 0.69$
随机对照试验 CR	3	NR	RR：1.07（0.92 ~ 1.25）	NR	NR
非随机对照试验 CR	5	NR	RR：1.09（0.99 ~ 1.19）	NR	NR
CR 所需时间	8	457	WMD：−6.51（−11.32 ~ −1.70）	0.008	$I^2 = 79\%$；$P < 0.001$
亚组分析					
新诊断病例 CR	5	348	WMD：−9.61（−13.84 ~ −5.37）	NR	NR
复发病例 CR	3	109	WMD：−0.23（−11.62 ~ 11.16）	NR	NA
早期病死率	7	421	RR：0.63（0.34 ~ 1.17）	0.14	$I^2 = 0\%$；$P = 0.82$
亚组分析					
新诊断病例早期病死率	5	348	RR：0.60（0.30 ~ 1.22）	0.16	$I^2 = 0\%$；$P = 0.83$
复发病例早期病死率	2	73	RR：0.72（0.19 ~ 2.79）	0.64	$I^2 = 20\%$；$P = 0.26$
一个诱导周期后生物学缓解率	2	92	RR：1.10（0.52 ~ 2.29）	0.81	NR
巩固治疗后生物学缓解率	2	84	RR：1.74（1.14 ~ 2.66）	0.01	NR
1 年 DFS 率	3	NR	RR：1.22（1.00 ~ 1.50）	0.05	NR
2 年 DFS 率	3	NR	RR：1.24（0.98 ~ 1.57）	0.07	NR
副作用					
总体副作用	5	298	RR：1.11（0.96 ~ 1.29）	0.16	NR
肝功能障碍	5	298	RR：0.84（0.59 ~ 1.20）	NR	NR
白细胞过多症	5	298	RR：1.08（0.82 ~ 1.42）	NR	NR

NR，未报告；WMD，加权均差

(2) CR 所需时间

8个研究均报告了达到 CR 的平均时间。除 1 个研究外，其他研究均提示 ATO + ATRA 组达到 CR 时间更短。合并结果提示，相比 ATO，ATO + ATRA 达到 CR 平均时间减少了 6.51 天（95% CI：−11.32 ~ −1.70，$P = 0.008$；异质性检验：$I^2 = 79\%$，$P < 0.001$）。亚组分析提示，新诊断 APL 亚组相比 ATO，ATO + ATRA 达到 CR 时间更短，但 APL 复发亚组提示两治疗组达到 CR 时间差异无统计学意义。详见表 24-5。

(3) 早期病死率

有 7 个研究报告了治疗 20 天内的早期病死率。共纳入 421 名患者，ATO + ATRA 组 250 人，15 人死亡，合计早期病死率为约为 6.0%，ATO 组 171 人，19 人死亡，合计早期病死率约为 11.1%。两组早期病死率合并 RR = 0.63（95% CI：0.34 ~ 1.17，$P = 0.14$；异质性检验：$I^2 = 0\%$，$P = 0.82$），差异无统计学意义，说明已有证据不能证明相比 ATO，ATO+ATRA 治疗可以降低 APL 患者早期病死率。类似地，亚组分析显示已有证据不能证明相比 ATO，ATO + ATRA 治疗可以降低新诊断或复发 APL 患者早期病死率。详见表 24-5。

(4) 分子学应答和复发

以实时定量逆转录-聚合酶链反应（RT-PCR）对 APL 患者进行 PML-RAR-α 融合基因转录本定量检测，RT-PCR 结果阴性提示分子生物学上缓解，而持续阳性则提示血液学复发。有 2 个研究报告了 RT-PCR 测量的分子生物学缓解率。共纳入 92 名患者，在一个诱导周期后 ATO + ATRA 组 48 名患者中 12 人 RT-PCR 阴性，合计阴性率约为 25.0%，ATO 组 44 名患者中 10 人阴性，合计阴性率约为 22.7%，两组阴性率合并 RR = 1.10（95% CI：0.52 ~ 2.29，$P = 0.81$），差异无统计学意义，说明目前尚无足够证据证明相比 ATO 治疗，ATO+ATRA 治疗可提高患者生物学缓解率。但经巩固治疗后，ATO + ATRA 组 RT-PCR 阴性率显著高于 ATO 组，说明 ATO + ATRA 治疗可以提高患者生物学缓解率。详见表 24-5。另一项研究在 ATO 治疗 3 周后，PML-RAR-α 下降很快，提示 ATO + ATRA 组优于单用 ATO 组。化疗巩固期后，PML-RAR-α 进一步下降，且两组差异依然有统计学意义。

(5) DFS

有 3 个研究报告了长期 DFS 率。ATO + ATRA 组的 1 年的 DFS 率为 89.7%，而 ATO 组为 70.5%。两组合并 RR = 1.22（95% CI：1.00 ~ 1.50，$P = 0.05$），差异无统计学意义，说明目前尚无足够证据证明 ATO + ATRA 治疗的 1 年 DFS 率高于 ATO 组。类似地，目前尚无足够证据证明 ATO + ATRA 治疗的 2 年 DFS 率高于 ATO 组。疾病复发原因主要是治疗失败。

(6) 副作用发生率

有 5 个研究报告了可能与治疗有关的副作用。共纳入 298 名患者，其中 ATO + ATRA 组 171 人，ATO 组 127 人，两组副作用发生率合并 RR = 1.11（95% CI：0.96 ~ 1.29，$P = 0.16$），差异无统计学意义，已有证据不能证明与单独使用 ATO 相比，ATO + ATRA 联合治疗可增加副作用的风险。类似地，已有证据不能证明 ATO + ATRA 联合治疗可增加肝功能障碍和白细胞过多症发生的风险。详见表 24-5。

3．结论

综上所述，与 ATO 相比，ATO 联合 ATRA 治疗 APL 能提高完全缓解率、缩短达到 CR 时间、增加分子水平反应和无疾病生存率。该系统综述结果支持 ATO 联合 ATRA 作为治疗新诊断和复发 APL 的措施选择。但是该系统综述纳入了非随机对照试验，原始研究的方法学质量可能影响了结果的可靠性，因此，需进一步开展高质量随机对照试验验证。

该系统综述主要关注 ATO + ATRA 与单用 ATRA 比较治疗新诊断及复发 APL 的临床有效性和安全性，但未纳入 ATO + ATRA 对比单用 ATRA 以及 ATO 对比 ATRA 的临床试验。在另一篇 Chen 等发表的系统综述中，对比了后两组干预措施疗效，结果提示：ATRA + ATO 相比单用 ATRA 提高了完全缓解率、降低了皮肤反应发生率,而胃肠道并发症和头痛不良反应发生率相似;但使用 ATO 增加了肝损伤发生率。

4. 原始文献

[1] Wang H, Chen XY, Wang BS, et al. The efficacy and safety of arsenic trioxide with or without all-trans retinoic acid for the treatment of acute promyelocytic leukemia: A meta-analysis. Leukemia Research.2011, 35: 1170-1177.

[2] Chen L, Wang J, Hu X, Xu X. Meta-analysis of all-trans retinoic acid-linked arsenic trioxide treatment for acute promyelocytic leukemia.Hematology.2014, 19 (4): 202-207. doi: 10.1179/1607845413Y.0000000118.

(刘保延* 刘志顺 何丽云 刘雅莉)

第四部分

扩展阅读

第二十五章　循证医学正面临危机吗?

Trisha Greenhalgh 及其同事认为,虽然循证医学有很多好处,但是也产生了一些意想不到的负面作用。他们提出了一个初步的循证医学复兴计划,目的是回归原本的真正的循证医学,核心是提供可用的、可以与实际医疗条件和专业技能相结合的研究证据,以使得每一位患者都能获得最优的个性化医疗服务。

循证医学工作组提出临床医学教学和实践的"新模式"已有 20 多年[1]。在循证医学模式下,依据高质量的人群随机对照试验和观察性研究的实证证据,结合临床专业技能以及患者的需求和期望,进行医学实践,取代了依据传统、记载和基础研究推理的旧的实践模式。

循证医学已快速发展为一个充满活力的学术领域,致力于使临床实践更加科学、更加基于实证,从而获得更安全、更一致、更经济有效的医疗服务[2]。其主要成就包括:建立了考科蓝协作组织(Cochrane Collaboration),以收集、总结和传播临床试验证据[3];为原始研究和二次研究建立方法学和发表标准[4];在国家和国际层面推进制订和更新临床实践指南的基础建设[5];开发有关证据质量评价的教学资源和课程[6];以及为实践和知识转化建立知识库[7]。

从一开始就有批评者担心重视实证性研究证据会贬抑基础研究证据和临床经验中积累的隐性知识的价值;同时也质疑临床研究的平均结果是否可以用来指导个体患者的决策,毕竟实际患者很少符合教科书描述的典型病例,经常也不同于临床试验中研究的患者[8]。但也有人反驳,只要灵活用心地运用,循证医学完全可以兼顾科学的基本原则、临床判断的微妙性以及患者的特征、意愿和需要[1]。

经过 20 多年的学术和资金投入,循证医学获得了许多成功。一个早期的范例是英国胸科协会 1990 年的哮喘指南,该指南是在随机对照试验和观察性研究结果基础上形成的共识[9]。此后,个体式护理方案和分级式吸入类固醇疗法的应用不断推广[10],并由此降低了哮喘的发病率和病死率[11]。更近期的例子是,英国国家医疗卫生与社会服务优选研究所(NICE)手术后静脉血栓栓塞预防指南的应用,显著降低了血栓栓塞并发症的发生[12]。

尽管有了这些成功的实例,在依据证据进行实践这个核心问题上,仍存在着很大的令人担忧的分歧。例如,除非明确存在关节游离体,关节镜下实施膝关节灌洗术没有确证的好处,在英国有些地区该手术的实施率为 3/100000,但是在另一些地区却高达 48/100000[13]。更重要的是,许多循证医学支持者也开始怀疑这个运动正面临严重危机(表 25-1)[14,15]。以下我们将逐一讨论这些问题,并提出解决方案。

表25-1　循证医学面临的"危机"

- 循证的"商标"已经被既得利益集团所盗用
- 证据,尤其是临床指南的数量已经达到泛滥和失控的地步
- 具有统计学意义的效果可能无实际临床意义
- 死板的规范和技术发展的刺激,使得医疗服务被管理牵引,而非以患者为中心
- 循证指南常常不适用于同时患有多种疾病的复杂患者

1. 循证医学的"商标"被利益集团盗用

第一个问题是循证的"商标"被既得利益者盗用。尤其是研究方向和选题的确定,越来

多地受药品和医疗器械企业的操控。他们定义了什么是疾病（例如，可用西地那非治疗的女性性唤起障碍[16]，可用非那雄胺治疗的男性秃顶[17]）以及发病前的"风险状态"（如可用阿仑膦酸钠治疗的低骨密度[18]）；他们也决定了在人群实证研究中比较什么样的检测和治疗，并选择评估疗效时使用的结局变量（通常是代替结局）[19]。

此外，药品和医疗器械企业会通过一系列手段，设法在顶级医学杂志中发表貌似无偏倚的研究成果。这些手段包括：采用样本量巨大、统计检验效能过度的临床试验来确保微小的差异具有统计学显著意义，设定入选标准以至于只纳入最可能对治疗有反应的患者，操纵干预组和对照组的药物剂量，使用替代结局，有选择地发表阳性结果，等等[20]。例如，在某些精神药物研究中，正是由于使用了这些手段，使得不同药企赞助的研究呈现出明显相互矛盾的结果：药物 A 优于 B，药物 B 优于 C，药物 C 反过来又优于 A[21]。另外，对企业赞助的抗抑郁药试验的一项综述显示，发表的研究中 37/38 为阳性结果，但是只有 14/36 阴性结果的研究得到了公开发表[22]。

在企业资助的研究中，偏倚变得越来越诡异和隐蔽，现有的研究方法学质量和偏倚风险评估工具往往不能识别这些偏倚[23]。一些所谓的循证政策似乎更出自于政治信仰，如英国在 75 岁以上人群中搜索痴呆病例项目和 40 岁以上的全民健康体检项目等[24,25]。在这些重大决策中，医药企业对决策者的不良影响已受到关注和谴责[26]。

2．证据数量的泛滥

循证医学面临的第二个危机是可用证据数量的泛滥，已经大到成灾的地步。然而，具有讽刺意义的是，证据的数量正是衡量循证医学成就的标志。就临床指南而言，其数量大到不可管理、其内容复杂到不可理解的状态。例如，2005 年对某个急症医院的 24 小时医疗服务的审计结果显示，与其中 18 例患者具有的 44 种马上需要处理的病症相关的国家指南长达 3679 页，而仅仅阅读这些指南就需要 122 小时或 5 天的时间[27]。

3．过度关注微小的收益以及将服务从治疗疾病移向控制风险

那些效果显著的治疗措施犹如树上低垂的水果，很早就被人摘完了。因此，"年轻"的循证医学，似乎正日益成为一门围绕效果微小的干预措施的科学。例如，发现了效果显著的抗 HIV 逆转录病毒治疗[28]和幽门螺杆菌阳性消化性溃疡三联疗法[29]后，当前的研究问题集中在边际增益，如联合用药应采用串联还是并联的方式？又如怎样提高遵守联合用药规程的患者的比例[30,31]？

在一个疗效接近饱和的治疗领域，旨在证明边际增益的大型临床试验往往高估可能的收益并低估潜在的危害。前者是因为试验样本并不具有代表性，而且如果检验效能过度，研究显示的效果可能只有统计学意义，而没有实际临床意义；而后者多由于研究对不良事件检测和报告不足的倾向。这样一来，如果医生机械地利用指南，给一个 74 岁的患者使用大剂量他汀类药物，结果患者用药后出现肌肉疼痛，影响了她的运动兴趣和能力，就是一个典型的主次颠倒的失败的循证决策案例。在这种情况下，临床治疗关注的焦点悄然地从一例患者（这个 74 岁的老年女性）转移到了一组患者（70～75 岁的女性），从目的（对该患者检查或治疗的目的是什么）转移到了手段（如何确保特定人群中每个人都服用他汀类药物）。

上述案例表明，近年来循证医学的关注点已经从检查和管理明确的疾病，转移到发现和干预尚未构成疾病的风险状态。使用证据支持的风险评分图表和方程，对某一疾病（如心脏病、糖尿病、肿瘤和骨质疏松症）未来的风险进行评估，正在以产业的规模蓬勃兴起，但是很少人会关注这种行为产生的机会成本或可能造成的预料之外的人力和财力后果[26]。

4．过度注重规范的应用

借助计算机决策支持系统、结构化模块和决策提示等方法来实现证据的自动化运用，其出发点是良好的，但可能会排挤临床决策中应有的本地化、个性化以及患者偏好的因素[8]。例

如，当一个临床医生按照模式化的程序进行糖尿病检查时，极有可能遗漏患者顺便提到的与糖尿病无关的严重状况，因而没有采取必要的措施[32]。部分出于对医疗纠纷的恐惧，经验不足的医生可能会机械地自卫性地使用决策支持工具，这将会妨碍医生发展和形成更加成熟细致的临床专业技能。基于成熟专业技能的循证决策欢迎实践中累积的经验，接受对不确定性的容忍，也鼓励医生在特殊情况下进行符合实际和伦理的判断能力[33]。

各种规范和决策提示也是临床实践日渐趋向管理主义和政治化的原因之一。正如 Harrison 和 Checkland 的观察："当循证医学的语言日益融入医疗实践时，当官僚规则被变成'实现最好证据的公认方法'时，决策对证据的要求就会被悄然地削弱，取而代之的是对服务规范的强调[34]。"

例如，英国全科医学的"质量与结果考核框架（QOF）"就是一个利用质量指标来进行财务激励的管理系统，其具体实施主要由非临床专业人员执行，通过对患者规范化的回顾和检查，对临床服务质量和结果进行评估。确实，尤其是在贫困地区，QOF 能明显改善对人群血压水平的控制[35]。但是，从负面来看，QOF 不过是一个审计驱使的技术专家喜爱的操练。在这种体系里，在接受检查和治疗建议之前，很少有患者能享受到个体化的与高年资医生交流与协商的决策服务，而且整个就诊过程还会不断地被计算机预设的自动弹出提示所打扰[32,36]。

5．不适于多种疾病并存的状况

最后一点，随着人口老龄化和慢性退行性疾病患病率的增加，仅有单个疾病且正好符合对应的临床指南的患者越来越少见。即使研究中包括了多种疾病并存的患者，但是将研究结果应用到特定的、同时具有多种疾病的患者时仍然存在问题。单一疾病只是一个理论状态，每个人实际患有的疾病都有所不同，多病种并存的情况使得我们努力发展和推广的综合评分、测量指标和指南与现实相悖[37]。只针对某一种疾病或风险状态的循证管理，越来越有可能引起或加剧另一种疾病或风险状态，最常见的是老年患者同时使用多种药物的风险[38]。

一、真正循证医学的特征

为化解循证医学的危机，我们认为应该发起一场回归真正循证医学的复兴运动（表25-2）。

表25-2　什么是真正的循证医学？如何实现？

真正的循证医学应该
- 将对患者的伦理关怀放在首位
- 以医生和患者都可以理解的方式提供个性化的证据
- 强调专家判断，而不是机械地服从规范和指南
- 通过与患者实质性的交流与协商，达到医患共同决策
- 服务应建立在密切的良好的医患关系和人文关怀的基础之上
- 将这些原则同时也应用于社区和人群层面的循证公共卫生实践

实现真正循证医学应采取的行动
- 患者应要求更好的证据、更好的表达方式、更易理解的解释，并以更个性化的方式运用证据
- 临床训练必须超越文献检索和评价范围，锻炼医生专家型判断和共同决策的能力
- 总结证据、制订指南和设计决策辅助工具时，必须充分考虑证据的使用者是谁、使用的目的是什么，以及应用的条件限制
- 出版者必须要求发表的研究达到科学方法学要求的同时，还需要满足实用性的要求
- 决策者必须抵制既得利益集团对"证据"产生和应用的影响和操纵
- 独立资助者必须不断地规范高质量的临床和公共卫生研究证据的生产、综合和传播过程
- 研究内容必须更加广泛，更加跨学科，必须涵盖患者经历、证据解释的心理学、医患协商和分享证据以及如何防止过度诊断带来的伤害

1．提供个性化的医疗服务

真正的循证医学必须把个体患者的治疗当作首要任务，必须首先提出这样一个问题："在现有医疗条件下，在患者目前疾病状态下，对该患者而言，最好的行动方案是什么？"[39] 真正的循证医学必须有意识地、坚决地拒绝由过程（如做检查、开处方）支配目的的服务方式。这里的"目的"特指医患双方都可以接受的针对一个具体患者的诊治或行动目标。真正的循证医学必然会触及伦理和现实问题，比如我们应怎样活着？应何时接受死亡？并基于此，在是否检查、治疗或筛检的问题上做出回答，进而确定具体的执行方案[40]。

为了实现个性化服务，必须根据具体患者的特点，对证据做出个性化的诠释和交流。这要求研究结果用大多数人能够理解的方式表达（如需治疗人数、造成一例伤害需治疗人数、让一例获益需筛查人数[41]），同时也要求医生和患者一起自由地做出适合眼前患者的决策，即使这个决策看起来并不符合最好证据所提示的一般性的方案。

值得注意的是，真正的共同决策，不是简单地和患者分享一系列假设性的决策选择，而是要弄清楚患者最关心的是什么、什么是对患者最紧要的。然后明智地利用专业知识并根据患者的意愿（该患者是否希望被"赋予参与决策的权利"？以何种方式？以及到什么程度？），研究证据的引入应有助于在做什么最好、怎么做以及为什么做的问题上与患者的对话和沟通。这看似是一个简单的理念，但绝不是一个容易实现的理念。定量估计风险和收益的工具是必要的，但是这些工具必须设计得有利于与患者交流，而不是带着患者去"爬概率树"。

2．是判断而不是规范

真正的循证医学不应受规范的约束。Dreyfus认为学习分五个层次。初学者首先是学习基本原则，机械地尝试应用，尚不能顾及"因地制宜"[42]。接下来两个阶段的学习是加深对知识的了解，以及了解知识的应用对环境和条件要求的苛刻程度。在第四和第五阶段，遵循规则让路于专家型的判断，其主要特征表现为：依据想象、常识、精挑细选的证据和其他原则，快速地直觉地进行推理。

例如，在临床诊断中，新医生往往是按部就班地机械性地询问和记录冗长的标准化的病史，进行详尽的身体检查，安排大量的检查和试验[43]。相反，专家型医生往往会直觉快速地做出初步鉴别诊断，为了确定或排除某些可能性，针对性地询问病史、进行体检和安排检查及试验。如将临床服务质量等同于严格遵守指南和共识，无论这些指南有多么科学和严谨，都是对充分证明了的高级专业技术程序复杂性的无视。

3．尊重专业职责，重视医患关系

真正的循证医学是建立在良好的紧密的医患关系基础上的。真正的循证医学重视关怀的连续性，重视移情的倾听，对那些病情严重且不能治愈的患者尤其重要[44]。研究证据仍然是做出正确决策的关键，但不是决策的唯一因素。医生可以提供证据，但是医学的专业训练和戒律使得他们还必须做出符合伦理的富含技术性的判定，他们也负有社会赋予的关怀和抚慰患者以及见证人类病痛的责任[45]。例如，严重慢性疾病自我管理的挑战不仅仅是病痛管理方案的选择，也包括执行这个选择时需要处理的现实和情感上的问题及困难[46]。就不可治愈的严重疾病而言，患者必须与疾病共生存，即使基于证据，有时指南也可能变得无关紧要，甚至是荒唐有害的。对临终患者而言，尤其如此。

4．公共卫生的循证决策

虽然我们至此主要专注的是临床照护，但是在采用群体和社会干预的公共卫生领域，同样存在着大量重要的决策可利用的研究证据。典型的群体干预措施如食品的定价和标注、饮用水的氟化和性教育。这类干预项目通常是复杂的、多层面的，有关决策涉及重要的伦理和现实问题，而上述循证临床决策的基本原则同样适用于公共卫生领域的决策。这些干预措施成功与否取决于它们在当地的可操作性、可接受性以及在当地条件下的适用性，因此最终取决于能否利用精简的、可视化的、容易理解的人群水平的证据、信息和指标,使社区充分知情,与社区共同决策[47]。

二、实现真正循证医学的行动

为实现真正的循证医学,有关各方必须积极主动,坚持不懈。患者(对他们的照护是循证医学存在的理由)必须主动要求提供更好的证据,要求更好的表达和解释证据的方式,要求证据的应用更个体化,符合自己的条件和干预目标[48]。目前已有一些较好的实践模式。以关节炎为例,一些患者组织已经工作了30多年,它们倡导重视患者感受和以患者为中心的服务模式,它们的工作影响了评估疗效时结局指标的选择[49]。患者的参与也改变了数个NICE指南(如银屑病)中干预目标关注的重点[50]。

第三方咨询和倡导组织,如英国消费者协会(www.which.co.uk)、Picker协会(www.pickereurope.org)和感知科学组织(www.senseaboutscience.org),在公众教育和正确使用证据的讨论中发挥了重要作用。James Lind联盟(www.lindalliance.org)则把患者、保健人员和医生组织起来,共同确定需要优先研究的问题。但是,这些团体必须尽可能地独立于既得利益集团,并警惕捆绑式资助的不良影响。

1. 改变遵循规范型的培训

证据评价能力,包括基本计算能力、电子数据库检索能力和构建临床问题的能力,是实施循证医学的先决条件[6]。但是重要的是,医生应该能够把这些能力应用到真实的案例之中[51]。

现有教学材料过多使用了示意的虚构的场景,简化的假设病例取代了真实患者,这样做的目的是便于在规范化的临床实践过程中使用评分表、决策树和操作路径。实际上,一旦学生学会了基本规则并积累了一定的经验,就应该鼓励他们在门诊或病房尝试用直觉的方式进行推理,然后用正规的循证方法检查、解释和沟通有关诊断和治疗决策的事宜,而不是关注教科书里那些近乎理想化的案例[43]。必须教会他们如何利用适当的决策辅助工具[52]与患者讨论研究证据和临床决策中的各种不确定性,以及如何根据患者的个人需要、条件和偏好调整自己的做法[39]。

同样地,教学课程设置也需要革新,继续教育不仅仅是为了更新证据。同行观察和评议、深入的小组个案讨论(可邀请愿意分享自己患病经历、决策选择和选择理由的患者参与)以及与专业人士的持续交流,可以帮助医生训练和维持在实践中运用循证医学应对有关挑战的能力[53]。但是,如何系统地应用教育学理论、认知心理学、信息学和执行科学,做好临床一线的个体化决策[54],在实际医学教育中很少涉及。

2. 提供不但可信而且可用的证据

实施真正的循证医学,产生证据和总结证据的研究者必须充分了解证据潜在使用者的需求。那些方法学上可靠但现实中不可用的冗长的耗费资源的综述,往往无助于决策,不会给人以启迪,因此也不会发挥任何作用[55]。最近一项有关糖尿病危险评分的系统综述显示,大部分原始研究者首要关注的是如何从学术上提高评分系统的预测值,但很少或根本没有思考过他们的研究成果如何使用、给谁使用,以及为什么使用,也没有想过评分系统判为"高风险"时对人们有什么影响和用途[56]。

证据使用者包括具有不同统计知识背景的医生和患者,他们中的许多人少有时间和兴趣阅读那些艰涩难懂的文献[41]。提供证据应采用多种不同的简单有效的方法,如针对非信息专业人员的、简单的、以非专业语言撰写的证据概要(可参考NICE的做法)、可视化数据[57]、信息图[52]、选择网格[58]和其他辅助决策工具[59]。而且,应定期推出新的证据,并广泛宣传和推广。然而,目前仅有一小部分证据的提供采用了这些简单易懂的形式,而且很少医生知道这些辅助决策工具的存在。

3. 出版者必须提高研究发表标准

上述问题促使研究发表标准的提高势在必行。医学杂志曾呼吁放弃容易误导的 P 值，改用更有意义的可信区间[60]。现在他们应对作者提出更高的要求，以提高证据的可用性，尤其应要求研究结果以一种有利于个性化沟通的方式来表达。

如上所述，真正的循证医学强调，既要知道如何遵循指南，更应知道何时放弃或超越指南。因此，指南制作者应明确指出个人判断和知情协商式决策的必要性。例如，就美国心脏病学会最新的胆固醇水平控制指南[61]，JAMA 从务实和患者的角度出发，发表评论，指出应如何应用这个指南以及什么情况下应摒弃指南，该文章还特别提供了一个支持与患者在线交流的可视化工具。该评论还指出："衡量绩效的指标不应是患者服用他汀类药物的百分比，应该是符合治疗条件的患者中参与有关决策过程的比例"[62]。这一理念值得广泛推广。

4. 研究必须跨越利益冲突的障碍

为了支持真正的循证医学，特别是为保证决策者、医生和公众对医学研究和基于研究证据制订的指南的充分信任[63]，进行研究和制订指南时必须显示出高度的诚信。因此，国家有关机构对医学研究的独立资助至关重要，以控制利益集团对科学研究和指南制订的影响。

5. 亟待更宽阔和更具想象力的研究

真正的循证医学的研究议程远远不局限于证据的收集、总结和评价，还应包括一系列其他相关支撑领域的研究。例如对患者患病经历的研究，又如对不同条件和不同环境下实际临床活动规律的研究，此类研究也会得益于探索医疗活动内在逻辑的定性研究，后者的目的在于寻找优质服务里那些与证据应用互补的因素[64]。

我们需要更好地理解临床医生和患者是如何发现、解释和评价研究证据的（也许首先应该了解认知心理学方面的文献）；如果这些环节渗入了临床沟通、探索诊断和决策协商等活动，我们需要研究它们是怎么渗入的[54]。同时，我们需要对临床实践中低程式化的部分进行更深入的研究，如直觉和启发式推理，以及研究证据怎样才能纳入这样的推理活动[43]。

关于生产和提供可用性的证据，我们需要研究如何在高质量的系统性综述和简单实用的快速综述之间取得平衡，后者的优势在于及时、简单、可及，不足之处是缺乏深度和细节[65]。同理，我们需要研究在开发指南时如何以及在什么情况下可以牺牲细节以换取简明。我们需要开发这样的决策辅助工具，它们可以帮助医生和患者确定治疗目标，有利于提出和回答有关证据质量和完整性的问题，有利于提高对益处和害处的理解以及对适用条件的把握。我们也需要提高这些以及其他决策辅助工具（如模型、评分、方程等）的效能和易用性，包括运用这些工具时对用户在认知、社会和时间方面的要求以及对医疗卫生服务机构和系统在资源方面的要求。

在教育领域，循证医学需要一个整合型的课程，这个课程能够在应用证据的同时促进反思和案例讨论，我们也急需有关这类课程效果的研究证据[66]。开展有关如何解释证据以及将证据应用到个例的讨论，通过"思维流（mind-lines）"的形式在医生之间[53]或患者群体[67]分享知识和专家观点技能，可以为这类研究提供有用的数据资源。通过研究这些更复杂的认知形式，我们方有可能找到培养专家型医生和明智患者的最好方法，方能预防由过度诊断、过度医疗和过度筛检而引起的危害[33]。

在疗效方面，我们需要更多地重视在医院和门诊日常活动中开展的上市后研究，以确认上市前试验研究显示的疗效可以在实际医疗环境中得到复制。有时，这将需要对关键的诊断方法及其判断阈值做出修订，以更有效地确定或排除诊断，从而尽量减少过度诊断或诊断不足[43]。

最后，在防止循证医学"商标"被利益集团侵用方面，一个关键的社会性课题是针对厂商资助的研究中隐藏的那些偏倚的研究。例如，通过改进统计学技术，分析和挑战那些好得令人难以置信的研究结果。

三、结论

通过对高质量实证性证据的系统收集、综合和应用，我们已经取得了很大的进步，挽救了很多生命。然而，循证医学还没有解决它一开始就希望解决的问题，尤其是证据中的偏倚和既得利益者无形的手，这些问题已经变得更加微妙、更加难以发现。此外，现代医疗卫生服务中复杂的经济、政治、技术和商业的力量使循证医学偏离了其原本的目标，驶向人群、统计、危险因素和伪装的确定性的错误方向。尽管口头上倡导医患协商决策，但当临床管理受到既定路径、严格指令和群体目标这些不合理的干预时，患者则可能被陷于困惑和"暴政"之中。

上述问题的存在使得有人提出抛弃失败的循证医学模式。相反，我们主张回归循证医学的基本原则：在人本主义的和专业的医患关系背景下（表25-2），通过有实质意义的沟通，实现证据的个性化利用和医患协商的共享决策。为了实现这一目标，循证医学的所有参与者（包括患者、医生、教育工作者、证据的产生者和出版者、决策者、研究资助者以及来自各个有关领域的研究者）必须团结合作，共同努力。本文的许多提法并非我们自己的新理念。其实，为了同样的目标，很多跨领域的运动已经启动（表25-3）。我们呼吁回归真正的循证医学，也希望这个呼吁能够引发更多的讨论，唤起更多读者的参与（比如在 bmj.com 网站发表快速回帖）。

表25-3　与回归真正循证医学相关的运动

- Too much medicine（防止过度医疗运动）：这是一个由医生、学者和患者共同发起的正在蓬勃发展的运动，其宗旨是减少过度诊断、过度筛检和过度医疗带来的伤害[26,33]。第二次"防止过度诊断"会议于2014年9月在牛津召开，该会议今后有望每年定期召开一次。有关网址：www.preventingoverdiagnosis.net
- All trials（全球临床试验注册运动）：这是一个国际性动议，以确保所有的临床试验从一开始就登记在案，且保证所有登记在案的研究结果最后都公开发表。有关网址：www.alltrials.net
- Reducing waste and increasing value in medical research（减少科研浪费，提高科研价值运动）：《柳叶刀》近期刊文指出，错误的研究问题、不合适的研究设计、官僚体系的不重视、报告严重不当或报告获取困难致使研究结果无法得到应有的利用，等等，这些因素造成了医学研究中大量的浪费。有关网址：www.thelancet.com/series/research
- Improving publishing standards（改进出版标准运动）：这是一个为了提高医学出版物的质量和透明度为宗旨的国际动议，由国际医学期刊编辑委员会发起，具体目标是打击代笔行为和提高利益冲突声明的标准。有关网址：www.icmje.org/urm_main.html
- Integrated medical education（整合医学教育运动）：这是一个旨在加强医学课程中各个领域整合的运动，具体方法包括培养床旁的临床技能，理解和利用研究证据，以及对复杂案例的回顾和讨论[68,69]。

参考文献

[1] Evidence Based Medicine Working Group. Evidence based medicine. A new approach to teaching the practice of medicine. JAMA. 1992, 268: 2420-5.

[2] Pope C. Resisting evidence: the study of evidence-based medicine as a contemporary social movement. Health. 2003, 7: 267-82.

[3] Levin A. The Cochrane Collaboration. Ann Intern Med. 2001, 135: 309-12.

[4] Simera I, Moher D, Hirst A, et al. Transparent and accurate reporting increases reliability, utility, and impact of your research: reporting guidelines and the EQUATOR Network. BMC Med. 2010, 8: 24.

[5] Hill J, Bullock I, Alderson P. A summary of the methods that the National Clinical Guideline Centre uses to produce clinical guidelines for the National Institute for Health and Clinical Excellence. Ann Intern Med. 2011, 154: 752-7.

[6] Horsley T, Hyde C, Santesso N, et al. Teaching critical appraisal skills in health care settings. Cochrane Database Syst Rev. 2011, 11: CD001270.

[7] McCormack L, Sheridan S, Lewis M, et al. Communication and dissemination strategies to facilitate the use of health-related evidence. Evidence Reports/ Technology Assessments No213. US Agency for Health care Research and Quality, 2013.

[8] Timmermans S, Berg M. The gold standard: the challenge of evidence-based medicine and standardization in healthcare. Temple University Press, 2003.

[9] British Thoracic Society. Guidelines for management of asthma in adults: I. Chronic persistent asthma. BMJ. 1990, 301: 651-3.

[10] Majeed A, Ferguson J, Field J. Prescribing of beta-2 agonists and inhaled steroids in England: trends between 1992 and 1998, and association with material deprivation, chronic illness and asthma mortality rates. J Pub Health Med. 1999, 21: 395-400.

[11] Kelly MP, Capewell S. Relative contributions of changes in risk factors and treatment to the reduction in coronary heart disease mortality. Health Development Agency, 2004.

[12] Lau BD, Haut ER. Practices to prevent venous thromboembolism: a brief review. BMJ Qual Safety. 2014, 23: 187-95.

[13] Gray JAM. NHS Atlas of variation in healthcare. 2011. www.rightcare.nhs.uk/ index. php/ atlas/ atlas-of-variation-2011/.

[14] Ioannidis JP. Why most published research findings are false. PLoS Med. 2005, 2: e124.

[15] Greenhalgh T. Why do we always end up here? Evidence-based medicine's conceptual cul-de-sacs and some off-road alternative routes. J Primary Health Care. 2012, 4: 92-7.

[16] Basson R, McInnes R, Smith MD, et al. Efficacy and safety of sildenafil citratein women with sexual dysfunction associated with female sexual arousal disorder. J Women's Health Gender Based Med. 2002, 11: 367-77.

[17] Leyden J, Dunlap F, Miller B, et al. Finasteride in the treatment of men with frontal male pattern hair loss. J Am Acad Dermatol. 1999, 40: 930-7.

[18] Bone HG, Greenspan SL, McKeever C, et al. Alendronate and estrogen effects in postmenopausal women with low bone mineral density. J Clin Endocrinol Metab. 2000, 85: 720-6.

[19] Cohen D. FDA official: "clinical trial system is broken." BMJ. 2013, 347: f6980.

[20] Every-Palmer S, Howick J. How evidence-based medicine is failing due to biased trials and selective publication. J Eval Clin Pract. 2014, 20 (6): 908-14. doi: 10.1111/jep.12147.

[21] Heres S, Davis J, Maino K, et al. Why olanzapine beats risperidone, risperidone beats quetiapine, and quetiapine beats olanzapine: an exploratory analysis of head-to-head comparison studies of second-generation antipsychotics. Am J Psychiatry. 2006, 163: 185-94.

[22] Turner EH, Matthews AM, Linardatos E, et al. Selective publication of antidepressant trials and its influence on apparent efficacy. N Engl J Med. 2008, 358: 252-60.

[23] Higgins JP, Altman DG, Gøtzsche PC, et al. The Cochrane Collaboration's tool for assessing risk of bias in randomized trials. BMJ. 2011, 343: d5928.

[24] LeCouteur DG, Doust J, Creasey H, et al. Political drive to screen for pre-dementia: not evidence based and ignores the harms of diagnosis. BMJ. 2013, 347: f5125.

[25] Krogsbøll LT, Jørgensen KJ, Grønhøj Larsen C, et al. General health checks in adults for reducing morbidity and mortality from disease. Cochrane Database Syst Rev. 2012, 10: CD009009.

[26] Moynihan R, Doust J, Henry D. Preventing over diagnosis: how to stop harming the healthy. BMJ. 2012, 344: e3502.

[27] Allen D, Harkins K. Too much guidance? Lancet. 2005, 365: 1768.

[28] Palella FJ Jr, Delaney KM, Moorman AC, et al. Declining morbidity and mortality among patients with advanced human immune deficiency virus infection. HIV Outpatient Study Investigators. N Engl J Med. 1998, 338: 853-60.

[29] NICE. Dyspepsia: managing dyspepsia for adults in primary care (GC17). 2004. http://guidance.nice.org.uk/CG17/Guidance/pdf/English.

[30] Gatta L, Vakil NB, Scarpignato C, et al. Sequential therapy for eradication of Helicobacterpylori infection in adults: still far from the ideal treatment. A systematic review and meta-analysis. Gastroenterology. 2013, 144: S332.

[31] Hart JE, Jeon CY, Ivers LC, et al. Effect of directly observed therapy for highly active antiretroviral therapy onvirologic, immunologic, and adherence outcomes: a meta-analysis and systematic review. JAIDS. 2010, 54: 167-79.

[32] Swinglehurst D, Greenhalgh T, Roberts C. Computer templates in chronic disease management: ethnographic case study in general practice. BMJ Open. 2012, 2: e001754.

[33] Glasziou P, Moynihan R, Richards T, et al. Too much medicine; too little care. BMJ. 2013, 347: f4247.

[34] Harrison S, Checkland K. Evidence-based practice in UK health policy. Routledge, 2009.

[35] Doran T, Fullwood C, Kontopantelis E, et al. Effect of financial incentives on inequalities in the delivery of primary clinical care in England: analysis of clinical activity indicators for the quality and outcomes framework. Lancet. 2008, 372: 728-36.

[36] Gillam S. Expert commentary. Pay for performance in UK general practice—the ambiguous impact of the Quality and Outcomes Framework. 2011. www.qualitymeasures.ahrq.gov/expert/expert-commentary.aspx? id = 25658&search = Primary±Health±Care±.

[37] Huntley AL, Johnson R, Purdy S, et al. Measures of multimorbidity and morbidity burden for use in primary care and community settings: a systematic review and guide. Ann Fam Med. 2012, 10: 134-41.

[38] Duerden M, Avery T, Payne R. Polypharmacy and medicines optimization: making it safe and sound. King's Fund, 2013.

[39] Montgomery K. How doctors think: clinical judgement and the practice of medicine. Oxford University Press, 2006.

[40] McNutt R, Handler NM. How clinical guidelines fail both doctors and patients. Scientific American Blog Network, 22 November. 2013. http://blogs.scientifica merican.com/ guest-blog/2013/11/22/ how-clinicalguidelines- can-fail-both-doctors- and-patients/.

[41] Gigerenzer G, Gaissmaier W, Kurz-Milcke E, et al. Helping doctors and patients make sense of health statistics. Psychol Sci Public Interest. 2007, 8: 53-96.

[42] Dreyfus HL, Dreyfus SE, Zadeh LA. Mind over machine: the power of human intuition and expertise in the era of the computer. IEEE Expert. 1987, 2: 110-11.

[43] Llewelyn H, Ang HA, Lewis D, et al. Oxford Handbook of Clinical Diagnosis. Oxford University Press, 2014.

[44] Frank AW. Just listening: narrative and deep illness. Families Systems Health. 1998, 16: 197.

[45] Schei E. Doctoring as leadership: the power to heal. Perspect Biol Med. 2006, 49: 393-406.

[46] Hinder S, Greenhalgh T. "This does my head in." Ethnographic study of self-management by people with diabetes. BMC Health Serv Res. 2012, 12: 83.

[47] Rosling H, Zhang Z. Health advocacy with Gapminder animated statistics. J Epidemiol Global Health. 2011, 1: 11-4.

[48] Richards T, Montori VM, Godlee F, et al. Let the patient revolution begin. BMJ. 2013, 346: f2614.

[49] Gierisch JM, Myers ER, Schmit KM, et al. Prioritization of patient-centered comparative effectiveness research for osteoarthritis. Ann Intern Med. 2014, 160 (12): 836-41. doi: 10.7326/M14-0318.

[50] National Institute for Health and Clinical Excellence. Psoriasis: the assessment and management of psoriasis. CG153. NICE, 2012.

[51] Green ML. Evidence-based medicine training in graduate medical education: past, present and future. J Eval Clin Pract. 2000, 6: 121-38.

[52] Spiegelhalter D, Pearson M, Short I. Visualizing uncertainty about the future. Science. 2011, 333: 1393-400.

[53] Gabbay J, May Al. Evidence based guidelines or collectively constructed "mindlines？" Ethnographic study of knowledge management in primary care. BMJ. 2004, 329: 1013.

[54] Supporting adoption of evidence into practice. MeReC Bull. 2011, 22: 2-7. www.npc.nhs.uk/merec/therap/other/merec_bulletin_vol22_no2.php.

[55] Lavis JN, Davies HT, Gruen RL, et al. Working within and beyond the Cochrane Collaboration to make systematic reviews more useful to healthcare managers and policy makers. Healthcare Policy. 2006, 1: 21-33.

[55] Noble D, Mathur R, Dent T, et al. Risk models and scores for type diabetes: systematic review. BMJ. 2011, 343: d7163.

[57] Garcia-Retamero R, Galesic M. Who profits from visual aids？ Overcoming challenges people's understanding of risks. Soc Sci Med. 2010, 70: 1019-25.

[58] Elwyn G, Lloyd A, Joseph-Williams N, et al. Opt grids: shared decision making made easier. Patient Educ Counsel. 2013, 90: 207-12.

[59] Volk R, Llewellyn-Thomas H, Stacey D, et al. The International Patient Decision Aid Standards (IPDAS) Collaboration quality dimensions: theoretical rationales, current evidence, and emerging issues. BMC Med Inform Decision Making. 2013, S1-14.

[60] Gardner MJ, Altman DG. Confidence intervals rather than P values: estimation rather than hypothesis testing. BMJ. 1986, 292: 746.

[61] Goff DC, Lloyd-Jones DM, Bennett G, et al. 2013 ACC/AHA guideline on the assessment of cardiovascular risk. J Am Coll Cardiol Circu. 2014, 129: S49-S73. doi: 10.1161/01 cir. 0000437741. 48606.98.

[62] Montori VM, Brito JP, Ting HH. Patient-centered and practical application of new high cholesterol guidelines to prevent cardiovascular disease. JAMA. 2014, 311: 465-6.

[63] Lenzer J. Why we can't trust clinical guidelines. BMJ. 2013, 346: f3830.

[64] Mol A. The logic of care: health and the problem of patient choice. Routledge, 2008.

[65] Ganann R, Ciliska D, Thomas H. Expediting systematic reviews: methods and implication of rapid reviews. Implement Sci. 2010, 5: 56.

[66] West CP, Dyrbye LN, Rabatin JT, et al. Intervention promote physician well-being, job satisfaction, and professionalism: a randomized clinical trial. JAMA Intern Med. 2014, 174: 527-33.

[67] Eysenbach G, Powell J, Englesakis M, et al. Health related virtual communities and electronic support

groups: systematic review of the effects of online peer to peer interactions. BMJ. 2004, 328: 1166.

[68] Chanchlani N, Godlee F. Educating tomorrow's doctors. BMJ. 2012, 344: e3689.

[69] Cooke M, Irby DM, O'Brien BC. Educating physicians: a call for reform of medical school and residency. Wiley, 2010.

（苏　虹　熊玮仪　译　唐金陵[*]　审）

英国医学杂志（BMJ）中文版2015；16（3）：16-23
BMJ 2014；348：g3725
doi：10.1136/bmj.g3725

第二十六章　GRADE：证据质量与推荐强度的分级

一、GRADE 概述

（一）证据质量与推荐强度分级的研究与发展

本章只探讨有关医学干预措施证据质量和推荐强度分级的问题。据估计，2010 年全世界一年大约发表了 27000 个随机对照试验和 4000 个系统综述，其他观察性研究、动物研究和体外研究的数量更为庞大，虽然临床实践中它们的使用程度要低于随机对照试验和系统综述，但也为决策者提供了不可或缺的证据来源[1]。医务人员和决策者要有效地判断这些研究的好坏，遴选出高质量证据，并确定目前最好证据可信度的相对高低，将其转化为推荐意见，进而促进循证实践，那么一套科学、系统和实用的证据分级工具必不可少[2]。过去 40 年间超过 50 多个机构和组织就如何对证据质量和推荐强度进行分级展开了大量积极的探索与尝试，该领域也逐渐成为循证医学方法学中的一个热点和前沿问题。

证据质量（quality of evidence）衡量的是研究的内在真实性或可信性，即研究结果和结论能够正确预测真实情况的程度；推荐强度（strength of recommendation）是建议采用一项医学干预措施的推荐力度，其立足点是遵守推荐意见时对利大于弊的把握度。在医学领域，"利"是指健康获益，如降低发病率、死亡率和提高生活质量等，"弊"是指与"利"相反的结果，如增加发病率、死亡率和降低生活质量等。

证据质量与推荐强度分级方法的发展主要经历了三个阶段[3]。

第一阶段单纯以研究设计为基础进行判断，以随机对照试验为最高质量证据，主要代表有加拿大定期体检特别工作组（Canadian Task Force on the Periodic Health Examination，CTFPHE）的标准（表 26-1）和美国纽约州立大学下州医学中心推出的"证据金字塔"（图 26-1），其优点在于简洁明了，可操作性强，可重复性强。但存在的主要问题在于分级依据过于简易和片面，结论可信度较低，仅用于防治领域。

第二阶段在研究设计的基础上额外考虑了精确性、一致性以及特殊的偏倚，以随机对照试验系统综述（旧称 Meta 分析）作为最高级别的证据，主要代表有英国牛津大学循证医学中心推出的标准（表 26-2）。该标准还建议，证据评估应按照不同的研究问题分别进行。常见研究问题包括治疗、预防、病因、危害、预后、诊断、经济学评价七个方面。这样就使得证据质量的评估更具针对性和适用性，结论更加可靠。牛津大学的证据质量评估工具一度成为循证医学教学和循证临床实践中公认的经典标准，也是循证医学教科书和循证指南使用最为广泛的标准之一。但由于其级数太多（大小共 10 级），将证据质量和推荐强度直接对应（高质量证据对应强推荐，低质量证据对应弱推荐），且未充分考虑比较的间接性、发表偏倚和观察性研究的升级等问题，所以仍然存在理论和实践方面的问题。

第三阶段，2000 年，针对当前证据质量与推荐强度分级存在的不足，包括来自 WHO 在内的 19 个国家和国际组织 60 多名循证医学专家、指南制订专家、医务工作者和期刊编辑等，共同创建了推荐分级的评估、制订与评价（the Grading of Recommendations, Assessment, Development and Evaluations, GRADE）工作组[4]，旨在通力协作，遵循证据，制订出国际统一的证据质量和推荐强度分级系统。该系统于2004年正式推出。由于其方法科学、程序严密、过程透明等优点,目前已经被包括WHO和Cochrane协作网在内的90多个国际组织、协会和学会采纳,成为循证医学发展中的一个重要事件。

表26-1　1979年CTFPHE证据分级标准与推荐强度的释义

证据级别	定义	推荐强度	定义
Ⅰ	至少一项设计良好的随机对照试验	A	在定期体检中,对于考虑检查该疾病的推荐意见,有充分的证据支持
Ⅱ-1	设计良好的队列或病例对照研究,尤其是来自多个中心或多个研究团队的研究	B	在定期体检中,对于考虑检查该疾病的推荐意见,有一定的证据支持
Ⅱ-2	在时间、地点上可比的非平行对照研究	C	在定期体检中,对于考虑检查该疾病的推荐意见,缺乏证据支持
Ⅲ	基于临床研究、描述性研究或专家委员会的报告,或权威专家的意见	D	在定期体检中,对于不考虑检查该疾病的推荐意见,有一定的证据支持
		E	在定期体检中,对于不考虑检查该疾病的推荐意见,有充分的证据支持

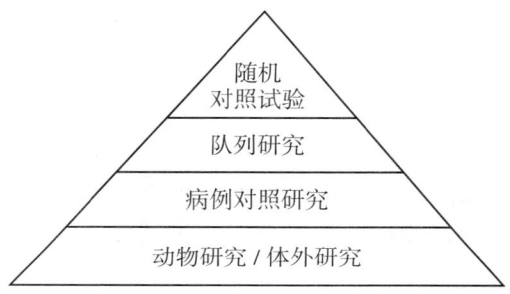

图26-1　美国纽约州立大学证据金字塔

表26-2　2001年牛津大学证据分级与推荐意见强度分级标准(以评估治疗效果证据为例)

推荐强度	证据级别	防治
A	1a	RCTs的系统综述
	1b	结果可信区间窄的RCT
	1c	显示"全或无"效应的任何证据
B	2a	队列研究的系统综述
	2b	单个的队列研究(包括低质量的RCT,如失访率>20%)
	2c	基于患者关心的结局的研究
B	3a	病例对照研究的系统综述
	3b	单个病例对照研究
C	4	病例系列/报告、低质量队列研究和低质量病例对照研究
D	5	专家意见(即无临床研究支持的仅依据基础研究或临床经验的推测)

注:RCT,随机对照试验

(二)GRADE的分级与特征

GRADE将证据质量分为高、中、低、极低四个等级,推荐强度分为强、弱两个等级,详

第二十六章　GRADE：证据质量与推荐强度的分级

情见表 26-3。

GRADE 方法相对之前的众多标准，其主要特点体现在以下几个方面：①由一个具有广泛代表性的国际指南制订小组制订；②明确界定了证据质量和推荐强度及其区别；③明确指出对证据质量的评估是对报告了重要临床结局指标的证据体的评估，而非对一个系统综述或临床试验质量的评估；④对不同级别证据的升级与降级有明确、统一的标准；⑤从证据到推荐的过程全部公开透明；⑥明确承认价值观和意愿在推荐中的作用；⑦就推荐意见的强弱，分别从临床医生、患者、政策制订者角度作了明确、实用的诠释；⑧适用于制作系统综述、卫生技术评估及医学实践指南。

表 26-3　GRADE的证据质量与推荐强度分级

证据质量分级	具体描述
高（A）	对观察值非常有把握：观察值接近真实值
中（B）	对观察值有中等把握：观察值可能接近真实值，但也可能与真实值差别很大
低（C）	对观察值的把握有限：观察值与真实值可能有很大差别
极低（D）	对观察值几乎没有把握：观察值与真实值可能有极大差别
推荐强度分级	具体描述
强（1）	明确显示干预措施利大于弊或弊大于利
弱（2）	利弊不确定或任何质量的证据均显示利弊相当

二、GRADE 的原理与方法和使用注意事项

（一）GRADE 的原理和方法

和此前的分级系统一样，GRADE 对证据质量的判断始于研究设计。一般情况下，没有严重缺陷的随机对照试验的证据起始质量为高（即 A 级），但有五个因素可降低其质量。没有突出优势的观察性研究的证据起始质量为低（即 C 级），但有三个因素可升高其质量（框 26-1）。

对于推荐强度，GRADE 突破了之前将证据质量和推荐强度直接对应的弊端，进一步提出，除了证据质量，资源的多寡和患者的价值取向等证据以外的因素也影响推荐的强度，并将推荐强度的级别减少为两级（表 26-4）。

框26-1　影响证据质量的因素

可能降低随机对照试验证据质量的因素及其解释

偏倚风险	未正确随机分组；未进行分组方案的隐藏；未实施盲法（特别是当结局指标为主观性指标，其评估易受主观影响时）；研究对象失访过多，未进行意向性分析；选择性报告结果（尤其是仅报道观察到的阳性结果）；发现有疗效后研究提前终止
不一致性	如不同研究间存在大相径庭的结果，又没有合理的解释原因，可能意味着其疗效在不同情况下确实存在差异。差异可能源于人群（如药物在重症患者中的疗效可能更显著）、干预措施（如较高药物剂量的效果更显著），或结局指标（如随时间推移疗效减小）的不同。当结果存在异质性而研究者未能意识到并给出合理解释时，需降低证据质量
间接性	间接性可分两类：一是比较两种干预措施的疗效时，没有单独的研究直接比较二者的随机对照试验，但可能存在每种干预与安慰剂比较的多个随机对照试验，这些试验可用于进行二者之间疗效的间接比较，但提供的证据质量比单独的研究直接比较的随机对照试验要低。二是研究中所报告的人群、干预措施、对照措施、预期结局等与实际应用时存在重要差异

第二十六章　GRADE：证据质量与推荐强度的分级

续表

不精确性	当研究纳入的患者和观察事件相对较少而导致可信区间较宽时，需降低其证据质量
发表偏倚	如果很多研究（通常是小的、阴性结果的研究）未能公开，未纳入这些研究时，证据质量亦会减弱。极端的情况是当公开的证据仅局限于少数试验，而这些试验全部是企业赞助的，此时发表偏倚存在的可能性很大

降级标准：对于以上五个因素中任意一个因素，可根据其存在问题的严重程度，将证据质量降 1 级（较为严重）或 2 级（非常严重）。证据质量最多可被降级为极低，但注意不应该重复降级，譬如，如果分析发现不一致性是由于存在偏倚风险（如缺乏盲法或分配隐藏）所导致时，则在不一致性这一因素上不再因此而降级

可能提高观察性研究证据质量的因素及其解释

效应值很大	当方法学严谨的观察性研究显示疗效显著或非常显著且结果高度一致时，可提高其证据质量
低估性偏倚	当影响观察性研究的偏倚不是夸大，而可能是低估效果时，可提高其证据质量
有剂量-效应关系	当干预的剂量和产生的效应大小之间有明显关联，即存在剂量-效应关系时，可提高其证据质量

升级标准：对于以上三个因素中任意一个因素，可根据其大小或强度，将证据质量升 1 级（如 RR 值大于 2）或 2 级（如 RR 值大于 5）。证据质量最高可升级到高证据质量（A 级）

表26-4　影响推荐强度的因素及其实例

影响推荐强度的因素	强推荐的例子	弱推荐的例子
证据质量（证据质量越高，越适合给予强推荐，反之亦然）	多个高质量随机对照试验证明吸入类固醇药物治疗哮喘的疗效确切	只有个别案例考查了胸膜剥脱术在气胸治疗中的实用性
利弊平衡（利弊间的差异越大，越适合给予强推荐，反之亦然）	阿司匹林能够降低心肌梗死病死率，且毒性低、使用方便、成本低	华法林治疗低危心房颤动患者有效，但增加出血风险，且使用不便
价值观和偏好（患者之间的价值观和偏好越趋同，越适合给予强推荐，反之亦然）	绝大多数淋巴瘤年轻患者都十分看重化疗延长生存时间的作用，且都可以接受其毒副作用	很多老年淋巴瘤患者十分在意化疗的毒副作用，但也有很多人主要关注治疗延长生存时间的作用
成本（干预措施的花费越低，消耗的资源越少，越适合给予强推荐，反之亦然）	阿司匹林用于预防短暂性脑缺血发作患者卒中复发的成本很低	氯吡格雷或双嘧达莫联合阿司匹林用于预防短暂性脑缺血发作患者卒中复发的成本很高

（二）GRADE 的使用注意事项[5]

GRADE 指出其分级系统适用于三个研究领域：系统综述、卫生技术评估、指南。但在各自领域的应用不完全相同。对于系统综述和卫生技术评估，GRADE 仅用于对证据质量分级，不给出推荐意见；对于指南，需在对证据质量分级的基础上形成推荐意见，并对其推荐强度进行分级。虽然 GRADE 没有明确指出其在具体临床实践和卫生决策中的适用性，其应用价值是不言而喻的，完全可以借鉴。但是，无论在哪个方面使用 GRADE，都应特别注意以下几点。

1. GRADE 的证据质量分级不是对单个临床研究或系统综述的分级，而是针对报告了某个结局指标的证据体（body of evidence，一般指一个系统综述里的所有证据）的质量分级。这种分级是建立在系统综述的基础上的。即使系统综述最终仅纳入了一个研究，但其中报告了不同的结局指标，证据质量分级仍然应针对不同结局指标分别进行。此时，降级的五个因素里面，不一致性不适用，因为只有一个研究，而其他四个降级因素均适用。

2. 对于随机对照试验和观察性研究，均可以进行降级，因为其研究设计均可能存在缺陷。对随机对照试验应重点考虑降级，且在一般情况下，不考虑升级，因为如果设计无缺陷，本身就是最高级别，无需升级，如果设计有缺陷，则应降级。对于观察性研究，在无降级因素存在

的情况下，如果有符合条件的升级因素，则可考虑升级。

3．对于精确性和不一致性这两个条目，在指南和系统综述中的含义和用法有所不同。在指南当中是否需要在这两个方面降级，取决于其是否能够明确支持或反对指南制订者给出一个一致的推荐意见。

4．如果结局指标较多，首先应按它们对患者的重要性进行排序，最多纳入7个指标，并分为3个等级：至关重要指标，如死亡、严重的不良反应等；重要指标，如疼痛缓解、糖化血红蛋白降低等；一般指标，如轻度发热或胃肠道反应等。

5．当一项干预措施可以同时影响多个结局时，关于该干预措施的总体证据质量则取决于至关重要结局的证据质量或者它们中证据质量较低的那个。譬如，抗病毒药物治疗流感的有效性、病死率和ICU患者收治率均被列为至关重要的结局指标，但如果病死率的证据质量为高，ICU患者收治率的证据质量为中，则总的证据质量为中等而非高。主要原因是在考虑结局指标相对重要性的基础上，下结论应保守。一旦将该证据质量定为高，则意味着将ICU患者收治率这一关键结局从中等升级为高，夸大了干预的有效性，可能会给出不恰当的推荐意见。

尽管在GRADE方法中证据质量的升级和降级都有较为具体、明确的标准，但这并不能确保所有人对同一个证据分级的结果是完全一致的。GRADE的优势在于提供了一个系统化、结构化和透明化的分级方法，但由于分级人员本身水平的差异以及证据体的复杂程度，对同一个证据体有可能得出不一样的分级结果。研究显示，经过培训的分级人员较未经过培训的人员，前者分级结果更为趋同，两人以上的分级结果相对于一个人更为客观。

三、GRADE 应用举例

（一）GRADE 在系统综述中的应用

系统综述的目的之一是通过全面的检索和严格评价尽可能地减少随机误差和系统误差，为决策者提供参考依据。然而系统综述制作者一般只对纳入的原始研究进行方法学质量评价，而不会对系统综述报告的临床结局指标所包含的证据质量进行评估，故下结论时可能存在偏颇和误导。

譬如，某篇随机对照试验的系统综述的临床问题是：对于季节性流感患者，抗病毒药物A在降低病死率方面是否优于安慰剂？作者共纳入5项符合标准的随机对照试验，每项研究随机序列号的产生、分配方案的隐藏、盲法报告均充分且符合规范，也无失访，作者从临床角度判断，可以用Meta分析的方法合并这些研究的结果，合并后发现差异有统计学意义。只根据这些信息，研究者很可能得出"高质量随机对照试验的Meta分析结果显示，药物A治疗流感能够有效降低病死率"的结论，读者也很可能会直接将该结论应用于临床实践。

但如果进一步考查，还会有以下因素可能严重影响结论的可信性：①纳入的5个随机对照试验的效应大小和方向如果存在不同程度的差异，则提示研究间存在异质性，如果不能对其进行合理解释，则对结论的信心可能会因此而降低；②如果5个研究的样本量都较小，合并效应的可信区间较宽，则对结论的信心可能会因为精确性不高而降低；③如果5个研究全部或多数是由药厂资助的，且结果均为阳性，则对结论的信心会因为可能的发表偏倚（甚至利益冲突）而降低；④间接性方面，儿科医生拟基于此系统综述结果为儿童用药，但5个随机对照试验纳入的人群均为18～65岁的成人患者，则对结论外推的信心可能会因人群的不同而降低。综上所述，如果在系统综述中没有使用GRADE分级，则会导致：①遗漏其他偏倚；②无法给出总的证据质量级别；③不同的读者对结果和结论的理解会大相径庭。表26-5举例说明了对一个随机对照试验系统综述进行GRADE分级的细节。

第二十六章　GRADE：证据质量与推荐强度的分级

表26-5　抗病毒药物A治疗流感随机对照试验系统综述的GRADE分级表举例[6]

（患者：流感患者；干预措施：抗病毒药物A；对照措施：安慰剂）

结局指标及其重要性	偏倚风险	不一致性	间接性	不精确性	发表偏倚	证据质量
结局指标A：病死率（至关重要）	无	无	无	无	无	高
结局指标B：ICU患者收治率（至关重要）	严重[1]	无	无	无	无	中
结局指标C：症状改善率（重要）	严重[1]	严重[2]	无	无	无	低
结局指标D：轻微胃肠道反应（不太重要）	严重[1]	严重[2]	无	严重[3]	无	极低

注：[1] 随机序列号的产生错误；[2] 异质性较大，I^2值为75%；[3] 经计算总样本量不够，可信区间太宽

为进一步阐述GRADE分级在系统综述中应用的必要性，本文摘录了某杂志2012—2013年间发表的部分未采用GRADE分级的系统综述，对其进行GRADE分级，并就结论进行解读（表26-6）。

表26-6　未使用GRADE分级的系统综述结论的呈现及可能存在的偏倚

	研究1	研究2	研究3	研究4	研究5
研究目的	比较霉酚酸酯与环磷酰胺治疗狼疮性肾炎的效果	比较多种消化酶制剂治疗消化不良的效果	比较多巴胺与去甲肾上腺素治疗感染性休克的效果	比较舒芬太尼与芬太尼用于术后硬膜外自控镇痛（PCEA）的效果	太极拳锻炼对老年人平衡功能和预防跌倒的效果
摘要中的结论	霉酚酸酯治疗狼疮性肾炎患者（Ⅲ型、Ⅳ型、Ⅴ型）在缓解疾病上优于环磷酰胺，但腹泻发生率高于环磷酰胺	各种消化酶制剂均可有效治疗各种原因引起的消化不良；与安慰剂或空白对照组的间接对照结果显示，米曲菌胰酶片的疗效优于其他消化酶制剂	与多巴胺相比，去甲肾上腺素能显著降低感染性休克患者住院期间死亡率，降低心律失常事件的发生率，其疗效及安全性均优于多巴胺	与芬太尼相比，舒芬太尼用于术后PCEA时镇痛镇静效果更好，药物用量更少，患者术后不良反应发生率更低，临床应用更安全	太极拳锻炼可降低老年人跌倒的发生率，提高平衡功能
可能存在的偏倚	1. 多数研究随机方法描述不清楚，分配方案不清楚，未采用盲法（存在问题的研究：1，2，3，4） 2. 多数结局指标的总样本量太小，精确性存在严重问题（存在问题的研究：1，2，3，4，5） 3. 部分研究存在间接比较的问题（存在问题的研究：2） 4. 部分系统综述结果异质性明显，提示研究间存在较大差异（存在问题的研究：1，3） 5. 部分系统综述存在发表偏倚的可能性（存在问题的研究：2）				
GRADE分级	低	低	低	低	低
解读	低质量证据，意味着当前的研究对治疗的效果估计信心不足，即真实疗效可能与估计疗效有很大差别。以上5篇系统综述得出的有效性结论，在未来很可能被更改或完全推翻				

研究显示，由于时间有限和无法获取全文，临床医生经常会仅根据摘要中的结论指导实践。以上系统综述的摘要结论极易造成误导。进一步考查这些系统综述全文中的结论，发现均未综合考虑所有的降级因素，尽管结尾部分给出了"受纳入研究数量和研究质量的限制，还需要开展更多高质量的多中心随机双盲对照试验进一步验证"之类的说法，然而，对临床医生全面理解该系统综述提供的证据的可信程度仍然非常有限。但如果清楚地在结论后注明是低或极低质量的证据，并在结果总结表和证据概要表里面明确列出升降级的原因，则有助于系统综述的使用者准确理解和正确应用有关证据。

（二）GRADE 在指南中的应用

指南中使用 GRADE 需结合证据质量考虑推荐的方向及强度。强弱推荐对不同的用户含义略有差异，见框 26-2。在形成推荐意见的时候，要特别注意：高质量证据不一定做出强推荐，低质量证据不一定做出弱推荐。GRADE 方法在临床实践指南中的应用与在系统综述中的应用有所不同，GRADE 在指南中的应用步骤见图 26-2。

框26-2　GRADE中推荐强度的含义

强推荐的含义
对患者——几乎所有患者均会接受所推荐的方案；此时若未接受推荐，则应说明
对临床医生——应对几乎所有患者都推荐该方案；此时若未给予推荐，则应说明
对政策制订者——该推荐方案一般会被直接采纳到政策制订中去
弱推荐的含义
对患者——多数患者会采纳推荐方案，但仍有不少患者可能因不同的偏好和价值观而不采用
对临床医生——应该认识到不同患者有各自适合的选择，帮助每个患者做出体现其价值观和意愿的决定
对政策制订者——制订政策时要充分讨论，并需要众多利益相关者参与

为进一步阐述 GRADE 分级在指南中应用的必要性，本文遴选了世界卫生组织在 2010 年严格遵循 GRADE 方法制订的一部卫生政策领域的指南进行解读[7]。

该指南制订的背景为：50% 的世界人口生活在农村地区，而服务于农村地区的护理人员仅占世界总数的 38%，医生则不到世界总数的 25%。农村或边远地区缺乏合格的医护人员，使当地居民的医疗卫生需求难以满足。各国政府正致力于实现公民间的卫生公平性，满足其民众特别是弱势群体的卫生需求。确保农村或偏远地区居民获得有效的卫生服务是实现上述目标最复杂的挑战之一，而足够数量、技术娴熟且态度积极的卫生工作者对提供有效的卫生服务和改善健康结果至关重要。大量数据与研究表明，政治许可与政策干预对卫生人力资源的分配可以起到核心作用，是解决这一系列问题的关键。许多国家纷纷实施管理、激励、教育等干预措施，以求实现农村或偏远地区卫生工作者的留守。

该指南提出的卫生问题为：如何为偏远和农村地区培养下得去和留得住的卫生人员？针对上述研究问题，指南制订组织全面收集了符合标准的各国农村或偏远地区卫生人力资源研究证据，通过手工检索与计算机检索相结合，收集发达国家和发展中国家 1995—2008 年 9 月发表的涉及所有类型卫生工作者的研究文献，基于最终纳入的 4 篇系统综述进行证据质量分级，并通过考虑影响推荐意见的其他因素（如利弊平衡、资源利用、可行性等），最终从教育、制度、经济激励、个人和职业发展支持 4 个方面提出了 16 条循证政策建议（表 26-7）。

例如，A1 为一条强推荐意见，即指南制订小组有把握实施该条推荐意见后，对改善偏远和农村地区卫生人力资源缺乏会有较大帮助，在绝大多数情况下，应该被采纳到政策制订当中。该条推荐意见基于的证据质量为中等，意味着其有较为充分的证据支持，即研究的偏倚风险、不一致性、不精确性和发表偏倚均较小。A3 为一条弱推荐意见，即指南制订小组认为实施该条推荐意见后，对改善偏远和农村地区卫生人力资源缺乏会有一定帮助，在制订相关政策时应予以考虑，同时也需要听取其他利益相关人群的建议和意见。该条推荐意见基于的证据质量为极低，意味着其基于的证据非常有限，即研究的偏倚风险、不一致性、不精确性和发表偏倚非常大。又如，尽管 A4 所基于的证据质量为低，但仍然被列为强推荐，原因是决定推荐强度的除了证据质量外，还有所花费的资源、推荐意见的可实施性和利弊的权衡。A4 推荐将农村问题列入医学课程，尽管所依据的证据质量不高，但几乎没有额外的成本（即不需要政府投入很多经费），操作性较强，且不会造成其他不利的结果（类似某种药物几乎不会产生不良反应），故指南小组在这种情况下将其推荐意见的等级列为强。

第二十六章　GRADE：证据质量与推荐强度的分级

表26-7　吸引、招聘和挽留农村和偏远地区卫生工作者的循证推荐

推荐措施的分类			证据质量	推荐强度
A．教育建议	A1	采用有针对性的招生政策，录取具有农村背景的学生	中	强
	A2	卫生专业学校和住院实习安排在大城市之外	低	根据情况*
	A3	使各类医学生有农村地区临床实习的经历	极低	根据情况*
	A4	将农村卫生问题纳入医学课程	低	强
	A5	发展针对于农村卫生人员的继续医学教育	低	根据情况*
B．制度建议	B1	扩大农村卫生工作者的行医范围	极低	根据情况*
	B2	引进不同类型的卫生工作者	低	根据情况*
	B3	强制在农村和边远地区服务	低	根据情况*
	B4	以提供奖学金、资助金或其他教育补贴交换条件	低	根据情况*
C．经济激励	C1	财政上可持久的各种经济奖励措施	低	强（短期）；根据情况*（长期）
D．个人和职业发展支持	D1	改善卫生工作者及其家人的生活条件并改善医疗、生活等基础设施和服务	极低	强
	D2	提供良好和安全的工作环境	极低	强
	D3	提供适当的外延活动和远程支持	低	根据情况*
	D4	制订和支持职业发展规划	极低	强
	D5	支持发展专业网络、农村卫生专业协会、农村卫生杂志等	低	强
	D6	采用公开表彰措施，提高公众认可度	低	强

*："根据情况"就是 GRADE 方法中的弱推荐

四、GRADE 的发展与挑战

（一）GRADE 未来的发展

1．研究和宣传

为使指南制订者、系统综述制作者、医务工作者、患者和公众更好地理解 GRADE 系统，以及促进证据的生产、传播和应用，GRADE 工作组一方面积极在国际重要医学期刊如 BMJ 和 *Journal of Clinical Epidemiology* 杂志发表 20 余篇论文，详细阐述 GRADE 的原理和方法，以提高使用者（尤其是非英语国家和发展中国家的使用者）理解和掌握 GRADE 方法的能力。同时，GRADE 工作组还正在其他期刊策划针对专题（如诊断性研究）的 GRADE 系列论文。

另一方面，为加强在国家和地区层面对 GRADE 的推广、应用与传播，GRADE 工作组从 2011 年起，已先后在加拿大（2010 年成立，挂靠在麦克马斯特大学临床流行病学与生物统计学系）、中国（2011 年成立，挂靠在兰州大学循证医学中心）、西班牙（2012 年成立，挂靠在巴西圣保罗生物医学研究院）、德国（2013 年成立，挂靠在弗莱堡医学中心）、英国（2013 年成立，挂靠在精神卫生健康国家协作中心）、美国（2014 年成立，挂靠在西储大学）分别建立了 7 个中心／协作网络，主要使命为推广 GRADE 方法，举办 GRADE 培训，进行 GRADE 研究。

2．证据分级软件的更新与完善

GRADE 分级软件（GRADEprofiler，简称 GRADEpro）是 GRADE 工作组开发的用于证据分级评估的工具，适用于包括随机对照试验、非随机对照试验和其他类型观察性研究的证

第二十六章 GRADE：证据质量与推荐强度的分级

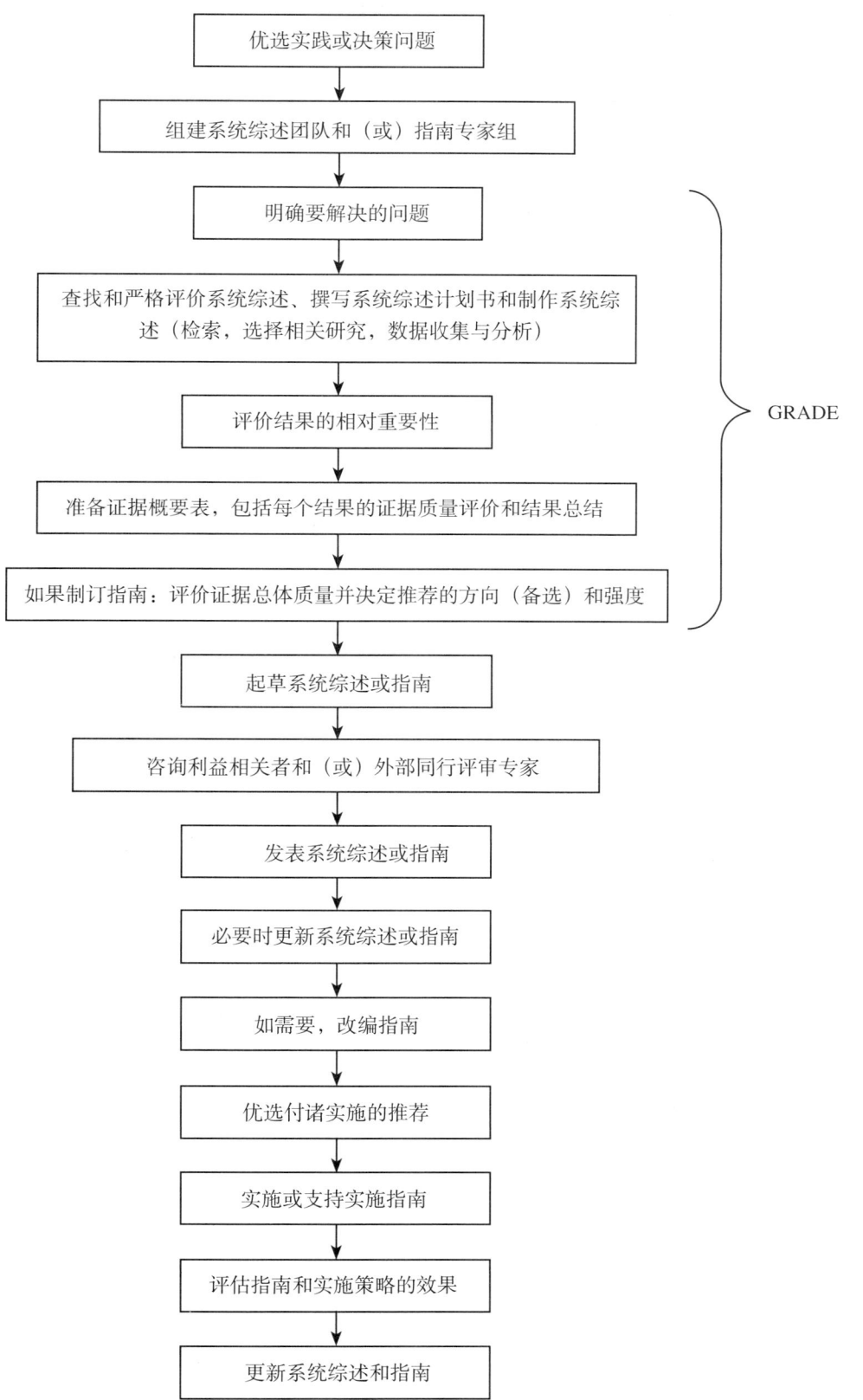

图 26-2　GRADE 系统在指南制订中的应用

据评估，主要是针对干预性证据的证据分级，与 RevMan 软件兼容。该软件可以免费下载和安装（http：//ims.cochrane.org/revman/gradepro），其主要作用是构建结果总结表（summary of findings，SoF）和证据概要表（GRADE evidence profile）。但其局限性在于多个分级人员不能同时在线操作，而且目前尚无法对诊断和预后的证据进行分级。

基于此，GRADE 工作组于 2013 年正式推出了一款整合了 GRADE 分级模块的在线指南制订工具（guideline development tool，GDT，http：//www.guidelinedevelopment.org）。GDT 不仅可以用于干预、诊断等多种研究类型的证据分级，更重要的是可为指南制订者完成多部指南提供全程支持和帮助，读者可在其官方网站免费注册帐号并使用。GDT 推出后，GRADE 工作组宣布将逐步停止 GRADEpro 软件的更新。

3．方法学及应用领域方面的拓展

GRADE 工作组当前已经成立了针对各个专业和领域的专门工作组，包括诊断组、环境卫生组、卫生政策组、公平性组、患者偏好和价值观组等，以及培训组和认证组。每个组都致力于一个专题或主题，对其细化和完善，并给出相应的指导原则与规范。总之，一套证据分级系统要被国际认可，不仅要求其具有较高的科学性和可行性，而且需要其不断更新、发展和完善。尽管 GRADE 方法创建已超过 10 年，其标准被诸多权威组织采纳，但当前仍面临许多问题和挑战，需要 GRADE 工作组认真考虑和逐步解决。

（二）GRADE 的问题和挑战

GRADE 具有国际化、系统化、规范化、公开透明、严密严谨等优点，但也存在明显的问题和挑战，主要集中在以下几个方面。

1．证据质量分级的合理性

目前使用的初始分级因素（即研究设计类型）和进一步的升降因素的赋值都是人为规定。例如，如果证据可以分为 4 级，抛开所有其他因素，一个高质量的随机对照试验与一个高质量的队列研究的证据质量的差别为什么是 2 个级别而不是 1 个级别？升降因素是否是等同的，即每一个因素都升或降一个级别？如果这是不合理的，我们应如何制订各因素的权重？例如发表偏倚和一致性到底哪个对证据质量的影响更大？又该如何制订因素内包含的条目权重？例如偏倚风险中所包含的随机序列号的产生、分配方案的隐藏以及盲法，哪个更容易夸大疗效？目前没有足够的研究证据支持证据评级系统对这些因素升降赋值的建议。因此，即便是 GRADE 的分级系统，也是基于以往经验和 GRADE 工作组专家共识，估计的证据质量与真实的可信性的差别仍是一个未知数。

另外，除 GRADE 目前纳入的五个降级因素和三个升级因素外，还存在其他已知和未知的影响证据可信性的因素。例如，队列研究中研究间的基线差异对于证据质量的影响如何？而且各升降级因素之间存在交叠和互相影响。例如，未对随机分组的方案进行隐藏，既是造成偏倚风险的重要因素，也可能是造成异质性的原因（方法学异质性），还可能会导致漏斗图的不对称。再比如，干预措施相同，但对照不同，则会造成间接性方面的降级，但同时也会影响到研究间的异质性，以及结果的精确性。如何处理同一因素造成的多重降级或升级的可能性？GRADE 已关注到了这些问题，但目前尚没有给出指导意见。

2．推荐强度的主观性

主要反映在以下三个方面：一是 GRADE 尚未给出如何平衡证据质量、患者偏好、经济学、可实施性以及公平性之间的关系，从而提出有关干预利弊的具体指导意见。经济状况、可支付能力、患者的价值取向等证据以外的因素都会影响推荐的强度，而不同人群中这些因素可能千差万别，可能没有一个建议可以适用于所有的人群或患者，这将使 GRADE 的推荐意见受到一定的限制。二是 GRADE 尚未给出如何收集患者偏好、恰当考虑经济学及公平性的原理、方法和步骤。这将对 GRADE 的应用者在从证据到推荐这一环节造成实际操作的困难。三是 GRADE 的推荐分级没有考虑权衡利弊的可操作性细节，从而给指南制订者实际应用带来困难。

3．分级人员的影响

GRADE 方法对初学者较为复杂，对分级人员的要求较高，需具备扎实的临床流行病学、医学统计学、卫生经济学、循证医学、系统综述和临床指南等方面的理论基础和实践经验，不利于其快速推广应用。

4．适用性

目前 GRADE 仅在干预性、诊断性、预后性系统综述和网状 Meta 分析中有明确的分级方法和步骤。但在病因学、中医药以及卫生管理等领域的分级方法还面临很大挑战，主要原因是这些领域本身的方法学还正在完善，其推荐意见的制订也更具复杂性。

5．推广实施

很多机构和组织目前仍然在使用其之前的分级系统，部分还在不断研发新的分级系统，GRADE 如何与不同分级组织间进行有效沟通并达成共识，建立一个统一规范的分级体系，也是 GRADE 工作组面临的重要挑战。

五、本章概要

研究的方法学质量是研究结果可信性的前提。GRADE 是国际上对证据质量和推荐强度进行分级的一整套方法与标准，可用于系统综述、卫生技术评估、实践指南，以及具体决策。GRADE 的证据分级是对证据体内有关某个结局指标的证据的可信性的评估，而不是对整个研究（如一个系统综述或一个随机对照试验）的证据质量的分级。GRADE 将证据质量分为高、中、低和极低四级，将推荐强度分为强和弱两个级别。影响证据质量的因素有五个，分别为研究的偏倚风险、研究间的不一致性、证据的间接性、结果的不精确性以及发表偏倚。随机对照试验证据起始质量为高，但由于以上因素的存在，质量可以降低。观察性研究证据起始质量为低，可由于以上五个原因降级，也可以由于以下三个原因升级，即效应值大、可能的偏倚减弱而非夸大疗效、存在剂量-效应关系。影响推荐强度的因素包括证据质量、利弊平衡、患者偏好与价值观以及经济学成本。在证据质量分级和做出治疗推荐的问题上，GRADE 系统透明、严谨的特点是一个很大的进步，也提出了很多新的见解。但是，GRADE 尚没有明确给出各种证据质量决定因素的相对权重，因此证据质量评级的原始主观性依然存在，而且把需要高度兼顾实际决策人群和环境的治疗推荐进行国际化的统一，是 GRADE 未来需要解决的艰巨任务。

参考文献

[1] 杨克虎．循证医学．北京：人民卫生出版社，2013．

[2] 杨克虎．系统评价指导手册．北京：人民卫生出版社，2010．

[3] 陈耀龙，李幼平，杜亮，等．医学研究中证据分级和推荐强度的演进．中国循证医学杂志．2008. 8（2）：127-133.

[4] http://www.gradeworkinggroup.org. 2013-03-27.

[5] 陈耀龙，杨克虎，姚亮，等．GRADE 系统方法学进展．中国循证儿科杂志．2013，8（1）：64-65．

[6] Jonathan Hsu，Nancy Santesso，Reem Mustafa, et al. Antivirals for treatment of influenza：Systematic review and meta-analysis of observational studies. Annals of Internal Medicine. 2012，156（7）：512-24.

[7] WHO，Increasing access to health workers in remote and rural areas through improved retention：Global policy recommendations. 2010. WHO Press，World Health Organization. 20 Avenue Appia，1211 Geneva 27，Switzerland.

（杨克虎[*]　陈耀龙）

第二十七章 循证护理的发展及应用

随着循证医学的发展,循证护理也成为护理领域的一个热点话题。循证护理有助于提高临床护理实践的科学性和有效性,帮助护理人员利用最佳证据,结合自己的专业经验和患者的意愿,从而做出科学、合理的决策。本章主要介绍循证护理的概念及发展现状、实践循证护理的基本步骤、循证护理应用实例,以帮助护理人员正确理解循证护理的概念和内涵,掌握循证护理实践的基本步骤,从而将循证护理的理念和方法用于实践中。

一、循证护理的概念

循证护理(evidence-based nursing,EBN)是关于如何审慎、明确、明智地将科研证据和专业经验与判断、患者的需求和意愿相结合,从而做出临床护理决策的学问[1]。循证护理作为一种解决临床实际问题的理念和方法,强调的是最佳证据、专业判断和患者意愿这三个要素的有机结合。

1. 最佳证据 由于研究质量参差不齐,并非所有发表的研究都可以作为循证护理的证据。在进行循证护理实践时,要对检索到的研究进行质量评估,筛选出设计最严谨的合格研究进行汇总,作为最佳证据,也即"审慎"。同时,应确定具体的检索过程和方法,写明所用的数据库、检索词、检索策略、初检结果、复筛和质量评估后的结果,并标注证据来源和等级,也即"明确"。

目前关于最佳证据存在几个误区:①认为期刊上发表的随机对照试验都是高质量的证据,无需对其质量进行评估。②认为在数据库中查几篇原始研究,或进行文献综述得到的结果就是最佳证据,而不管检索策略是否恰当、检索的文献是否全面,也不对文献进行质量评估。③针对提出的问题设计研究方案,做一个干预性研究,误认为这样得出的研究结果就是最佳证据,将其用于实践就是循证护理。

2. 专业判断 在产生证据的原始研究中,为了确保研究对象的同质性,选取研究对象时通常有严格的纳入和排除标准,将有某些特殊状况的研究对象(如有其他严重躯体疾病、严重并发症、精神障碍者)排除在外。而在临床工作中,护理人员所护理的患者可能恰恰就伴有这些特殊问题。因此,护理人员需结合自己的专业知识和临床经验,考虑证据中研究对象的人口社会学特征(如年龄、性别、文化程度、种族、经济状况)及临床特征(如疾病严重度、病程、合并症)是否与所护理的患者相符;证据应用所需的设施、技术、人力、社会文化等因素是否适用于当前的临床情境;证据应用后对临床结局的改善效果及可能的不良反应等,从而判断证据是否适用于该患者和当前的临床情境,也即循证护理中"明智"的具体体现。

3. 患者意愿 最佳证据的应用必须得到患者的认可和配合,才能取得预期效果。处于同样疾病状况下的患者,其个人经历、家庭背景、经济状况、医疗费用支付方式、价值观、文化习俗和信仰、对疾病的了解程度等存在一定差异,这些因素均会影响患者的需求和对护理方案的选择意愿。因此,护理人员应将目前的最佳证据告知患者及其家属,尊重患者的意愿,从而作出适于患者的最佳决策,以尽可能满足患者的需求和利益,这也是循证护理概念中"明智"的另一种体现。

二、循证护理的发展现状

循证医学的提出及循证医学中心的建立，促使了循证护理的起源与发展，相继成立循证护理中心，创办循证护理期刊，进行循证护理理念和方法的培训，汇总护理领域的证据，并在专科护理中开展循证护理实践。目前，循证实践已成为国内外护理学科发展关注的热点话题。

（一）循证护理中心的建立

1996年，英国York大学成立全球第一家循证护理中心，并提出循证护理的概念，该中心主要进行循证护理的教育和培训，并汇总社区卫生和健康促进方面的证据。同年，澳大利亚护士Joanna Briggs在阿德莱德大学成立Joanna Briggs循证卫生保健中心（Joanna Briggs Institute，JBI，http：//www.joannabriggs.org），并在全球范围建立合作中心或附属中心，目前已有80多家合作或附属中心，主要进行证据的汇总、传播和应用工作。JBI相继在我国香港中文大学护理学院（1997年）、复旦大学护理学院（2004年）、台湾国立阳明大学护理学院（2005年）、台湾慈济技术学院护理系（2009年）、北京大学护理学院（2012年）及北京中医药大学护理学院（2015）设立了合作/附属中心。各合作/附属中心除了对证据进行汇总外，还致力于翻译现有的证据资源、构建本土化的临床实践指南、对本国护理人员进行循证护理理念和方法的培训等工作。

（二）循证护理期刊的创立

随着循证护理中心的建立，循证护理期刊也相继创刊。1998年，英国York大学与加拿大McMaster大学联合创办了*Evidence Based Nursing*期刊。该期刊为季刊，主要刊出护理领域系统综述和原始研究论文的概要介绍及评论，已被MEDLINE、EMBASE、CINAHL数据库所收录。2004年，美国国际护理荣誉学会（the Honor Society of Nursing，Sigma Theta Tau International）创办了*Worldviews on Evidence-based Nursing*期刊。该期刊目前为双月刊，主要刊出证据应用论文的全文、证据总结以及临床实践、护理管理、护理教育、卫生政策等领域的推荐意见，并提供编辑和作者关于循证实践领域最新信息的博客链接。这些期刊的创立，促使了循证护理理念和方法以及循证护理实践经验和证据的广泛传播。

（三）循证护理理念和方法的培训

开展循证护理实践的前提是培养一支具有循证护理能力的临床护理队伍，因此，对护理人员进行循证护理的教育与培训，使其真正接受循证护理的理念、掌握循证护理实践的方法，才能促使循证护理实践的实施与发展。目前，国际上发达国家和地区已将加强循证实践能力的培训融入博士、硕士和本科教育的课程设置及培养方案中。2011年，我国教育部医学专业学位研究生教育指导委员会也在"护理硕士专业学位研究生教育指导性培养方案"中，将循证护理纳入核心课程体系中，2012年出版了《循证护理学》研究生教材[2]。在本科教育中，也将循证护理作为一个独立章纳入本科生《护理研究》教材中。此外，在美国中华医学基金会（China Medical Board，CMB）支持下，中国CMB护理教育合作网院校致力于构建循证护理课程资源平台的工作，2015年由复旦大学护理学院牵头开设了循证护理的网上博士课程。

与此同时，在各类专科护士培训班中，已逐渐将循证护理的内容纳入到课程设置中；各循证护理中心及医院通过举办短期培训班和在护理核心期刊刊登讲座性文章的方式，在继续教育中对护理人员开展循证护理理念和方法、系统综述、临床实践指南的制订等方面的专题培训。其中，澳大利亚JBI循证卫生保健中心除了举办系统综述、临床实践指南等专题培训项目之外，还设立了培训师（train-the-trainer）项目，在各分中心设立培训师，以扩大培训范围。北京大学医学部循证护理中心自2013年以来，在国内率先开展由澳大利亚JBI循证卫生保健中心授权的循证护理培训，通过学习和考核合格者可以获得JBI颁发的系统综述研究员资格证书。这些培训项目对于循证护理理念和方法的正确传播起到了重要作用。

（四）护理领域证据的评估与汇总

目前医学信息的产生与更新速度极快，且期刊上发表的研究质量参差不齐，为了帮助护理人员快速、高效地从海量文献中提取真正有效和有用的信息，研究者正努力针对特定的临床问题，收集、评估和汇总各种证据，并对高质量的研究进行系统综述。由于临床实践和伦理的限制，多数护理研究难以做到随机对照试验所要求的随机和盲法，因此，澳大利亚 JBI 循证卫生保健中心收录的系统综述除了纳入随机对照试验外，还会根据护理问题的特殊性，酌情考虑纳入类实验性研究、队列研究、病例对照研究等，并提供了这些研究的质量评估标准，通过 MAStARI 软件对定量研究进行证据评估、数据提取及 Meta 分析。另外，有些护理领域的问题采用了定性研究的方法，这类研究提供的证据对于指导护理临床实践也具有重要意义。为了对定性研究证据进行评估和汇总，JBI 循证卫生保健中心编制了定性研究评估标准，并提供了定性研究质量评估与系统综述工具（qualitative assessment and review instrument，QARI）软件，对定性研究进行证据评估、数据提取及分析整合。

除了通过进行系统综述汇总护理领域的证据外，研究者们也开始致力于制订基于证据的护理实践指南。虽然目前护理领域基于证据的临床实践指南所占比重越来越大，但现存的指南质量参差不齐，部分指南所依据的证据仍是原始研究，且这些指南大多基于国外的研究结果而制订，在临床应用这些指南时，应充分考虑各条推荐意见的证据水平和推荐级别，以及指南适用的领域和目标人群，针对当前所处的医疗体制、资源配置、文化习俗、患者的实际情况、医护人员及患者的接受度，判断指南的适用性，并对指南进行本土化，不能机械地照搬和套用。

（五）循证护理实践的开展

2012 年 5 月 12 日，国际护士会（International Council of Nursing，ICN）在第 100 个国际护士节上，发布了题为"循证护理实践：缩短证据与实践之间的距离（closing the gap: from evidence to action）"白皮书，从深刻认识循证实践、证据来源、从证据到实践、开展基于循证的护理变革、护理专业组织在促进循证护理实践中的作用 5 个方面强调了循证护理实践的重要性和迫切性。这一主题的发布不但在全球引发了循证护理实践的热潮，也引起医学领域的积极关注。《柳叶刀》杂志在 2012 年第 5 期针对 ICN 的白皮书刊出了题为"促进护理行动的科学（science for action-based nursing）"的编者按，鼓励护士真正置身于全球循证实践的核心，对目前全球护理领域尚未真正将循证实践的理念和方法贯穿于实际工作中的现实表示担忧，指出护理领域需要纠正对循证实践本质认识的误区，真正掌握循证实践的方法，并将其付诸行动。由此可见，伴随转化医学的发展，循证护理实践已成为护理学科发展的重要转折点，对于促使护理从传统的经验式实践转变为科学化决策起着关键作用。目前，我国已有部分护理人员尝试将循证护理的理念和方法融入到专科护理实践中，并总结出基于循证的个案论文，对于促进循证护理实践的实施及提高专科护理水平起到了良好的推动作用。但这些论文在循证护理实践的规范性、证据的检索、评估和应用方面还存在很多问题，有待进一步的规范和改进。

三、实践循证护理的基本步骤

循证护理实践包括提出循证问题、检索证据、评估证据、汇总证据、应用证据、评价效果等基本步骤。

（一）提出循证问题

循证护理实践的第一个步骤是提出循证问题，循证问题只有足够明确、具体，才能指导之后的证据检索。循证问题通常包括 4 个要素（PICO），即人群或患者（population/patient）、干预措施或暴露因素（intervention）、对照组的措施或用于比较的另一种措施（comparator）、结局指标（outcome）。另外，循证问题还可以包含 S（study design），即研究设计类型。例如，针对经外周静脉穿刺的中心静脉置管患者，使用哪一种封管液能更有效地预防导管堵塞和血栓形成这一临床问题，可将循证问题描述为：对于经外周静脉穿刺的中心静脉置管患者，使用无菌生理盐水与肝素盐水封管对预防导管堵塞和血栓形成的效果是否相同？其中，P 为经外周静脉穿刺的中心静脉置管患者，I 和 C 分别为无菌生理盐水封管和肝素盐水封管，O 为导管堵塞发生事件、血栓形成发生事件。

提出循证问题时，注意遵循 PICO 的格式，避免问题笼统。例如，"如何对机械通气患者进行气道护理"这一问题就过于笼统。气道护理包含很多具体内容，如在吸痰方面，是使用密闭式吸痰还是开放式吸痰，选择什么型号的吸痰管、吸痰压力是多少、吸痰前应将氧浓度加大到多少、吸痰管的插入深度是多少、每次吸痰的持续时间是多少、吸痰的间隔时间是多长；再如，在气道湿化方面，用哪种湿化液效果最佳，等等。后面列举的这些才是具体、可检索的问题，应按照 PICO 格式描述出具体问题，而不能用"如何进行气道护理"的笼统说法来概括。

（二）检索证据

提出循证问题后，应针对循证问题中的 PICO 这几个要素，确定检索词，综合运用各种数据资源，系统、全面地进行文献检索，以寻找证据，这是循证护理实践的关键环节之一。检索证据时，应制订明确的检索策略，确定检索词和数据库，以保证检索到国内外现有的最佳证据，并经得起他人的重复和验证。研究证据不但包括散在分布于各中英文数据库中的原始研究，也包括研究人员针对某些特定的临床问题，对若干原始研究进行汇总后得到的证据资源（如基于证据的临床实践指南、系统综述、证据概要、最佳实践等证据资源）。

1. 常用的数据库　在循证护理实践中，除了利用各种中英文数据库检索原始研究外，还应利用以下数据库检索临床实践指南、系统综述等证据循证资源。

（1）美国国家指南库（National Guideline Clearinghouse，NGC）：是由美国卫生保健研究与质量管理局、美国医学会、美国保健计划联合会共同主办的临床实践指南数据库，主要收录基于循证的临床实践指南，分为 22 个专题。在具备国际网的环境下，输入网址 http://www.guidelines.gov，进入检索界面，可通过网络免费获取指南的全文。

（2）加拿大安大略护理学会指南网（Registered Nurses Association of Ontario，RNAO）：加拿大安大略护理学会从 1999 年开始发展、实施、评价、传播最佳实践指南，收录护理教育和临床护理实践领域的临床实践指南。在具备国际网的环境下，输入网址 http://www.rnao.ca/，可在其网站中免费检索到指南的全文。

（3）考科蓝图书馆：由考科蓝国际协作网发行，每年更新 4 次，包括考科蓝系统综述数据库（Cochrane Database of Systematic Reviews，CDSR）、考科蓝临床对照试验中心注册数据库（Database of Cochrane Central Register of Controlled Trials，CENTRAL）、疗效评价文摘数据库（Database of Abstracts of Reviews of Effects，DARE）。如果用户所在机构的图书馆购买了光盘版，可进入图书馆网站，点击"The Cochrane library"数据库直接进行检索，可获取系统综述的全文；在具备国际网的环境下，可输入网址 http://www.thecochranelibrary.com，利用 Cochrane 图书馆的网络版进行检索，可免费获取系统综述的摘要。

（4）澳大利亚 JBI 循证卫生保健数据库：内容涉及老年护理、烧伤护理、癌症护理、慢性疾病、影像诊断学、急救与创伤、全科医学、健康管理与评估、感染控制、精神卫生、助产、儿科学、康复、肾病护理、外科学、感染性疾病、伤口管理等专科领域。在具备国际网的环境下，输入网址 http://connect.jbiconnectplus.org/，可检索到护理及相关健康领域的系统综述（systematic reviews）、系统综述研究计划书（systematic review protocols）、证据总结（evidence summaries）、推荐实践（evidence based recommended practices）、最佳实践（best practice information sheets）等资源。

（5）York 大学系统综述与传播中心（Centre for Reviews and Dissemination，CRD）：该中心收录了疗效评价文摘库（DARE）、卫生技术评估数据库（HTA）、NHS 经济评价数据库

(NHS EED)。其网址为 http：//www.crd.york.ac.uk/CRDWeb/。

（6）Nursing Consult 数据库：该数据库收录了 200 多份临床实践指南，以及最新临床资讯、药物信息、护理图片等资源。其网址为 http：//www.nursingconsult.com。

2．检索证据环节应注意的问题　系统、全面地检索证据是循证护理实践的关键环节之一，应遵循以下原则，获得快速、全面的文献检索。

（1）先检索证据资源，再检索原始研究：在循证护理实践中，检索证据时首先利用循证资源数据库，从中检索系统综述和临床实践指南等循证资源，如美国国家指南库、加拿大安大略护理学会指南网、考科蓝图书馆、JBI 循证卫生保健数据库；然后，再利用中英文数据库检索原始研究，作为证据的补充。避免只在全文数据库中检索原始研究，却漏掉重要的循证资源。

（2）确定恰当的检索词：护理领域的有些术语有多种说法，在检索证据时，注意确定恰当的检索词，考虑到术语的不同用法，避免因检索词不当而遗漏重要文献。例如，检索心理干预对脑卒中后抑郁患者的研究时，不能只用"脑卒中""抑郁""心理干预"作为检索词。要考虑到与脑卒中相关的检索词还有"卒中""脑血管意外""中风""脑梗死""脑出血"等；心理干预有很多具体方法，检索词除"心理干预"外，应增加表述具体心理干预方法的检索词，如"团体辅导""行为疗法""认知疗法""认知行为干预""合理情绪疗法"。

（三）评估证据

证据评估是循证医学的精髓之一，应按照统一的标准，对检索到的文献进行评估，包括研究方法的科学性和严谨性、结果推广的可行性和适宜性、结果的临床意义。通过文献评估，筛选出合格的研究，再进行汇总分析。

1．常用的文献评估标准　在循证护理实践中，除了应用考科蓝协作网关于干预性研究系统综述手册（Cochrane Handbook for Systematic Reviews of Interventions Version5.1.0）提供的文献评估标准外，还有澳大利亚 JBI 循证卫生保健中心评价者手册（Reviewer's Manual）及英国牛津大学循证医学中心文献评估项目（Oxford critical appraisal skill program，Oxford CASP）提供的文献评估标准，以下介绍各循证中心对干预性研究的评估标准。这些标准会定期进行更新，读者应及时关注其最新版本。此外，读者还可以进一步关注本书第二十六章有关 GRADE 证据质量分级和治疗推荐强度的内容。

（1）JBI 循证卫生保健中心对干预性研究的评估标准：JBI 循证卫生保健中心对干预性研究提出了以下 10 项评估标准（表 27-1）。评估者需对每个项目做出是、否、不清楚的判断，并经过小组讨论，对该研究作出纳入、审慎纳入、排除的决定。

表27-1　JBI循证卫生保健中心对干预性研究的评估标准

评估项目	评估结果		
1．是否真正采用了随机分组方法？	是	否	不清楚
2．是否对研究对象实施了盲法？	是	否	不清楚
3．是否对分组者采用了分配隐藏？	是	否	不清楚
4．是否描述了失访对象的结局，并将其纳入分析？	是	否	不清楚
5．是否对结果测评者实施了盲法？	是	否	不清楚
6．试验组与对照组在基线时是否具有可比性？	是	否	不清楚
7．除了要验证的干预措施外，各组接受的其他措施是否相同？	是	否	不清楚
8．是否采用相同的方式对各组研究对象的结局指标进行测评？	是	否	不清楚
9．结果测评方法是否可信？	是	否	不清楚
10．资料分析方法是否恰当？	是	否	不清楚

(2) 英国牛津大学循证医学中心对随机对照试验的评估标准：英国牛津大学循证医学中心提出从以下 5 个方面对随机对照试验类研究进行评估（表 27-2）。评估者需对每个项目做出是、否、不清楚的判断。

表27-2　英国牛津大学循证医学中心对随机对照试验的评估标准

评估项目	评估结果		
1．是否采用了随机分组方法？	是	否	不清楚
2．各组的基线特征是否具有可比性？	是	否	不清楚
3．除了要验证的干预措施外，各组接受的其他治疗和护理措施是否相同？	是	否	不清楚
4．是否对研究对象及结果测评者采取了盲法？	是	否	不清楚
5．是否将所有入选的研究对象均纳入结果分析中？	是	否	不清楚

2．文献评估应注意的问题　目前期刊上发表的研究质量差别较大，研究方法的缺陷会降低研究结果的科学性。如果将这些作为临床决策的依据，将给临床工作带来误导，甚至给患者带来伤害。如果循证护理实践中缺乏文献质量环节，就失去了循证的根本特征。因此，研究者应掌握文献评估的标准及其使用方法，并详细阐述由什么资质的人进行文献评估、采用的是哪个文献评估标准，并描述文献评估的结果，避免误将质量偏低的文献纳入，或误将质量高的文献排除在外。

（四）汇总证据

完成文献评估后，接下来要对合格的研究进行定性或定量的汇总分析。如果各项研究在研究对象、干预措施、结局指标等方面具有同质性，可进行 Meta 分析。Meta 分析也称元分析，或荟萃分析，是对若干个具有同质性的研究结果进行定量综合的一种统计分析方法，常采用考科蓝国际协作网提供的 RevMan 软件完成。如果同类研究之间因存在异质性而不能进行 Meta 分析，可进行定性总结和描述。

（五）应用证据

获得最佳证据后，护理人员应考虑证据中研究对象的人口社会学特征及临床特征是否与所护理的患者相符，证据应用所需的设施、技术、人力、经济文化等因素是否适用于当前的临床情境，证据对临床结局的改善效果及不良反应，从而判断该证据是否适用于当前的临床情境及所护理的患者。同时，护理人员应将目前的最佳证据告知患者及家属，结合患者的需求和意愿，做出适于该患者的最佳护理决策，将证据用于患者护理中。

（六）评价效果

应用证据后，护理人员应进行动态监测，评价证据应用后对患者、护理过程以及卫生保健系统带来的效果和影响，并评价证据应用的过程及其应用过程中的影响因素。

四、循证护理应用实例

（一）实例一

循证护理实践对临床护理人员有非常重要的实用价值。以下以《中国循证医学杂志》2013 年发表的一篇有关压力性溃疡的循证护理实践[3]为例，介绍如何将研究证据应用于临床工作中。

1．提出循证问题

压力性溃疡多见于昏迷、瘫痪、卧床等患者。本文作者在护理工作中遇到了一位 75 岁的女性患者，因"行动迟缓，四肢乏力 1^+ 年，复发加重 1^+ 月"入院。入院时骶尾部有一个

4cm×6cm 的一度压疮，左侧髋关节、右侧臀部和左侧臀部分别有 9cm×6cm、3cm×5cm 和 2cm×2cm 的色素沉着。该患者不能自行翻身，Braden 压疮危险因素评分 14 分（即存在压疮中度危险），常规采用 q2h 的翻身方法。然而近年来的研究表明，由于气垫床、黏弹性泡沫床的使用越来越广，翻身频率可延长到 q4h，且采用仰卧位与向左向右倾斜 30°交替的方法可有效减少局部压力。为了预防压疮的发生和发展，按照 PICO 原则将问题转化为："P：有压疮发生危险且不能自主变换体位的患者；I：在减压床卧床 q4h 翻身，仰卧位与仰卧位向左向右倾斜 30°交替翻身；C：q2h 翻身，仰卧位与左右 90°侧卧位交替翻身；O：压疮发生情况"。作者提出了三个循证问题：①翻身是否为不能自由翻身而有压疮风险的卧床患者预防压疮的必要措施？②最佳翻身频率为多久？③最佳翻身方法（角度）是什么？

2．检索证据

作者按照证据检索的方便程度和证据的强度，依次查找有关的临床指南、系统综述和多中心大样本随机对照试验。计算机检索 National Guideline Clearinghouse（NGC）、Database of Abstracts of Reviews of Effects（DARE）、Cochrane Database of Systematic Review（CDSR）、Cochrane Central Register of Controlled Trials、Ovid MEDLINE、PubMed、CBM，具体检索策略及初检结果见表 27-3。

表27-3 检索策略及初检结果

数据库	检索策略	初检结果
NGC	repositioning for pressure ulcer	指南 17 篇
DARE	（repositioning and pressure ulcer）.af.	系统综述 2 篇
CDSR	（repositioning and pressure ulcer）.ab.	系统综述 2 篇
CCTR	（repositioning and pressure ulcer）.ab.	随机对照试验 4 篇
MEDLINE	#1 repositioning.mp. #2 pressure ulcer.mp. OR exp Pressure Ulcer/ #3 #1 AND #2 #4 limit #3 to "review articles"	12 篇
PubMed	repositioning and pressure ulcer Limits：Clinical Trial，Meta-Analysis，Practice Guideline，Randomized Controlled Trial，Revie	17 篇
CBM	#1 主题词：压力性溃疡 / 全部树 /NU/PC/RH/TH #2 缺省（智能）：翻身 #3 主题词：随机对照试验 / 全部树 / 全部副主题词 #4 #3 AND #2 AND #1	随机对照试验 19 篇

3．评估证据

作者通过逐一阅读论文题目和摘要进行初筛，再进一步阅读全文进行确定。然后，对文献的内部真实性、临床重要性和适用性（外部真实性）进行评估，主要指标包括是否随机分组、是否采用盲法、基线是否有可比性、治疗结果是否有量化评价、对失访率是否有明确交代、研究结果是否可用于当前患者等。最终选取临床实践指南 1 篇、系统综述 1 篇、随机对照试验 3 篇。

4．汇总证据

问题一：根据检索到的 1 篇临床指南和 1 篇系统综述显示的证据可知，翻身是长期卧床有压疮风险患者预防压疮的有效措施。

问题二：根据检索到的 1 篇临床指南、1 篇系统综述和 2 篇随机对照试验显示的证据可知，为了预防压疮，对于采用减压床卧床方法的患者，可将翻身频率降低至 q4h，并推荐用于临床实践。

问题三：根据检索到的 1 篇临床指南、1 篇系统综述和 1 篇随机对照试验显示的证据可知，仰卧位与仰卧位向左向右倾斜 30°交替的翻身方法优于或等同于仰卧位与左或右侧卧位 90°交替的方法，因此推荐在临床实践中使用。

5．应用证据

作者告诉患者和家属，目前患者存在发生压疮的中度风险，同时告知对压疮预防措施的评价结果。患者和家属在综合考虑患者的现状、舒适度需求、经济因素后，决定选择黏弹性泡沫减压床，结合翻身 q4h 和仰卧位与仰卧位向左向右倾斜 30°交替的翻身方法。

6．后效评价

通过实施上述翻身方案，结合其他预防压疮的护理措施，患者骶尾部压疮未破溃，其他部位也未发生压疮。但是由于患者持续卧床且不能自主翻身，因此仍有发生压疮的危险，后效结果仍需继续观察。

需要指出的是，虽然本实例进行了全面的文献检索和筛检，遵循了一般循证护理的程序，但是对文献评估的三个核心方面并没有给出具体的交代，即：①证据的质量；②不同方案在压疮预防效果方面的区别；③研究和实际护理之间在环境、条件和患者方面可能存在的重要差别。

（二）实例二

下面再以 JBI Database of Systematic Review & Implementation Reports 中的一篇关于癌症患者对导航式服务的体验的系统综述为例，介绍如何利用定性研究的证据进行循证护理实践[4]。

1．提出问题

随着医疗技术的发展，癌症患者往往需要接受多种方式相结合的综合治疗，这会给患者，尤其是在社会经济地位和健康素养方面弱势的群体带来很多障碍和困扰。导航式服务是由受过培训的人员为成年癌症患者提供个体化的辅助服务，以帮助患者克服在复杂的医疗系统中所遇到的障碍并获得持续的照护。导航员可以由受过培训的普通人或医务人员担任，其中以护理人员为主。导航式服务在很多机构中都是一种新开展的服务模式，目前尚不了解患者在接受导航式服务时的感受如何。因此，本研究的目的就是了解癌症患者对导航式服务的感受，以及导航员对患者在癌症治疗过程中遇到的困难有哪些影响。

2．研究方法

作者全面检索了以了解在医院中接受导航式服务的成年癌症患者的体验，以及导航员对患者在癌症治疗过程中遇到的困难的影响为目的的定性研究。这些定性研究包括了但不限于现象学研究、扎根理论研究、行动研究和探索性研究等。作者使用 JBI QARI 文献评估清单（JBI QARI Critical Appraisal Checklist for Interpretive & Critical Research）（表 27-4）对文献的方法学质量进行评估。最后，使用 JBI QARI 软件中的工具进行资料提取和综合。

表27-4 JBI QARI文献评估清单

编号	评估标准	是	否	不清楚	不适用
1	哲学观点和研究方法学之间是一致的	□	□	□	□
2	研究方法学和研究问题或目的是一致的	□	□	□	□
3	研究方法学和资料收集方法是一致的	□	□	□	□
4	研究方法学和资料的呈现及分析是一致的	□	□	□	□

编号	评估标准	是	否	不清楚	不适用
5	研究方法学和对结果的解释是一致的	□	□	□	□
6	对研究者的文化或理论背景进行了介绍	□	□	□	□
7	介绍了研究者对研究的影响,以及研究对研究者的影响	□	□	□	□
8	研究参与者和他们的观点被充分表达	□	□	□	□
9	根据目前的标准,这个研究是符合伦理的,而对近期研究则要求有适当机构的伦理批准说明	□	□	□	□
10	研究结论确实来自于对资料的分析或解读	□	□	□	□

3．研究结果

最终有三个研究被纳入综述。这些研究都是在美国进行的,38个研究参与者是乳腺癌或者结直肠癌患者,其中只有1位男性。大部分是中年白种人。

该研究一共获得17个主要结果（findings）,它们是可信的（C = credible）或者明确的（U = unequivocal）。JBI把定性研究文献中研究结果的可信度分为三级,即可信的、明确的和不支持的。若某个结果被评为"不支持",即结果不可信,则建议不纳入系统综述分析中。每个结果都有一个支持的例证,如"结果14：信息提供者（C）"的例证是"【她】给我一个大文档。她带着我把每一个内容都看了一遍……她热情地回答我的问题而且她确实掌握信息……她准确地解释他们如何安排这些预约"[5]。通过Meta综合,这些文献中的主要结果被综合成6个类属（categories）和3个综合结果（synthesized findings）（表27-5）。

表27-5 系统综述的结果

综合结果	类属	结果
情感支持：患者导航员需要在癌症照护全程的关键阶段陪伴患者,并使患者确信可以找到他们	有意存在和情感支持	● 情感支持（U） ● 在那里（C） ● 支持（C） ● 出现（U）
	确信和内心的平静	● 导航员是"局内人"（C） ● 满足个体需要的治疗（U） ● 自主性（C） ● 信任（C）
知识授权：患者导航员需要发现和处理患者的需求和期望,从而使医疗团队和患者对治疗目标和计划有相同的理解	满足教育和信息需求	● 教育和信息是关键（U） ● 信息提供者（C）
	说出期望	●（与）医疗团队（见面）的重要性（C） ●（明确导航式服务中的）角色定位（C）
沟通：患者导航员需要确保为患者提供了实际帮助,以保证医疗服务的连续性	确保整个医疗服务过程平稳	● 症状管理（C） ● 提供资源（U） ● 协调医疗照护（C） ● 协调服务（U）
	幸存	● 幸存（C）

4．结论

当癌症患者不得不与生死问题相搏斗时,其正常生活被打断,导航员的出现为混乱中的患者提供了强有力的依托。由于患者获得了承诺,即在需要的时候总是会有一个持续不变的联系点,所以患者情感上的孤立感会减轻。以后勤保障、协助解决经济问题和亲身引导等形式提供的导航式服务还会进一步帮助患者保持心情舒畅,给患者时间去处理问题,以及理解正在发生的一切。

(1) 对实践的启示

1) 患者导航员应该在治疗过程中的关键时期出现在患者身边,以提供保证和减少他们的孤立感。(Ⅰ级证据)

2) 需要考虑导航员和患者的配对问题,如性别和共同语言。二者的关系在患者建立对医疗团队的信任感从而作为团队一员来执行治疗计划和达到治疗目标方面非常关键。(Ⅰ级证据)

3) 患者导航员应该积极为每位患者寻找和填补医疗服务过程中的空缺,因为每位患者对癌症的体验和治疗各不相同。(Ⅰ级证据)

(2) 对科研的启示:对患者在治疗期间对导航式服务的体验缺乏研究。这可能是因为患者导航概念相对比较新,也可能是因为其最初目的是弥补弱势群体在接受医疗服务方面的不足。除了乳腺癌和结直肠癌以外的其他类型癌症患者的体验在该研究中没有呈现,需要更多研究来理解该综述的结果是否能够代表其他患者的体验。

五、本章概要

循证护理是关于如何审慎、明确、明智地将科研证据与专业经验及判断、患者的需求和意愿相结合从而做出临床护理决策的学问。与循证医学实践一样,循证护理强调最佳证据、专业判断和患者意愿三个要素的有机结合。本章着重介绍了与循证护理发展有关的机构、资源和活动,包括建立循证护理中心、创办循证护理期刊、进行循证护理理念和方法的培训以及收集、总结和传播护理领域的证据,并在专科护理中开展循证护理实践。本文进而介绍了循证护理实践的基本步骤:提出循证问题、检索证据、评价证据、汇总证据、应用证据、评价效果,并通过两个实例展示了如何利用这些步骤进行循证护理实践。

参考文献

[1] Ingersoll, GL. Evidence-based nursing: what it is and what it isn't. Nurs Outlook. 2000, 48 (4): 151-152.

[2] 胡雁. 循证护理学. 北京:人民卫生出版社, 2012.

[3] 尹敏, 李小麟. 一例预防压力性溃疡最佳翻身策略的循证实践. 中国循证医学杂志. 2013, 13 (6): 773-776.

[4] Clarice Hwee Hoon Tan, Sally Wilson, Ruth McConigley. Experiences of cancer patients in a patient navigation program: a qualitative systematic review. JBI Database of Systematic Reviews & Implementation Reports. 2015, 13 (2): 136-168.

[5] Pieters H.C., Heilemann M.V., Grant M., et al. Older women's reflections on accessing care across their breast cancer trajectory: Navigating beyond the triple barriers. Oncol Nurs Forum. 2011, 38 (2): 175-184.

(王志稳　庞　冬　郭桂芳*)

第二十八章　循证医学和以疗效为先导的中医药研究策略

一、背景介绍

循证医学认为实验室基础研究的结果不能直接用于医学实践，机制、机理研究提示的可能性不等于实在的临床效果，只有在人群中进行的临床应用型研究才能直接用于指导医学实践活动，这对中医药研究和发展的策略有着重要的启示和影响。本章将围绕循证医学对中医药研究和发展的新机遇进行讨论。

医学界曾几度呼吁，发展传统医药的首要任务是展示其治疗效果的科学证据[1-3]。这里的证据不是关于作用机制的研究发现，而是通过临床试验获得有关治疗有效性和安全性的研究结果。然而，以机制研究为重点是过去50多年中医药研究和发展的主要特征。在以机制为中心的研究模式下，人们致力于寻找中医药的生物分子、细胞和药理基础，确定相关的活性物质，探查个体治疗的作用机制。对于疗效这个医学赖于存在的根本问题的研究，却没有跟上现代科学发展的步伐。

追求机制的代价是高昂的。自新中国成立以来，中医药研究吸引了成千上万的科学家，国家投入了大量资源，几乎穷尽了所有现代生物医学的理论、概念和技术。虽然偶有成功，如有关针灸的研究[4,5]，但是大部分基本问题尚没有得到满意的解答，如肾虚证的本质和经络的物质基础。回首中医药几十年的研究历程，《中医证研究的困惑与对策》的作者梁茂新先生做了这样的评述[6]："进入20世纪90年代，证的各类研究急转直下，战略研讨预示的美好前景日趋渺茫，整个中医界陷入困顿、迷惘和无奈之中，中医证的研究连同中医基础理论研究闯进新的十字路口。症结何在？何去何从？"

二、为什么中医药研究应该采取以疗效为主导的策略？

以机制为中心的中医药研究模式的形成在一定程度上是出于这样的观念，即认为每一种中医疗法都是有效的，因此没有必要进一步证明它们的效果[7]。另外，由于很多中医药研究是为了开发新药，因此方便地借用了现代西药研制开发的模式[8]。抗癌新药的开发就是这一模式的范例之一[9]，它包括三个主要原则（图28-1左）：第一，潜在的药物必须是已知的分子或化合物；第二，出于伦理学上的原因，药物安全性和有效性的评价必须在体外开始，然后进行动物实验；第三，在人群进行大规模疗效验证之前，必须对有关药理学和作用机制有充分的了解。这是现代西药开发的主流模式，中医药研究"理所当然"地照搬了。

然而，对中医药来说，最好是以相反的顺序来进行研究，采取以疗效为先导的研究策略，即从随机对照临床试验展示中医药治疗对人体的临床效果和安全性开始（图28-1右）。临床疗效系指药物给接受治疗的患者带来的好处大于害处的能力，疗效是任何医疗干预措施赖以存在的根本，也是医学赖以生存的根基[1,10,11]。在以疗效为主导的研究策略下，对机制和活性物质的探索也是重要的，但应在临床有效性得到切实证明之后进行[12,13]。如果一项治疗没有临床效果，就应被淘汰，无需进一步研究。以疗效为主导的研究策略，将会避免对无效治疗的不必要的基础研究，从而节省资源。

以机制为基础的研究模式		以疗效为主导的模式	
掌握疾病机制 设计并合成或者筛查现有的复合物或分子 动物或体外模型实验，掌握动物药理、毒理和药动学情况 评价药物在人体的安全性、药理和疗效（Ⅰ、Ⅱ、Ⅲ期临床试验） 批准临床应用 对严重慢性的罕见的不良反应的市场后监测（Ⅳ期临床试验）	从机制到疗效	在人体进行安全性和有效性评估（可能从Ⅱ期临床试验开始） 对可能的慢性毒性进行体外和动物实验研究 对急性常见不良反应的研究 批准临床应用 长期的对少量不良反应的市场后监测（Ⅳ期临床试验） 相关活性物质的确定和对作用机制的研究 进一步提高疗效	从疗效到机制

图 28-1 以机制为基础的西药研发模式与以疗效为主导的中医药发展模式的对比

提出以疗效为先导的研究策略，有以下几个方面的考量。

首先，即使一项治疗是有效的，确定活性物质并明确其作用机制也不是唾手可得的，对含有成百上千种化学成分的中草药来说，尤其如此。因为在科学探索领域，成功往往是很难预料的[14]。然而，医学实践不需要坐等这种机制探索的结果。缺乏对活性物质和机制的了解，不应成为一项有效治疗在临床上应用的障碍。恰恰相反，很多有效的医疗措施，如青霉素和天花疫苗，在作用机制被现代科学破解之前，已经得到广泛接受和应用[15]。临床上无效的治疗，对其机制的解释不论看似多么合理，都是荒谬的，终究会被遗弃，放血疗法是这样，β-胡萝卜素和维生素A对心脏病和癌症的预防也是这样[16-18]。

其次，作用机制毕竟只是人为的理性的解释和假说。这些假说会随着时间的推移和知识的更新而变化。比如，牛痘是如何预防天花的？今天对这个问题的解释一定不同于200年前牛痘的发明人詹纳医生提出的假说。有人甚至从根本上反对这种对作用机制无穷无尽的讨论。他们认为，人的大脑可以编造出支持任何观察的理论假说[11]，然而已证明的疗效是不容辩驳的。

再次，评估干预措施效果的研究不管得到正面还是负面的结果，医疗卫生服务都将从中受益。如果一项治疗被证明是有效的，进一步推广使用将使更多人受益，相反，如果证明无效，终止其使用将节省宝贵的医学资源。后者如利用维生素E预防心血管病[19]。而且，疗效是实证的客观结果，不会因科学理论的进步而改变或消失。

最后，医学理论的价值在于其能够成功地产生有效的干预措施和指导医疗实践。就像核电站的建立证明了核物理理论的正确性，现代疫苗的开发和生产证明了现代免疫学理论的正确性。相反，疗效的缺乏否定了过去一切的主流病因学说。因此，验证中医药临床效果是对中医理论正确性和实用性的最佳的实证检测。临床疗效的研究证据将为中医理论的进一步提高和完善提供新的理论平台。

三、随机对照试验是评估疗效的科学方法

对很多人来说，悠久的历史、古老的传统、公众的信任、普遍的使用和无数的医籍记载，就是中医药有效的最好证据。毫无疑问，这些都是现今中医药总体价值的最好体现。病例回顾和临床经验有时也能说明治疗的效果，尤其是在疗效特别明显的情况下，比如疫苗、胰岛素和抗生素。然而把悠久的历史等同于科学证据，等同于每一种中医药治疗都有效，则是片面的，甚至是错误的。就像天下绝大多数人曾相信太阳是围绕地球运转的，并不能证明地球是太阳的核心。要证明地球是否是太阳的核心需要科学的方法，而且只有极少数人才能做得到。同理，验证干预措施的临床效果也需要严谨的科学方法。

评估医学干预措施最科学最可靠的方法是随机对照临床试验[20-22]（见本书第二章和第十一

章）。由于临床试验在人体进行，其结果可直接应用于患者。更重要的是试验中的随机分组、盲法、维持原随机分组分析和其他防止偏倚的措施将可能的偏倚减至最小。随机对照试验的研究成果催生了循证医学，是循证医疗实践的证据基础[23]。临床经验和基于基础理论的推理是重要的，也是必要的，但是它们不足以防止无效的治疗进入医疗实践。疗效未经临床试验证明的新药不应进入临床实践，这一观点已被西医广泛接受[23]。目前临床试验已用于临床各个学科，全世界已经完成了几十万个临床试验[24]。世界考科蓝协作组织正致力于系统地收集、评估和传播经系统综述总结的研究证据[25]，医学界已充分认识到随机试验证据在医学决策中的重要性。由于其设计的的科学严谨性，即使在效果不很明显时，随机对照试验仍能够准确地估计效果的大小，这对中医药疗效研究尤其重要。中医药治疗正面临着这个更高的检验标准的挑战[26,27]。

然而，如何正确地利用随机对照试验评估中医药疗效，还需要广泛的讨论。下面我们就评估中医药疗效中一些常见的困难和问题以及观点和做法进行讨论。

四、有用的治疗必须是益处大于害处

从法律和道义上，医学必须将治疗对患者的伤害减至最小[28,29]。这无疑是正确的，然而在强调不良反应的时候，不应片面地把中医药的评估只放在安全性上。单纯强调不良反应，从某种意义上会妨碍中医药的发展，甚至导致错误地丢弃有效的治疗。每种有效的治疗在改变机体功能的同时，都会有一定的不良反应。如果仅仅根据不良反应进行取舍，许多广泛应用的有效的医疗措施都会被排除在医学大门之外，比如砒霜对白血病的治疗以及广泛使用的癌症化疗和放疗。

对治疗毒性的认识也应当通过正确的科学研究[30]。在一例或一群受治患者中观察到某种不良反应的信息，有时是不可靠的[31]。比如，在服用西地那非（伟哥，一种治疗勃起功能障碍的药物）的数百万人中出现几百个死于心肌梗死的病例，并不令人惊奇[32,33]，因为即便这些人未使用西地那非，几百万人中也会有几百人死于心肌梗死[34]。

过分强调治疗的益处也是片面的。无论是传统医学还是现代西方医学，评价其临床意义的正确原则应该是：同时平衡治疗的益处和害处，有用的治疗必须是益处大于害处。强调其中任何一个都是偏颇的做法[10,35]。确定这种平衡关系的最好方法即是随机对照临床试验。然而，若要观察一些罕见的慢性不良作用，临床试验可能不切合实际[36]。因此，在以疗效为先导的研究框架里，对于广泛应用的中医药疗法的不良作用进行观察研究也是完全必要的（参见本书第二章、第十四章和第十五章）。

五、中医药临床研究中的伦理问题

首先，按照西药研发的惯例，在无实验室研究和动物实验的前提下，在人群中直接研究中医药的疗效，从伦理上似乎是难以接受的。然而，中医药已在人类用了几千年，不管是否要进行疗效的检验，它都将一如既往地在接受它的国家和地区继续使用。新的治疗方法和新的草药配方也会不断问世，无需经过任何系统评估，一个合格的中医师便可以在患者中灵活地应用。

其次，目前大量使用的中医药都没有经过随机对照临床试验的系统评估。显然，医生可以自由地在患者中使用这些未经现代科学验证的药物，而研究者却必须提供体外研究、动物药理和安全性的研究结果，方能进行临床试验[37]。相比之下，随机对照试验不过是一个具有明确研究目的的有组织的临床用药而已，而且对不良作用监察的严谨程度远远高于一般临床实践。是否应该用两套截然不同的伦理标准要求中医的治疗性试验和日常临床实践，是一个值得讨论的问题[38,39]。

再次，必须指出，对广泛使用的无确切疗效的治疗不进行随机对照试验的验证，而且还将长期地使用下去，是对医疗资源的浪费，也有悖于医学伦理学原则。

目前，中医药临床研究生搬硬套西药研究的伦理规则，可能限制了中医药的发展，因此有必要对此进行讨论、修正和完善。

六、中医药临床试验的现状

西方医学文献中报道的中医药随机临床试验数量极少[40-42]。1997年我们对国内发表的中医药随机临床试验的数量以及方法学质量进行了总结[43,44]。在中国近100个中医药杂志中随机抽取了28份，这些杂志在1997年前的16年间共发表2938篇随机对照试验。随机对照试验的数量不断增加，自20世纪80年代早期以来，随机对照试验的总数每2～3年翻一番，据此推测，1997年前国内发表的随机试验就已经达到1万个左右。此后中医药随机对照试验的数量更是以几何速度递增。

我们1997年的研究显示，大部分临床试验样本量不足，方法学质量较低，主要问题包括缺乏盲法、应用短期中间指标、缺乏不良反应的数据、没有应用维持原随机分组分析，以及对阳性试验结果的选择性发表。这些研究质量的问题给试验结果的解释带来了困难。目前虽然有所改善，但继续提高中医药临床试验的质量仍是当务之急。

只要我们愿意，这些方法学方面的问题都是可以克服的。但是，评估中医药治疗效果面对的一个更大的挑战是对研究成果的专利保护。由于很多方子是古方，不可能用专利来保护；即使是新的治疗方子，人们也可以很容易地利用中医的理论设计出类似的方子，避开剽窃的问题。因此，与西药制药工业形成鲜明对比，中药制药业对评估中医药产品的效果没有很大的兴趣，药物监督和审批部门也不会像要求新的西药那样要求严格的随机对照试验研究的结果，在评估中医药的研究方面严重缺乏资源。

七、能否用西医的预后标准来评估中医的疗效？

中医药要走向世界，需要西医界的认识和理解，这意味着中医药疗效研究需要同时顾及西医的诊断标准和结局指标。然而，中医和西医源于不同的世界观，二者对同一问题有着不同的看法[5,46]。就像盲人摸象一样，摸到象腿的人认为大象像个柱子，而抓到尾巴的人则相信大象像根绳子。同理，现代西方医学可能只"摸到了尾巴"，而中医则"摸到了腿"。同一疾病在两个不同的医学模式里，就成了不同的问题，这种观念上的差异和不统一性，意味着对中医的评估很难采用现代西医的标准，而应在中医自身体系内进行评估。

也许情况不完全是这样。继续借用盲人和象的比喻。如果那头大象消失了，盲人们将会得出相同的结论——大象不存在了。大象的实际存在是人们认识大象的基础。假设中西两种医学模式以不同的方式认识和处理的是同一种疾病，如果中医可以将之治愈，西医也必然会得出疾病治愈"大象消失"的结论，反之亦然。这个比喻说明，在一定的情况下，用西医的预后指标来评估中医药的疗效是可行的，可以采用以下两种诊断和纳入患者的方案。

第一，从患有某种特定西医疾病的患者中纳入属于同一种中医证候的患者。在这个方案中，尽管适合入选的患者数量相对较少，而且在征募患者上存在一定的难度，但是所评估的是相同或类似的中医治疗，结果容易推广。这种设计思想完全符合随机对照试验的理论原则。

第二，纳入所有患有某西医疾病的合格的患者，不管中医的证候如何。这样，征募患者要容易得多，但对不同证候的患者必须给予不同的中医治疗。如果将患者按中医证候分类，分别用固定的方药进行治疗，就相当于同时进行多个第一种方案的临床试验。迄今大部分中医临床试验都属于后一类，但是，当它们证明治疗有效时，往往会因样本量不足，不能对每一种方药的效果以及它们之间的差别做出可靠的结论，给治疗的推广增加了困难。

当然，在西医诊断确定之后，完全可以按照中医辩证施治的个体化诊治方法进行评估，这可能是最符合中医原理的策略。但是，推广这样的研究成果时，就需要未来使用者掌握整套中医理论和方法，否则他们将无法利用这些研究结果，如此反而会降低中医药在国际上的影响和作用。还有一种方法是纳入一种固定的中医诊断的病证，然后实施中医的个体化治疗。这样评估的结果只能在中医自身范围内应用，很难说服西医和患者，因此很难进一步提高中医在国际上的影响。

八、临床试验是否可以用来评估中医药的个体化治疗？

随机对照试验需要纳入相同的患者，而且每个患者必须接受相同的治疗，这样关于一项治疗的效果才能外推到新的类似患者。因此，有批评指出，由于中医采用个体化的治疗，随机对照试验不能用于中医药研究。这种对随机对照试验的批评并不新鲜[47,48]。随机对照试验的创始人希尔爵士在50年前就指出："对医学上的统计方法最常见和最愚蠢的批评就是不同人体之间变化太大，以至于不能在治疗的对照试验中进行内在的比较……"他对这一批评的回应一针见血："如果每个患者都是独一无二的，那么过去对其他患者的观察又怎么能够成为治疗新患者的基础呢？"[49]

人们总能发现患者之间的不同之处，问题的关键是这些不同是否与治疗的效果相关。承认证的存在就是对疾病普遍性的认同：因为对同一证的患者可以用同样的方药治疗，就意味着患有相似的中医证候的患者需要相似的治疗。中医的常见证总共可能不过几百个，一些经典的草药配方，例如治疗肾阴虚的六味地黄丸、治疗血虚的四物汤都用于特定的证候。在这些标准配方之外进一步化裁，是否疗效更好，往往缺乏确凿的证据[42]。有时，不论具体证候如何，相同的中医治疗也经常给予相同疾病的患者[6]。因此，辩证施治不构成拒绝利用随机对照试验评价中医药的理据。认为随机对照试验不适于评估辩证施治的治疗方法，也意味着对归纳法和因果关系律的否定，这似乎很难成立。

九、可优先评估的中医药治疗

维持现状不需外力，只有变革才需要理由。对于中医自身来说，评估没有必要，因为在中医的标准下，中医是有效的，中国人也深信它是有效的。但是，对于世界多数国家和地区人群来说，他们多使用西医，本没有中医，要他们承认和利用中医，则需要理由。因此，评估中医疗效的一个明显的目的是说服其他国家的医生和患者。过去，西医可以仅仅以中医不可理解（意指科学不能解释它）而拒绝中医。循证医学为说服西医接受中医提供了新的机会。由于循证医学的压力，西医对自己以及西方的传统医学也要求疗效的实证证据。因此，用最可靠的研究方法，提供中医疗效的证据，可能是说服西医最有效的方法。

什么中医药治疗措施应该放到优先评估的地位？西医评估的优先权一般会放在新的和最常用的治疗方法上，中医药评估也许不然。短时间内四处开花是不可行的，评估中医药疗效需要取得以点带面的效果，因此需要仔细挑选最先评估的治疗。哪些措施需要优先评估？根本上取决于我们如何定位中医在整个医学中的作用。笔者认为，我们应该把中医药放在世界医学财富的整体之中进行考查，确定中医药的定位和发展方向。如此一来，中西医不是竞争的关系，而是互补的关系。那么，可优先评估的中医药措施就显而易见了，例如：

- 缺乏有效西医治疗的疾病，如湿疹、过敏
- 西医副作用很大的治疗，如癌症的化疗、放疗
- 西医治疗费用昂贵的疾病

- 中医药可在西医基础上提供额外益处的治疗
- 与西医治疗联合使用可大大提高疗效的治疗
- 中医和西医"并驾齐驱，不分伯仲"的治疗，如青蒿素
- 对新生疾病，如SARS、猪流感的治疗
- 很可能有效且效果不错的治疗

对于新生疾病一栏，其实不可太乐观，因为中医未必能跑到西医前面。"很可能有效且效果不错的治疗"是可期待的突破点，因为这一栏的治疗比较多，且包含其前的所有栏目，容易选择。即使西医存在十分有效的治疗，至少中医可以提供一个很好的替代或补充，并在生物机制上对有关疾病提供新的认识。

还有一个重要的领域，就是新"造"疾病。从中医的角度完全可以看到很多西医看不到的疾病或健康问题，如上火和肝阳上亢，它们的确是人们感觉到的身心的不适，完全可以纳入到整个医学的疾病谱里。对于这样的疾病，中医很可能马上就可以提供有效的治疗方案。其实，西医一直在不停地发现或"创造"新的疾病，如骨质疏松、抑郁症、更年期综合征等。但对于中医来说，这是一个全新的尝试。

十、结语

有人说，19世纪社会学研究在方法学上最大的错误之一就是相信科学是一门特殊的技术；更准确地说，科学是一种思维或态度，是有组织地允许各种不同意见得以表达的环境[50]。然而，对许多中医的支持者来说，每一项治疗都有效，所以根本不需要进行评估。对怀疑者来说，中医可能根本没有任何效果，所以评价也毫无意义。真理很可能介于两者之间：一些中医治疗可能是有效的，一些可能是无效的。也许最终限制中医药发展的首要因素不是方法和手段，而是我们的观念和态度。

即使接受评价中医药的挑战，我们还需划出一个界限，把评价局限于医疗范围之内，因为中医与我们的饮食、生活方式和文化息息相关。中医源自中华民族文明，是一种医学，更是一种哲学、一种价值观、一种文化、一种天人合一的生活方式。中医的这些思想、理念和方法，将继续与我们相伴，无需评价，也无法评价。

错误地坚持真理会比合理的错误更有害[51]。本章谨希望引起对中医药未来发展策略的更多讨论。

参考文献

[1] Anonymous. Complementary medicine: time for critical engagement [editorial]. Lancet. 2000, 356: 2023.

[2] Tang JL. Research priorities in traditional Chinese medicine. BMJ. 2006, 333 (7564): 391-4.

[3] Tang JL, Liu BY, Ma KW. Traditional Chinese medicine. Lancet. 2008, 372 (9654): 1938-40.

[4] Cho ZH, Chung SC, Jones JP, et al. New findings of the correlation between acupoints and corresponding brain cortices using functional MRI. Proc Natl Acad Sci USA. 1998, 95: 2670-3.

[5] Ulett GA, Han S, Han JS. Electroacupuncture: mechanisms and clinical application. Biol Psychiatry. 1998, 44: 129-38.

[6] 梁茂新. 中医证研究的困惑与对策. 北京：人民卫生出版社，1998: 5-6.

[7] 袁钟. 中医学的发展是现代医学发展的重要组成部分. 见：陈可冀. 中国传统医学发展的理性思考. 北京：人民卫生出版社，997: 36-39.

[8] Harvey AL. Advances in drug discovery techniques. 2nd ed. Chichester: John Wiley & Sons, 1998: 77-110.

[9] Steele VE, Boone CW, Lubet RA, et al. Preclinical drug development paradigms for chemopreventives. Hematol Oncol Clin North Am. 1998, 12: 943-61.

[10] Anonymous. Doing More Good Than Harm: The Evaluation of Health Care Interventions. Conference proceedings. Ann NY Acad Sci. 1993, 703: 1-341.

[11] Haynes RB. A warning to complementary medicine practitioners: get empirical or else. BMJ.1999, 319: 1632.

[12] Gray JAM. Evidence-based Healthcare: How to Make Health Policy and Management Decisions? London: Churchill Livingstone, 1997.

[13] Leibovici L. Alternative (complementary) medicine: a cuckoo in the nest of empiricist reed warblers. BMJ. 1999, 319: 1629-32.

[14] Kuhn TS. The structure of scientific revolutions. Chicago: The University of Chicago Press. 1970: 77-91.

[15] Wynder EL. Studies in mechanism and prevention: striking a proper balance. Am J Epidemiol. 1994, 139: 547-9.

[16] Warren KS. All effective treatments could be free. Ann NY Acad Sci. 1993, 703: 1-4.

[17] Hennekens CH, Buring JE, Manson JE, et al. Lack of effect of long-term supplementation with beta carotene on the incidence of malignant neoplasms and cardiovascular disease. New Engl J Med. 1996, 334: 1145-9.

[18] Omenn GS, Goodman GE, Thornquist MD, et al. Effects of a combination of beta carotene and vitamin A on lung cancer and cardiovascular disease. New Engl J Med. 1996, 334: 1150-5.

[19] Rapola JM, Virtamo J, Haukka JK, et al. Effect of vitamin E and beta carotene on the incidence of angina pectoris. A randomized, double-blind, controlled trial. JAMA. 1996, 275: 693-8.

[20] Office of Clinical Trials. Introduction to Good Clinical Practice: Course Workbook. USA: Columbia University Press, 1998.

[21] Pocock SJ. *Clinical Trial: A Practical Approach*. New York: John Wiley & Sons. 1982.

[22] Fletcher RH, Flecture SW, Wagner EH. Clinical Epidemiology. 3rd ed. Baltimore: Williams & Wilkins. 1988: 136-64.

[23] Evidence-Based Medicine Working Group. Evidence-based medicine: a new approach to teaching the practice of medicine. JAMA. 1992, 268: 2420-5.

[24] Sackett D, Ronsenberg WMC. On the need for evidence-based medicine. Health Econ.1995, 4: 249-54.

[25] Chalmers I. The Cochrane Collaboration: preparing, maintaining, and disseminating systematic reviews of the effects of health care. Ann NY Acad Sci. 1993, 703: 156-65.

[26] Tang JL, Wong WT. On the need to evaluate the clinical effectiveness of traditional Chinese medicine. HKMJ. 1998, 4: 208-10.

[27] 唐金陵，祁国明，陈可冀，李川军. 实证医学与中医药研究和开发. 世界科学技术－中医药现代化. 2000, 2, (3): 10-14.

[28] Beauchamp TL, Childress JF. Principles of biomedical ethics. Oxford: Oxford University Press, 1989.

[29] Kerridge I, Lowe M, McPhee J. Ethics and law for the health professions. Katoomba, NSW: Social Science Press. 1998: 38, 56-62.

[30] Melchart D, Linde K, Weidenhammer W, et al. Liver enzyme elevations in patients treated with traditional Chinese medicine. JAMA. 1999, 282: 28-9.

[31] Buckley NA, Smith AJ. Evidence-based medicine in toxicology: where is the evidence? Lancet. 1996, 347: 1167-69.

[32] Feenstra J, van Drie-Pierik RJ, Lacle CF, et al. Acute myocardial infarction associated with sildenafil.

[33] Arora RR. Timoney M. Melilli L. Acute myocardial infarction after the use of sildenafil. New Engl J Med. 1999, 341: 700.

[34] Shakir SAW, Wilton LV, Boshier A, et al. Cardiovascular events in users of sildenafil: results from first phase of prescription event monitoring in England. BMJ. 2001, 322: 651-2.

[35] Silverman WA. Doing more good than harm. Ann NY Acad Sci. 1993, 703: 5-11.

[36] Temple R. Meta-analysis and epidemiologic studies in drug development and postmarketing surveillance. JAMA. 1999, 281: 841-4.

[37] Wong BY. [Research and Development of New Drugs in traditional Chinese Medicine.] [Chinese.] jing: China TCM Publisher. 1996: 353-379.

[38] Hill AB. Medical ethics and controlled trials. BMJ. 1963: 1043.

[39] Doll R. Controlled trials: the 1948 watershed. BMJ. 1998, 317: 1217-20.

[40] Sheehan MP, Rustin MH, Atherton DJ, et al. Efficacy of traditional Chinese herbal therapy in adult atopic dermatitis. Lancet. 1992, 340: 13-17.

[41] Tran TH, Day NP, Nguyen HP, et al. A controlled trial of artmether or quinine in Vietnamese adults with severe falciparum malaria. N Engl J Med. 1996, 335: 76-83.

[42] Bensoussan A, Talley NJ, Hing M, et al. Treatment of irritable bowel syndrome with Chinese herbal medicine: a randomized controlled trial. JAMA. 1998, 280: 1585-9.

[43] Tang JL, Zhan SY, Ernst E. Review of randomised controlled trials of traditional Chinese medicine. BMJ. 1999, 319: 160-61.

[44] 詹思延, 唐金陵, 谢立亚, 等. 中医药学术期刊随机对照临床试验文章评阅及建议. 中西医结合杂志. 1999, 19 (9): 568-70.

[45] 何裕民, 主编. 差异、困惑与选择—中西医学比较研究. 沈阳: 沈阳出版社, 1990.

[45] 匡调元. 中医病例学的哲学思考. 上海: 上海科学普及出版社, 1997.

[47] Tanenbaum SJ. What physicians know? New Engl J Med. 1993, 329: 1268-71.

[48] Charlton BG. Randomized clinical trials: the worst kind of epidemiology? Nature Med. 1995, 1: 1101-2.

[49] Hill AB. The clinical trial. New Engl J Med. 1952, 247: 113-9.

[50] Dingwall R. 'Don't mind him-he's from Barcelona': qualitative methods in health studies. In: Daly J, MacDonald I, Willis E, edidors. Researching health care: designs, dilemmas, disciplines. London: Tavistock/Routledge. 1992: 161-75.

[51] Gross J. The Oxford Book of Aphorisms. Oxford: Oxford University Press, 1987: 254.

（唐金陵* 狄梦阳）

原文刊登于：Muir Gray, 唐金陵. 循证医学·循证医疗卫生决策. 北京：北京大学医学出版社，2004

第二十九章 观察与实验 效力与效果

一、导读

本文重点分析"观察"与"实验"的区别以及"效力"与"效果"的关系，讨论评估效力和效果时研究类型的选择，强调现实世界研究的大数据增加的精确性不能替代实验研究的真实性，并依此阐述大数据观察性现实世界研究在评估疗效中的作用。文中的讨论也有助于决策者根据研究设计判断证据的真实性，以便更好地进行医学实践。

二、观察与实验

现代流行病学是在人群中定量地研究有关健康、疾病以及医疗卫生服务一般规律的方法论[1-3]。其常见的研究设计包括病例系列、横断面研究、病例对照研究、队列研究、随机对照试验和系统综述。按照设计特征，又可分为观察性研究和实验研究，或简称观察和实验。顾名思义，观察性研究是在无研究者影响或控制的"自然条件下"进行的研究，而实验研究则是在研究者完全或部分控制的"非自然条件下"进行的研究，可获得比观察性研究更可靠的结论。

流行病学研究中研究者可控的条件有两方面，一是对暴露状态的分配，二是对其他研究条件（如组间可比性）的控制。研究者对暴露分配的介入就是干预，即研究对象是否处于某种暴露状态（例如是否接受某种治疗）不是自然条件下形成的，而是研究者的主动行为。由研究者主动施加干预的研究称干预研究，在临床研究中称做临床试验，即对一项治疗措施作用的试验（trial）。干预研究常被等同于实验研究。这样区分实验研究和非实验研究（观察性研究），本质上是依据研究问题而进行的分类。然而，实验和观察的本质区别在于其科学性，而非研究的问题。因此，严格意义上讲，如果不具备通过对其他实验条件的控制而获得的组间可比性，这样的"实验研究"与"观察性研究"在结果真实性上无本质区别，同样存在观察性研究常见的混杂偏倚和其他偏倚。只有严格控制其他研究条件和具有组间可比性的干预研究，才可能与观察性研究区分开来，成为真正意义上的实验研究，而随机分组则是实现组间可比性的关键。因此实验和观察的根本区别在于是否采用了随机分组，区别的本质是组间的可比性，而非施加的干预，后者仅仅使研究者实施随机分组和形成真正的实验条件成为可能，并不是实验条件形成的必然因素（图29-1）。

现代流行病学已将实验研究等同于随机对照试验[2,4-7]，而其他流行病学研究设计均属于观察性研究。在流行病学里常被冠为"实验"研究的目的及其与随机对照试验的区别见表29-1。特别值得一提的是，并非所有的"临床试验"都是"随机对照试验"或真正意义上的实验，"试验"与"实验"的区别在于前者是测试一个干预的效果，而后者则强调对研究条件的控制。据此可知，临床试验既可以是实验性的，也可以是观察性的，例如交叉试验、序贯试验、析因试验和单人交叉试验，如果分组和交叉是随机形成的，则属于"实验"，否则等同于观察，或称类实验。

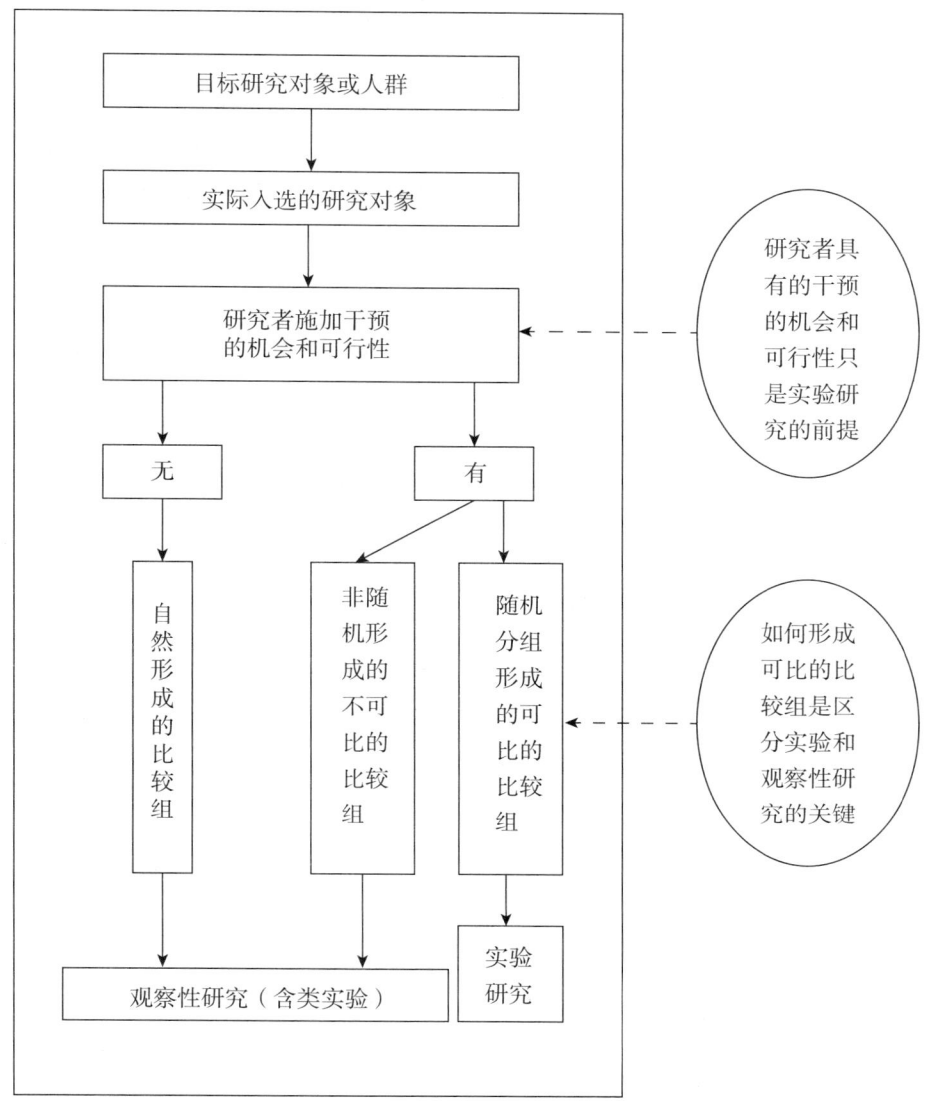

图 29-1　观察性研究与实验研究的区别

表 29-1　流行病学里常被冠为实验的研究与随机对照试验的区别

实验种类	研究目的及其与随机对照试验（真正的实验研究）的主要区别
干预研究	评估医学干预措施的研究，常被等同于流行病学实验。从研究设计讲，可以是实验研究，也可以是观察性研究
临床试验	评估临床治疗措施效果的干预性研究。从研究设计上讲，可以是实验研究，也可以是观察性研究
类实验	属于评估干预效果的研究，使用的是非随机分组形成的对照组，或不设平行对照，以自身前后作为对照。从研究设计上讲，更接近观察性研究
半实验	等同于类实验
社区实验	属于评估干预效果的研究。一般流行病学研究的观察和分组单位是一个个体，在社区试验里，观察和分组单位为一个群组（如社区、工厂和学校），等同于临床试验里的群组试验（cluster trial）从设计上讲，可以随机对照试验，但由于研究群组数量和随机分组可行性的限制，此类研究多是观察性研究
现场实验	属于评估干预效果的研究，但是现场实验是一个定义十分模糊的词汇。一般指在公共卫生和预防医学领域、在非临床环境的现场进行的有关干预的研究，可为社区实验，多为观察性研究

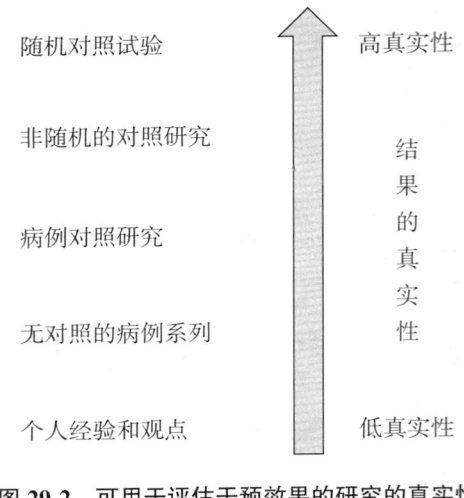

图 29-2 可用于评估干预效果的研究的真实性

用研究的科学性而不是研究目的对流行病学研究进行分类,还在于不同研究类型可用于同一研究目的,同一研究类型也可用于不同的研究目的(表29-2)[8]。例如在人群中研究干预的作用,并非必须使用实验研究,也可以是观察性的,尤其是初期测试和后期对慢性毒副作用的调查。另外,由于伦理的限制,研究者不能在研究对象人群中人为施加可能有害的病因或危险因素,所以在人类中进行的实验研究只能用于评估可能有益的干预措施[2]。因此,不同的研究问题均有适合自身的最佳、可行的研究设计(表29-3)[8]。研究类型的区别及其设计的严谨程度决定了流行病学研究结果和结论的真实性。就可用于评估干预效果的研究设计而言,随机对照试验结果的真实性一般高于观察性队列研究(图29-2)[9-11],有盲法的随机对照试验结果的真实性又高于无盲法的随机对照试验。因此在研究同一问题时,不同的研究设计就具有不同的定位和作用。本文重点讨论在评估干预作用时,如何根据研究目的选择适合的研究设计。

表29-2 流行病学研究设计及其主要应用领域

研究设计	主要应用领域
随机对照试验	干预、筛查、诊断和管理模式效果,副作用
队列研究	病因、副作用、疾病预后和转归、疾病负担
病例对照研究	病因、副作用、诊断
现况调查	疾病负担,卫生服务需求评估,诊断准确性
系统综述	各种研究结果的总结和整理

表29-3 常见医学问题的最佳研究设计

疾病负担	现况和队列研究
病因和危险因素	队列研究
预后和预后因素	队列研究
干预(含筛检)的效果	随机对照试验
诊断的准确性	现况研究
罕见的病因	病例对照研究
罕见的药物慢性副作用	病例对照研究
患者和服务现状	现况研究
总结现有的研究证据	系统综述

因此按研究的真实性进行分类,有助于研究者在评估一项干预措施的不同阶段合理地选择研究设计,并利于决策者根据研究设计判断其结果的真实性,更好地开展医学实践[8-11]。尽管如此,本文并不排除流行病学研究其他分类方法的合理性,即便有些分类同时使用两种或以上的研究特征,易引起逻辑上的混乱。

三、实验与实践条件的差异

研究设计决定结果的真实性。而研究结果的意义和价值，则取决于研究的问题，即研究的问题越重要，结果的价值就越高。随机对照试验的研究问题由 PICOS [即 patient/population（患者或接受干预的人群）、intervention（测试的干预措施）、comparator（对照组的干预措施）、outcome（使用的结局指标）和 setting（实施干预的环境和条件）] 决定，其结果的实践意义也就取决于 PICOS 的设置[12]。例如，在常规治疗基础上，三甲医院急性心肌梗死住院患者预防性使用利多卡因是否可以降低患者死亡的机会？该研究问题中，P = 急性心肌梗死患者，I = 利多卡因，C = 无利多卡因治疗，O = 死亡，S = 服务水平最高的一类医院。

出于可行性、安全性和科学性的考虑，随机对照试验的 PICOS 常常与实践存在差异，尤其是初期探索疗效的试验。实验一般是在理想的控制条件下进行的，而实践则发生于现实的自然条件下。比如实验研究多采用诊断明确、病情稳定、依从性高的典型病例，而实践中必须包括非典型病例的治疗；实验研究多采用安慰剂作为对照，而实践中往往需要在不同的有效治疗中进行选择；实验研究采用的结局指标可能是中间替代变量（如血压），而实践中更关心的是终末变量（如心肌梗死）；研究多是在优越或高于一般的医疗条件下进行，实施者多是有经验的高水平的医生，对各项条件的严格控制使得干预措施的作用趋向最大化，而实际治疗中，由于条件和资源限制，不可能像做研究那样严格控制这些条件，从而使干预措施的作用被多种影响因素"稀释"甚至完全消除。因此研究在理想条件下显示的疗效的大小往往不能在实际医疗环境中得到验证和实现。干预措施还需要在实际或至少是接近实际实践的条件下进一步评估。

四、效力与效果

为便于区别，通常将理想医疗环境下显示的疗效称作效力（efficacy）、最大效果或理论效果，把评估效力的研究称作效力试验（efficacy trial）、探索性试验（exploratory trial）或解释性试验（explanatory trial）[11-13]。相反，在实际或接近实际的医疗环境下显示的疗效称为效果（effectiveness），把评估效果的研究称作效果试验（effectiveness trial）、实用性试验（pragmatic trial）或验证性试验（confirmatory trial）[13-16]。由于需要征募大量患者，大规模多中心试验（large multi-centre trials，mega trials）多属于评估干预效果试验[17]。因此，效力试验应尽可能在理想的环境中进行，效果试验则应尽可能模仿实际治疗环境。

与效力试验比较，效果试验多采用患者和医生最关心的终末结局（如伤残、死亡和生活质量）来估计治疗作用，并选择现行最好的或常规的治疗作为对照。使用终末结局评估干预措施效果的研究也称结局研究（outcome research），即关于医学实践活动最终结果的研究[18]。而采用现行治疗作为对照研究则属于比较疗效研究（comparative effectiveness research）[19]，比较疗效研究也可以通过系统综述来实现，如网络 Meta 分析[20]。重要的是，效果试验多是在代表一般实践条件的医疗场所进行的。

然而，在医疗服务条件和医生素质方面，理想和实际的医疗环境是相对的，美国的理想医疗环境高于我国，我国实际医疗环境在不同地区也不尽相同。因此，理想和实际条件并非截然分开的两种独立的情况，而是一个从最好到最差的连续现象。好和差是相对的，一个医院在一个地区可能是比较好的，而在另一个地区则可能是比较差的。因此，从理论上讲，"效力"还存在最大效力和最小效力，"效果"也存在最大效果和最小效果，从最大效力到最小效果应是一个连续现象。当研究效力的服务条件优于研究效果的服务条件时，效力应大于或等于效果。当效力等于或接近效果时，说明该项治疗对医疗环境要求不高，易推广，且使用面宽（如各种同类患者），很多药物治疗都是如此；相反，当效果远远小于效力时，说明该项治疗需要一定医疗条件的保障，不易推广，很多复杂的外科手术即属于此类。

五、观察和实验的互补作用

关于观察和实验以及效力和效果的概念,在临床流行病学领域已有广泛讨论和认识。在人群中进行药物治疗测试的过程中,为保障安全、缩短测试时间和降低费用,以及降低未来大规模试验失败的风险,首先采用观察性研究初步了解治疗毒副作用和效果是合理的,然后再进行更严谨的随机对照试验以确定疗效。然而,即使是大规模的试验,也不足以检出罕见的慢性毒副作用。因此在药物上市后,需再次求助于观察性研究,调查药物可能引起的罕见慢性毒副作用,同样是合理选择。可见观察性研究在药物评估中不可或缺,但观察性研究的重要性并不能取代实验研究(即随机对照试验)在确定治疗效果中的关键性作用。在不同评估阶段,根据不同研究目的,选择不同的研究设计和PICOS,正是西医药物测试的Ⅳ期临床试验的概念(表29-4)[4,21,23]。

表29-4 四期临床试验的比较

分期	Ⅰ期	Ⅱ期	Ⅲ期	Ⅳ期
目的	了解新药的临床药理及人体安全性,观察药物代谢动力学、人体对新药的耐受程度、是否有不可接受的急性毒副作用,为制订给药方案提供依据	初步评价有效性及一般的毒副作用,建立剂量反应关系	进一步评价有效性及毒副作用	在新药上市后被广泛使用的情况下,开展实效研究,并监测罕见/慢性毒副作用
研究设计	观察性研究:类实验	观察性研究/实验研究:类实验、小样本的随机对照试验、交叉试验、序贯试验等	实验研究:严格设计的随机对照试验,如大规模多中心试验	观察性研究:队列研究、病例对照研究或常规数据分析
人群/患者	• 通常是健康的志愿者 • 样本量:常为十几至几十	• 高度选择的目标疾病患者 • 样本量:常为几十至几百	• 高度选择的目标疾病患者 • 样本量:常为几百至几千	• 大批使用过和未使用过该新药的人,入选条件一般较少 • 样本量:常为几千以上
干预	多次给药,从初始安全剂量开始,逐渐加大,以确定人体可耐受而又不会导致毒副作用的合适剂量	Ⅰ期试验中确定的剂量及给药方式,可能包括两个或以上的不同剂量组	与Ⅱ期试验类似,一般来讲给药方案比较固定	与Ⅱ期和Ⅲ期试验类似,具体方案可能根据临床实际作了调整
对照	无对照组	可以无对照组;如有,可用无治疗、安慰剂、或已被证明有效的标准治疗作对照	无治疗,安慰剂,或已被证明有效的标准治疗	在现实情况下接受的除测试用药之外的处理
结局	常见的实验室检测指标,如血球计数、肝肾功能检查、心电图,等	疗效的替代结局;常见的急性毒副作用	疗效的终末结局;常见的急性毒副作用	罕见和(或)慢性毒副作用的终末结局,比如死亡

参考文献:1) Piantadosi S. Clinical Trials. New York:John Wiley & Sons,INC,1997. 2) Cancer Research UK. Phase 1,2,3 and 4 trials. Accessed at http://www.cancerresearchuk.org/cancer-help/trials/types-of-trials/phase-1-2-3-and-4-trials on 27 Dec 2031. 3) Di MY,Tang JL. Adaption and application of the four phase trials to Traditional Chinese Medicines. Evid Based Complement Alternat Med,2013:128030.

六、现实世界研究及其作用

由于随机对照试验费用昂贵和实施困难,以及其PICOS组合与实际情况的差异,加之互联网时代大量常规医学数据的出现,有人开始怀疑和挑战随机对照试验在确定干预效果中的作用[24,25],并提出使用观察性研究最终验证现实条件下的疗效,而且认为这类研究完全可以通过分析常规收集的资料来完成[26,27]。该设想最重要的理由是临床治疗是基于患者实际情况而定的,不可能是随机的,尽管随机对照试验可以在十分接近现实的环境中进行,但是就随机分配治疗这一点,它无法反映实际情况,因此随机对照试验的结果不可能反映实际疗效(实效),后者只能通过观察加以验证。如果把现实情况下进行的研究称为实效研究或现实世界研究(real world research)[28,29],那么现实世界研究就是对疗效的最后测试。"现实"与"理想"相对,强调实际环境与理想环境的差别。亦有学者称之为真实世界研究,但是"真实"与"不真实"或"虚假"相对,随机对照试验的条件并非不真实,只是在常规实践中较难达到而已,因此我们认为用"现实"更妥当。广义地讲,现实世界研究包括观察性研究,也包括在接近现实世界环境中进行的随机对照试验。但在非随机决定治疗的现实世界中,治疗效果只能通过观察进行验证。因此狭义的现实世界研究排除了任何随机对照试验,仅指观察性研究。

那么,现实世界研究(或观察性实效研究)在评估疗效中的意义何在?比较实验研究和现实世界研究的结果,有四种可能:①两种研究均显示治疗有效;②均显示治疗无效;③实验研究显示无效,现实世界研究显示有效;④实验研究显示有效,现实世界研究显示无效(图29-3)。众所周知,实验研究的真实性高于观察性研究,当两者不一致时,观察性研究结果更可能是错误的。由此推论,在实验研究显示无效时,现实世界研究的进一步验证是没有意义的,只有当实验研究显示有效时,现实世界观察性研究的验证才具有意义。在情况①,现实世界研究验证了效果的存在,说明疗效受实际医疗条件的限制较小,易推广;相反,情况④有两种可能的解释,一是现实世界研究的阴性结果有误,二是其结果正确,但并不能否定疗效,可能说明治疗起效还应满足一定的医疗条件和环境,如医生素质、诊断和护理质量、患者依从性等。

	实验研究结果	
	+	−
现实世界研究结果 +	+ +	− +
现实世界研究结果 −	+ −	− −

图 29-3 实验研究结果与现实世界观察性研究结果不同的四种可能性

+表示"治疗有效",−表示"治疗无效",第一个符号代表实验研究结果,第二个符号代表现实世界观察性研究的结果
++提示治疗在两种条件下效果相当,容易推广
+−提示:①观察性研究可能是错误的;②观察性研究可能是正确的,但是效果随PICOS变化的可能性很大,治疗很可能在特殊条件下或在严格质量控制下才会有效

由此可见,在评估干预措施效果时,现实世界研究的特殊作用在于检验理想条件下已经证明有效的措施在一般环境下是否仍然有效。当然,一些效果非常显著的干预措施如断指再植手术、胰岛素降血糖及乙醚麻醉的效果,通过现实世界研究就足以可靠地证明,不必再开

展费时费力的实验研究[30]。现实世界研究本质是观察性的，因此存在所有观察性比较研究共同的问题——混杂。在观察性研究里控制混杂的方法有很多，例如在设计阶段可以采用匹配（matching）和限制（restriction），但两者在前瞻性研究和病例对照研究中控制混杂的能力有限[2,3]。"匹配"在前瞻性研究中费时费力，在病例对照研究中是无效的[2,3]；"限制"在两种研究中都会使入组人群大大减少。在数据分析阶段，可采用标化（standardization）、分层分析（stratified analysis）和多元回归分析（multivariate analysis）[2,3]，其中使用最多的是最后一种，可以同时有效控制多个混杂因素。此外还可使用倾向评分（propensity score）以及控制未知变量潜在混杂的手段（如 difference in differences、instrumental variables 和 regression discontinuity designs 等方法）同时控制多个已知或未知的混杂因素[31]。但在控制"混杂"的意义上，上述方法均没有随机分组有效。因此观察性研究的真实性一般低于实验研究，更无法替代实验研究。关于利用常规资料评估干预效果的其他方法学问题，请参见文献 [3]。

如果现实世界研究的结果可信，当实验研究显示某治疗有效而现实世界研究显示其无效时，其原因大致有两种。一是现实世界研究的某些要素与实验研究明显不同，例如实验研究中实施某种干预者均为高水平医生，并有高端医疗设备辅助，而现实世界研究的人员及环境不具备此条件；二是现实世界研究的某些要素与实验研究部分不同，例如实验研究纳入的是病情单一、依从性高的患者，而现实世界研究除此之外还纳入了患有其他疾病的复杂病例和依从性低的患者。对于第一种情况，做好过程评价及对治疗条件的评估，有助于探索现实世界研究结果与实验研究存在差异的原因；对于第二种情况，在现实世界研究中可以通过亚组分析，比较各亚组（例如依从性不同的患者）中的治疗效果是否有区别，以解释现实世界研究和实验研究结果的差异。图 29-4 总结了评估一项医学干预措施的全过程，显示了不同阶段的研究目的以及干预条件和研究设计的选择。

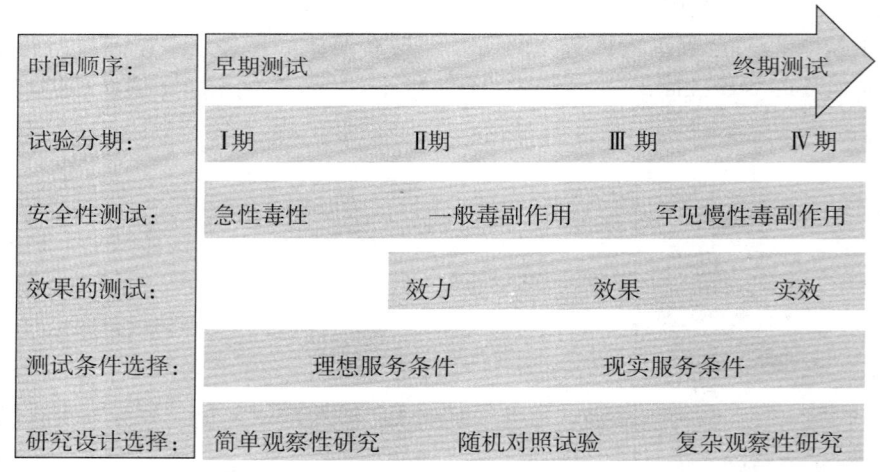

图 29-4　医学干预措施在人群中的测试：测试阶段和测试目的与服务条件和研究设计的选择

七、结论

实验和观察的根本区别在于是否采用了随机分组，实验研究的真实性高于观察性研究。"效力"是一项干预措施可能的最大有益作用，"效果"是指该措施在实际条件下的作用。"实验和观察"是指不同的研究类型，"效力和效果"是指不同的研究目的。不同研究类型可用于同一研究目的，同一研究类型可用于不同研究目的。干预措施的评估应循序渐进（观察—实验—观察）。实验研究只能用于评估干预，但评估干预的研究并不都是实验研究。实验条件下展示的效果能否在实际条件下得到重复，只能利用现实世界的观察性研究予以验证。但在现实世界中验证疗效的重要性不能否定实验研究的必要性。同理，当实验研究的效果无法在现实情况下重复时，仅凭此不足以否定干预的效果，因为观察性研究的结果可能有误，也可能干预需要高质量的服务条件方能生效。重要的是，现实世界并不是一个单一的状况，而是千变万化的，如果一项治疗的效果对治疗条件的依赖性很高，我们不可能在所有具体的现实情况下进行测试，然后决定在什么条件下可以推荐。更实际、可取的方法是，根据研究中的服务标准，改善当地实际的诊疗和服务质量，以获得应有的疗效。

参考文献

[1] Feinstein AR. Clinical epidemiology：the architecture of clinical research. 2nd ed. Philadelphia：WB Saunders，1985.

[2] Rothman KJ，Greenland S，Lash TL. Modern epidemiology. 3rd ed. Philadelphia：Wolters Kluwer Health/Lippincott Williams &Wilkins，2008．

[3] 唐金陵．临床流行病学数据的分析与结果解释/李立明．临床流行病学．北京：人民卫生出版社，2011：235-261.

[4] 唐金陵，江宇，张宏伟．随机对照试验//李立明．流行病学．6 版．北京：人民卫生出版社，2007：128-163.

[5] Last JM. Experimental epidemiology//Last JM. A dictionary of epidemiology. 4th ed. New York：Oxford University Press，2001：66.

[6] Hennekens CH，Buring JE. Intervention studies// Hennekens CH，Buring JE．Epidemiology in medicine. Boston：Little，Brown and Company，1987：178-212.

[7] Fletcher RH，Fletcher SW. Clinical epidemiology. 4th ed. Philadelphia：Lippincott Williams & Wilkins，2005.

[8] 唐金陵．医学文献评估概论//唐金陵，Glasziou P．循证医学基础．北京：北京大学医学出版社，2010：45-58．

[9] 唐金陵，Glasziou P．循证医学概论//唐金陵，Glasziou P．循证医学基础．北京：北京大学医学出版社，2010：1-16.

[10] Guyatt GH，Oxman AD，Kunz R，et al. GRADE guidelines：1. Introduction. GRADE evidence profiles and summary of findings tables. J Clin Epidemiol. 2011，64：383e94.

[11] Guyatt GH，Oxman AD，Vist GE，et al. GRADE guidelines：4. Rating the quality of evidence-study limitations（risk of bias）. J Clin Epidemiol. 2011，64：407e15.

[12] Haynes RB，Sackett DL，Guyatt GH，et al. Clinical epidemiology：How to do clinical practice research. 3rd ed. Philadelphia：Lippincott Williams & Wilkins，2006.

[13] Schwartz D，Lellouch J. Explanatory and pragmatic attitudes in therapeutic trials. J Chron Dis. 1967，20(8)：637-648.（Reprinted in J Clin Epidemiol．2009，62（5）：499-505.

[14] MacRae KD. Pragmatic versus explanatory trials. Int J Technol Assess Health Care. 1989，5（3）：333-339.

[15] Haynes B. Can it work？ Does it work？ Is it worth it？ The testing of healthcare interventions is evolving. BMJ. 1999，319（7211）：652-653.

[16] Roland M，Torgerson DJ. Understanding controlled trials：what are pragmatic trials？ BMJ. 1998，316（7127）：285.

[17] Yusuf S，Collins R，Peto R. Why do we need some large，simple randomized trials？ Stat Med. 1984，3（4）：409-420.

[18] Jefford M, Stockler MR, Tattersall MH. Outcomes research: what is it and why does it matter? Intern Med J. 2003, 33 (3): 110-118.

[19] Golub RM. Fontanarosa PB. Comparative effectiveness research: relative successes. JAMA. 2012, 307 (15): 1643-1645.

[20] Mills EJ, Thorlund K, Ioannidis JP. Demystifying trial networks and network meta-analysis. BMJ. 2013, 346: 2914.

[21] Di MY, Tang JL. Adaption and application of the four phase trials to Traditional Chinese Medicines. Evid Based Complement Alternat Med. 2013: 128030.

[22] Piantadosi S. Clinical Trials. New York: John Wiley&Sons, INC.1997.

[23] Cancer Research UK. Phase of trials [R/OL]. Accessed at http://www.cancerresearchuk.org/cancer. Help/trials/types-of-trials/phase-1-2-3-and-4-trials on 27 December 2013.

[24] Grapow MT, von Wattenwyl R, Guller U, et al. Randomized controlled trials do not reflect reality: real-world analyses are critical for treatment guidelines! J Thorac Cardiovasc Surg. 2006, 132 (1): 5-7.

[25] 王拥军. 积极开展真实世界的药物疗效评价. 中国药物评价. 2012, 29 (1): 1-3.

[26] 刘保延. 真实世界的中医临床科研范式. 中医杂志. 2013, 54 (6): 451-45.

[27] Gilbody SM, House AO, Sheldon TA. Outcomes research in mental health. Br J Psychiatry. 2002, 181: 8-16.

[28] 田峰, 谢雁鸣. 真实世界研究：中医干预措施效果评价的新理念. 中西医结合学报. 2010, 8 (4): 301-306.

[29] Robson C. Real world research. 3rd ed. United Kingdom: John Wiley and Sons Ltd. 2011.

[30] Glasziou P, Chalmers I, Rawlins M, et al. When are randomised trials unnecessary? Picking signal from noise. BMJ.2007, 334 (7589): 349-351.

[31] Craig P, Cooper C, Gunnell D, et al. Using natural experiments to evaluate population health interventions: new medical research council guidance. J Epidemiol Community Health. 2012, 66 (12): 1182-1186.

（唐金陵* 杨祖耀）

原文刊登于：中华流行病学杂志. 2014, 35（3）: 221-227.

doi: 10.3760/cma.j.issn.0254-6450.2014.03.001

第三十章 医学的进步与疾病的概念

存在即合理，但合理未必合情。真理之外，还有价值、伦理和信仰。

一、20 世纪前的医学

在医学早期漫长的发展过程中，人类面对的疾病主要是传染性疾病。传染病曾经是人类毁灭性的灾难。1346 年开始的长达 4 年的欧洲鼠疫大流行（史称黑死病），共造成约 7500 万人死亡，占当时欧洲总人口的 30%。1918 年开始的西班牙型流行性感冒大流行，2 年间在全世界共感染约 5 亿人，造成 5000 万～1 亿人死亡，死亡人数占当时世界人口的 3%～6%[1]。这两次传染病流行显示了传染病对人类伤害的规模和程度。

300 年前，人类还没有显微镜，看不到细胞、细菌和病毒；100 多年前人类尚不知何为蛋白质，没有免疫学，也没有疫苗和抗生素。医学没有仪器，没有影像，没有化验，没有现代意义的基础医学，没有高科技的手术器械，没有有效的治疗传染病的方法，也不知道细菌、病毒与传染病的关系[2,3]。在现代医学诞生以前，人类只能通过五官的直接体验，从外部和宏观的角度，寻找传染病的原因，寻找预防传染病的方法。

由于很多传染性疾病从暴露到发病时间短，病情发展快，症状体征明显，死亡率高，病因和发病之间关联强度高，因此人们可以通过原始的观察方法建立因果关系，进而采取预防措施。一度流行的病因的瘴气说是人类认识传染病病因的集中体现。广义地讲，瘴气说把病因指向了人体的外部宏观环境，认为潮湿、肮脏是病因的主要特征，潮湿发臭的空气、肮脏的环境、浑浊异味的水、发霉腐烂的食物等都可以致病。这就是卫生的概念，一个与潮湿、肮脏对应的概念——干、净。

用卫生的方法预防疾病，就是养成一种干、净的习惯，创造一个干、净而有序的生活和居住环境，而后者首先涉及空气、水、食物和住所。在工业革命以前，污染环境的主要原因是与人和动、植物有关的有机物垃圾，尤其是人的粪尿；卫生主要是防止、消除或规避这些垃圾对水源、食物和居住环境的污染。在成千上万年的实践中，人类积累了大量的经验，找到了很多有效的方法。例如，处理和规避人的粪尿，选择和保护水源，加热食品，住所的防潮、通风、透光，检疫、隔离患者，深埋动物尸体，等等。

由于人们对传播迅猛、杀伤力高的传染病的恐惧和重视，也由于传染病的病因多是众所厌恶的肮脏的东西，因此卫生措施（如个人卫生、人粪尿处理、城市排污和供水）有广泛的社会支持度，有很高的公益性。在强调个人卫生的同时，卫生工程往往是政府组织的社会行为，具有社会性和公益性的特征。

16 世纪中叶科学革命发端，由科学引发的工业革命于 18 世纪中叶兴起。工业产生的废物对水、食物、空气和环境的污染是明显的，很多污染所造成的疾病是快速的、严重的、大规模的，对人类健康构成了新的巨大威胁。人类用了同样的卫生的理念来应对工业污染对健康的影响：控制工业废物对水、食物、大气和环境的污染。同时，控制工业污染也具有社会性和公益性的特征。在理念、目的和策略上，控制工业污染与控制有机垃圾的卫生一脉相承[4,5]。

处理各种工业和生活废物，提供洁净的饮用水，保障食品卫生和安全，卫护清洁的空气，筑建坚固、防潮、通风、光照充沛的住所，卫护整洁有序的居住环境，等等，都成了卫生的工作范围。卫生是人类为了预防传染病所采取的清除生活垃圾和工业废物，保护水、食物、空气和环境清洁安全的一切行动。

20世纪以前，人类面对传染病时，医学的主要任务不是治愈，更多是安慰；卫生是人类对抗传染病的主要武器，预防是医学活动的中心。

卫生对控制传染病的贡献到底有多大？《英国医学杂志》2007年进行了一项世界范围内的调查，调查的问题是：1840年《英国医学杂志》创刊以后哪些发现和发明对人类健康做出了巨大贡献？结果排名第二的是抗生素，第四的是疫苗（表30-1）。令人"惊异"的是，名列第一的却是卫生（sanitation）[6]。

表30-1　1840年以来医学突破的重要性排序
（《英国医学杂志》2007年一项国际调查的结果）

1．卫生（sanitation）	9．医学影像
2．抗生素	10．计算机
3．麻醉术	11．口服补液治疗
4．疫苗	12．免疫学
5．DNA结构	13．吸烟的危害
6．口服避孕药	14．氯丙嗪
7．病因的细菌学说	15．组织培养
8．循证医学	

1996年，在一次世界外科大会上，第一个成功进行人类心脏移植的外科医生克里斯提恩·巴纳曾说："真正对人类健康有贡献的三种人是：抽水马桶发明者，压力泵发明者，以及首先使用塑胶布做房屋地基防潮材料的建筑业者。水管匠、铁匠和泥水匠对人类健康所做的贡献比所有外科医生加起来还要多：消灭伤寒的不是医生，而是水管匠……"这些卫生相关的实践活动背后的理论正是卫生学[7]。

二、现代医学的崛起

20世纪，现代医学崛起。这里的医学指狭义的以基础医学为支撑、以检查和治疗为主的医学实践活动。现代医学的进步得益于现代科技和基础生物医学的发展，二者同时崛起是20世纪医学发展最重要的特征之一。今天我们医学实践中使用的绝大多数测量技术和干预措施都是20世纪的科技产物（表30-2）。如果说卫生是向着人体外部和宏观世界进行探索，基础生物医学则是向着人体内部和微观世界探索，是向着公共卫生互补方向的探索，20世纪是人类收获人体内部和微观世界探索成果的时代的开始。

表30-2　重要医学事件和技术年代表

时间	医学技术或事件
公元前	
约3000年	发明文字，文字记载和传播人类文明的开始
430年	雅典瘟疫暴发，持续至公元前427年，是记载最早的瘟疫
420年	"医学之父"希波克拉底活动时期，他是总结其之前医学智慧的集大成者
约400年	狄奥塞斯著《动物解剖学》

续表

时间	医学技术或事件
公元后—19 世纪	
315 年	葛洪描述类似天花、恙虫病和狂犬病等传染性疾病
350 年	东罗马帝国建立最初的医院
541 年	第一次持续了约 2 个世纪的鼠疫大流行开始
900 年	阿拉伯医生累赛斯认为天花和麻疹不是一个疾病
约 1000 年	中国人开始"接种"人痘以预防天花
1080 年	第一所医学校萨拉勒医学院建立
1123 年	欧洲现存最古老的医院圣·巴塞洛缪医院建立
约 1250 年	萨拉勒医学院开设解剖课
1346 年	第二次持续了约 5 个世纪的欧洲鼠疫大流行开始,史称黑死病
1424 年	最早有记录的接生婆在布鲁塞尔出现
1540 年	理发师和外科医生协会在伦敦合并
1543 年	维萨里著《人体之构造》;哥白尼著《天体运行论》,科学革命兴起
1580 年	第一次有确切记载的欧洲流感大流行暴发
1610 年	第一例记录完整的剖宫产在德国实施
1673 年	显微镜下观察到真菌、虱等,人类认识微生物的开端
1692 年	中国康熙宫廷进行世界上第一个临床试验
1701 年	普拉利尼在君士坦丁堡施行人痘接种预防天花
1714 年	华伦海制成水银温度计
1717 年	兰奇西提出蚊可传播疟疾,首次说明传播媒介的存在
1736 年	阿米亚德在法国第一次成功切除阑尾
1761 年	奥恩布鲁格发明叩诊技术来诊断胸部疾病
约 1765 年	工业革命于英国兴起
1796 年	詹纳发明牛痘天花疫苗
1816 年	雷奈克发明听诊器
1846 年	塞梅尔维斯调查和控制产褥热流行,莫顿施行首例乙醚全麻术
1854 年	斯诺调查伦敦霍乱暴发,首次证明水可以传播疾病
1861 年	巴斯德研究发酵和腐败,提出巴斯德消毒法
1866 年	奥尔伯特发明体温计
1876 年	科赫发现炭疽杆菌,首次直接证明一种细菌与一种疾病的对应关系
1885 年	巴斯德发明狂犬病疫苗
1893 年	威廉斯进行第一例开心外科手术
1895 年	伦琴发现 X 射线,使之后的医学影像学成为可能
1896 年	里韦罗奇发明汞柱式血压计
20—21 世纪	
1902 年	贝利斯和斯塔林发现激素分泌机制
1903 年	爱因托芬发明心电图记录仪

续表

时间	医学技术或事件
1906 年	克赖尔进行首次直接输血
1908 年	首次合成磺胺
1910 年	治疗梅毒的药物 606 诞生，现代化学治疗的开端；希尔发明胃镜
1911 年	英国颁布《国家保险法案》，并制订第一个国家医疗保险计划
1913 年	英国医学研究委员会成立；阿贝尔发明人工肾
1918 年	西班牙流感世界大流行开始；阿司匹林开始在世界各地普及使用
1921 年	卡介苗首次应用于人体
1925 年	发现血压与心血管疾病关联的报告发表
1928 年	弗莱明发现青霉素；圣乔其分离出维生素 C
1932 年	磺胺药物出现，是第一个可以用来治疗传染性和感染性疾病的药物
1938 年	美国通过了《联邦食品、药品和化妆品法案》
1940 年	弗洛里和钱恩将青霉素应用于临床
1942 年	比弗瑞基报告发表，为英国国家卫生服务体系的建立铺平了道路
1943 年	瓦克斯曼发现链霉素
1947 年	第一个随机对照临床试验开始，以评价链霉素治疗肺结核的效果
1948 年	世界卫生组织、英国国家健康服务体系与美国国立卫生研究院成立
1950 年	吸烟与癌症关联的病例对照研究发表；治疗精神病的药物氯丙嗪诞生
1951 年	口服避孕药炔诺酮合成成功
1953 年	沃森和克里克确定 DNA 分子的双螺旋结构
1954 年	首例肾移植成功
1955 年	萨宾发明口服脊髓灰质炎减毒活疫苗
1957 年	噻嗪类利尿剂开始应用于治疗高血压
1958 年	首次用超声诊断腹部肿块
1972 年	计算机断层成像（CT）用于医疗诊断
1976 年	远藤章首次发现降脂药美伐他汀
1978 年	世界卫生组织《阿拉木图宣言》发表
1979 年	世界卫生组织宣布人类消灭天花
1980 年	磁共振成像（MRI）开始应用于临床检验
1985 年	正电子发射断层显像术（PET）实现多重图像分解
1989 年	螺旋 CT 投入临床应用

　　基础生物医学的发展得益于 16 世纪兴起的科学革命。16 世纪中叶布鲁塞尔医生安德烈·维萨里对人体构造的研究、17 世纪初英国医生威廉·哈维对血液循环的研究，是人类向人体内部结构探索的开端。向更微观世界的探索得益于 17 世纪中叶显微镜的发明。有了显微镜，人们就可以超越肉眼的观察能力，向着微观世界探索。1673 年荷兰人安东·列文虎克第一次用显微镜观察到了细菌。1867 年，德国人罗伯特·科赫直接证明了细菌可以致病，1892 年俄国生物学家德米特里·伊凡诺夫斯基关于烟草花叶病的研究证明了病毒存在的可能性，1931 年德国工程师发明了电子显微镜，使得人类第一次可以看到病毒的存在。19 世纪，生物

化学、免疫学等其他生物医学基础学科也一一发端。

科赫对炭疽病和炭疽杆菌关系的研究具有重要的历史意义，它证明了病因的细菌学说的合理性，标志着人类开始在微观世界和人体内部寻找病因和解决方案（表30-2）。1928年英国人弗莱明发现了可以治疗细菌性感染的青霉素，1933年德国人格哈德·多马克证明了磺胺可以治疗由葡萄球菌引起的败血症。1950年人类第一次可以规模性地生产和应用疫苗（脊髓灰质炎病毒疫苗），揭开了人类大范围使用疫苗控制传染病的序幕。正是有了疫苗，人类才能于1979年第一次彻底消灭了一个流行了几千年的传染病——天花。

19世纪末，人类发现X线，医学影像技术发端。20世纪中后叶，超声诊断仪、计算机断层扫描（CT）、正电子摄影（PET）、磁共振成像（MRI）、内镜等诊断技术相继出现，对窥测人体内部提供了前所未有的方法和手段。1953年，詹姆斯·沃森和弗朗西斯·克里克发现人类基因的核酸分子结构，1993年美国生物化学家凯利·穆利斯发明聚合酶链反应（PCR），使基因测序成为可能，分子生物学发展更上层楼。

影像学和实验室测量技术的发展引发了医学检查和诊断能力的革命（表30-2）。19世纪后叶，化学家已经从植物中提取出那可丁、吗啡、奎宁、烟碱、阿托品、可卡因等天然药物，并先后化学合成了乙醚、舒砜那、阿司匹林等合成药物。1908年成功合成磺胺，1910年发明有机砷，1928年发现青霉素和分离出维生素C，现代化学药物治疗兴起。1846年乙醚用于全身麻醉，以及后来的手术器械的进步使外科也得到了迅猛发展。

现代医学的成就有目共睹。今天，我们可以用疫苗预防传染病，也可以用抗生素治愈传染病；可以测量血压、血脂、血糖，又研制出药物控制那些引起心血管事件发生的因素；我们可以看到体内微小的肿瘤，看到体内堵塞的血管，我们还可以用微创的方式切除肿瘤和再通血管；我们甚至可以移植肾、心脏、肝等各种器官；我们还在尝试着改变我们的基因以预防和治疗疾病。在远古时期人们把迷信当成医学，今天科学的发达使人们已开始迷信医学。

20世纪，应对慢性病时，围绕患者的诊断和治疗成为医学的主要战场，针对外部环境因素的卫生和预防渐渐淡出人们的视野。

三、现代医学发展的特征

20世纪医学的发展显示出几个重要特征。一是疾病谱的转变，二是治疗和干预技术日新月异，三是检测诊断方法突飞猛进，四是（私有）资本介入医学活动。

第二次世界大战以后，人类疾病谱发生转变，传染病基本得到控制，以心血管病和癌症为代表的慢性非传染性疾病开始流行。到本世纪初，心血管病和癌症死亡已占总死亡的70%～80%或更高。与传染性疾病相比，慢性病病因与疾病的关联强度较低，一种疾病往往有多个不同的病因，很多癌症的主要病因甚至不明，而且发病缓慢，很多时候即使病因存在，一生也不会发生疾病。如果说传染病的病因多是人类厌恶的潮湿肮脏的东西，那么慢性病的病因则多是人类喜欢的生活方式，如吸烟、饮酒、肉类食品、腌制食品、久坐的生活方式等。这些因素可以解释80%以上的心血管疾病，而且改变生活方式可能是最有效的预防心血管病的措施。然而，慢性病病因的这些特点，使得传统的干净卫生的方法不再有效，使得预防慢性病的生活方式干预不受人们的欢迎，也使得采取社会性措施改变人们的生活方式难以得到广泛的民众支持。因此，在预防慢性病的问题上，政府很难采取社会性和公益性的预防措施。

但是，20世纪诊断和治疗技术的进步，给应对慢性病开辟了新的蹊径。由于实验室测量技术和化学制药的进步，血压、血脂、血糖可以得到测量，并通过药物得到控制，最终可以达到预防未来心血管事件的目的。而且，在药物控制这些危险因素方面，有大量高质量随机对照试验的证据显示它们的效果，而改变生活方式预防心血管病的证据则显得薄弱和不足。在循证医学的背景下，更加强了人们对"轻生活方式重药物预防的策略"的认定。

在癌症预防方面，由于疾病和病因关联强度低，或是病因不明，以及缺乏控制病因预防癌症的试验性证据，对癌症的预防也大规模尝试了"药物"或化学干预的策略。例如，维生素E和抗氧化剂曾被广泛推荐和使用。但是，后来的随机对照试验证据显示，它们在预防癌症和心血管病方面是无效的，甚至可能是有害的（参见本书第二十三章）。

同样，由于诊断和治疗技术的进步，应对癌症的策略主要是早诊断和早治疗，就是我们常说的医学筛检。医学筛检主要得益于影像学技术的发展。现代影像技术可以检查出传统临床手段完全不能发现的癌症。实验室检验也可以发现癌症的高危人群，如前列腺特异蛋白和乳腺癌易感基因。由于诊断科技的进步，大量的早期癌症患者可以得到诊断和治疗。就诊断技术提高一项，就足以把一个人群或地区癌症的患病检出率提高几倍甚至更多。然而，在多数情况下，尚缺乏足够的证据说明癌症的早诊断和早治疗对患者一定是有益的[11,12]，对于很多癌症来说答案可能是否定的（参见本书第五章和第十九章）。

由于美国的引领，20世纪医学发展的另一个不可忽视的特征是，大量资本涌入了医疗卫生相关的行业，包括制药、医疗器械、诊断试剂、医疗保险，甚至医疗服务的提供。资本的趋利性与医学的利他主义精神之间的冲突已经成为20世纪医疗卫生领域最瞩目的现象之一。当治病救人成为一种重要的获利途径时，传统的医患关系势必发生变化[13,14]。

美国是医学技术最发达的地区之一，也是在医疗卫生方面花费最多的国家。1962年美国医疗卫生服务开支占GDP的比例为4.5%，1975年为8.4%，2001年为14%，目前约为18%。美国付出了世界最高的医疗卫生GDP比例，而美国人的平均期望寿命却一直徘徊在全球第35~40位，更在古巴、智利和绝大多数发达国家之后。医学的最终目的是提高人类的健康水平，美国的医学现象说明：虽然诊断和治疗技术十分重要，但是它们显然不是健康长寿唯一的决定因素。

在现代医学开始大展宏图的时候，对医学的质疑和批评之声也悄然升起。

四、对医学的批评与反思

1977年，洛克菲洛基金会前总裁约翰·诺尔斯《做得越好，感觉越糟》一书出版，对美国医疗服务的问题提出了质疑[15]。30年后，诺尔斯的担心仍然在继续。2006年，著名医学史学家罗伊·波特在《剑桥医学史》的开篇写道："在西方世界，人们从来没有活得这么久，活得这么健康，医学也从来没有这么成就斐然。然而矛盾的是，医学也从来没有像今天这样招致人们强烈的怀疑和不满。"[2]

也许，20世纪医学前进的步伐太快了，以至于大大越出了医学舞台的边沿，资本在很大程度上参与甚至编导了这场舞蹈。当血压升高、血脂升高、血糖升高、骨质疏松、妇女更年期都被视作疾病开始被治疗的时候，当人们开始广泛使用维生素预防癌症和心血管病的时候，当仪器可以长期维持一个不可能苏醒的昏迷患者的生命时，当昂贵的癌症治疗只能延长几个月生命时，当人们每年都忐忑不安地进行一次健康体检的时候，有人开始质疑医学对人类健康的真正作用，开始批评医学把人类生活医学化，开始暴露制药业、保险业、医疗器械和诊断行业在医学活动中的利益关系，批评他们用利益绑架了人类的健康、医疗活动和卫生政策。《新英格兰医学杂志》前总编玛西娅·安吉尔2004年的《关于制药公司的实情》和吉尔伯特·韦尔奇2012年的《过度诊断》就是对现代制药和医疗器械行业批评的代表作品[10,16]。随机对照试验显示，常规体检会检出更多的疾病，但是并没有降低使人们活得更长[17]。

其实，在20世纪70年代，人们就已经开始怀疑和评估现代医学的新技术和新方法对人类健康的真正贡献。1976年，英国社会医学家托马斯·基翁《医学的作用》一书出版[18]。该书回顾了英国过去近130多年里主要传染性疾病死亡率的变化趋势，并与相关的基础和临床领域的重大突破时间点进行比较，试图寻找传染病死亡率长期变化趋势的相关因素。以结核病为例

(图30-1),从1838年到1970年,英国结核病的死亡率一直呈现下降趋势。19世纪初,结核病死亡率高达4000/10万,到了20世纪70年代已经降低了90%以上。在这130多年间,有三个重要医学突破:一是19世纪末结核杆菌与结核病关系的发现,二是20世纪中链霉素的发现,三是之后卡介苗的应用。然而,这三个重要突破似乎对结核病死亡率下降的趋势没有产生根本的影响,而且其他主要传染病也都呈现类似的规律。基翁认为,人类战胜传染病的主要手段不是别的,而是卫生、营养和生活习惯等古老的医学手段。

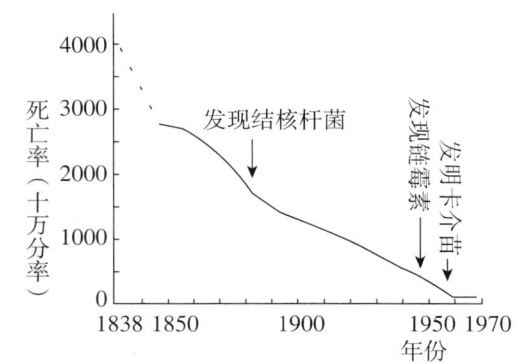

图 30-1　英国 1838—1970 年间结核病死亡率与医学有关重大突破的关系
资料来源:McKeown T. The Role of Medicine. London: Nuffield Provincial Hospitals Trust, 1967:81

1975年,奥地利籍哲学家伊凡·伊里奇在《医学的限度》一书里更直言不讳:医学已经成为人类健康最大的威胁。他说:"健康是人类应对死亡、疼痛和疾病的能力。科技可以帮忙,但是发动一场消灭死亡、疼痛和疾病的神圣战争,现代医学已经走得太过了。这样就把患者变成了消费者和修理的机器,摧毁了人自身健康的能力"[19]。1981年,伦敦大学学院法律学教授伊恩·肯尼迪在《揭开医学的面纱》一书中则开始质疑医学和医学行业所拥有的权利:医学太注重科技,医生的大部分决定都是伦理和道德方面的,然而他们却缺乏这方面必要的训练[20]。

此后,对医学的质疑一直没有间断,甚至变得更加尖锐。雷·莫尼汉和卡素·阿伦在《贩卖疾病》中用大量事实说明世界最大的制药公司是怎么把我们每一个人都变成患者的[21]。现代医学外科巨人克里斯提恩·巴纳曾说:"今日的医者都在科技的花招中忘失了自我,以致于医学之真正功能完全被20世纪大时代的科技所蒙蔽。"

有人说,医学的目的在科技进步中开始模糊和迷失了,这个迷失表现在对什么是疾病、治疗的效果、该不该治这些医学最根本问题上的困惑。为了说明问题,下面针对什么是疾病展开讨论。

五、什么是疾病?

1. 疾病的主观性和客观性

医学史学家阿尔卡图·卡思蒂廖尼曾说,医学正是随着人类痛苦的最初表达和减轻这份痛苦的最初愿望而诞生的。可以设想,即使根本不存在医术,人类和动物一样,也会罹患疾病,也会死于疾病。据此推断,应先有疾病而后有医术,先有患者而后有医者。在现代医学以前,在医学漫长的发展过程中,疾病是否存在,主要取决于患者的主观感受,然后医者利用五官直接观察,进一步验证和诊断。那时,没有仪器,没有影像,没有化验。那时,疾病在英文里一般叫做 illness,意思是"不适",强调的是患者自己可以感受到的疾病的个人的主观的一面。

今天,疾病多是依靠仪器检查和化验的数据来定义和诊断的。以高血压为例,血压可以通过血压计进行测量,如果舒张压高于95mmHg或收缩压高于160mmHg,则可认为是高血压。高血压患者的诊断需要血压计的测量以及与诊断阈值的比较。英文里 illness 已成为通俗的说法，医学专业用的更多的是 disease，后者强调的是他人可以观察到的疾病的社会的客观的一面。

那么，现代的疾病和以前存在什么区别？以高血压为例。

2．高血压是如何成为疾病的？

为了本章的独立完整性，让我们首先温习一下第五章和第六章的部分有关内容。

高血压是如何成为疾病的？高血压之所以被视做一个疾病，主要是因为它可以引起严重的心血管事件，如心肌梗死、脑卒中和死亡。否则，如果没有任何症状，升高的血压将不成为疾病。就像眼睛的大小、耳朵的形状、指甲的厚薄等身体和生理指标不会被视为疾病一样。但是，不是每个高血压患者都会发生心血管事件，事实上大多数患者一生都不会发生心肌梗死、脑卒中或其他威胁生命的事件。那么，血压和未来心血管事件风险之间是什么样的一个关系？这个关系是认识和理解高血压成为疾病的关键。

图 6-1 展示的是一个假定的血压和 CVD 风险的理论关系。横坐标代表血压，纵坐标代表不同血压的个体未来 CVD 风险的高低。假设舒张压在 95mmHg 以下，随着血压的上升，CVD 的风险并不增加。与 70mmHg 相比，虽然 71～95mmHg 有所升高，但是把血压在 71～95mmHg 的人视作高血压患者是没有意义的，因为他们的 CVD 风险不会升高，降低他们的血压不会减少心血管事件。进一步假设，当舒张压超过 95mmHg 时，随着血压的升高，CVD 风险开始升高，并呈直线关系。假如这个拐点真的存在，它就是一个生物学意义上客观存在的可以分离高血压和正常血压的切点，血压高于这个切点时，降低血压就有可能减少 CVD 事件发生的机会，这个切点将是可以用来定义和诊断高血压的不二选择。

然而，图 6-1 只是一个假定的血压和心血管事件风险的剂量-效应关系，实际关系到底如何？从 20 世纪中叶开始，人类进行了大量的人群流行病学研究，希望回答这个问题，美国的弗明汉心脏研究是这类研究的代表作[22]。2002 年，Wald 研究组综合了过去 60 多年来大型流行病学研究中的有关数据，对血压与 CVD 风险关系进行了深入的考查[23]。结果发现（图5-1），无论是舒张压还是收缩压，血压和未来 CVD 风险几乎呈直线关系。这个发现说明，从生物学意义上讲，我们希望可以用来定义和诊断高血压的拐点根本不存在。相对人群中最低血压的个体，其他所有人都可以看成是高血压患者，降低血压可能都有好处，切点放到哪里似乎都可以（图 6-2）。

3．如何定义高血压？

就此而论，作为一个疾病，高血压不是一个客观存在的黑白分明的自然现象。那么我们将如何定义高血压？从生物医学意义上，没有答案，无论采用什么样的切点，都是人为的、主观的。如欲进一步分析，须从改变切点的后果入手，从生物学以外的领域寻找答案。如果上移诊断切点，同一个人群里高血压患者的数量会立刻减少，被诊断为高血压的人数会下降，利用药物降压的人数也会随之减少，药物的总费用会降低，但治疗的效益会随之提高。反之，如果下移诊断切点，高血压患者的人数、被诊断为高血压的人数、利用药物降压的人数以及药物治疗的总费用会相应增加，但治疗的效益会随之降低。由此可见，受切点变化影响的核心因素是治疗的人数、费用和效果。

一个国家或一个社区可以负担治疗多少人？应该投入多少资源？多大的效果是可以接受的？这些问题已不再是生物学问题，不再是医学内部的问题，而是有关资源及其分配的问题，是有关个人和社会如何选择的问题，因此是和社会、政治、经济、价值、伦理和信仰等相关的问题。当然，针对单一危险因素（如血压）的预防策略已经过时，世界卫生组织推荐的更有效的策略是综合风险策略（global risk approach）。在新的策略里，是否开始药物预防主要取决于一个人 CVD 综合风险的高低，而不仅仅是单一危险因素的高低[24,25]。但是，在如何设置开始药物干预切点的问题上，我们又回到了原点：没有客观的切点可以选择。世界卫生组织明确建议，不同国家的资源和需求不同，应采用不同的 CVD 风险切点[24]。

例如，在英国以年冠心病危险 3% 作为治疗切点，3.4% 的 35～69 岁的人群需要药物治疗，加上 4.8% 冠心病现患人群，共计 8.2% 人群需要治疗。相关的费用包括筛选高危人群、实施治疗、药物费用、追踪检查等，预防性治疗包括降血压药物、降血脂药物和阿司匹林。以此为切点，证据表明药物干预的效益超过危害，全国的费用大约每年 9 亿英镑，英国认为这是比较合理的目标，因此采用了年 CVD 年发病率 3% 作为开始药物治疗的切点[26]。

研究显示，年冠心病危险在 1.5%～3.0% 的患者也能够明显通过降压和降脂治疗减少冠心病和脑卒中的危险。但是，若以此为切点，将会有 25% 的人群需要降血压药物、降血脂药物和阿司匹林的治疗，全国的治疗费用将高达 27 亿英镑，超出了国家医疗卫生预算的承受能力，因此政府没有采纳这个更低的危险阈值。

选择开始干预的切点必须慎重，切点的微小下调或上调将会很大程度地增加或减少治疗的总人数及相应的费用，切点的选择必须充分考虑收益和害处的大小、现有资源的多寡，以及民众的需要和价值取向。就高血压、高血脂、糖尿病而言，其诊断切点一直是下移的，从来没有上调过。2000 年前后这三个疾病诊断切点的下调，使美国高血压、高血脂和糖尿病患者分别增加了 35%、86% 和 14%[27]。按照我国居民 2002 年全国与营养状况调查数据分析，由于 2000 年前后诊断切点的改变，三种疾病在我国都大约增加了 1 倍。在英国超过 90% 的 50 岁以上人群都变成了高血压或高血脂患者[28]。这些疾病诊断切点的重要性和争议已经受到广泛关注[29,30,31,32]。

4．癌症也不是黑白分明的疾病

如果说血压、血脂和血糖是连续变量，存在选择切点的问题是可以理解的，那么癌症从根本上应该是不同的，是一个黑白分明的疾病。然而，事实上并非如此。从癌症发生的遗传倾向性到一个细胞的基因恶变，到形成单个癌细胞，到癌细胞数目增多形成原位癌，到形成仪器可检出的癌症肿块，到临床可检测到的肿块，到转移癌，到死亡，癌症也是一个从无到有、从小到大、从轻到重的"连续变量"。

而且，死于某癌症的概率随着癌症肿块的增大（或严重程度的增加）而增加（图 30-2）。换言之，很多早期癌症可能被机体彻底消灭，或者被抑制不再长大，或者生长十分缓慢而患者最终死于其他原因。尸检研究显示，早期甲状腺癌、前列腺癌、乳腺癌、肺癌、脑垂体瘤在意外死亡或死于其他疾病的人群中相当普遍[10]。例如，美国 60～69 岁的男性约 70% 都可能有早期前列腺癌（图 5-4）[33]，但是前列腺癌在美国的死亡率为 3%，说明绝大部分患有前列腺癌的男性不会死于该癌症，而是死于其他原因[10]。甲状腺癌和乳腺癌等癌症与前列腺癌的现象十分相似。研究还表明，带有意外发现的肺、肝、肾、甲状腺等器官的早期看似癌症的肿瘤（incidentaloma）的患者的 10 年存活率都在 96% 以上[10]。这些研究说明，癌症的大小或发展阶段与死于该癌症的风险很可能呈连续的线性关系，就像血压和 CVD 风险的关系一样（图 5-1，图 30-2）。

这样一来，从定义疾病的意义上讲，癌症和高血压没有本质的区别。由于很多癌症患者不会受害于这个癌症，更不会死于这个癌症，那么我们就面临着同样一个问题：是否所有可检测出的癌症患者都应马上接受可能十分昂贵且副作用很大的治疗？如果答案是否定的。那么当癌肿多大或多严重时治疗才应介入？

然而，医学很少讨论如何确定癌症的诊断切点，现状是凡是能够发现的癌症都是癌症，一视同仁。但是，由于影像技术的进步，从 X 线到超声到 CT 到 MRI 到 PET，我们可以诊断的癌肿越来越小，从本质上讲我们是不断下移了诊断癌症所用的癌症肿块大小的切点，大大提高了肿瘤的发病率和患病率。癌症曾经像一个死亡的判决，一旦发现，恐慌的患者会寻找各种可能的治疗，这些治疗有很多可能是不必要的，甚至是有害的。

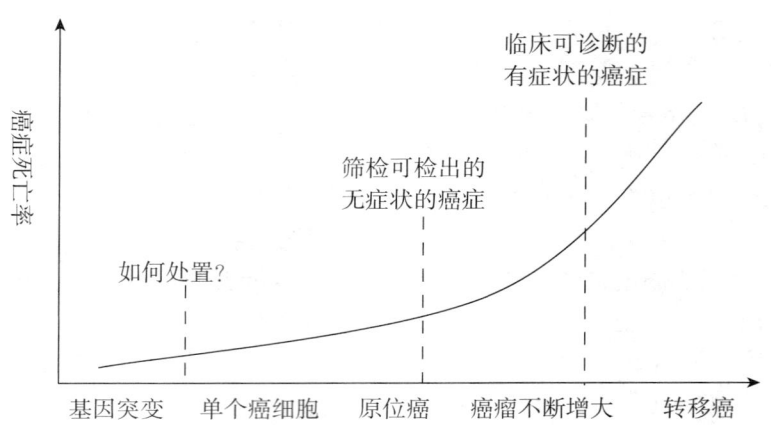

图 30-2　癌症的发展阶段与死亡率的关系

更敏感的仪器必然会发现更早期或更小的病变。由此推测，很多过去认为黑白分明的疾病都与癌症类似，是一个连续性的变量，如脑卒中和腹主动脉瘤。用 MRI 检查，在 60～70 岁的健康人中，10% 的人都有不同程度的轻度的无症状的脑卒中（图 30-3）[34]。再如，5cm 以上的腹主动脉瘤单凭临床表象就可以诊断，但是 4cm 以下的腹主动脉瘤很普遍，如果没有超声检查，单凭临床表现几乎查不出来（图 30-4）[35]。

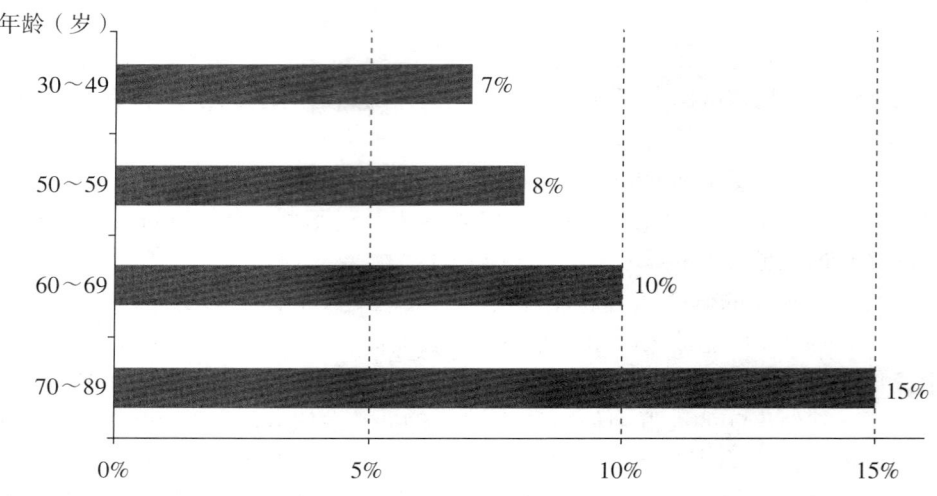

图 30-3　一般人群中不同年龄段 MRI 检出无症状脑卒中的比例

在癌症的问题上，人们没有有意识地讨论和制订诊断的切点，诊断仪器的进步提高了灵敏度，使得发现的癌症肿块越来越小，越来越早期，实质上是不知不觉地降低了癌症诊断的切点。然而，当患者没有任何症状而且未来也不会有任何严重后果时，精密的仪器和敏感的检测发现的异常到底意味着什么？图 5-3 显示，美国 1975—2005 年间甲状腺癌、黑色素瘤、肾癌、前列腺癌和乳腺癌的发病率增加了 50%～300%，但它们的死亡率基本都维持恒定。在此期间，有关这些癌症的治疗技术没有革命性的进步，不会明显延长患者的生存时间，因此增加的发病率很可能是由于增加了癌症检测率造成的。

为了更好地认识什么是疾病这个问题，有必要再一次审视疾病的个人主观性和社会客观性两个方面：二者对定义疾病缺一不可。如单纯从个人主观上定义疾病，人们可能会假借"生病"的理由，逃避或推卸应履行的社会责任，甚至滥用社会资源，因此从社会角度讲，统一对疾病的客观界定就显得十分必要，同时也会提高医疗行动的速度和效率。而另一方面，如纯粹从客观上定义疾病，有可能把自己觉得完全正常的人视为患者，进而进行有关的处理，而这些

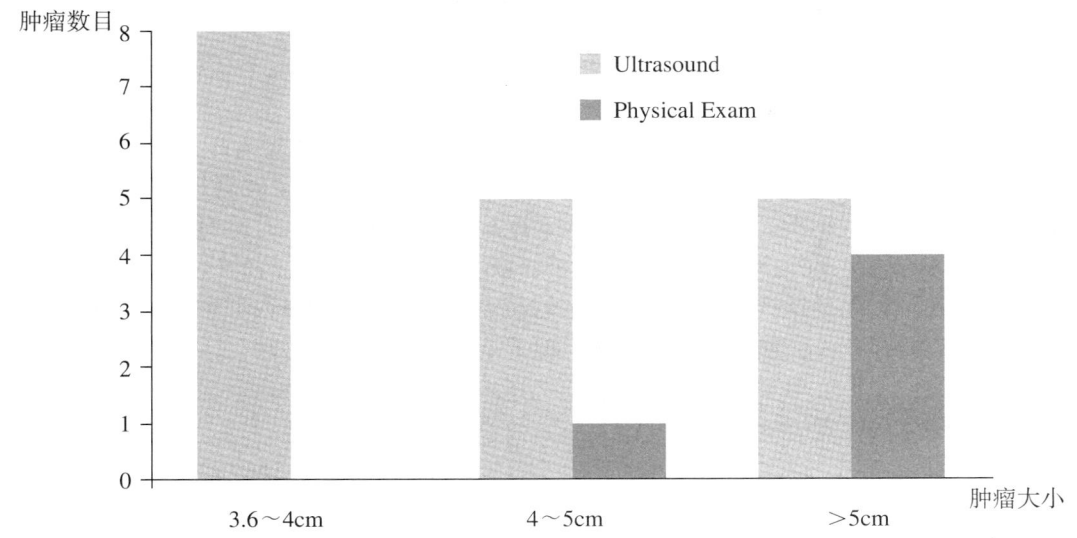

图 30-4　检查方法灵敏度与高血压和（或）心脏病患者中腹主动脉瘤的大小和数目

处理可能是无益且有害的，可能会完全违反"患者"的意愿，还有可能被他人为了非"患者"的利益所利用。

在过去医学手段有限的年代，疾病主要由患者的主观性决定，在医学检查检验发达的今天，疾病则主要由医者根据客观检查检验的结果来决定。这个转变是逐渐的、潜移默化的，主要是现代生物医学科技进步的结果，不以患者和医者的意志为转移。但是，这个转变的意义是巨大的、深远的。它大大削弱了患者在医治中的作用，赋予了医者前所未有的权利和信任，巨大的权利和信任同时也意味着巨大的责任和压力。现代医学中的很多困惑、矛盾和冲突都由此而生。

5．如何定义疾病？

如前所述，疾病不是一个客观的、绝对的、黑白分明的自然现象，而是一个包含很大主观性的规定。这正好与中国的哲学不谋而合。任何事情都有"阴、阳"两个方面，它们同时存在，相互包含，相互依存，不可分割，而且处在动态平衡之中。例如，什么是白天？什么是黑夜？现在来看，疾病也不例外。中医正是这样认识和应对疾病的。

在很大意义上，许多慢性疾病应该被看做是危险因素，因为患者没有症状，也没有疾痛，很多终生不会"发作"。高血压是这样，早期癌症是这样，携带癌基因也是这样。如果我们降低血压、切除癌肿，甚至切除可能产生癌症的器官（如乳腺癌基因携带者进行乳腺切除术），那么如果有一天我们发现了脑癌的基因，将如何处理？

在新的认识下，我们应如何定义疾病？理论上讲，至少有三个问题需要考量。

第一，有必要区分定义疾病的目的。是为了进行科学研究？还是为了患者的照护？把一个缺乏有效治疗方法的生理异常视为疾病，的确有科学研究的意义，但是对患者却没有实质的益处。因此，从临床实践意义上讲，具备有效的干预措施应该是定义疾病必须考虑的因素。以高血压为例，将一部分人诊断为高血压，那么他们接受治疗时就应该从中获益，否则就如同利用身体高度、眼睛大小、头发长短进行区分，把一些人视做患者是不合理的。随机对照试验证据显示：①尚没有足够的证据支持在轻中度高血压（舒张压 90～100mmHg 或者收缩压 140～160mmHg）患者中进行药物干预可以降低未来心血管事件的风险[36]；②对很多癌症来说，也没有足够的证据支持早诊断、早治疗（即筛检）对患者是有好处的（参见本书第十九章）；③每年一次的体检也不会使患者活得更长[37]。就此意义上讲，把轻、中度血压升高和某些早期癌症视为疾病，是值得商榷的。

第三十章　医学的进步与疾病的概念

第二，定义疾病时须考量干预效果的大小。定义和诊断并不是目的，诊治活动的目的是治疗。即使治疗是有效的，对于绝大多数慢性病来说，也不是每个受治者都会从中受益，而经常只是少数人可从治疗中得益。例如，我国一般的高血压患者 5 年心血管事件发生的概率约为 10%[38]，抗血压药物能将这个风险降低约 30%，即在 100 个受治的患者中，只有 3 个患者会因为服药而避免 CVD 事件，另外 97 人，无论服药与否，都不会改变他们是否发生 CVD 的命运。抗高血压药物的费用不高，副作用也不大，服用还是不服用？没有绝对的答案，有人会选择服用，有人不会[39]。在没有被纳入医保以前，我国高血压患者服药的比例低于 30%[40]，正说明了这个问题。如果是这样，设定一个固定的切点，把全世界所有人群中高于这个切点的人都诊断为高血压并建议他们使用抗血压药物，似乎不是一个合理的做法。

第三，由第二个标准可见，合理的疾病定义还须考虑疾病负担的可承受性。不同的切点意味着治疗人数的不同、需要的资源不同以及成本效益的不同。在这些问题上，不同的人群会有不同的选择。如前所述，在 CVD 药物预防的策略上，世界卫生组织建议，不同的人群应使用不同的治疗切点。同理，不同的个人也许应采用不同的切点。

这样一来，绝对、统一、固定的疾病的定义就不复存在了，疾病又变为了一个相对个体化的概念。那么，医学应何时开始干预？一个可行的做法是将不治疗的后果、治疗的费用、益处、害处等有关信息都告知患者，让他们根据自己资源的多寡、实际需要和价值取向进行取舍。不同的患者可接受的治疗效果的大小可能不同，由于切点与治疗效果的大小相关，选择不同的治疗效果就等于选择了不同的治疗切点。在一个国家医疗服务或医疗保险体系里，出于公平的原则，根据民众的普遍意见制订一个合理的固定的切点是必要的，正如前述英国医疗卫生服务针对降血脂药物规定的 CVD 风险的切点一样，但随着情况的变化，所定义的疾病的切点需要调整。这也是循证医学的思想[41]。

当疾病和治疗的好处都已成为相对的时，医学应如何把患者的利益放在首位？如何通过医学干预提高民众健康？这已成为一个亟待讨论和解决的问题。如果没有人群的观点，没有医学以外的帮助，没有患者的参与，我们似乎无法合理地为一个地区或个人定义什么是疾病。

如何定义高血压不是一个孤立的问题，而是现代医学里普遍存在的问题，也是现代医学实践混乱和矛盾的原因之一。降低诊断阈值，可增加患病的人数；检查方法越敏感，查出的患者就越多。医学的进步已经并还将进一步推进和扩大诊断和治疗的范围。医学越进步，或投入越多，其边际效果往往越小，费用就越高，成本效益就越低。但是，将一个大脑严重发育不全的新生儿的生命维持到 1 岁的意义有多大？把一个晚期癌症患者的生命延长 3 个月的价值又如何评估？什么时候医学应该介入？哪里又是医学该止步让生命顺其自然的地方？

谁的答案是正确的？答案是患者或者能够代表患者利益的人，如医生和政治家。这是因为患者是疾病的承受者，是费用的承担者（即使在公费医疗系统也是如此），也是治疗的一切好的和坏的结果的承受者[42]。然而，正是在这个与患者利益息息相关的核心问题上，患者的意见往往没有得到充分的体现。更糟糕的是，无论是在调整高血压诊断切点的问题上，在癌症早诊断、早治疗的问题上，还是在各种指南制订的问题上，制药行业、医疗器械行业、生物医学检验行业、医疗保险行业等都或多或少地、直接或间接地介入了这些活动，使得问题变得更加复杂和混乱。由于利益的冲突，医疗中的混乱和患者的不满势必会发生，而且正在世界范围内发生着。是应该把患者应有的权利和义务还给患者的时候了。

客观可测量的病因理论对人类还有着更深层次的影响。500 年前，文艺复兴开始，最终"赶走"了信仰和上帝，迎来了理性和科学。19 世纪，医学科学诞生。病痛和死亡不再与人的善恶有关，上帝已失去了救愈能力；疾病是外来病菌侵袭的结果，药物可以杀死它们。新的病因观使人们不再相信恶行会遭天谴，药物也使人们不再惧怕恶行受到病痛惩罚时的折磨。医学解开了疾病这个上帝给人类留下的咒语，当病痛和死亡不再是可约束我们灵魂的神力时，在伦理和道德的疆域里，人类的灵魂会游荡到哪里？

21世纪，医学出了问题。不是因为它的衰落和无能，而是因为它的进步和昌盛；不是因为它没有作为，而是因为它不知何时为止[43]。医学须在其根本问题上再次进行反思和考量。

六、总结和展望

科学就是有组织的怀疑，我们需要用谨慎的态度看待医学的发展和进步。

20世纪后，现代生物医学崛起，慢性病取代传染病，癌症和心血管病成为人类的主要杀手。面对慢性病，针对传染病的卫生无能为力，预防短期内也看不到效果，因此人类开始把注意力转向临床，治疗成了现代医学活动的中心。

21世纪伊始，对现行医学模式的失望和批评使得有必要再次严肃地审视人类的健康决定因素，重新调整医学的工作范围和实践模式。年龄、性别、遗传、生活方式、社区网络、农业、食品、教育、工作环境、医疗、卫生、住房、法律、政策、社会、文化、经济和自然环境等，都与人类的健康有关（图5-7），医疗保健只是其中一个部分。人类需要对医疗保健活动以外的健康决定因素引起充分的重视并采取相应的措施，这需要赋予关注群体和预防的公共卫生以及医疗卫生以外的决策者更大的权利和义务。

字如其人，器如其人，医也如其人。人类的一切活动以及这些活动的对与错都与其背后的人息息相关。因此对医学的反思，最终必然触及对社会和医者的伦理和价值观的反思。科学理论和方法多是中性的，技术本身不是目的，目的是由人决定的。由此可见，医学越进步，就越需要人文、伦理、经济、政治等学科的帮助。

在面对医学这些重大问题时，我们有必要重温英国社会政策学家理查德·蒂特马斯对输血研究的结论：“输血应看做是一种礼品，而不能作为一种交易。”[44]而且应该以此原则审视所有医疗卫生服务：“医疗卫生服务就像我们的血液一样，它太珍贵、太紧要，又太容易腐败，不应该把它作为交易来做。”[45]

现代的医者已不仅仅是直接面对患者的医务人员，还包括制药、医疗器械、诊断试剂等很多有关行业的工作者。如果人类社会有一个统一的道德规范，在它的制高点上站不下几个人，我们没有理由要求所有的医者都站到那里。今天医疗的景象有其背后的必然理由，大的变革需要大环境的改变。

参考文献

[1] Mary Dobson. Disease：The Extraordinary Stories Behind History's Deadliest Killers. London：Quercus Publishing，2008.

[2] Roy Porter. The Cambridge History of Medicine. Cambridge：Cambridge University Press，2006.

[3] Steve Parker. Kill or Cure：An Illustrated History of Medicine. London：DK，2013.

[4] 唐金陵. 现代公共卫生的起源与发展. 李立明主编. 中国公共卫生理论与实践. 北京：人民卫生出版社，2015：8-29.

[5] Rosen G，Elizabeth Fee，Pascal James Imperato. A History of Public Health.Baltimore：Johns Hopkins University Press，1993.

[6] Ferriman A. BMJ readers choose the "sanitary revolution" as greatest medical advance since 1840.British Medical Journal.2007，334（7585）：111.

[7] Williamson M，Robbins J. Reclaiming Our Health—Exploring the Medical Myth and Embracing the Source of True Healing.Tiburon，Calif.：H.J. Kramer，1996.

[8] Clifford A. Pickover. The Medical Book：From Witch Doctors to Robot Surgeons，250 Milestones in the

History of Medicine. New York：Sterling，2012.

[9] Medical milestones：celebrating key advances since 1840. British Medical Association，2007.

[10] Welch HG, Schwartz L, Woloshin S. Over-diagnosed：Making People Sick in the Pursuit of Health. Boston：Beacon Press, 2012.

[11] Moynihan R, Doust J, Henry D. Preventing overdiagnosis：how to stop harming the healthy. BMJ, 2012, 344：e3502.

[12] Moynihan R, Glasziou P, Woloshin S, et al. Winding back the harms of too much medicine. BMJ, 2013, 346.

[13] Starr P. The Social Transformation of American Medicine：The rise of a sovereign profession and the making of a vast industry. New York：Basic Books, 1982.

[14] Freudenberg N. Health but Legal：Corporations, Consumption, and Public Health. Oxford：Oxford University Press, 2014.

[15] Bennett IL, Knowles JH. Doing Better and Feeling Worse：Health in the United States. New York：Norton, 1977.

[16] Angell M. The Truth About Drug Companies：How They Deceive Us and What to Do About It. New York：Random House, 2004.

[17] Krogsbøll LT, Jørgensen KJ, Larsen CG, et al. General health checks in adults for reducing morbidity and mortality from disease：Cochrane systematic review and meta-analysis. BMJ.2012, 345：e7191.

[18] McKeown T. The Role of Medicine：Dream, Mirage, or Nemesis？ Oxford：Blackwell, 1979.

[19] Ivan Illich. Limits to Medicine：Medical Nemesis：The Expropriation of Health. New York：Marion Boyars, 1975.

[20] Kennedy I. The Unmasking of Medicine. London：Allen and Unwin, 1981.

[21] Moynihan R, CG P, Heath I, et al. Selling sickness：the pharmaceutical industry and disease mongering Commentary：Medicalisation of risk factors. BMJ. 2002, 324（7342）：886-891.

[22] Framingham Heart Study. https：//www.framinghamheartstudy.org/

[23] Law MR, Wald NJ. Risk factor thresholds：their existence under scrutiny.British Medical Journal. 2002, 324（7353）：1570.

[24] World Health Organization, International Society of Hypertension Writing Group. Prevention of Cardiovascular Disease：Guidelines for Assessment and Management of Total Cardiovascular Risk. WHO, Geneva, 2007.

[25] Jackson R, Lawes CMM, Bennett DA, et al. Treatment with drugs to lower blood pressure and blood cholesterol based on an individual's absolute cardiovascular risk.Lancet. 2005, 365（9457）：434-441.

[26] Gaw A, Packard C J. At what level of coronary heart disease risk should a statin be prescribed？ Current opinion in lipidology. 2000, 11（4）：363-367.

[27] Schwartz L M, Woloshin S. Changing disease definitions：implications for disease prevalence. Analysis of the Third National Health and Nutrition Examination Survey, 1988-1994. Effective clinical practice：ECP, 1998, 2（2）：76-85.

[28] Westin S, Heath I. Thresholds for normal blood pressure and serum cholesterol：Lower thresholds mean that 90% of people over 50 years are identified as patients.British Medical Journal.2005, 330（7506）：1461.

[29] MacMahon S, Neal B, Rodgers A. Hypertension—time to move on.Lancet. 2005, 365（9464）：1108-1109.

[30] Paul Glasziou. Should we abandon the term "hypertension？" BMJ blogs, 12 Nov 2012.

[31] Jeremy A Greene. Prescribing by Numbers: Drugs and the Definitions of Disease. Baltimore: Johns Hopkins University Press, 2007.

[32] Tang JL, Hu YH. Drugs for preventing cardiovascular disease in China: risk factor thresholds should vary according to resources.British Medical Journal. 2005, 330 (7492): 610.

[33] Sakr WA, Grignon DJ, Haas GP, et al. Age and racial distribution of prostatic intraepithelial neoplasia. European urology. 1995, 30 (2): 138-144.

[34] Das RR, Seshadri S, Beiser AS, et al. Prevalence and correlates of silent cerebral infarcts in the Framingham offspring study. Stroke. 2008, 39 (11): 2929-2935.

[35] Lederle FA, Walker JM, Reinke DB. Selective screening for abdominal aortic aneurysms with physical examination and ultrasound. Archives of internal medicine. 1988, 148 (8): 1753-1756.

[36] Diao D, Wright JM, Cundiff DK, et al. Pharmacotherapy for mild hypertension. Sao Paulo Medical Journal. 2012, 130 (6): 417-418.

[37] Krogsbøll LT, Jørgensen KJ, Larsen CG, et al. General health checks in adults for reducing morbidity and mortality from disease: Cochrane systematic review and meta-analysis. BMJ. 2012, 345: e7191.

[38] Liu L, Wang JG, Gong L, et al. Comparison of active treatment and placebo in older Chinese patients with isolated systolic hypertension. Journal of hypertension. 1998, 16 (12): 1823-1829.

[39] Tang JL, Wang WZ, An JG, et al. How willing are the public to pay for anti-hypertensive drugs for primary prevention of cardiovascular disease: a survey in a Chinese city. International journal of epidemiology. 2010, 39 (1): 244-254.

[40] Tao S, Wu X, Duan X, et al. Hypertension prevalence and status of awareness, treatment and control in China. Chinese medical journal. 1995, 108 (7): 483-489.

[41] Gray JAM. How to Get Better Value Healthcare.Oxford: Offox Press, 2011.

[42] Eddy D. Clinical Decision Making: From Theory to Practice: a Collection of Essays from JAMA. Boston: Jones and Bartlett Publishers, 1996.

[43] Conrad P. The Medicalization of Society: On the Transformation of Human Conditions into Treatable Disorders. Baltimore: The Johns Hopkins University Press, 2007.

[44] Titmuss RM. The gift relationship: from human blood to social policy. New York: Pantheon Books, 1971.

[45] Woolhandler S, Himmelstein DU. When money is the mission—the high costs of investor-owned care. New England Journal of Medicine. 1999, 341 (6): 444-446.

(唐金陵[*])

附录一 如何估计自己患者的需治人数

需治人数（number needed to treat，NNT）是欲防止一例有害事件的发生（或产生一例有益事件）所需要治疗的人数，它是临床上十分有用的表达治疗效果的方法，效果指一项治疗相对于其对照治疗的益处的大小。需治人数可以用来总结临床试验和 Meta 分析的结果，也可以帮助医生进行决策。

假设在某临床试验中对照组发生有害结局事件的危险为 ARC，治疗组为 ART，则绝对危险减少（ARR）等于（ARC − ART）。而 NNT 即为 ARR 的倒数：

$$NNT = 1 / (ARC - ART)$$

又因为相对危险减少（RRR）等于（ARC − ART）/ARC，所以 NNT、RRR 和 ARC 之间有以下关系：

$$NNT \times RRR \times ARC = 1$$

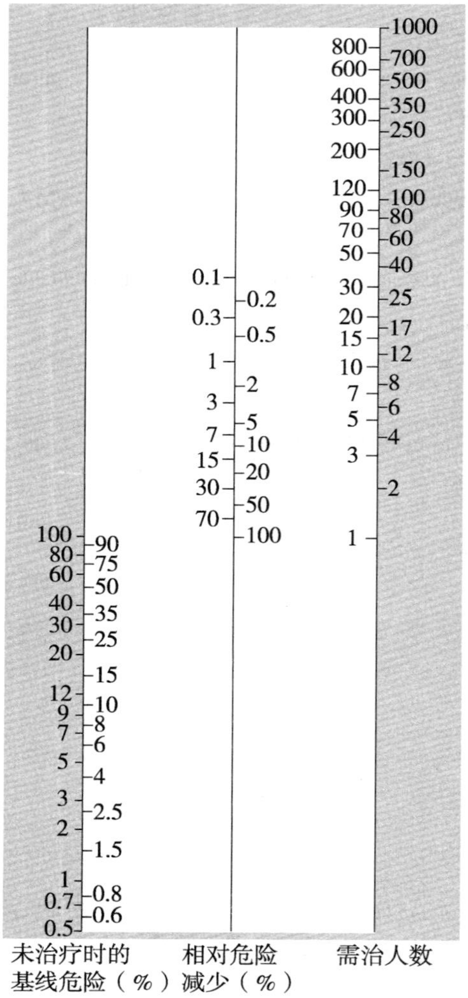

利用该关系式可以估计一项治疗在不同基线危险水平（即不同的 ARC 水平）的人群中的益处，依此将临床试验或 Meta 分析的结果外推到不同基线危险的人群。在理想情况下，我们应该对每个不同的人群都进行试验，以获得每个人群的 RRR。然而，很多试验的亚组分析表明，不同特征的患者群组的 RRR 近乎相等。就是说，不同人群和个人的 RRR 可能是相同的。因此 Cook 和 Sackett 建议，利用临床试验估计的 RRR 和一个患者未治疗时的基线危险，可以计算出该患者的 NNT，以此指导有关该患者的治疗的决策。

基线危险就是未治疗情况下患者在一定时间内发生相关有害事件的概率，依此估计的需治人数就是在这个特定时间内的需治人数。这个"一定时间"最好与估计 RRR 的研究的观察时间一致，否则需治人数的估计可能不准确。

使用列线图估计需治人数

也可以利用所附的 Nomogram 列线图（图1）估计需治人数，这一方法的优点是不需要任何计算。具体做法如下：在左侧标尺上找到对应患者基线危险（ARC）的数值，在中间标尺上找到对应来自临床试验或 Meta 分析的相对危险减少（RRR）的数值，连接两点成一直线，该直线的延长线与右侧标尺的交点所对应的数值就是需治人数。例如，当患者基线

图 1　估计需治人数的列线图

危险（ARC）为20%、相对危险减少（RRR）为15%时，图1则显示需治人数（NNT）在30~40。另外，根据RRR的可信区间的上下限，也可以用同样的方法估计需治人数的可信区间的上下限。

（唐金陵[*] 秦 颖）

附录二 循证医学基础英文读物

1. Morgan DJ, Dhruva SS, Wright SM, et al. Update on Medical Practices That Should Be Questioned in 2015. JAMA Internal Medicine. 2015. doi: 10.1001/jamainternmed.2015.5614.
2. Luo XM, Tang JL, Hu YH, et al. How Often Are Ineffective Interventions Still Used in Clinical Practice？A Cross-Sectional Survey of 6,272 Clinicians in China. PLOS One. 2013. doi: 10.1371/journal.pone.0052159.
3. Moynihan R, Doust J, Henry D. Preventing overdiagnosis: how to stop harming the healthy. BMJ. 2012, 344 e3502. doi: http://dx.doi.org/10.1136/bmj.e3502.
4. Mulley AG, Trimble C, Elwyn G. Stop the silent misdiagnosis: patients' preferences matter. BMJ. 2012, 345: e6572. doi: 10.1136/bmj.e6572.
5. Welch HG, Schwartz L, Woloshin S. Overdiagnosed: Making People Sick in the Pursuit of Health. Boston, MA: Beacon Press, 2012.
6. Morgan DJ, Brownlee S, Leppin AL, et al. Understanding over-diagnosis, overtreatment and medical overuse: a consensus-derived research agenda. BMJ. In press.
7. Ahn HS, Kim HJ, Welch HG. Korea's thyroid-cancer "epidemic": screening and overdiagnosis. N Engl J Med. 2014, 371 (19): 1765-1767.
8. Barry MJ, Edgman-Levitan S. Shared Decision Making—The Pinnacle of Patient-Centered Care. N Engl J Med. 2012, 366: 780-781.doi: 10.1056/NEJMp1109283.
9. Gray JAM. How to Get Better Value Healthcare. 2nd edition. Oxford: OFFOX Press, 2011.
10. Cochrane AL. Effectiveness and efficiency: random reflections on health services. London: The Nuffield Provincial Hospitals trust, 1972.
11. Antman EM, Lau J, Kupelnick B, et al. A comparison of results of meta-analyses of randomized control trials and recommendations of clinical experts. Treatments for myocardial infarction. JAMA. 1992, 268 (2): 240-8.
12. Evidence-Based Medicine Working Group. Evidence-based medicine: The new approach to teaching the practice of medicine. JAMA. 1992, 268: 2420-2425.
13. Chalmers I. The Cochrane Collaboration: preparing, maintaining, and disseminating systematic reviews of the effects of health care. Ann N Y Acad Sci. 1993; 70 (3): 156-63.
14. Warren KS, Mosteller F (eds.). Doing More Good Than Harm: The Evaluation of Health Care Interventions. Annals of the New York Academy of Sciences. 1993, 703: 1-340.
15. Schulz KF, Chalmers I, Hayes RJ, et al. Empirical evidence of bias: Dimensions of methodological quality associated with estimates of treatment effects in controlled trials. JAMA. 1995, 273 (5): 408-12.
16. Sackett DL, Straus SE. Finding and applying evidence during clinical rounds: the "evidence

cart". JAMA. 1998, 280 (15): 1336-8.
17. McAlister FA, Clark HD, van Walraven C, et al. The medical review article revisited: as the science improved? Ann Intern Med. 1999, 131 (12): 947-51.
18. Straus SE, McAlister FA. Evidence-based medicine: a commentary on common criticisms. CMAJ. 2000, 163 (7): 837-41.
19. Guyatt GH, Meade MO, Jaeschke RZ, et al. Practitioners of evidence based care. Not all clinicians need to appraise evidence from scratch but all need some skills. BMJ. 2000, 320 (7240): 954-5.
20. Chalmers I. Trying to do more good than harm in policy and practice: the role of rigorous, transparent, up-to-date evaluations. Annals of the American Academy of Political and Social Sciences. 2003, 589: 22-40.
21. McKibbon KA, Wilczynski NL, Haynes RB. What do evidence-based secondary journals tell us about the publication of clinically important articles in primary healthcare journals? BMC Med. 2004, 2: 33.
22. Chan AW, Hrobjartsson A, Haahr MT, et al. Empirical evidence for selective reporting of outcomes in randomized trials: comparison of protocols to published articles. JAMA. 2004, 291 (20): 2457-65.
23. Coomarasamy A, Khan KS. What is the evidence that postgraduate teaching in evidence based medicine changes anything? A systematic review. BMJ. 2004, 329 (7473): 1017.
24. Straus SE, Ball C, Balcombe N, et al. Teaching evidence-based medicine skills can change practice in a community hospital. J Gen Intern Med. 2005, 20 (4): 340-3.
25. Haynes RB. Of studies, syntheses, synopses, summaries, and systems: the "5S" evolution of information services for evidence-based healthcare decisions. Evid Based Med. 2006, 11 (6): 162-4.
26. Jackson R, Ameratunga S, Broad J, et al. The GATE frame: critical appraisal with pictures. Evid Based Med. 2006, 11 (2): 35-8.
27. Glasziou P, Chalmers I, Rawlins M, et al. When are randomised trials unnecessary? Picking signal from noise. BMJ. 2007, 334 (7589): 349-51.
28. Tang JL, Wang S. Defining and providing essential evidence for practice. Clinical Evidence. United Kingdom. London: BMJ group, 2008: 1-4.
29. Ioannidis JPA. Evidence-based medicine has been hijacked: a report to David Sackett. J Clin Epidemiol. 2016, 73: 82-6. doi: 10.1016/j. jclinepi. 2016. 02. 012.
30. Lau J, Antman EM, Jimenez-Silva J, et al. Cumulative meta-analysis of therapeutic trials for myocardial infarction. N Engl J Med. 1992, 327: 248-254. doi: 10.1056/NEJM199207233270406.

附录三　循证医学常用网络资源

（如有关网站不能联通，建议用网站名字进行搜索）

1. Too Much Medicine（BMJ）
网址：http://www.bmj.com/too-much-medicine
内容：《英国医学杂志》关于过度诊断的文献和材料

2. Update on Medical Practices That Should Be Questioned in 2015（JAMA）
网址：http://archinte.jamanetwork.com/article.aspx？articleid = 2469079#References
内容：《美国医学会杂志内科学分刊》对 2015 年过度医疗文献的总结

3. Better Value Healthcare
网址：http://www.bettervaluehealthcare.net/
内容：提高医疗卫生服务的价值

4. Value-Based Care（Oxford University）
网址：http://www.phc.ox.ac.uk/research/value-based-healthcare
内容：以价值为导向的医疗卫生服务

5. ACP Journal Club
网址：http://annals.org/journalclub.aspx
内容：证据概要的范例、证据提示系统、EBM 词汇等

6. American Guideline Clearinghouse
网址：http://www.guideline.gov
内容：各种临床指南

7. BMJ Best Practice
网址：http://bestpractice.bmj.com/best-practice/welcome.html
内容：英国医学杂志《最佳实践》

8. Clinical Evidence
网址：http://www.clinicalevidence.com
内容：综合性证据的范例、《临床证据》介绍、EBM 词汇、EBM 计算工具等

9. Clinical Key
网址：https://www.clinicalkey.com/
内容：综合性全医学资源平台

10. Database of Uncertainties about the Effects of Treatments（DUETs）

网址：http://www.library.nhs.uk/DUETS/
内容：效果不明治疗的数据库

11. Dynamed
网址：http://www.dynamed.com/
内容：循证医学数据库，为证据质量分级

12. Essential Evidence Plus
网址：https://www.essentialevidenceplus.com/
内容：针对各类临床问题的循证医学资料库

13. Evidence-Based Medicine
网址：http://ebm.bmj.com
内容：同 ACP Journal Club

14. GATE
网址：https://www.fmhs.auckland.ac.nz/en/soph/about/our-departments/epidemiology-and-biostatistics/research/epiq/2015-evidence-based-practice-and-cats.html
内容：GATE 医学文献评估法

15. GRADE Working Group
网址：http://www.gradeworkinggroup.org
内容：证据评估工具及其背后的原理

16. JAMA Evidence
网址：http://jamaevidence.mhmedical.com/
内容：JAMA 文献解读指南电子版、EBM 计算器、EBM 词汇等

17. James Lind Library
网址：http://www.jameslindlibrary.org/
内容：治疗效果研究的发展历史和实例、*Testing Treatments* 一书的电子版

18. Kit Clearing House
网址：http://ktclearinghouse.ca/cebm/
内容：*Evidence-Based Medicine* 一书的电子版

19. Map of Medicine
网址：http://www.mapofmedicine.com
内容：证据系统的范例

20. McMater PLUS
网址：http://hiru.mcmaster.ca/hiru/HIRU_McMaster_PLUS_Projects.aspx
内容：Push 证据系统的范例、常用网上证据检索引擎、综合检索引擎、证据提示系统

21. **MedConsult**
网址：http://medweb.com/
内容：远程医疗应用程序，供临床医生交流病例信息及咨询专家

22. **National Institute for Health and Clinical Excellence（NICE）**
网址：http://www.nice.org.uk/
内容：药物和医疗技术评估和指南

23. **National Library for Health**
网址：http://www.library.nhs.uk（此链接仍有效，会自动跳转为 http://www.nice.org.uk/about/what-we-do/evidence-services/journals-and-databases）
内容：综合性 EBM 信息、各种 EBM 资源的链接

24. **Netting the Evidence**
网址：http://www.nettingtheevidence.org.uk/
内容：提供有关 EBM 的各种微博

25. **Oxford Centre for Evidence-Based Medicine**
网址：http://www.cebm.net
内容：EBM 综合性信息、EBM 词汇和各种 EBM 网站链接

26. **Student 4 Best Evidence**
网址：http://www.students4bestevidence.net/
内容：为学生提供的各类循证医学网络资源

27. **The Cochrane Collaboration**
网址：http://www.cochrane.org
内容：系统综述及其研究方法、临床试验登记库

28. **Trip Database**
网址：www.Tripdatabase.com
内容：循证医学文献搜索引擎

29. **Up-To-Date**
网址：http://www.uptodate.com/
内容：循证医学数据库

30. **WHO International Clinical Trial Registry Platform**
网站：http://www.who.int/ictrp/trial_reg/en
内容：临床试验注册

31. **WHO International Clinical Trial Registry Platform Research Portal**

网站：http：//apps.who.int/trialsearch
内容：检索正在进行的临床试验

附录四　循证医学常用名词解释

Absolute risk（AR）　危险

危险是指一个人在一定时间内发生某种特定结局的概率或可能性，近似于累积发病率的概念。取值在 0~1，常用百分率来表示。注意，与危险的一般含义不同，这里的危险既可以用于不良事件（如心肌梗死），也可以用于有益事件（如治愈）（表1）。

表1　结局为二分变量的临床试验的效果估计举例

	试验组	对照组
新发结局事件（如死亡）人数	a	c
未发生结局事件的人数	b	d
研究对象总人数	$N_1 = a + b$	$N_0 = c + d$
危险（结局的发生频率）	$P_1 = a / N_1$	$P_0 = c / N_0$
比值（结局发生的比值）	Odds = a/b	Odds = c / d
治疗效果的估计	绝对效果 ● 率差（risk difference，RD）= $P_1 - P_0$ ● 大于 0 的 RD 称为绝对危险增加（ARI） ● 小于 0 的 RD 称为绝对危险减少（ARR） ● 需治人数（NNT）= $1 / (P_1 - P_0)$ = 1/RD 相对效果 ● 相对危险度（RR）= P_1/P_0 ● 比值比（OR）= ad / bc = $[P_1/(1-P_1)] / [P_0/(1-P_0)]$ ● 相对差异 = RD / P_0 = $(P_1 - P_0) / P_0$ ● 大于 1 的相对差异称为相对危险增加（RRI） ● 小于 1 的相对差异称为相对危险减少（RRR） ● 比值下降 = 1 − OR	

Absolute risk increase（ARI）　绝对危险增加

率差（又称归因危险度）是测量治疗作用和病因作用大小的绝对指标之一，等于治疗组的危险（P_1）减去对照组的危险（P_0）。绝对危险增加是率差的一种，用于试验组危险高于对照组的情况（表1）。

Absolute risk reduction（ARR）　绝对危险减少

率差（又称归因危险度）是测量治疗作用和病因作用大小的绝对指标之一，等于治疗组的危险（P_1）减去对照组的危险（P_0）。绝对危险减少是率差的一种，用于试验组危险低于对照组的情况（表1）。

Allocation concealment　分组隐匿

分组隐匿是临床试验中使用的一种预防选择偏倚的随机分组方法。在随机分组以前，通过隐匿措施，不让患者和医生知道分组的顺序，即不知道由随机数字决定的下一个患者的组别。分组隐匿避免了研究者有意识和无意识地决定或影响研究对象的分组，确保了随机分组获得的组间可比性。

Applicability 适用性

就临床试验而言，适用性是指研究结果对特定个体患者的适用性，即在个体患者获得临床试验显示的同样效果的可能性。随机对照试验只提供了某治疗可以改变某临床结局的因果关系的一般性证据。其结果是否适用于一个特定的患者，还需要额外逻辑推证，患者的个体特征是需要考虑的一个重要方面。

Baseline risk（BR） 基线危险

基线危险是指未采用治疗时结局事件发生的危险。在临床试验里，通常指安慰剂对照组或无治疗对照组的危险。

Best evidence 最好证据

随机对照试验的系统综述是揭示治疗效果的最好方法，因此提供了关于疗效的最好可能的证据。但是最好可能的证据不一定是现有最好的证据，当随机对照不存在时，非随机的对照试验就是现有最好的证据。

Bias 偏倚

偏倚是一种由于研究方法的不当导致研究结果偏离真实结果的系统误差。常见的偏倚有三类：混杂偏倚、选择偏倚和信息偏倚。控制或降低偏倚的措施包括：选择最合适的研究设计，遵循流行病学研究设计的一般原则，遵循特定研究设计（如临床试验）的一般原则。

Blinding/Masking 盲法

在整个临床试验过程中，从研究分组到实施治疗到资料收集到资料分析和解释，对研究者、研究对象、资料收集者和（或）资料整理分析人员实行盲法，就是使他们不知道试验患者治疗的分组情况。对其中两方（常见的是医生和患者）实行盲法的试验，叫双盲试验。全盲就是对所有参与试验的人员都实行盲法。盲法是临床试验预防偏倚的重要措施之一。

Block randomization 区组随机分组

区组随机分组是临床试验中使用的一种特殊的随机分组方法，目的是保证每个比较组能够获得设计规定的研究对象的人数，如人数相等的试验组与对照组。

Case control study 病例对照研究

病例对照研究是一种非试验性研究，它以现患有某种特定疾病的患者（或已经发生某种特定临床结局的人）作为病例，以没有患该病的人（或没有发生某种特定临床结局的人）作为对照，比较病例组和对照组过去的可疑危险因素（如吸烟和用药史）暴露史的差别。病例对照特别适用于探索罕见疾病或罕见副作用的原因，如罕见的癌症。该研究的特点是省时省钱省力，但很容易发生偏倚。

Case series 病例系列分析

病例系列分析是指对一组患有某种疾病的人群进行的分析，以寻找某种规律或特征。例如，分析一组接受某种治疗的患者，看他们的转归如何。病例系列分析的特点是没有对照组。

Cluster randomization　整群随机分组

整群随机分组是随机对照试验的一种分组方法。它以研究对象的群组（如村庄、医院或学校）为单位，随机将一个个的群组分配到试验组和对照组，每个群组里的所有研究对象将会被分到同一个治疗组。评估针对群体的干预措施，如宏观卫生政策与空气污染控制措施，必须使用整群随机分组。结果分析时，一般应以群体为研究单位，如果以个体为单位进行分析，可能会引入偏倚。

Cohort study　队列研究

队列研究是一种观察性研究，它将一个人群（即队列）按暴露于某可疑危险因素的情况分为不同的暴露组，如暴露组与非暴露组，然后追踪观察某特定结局的发生频率，比较不同暴露组之间的差异。常用于探索某暴露（如吸烟）是否为某特定结局（如肺癌）的病因，或研究某药物是否会引起不太常见的严重副作用。队列研究又可细分为前瞻性队列研究（prospective cohort study，即从现在向未来追踪随访的队列研究）与回顾性队列研究（retrospective cohort study，即从过去某时间开始追踪随访的队列研究）。前者的结果比后者更可靠。

Completer analysis　剔除失访分析

剔除失访分析是临床试验估计疗效时的一种资料分析策略，分析时剔除那些没有结局资料的中间退出或失访的研究对象，只包括完成了试验的研究对象的数据。相比之下，意向治疗分析（intention to treat analysis）则要求在分析中包括所有一开始纳入试验的研究对象（参见"意向治疗分析"）。

Confidence interval（CI）　可信区间

可信区间可以看作是真实值可能存在的区间。95%可信区间的含义就是：真实的结果有95%的可能性存在于这个可信区间之内。具体地讲，假设在样本量、研究设计和研究总体均完全相同的条件下，重复某个研究很多次，其中任何一个研究的95%可信区间（又称可信限）将会包括95%的这些研究的结果。这近乎于（但不完全等于）说，真实作用的大小（一个永远不能确切知道的数字）有95%的可能性在这个区间之内。如果相对危险度或比值比的可信区间包括1，或绝对危险度的可信区间包括0，则提示没有充足的证据证明治疗作用的存在。与显著性检验的 P 值相比，可信区间的优越性在于它给出了真实作用可能存在的区间。

Controlled clinical trial（CCT）　临床对照试验

临床对照试验指设有两个或两个以上的不同治疗组的试验研究。在《临床证据》中，临床对照试验特指用非随机化的方式进行分组的对照试验。对采用随机化分组的对照试验，则称为随机对照试验（randomized controlled trial，简称 RCT）。非随机对照试验比随机对照试验更容易存在偏倚。

Controls　对照

在临床对照试验里，对照指被分配到对照组的研究对象，他们接受的治疗可能是安慰剂治疗、无治疗或常规治疗。

Correlation coefficient 相关系数

相关系数是一个测量两个变量同时变化的线性关系的强度和相互变化的方向的统计学指标，常用英文小写字母 r 表示，r 值的范围在 $-1 \sim +1$。$r > 0$ 为正相关，即一个变量增加时，另外一个变量以固定的量随之增加；$r < 0$ 为负相关，即一个变量增加时，另外一个变量以固定的量随之减少。当 $r = +1$ 或 $r = -1$ 时，表示两个变量呈完全线性相关关系，即一个变量完全随另一个变量的变化而变化。当相关系数显示两个变量不存在线性关系时，不能排除它们之间不存在非线性的关系。

Crossover randomised trial 随机交叉试验

随机交叉试验是临床试验的一种。在随机交叉试验里，研究对象首先接受一种治疗，并收集结局资料，然后再接受另外一种治疗并测量结局。这样治疗的交替可以进行几次或很多次，但每次治疗的分配都是随机决定的。在两种治疗之间通常设有一个无治疗的间歇期，叫洗脱期（washout period），以减少前阶段治疗的滞留作用（carry-over effect）对后阶段治疗的影响。随机交叉试验的结果受滞留作用的影响，解释可能十分复杂。

Cross sectional study 横断面研究

横断面研究是一种在特定时间点对一个人群的危险因素、疾病或两者兼之的调查，可以用来获得人群的患病率。

Disability adjusted life year（DALY） 伤残调整生命损失年

伤残调整生命损失年是一种测量疾病负担的指标，其目的是用一个单一的指标来综合由于疾病和危险因素引起的生命质量和数量两方面的损失。伤残调整生命损失年是以下两个因素的乘积：某特定疾病（或健康）状况下预期生存的年数和该疾病的伤残系数。伤残系数的变动范围为 $0 \sim 1$，伤残越重，系数越大，0 表示没有任何伤残，即理想的健康状况，1 表示死亡。一个伤残调整生命损失年等于一年完全健康的生命的损失，因此，伤残调整生命损失年多大，损失的健康生命就越多。在临床试验中，试验组和对照组伤残调整生命损失年之差反映治疗可以增加或减少的健康生命年数。另外，在计算未来的生存年数时，由于还没有兑现的好处，所以要在预期生存年数基础上每年扣除 3%。计算老年人和儿童的生存年数时，也会通过一定的权重方式，作适当的扣除。

Effect size（standardised mean differences） 作用的大小（即标化均数差）

在医学文献中，作用的大小可用各种不同的效应指标进行测量，如绝对危险度和相对危险度。在《临床证据》中，作用的大小特指标化均数差，即连续变量的两组均数之差除以其标准差（参见"标化均数差"）。

Event 事件

事件特指研究所关心的二分变量结局的发生事件，如心肌梗死、死亡或疼痛改善四级以上。

Experimental study 实验研究

在实验研究里，研究者可以在控制条件下，人为地改变一个或多个因素，然后观察其可能产生的作用。随机对照试验就是典型的在人群中进行的实验性研究。

Factorial design　析因设计

析因设计是临床试验设计方案的一种。在随机析因试验里，研究者把研究对象随机分成多个比较组，每组施以不同的治疗组合，用来评估两个或多个治疗联合使用时可能产生的交互作用或效果修饰作用。

False negative　假阴性

假阴性是指诊断的金标准确定患有疾病但检查结果为阴性的人。

False positive　假阳性

假阳性是指诊断的金标准确定无病但检查结果为阳性的人。

Fixed effects　固定效应

固定效应模型（fixed effects model）是 Meta 分析中合并研究结果时使用的一种统计模型。固定效应模型假设所有研究的真实结果只有一个，即是一个"固定"的值，研究之间结果的差异完全是由于随机抽样误差造成的，而且研究的实际结果会围绕这个"固定"的真实值变化。当然，这个假设经常是不合理的（参见"随机效应"）。

Hazard ratio（HR）　即时危险比

即时危险（hazard）就是在一个很短时间区间内的发病或死亡危险，即时危险比就是两个组即时危险的比例。即时危险比的解释基本上类似相对危险度（RR），即时死亡危险比为 0.5 时，患者的死亡危险是其参照患者的一半。但是，在发病危险随时间变化时，或发病或死亡率很高时，即时危险比优于相对危险度。其计算需要结局事件发生的具体时间，是分析生存时间这样的结局变量的常用指标。

Heterogeneity　异质性

在 Meta 分析中，异质性指不同研究之间结果的差异。异质性的来源有三：①不同研究的研究人群不同，或治疗措施不同，或结局变量不同（临床异质性）；②不同研究的研究设计不同，比如在使用盲法和分组方法的不同（方法学异质性）；③不同研究使用了不同的统计方法（统计学异质性）。存在异质性时，合并的结果可能是不可靠的，或合并本身就是不恰当的。

Homogeneity　同质性

同质性的含义与异质性刚好相反，指在 Meta 分析中研究之间结果的相同或近似，研究间的任何差异完全由随机误差造成（参见"异质性"）。

Incidence　发病率

发病率是指在一定的时间区间内一定人群中新发病例的个数。

Intention to treat（ITT）analysis　意向治疗分析

意向治疗分析是临床试验估计疗效时的一种资料分析方案，分析时必须包括那些没有结局资料的中间退出或失访的研究对象。而且，不管患者是否调换了组别，不管患者实际接受了什么治疗，分析时还必须把每个患者放在其原始随机分配的组别。因此，意向治疗分析也叫维持原随机分组分析（analysis as randomized）。

Likelihood ratio（LR） 似然比

像灵敏度和特异度一样，似然比是衡量一个诊断方法准确性的指标。具体地讲，似然比是一个确实患某病的人可能出现某特定检查结果的概率与一个确实不患某病的人可能出现同一检查结果的概率的比值。当检查的结果仅仅分为阳性和阴性两种时，针对阳性结果的似然比叫做阳性似然比（positive likelihood ratio），针对阴性结果的似然比叫做阴性似然比（negative likelihood ratio）。（参见"阳性似然比"和"阴性似然比"）

Meta-analysis　Meta 分析

Meta 分析是系统综述（systematic review）里用于将若干个研究的结果合并成一个加权的平均结果的统计学方法。计算加权平均结果时，结局事件数目多（即抽样误差小的）的研究或方法学质量高的研究会给予更多的权重。

Morbidity　疾病频率（患病率/发病率）

疾病频率指测量疾病频率的指标，既可以指患病率（prevalence），也可以指发病率（incidence）（参见"患病率"和"发病率"）。（注：《临床证据》中文版中，已经根据具体情况译成了患病率或发病率。）

Mortality　死亡率

死亡率指在一定的时间段内一个人群中新发生的死亡病例的个数。

Negative likelihood ratio（NLR） 阴性似然比

像灵敏度和特异度一样，阴性似然比是衡量一个诊断方法准确性的指标。当检查的结果仅仅分为阳性和阴性两种时，阴性似然比是一个确实患某病的人检查可能阴性的概率与于一个确实不患某病的人检查可能阴性的概率的比值。阴性似然比=（1-灵敏度）/特异度。（参见"似然比"和"阳性似然比"）

Negative predictive value（NPV） 阴性预测值

阴性预测值是检查结果阴性时肯定不患某疾病的概率。阴性预测值不同于特异度，后者是确实不患某病时检查结果出现阴性的的概率。（参见"特异度"和"阳性预测值"）

Non-systematic review　非系统性综述

在《临床证据》里，非系统性综述是指所有未进行全面文献检索的、只回顾了部分相关研究的或是没有明确描述其文献检索和研究质量评估方法的综述或 Meta 分析。

Not significant/non-significant（NS） 无显著性（或没有显著意义）

无显著性即无统计学显著性或无统计学显著意义。简单地讲，无显著性的意思是：组间没有（研究显示的大小的或更大的）真实差异的机会大于5%。无显著性不等于说治疗无效，而是说一项研究的结果还不足以证明效果的存在。无显著性的结果有两种可能：①研究的把握度不足以检出确实存在的效果；②确实没有效果。尤其是当一个无显著性的结果显示可能存在潜在的重要临床效果时，我们会避免简单地说"没有显著性"。更恰当的说法是"用药减少了死亡率，但是减少的程度尚没达到显著水平"，或是"虽然差别没有显著性，但是可信区间提示可能存在有益作用"，或是"差别尚没有达到充分显著的水平"。

Number needed to harm（NNH） 害—需治人数

害—需治人数是一个测量治疗害处大小的指标。它的含义是：在一定时间内，在特定人群中，用某干预进行治疗时，出现一例不良反应事件需要治疗的平均人数。害—需治人数的计算方法之一是：NNH = 1/ARI。ARI 为绝对危险增加值。在《临床证据》中，NNH 一般只保留整数部分。小数部分，无论大小都不进位，以略微低估 NNH（表1）。

Number needed to treat（NNT） 需治人数

需治人数是一个测量治疗益处大小的指标。为了避免与害—需治人数混淆，也可以叫做益—需治人数。其含义是：在一定时间内，在特定人群中，用某干预进行治疗时，预防一例有害事件（如死亡）或产生一例有益事件（如痊愈）需要治疗的平均人数。益—需治人数的计算之一是：NNT = 1/ARR。ARR 为绝对危险降低值。在《临床证据》中，NNT 只保留整数。小数部分，无论大小一般都进位整数，以略微高估 NNT（表1）。

NNT for a meta-analysis Meta 分析中的需治人数

用需治人数等绝对指标表达治疗效果的大小十分有用，但是绝对指标受治疗本身和患者基线危险两个因素的影响。如果 Meta 分析中临床试验的研究对象的基线危险不同，则没有任何一个单一的需治人数值能够准确地表达治疗在该 Meta 分析所有人群中的绝对效果。相比，在没有异质性的情况下，一个相对效果指标（如比值比和相对危险度）则可以准确地表达治疗在所有不同人群中的相对效果。即使如此，《临床证据》有时还是给出了需治人数，这个需治人数是基于 Meta 分析的总体比值比和该 Meta 分析包括的临床试验对照组的平均危险进行的估计值，因此只适用于此平均危险大小的人群。

Odds 比值

比值是一种表达事件发生概率大小的方式。具体地讲，它是一个事件发生的概率（P）和该事件不发生的概率（$1-P$）的比值，即 Odds = $P/(1-P)$（表1）。

Odds ratio（OR） 比值比

比值比是一个测量治疗效果的相对指标。在临床试验中，比值比是试验组的比值与对照组比值之比（参见"比值"）。比值比越接近于1，说明试验组和对照组治疗作用的差异越小。如果比值比大于1，则说明治疗组的作用大于对照组，反之亦然。注意，这里的作用可能是有害作用（如死亡和伤残），也可能是有益作用（痊愈和生存）。另外，当事件发生频率很低时，比值比在数值上几乎等于相对危险度。但随着事件发生率的增加，比值比与相对危险度在数值上的差别也将不断增大（表1）。

Odds reduction 比值降低

比值降低是一个衡量事件发生频率下降的相对指标，常用百分数表示。它与比值比互补，等于 1 − OR。当事件发生频率较低时，比值下降与相对危险减少（RRR）十分近似（表1和"相对危险减少"）。

Open label trial 开放试验

开放试验是指对治疗分组情况没有采取任何盲法的临床试验，即患者、医生和资料收集人员知道每个患者的治疗安排。

Outcome　结局

结局是一个对应于暴露或干预的一个变量。在因果关系里，暴露或干预是"因"，结局是指这个因可能引起的"果"。例如在研究吸烟和肺癌的关系时，吸烟是暴露，即因；肺癌是结局，即果。又如，在研究某药物是否可以降低血压时，药物是干预，即因；血压是结局，即果。

Overdiagnosis　过度诊断

过度诊断系指那些一生都不会引起症状或死亡的所谓"疾病"。诊断可能是准确的，但是不必要的。不必要是因为没有有效治疗，或者不必治疗，或者患者不想治疗。过度诊断在癌症早诊断和早治疗（筛检）中应充分引起重视。

Placebo　安慰剂

安慰剂是一种临床试验中给予对照组的没有特异治疗作用的物质，理想的安慰剂必须与试验组的药物在外观、气味、感觉上完全一样。当治疗为非药物性治疗（如针灸）时，相应的安慰治疗通常被叫做假仿治疗（sham treatment，见"假仿治疗"）。

Positive likelihood ratio（PLR）　阳性似然比

像灵敏度和特异度一样，阳性似然比是衡量一个诊断方法准确性的指标。当检查的结果仅仅分为阳性和阴性两种时，阳性似然比是一个确实患某病的人检查可能阳性的概率与一个确实不患某病的人检查可能阳性的概率的比值。阳性似然比 = 灵敏度 /（1 − 特异度）（参见"似然比"和"阴性似然比"）。

Positive predictive value（PPV）　阳性预测值

阳性预测值是检查结果阳性时肯定患有某疾病的概率。阳性预测值不同于灵敏度，后者是确实患有某病时检查结果出现阳性的概率（参见"灵敏度"和"阴性预测值"）。

Power　把握度

在临床试验中，把握度是指一个试验能够发现或检出确实存在的临床上重要的组间差异（即治疗作用）的概率。当样本量越大或者结局事件越多或者结局测量方法的精确性越好时，研究的把握度就越大。适当的把握度就是研究有足够高的机会发现真实存在的作用。

Pragmatic study　实效试验

实效试验特指评估治疗在实际应用条件下的效果（effectiveness）的临床试验。实效试验不同于探索性试验（explanatory trials），后者在于探索治疗的效力或最大效果（efficacy），即在理想的或最好的治疗条件下的效果。实效试验有以下几个主要特征：研究对象代表实际治疗时的患者；只提供实际给药时的用药建议，不采取增加依从性的特别措施，因此只获得实际治疗环境时的依从程度；估计效果时采用意向治疗分析，而不是按照实际接受的治疗进行分析。

Prevalence　患病率

患病率是一个人群中在某特定时间点（或很短的事件区间内）患有某种疾病或具有某种检查结果的比例。

Publication bias　发表偏倚

发表偏倚是一种由于选择性地发表（或不发表）具有某种结果的研究而引起的偏倚。一般来讲，具有统计学显著性结果的研究比无显著性结果的研究更容易得到发表，由此产生的后果是，在总结发表的文献时，会得出治疗比实际效果更大的错误的结论。

P value P 值

在临床试验里，P 值是在治疗真实无效时完全由于机会而得到治疗有效的错误结论的概率。换言之，P 值是当我们说治疗确实有效时可能出错的概率，$1-P$ 就是当我们说治疗确实有效时正确的概率。如果这个概率小于 1/20（即当 P 小于 0.05 时），按照惯例我们会说该结果有"统计学显著性"。

Quality adjusted life year（QALY） 质量调整生命年数

质量调整生命年数是一种比较不同健康结局的指标。它用一个指标综合生命的质量和数量两个方面，等于生存年数与生命质量的乘积。生命的质量由健康状况决定，变动范围为 0~1，健康越好生命质量越高，1 表示理想的健康状况，0 等于死亡。在临床试验中，可以比较不同治疗组的质量调整生命年数，从而同时综合疾病状况和生存年数两个方面，比较不同治疗的效果。质量调整生命年数是否是测量健康相关的生命质量的最好方法，还存在争议。（参见"伤残调整生命损失年"）

Quasi randomized 类随机分组

类随机分组是临床试验中将患者分配到不同治疗组别的非真正随机化的方式。比如，根据患者的生日、会诊日期、病历编号、就诊的月份或是进入研究的先后顺序，交替分配到不同的组别。

Random effects 随机效应

随机效应模型（random effects model）是 Meta 分析中合并研究结果时使用的一种统计模型。该模型假设不同研究的真实结果是不同的（这个不同简称异质性），并将这个异质性作为实际研究结果总体变异的一个部分，从而给出一个比固定效应模型更宽的可信区间。随机效应模型还假设，不同研究的真实结果以合并的平均结果为中心随机分布。（参见"固定效应"）

Randomised controlled trial（RCT） 随机对照试验

随机对照试验是一种流行病学研究设计，主要用来评估医学干预措施的作用。在随机对照试验里，研究者采取随机化的分组方式，将研究对象分配到两组或更多的组别，然后每组给予不同的治疗，至少一组（即试验组）接受研究评估的干预措施，其他组（即比较组或对照组）接受其他治疗或安慰剂治疗（表 1）。

Regression analysis 回归分析

在分析含有自变量和因变量的数据时，回归分析可以用来寻找或建立以自变量来描述或预测因变量的最佳的数学模型。不同的回归模型适合于不同的分析需要，流行病学资料分析中常用的回归模型有线性回归（linear regression）、logistic 回归，以及比例即时危险回归（proportional hazard regression）。

Relative risk（RR） 相对危险度

相对危险度是一组人群（A 组）某事件发生的概率为另一组人群（B 组）同一事件概率的倍数，即两组事件发生率之比，因此相对危险度又称率比。当 RR = 1 时，说明两组发生率相等；当 RR > 1，说明 A 组高于 B 组；当 RR < 1 时，说明 B 组高于 A 组。当事件发生率很低时，相对危险度与比值比在数值上十分接近（表 1 和"比值比"）。

Relative risk increase（RRI） 相对危险增加

在临床试验中，我们把试验组危险（P_1）与对照组危险（P_0）的差值与对照组危险的商[即（$P_1 - P_0$）/ P_0 = RD / P_0]叫做组间相对差别。当组间相对差别大于 1 时，就叫相对危险增加。（参见表 1 和"相对危险减少"）

Relative risk reduction（RRR） 相对危险度减少

在临床试验中，我们把试验组危险（P_1）与对照组危险（P_0）的差值与对照组危险的商[即（$P_1 - P_0$）/ P_0 或者 RD / P_0]叫做组间相对差别。当组间相对差别小于 1 时，就叫相对危险减少（参见表 1 和"相对危险增加"）。

Sensitivity 灵敏度

灵敏度是衡量一个诊断方法准确性的指标之一。它等于一个确实患病的人由一项检查检出阳性结果（即查出疾病）的概率。灵敏度不同于阳性预测值（PPV），后者是检查结果阳性时肯定患有某疾病的概率（参见"阳性预测值"和"特异度"）。

Sensitivity analysis 敏感性分析

在 Meta 分析中，敏感性分析是用于考察 Meta 分析结果随原始数据的改变而改变的程度。比如，在 Meta 分析中，去除小型的研究，或是去除低质量的研究，或是去除早期的研究，然后重新分析，并与包括这些研究的分析结果进行比较，观察结果的改变情况。如果去除某些研究并不影响分析的结果，更说明结果的真实性和外推性。

Sham treatment 假仿治疗

假仿治疗是一种临床试验中给予对照组的没有特异治疗作用的措施。理想的假仿治疗须与试验组的治疗在外观和感觉上完全一样。比如假仿针灸和无治疗作用的超声波。（参见"安慰剂"）

Shared decision making 共同决策

共同决策或医患共同决策，指医生和患者在进行诊治决策时，分享有关证据和信息，帮助患者进行选择，以取得患者知信的决定。

Significant 显著性（或显著意义）

显著性是统计学显著性的简称。如果没有特别指明，显著性特指 5% 水平上的显著性（见"统计学显著性"）。因此，有显著意义就等于说 95% 可信区间不包括与无效结果相应的值，反之亦然。

Specificity 特异度

特异度是衡量一个诊断方法准确性的指标之一。它等于一个确实无病的人由一项检查检出结果阴性（即确证无病）的概率。特异度不同于阴性预测值（NPV），后者是检查结果阴性时肯定没有某疾病的概率（参见"阴性预测值"和"灵敏度"）。

Standardised mean difference（SMD） 标化均数差

当研究结局为连续变量时，标化均数差可以用来表达治疗作用的大小，它等于两组均数之差除以其标准差。由于"标化"消除了不同测量单位的区别，因此标化均数差可以用于合并或比较同一连续变量的不同测量结果（如不同方法测量的疼痛的结果）或不同连续变量的测量结果（如血压和血脂）。该指标为比值，故没有单位。

Statistically significant 统计学显著性

统计学显著性是指研究的发现不太可能是偶然原因产生的。一般来讲，"有统计学显著性（即 $P < 0.05$）"就是说研究发现的作用（或更大的作用）由于偶然因素产生的概率等于5%。当《临床证据》使用"显著性"或"显著性水平"的字眼时，它们只含有统计学意义的显著性，与临床意义的大小无关。

Subgroup analysis 亚组分析

在临床试验中，按照试验的某种特征（如疾病的严重程度）将试验个体分成不同的亚组，然后分别估计治疗在不同组别的效果（即每个亚组中治疗组和对照组的组间差异），这种分析就叫亚组分析。在 Meta 分析中，也可以将研究（而不是研究个体）分成亚组，进行亚组分析或分层分析。亚组分析的目的在于研究交互作用或效应修正作用，即在不同人群或条件下，作用的大小是否不同。

Systematic review 系统综述

系统综述是一种新型的、系统的、定量的、科学的总结文献的研究方法。与传统的综述相比，每个系统综述都具有预先制订的明晰的研究问题，并采用明确的合理的方法收集文献、评估文献质量、提取原始资料，以及综合研究结果。不是所有系统综述都含有或需要 Meta 分析。在《临床证据》中，如果没有特别说明，系统综述仅指随机对照试验的系统综述。

True negative 真阴性

真阴性是指诊断金标准确定没有疾病且检查结果为阴性的人。

True positive 真阳性

真阳性是指诊断金标准确定患有疾病且检查结果阳性的人。

Values 价值取向

价值取向就是价值观，是人们对人、事、物的价值或重要性的主观的相对持久和稳定的看法，是人们分辨事物、判断对错、进行取舍的内心标准。它决定人们的需要和喜好，引导人们选择和舍弃，影响人们的行动和作为。决策就是选择的过程，任何决策都涉及资源的分配，都是在不同选择中的取舍；在资源有限的情况下，人们会选择把资源花在最有价值或最重要的事情上。

Value based care 以价值为导向的医疗

医疗卫生的资源是有限的，分配资源的理念有多种。在以价值为导向的医疗卫生服务里，医疗服务的选择和取舍应考虑人们的价值取向以及由他们的价值取向决定的需要和偏好。

Validity　真实性

真实性指研究或研究结果的正确性或可信性。真实性可分为内部真实性和外部真实性。内部真实性指研究结果（如治疗效果的估计）的准确性。内部真实性与偏倚成反比，偏倚越多，内部真实性就越低。因此，内部真实性主要由研究设计和偏倚控制措施决定。研究设计越好（如随机对照试验优于非随机对照试验），内部真实性就越高；偏倚控制的措施越严，偏倚就越少，真实性就越高。外部真实性指研究结果可以外推或适用到研究以外的实际人群的可能性。

Weighted mean difference（WMD）　加权均数差

在处理连续变量的 Meta 分析中，加权均数差是不同研究的组间均数差的加权平均结果。当结局为连续变量时，临床试验常用试验组和对照组的均数之差（组间均数差）来测量治疗的作用。进行 Meta 分析时，根据不同研究的样本量和精确度，给予不同研究不同的权重，如此得出的平均值就叫加权均数差。加权均数差是一个绝对指标，其单位是原始结局的单位。

（唐金陵[*]　秦　颖）

中英文专业词汇索引

A

AGREE　Appraisal of Guidelines for Research and Evaluation，AGREE　107
meta 分析　meta-analysis　24
阿奇·科克伦　Archie Cochrane　5

B

比值比　odds ratio，OR　53，195
边际成本　marginal cost　213
边际分析　marginal analysis　211
病程长短偏倚　length bias　203
病例对照研究　case-control study　21，192
病例系列　case series　21

C

成本　costs　212
成本-效果分析　cost-effectiveness analysis，CEA　213
成本-效果决定模式　cost-effectiveness based model　94
成本-效益分析　cost benefit analysis，CBA　95，213
成本-效用分析　cost-utility analysis，CUA　213
成本-效用决定模式　cost-utility based model　95
初步检查　screening test　199

D

大卫·萨基特　David Sackett　8
队列研究或定群研究　cohort study　22

F

放血疗法　bleeding　3
非正式的共识性方法　informal consensus development　103

G

高危人群策略　high-risk strategy　81
个体化医疗　individualized or personalized care　98
过度诊断　over-diagnosis　200
过度诊断偏倚　over-diagnosis bias　203

H

回顾性研究　retrospective study　21

回忆偏倚　recall bias　194
货币单位　monetary unit　213

J

机会成本　opportunity cost　87，213
基础研究　basic bio-medical research　4
基线危险　baseline risk，BR　54
疾病别死亡率　diease-specific mortality　204
疾病决定模式　disease based model　94
己烯雌酚　Diethylstilbestrol，DES　196
价值取向　values　13
假性疾病　pseudo-disease　203
假阴性率　false positive rate　202
间接成本　indirect costs　212
解读医学文献指南　Users' Guides to the Medical Literature　6
经济学分析　economic evaluation　211
精准医疗　precision medicine　98
决策　decision making　85
决策分析　decision analysis　92
决策树　decision trees　92
绝对危险减少百分数　absolute risk reduction，ARR　53
绝对优势　dominance　214

K

考科蓝图书馆　the cochrane library　38
考科蓝协作组织　The Cochrane Collaboration　10，38
可信性　trustworthiness　56

L

疗效决定模式　effectiveness based model　94
临床基础问题　clinical background questions　48
临床经验　clinical experience　14
临床流行病学　clinical epidemiology　4，19
临床路径　clinical pathway　110
临床期　clinical stage　201
临床前期　preclinical stage　201
临床实践问题　clinical foreground questions　48
临床证据　Clinical Evidence　39
临床指南　clinical guideline　102
灵敏度　sensitivity　33

领先时间偏倚　lead time bias　202
流行病学　epidemiology　2, 19
路易斯 PCA　Pierre Charles Alexandre Louis　3
率差　rate difference, risk difference, RD　53

M

美国内科学会杂志俱乐部　ACP Journal Club　39
美国医学指南文献库　American Guideline Clearinghouse　40
明晰指南制订法　explicit guideline development　103
缪尔·格雷　Muir Gray　8

N

内部真实性　internal validity　56

P

匹配　matching　194
偏倚　bias　20

Q

前瞻性研究　prospective study　22
全人群策略　population strategy　81
全死因死亡率　all-cause mortality, overall mortality　204

S

生态学研究　ecological study　32
实践指南　practice guidelines　40
适用性　applicability　58
随机对照试验　randomized controlled trial, RCT　4
随机分组　random allocation　3

T

特异度　specificity　33
贴现率　discount rate　216
推荐分级的评估、制订与评价　the Grading of Recommendations, Assessment, Development and Evaluations, GRADE　301
推荐强度　strength of recommendation　301

W

外部真实性　external validity　58
外推性　generalizibility　58
卫生　sanitation　340
无形成本　intangible costs　212
无症状期　asymptomatic stage　201

X

系统误差　systematic error　20

系统综述　systematic review　24
现患-新发病例偏倚　prevalence-incidence bias　193
相对危险度　rate ratio, risk ratio, RR　53
效度　validity　20
效用　utility　92, 213
需筛人数　number needed to screen　204
需治人数　number needed to treat, NNT　53
循证护理　evidence-based nursing, EBN　312
循证医疗卫生决策　Evidence-Based Healthcare　9
循证制订指南法　evidence-bases guideline development, EBD　103

Y

严重罕见慢性不良反应　severe rare chronic harms　191
研究对象　study subject　4
医学地图　Map of Medicine　40
医学筛检　medical screening　199
异质性　heterogeneity　55
应用性研究　applied research　4
英国国家电子医学图书馆　National e-Library for Health　9
原始研究　primary study　38
约翰·斯诺　John Snow　3

Z

早期看似癌症的肿瘤　incidentaloma　347
增量成本-效果比　incremental cost-effectiveness ratio, ICER　214
诊断相关组　Diagnosis Related Groups, DRGs　110
正式的共识性方法　formal consensus development　103
证据　evidence　13
证据分级　hierarchy of evidence, level of evidence　49
证据概要　synopsis of evidence　39
证据体　body of evidence　304
证据质量　quality of evidence　13, 301
证据质量分级　hierarchy of evidence　13
证据资源金字塔　pyramid of evidence　41
直接成本　direct costs　212
质量调整生命年　quality adjusted life years, QALYs　213
转化性研究　translational research　4
资源　resources　13
最小成本分析　cost-minimization analysis, CMA　214